KB152941

겐지이야기 병풍도 부분

제22화 다마카즈라(玉鬘)

제23화 첫 노래(初音)

제24화 호접(胡蝶)

제25화 반딧불(螢)

제26화 패랭이(常夏)

패랭이꽃

제27화 화톳불(篝火)

제28화 찬바람(野分)

제29화 행차(行幸)

제30화 등골나물꽃(藤袴)

제31화 노송나무 기둥(真木柱)

등골사물

제32화 매화 가지(梅枝)

제33화 등나무 속잎(藤裏葉)

제34화 풋나물 1(若菜上)

제35화 풋나물 2(若菜下)

제36화 떡갈나무(柏木)

제37화 젓대(横笛)

동백꽃

제38화 방울벌레(鈴蟲)

제39화 저녁안개(夕霧)

칡꽃

제40화 불법(佛法)

제41화 환술사(幻術師)

World Book 293

紫式部

源氏物語

겐지 이야기 Ⅱ

무라사키 시키부/추영현 옮김

동서문화사

디자인 : 동서랑 미술팀

겐지 이야기 I·II·III

차례

겐지 이야기 II

다마카즈라…583

첫노래…615

호접…626

반딧불…643

패랭이…657

화톳불…674

찬바람…678

행차…691

등골나물꽃…712

노송나무 기둥…724

매화 가지…755

등나무 속잎…771

풋나물 1…792

풋나물 2…863

떡갈나무…932

젓대…964

방울벌레…979

저녁안개…991

불법…1051

환술사…1067

승천〔운은(雲隱)〕…1089

향내 나는 분…1090

홍매화…1101

겐지 이야기 I

천년을 이어오는 일본의 마음 《겐지 이야기》…22

기리쓰보…27

하하키기…53

우쓰세미…93

박꽃…104

어린 무라사키…146

잇꽃…192

단풍놀이…221

꽃잔치…248

아오이…260

비쭈기나무…302

꽃 지는 마을…348

스마…353

아카시…394

물길잡이…427

쑥밭…452

관문…468

그림겨루기…473

솔바람…487

새털구름…505

나팔꽃…527

무희…544

겐지 이야기 III

타케 강…1113

다리공주…1148

모밀잣밤나무 아래…1179

두 갈래머리…1210

풋고사리…1278

겨우살이…1297

정자…1371

우키후네…1422

하루살이…1481

글씨쓰기…1524

꿈속의 다리…1580

시공을 초월 영원한 여자와 남자 이야기…1594

무라사키 시키부 연보…1713

다마카즈라*1

세월이 아무리 흘러도 겐지는 죽은 유가오를 한시도 잊을 수 없었다. 저마다 다른 매력을 갖춘 애인을 여러 명 얻긴 했지만, 그 사람이 있었다면 얼마나 좋았을까 하고 유감스럽게 생각하는 때도 많았다. 유가오의 시녀였던 우근위(右近衛)는 그저 평범한 여자에 지나지 않았지만, 겐지는 유가오에 대한 추억을 아련히 떠올리며 두둔하기도 해서 오늘에 와서는 오랫동안 일해 온 시녀의 한 사람으로 후한 대접을 받고 있었다. 겐지가 스마로 귀양을 갈 때 시녀들은 모두 무라사키 부인에게 가 있게 했으므로 우근위도 지금은 무라사키 부인을 섬기는 셈이었다. 선량하고 얌전한 시녀라서 무라사키도 그녀를 소중히 아끼고 있었지만, 가끔 우근위는 속으로 '유가오 부인이 돌아가시지 않았더라면 아카시 부인(明石夫人) 못지않게 사랑받았을 텐데. 그다지 사랑이 깊지 않은 여인조차 버리시지 않고 오래 보살피시는 겐지님이시니 지체 높은 부인들과 어깨를 나란히 하지는 못하더라도 이 육조원에 들어오실 수는 있었을 거야'라며 무척 아쉬워했다.

우근위는 도읍 서쪽에 따로 살게 했던 유가오의 따님이 그 뒤 어떻게 되었는지 자세히 알지 못했다. 유가오의 느닷없는 죽음을 전하기 거북했고, 이제 와서 그 상대가 자기였다고 전할 수도 없다는 말을 겐지로부터 듣고 나서 우근위는 감히 자기가 먼저 그 말을 꺼내 물을 수도 없었다. 그러는 동안 유모의 남편은 규슈(九州)의 소이(少貳)*2로 임명되어 한 집안이 모두 내려가게 되었다. 아가씨가 네 살이 되던 해이다. 유모는 아가씨 어머니의 행방을 찾으려고 이곳

---

*1 다마카즈라(玉鬘) : 겐지 35세 때 이야기. 옛날 두중장과 유가오 사이에 생긴 아가씨가 어머니를 잃은 뒤 규슈(九州)로 내려갔다가, 20세가 된 이해에 다시 도읍으로 올라온다. 성스러운 덩굴풀이라는 뜻에서 '다마카즈라'이라 했는데, 이 이름은 겐지가 읊은 노래에서 비롯된다.

*2 소이(少貳) : 태재부(太宰府) 차관.

저곳 신불(神佛)께 소원을 빌며 밤낮으로 울고 그리워했으나 아무런 보람도 없었다. 하는 수 없어 부인을 추억삼아 아가씨라도 키워보려고 아버님 되시는 분에게도 그 말을 하려 했으나 전할 길이 없었다. 어머니의 거처를 모르는데 물으면 무엇이라 답변할 도리가 없었다. 또한 아버지의 얼굴조차 기억하지 못하는 따님을 그 아버지에게 보내 놓고 떠날 수도 없는 노릇이었다. 인상이 아름답고 고귀한 아가씨가 배에 올라 길을 떠나자, 그들은 몹시 슬퍼했다. 나이 어린 아가씨도 어머니를 잊지 못하고 묻는 모습이 사람들 마음을 더욱 아프게 했다.

"어머님에게 가는 건가요?"

유가오 부인이 그리워 하염없이 우는 딸들에게 소이는 꾸중을 했다.

"뱃길에서 재수 없게 왜 우는 거지."

아름다운 명소들을 구경할 때는 이렇게 한탄했다.

"언제나 젊은 마음으로 계셨던 분이라 기뻐하실 텐데, 이 경치를 보여 드리고 싶군. 하지만 마님이 계셨다면 굳이 객지로 갈 필요도 없었겠지요."

도읍을 떠나는 사람들 눈에는 서러움이 밀려왔다. 사무치는 외로움에 이제는 되돌아가는 파도조차 부러울 지경이었다. 뱃사람들이 거친 목소리로 '슬프게도 먼 곳으로 와버렸구나' 하고 부르는 노랫소리가 들려오자 자매는 마주보며 울음을 터뜨렸다.

　　저 노래 뱃사공은 누구를 그리며 부르는가
　　오시마(大島) 지날 즈음 구슬픈 저 뱃노래
　　온 길도 갈 길도 천리 만리 먼 바다
　　어즈버 그 어디메 우리 임을 그리랴.

바다 풍경을 바라보며 이런 노래도 지었다. 가네 곶(金の岬)을 지나면서도 '가네 곶을 지날 때마다 신령님의 뜻을 잊을 수 없어라'라는 노래처럼, 딸들은 유가오 부인을 잊지 못하고 못내 그리워했다.

소이 일가는 아가씨를 섬기고 키우는 일을 행복으로 삼고 임지에서 살았다. 그들은 가끔씩 유가오 마님 꿈을 꾸었다. 마님 옆에 마님과 비슷한 여인이 우두커니 서 있는 꿈인데, 그런 꿈을 꾼 뒤에는 영락없이 몸이 아프고 앓아눕게

되자 모두들 유가오는 이미 죽었을지 모른다고 생각했다.

소이는 임기가 끝나기만 하면 바로 도읍으로 올라갈 생각이었다. 그러나 도읍으로 올라갔다가 직장을 잃어버리느니, 지방에 눌러앉는 편이 낫지 않을까 싶어 선뜻 도읍으로 올라가려 하지 않았다. 그러는 동안 그는 중병으로 드러눕고 말았다. 소이는 죽을 때가 된 듯해 벌써 열 살이 된 아가씨를 물끄러미 바라보며 비통한 소리를 했다.

"저마저 죽게 되어 아가씨를 모시지 못한다면 얼마나 고생하시게 되는지요. 누추한 시골에서 자라나시는 것만으로도 죄송스러운 일이라, 조만간 도읍으로 모시고 가서 아가씨 아버님께 꼭 알려 드려야겠다고 벼르고 벼르던 가운데 저는 그만 여기서 죽고 마는가 봅니다."

그러곤 세 아들을 불러 놓고 유언했다.

"너희들은 무엇보다도 아가씨를 도읍으로 모시는 걸 첫째 임무로 생각해라."

소이는 죽기 전 동료들에게 아가씨가 누구인지 밝히지 않았다. 그저 자신의 손녀라고만 둘러대며 아무에게도 보이지 않고 소중히 키웠다.

가족들은 불안함 속에 도읍으로 떠날 채비를 서둘렀는데, 이 지방에는 소이가 살아 있을 때부터 반감을 가진 자가 많아, 혹시나 떠났다가 그들의 보복을 당할까봐 몹시 두려웠다. 그렇게 미적거리는 동안 세월은 사정없이 흘러갔다.

이제 스무 살 안팎이 된 아가씨는 그 어머님 유가오보다도 아름답게 자랐다. 아버지를 닮아서 그런지, 이 사람에게는 고상한 아름다움마저 깃들여 있었다. 성격도 귀녀(貴女)답게 대범했다. 죽은 소이 집에 아리따운 처녀가 있다는 소문을 듣고, 지방 호색한들은 청혼을 하기도 하고 편지를 보내기도 했다. 물론 가족들 누구 한 사람도 그것을 좋게 생각하지 않았다.

"용모는 그런대로 무난할지 모르지만, 몸은 성하지 않답니다. 내가 살아 있는 동안 결혼시키지 않고 비구니로 내 곁에 두고 싶어요."

유모는 일부러 그런 소리를 퍼뜨렸다.

"소이의 손녀는 병신이라지뭔가. 애석하군, 가엾게시리."

남들이 하는 그런 소리를 들으면 유모는 또 미안해서 이렇게 말했다.

"무슨 일이 있더라도 도읍으로 데려가 아버님이신 나리께 알려 드려야지. 아주 어릴 적에도 무척 귀여워하셨으니 지금도 결코 소홀히 대하지는 않으실 거야."

그러면서 그 뜻이 반드시 실현되도록 신불께 기원을 드렸다. 소이의 딸이나 아들들은 저마다 이 지방 사람과 짝을 지어 이곳에 뿌리를 내렸고, 유모는 여전히 속으로는 도읍을 잊지 않았으나, 현실은 차츰 더 멀어질 뿐이었다. 그리고 어른이 된 아가씨는 자신의 운명을 비관하며 한 해에 세 번 긴 불공을 드리기도 했다. 그리하여 스무 살이 되자 완숙미가 흘러 눈부실 정도로 아름다운 여성이 되었다. 소이 일가가 있는 곳은 히젠(肥前)*³이었는데 소이 손녀의 소문을 들은 인근 호족(豪族)들은 아직도 귀찮을 만큼 끊임없이 청혼을 해왔다.

히고(肥後)*⁴에 대부감(大夫監)*⁵이라는 호족이 있었다. 그 지방에서는 제법 세력을 휘두른다는 사나이로, 강대한 무력을 지니고 있었는데 그런 시골 무사 마음에도 여자를 밝히는 풍류 취미가 있었던지 처첩으로 미녀를 많이 거느리고 싶어했다. 그도 소이댁 아가씨 이야기를 듣고는 간곡히 청혼해 왔다.

"아무리 몸이 성하지 않다 해도 상관없으니 그녀를 아내로 삼겠다."

그러자 소이의 가족들은 겁을 먹었다.

"본인이 그 좋은 혼처를 다 마다하고 여승이 될 작정이랍니다."

그러면서 매파에게 거절의 뜻을 전했다. 그 말을 들은 대부감은 이번엔 자신이 나섰다. 대부감은 소이의 아들들을 여관으로 불러 놓고, 아가씨와의 결혼을 도와 줄 것을 요청했다.

"성공하면 두 집안은 서로 도우며, 당신들에겐 무력의 후원을 아끼지 않겠소."

유혹을 하는 대부감에게 소이의 차남과 삼남은 점차 호의를 품기 시작했다.

"우리들도 처음에는 어울리지 않는 구혼자다, 아가씨가 가엾다고 느꼈습니다. 하지만 다시 생각해 보니 우리의 후원자로선 가장 유력한 사람이며, 그를 적으로 돌린다면 이 지방에선 아무것도 할 수 없다는 사실을 알게 되었습니다. 귀족의 따님이라곤 하지만 아버님이 내버려두셨고, 세상에서도 알아주지 않으니 별수 없지요. 이렇게 간절히 요청하는 대부감과 결혼할 수 있다는 건

---

*3 히젠(肥前) : 지금의 나가사키(長崎)와 사가현(佐賀縣) 지방.

*4 히고(肥後) : 지금의 구마모토현(熊本縣) 지방.

*5 대부감(大夫監) : 대감(大監)은 태재부(太宰府)의 판관(判官)을 일컫는 말이다. 본디 대감은 육위(六位)인 직분이지만 종오위(從五位)에 서(敍)해졌기에 대부감이라 불리고 있다.

오히려 행운이지 않습니까. 이런 숙명을 가졌기로 규슈(九州)까지 아가씨가 오시게 된 게 아니겠습니까. 숨고 달아나려 해도 아무 소용없습니다. 대부감이 어디 가만 있을 사람인가요. 그는 상식 밖의 무모한 짓도 서슴없이 할 사람입니다."

그렇게 형제는 가족을 위협했다. 그러나 장남인 분고차관(豊後次官)*⁶만은 대부감을 두둔하지 않았다.

"황송하기 그지없군. 그래도 아버지의 유언도 있으니, 나는 아무래도 이 기회에 아가씨를 도읍으로 모셔 가야겠어."

분고차관이 어머니와 누이한테 말했다. 여자들은 눈물을 흘리며 고민하면서도 모친인 유가오 아씨도 어찌 되었는지 모르게 되었으니, 적어도 아가씨만이라도 어울리는 분과 인연을 맺어드리려 했는데 저런 시골 무사의 아내로 보낼 수는 없다며 탄식했다. 그런 줄도 모르고 자기 힘을 과신하고 있던 대부감은 편지를 써보내곤 했다. 글씨는 웬만큼 깨끗했으나 향을 피워넣은 종이에 쓰인 편지는 사투리가 심하고 문장도 어설프기 짝이 없었다. 그는 또 친해진 소이댁 둘째 아들과 함께 찾아오곤 했다. 나이는 30세쯤 되는 사람으로 키가 크고 살이 어마어마하게 쪘는데, 보기 흉한 느낌을 주지는 않았지만 여러 선입견 때문에 첫인상이 꺼림칙했다. 우악스러운 거동은 보기만 해도 무시무시했다. 혈색이 좋고 쾌활하기는 했지만, 그는 쉰목소리로 알아듣지 못할 사투리만 늘어놓았다. 구혼자는 보통 어두운 밤에 방문하는데, 그는 유별나게도 봄날 이른 저녁부터 들이닥쳤다. 가을도 아닌데 사람이 그리웠던 모양이다. 그런 대부감의 비위를 건드릴까 봐 홀로 된 유모가 몸소 나와 맞이했다.

"세상을 떠나신 소이는 인정이 많은 훌륭한 분이셨지요. 친교를 맺고 싶었지만 저의 존경심을 보여드리지도 못한 채 그분은 유감스럽게 세상을 뜨시고 말았습니다. 그 대신 유족 여러분께 경의를 표하기 위해 저는 큰 마음을 먹고 이곳을 찾아뵌 것입니다. 마침 이 댁에 계신 아가씨가 지체가 높다고 들었기에 황송하오나 제 아내로 맞이하고 싶습니다. 저는 그녀를 한 가문의 주인으로 여기고 머리 위에 떠받들 듯 소중히 섬기겠습니다. 할머님께서는 제가 이제까지 몇몇 하찮은 계집들과 관계를 맺었다는 이유로 이 결혼을 찬성하지 않으시는

---

*6 분고차관(豊後次官): 분고는 지금의 오이타현(大分縣)의 옛 이름.

듯하군요. 아무리 그런 계집들이 제게 있다 한들 제가 아가씨를 그것들과 동등하게 대우하겠습니까. 저는 아가씨를 황후처럼 보살펴 줄 생각입니다."

대부감은 그렇게 멋대로 지껄여댔다.

"그럴 리가요. 저는 아주 훌륭한 혼담이라 생각했습니다. 하지만 안타깝게도 저 사람은 여느 사람처럼 성장하지 못한 탓에, 자기는 결혼할 수 없다고 단념했나 봅니다. 가엾긴 하지만 저희들 힘으론 어쩔 수가 없답니다."

그렇게 유모는 말했다.

"사양하실 필요 없습니다. 아무리 장님이나 앉은뱅이라도 제가 잘 보살피겠습니다. 되레 제가 성한 사람으로 고쳐 드리지요. 우리 히고 지방의 신불(神佛)은 내 뜻은 무엇이나 적극 도와준답니다."

그렇게 대부감은 장담했다. 그러면서 결혼 날짜까지도 며칠쯤이 좋겠다며 못을 박았다. 할머님은, 이달은 봄의 마지막이니 결혼하기엔 좋지 않다며 말도 안 되는 핑계로 거절했다. 툇마루에서 내려설 즈음해서, 대부감은 노래를 지어 보이려 했다. 한참 생각한 끝에 그는 이렇게 말했다.

마쓰우라(松浦) 거울 같은 신령님께 맹세하리
내 어찌 우리 임께 두 마음 품을손가.

"이 노래는 제 감정을 솔직하게 잘 표현했다고 생각합니다."

대부감은 호탕하게 웃어 보였다. 유모는 하는 짓마다 얼토당토않은 시골 무사의 노래에 대답을 할 엄두가 나지 않아 딸을 보고 노래를 읊으라 했다.

"제가 어떻게요, 어머니처럼 저도 어리둥절할 뿐인걸."

그러면서 말을 듣지 않았다. 유모는 내키지 않았지만 가까스로 아무렇게나 지어 말했다.

나날이 지난 다음 어긋난 뜻 알고서
거울 같은 신령님을 원망한들 어찌하리.

아까부터 어찌나 겁에 질렸던지 유모는 목소리까지 덜덜 떨렸다.

"잠깐만, 그게 무슨 소리지요?"

대부감이 성큼 다가서며 수상하다는 표정을 짓자, 유모는 얼굴이 새파랗게 질려 버렸다. 아까는 발을 빼던 딸들이 대신 나서서 변명을 했다.

"아씨가 성한 몸이 아니기에, 결혼이 성립됐을 때 실망하시지는 않을까 하는 뜻이었는데, 아무래도 늙어서 그런지 실수로 신령님의 이름 같은 걸 넣어가지고 이상하게 읊었네요."

그러면서 얼버무려 버렸다. 옳게 해석해 보았자 구혼자에 대한 위로의 노래였다.

"아, 그래 그래."

대부감은 이러면서 다시 한 수 지으려 했다.

"노래 솜씨가 대단하군. 나는 그저 시골내기이긴 하나 상놈은 아니라오. 도읍 사람인들 별수없다는 걸 잘 알고 있지. 날 멸시하면 못써."

그러나 생각처럼 좋은 노래가 떠오르지 않았는지 그냥 돌아가버렸다. 한편 둘째 아들이 대부감 편으로 완전히 돌아선 모습을 보고 가족들은 몹시 미워했지만 그러면서도, 분고차관이 도와줄 그날만을 내내 기다렸다. 분고차관은 어떻게 하면 아가씨를 제대로 모실 수 있을지 의논할 상대는 없고, 핏줄을 나눈 동생들마저 대부감 편을 들며 자기를 도리어 이단자로 여기고 의절하자 고민에 빠졌다. 게다가 대부감을 적으로 돌린다면 이 지방에서 더는 살 수 없었다.

분고차관은 여러 가지 궁리 끝에 아가씨를 모시고 도읍으로 올라가기로 결심했다. 누이도 정든 남편마저 버리고 아가씨를 따라 같이 떠나기로 했다. 어릴 적에 아테키라 불렸던 누이는 병부(兵部) 마님이 되었는데, 밤중에 집을 빠져나와 배를 탔다.

대부감은 먼저 잠깐 히고로 돌아가 4월 스무날께 길일을 골라 새 아내를 맞으러 올 참이었고, 이 때문에 일행은 서둘러 히젠(肥前)을 탈출했다. 아쉽게도 큰딸은 아이가 많아서 함께 가지 못했다. 가는 사람과 남은 사람들이 이별을 서러워하며 다시 만나기도 어려우리라 생각하니 슬펐다. 작은 딸인 병부 마님은 긴 세월 동안 이곳에서 지내기는 했지만, 버리고 가기에 아까울 만한 물건은 아무것도 없었다. 다만 마쓰우라궁(松浦宮) 앞 바닷가 풍경과 언니와 헤어짐이 못내 괴로워 자꾸만 돌아다보았다.

괴로웠던 저 섬을 지나면

이 몸은 또 어디로 흘러가겠는가

갈 길도 막막해라 배 저어 나섰다만
바람에 맡긴 몸은 흘러흘러 떠도는구나.

처음은 병부댁의 노래이고 다음은 아가씨의 노래이다. 이렇게 탈출한 일이 탄로 난다면 극성스러운 대부감은 틀림없이 추격해 올 것이다. 그러나 이 배는 빠른 속력을 낼 수 있는 장치가 되어 있었고, 때마침 순풍이 불었으므로 그야 말로 쏜살같이 달렸다.

물살이 세기로 유명한 히비키의 하리마 해협도 무사히 지났다. 분고차관 가족이 탄 배가 어찌나 빠른지 이들이 지나가는 모습을 보고 놀라워하는 사람 도 있었다.

"해적선인가? 작은 배가 마치 하늘을 나는 듯 다가오는데?"

그럼에도 해적보다 무서운 대부감이 쫓아올까 두려워 배에 탄 사람들은 간 이 콩알만 해졌다.

근심에 마음 졸이며 세차게 뛰는 가슴
히비키 해협 물소리는 귀에 들어오지도 않아라.

그렇게 아가씨는 중얼거리고 있었다. 가와지리[천고(川尻)]*⁷가 가까워졌다 고 하자 비로소 배 안 사람들은 안심할 수 있었다. 뱃사공은 '가라도마리[唐 泊]에서 가와지리 지날 즈음은'이라는 노래를 불렀다. 그들의 왁살스러운 소리 도 이젠 정겨웠다.

분고차관은 침울하고 슬픈 목소리로 '사랑하는 처자를 잊어버리고 왔구나' 를 읊고는, 그 노래처럼 자기도 모든 것을 버리고 왔으니 앞으로 어떻게 될까, 하며 상념에 잠겼다. 힘이 될 만한 부하들을 죄다 자기가 데리고 왔으니 대부 감이 자기에 대한 증오심으로 남은 사람들에게 복수를 하지 않을까, 그 점은 미처 생각지도 않고 어린 생각으로 탈출했구나, 마음이 약해진 분고차관은 울

---

*7 가와지리[천고(川尻)]: 지금의 효고현[兵庫縣]의 곳 이름.

음을 터뜨렸다.

'오랑캐 땅에 아내와 자식을 헛되이 버려두었구나(호지처자 허기손(胡地妻子虛棄損))'

오라버니가 노래하는 소리를 듣고 병부댁도 슬퍼했다. 자기가 무슨 일을 저질렀던 것일까. 자신을 어여삐 사랑해 주는 남편을 저버리고 도망쳐 나왔으니 나를 어떻게 생각하고 있을까 걱정이 들었다. 그리고 도읍으로 들어가더라도 자기들이 돌아갈 집은 없었다. 분고차관은 오로지 아가씨 하나를 위해, 생활의 기반으로 삼았던 고장을 떠나 정처 없이 떠돌아다니는 신세가 되고 말았다. 앞으로 아가씨를 어떻게 할지 저 자신도 어이가 없었으나, 이제는 별수없다 체념한 뒤 이윽고 일행은 도읍으로 들어섰다.

예전에 안면 있던 사람이 아직 도읍 구조(九條)거리에 살고 있음을 안 규슈 사람들은 먼저 그 집을 발판삼아 머물렀다. 이곳은 도읍이긴 하지만 사람다운 사람이 사는 거리는 아닌 듯했다. 그들은 밖에서 일하는 여자며 상인들 틈에서 수심을 안고 살아갔는데, 가을이 되자 만사가 더욱 서글퍼졌다. 과거도 그랬지만 미래도 어두운 그림자만이 드리우는 듯했다. 그들이 의지했던 분고차관도 도읍에선 물새가 뭍으로 오른 격이어서 일자리를 구할 연줄도 없었다. 분고차관은 생각이 모자랐던 자신을 뉘우칠 뿐이었다. 데리고 온 부하들도 저마다 핑계를 만들어서, 하나둘 규슈로 도로 달아났다. 무능한 실직자가 된 큰아들을 보고 어머니가 측은해했다.

"저 한 사람이 무슨 상관입니까. 아가씨만 보호할 수 있다면, 그 사람들 모두가 떠난다 해도 대수롭지 않아요."

이러면서 오히려 어머니를 위로했다.

"신불의 가호를 빌면 반드시 우리가 희망하는 곳으로 인도해 주실 테니, 참배하고 오시는 게 어떻습니까? 저쪽을 떠날 때 기원을 드려, 신의 가호로 무사히 당도했으니 답례로 참배를 해야 하지 않습니까."

그리고 아가씨를 하치만궁(八幡宮)으로 모셨다. 주변 사정에 밝은 사람에 물었더니 예전 아버지 소이와 친했던 덕이 높은 승려가 지금은 오사(五師)가 되어 산사에 머물고 있음을 알게 되었다. 오사의 도움으로 그들은 참배를 마칠 수 있었다.

"부처님 가운데에서도 하세관음〔長谷觀音〕*8 영험함은 널리 중국까지 알려져 있답니다. 먼 시골 땅이기는 하지만 이 나라에서 오래 사셨으니 은혜를 많이 베풀어주시겠지요."

분고차관의 말에 그들은 하세관음을 모신 하쓰세〔初瀨〕로 떠나게 되었다. 먼 거리였지만 공덕을 쌓는다는 마음에서 배나 수레를 쓰지 않고 걸어서 이동했다. 이제껏 먼 길을 걸어 본 적이 없었던 아가씨는 매우 힘들었지만 사람들이 이끄는 대로 고통을 참고 묵묵히 걸었다.

'전생에 얼마나 큰 죄를 지었기에 고된 세상을 이렇게 떠돌아야만 하는지. 이미 어머님께서 돌아가셨다면, 저를 불쌍히 여겨서 어머님 곁으로 보내 주소서. 그러나 아직 살아 계신다면 부디 얼굴만이라도 뵐 수 있도록 해 주소서.'

아가씨는 어머님 얼굴을 기억하지 못했지만, 오직 살아 계시기만을 간절히 부처님께 기도드렸다. 이런 고난 속에 몸을 두게 되니 그리움이 한층 사무쳤다.

도읍을 떠나온 지 나흘째 되는 날 점심 때가 되어서야 가까스로 쓰바이치〔椿市〕*9에 이르렀다. 일행 가운데 반은 죽은 사람마냥 몹시 지쳐 있었다. 아가씨는 제대로 걷지도 못해서 다리를 질질 끌고 왔는데, 이젠 발바닥이 부어서 움직일 수도 없는 상태였다. 그래서 조금 쉬어 가기로 했다. 공양할 등불을 사는 등, 여러 가지 준비를 하는 사이에 벌써 해가 졌다. 이 집 주인 스님이 저쪽에서 이렇게 소리치고 있었다.

"내가 오늘 밤 묵게 하려던 손님이 있는데, 누굴 함부로 들인단 말이냐. 이 철딱서니 없는 것들아."

규슈 사람들은 허무한 심정으로 이 말을 듣고 있었는데, 승려가 말한 대로 참배자 한 무리가 그리로 들어왔다. 이들도 걸어서 온 모양이었다. 두 여자가 주인으로 보이고 시중드는 남녀 수가 많았다. 말도 네댓 필 끌고 왔다. 눈에 띄지 않도록 수수한 차림을 한 무사도 딸려 왔다. 주인 승려는 이미 먼저 온 손님을 받아 놓고도 이 사람들마저 받으려는 듯 길에 나서서 굽실거리고 있었다. 다시 숙소를 바꾸기도 민망하고 귀찮은 일이었으므로 몇몇은 안쪽으로, 나머지는 잘 안 보이는 다른 방으로 나누어 들어가기로 했다. 아가씨와 시녀들은

---

*8 하세 관음〔長谷觀音〕: 나라현〔奈良縣〕에 있는 하세테라〔長谷寺〕에 있는 보살상.
*9 쓰바이치〔椿市〕: 미와 산〔三輪山〕 기슭에 있는데, 하세테라〔長谷寺〕로 가는 길목임.

이미 들었던 방의 구석 쪽에 모이고, 장막으로 어설프게 칸막이를 해두었다.

나중에 온 손님들도 막된 사람들은 아니었다. 무척 조용해서 서로가 조심스러운 동숙자(同宿者)였다. 나중에 온 여자는 다름아닌 우근위(右近衛)였다. 그녀는 세월이 흐를수록 시녀생활에도 싫증이 났고 걱정이 많은 탓에 위로라도 얻을까 해서, 이 절간으로 가끔 찾아오곤 했다. 오랜 경험으로 걷기 여행은 대단한 게 아니었으나, 그래도 다리가 피곤해서 드러누워 있었다. 분고차관은 장막께로 와서 식사를 할 모양이었다.

"이걸 아가씨한테 드리시오. 밥상이고 식기고 모두 잡동사니라서 정말 대접이 말이 아닙니다."

우근위는 이 말을 듣고, 옆방에 있는 사람들은 자기와 같은 계층 사람이 아니라 생각했다. 장막 가까이 다가가 엿보았더니 그 사내는 어디서 많이 본 듯한 얼굴이라 기억이 날 듯 말 듯 하면서도 누군지는 알 수 없었다. 분고차관의 아주 젊었던 시절밖에 모르는 우근위가 살이 찌고 빛깔도 거무스레한 사내를 보고 그를 떠올릴 까닭이 없었다.

"삼조(三條)야, 부르신다."

그 소리에 나오는 여자를 보니, 또한 예전에 본 얼굴이었다. 그녀는 예전에 유가오 부인의 시녀로 오랫동안 일했는데, 저 오조(五條)의 은신처에까지 따라왔던 여자였다. 우근위는 꿈만 같았다. 아가씨라 불린 사람이 누구인지 엿보고 싶었지만 집은 좀처럼 볼 수 없도록 되어 있는 구조였다. 생각다 못해 삼조라는 여자에게 물어보기로 했다. 장막 옆으로 삼조를 불렀으나, 열심히 식사 중인 여자는 바로 나오려 하지 않았고 한참만에야 나왔다.

"아무래도 잘 모르겠네요. 20년이나 규슈에 가 있었던 저희 같은 사람을 알고 계시다니, 도읍 양반님네들이 잘못 보신 게 아닙니까."

그런 대답이었다. 촌스럽게 새빨간 비단을 속에 입은 그녀 또한 몸집이 뚱뚱했다. 그 모습을 보자 우근위는 자기 나이가 떠올라 창피했다.

"좀더 가까이 와서 날 좀 보세요. 내 얼굴이 생각나지 않나요?"

그러면서 그쪽으로 바짝 얼굴을 내밀었다. 삼조는 손뼉을 치면서 말했다.

"아니, 당신이 아니신가요? 정말 이렇게 반가운 일이 또 있을까. 그래 당신은 어디서 오셨어요? 마님도 오셨나요?"

삼조는 엉엉 울음을 터뜨렸다. 우근위는 젊은 삼조를 떠올리며, 언제 그녀가 이렇게 몸차림도 돌보지 않는 여자가 되었는가 싶어 서글퍼졌다.

"유모님도 오셨어요? 아가씨는 어떻게 되셨고요? 아테키라는 유모님 딸은?"

우근위는 다그쳐 물었다. 그러면서도 유가오 부인에 대해서는 입 밖에 내지도 않았다.

"다들 오셨어요. 아가씨도 이젠 어른이 다 되셨고요. 무엇보다도 먼저 이 말씀을 마나님께 여쭈어야죠."

삼조는 저쪽으로 갔다. 규슈 사람들이 놀란 것은 말할 것도 없었다.

"정말 꿈만 같군요. 연락도 없어서 얼마나 원망했는지 모릅니다. 그런데 이렇게 만나뵙게 되다니."

유모는 그렇게 말하면서 장막 곁으로 왔다. 방금 전까지 저쪽에서나 이쪽에서나 칸막이로 쳤던 병풍은 치워진 지 오래였다. 처음엔 우근위도 유모도 말을 못하고 울기만 했다. 한참만에야 할머니가 먼저 입을 열었다.

"그래, 유가오 마님은 어떻게 되셨지요? 꿈에나마 계신 곳을 알고 싶어 부처님께 빌어도 보았습니다만, 너무 멀리 떠나 있어서 소문으로라도 소식을 들을 수 없음을 얼마나 슬퍼했는지요. 저희들은 한없이 슬퍼서 오래 사는 게 원망스러웠는데, 마님께서 두고 가신 아가씨의 귀여운 얼굴을 볼 때마다, 지금 이대로 죽으면 후세에 죄를 짓는 것 같아 여태껏 모시고 있었습니다만."

유모의 그런 심정을 헤아리면서, 돌아가신 그 무렵을 하소연하기보다 우선 우근위는 막다른 심정으로 말했다.

"말씀드려도 헛일입니다. 마님께선 벌써 세상을 떠나셨습니다."

삼조와 함께 세 사람은 흐느껴 울었다.

우근위는 규슈 사람들 속에서 넌지시 아가씨의 모습을 눈으로 찾고 있었다. 우근위는 몹시 피곤해 보였지만 얇은 비단으로 짠 초여름 홑옷을 위에 걸치고, 숨겨진 머리칼이 아리땁게 비쳐 보이는 사람을 찾아냈다. 그는 측은하면서도 애처로운 눈길로 그녀를 바라보았다.

걷는 데 익숙한 사람들은 손쉽게 산 위 절간에 이르렀으나, 규슈 사람들은 아가씨를 부축하면서 고갯길을 오르느라 저녁 근행이 시작될 무렵에서야 닿았다. 절간은 몹시 붐볐다. 우근위가 잡아놓은 기도방은 오른쪽의 불전과 가까운 곳이었다. 그러나 규슈 사람들 방은 서쪽으로 좀 더 떨어진 곳이었다.

"아무래도 이쪽으로 오시는 게 좋겠어요."

우근위가 권하자 유모는 사내들을 그쪽에 남겨놓고, 아가씨를 우근위 방으로 옮기게 했다.

"저는 보잘것없는 여자입니다만, 지금은 태정대신 나리를 섬기는 몸이니 이곳에 와 있어도 아무도 함부로 굴지는 못할 겁니다. 그들은 지방 사람으로 보이면 건방지게 굴고 심지어 절간 사람들도 업신여긴답니다. 아가씨한테 정말 죄송스럽지 뭡니까."

우근위는 자세한 이야기를 하고 싶었으나, 불전의 독경소리가 방해되어, 하는 수 없이 부처님 앞에서 합장하고 간절히 빌었다.

'어떻게든지 아가씨를 만나게 해주셨으면 좋겠다고 기도를 올렸는데 일을 이루어 주시지 않았습니까. 이번에는 겐지 대신께서 이분을 자식으로 삼아 보살펴주도록 하여 주십시오. 간절히 바라는 일들이 실현되도록 해주시고 이분이 행복하도록 도와주십시오.'

그렇게 기원했다. 이곳에는 여러 지방에서 온 참배자가 많았는데 야마토 태수(大和太守)의 마님도 와 계셨다. 그 요란한 참배 광경이 부러워서 삼조도 부처님께 빌었다.

"대자대비하신 관음보살님, 다른 기원은 일절 하지 않겠습니다. 아가씨를 대이(大貳)의 부인 아니면 야마토 태수의 부인으로 삼게 해주옵소서. 그렇게만 되면 저도 출세할 수 있을 터이니, 그때 가서 부처님께 후히 감사를 드리겠습니다."

그러면서 이마에 손을 얹고 염불했다. 우근위는 시시한 소리를 하는구나 하며 못마땅해했다.

"어쩜 그렇게 촌사람 같은 말을 하시나요. 아가씨의 아버님이신 두중장께서는 예전에도 사람들의 공경을 받는 분이셨지만, 이제는 천하를 다스리는 내대신이 되셨답니다. 그런 아가씨를 고작 지방관의 아내로 보내다니 말도 안돼요."

우근위는 삼조를 나무랐다.

"틀렸어요. 대신이 다 무슨 소용인가요? 지난번 대재부 대이님이 시미즈(清水) 사찰을 방문하실 때 보니까 그 행렬이 얼마나 화려하던지 말로 다 설명할 수 없었답니다. 임금님 행차가 부럽지 않겠더라고요."

이렇게 대꾸한 삼조는 다시 합장을 하고 열심히 부처님께 빌었다.

규슈 사람들은 사흘 동안 불공을 드리기로 했다. 우근위는 오래 머물 생각은 없었지만, 그들과 행동을 같이하기 위해 자기도 사흘 동안 머물기로 하고, 승려에게 그리 알렸다. 잡일을 맡아온 승려는 눈치빠르게 여러 일들을 신속하게 처리했다.

"여느 때처럼 발원문에는 후지와라의 루리[藤原瑠璃] 아가씨를 위해 공양을 올린다고 써주세요. 얼마 전 그분을 다시 만나뵙게 됐답니다. 그 답례 기도도 드려 주십시오."

그렇게 우근위가 하는 말을 듣고, 규슈 사람들은 다시금 감동했다.

"거 잘하시는 일입니다. 이 절에서 자주 불공을 드리시는 덕분인가 봅니다."

그 승려는 말했다. 절간은 밤새도록 사람들의 웅성거리는 소리로 가득했다.

날이 새자 우근위는 조용한 승방에서 루리 아가씨를 만났다.

"저는 뜻밖에도 큰 집에서 일하게 되어 여러 여인네들을 보아 왔습니다만, 그 집 마님만큼 아름다우신 분은 없다고 생각해요. 그리고 아직 어린 그 댁 따님도 얼마나 예쁘게 생겼다고요. 그런데 이렇게 수수하게 차려 입으신 아가씨가 그 마님이나 어린 따님 못지않으니 여간 기쁜 게 아니랍니다. 겐지 나리님은 이렇게 말씀하셨지요. 당신 아버님이 상감으로 계실 때부터 궁중의 여어(女御)와 황후, 그 밑의 여성을 수없이 보아왔지만, 현재 상감님의 어머님이셨던 후지쓰보 중궁의 미모와, 당신 따님의 얼굴을 가장 뛰어난 미인으로 여기신다고요. 저는 그 중궁은 알지 못하지만, 보건대 따님은 아직 어리지만 앞으로 틀림없이 빼어난 미인이 되시리라고 장담합니다. 그렇지만 무라사키 마님의 미모에 견줄 사람은 없지요. 나리께서는 마님의 아름다운 가치를 충분히 알고 계시겠지만, 당신 입으로 최상의 미인이라고 말씀하시기는 쑥스러우신가 봅니다. 그러면서 이런 말씀을 하신 적도 있습니다. 당신은 나와 배필이 되어 황송스럽게 여기지 않느냐, 그런 농담을 말이지요. 아름다운 두 분을 함께 뵙는 것만으로도 명이 길어질 것만 같아요. 저런 분들은 또 있을 수가 없지요. 하지만 그렇게 아름다우신 육조원 마님과 견주어도 루리 아가씨는 어디 하나 뒤떨어지질 않으십니다. 세상에는 무엇이나 한도가 있어서, 뛰어난 미모라 할지라도 부처님처럼 광채가 눈부시게 뿜어지기라도 할까요? 그러니 자신을 가지세요. 아가씨는 누구보다도 아름다운 분이시랍니다."

우근위는 미소를 지으면서 아가씨를 바라보았고 늙은 유모도 기뻐했다.

"이렇게 태생이 훌륭하신 분을 자칫 어두운 세계로 떨어뜨릴 뻔했습니다. 애석하고 황송하기에 집도 재산도 버리고, 의지할 만한 아들과 딸들도 이별하고, 지금은 타국이나 다름없는 쓸쓸한 도읍으로 올라왔답니다. 부디 좋은 지혜로 아가씨의 운명을 열어 주시구려. 귀족 댁에서 일을 보고 계시는 분이니 도움을 청할 데가 많으시겠지요. 아버님이신 대신께서 아가씨를 잘 보살펴주시도록 주선해 주시구려.”

유모가 말했다. 그 말에 아가씨는 부끄러워서 뒤를 돌아보고 있었다.

“저야 하찮지만 나리께서 곁에 두고 불러주시니, 옛날이야길 꺼내며 아가씨는 어떻게 되셨을까요 하고 여쭐 때가 있지요. 나리님은 꼭 내가 데려다 보살펴줘야겠으니 있는 곳을 알게 되거든 바로 알려달라고 하셨지요.”

“겐지 대신께서 아무리 훌륭하신 분이라고 해도, 지금 말씀드린 바와 같이 훌륭한 마님과, 그 밖의 마님 등 여러분들이 버젓이 계시잖습니까. 그러니 먼저 친부인 내대신께 알려 드리는 방도를 생각해 주세요.”

유모의 소리를 듣고 우근위는 비로소, 유가오 부인을 사랑하여 임종을 지키며 울었던 사람이 겐지임을 말해 주었다.

“겐지님은 아무리 노력해도 돌아가신 마님을 잊을 수 없었기에, 아가씨를 직접 돌봐 드리고 싶어 했습니다. 나는 자식이 적어서 허전하니, 그 사람을 찾아내게 되면 내 자식을 집에 맞아들인 양 세상에 널리 알리겠다, 훨씬 이전부터 그렇게 말씀하셨지요. 제가 어리석고 마음이 약한 탓에 당신들에겐 마님이 돌아가신 사실을 미처 말씀드리지 못했는데, 그 사이에 주인님께서는 소이(少貳)가 되셨지요. 그렇죠, 저도 이름을 듣고서야 알았어요. 나리님께 작별인사를 하고자 오신 모습을 나는 얼핏 보았지만. 아무 말도 물어보지 못했답니다. 아가씨는 저 오조(五條)의 유가오 핀 집에 두신 채 부임하셨겠거니 했는데, 아유 하마터면 영원히 규슈(九州) 시골 사람으로 사실 뻔했습니다.”

사람들은 그렇게 종일 옛 이야기도 하고, 함께 염불을 외우기도 했다. 불당에 참배하는 사람들을 내려다볼 수 있었는데 그 승방 앞으로 하쓰세 냇물이 흐르고 있었다. 우근위는 아가씨에게 말했다.

삼나무 한 쌍이 서 있는 하쓰세를 찾지 않았다면
이 오래된 냇가에서 당신을 볼 수 있었을까요.

"아가씨, 정말 반갑기 그지없습니다."

오늘 처음 본 하쓰세 냇물은 얼마나 빠른 걸까요.
옛사람 만난 이 몸도 눈물과 같이 떠내려갑니다.

그렇게 말하면서 눈물짓는 아가씨는 참으로 좋은 인상이었다. 이처럼 뛰어
난 미모에 시골뜨기처럼 촌스러운 데가 있었다면 얼마나 그것을 옥에 티로 생
각하며 애석했을까. 어떻게 이처럼 훌륭한 귀녀로 자라나신 걸까 싶어, 우근위
는 유모에게 깊이 감사했다. 어머니인 유가오 부인은 젊고 대범하며 상냥한 여
성일 뿐이었다. 그러나 그녀의 딸은 용모와 자태가 거룩할 정도로 훌륭한 아가
씨였다. 이 모습을 본 우근위는 그녀가 자란 규슈를 좋은 곳일 거라 여겼지만,
옛 친구들이 모두 볼품사나운 여인이 되어 있었기에 이상한 느낌을 지울 수는
없었다. 그들은 해가 지면 불당으로 갔다가, 다음 날은 또 승방으로 돌아와 염
불을 외우며 시간을 보냈다. 가을바람이 골짜기 밑으로부터 불어 올라와 쌀쌀
할 무렵, 사람들의 쓸쓸한 마음은 더욱 슬퍼졌다. 예전에 아가씨는 자신의 인
생이 보통 사람들 팔자보다 못한 듯싶어서 비관해왔다. 하지만 아버지인 내대
신의 높은 직위, 그리고 낮은 신분의 여러 어머니 사이에서 태어난 아이들이
모두 귀염을 받고 행복하게 자란 일을 알게 되자, 자신도 이제는 구원받을 때
가 되었다고 생각했다. 돌아올 땐 서로서로 숙소를 물었고, 잊어버리지 않도
록 굳게 다짐을 하면서 헤어졌다. 우근위 자택도 육조원에서 가까웠고, 규슈
사람들의 숙소와도 멀지 않자 그들은 용기를 얻었다.
   우근위는 여행에서 돌아오는 길로 곧장 육조원으로 나가 일했다. 아가씨에
대한 이야기를 빨리 하고 싶은 생각에서 서둘렀다. 육조원은 대문을 들어서면
서부터 모든 분위기가 유난히 호화스러웠다. 들어오는 수레, 나가는 수레가 수
없이 눈에 띄었다. 우근위는 자신과 같이 미천한 존재가 이 댁의 시녀가 되어
자유로이 드나드는 일에 황홀한 기분마저 들었다. 또 그날 밤은 주인 내외 앞
엔 나가지 않고 방 안에 틀어박힌 채 생각에 잠겼다. 이튿날은 제 집에서 올라
온 상급 시녀들 몇몇 가운데 우근위가 특별히 마님께 불려 나갔다. 그녀는 그
사실을 아주 자랑스럽게 여겼다. 겐지도 마님의 방에 있었다.
   "왜 그렇게 오랫동안 집에 가 있었지? 이제까지와는 좀 다르군. 혼자 사는 사

람은 이런 곳에 있을 때와는 달리 제 집에 있으면 젊어지기도 하겠지? 분명 재미난 일이 있었나 보군."

겐지는 그런 농담을 했다.

"이레동안 휴가로 다녀온 셈이지요. 뭐 재미나는 일이 어디 있었겠나요. 저는 산사(山寺)로 갔다가 거기서 가엾은 분을 만났습니다."

"누군데?"

겐지가 물었다. 이제까지 부인에게는 말한 적이 없는 옛날이야기를 불쑥 꺼내는 일도 오해가 될 터이니 나중에 하는 게 어떨까 싶었다.

"다음 기회에 자세히 말씀드리겠습니다."

다른 궁녀들도 왔기에 그녀는 말끝을 얼버무렸다.

방에 등불을 켜고서, 편안하게 나란히 쉬는 겐지와 무라사키 부인의 모습이 보기에 좋았다. 무라사키는 27, 8세가 되었을까, 한창 나이여서인지 한층 더 아름답게 보였다. 며칠 만에 보니 더 예뻐진 듯했다. 우근위는 루리 아가씨가 정말 훌륭하다고, 무라사키 부인에게 지지 않겠다고 말을 하였지만, 마음 탓인지 격이 틀리게 보였다. 우근위는 두 사람을 자기도 모르게 비교하며, 과거가 행복했던 사람과 그렇지 않았던 사람은 확실히 다르다고 생각했다. 겐지는 자려고 눕더니 우근위를 불러 다리를 주무르게 했다.

"부인은 피곤하다고 불평을 하는구나. 아무래도 나이 든 사람끼리는 마음이 통해 사이좋게 기내기가 쉬운가 보다."

겐지가 이렇게 말하자, 시녀들이 소리를 죽이고 웃었다.

"그렇고말고요. 저희들이야 이런 심부름을 싫어할까요? 듣기 싫은 농담으로 놀리셔서 곤란할 때도 있지마는."

"무라사키는 나이 든 동지끼리라도 너무 사이가 좋으면 또 불쾌해할 것이다. 걱정이 없는 성미가 아니어서 위험하다."

겐지는 우근위를 상대로 가벼운 이야기를 나누며 웃었다. 정말 부드럽고 정이 있으며, 웃음을 자아내게 하는 면도 있었다. 조정 일을 하고는 있지만, 지금은 그리 바쁘지 않은 신분이어서 세상일에 관해서도 여유롭게 생각하고 있었다. 가끔 두서없는 농담을 한다든지 사람 마음을 시험해 보고 재미있어하기도 했다. 우근위처럼 나이 든 이에게 장난삼아 놀리려고도 들었다.

"그래, 만났다는 사람은 어떤 사람인가. 훌륭한 수도자라도 알게 돼서 데리고 왔단 말인가."

겐지는 틈을 보아 넌지시 물었다.

"농담이 지나칩니다. 박복한 유가오 마님과 인연이 있는 분을 만났습지요."

"그래? 참으로 가엾은 이야기군. 이제까지 어디에 있었는데?"

겐지가 그렇게 물었으나, 사실대로 말하기는 거북했다.

"쓸쓸한 변두리에서 살고 계셨답니다. 예전 시녀들도 절반쯤은 딸려 있기에 옛날이야기를 나누면서 슬퍼하셨지요."

"이제 알겠어. 그 사정을 잘 알지 못하는 사람도 있으니깐."

겐지가 숨기려는 듯하자 무라사키는 옷소매로 귀를 가렸다.

"제가 방해가 되죠? 전 졸려서 무슨 이야기를 하는지도 모르겠는걸요."

"미모가 옛날의 유가오만 한가?"

"그만큼은 아니지만, 아주 예뻐지신 듯했습니다."

"거 잘됐군. 누구만큼? 이 사람과 비교하면 어때?"

"천만의 말씀입니다. 그럴 리가 있겠습니까?"

우근위가 말했다.

"꽤 자신만만하군. 혹여 나를 닮았다면 걱정할 필요없겠지만."

겐지는 일부러 친부인 것처럼 말했다.

그 뒤로 겐지는 자주 우근위 한 사람만을 불러내어 루리 아가씨 문제를 두고 이런저런 이야기를 나누었다.

"난 그 사람을 육조원으로 맞아들이기로 했어. 이제까지 난 그 사람이 어디 있는지 알 수 없어 마음이 늘 어두웠지. 부친이신 내대신께 굳이 알릴 필요는 없다네. 많은 아이들에 둘러싸여 행복하게 지내고 흥청거리고 있거든. 대단한 어미의 소생도 아닌 사람이 그 속에 끼어들면, 또다시 고생만 하게 될거야. 나는 자식도 몇 안 되니, 뜻하지 않던 곳에서 찾아낸 딸이라고 말해 놓고, 귀공자들의 사랑을 받게끔 돌봐줄 생각이라네."

겐지의 말을 들으면서, 우근위는 아가씨의 운이 이렇게 해서 열리나 싶어 기뻤다.

"그저 겐지님 마음에 달렸을 뿐입니다. 내대신께는 슬며시라도 전할 사람이 없습니다. 헛되게 돌아간 분을 대신해 어떻게라도 도와 주십시오. 그것은 죄를 갚는 일이 될 것입니다."

"죄라니, 생트집을 잡는구나."

겐지는 장난스런 미소를 띠면서도 그때를 회상하고는 눈물을 지었다.

"그립고 덧없는 인연이라고 오랫동안 생각해 왔다. 이렇게 모여 있는 여러 애인들 중에 유가오만큼 애착이 가는 사람은 하나도 없구나. 다만 오래 살다 보니 느긋함을 깨우치게 하는 일이 많은 듯하다. 그래도 유가오가 부질없이 떠나 버려서 우근위 말고는 추억거리로 삼을 사람도 없는 게 섭섭하기만 했다. 그렇더라도 한시라도 잊지 못하고 있었으니, 어떻게 해서라도 그 루리 아가씨만은 데려와 주었으면 좋겠다."

겐지는 우선 편지를 썼다. 어려운 환경에서 지내 온 스에쓰무의 얼굴이 곱지 않았던 점을 떠올린 겐지는 그처럼 궁핍하게 커 온 루리의 모습이 걱정되어 먼저 편지로 상황을 알아보려고 했던 것이다. 겐지는 고지식한 척하면서 진지하게 편지를 썼다. 그 끝에 이런 노래를 적어 넣었다.

'이렇게 편지를 보내는 이유는 보지 못했더라도 물어보면 알 수 있을 터이니, 미시마 강(三島江)에 자라는 매자기 줄기는 끊어지지 않으리. 그 줄기처럼 인연이 닿아 있기 때문이지요.'

우근위는 편지를 가지고 겐지 앞을 물러나와 루리 아가씨에게 직접 가지고 갔다. 아씨의 옷이나 하녀들의 옷감 같은 여러 가지 선물도 가져갔다. 우근위는 무라사키 부인에게도 이미 유가오에 대해서, 그리고 루리 아가씨가 유가오과 내대신 사이의 아이라는 것을 말해 두었다. 옷을 관리하는 사람에게 말하여 준비한 물건들 가운데에서도 색깔이나 모양새가 특별한 것들을 골라낸 선물이었다. 규슈 같은 시골 사람의 눈에는 세상에 둘도 없는 옷이라는 생각이 들었다.

'그저 단순한 인사 정도였어도 친부모의 편지였다면 기쁘기도 하겠지만, 아무리 고마운 말씀이라도 어떻게 알지도 못하는 사람의 신세를 질 수 있을까?'

아가씨는 이런 생각으로 괴로워했다. 우근위는 루리 아가씨에게 이제부터 어떻게 해야 좋을지 가르쳐 주었다. 주위 사람들도 다들 이렇게 말하였다.

"신분이 높아지시면 자연스레 아버님인 내대신도 아가씨 이야기를 들어 알게 되겠지요. 부모자식의 인연이란 그리 쉽게 끊어지지 않습니다. 우근위도 아가씨를 만나고 싶어서 간절히 빌었더니 마침내 이루어지지 않던가요. 우근위처럼 하찮은 이의 바람도 들어주시는 신불이십니다, 더군다나 루리 아가씨는 귀한 몸이 아니십니까. 아가씨와 내대신님만 건강하신다면 반드시 만날 날이 올 것입니다."

그제야 루리 아가씨는 마음을 누그러뜨렸다. 먼저 답장을 하라고 재촉하여 아가씨는 마지못해 붓을 들었다. 시골 태가 날 듯해서 부끄럽게 생각하였다. 향을 쪼인 당(唐)나라 종이를 꺼내어 편지를 썼다.

하찮은 매자기 풀은 무슨 인연으로
근심 많은 늪에만 뿌리를 내릴까요.

필적은 믿음직하지 않고 비틀비틀하였지만, 기품이 느껴져 보기 싫지는 않았다. 겐지는 어느 정도 안심하였다.

겐지는 루리 아가씨의 거처를 어디로 정할까 골똘히 궁리했다. 남쪽 무라사키 부인 저택에는 빈 별채가 없었다. 여기는 호화로운 생활의 중심이 되어 있으므로, 사람들 출입도 잦아 젊은 여성에게는 걸맞지 않았다. 중궁의 거처인 담 안에는 그런 사람에게 알맞은 조용한 별채도 있었으나, 루리 아가씨가 중궁의 시녀마냥 세상에 알려져도 좋지 않으리라 생각하였다. 좀 허름한 곳이긴 하나 동북쪽 하나치루사토의 거처 서쪽 별채 도서실에 책을 치우고 방을 마련해 살게 하리라 결심했다. 가까이에 사는 하나치루사토의 성격은 친절하고 온순하니, 그와 친밀하게 지내는 것도 좋으리라 생각했다.

이렇게 되면서 겐지는 무라사키에게 옛날 유가오 이야기를 들려주었다. 무라사키는 그런 비밀이 있었던 사실을 그제야 알고서는 겐지를 원망했다.

"그러지 말게. 있었던 일이기는 하지만, 묻지도 않는데 어찌 자진해서 들려주겠소. 지금 내가 당신에게 지난날 추억을 털어놓는 이유는 내게 당신이 특별한 사람이기 때문이야."

그렇게 말하는 겐지의 얼굴에는 고인(故人)을 그리워하는 정이 갑작스레 솟구치는 것 같았다.

"내 경험뿐만 아니라 다른 사람도 마찬가지이겠지만, 여자란 그다지 사랑하지 않는 사이라도 무척 질투를 하기 마련이지. 그 때문에 괴로움을 겪는 사람이 많기에 난 무서워서 여자를 밝히는 생활일랑 아예 하지 말자고 마음먹었어. 그러면서도 내 멋대로 행동하다가 몇몇 여인을 가까이 했지. 그 가운데에서도 사랑스러워 견딜 수 없는 여자로 유독 그 사람이 생각나는군. 살아 있었다면 나는 북쪽 저택에 있는 아카시 부인만큼 그 여인을 사랑했을 거요. 누구든 같은 형상을 가진 사람은 드물겠지만, 그 사람은 재주가 많고 풍류를 즐기는 사람은 아니었지만 고상하고 퍽 귀여웠지."

이렇게 겐지가 말하자 부인이 되받아쳤다.

"하지만 아카시 부인에 견줄 수야 있겠어요?"

부인은 아직도 북쪽 궁전에 있는 사람이 부당하게 사랑 받는다고 여겨 질투하고 있었다. 그러나 귀여운 따님이 그들 앞에서 이야기를 듣는 모습을 본 부인은 사랑스러운 나머지 겐지가 아카시 부인을 아끼는 것도 어쩔 수 없는 일이라고 마음을 고쳐먹었다. 이 일들은 모두 9월에 있었다.

아가씨를 육조원으로 옮겨 오는 일은 쉽지 않았다. 먼저 그는 몸가짐이 정갈한 젊은 시녀와 심부름을 할 여자아이를 구하기 시작했다. 규슈에 있을 때는, 도읍에서 시골로 내려온 여자를 보는 대로 시녀로 고용했지만 그들을 모두 버리고 갑작스레 탈출했기 때문에 이제는 세 사람밖엔 없었다. 도읍은 워낙 넓은 곳이라 장사하는 여인에게 부탁해 두면 용케 시녀를 찾아서 데려오곤 했다. 먼저 우근위의 오조집으로 아가씨를 모신 뒤 그곳에서 시녀를 뽑고, 의복도 모두 준비해서 시월에는 육조원으로 들어갔다. 겐지는 하나치루사토 부인에게 새로운 루리 아가씨에 대한 이야기를 자세히 말했다.

"내가 사랑했던 사람이 까닭 없이 비관해서 교외의 어딘가로 숨어버렸습니다. 자식도 있었기에 오랜 세월 동안 나는 그녀를 찾아 헤맸으나, 아무런 보람도 없어서 다 자랄 때까지 다른 데다 두었습니다. 헌데 그 아이의 이야길 듣고는 당장 맞아들여야겠다는 생각에 이곳으로 오도록 했소이. 이미 그 아이의 모친도 죽고 없답니다. 중장(中將)*10을 당신의 아들로 삼고 있으니 하나쯤 더 있어도 좋겠지요. 중장과 똑같이 돌봐주시지요. 미천한 환경에서 소박한 생활만 해 왔으니 촌스러운 짓을 많이 할 거요. 무엇이나 잘 가르쳐주시오."

"참말로 그런 분이 계셨습니까? 저는 조금도 몰랐습니다. 따님이 한 분뿐이라 좀 외로웠는데 잘된 일입니다."

하나치루사토가 고분고분하게 말했다.

---

*10 중장(中將) : 겐지의 맏아들. 중장으로 승진했음을 알 수 있다.

"어미 되는 사람은 매우 착한 여자였지요. 당신도 어진 사람이니까 안심하고 맡길 수 있습니다."

겐지는 그렇게 말했다.

"도련님은 어머니 된 심정으로 보살펴 드릴 만한 일이 너무 적어서 심심했었는데, 함께 살게 되다니 잘된 일입니다."

하나치루사토가 말했다. 그러나 시녀들은 겐지의 따님이라는 사실을 모르고 이렇게들 말했다.

"또 어떤 분을 맞으시려고 저러실까. 겐지님께서는 마님을 고물 취급하시지 뭐예요."

루리 아가씨는 수레 세 대에 나누어 탄 시녀들과 함께 육조원으로 이사했다. 시녀들 옷은 우근위가 관리했던 만큼 촌스럽지 않게 갖추어졌고, 그들에게 필요한 비단이나 그 밖의 포목들도 이미 겐지가 마련해 놓았다.

그날 밤 겐지는 곧 아가씨에게로 왔다. 규슈 사람들은 예전에 히카루 겐지(光源氏)라는 이름을 들은 적은 있었으나, 오랫동안 시골에 있어서 이렇게 아리따운 분이라는 사실은 몰랐다. 그들은 희미한 등불 빛에 휘장 틈으로 가까스로 보이는 겐지의 얼굴을 보고서는 두려움마저 느꼈다. 겐지가 들어오는 방문을 우근위가 열었다.

"옆문으로 들어오니 마치 연인을 만나러 온 것 같구나?"

그러자 겐지가 웃으며 들어와 툇마루 앞 사랑방에 앉으면서 휘장을 옆으로 조금 더 밀어 놓으며 말을 이었다.

"등불이 너무 어둡군. 애인이 오는 밤 같은걸. 아버지 얼굴을 보고 싶다 했다는데 이렇게 불빛이 어둡고서야. 자네는 어떻게 생각하는가?"

루리는 수줍어서 몸을 움츠리고 다소곳이 앉았는데, 겐지는 그 모습이 마음에 들어 기뻤다.

"조금만 더 밝게 하지. 너무 예의를 차리는구나."

겐지가 말하자 우근위가 등잔 심지를 조금 돋운 뒤에 아가씨 가까이에 놓았다.

"수줍어하기는, 원."

겐지는 빙그레 웃었다. 과연 유가오의 모습을 쏙 빼닮아 눈매가 예뻤다. 겐지는 조금도 남 같지 않은 태도로 아버지답게 다정히 말했다.

"오랫동안 너 있는 곳을 몰라 걱정이 태산 같았다. 드디어 이렇게 만나니 꿈만 같구나. 게다가 옛날 생각을 하면 견딜 수 없이 슬프니 제대로 말도 나오지 않는구나."

겐지는 회상에 젖어 눈물을 닦았다. 그 말은 거짓이 아니었고, 겐지는 유가오와의 사별을 추억하며 슬퍼하고 있었다. 겐지는 원망의 말을 하였다. 햇수를 세어 보더니

"부녀지간(父女之間)에 이렇게 오래 만나지 못했다는 이야기는 들어보지도 못했다. 원망스러운 운명이구나. 난 오늘날까지 일어났던 이야기를 털어놓고 싶고, 이제 넌 어린애마냥 부끄러워 할 나이도 아닌데 어찌 그렇게 말이 없느냐."

겐지가 섭섭해하자, 루리는 무엇이라고 말해야 할지 몰라 부끄러운 듯 들릴락 말락 작은 목소리로 말하는데, 유가오 그 사람과 똑같았다.

"걸음마도 제대로 하기 전에 먼 시골을 떠돌면서 살았는지 죽었는지조차 모르고 지냈사옵니다."

겐지는 미소를 띠면서 말했다.

"너한테 고달픈 인생길만을 걷게 한 보답을 이제 내가 해주겠다."

그러면서 겐지는, 우근위에게 여러 가지 주의를 주고 돌아갔다.

첫인상이 좋은 여성이었음에 만족한 겐지는 무라사키 부인에게 그 말을 전했다.

"그런 시골에서 오랫동안 자란 아이라서 얼마나 가여울까하고 생각했는데, 오히려 내가 부끄러워질 지경이었소. 이런 미녀가 딸이라는 사실을 세상에 널리 알려 자주 오시는 병부경친왕(兵部卿親王)들의 속을 태워야지. 연애라면 사족을 못쓰는 사람들이 우리 집만 오면 근엄한 태도로 있는 까닭도 젊은 처녀가 없기 때문이거든. 성심껏 돌보아주자고. 아직 덜된 귀공자들이 어떻게 구애를 하나, 이제는 실컷 구경이나 해봅시다."

겐지가 말하자

"묘한 부성애군요. 구혼자의 경쟁심을 부채질하시다니, 못된 아버지셔요."

무라사키가 말했다.

"그렇지, 지금과 같은 심정이었다면, 당신도 그렇게 해 둘 걸 그랬어. 분별없이 아내로 삼는 게 아니라 숫처녀로 그냥 둘 걸 그랬군."

부인이 부끄러워 낯을 붉힌 모습이 새삼 아름답게 보였다. 겐지는 벼루를 가까이 끌어당겨 낙서하듯 붓을 놀렸다.

어버이 사모하는 그 마음은 다마카즈라
어느 줄기 더듬어서 예까지 왔던고.

"이 무슨 인연일까?"
이렇게 혼잣말처럼 중얼거리는 겐지를 보고, 무라사키는 예전에 그가 말했던 대로 다마카즈라 아가씨의 어머니를 깊이 사랑했나 보다 어렴풋이 짐작했다.
겐지는 중장이 된 도련님에게 이러이러한 딸을 맞아들였으니 사이좋게 지내고, 언제 한번 찾아가 보라고 일러주었다. 중장은 겐지의 말에 따라 다마카즈라 아가씨 별채로 찾아갔다.
"부족한 동생이지만 잘 부탁드립니다. 동생이 있으니 좀 더 일찍 불러주셨으면 좋았을 텐데요. 이사할 때도 도와드리지 못해 죄송스럽습니다."
그가 이렇듯 깍듯이 인사를 하자, 다마카즈라 아가씨가 겐지의 친딸이 아니라는 사실을 아는 사람들은 쑥스러워 했다.
규슈에서 살았을 때도 한껏 예쁘게 꾸미고 살았다고 생각했지만, 육조원에 비하면 그저 투박하고 촌스러울 뿐이었다. 별채를 꾸민 가구들부터 시작해 세련된 기품이 느껴졌고, 친지들과 지인들의 모습마저도 흠잡을 데 없었다. 온갖 것들이 눈이 부실만큼 화려했다. 이제는 그 삼조마저도 태재부 대이는 별 게 아니라는 사실을 깨달았다. 그러니 대부감의 거친 숨소리와 태도는 생각만 해도 끔찍했다. 아가씨와 유모, 우근위는 모든 일이 분고차관의 지성 덕분이라고 말하면서 그를 칭찬했다. 규칙적인 생활을 확고히 하자면 그런 사람이 필요하다 해서, 다마카즈라 아가씨의 가신이며 집사 등을 정할 때 분고차관도 그 한 사람으로 등용되었다. 한낱 촌뜨기 실직자였던 분고차관은 갑자기 명예로운 신분이 되었다. 그는 본디라면 감히 드나들지도 못할 육조원에 아침저녁으로 출근하며, 많은 무사를 거느리고 일을 보게 되어 뜻밖의 큰 행운으로 여겼다. 그러면서도 겐지에게 감사하는 마음을 늘 잊지 않았다.
한 해가 끝날 무렵, 새해의 실내 장식이며 봄옷을 나눌 때, 겐지는 다마카즈라 아가씨를 존귀한 부인들과 똑같이 대접했다. 아가씨에게는 이미 완성된 의상을 선물하기로 했는데, 이때 겐지는 직조공 여러 명이 정성껏 짜서 만든 옷가지들을 갖고 오게 해서 자신이 먼저 감상했다.

"매우 많군. 마님들에게도 저마다 좋은 것으로 골라서 선물하기로 하지."

하고 겐지가 말하자, 무라사키 부인은 궁중에서 지은 옷뿐만 아니라 손수 지은 옷을 모두 겐지에게 보였다. 겐지는 옷짓기를 즐기며 솜씨도 좋은 부인을 크게 아꼈다. 그는 이곳저곳에서 다듬이질을 해 온 풀 먹인 명주를 견줘보고, 진한 분홍빛·빨강빛 등으로 나눠서 옷궤와 옷상자 등에 넣게 했다. 상급시녀들은 옆에서 겐지가 분부하는 대로 선물을 만들었다. 부인은 옆에서 보다가 말했다.

"모든 게 잘된 것 같으니, 입을 사람에게 잘 맞을 만한 옷들을 생각해서 드리도록 하세요. 입은 옷과 사람의 얼굴이 어울리지 않으면 볼썽사나울 테니까요."

그러자 겐지는 웃으면서 대답했다.

"시치미 떼지 말게나. 당신 지금 입을 사람의 얼굴을 가늠해 보려는 게지? 그건 그렇고, 당신은 어느 것을 입겠소?"

"거울을 본다고 알 수 있는 게 아니죠."

무라사키는 부끄러운 듯 말했다.

무라사키 부인 옷으로는 분홍빛 매화무늬가 놓인 연지빛 겹겉옷과 엷은 연지빛 옷을 골랐다. 연분홍 겉옷에 밝은 빨간 숙견(熟絹)을 곁들인 것은 이 댁 따님 봄옷으로 골랐다. 엷은 하늘색 바탕에 바닷조개 무늬가 그려진 옷감은 상당히 멋을 부려 짠 듯하면서도 얼핏 보면 그다지 요란하지 않아 보였다. 거기에 진분홍 숙견을 곁들인 것은 하나치루사토에게, 새빨간 옷과 황매화빛 겉옷은 서쪽 별채 다마카즈라 아가씨 옷으로 정해졌다.

안 보는 체하면서 무라사키는 마음속으로 그들의 용모를 상상했다. 다마카즈라 아가씨는 내대신의 화사하고 단정해 보이면서도 요망한 느낌이 없는 얼굴을 닮았을 것이라고, 황색 겉옷을 보고 짐작했다. 겉으로 드러내지는 않았으나 겐지는 그쪽을 보자마자 부인의 마음이 편치 않음을 알아챘다.

"이제 입을 사람의 용모를 생각하고 고르는 건 그만두자. 그건 도리어 받는 사람 기분을 상하게 할 뿐이야. 아무리 잘된 옷이라도 한계가 있는 법이고,

사람 얼굴은 못생겼다 하더라도 나름 깊이가 있는 법이니까."

이런 소리를 하면서 겐지는 스에쓰무하나 아씨 옷감으로 고상한 당초(唐草) 무늬를 수놓은 연둣빛 천을 골랐다. 은근히 요염한 느낌을 주는 옷이라서, 겐지는 남몰래 미소를 지어보였다. 겐지가 고른 매화 가지에 나비와 새가 엇비슷이 날고 있는 흰 겹겉옷에 밝은 진분홍 옷을 곁들인 아카시 부인(明石夫人)의 중국풍 옷을 보고 무라사키 부인은 모욕을 당한 기분이었다. 우쓰세미*11 여승에게는 하늘빛 천으로 지은 진귀한 겉옷을 보내기로 하고, 겐지 자기가 입으려고 지은 미색 옷도 곁들여 선물하기로 했다.

겐지는 누구에게나 같은 날에 입도록 하라는 말을 잊지 않고 했다. 자신이 골라 준 옷들이 어울리는지 직접 살펴보러 가리라 다짐했다.

부인들은 저마다 개성이 뚜렷이 보이는 답장을 써 보내왔으며, 심부름꾼들이 받은 선물도 가지각색이었다. 스에쓰무하나 부인은 동원에 있었기에, 육조원이 아닌 만큼 선물도 다소 멋을 부려도 좋은데도, 형식을 중시하는 사람답게 정해진 선물만 내놓았다. 그러나 받쳐 입기 힘든 노란 겹옷에 소매부리가 까맣게 변색된 단벌이 전부였다. 스에쓰무하나 부인은 향내가 짙게 풍기고 조금 해묵어서 두껍게 부푼 종이 위에다 이렇게 써 보냈다.

"옷을 받아서 도리어 근심만 늘었습니다."

보내주신 중국 문양 옷감을 몸에 걸치니 원망스러워라.
봐 주는 이 없으니 소맷자락 눈물로 적셔 돌려 드립니다.

글씨는 매우 고리타분했다. 편지를 읽은 겐지가 참지 못하고 쓴웃음을 짓자, 부인은 무슨 일이 있었느냐 싶어 가만히 엿보고 있었다. 스에쓰무하나 부인에게서 보내온 선물이 변변치 못함을 보고 겐지의 기분이 언짢아진 것을 눈치 챈 심부름꾼은 슬며시 나가버렸다. 시녀들도 이 일을 가지고 저희들끼리 웃음거리로 삼아 수군거렸다. 겐지는 스에쓰무하나 부인이 쓸데없는 짓을 해서 상대를 난처하게 만드는 사람이라고 생각했다.

"이 여왕은 참으로 훌륭한 노래를 지었구려. 옛 가인들처럼 당나라 옷이니,

---

*11 우쓰세미(空蟬) : 우쓰세미가 여승이 된 뒤로 이조원의 공원에 와 있었던 것을 알 수 있다.

눈물로 소매를 적시느니 하는 식의 원망 어린 표현법에서 떠나질 못했으니. 나 또한 다르지 않지만 자신의 세계 속에 단단히 갇혀 새로운 언어나 표현법의 영향을 받지 않으려는 노력엔 정말 놀랐단 말이야."

부인은 우스워서 견딜 수 없다는 듯이 편지를 비웃고 있는 겐지를 보자 스에쓰무하나 부인이 가여웠다. 그리하여 그녀는 정색을 하면서 말했다.

"왜 곧 돌려드린 거지요. 베껴두셨다가 아가씨에게도 보여드리는 게 좋았을 텐데요. 제 책들 가운데에서도 낡은 노래책이 있었는데, 벌레가 먹어 전혀 읽을 수가 없어요. 그 책을 다 읽고도 노래가 서툰 분보다 아예 모르는 저 같은 사람은 더욱 서툴 수밖에 없지요."

"아씨의 교육에 그런 것은 필요없어. 여자가 한 가지 일에 빠져 전문가처럼 구는 건 고상한 일이 못되지. 그렇다고 해서 아주 모르는 분야가 있는 것도 좋지 않지만 말이야. 다만 정신적으로 완벽한 사람으로 만들어, 평온하고 좋은 인상을 주는 여자로 가르치고 싶거든."

겐지는 이렇게 말하고, 스에쓰무하나에게 답장을 쓰려 하지 않았다.

"옷을 돌려드리고도 싶다 하셨으니 무슨 말씀이라도 하지 않으시면 실례가 아니겠어요."

그렇게 부인이 말하면서 쓰라고 권하자 인정이 많은 겐지는 이내 답장을 썼다.

옷을 돌려주신다는 말을 들으니 떠오르는 모습
외로움에 소맷자락 베고 누워 홀로 잠들겠구나.

'그 쓸쓸함은 이해합니다.'
이렇게 써서 보냈다.

첫노래*1

새해 첫날, 청명한 하늘빛 아래 어느 집 마당에서나 눈 속에 묻힌 풀들이 초록으로 물들기 시작하고, 제법 봄기운을 풍기는 안개 사이로 싹을 품은 나뭇가지들이 어렴풋이 생기를 띠었다. 거기에 끌려 사람들 마음도 구김살 없이 환해졌다.

여느 때처럼 말끔히 치워진 각 부인들 거처를 묘사하기에는 필자의 표현력이 부족함을 느낀다. 봄을 맞은 무라사키의 어전(御殿)은 그 가운데에서도 가장 뛰어났다. 매화 향기가 발 속 훈향과 한데 섞여 현세 극락이 이곳인 듯싶었다. 젊고 단정한 시녀들은 따님 시중을 들고, 그보다 나이가 좀 많은 사람들은 무라사키 부인을 모셨다. 설떡을 놓고 새해 복을 빌며 흥겨워하는 참에, 가장인 겐지가 잠깐 얼굴을 비쳤다. 양손을 품속에 넣고 있던 자는 급히 앉은 자세를 고치며 퍽 난처해했다.

"대단한 행사로군. 저마다 다른 소원 성취를 빌었을 테지? 내가 축사를 해줄까."

겐지가 아름다운 얼굴로 미소 지으며 말하자 모두들 올봄에 처음으로 누리는 복이라고 생각했다. 중장님네 시녀가 이렇게 대답했다.

"거울 떡을 놓고 겐지님의 만수무강을 가장 먼저 빌었습니다. 저희들 소원 성취는 그 다음이랍니다."

아침나절에는 인사오는 손님이 많아 웅성거리며 시간이 다 갔지만, 저녁 무렵 겐지는 다른 부인들에게 새해 인사를 하러 나갈 채비를 조용히 했다. 겐지는 한껏 몸단장을 하고 얼굴 화장을 하며 행복을 만끽했다.

"아침에 다들 설떡을 놓고 서로 축사를 하는 걸 보니 부럽더군. 마님한텐 내

---

*1 첫노래(初音): 이 권에서부터 '호접'·'반딧불'·'패랭이'·'화톳불'·'찬바람', 이렇게 계절의 추이에 따른 제목을 권명(卷名)으로 삼고, 겐지 36세의 호화로운 생활이 펼쳐진다. 하쓰네(初音)는 봄이 된 상징으로 꾀꼬리의 첫 소리를 말한다.

가 축사를 해드리지."

겐지가 조금 농을 섞어 부인에게 새해를 축하했다.

　살얼음 풀린 못물 드맑은 거울 속에
　두 그림자 나란히 나와 그대 정겨워라.

이렇게 진실할 수가 있을까. 두 사람은 세상에서 보기 드물게 아름다운 부부였다.

　드맑은 못물 속에 천년만년 함께 살
　두 그림자가 나란히 비쳐 있구나.

겐지의 노래에 부인이 답가를 불렀다. 두 사람이 오래오래 변함없는 사랑을 이어가자는 노래였는데, 마침 오늘은 첫 자일(子日)이기도 하니, 천년의 봄을 기원하기에 알맞았다.

　따님이 있는 사랑채로 가 보았더니, 시종아이와 시녀들이 앞산에 어린 소나무를 뽑아다가 한가로이 놀고 있었다. 북쪽 저택에서는 온갖 예쁜 과자 바구니와 도시락을 보냈다. 아담한 잣나무 가지 위에 장난감 꾀꼬리를 앉혔는데, 거기에는 편지가 있었다.

　해와 달 지고 새며 기다리는 마음에
　오늘은 꾀꼬리 첫 노랫소리를 듣고파.

그렇게 써 있는 편지를 보자 겐지는 가슴이 뭉클했다. 기분 좋은 설날이지만 넘쳐흐르는 눈물은 참을 수가 없었다.

"답장은 네 손으로 쓰도록 해라. 쑥스럽다며 겉치레를 할 상대는 아니란다."

　겐지는 따님에게 벼루를 갖다 주면서 노래를 짓게 했다. 겐지는 너무나도 귀여워 날마다 보는 사람들도 싫증을 내지 않는 이 아이를 생모에게서 데려온 뒤 한 번도 보여 주지 않은 일을 마음 아프게 생각했다.

세월은 흘렀어도 멀리 떠난 꾀꼬리
어찌 옛 둥우리 그 소나무를 잊으랴.

소녀의 작품으로, 이는 느낌 그대로를 읊은 노래라 하겠다.

하나치루사토의 여름 저택은 제철이 아니라서 그런지 조용했다. 일부러 멋
스럽게 꾸민 데도 없어서 귀녀답게 품위가 느껴졌다. 겐지와 이 부인 사이에는
바야흐로 조금의 거리감도 없는 끈끈한 우정 같은 게 있었다. 이제 그들은 육
체적 사랑을 초월한 부부였다. 휘장을 살며시 젖혀보니 하나치루사토는 앉아
있었는데, 겐지가 휘장을 걷어 올려도 하나치루사토는 그대로 앉아 몸을 숨기
려 하지 않았다. 겐지가 고른 얇은 하늘색 옷은 사람을 소박하고 차분하게 보
이게 했고, 머릿결마저 벌써 한창나이를 지난 듯 숱이 줄어 있었다.

"나 같은 사내가 아니었다면 벌써 달아나고 없었을 얼굴인데, 화장도 하지
않는 당신을 돌보는 일이 이상하게 나는 즐겁구려. 당신이 경솔하고 바람기 많
은 여자들처럼 고집을 부려 우리가 헤어졌다면 나는 이런 만족을 얻을 순 없
었을 거요."

겐지는 하나치루사토를 만날 때마다 이런 말을 하고는 했다. 겐지는 영원히
변함없는 자신의 사랑과 이 여인이 갖는 신뢰는 이상적이라고까지 생각했다.
다정하게 얼마 동안 이야기를 나누고, 겐지는 서쪽 별채로 갔다.

다마카즈라가 이곳에 들어와 산 지는 얼마 되지 않았지만 별채 분위기는 차
분하게 안정되어 있었다. 아름다운 황매화빛 겉옷이 날씬한 몸에 잘 어울릴 것
이라던 겐지의 예상은 들어맞았고, 그 화사한 얼굴에 어두운 그늘이라곤 조금
도 찾아볼 수 없었다. 시골에서 고생하느라 가늘어진 머리카락이 어깨 아래
옷 위에서 살랑거리는 모습도 오히려 산뜻한 느낌을 주었다. 지금은 이렇게 자
기 보호 아래 두고 있지만 이 사람을 애인으로 삼지 않고 배겨낼 수 있으려나.
가족처럼 살면서도 만족스럽지 않음을 겐지는 이상하게 여겼지만, 겉으로는
이 감정을 드러내지 않도록 억눌렀다.

"나는 벌써부터 당신이 이 집 사람 같기만 해서 흐뭇하군. 그대도 사양하지
말고 무라사키 부인 처소에 들르시오. 거문고를 배우는 여자아이도 있고 하니
같이 연습도 하고 말이오. 거기는 경계할 사람도 없으니 편할 거요."

그렇게 겐지가 말했다.

"말씀에 따르겠습니다."

그러자 다마카즈라는 대답했다.

해질녘에 겐지는 아카시 부인 거처로 갔다. 거실 가까이 대칭 문을 열자 발 너머에서 훈향이 물씬 풍겨 나와, 신성하고도 아리따운 세계로 들어서는 기분이 들었다. 아카시의 모습은 거실에 보이지 않았다. 어디로 갔나 하고 겐지는 돌아보다가 벼루 언저리에 책이 흩어져 있음을 보게 되었다. 중국 얇은 비단으로 가장자리를 호화로운 두른 깔개 위에는 좋은 거문고가 있었고, 멋들어진 화로에는 시종향(侍從香)이 피워져 있다. 여기에 옷에 피워넣는 향까지 섞여 자욱하게 풍기는 냄새가 기분 좋게 했다. 그 언저리마다 흩어진 종이에는 낙서 비슷한 게 쓰여 있었는데 글씨도 특색 있는 달필이었다. 한자도 많이 섞지 않고 딱 보기 좋게 흘려 써놓았다. 아가씨가 보내 온 꾀꼬리 노래에 대한 답장을 기특하게 생각하셨는지 사무치게 그리운 옛날 노래를 수두룩 써놓은 가운데에 스스로 지은 노래도 있었다.

꽃 속에 묻혀 사는 저 꾀꼬리 웬일인고
오늘은 숲 헤치고 옛 둥우리 찾아왔네.

가까스로 들을 수 있었던 꾀꼬리 소리라는 듯, 슬프게 쓰인 그 옆에는 '매화꽃 피는 골에 오두막 지었으니, 꾀꼬리 네 소리를 공으로 듣는구나'라는 자신을 위안하는 노래도 있었다. 겐지는 이 연습장을 보면서 빙긋이 미소를 지었으니 쓴 사람에겐 쑥스러운 이야기였다. 붓에 먹을 찍어 겐지도 그 글씨 옆에다가 이것저것 붓장난을 하는데, 아카시가 무릎걸음으로 안에서 나왔다. 자존심이 강한 여자였지만, 겐지를 주군으로 대하며 예절을 깍듯이 지키는 태도가 무척 겸손했다. 그 총명함이 아카시의 매력이기도 했다. 하얀 옷에 뚜렷하게 드리운 검은 머리채가 성긴 듯한데, 그것이 또렷하게 몇 가닥으로 갈라져 흘러내린 모습은 오히려 더 요염해 보였다. 마음이 끌린 겐지는 새해 첫날밤을 여기서 묵는다면 무라사키 부인이 화를 낼지도 모른다고 생각하면서도 그대로 아카시 부인과 밤을 보냈다. 육조원의 다른 부인들은, 이 일만 보아도 아카시 부인이 얼마나 깊은 사랑을 받고 있는지 분명히 알 수 있다며 아쉬워했다. 더구나 남쪽 저택 사람들은 이를 분하게 여겼다.

겐지는 새벽쯤 되었을 무렵에 남쪽 무라사키 저택으로 돌아왔다. 아카시 또한 그가 나가고 나서 이렇게 일찍 가지 않아도 괜찮은데, 하며 마음이 언짢았다. 기다리던 무라사키 부인의 상한 마음을 짐작한 겐지는 이렇게 말하면서 비위를 맞추었는데, 그 모습도 재미있어 보였다.

"잠시 단잠이 들어서 철부지처럼 그만 자버리고 말았소. 그런데 마중하러 사람을 보내주지도 않았군그래."

무라사키 부인이 마음을 툭 터놓고 대꾸해 주지 않자 겐지는 거북했지만 그냥 잠이 든 척 해가 중천에 뜨고 나서야 일어났다. 정월 초이튿날에 잔치를 열기로 되어 있었기에, 겐지는 바쁜 척하면서 어색함을 얼버무렸다. 친왕님들과 고관들 모두가 육조원 새해 잔치에 참석했다. 음악놀이가 펼쳐졌고, 주고받는 선물에는 육조원만의 호화로움이 엿보였다. 지체가 높은 사람들은 모두 눈부시도록 꾸미고 있었지만, 겐지에 비길 만한 사람은 아무도 없었다. 따로 놓고 보면 훌륭한 사람들은 꽤 많았으나, 겐지 앞에서는 빛을 잃어버리는 게 퍽 가여웠다. 보잘것없는 하인들도 주인을 따라 육조원에 올 때에는 옷차림이나 몸가짐을 각별히 챙겨 자랑스럽게 여길 정도였다. 더군다나 나이 젊은 고관들은 묘령의 다마카즈라 아가씨가 새로 살게 된 육조원을 참석할 때엔 제정신이 아닐 만큼 모양새에 신경을 쓰고 와서, 여느 때와는 다른 광경이 벌어진 새봄이었다.

봄꽃을 이끄는 저녁바람이 살랑살랑 불고 있었다. 앞뜰의 매화가 피기 시작한 황혼녘에 음악 소리가 흥겹게 울려왔다. '이 댁은 부귀한 댁'이라는 노래가 맨 처음 불리며 화려한 분위기가 조성되었다. 겐지도 틈틈이 소리를 맞추었다. '복초(福草)잎 세 잎 네 잎' 하고 노래하는 대목이 유난히 즐겁게 들렸는데 무슨 일이든지 겐지의 손길이 닿으면 빛이 나기 마련이었다.

이렇게 화려한 놀이를 화사한 사람들과 멀리 떨어진 곳에서 듣고 있던 무라사키와 부인들은 아직 열리지 않은 연꽃봉오리 속에 갇혀 극락왕생을 기다리는 몸이 된 듯싶었다. 더구나 떨어진 동원(東院) 사람들은 세월이 감에 따라 지겨움과 쓸쓸함이 더했을 터였다. 하지만 성가신 세상과는 동떨어진 산골 마을에서 살고 있는 듯한 기분이라 겐지의 냉담함을 따지거나 원망하는 마음조차 없었다. 물질적인 걱정은 전혀 없었으므로 부처님께 공양하는 사람은 오로지 신앙의 길에 정진할 수 있었고, 문학을 좋아하는 사람 또한 그 공부가 잘

되었다. 집도 개인의 취미와 생활에 알맞은 양식으로 만들어져 있었다.

새해 북새통이 가라앉을 즈음 겐지는 동원(東院)을 찾았다. 스에쓰무하나는 무시할 수 없는 지체를 생각해서 형식적인 부분은 후하게 접대했다. 예전엔 그토록 숱이 많았던 머리도 해마다 줄어들어 지금은 흰 가닥마저 늘어난 이 사람을 겐지는 똑바로 대하기가 민망했다. 연초록빛 옷이 제대로 어울리지 않는 까닭도 입은 사람의 됨됨이 때문이었을 거다. 흐릿한 봄안개도 빨간 코를 가리지 못하니 겐지는 탄식하지 않을 수 없었다. 하지만 스에쓰무하나는 부끄러워하지 않는 태도였다. 그녀는 이렇게 변함없이 사랑해 주는 겐지를 진심으로 신뢰해서, 그 태도에 오히려 동정심이 갔다. 몹시 추운 듯 목소리를 떨며 이야기하는데, 겐지는 보다못해 말했다.

"옷을 챙겨주는 사람이 없소? 여기는 마음 편히 살 수 있는 곳이니 외관은 어떻든지 몇 겹이라도 껴입는 게 좋아요. 사람들 앞에서 체면만 차리고 춥게 지낼 필요는 없으니까."

부인은 얄궂다는 듯이 웃었다.

"아사리(阿闍梨)의 뒷바라지를 하느라고 옷 지을 시간이 없는데다가 모피 따위도 빌려주고 해서 춥게 지냅니다."

여기서 말하는 아사리는 스에쓰무하나의 오라버니인 스님을 두고 하는 말이었다. 솔직한 것이 나쁘다는 뜻은 아니지만, 있는 그대로 내뱉어 버리는 태도는 마음에 들지 않았다. 하지만 스에쓰무하나 부인 앞에서면 겐지도 말수가 적고 솔직한 사람이 되어버렸다.

"모피는 스님께 드리는 편이 알맞지. 그런 것보다 흰 옷 정도는 몇 벌 껴입어도 무방하단 말이요. 그런데 왜 당신은 안 그러는 거요. 필요한 물건을 미처 내가 보내지 않았다면 사양 말고 모두 말해 줘요. 난 워낙 둔한데다가 게을러서 다른 사람과 혼동했을 수도 있으니까. 정말 그랬다면 미안하오."

그렇게 말하고, 겐지는 이조원 곳간을 열어 명주며 비단을 스에쓰무하나에게 가득 선물했다. 황폐한 데는 별로 없지만, 평소 남자가 살지 않는 집은 어딘지 쓸쓸한 분위기가 있는 듯했다. 앞뜰 나무숲에는 봄빛이 감돌았지만, 피어 있는 붉은 매화(梅花)를 감상하는 사람이 없음을 보고 겐지는 혼잣말로 중얼거렸다.

옛 마을 찾아들어 봄나무 가지 끝에
세상에 드문 이 꽃 빨강 꽃을 보노니.

코가 빨간 부인은 무슨 소린지 영 알아듣지 못했나 보다.

겐지는 우쓰세미 여승 거처에도 가보았다. 집 대부분을 부처님 자리로 내어
드리고 우쓰세미는 작은 방에서 홀로 염불에 몰두하여 살아가고 있었는데 그
모습이 못내 가여웠다. 경전을 맨 솜씨며, 불상을 장식한 재주, 자잘한 정화수
그릇에도 그 사람의 고상한 취미가 엿보여 저절로 정이 갔다. 암회색 휘장에는
산뜻한 그늘에 앉아 있는 여승의 소맷자락과는 다른 엷은 빛깔도 섞여 있었
다. 겐지는 울먹거리면서 말했다.

"나는 당신을 거룩하신 분으로만 보고 지낼 수밖에 없나 봅니다. 옛날부터
우리는 정녕 슬픈 두 사람이군요. 하지만 이렇게 만나뵙고 이야기할 만큼 영원
한 인연은 있는가 봅니다."

여승도 슬픈 얼굴로 애잔하게 말했다.

"이렇게 신뢰하고 지낼 수 있는 것만으로도 저는 전생의 인연이 얼마나 깊었
을까를 생각합니다."

"당신을 시달리게 한 지난날 추억이 괴로워, 나는 지금도 부처님 앞에서 가
끔 용서를 빌고 있답니다. 하지만 다른 남자들은 나처럼 순정파가 아니라는
걸 이제는 아시겠습니까?"

전부인의 아들이 흑심을 품어 애먹었다는 사실을 겐지가 알게 되지는 않았
는가 싶어 여자는 부끄러웠다.

"이렇게 초라한 말년 모습을 보여 드리는 일만으로도 그 어떤 과거에 저지
른 죄든 모두 청산되리라 믿습니다. 이보다 더한 벌이 또 있겠습니까."

우쓰세미는 울음을 터뜨렸다. 예전보다 더욱 깊은 품위가 엿보였다. 지난날
애인이 이제는 비구니가 되어 딴 세상 사람처럼 대하는 것만으로 만족할 수
없는 겐지였으나, 그렇다고 사랑의 농을 걸 수도 없었다. 여러 이야기를 하면서
도, 저 사람에게 적어도 이만큼이라도 말재주가 있으면 좋았을 걸 하고, 스에
쓰무하나의 거처 쪽을 바라보았다.

이밖에도 겐지의 보호를 받고 있는 여성은 적지 않았다. 겐지는 그들을 빠
짐없이 방문하고는 다정하게 위로했다.

"오랫동안 못 올 수도 있겠지만 마음속으론 당신을 잊지 않고 있습니다. 다만 생사의 이별이 우리들을 갈라놓을진대, 덧없는 목숨을 생각하면 참 쓸쓸해지는군요."

겐지는 저마다 신분에 맞춰 사랑하고 있었다. 여자를 거만하게 대할 법한 위치에 있는 겐지였지만, 보잘것없는 애인까지 잊지 않고 성의를 보였다. 그녀들은 그런 태도에 위안을 삼으며 세월을 보냈다.

올해 설에는 남자들이 춤추면서 답가를 불렀다. 무용수들은 대궐을 나와 곧장 주작원으로 갔다가 그 다음엔 육조원으로 돌아왔다. 길이 멀었기에 모든 과정이 끝나자 동이 트려 했다. 달이 환하게 비치고, 엷은 눈이 쌓인 아름다운 육조원 뜰에서 베풀어진 답가는 그야말로 흥겨웠다. 춤과 노래를 잘하는 젊은 관원들이 많았으며, 피리도 썩 잘 불었다. 이곳에서 이룬 성과를 모두들 자랑스럽게 여겼다. 겐지는 다른 부인들한테도 와서 구경하도록 권했기에, 남쪽 저택 좌우 별채며 복도에 자리를 마련하여 모두 나와 있었다. 동쪽 저택의 서쪽 별채에 사는 다마카즈라 아가씨는 남쪽 침전(寢殿)으로 와서 겐지의 따님과 만났다. 무라사키 부인도 같은 곳에 와 있었기에 휘장만을 사이에 두고 다마카즈라와 이야기를 나누었다.

올해는 남답가(男踏歌)라는 행사가 있었다. 사이바라를 노래하는 행렬은 궁궐에서 출발하여 주작원을 들러 육조원으로 돌아오게 되는데, 그 길이 멀기 때문에 그나마 좀 날이 밝아지는 동틀 무렵에 하기로 했다. 빛이 휘황찬란한 정월의 새벽 달밤에 눈은 차츰차츰 더 쌓여갔다. 솔바람이 높은 곳에서 불어 내려와 처량한 뜰에서 이제는 주름도 없어진 푸른 웃옷에 흰옷만 껴입은 복색에 볼품없는 솜을 머리에 뒤집어쓴 춤꾼들만 나와 있었다. 그런 풍경도 장소가 장소인지라 흥겨웠고, 관중들은 수명이 늘어나는 것 같다고 느꼈다.

겐지의 아드님인 중장(中將)과 내대신의 공자(公子)들은 춤꾼들 가운데에서도 유난히 화려해 보였다. 동쪽 하늘이 밝아오는 빛 속에 소복소복 쌓여가는 눈과 더불어, 추운 데서 '댓내[竹河]'라는 민요를 노래하며 오른쪽으로 몰리고 왼쪽으로 몰려 가는 춤꾼들의 모습, 젊고도 힘찬 노랫소리들을 그림으로 그려 남겨두지 못함이 안타깝다. 여러 부인들이 자리한 관람석에는 어디에 뒤처지지 않을 정도로 아름다운 빛깔을 겹친 궁녀들의 소맷부리가 언뜻 내비쳐서, 마치 봄의 꽃비단을 안개 속에서 짜내어 새벽 하늘에 깔아 놓은 듯했다.

이 또한 싫증나지 않는 구경거리였다. 춤꾼들은 고코지[高巾子]라는 높은 고깔을 쓰고, 자유로운 축시(祝詩)에 해학을 섞기도 했는데, 그 음악과 무곡은 그다지 들어줄 만한 것은 아니었지만 소임을 마친 그들은 관례적인 선물인 솜을 한 부대씩 받아 머리에 이고 돌아갔다. 밤이 완전히 샜기 때문에 여러 부인들은 남쪽 궁전을 떠났다. 겐지는 그로부터 잠시 눈을 붙였다가 여덟 시쯤 일어났다.

"중장의 목청은 변소장의 아름다운 목소리와 비교해봐도 뒤지지 않는 듯했어. 요즘에는 이상하게도 우수한 젊은이들이 많아졌지. 옛날엔 학문 분야에 견실하고 뛰어난 사람이 많았지만, 예술적인 면에선 요즘 사람들을 따라갈 수 없을 것만 같소. 나는 중장을 착실한 관리로 만들겠다는 교육방침을 세워, 나 자신이 성실하지 못했던 명예를 회복하려 했었지. 하지만 역시 그것만으로는 완전한 인간이 되지 못하니 예술적인 면을 없애지 말아야 한다고 깨달았어. 모든 욕망을 다 억누른 우직스런 얼굴이 그 사람의 전부가 되어선 안 되니까."

이렇게 겐지는 부인에게 말했는데, 아드님을 귀여워하는 모습이 보였다. 겐지는 만춘락(萬春樂)을 읊고나서 말했다.

"여러분들이 처음으로 여기에 온 기념으로 다시 한 번 모여 합주를 하면서 놀고 싶은 기분이 나는구먼. 나중에 내 집에서 잔치를 열어봅시다."

그러면서 소중히 간직하고 있던 악기들을 자루에서 꺼내어 먼지를 털고, 늘어난 줄을 당기고 음을 맞추었다. 그 말을 들은 부인들은 모두 긴장한 모습이 역력했다.

호접*1

　3월 스무날이 지난 육조원 뜰은 어느 해보다도 많은 꽃들이 흐드러지게 피어나고 지저귀는 새들마다 날아와 아름답게 노래했다. 봄은 이곳에만 호의를 보이는 듯, 자연의 아름다움이 넘쳐흘렀다. 이런 경치를 멀리서 바라봐야 하는 궁녀들을 안타깝게 여긴 겐지는 미리 만들어 두었던 당나라 배를 꾸며 연못에 띄웠다. 그리고 진수식을 올리는 날엔 궁중 아악료(雅樂寮)*2의 악인(樂人)을 불러 음악을 연주하게 했다. 이때는 친왕들이며 고관들도 많이 참석했다.
　이 무렵, 중궁께서 저택으로 돌아오셨다. 무라사키 부인과 겐지는 지난해 가을 '봄을 기다리는 동산'이라는 도발적인 노래를 보내주신 데 대한 회답을 하기에 딱 좋은 때라고 생각했다. 그러나 중궁은 워낙 존귀한 몸이시라 잠시 이곳으로 초대해 꽃구경을 시켜드릴 수도 없는 일이었다. 그렇기 때문에 이런 일을 기쁘게 여길 젊은 중궁 시녀를 배에 태웠다. 그러고는 동서로 물길이 이어진 남쪽 뜰 못 사이에 있는 동산을 뱅 돌아서 노를 저어 오게 했다. 동쪽 연못가에는 젊은 시녀들이 한데 모여 있었다.
　용두익수(龍頭鷁首)*3는 온통 당나라식으로 꾸며져 있었고, 키잡이나 삿대잡이 소년 무사는 머리를 갈라 양쪽 귀 위에서 둥글게 땋도록 했다. 이것도 중국식으로 꾸며놓았다. 배가 큰 못 한가운데로 나아가자 시녀들은 마치 외국 여행을 하는 것 같았고, 이런 경험이 없는 사람들이기에 참으로 즐거워했다. 섬의 후미진 곳에 배를 대어놓고 멀리 바라보도록 했는데 아무렇지도 않은 바

---

*1 호접(胡蝶) : 겐지 36세 3~4월 이야기. '호접'은 고려악(高麗樂)에 의해 일본에서 창작했다는 무악(舞樂).
*2 아악료(雅樂寮) : 궁중 가무를 다룬 기관. 아주 제한된 의식에만 참여했다.
*3 용두익수(龍頭鷁首) : 용은 물을, 익(鷁)은 바람을 이겨낸다는 뜻에서 뱃머리에 새겨 수난을 막는다 함. 두 척이 한 쌍을 이루는데, 뱃머리에 용의 머리와 익새의 머리를 새긴 천자(天子)의 배.

위조차 그림처럼 아름다웠다. 이쪽저쪽 온통 꽃 안개와 어우러진 나뭇가지들은 비단을 깔아놓은 듯했고, 육조원 저택이 아득하게 보였으며 저쪽 언덕엔 가지를 축 늘어뜨린 버드나무를 비롯하여 한층 화려하게 핀 꽃나무도 나란히 서 있었다.

다른 곳에서는 철이 지난 벚꽃도 여기서만은 한창때처럼 아름다웠다. 복도에 둘려 핀 등꽃도 배가 가까워짐에 따라 뚜렷한 자줏빛이 드러났다. 또한 못물에 그림자를 드리운 황매화나무도 한창 만발해 있었다. 그곳에 물새 암수여러 쌍이 놀고 있었는데, 어떤 놈은 가느다란 나뭇가지를 입에 물고 나지막이 날았다. 원앙새는 비단 같은 물결에 무늬를 그리고 있었다. 그림을 그리고 싶은 풍경이 잇달아 눈앞에 펼쳐졌으니, 신선놀음에 도끼자루 썩는 줄 모른다는 이야기처럼 황홀함에 빠져, 시녀들은 오랫동안 물 위에 있었다.

물에 비친 노란 꽃무리 바람 따라 찰랑이네.
이곳이 이름 높은 오미(近江)의 황매화 곳인가요.

봄의 저택 이 연못은 이데(井手)까지 이어지나요.
그 물가에 핀 황매화가 연못 바닥에 잠겼어라.

거북이 등에 솟은 봉래산이 별건가요
이 배 타면 늙지도 않고 지낼 텐데.

아른거리는 봄 햇살 사이로 흐르는 배
상앗대 끝에 맺힌 물방울조차 꽃잎 같구나.

갈 곳도 돌아갈 곳도 잊을 만큼 물에서 바라보는 풍경은 아름다웠다. 시녀들은 저마다 느낌을 노래하며 뱃놀이를 즐겼다. 해가 저물어갈 무렵이 되자 황장(黃鸞)이라는 춤곡이 들려왔다. 배는 연못가 나루턱으로 저어 갔고, 모두 아쉬워하면서 뭍으로 올랐다.

이곳 실내장식은 간단하게 꾸민 듯하면서도 깔끔하기가 그지없었다. 각 부인들의 젊고 고운 시녀들은 서로 뒤질세라 화려한 모습으로 기다렸고 그 모

습이 꽃을 수놓은 비단에 못지않게 아름다웠다. 흔치 않은 악곡이 몇 곡 연주되었으며 춤꾼들로 특별히 뽑힌 공자들이 나와 젊은 여성들을 한껏 즐겁게 했다.

밤이 되자 겐지는 못내 섭섭해 앞뜰에 화톳불을 피우게 하고, 계단 아래 이끼 위로 음악인들을 불러 친왕들이나 고관들과 함께 일대 합주를 하게 했다. 전문가 가운데서도 남달리 뛰어난 사람들이 피리로 쌍조(雙調)*⁴를 연주하자, 침전 위에서 이에 화답하는 화려한 현악 소리가 울려퍼졌고, 가수는 축하곡인 아악을 불렀다. 평민들까지도 말과 수레가 서 있는 육조원 대문 앞 그늘에 들어와 그 소리를 들으며 살아온 보람이 있노라 흐뭇해했다. 사람들은 봄하늘 울려 퍼지는 쌍조 가락이 얼마나 풍취가 있는지 다른 대관현악 연주를 듣고 난 뒤에야 깨달았을 것이라 생각되었다.

음악은 밤새 연주되었다. 여악(呂樂)에서 율(律)로 곡의 분위기가 바뀌어 희춘악이 연주되었고, 병부경친왕은 '푸른 버들'을 두 번 되풀이해서 노래하셨다. 그땐 겐지도 목소리를 맞추었다.

날이 활짝 밝았다. 중궁은 아침 새들의 지저귐을 부러운 듯 듣고 계셨다. 늘 봄빛이 완연히 넘치는 육조원이긴 하나 젊은 사내들의 마음을 사로잡을 만한 젊은 여인이 없었던 게 못내 불만인 자들도 많았다. 하지만 서쪽 별채에 다마카즈라 아가씨가 들어오고서부터는 사정이 달라졌다. 다마카즈라가 이렇다 할 결점이 없고 겐지의 사랑을 받으며 총애받고 있다는 사실이 세상에 알려지자, 겐지가 예상한 대로 사모의 정을 호소해 오는 자, 구혼자가 되려는 자가 마구 몰려들었다. 자기 지위에 자신 있는 사람은 궁녀들 가운데에서 연줄을 찾아 아가씨에게 편지를 보내기도 했고, 자기 의사를 직접 겐지에게 밝힐 수도 있지만 그런 대담한 행동은 차마 못하고 고민하는 젊은 귀공자들도 있었다. 그중에는 자신과 이복남매란 사실을 알지 못하는 내대신(內大臣) 댁 중장도 있는 모양이었다.

병부경친왕도 함께 살았던 부인을 잃은 뒤 3년 남짓 쓸쓸한 독신생활을 하고 계신 터라, 누구보다 열렬히 구혼하는 입장이었다. 오늘 아침만 하더라도 취한 척하시면서, 등꽃을 머리에 꽂고 제법 멋들어진 모습으로 계셨다. 겐지는

---

*4 쌍조(雙調) : 22율(律).

계획한 대로 돼가는구나 싶었지만 짐짓 모르는 척했다. 술잔이 돌아왔을 때 친왕은 난처한 기색을 보이면서 잔을 받으려고도 하지 않으셨다.

"내가 근심걱정이 없다면 이대로 돌아가고 싶습니다. 이젠 더 이상 술은 받지 않겠소."

등꽃 같은 인연으로 내 마음 그녀에게 빼앗기니
수렁에 빠져도 뜬소문에 휘둘려도 후회는 없습니다.

이렇게 말하며 친왕은 '같은 꽃 비녀'라는 시 구절을 읊었다. 그리고 등나무 꽃가지를 꺾어 술잔에 곁들여 겐지에게 건네었다. 겐지는 얼굴 가득 미소를 담고 말했다.

사랑에 빠진 몸, 괴로운 수렁에 던져야만 하는가.
올 봄은 등꽃 가까이를 떠나지 말고 지켜보시오.

겐지가 붙들어서 친왕은 자리를 뜰 수가 없었다. 아침 음악 연회는 어제 밤보다 한층 흥겨웠다.

오늘은 중궁이 봄 법회를 열어 독경을 하는 날이었다. 밤을 새운 사람들은 방을 빌려 관복으로 옷을 갈아입었고, 잠깐 집에 다녀오는 사람들도 있었다.

정오께는 모두가 중궁전으로 나갔다. 전상관들은 남김없이 그쪽으로 갔고 겐지의 권세가 한창인 덕분에 중궁은 백관의 존경을 온전히 받고 계셨다. 봄 부인의 호의로 부처님 앞에 꽃공양을 하는데, 특별히 아름다운 아이로 선발한 어린아이 여덟 명에게 나비와 새를 본뜬 옷을 입혔다. 새 모양 옷을 입은 아이들에게는 벚꽃을 꽂은 은화병을, 나비 모양 옷을 입은 아이들에겐 황매화나무를 꽂은 금화병을 들게 했다. 벚꽃도 황매화도 탐스러운 꽃송이로 피어 예사스럽지 않게 갖춰져 있었다.

배가 무라사키 부인의 저택 동산 기슭으로부터 중궁전 앞으로 올 즈음에 바람이 소소히 불자 꽃병의 벚꽃이 한 잎 두 잎 물 위로 떨어졌다. 안개가 화창하게 갠 속에서 이 꽃을 전하기 위해 심부름꾼을 태운 배가 유유히 나오는 풍경은 무척 아름다웠다. 따로 천막을 칠 필요도 없이, 왼쪽 복도에 걸상들을 늘어놓아 악사들이 음악을 연주할 자리를 마련했다. 배가 저어오자 음악소리가 울려 퍼졌다.

아이들은 층계 밑에 가서 꽃을 바쳤고, 향로를 들고 불사를 거들던 귀공자들이 그것을 받아 불전에 바쳤다. 무라사키 부인 편지는 겐지의 아드님인 유기리 중장이 가져왔다.

꽃동산 훨훨 나는 나비들을 보소서
가을을 기다리는 벌레들 외로울라.

그런 사연이었다. 예전에 보낸 단풍에 대한 답가이구나 싶어 중궁은 미소를 지으셨다. 어제 초대를 받고 봄의 침전에 다녀왔던 궁녀들도 아름다운 봄을 어떻게 이길 수 있겠느냐며 완전히 봄에 저버렸다는 어투였다. 명랑한 꾀꼬리 소리와 새소리를 본뜬 음악이 시작되자 못물의 물새는 자유로이 자리를 옮겨 가면서 지저귀었다. 빨라지다가 갑자기 끝나는 취주악도 사뭇 재미있었다. 나비는 덧없다는 듯 하늘하늘 날아올라, 황매화가 만발한 울타리 속으로 춤추면서 들어갔다. 중궁의 부관을 비롯한 시중드는 전상관들은 손에 선물을 들고 아이들에게 내려주었다. 새를 본뜻 옷을 입은 아이들에게는 분홍빛 옷을, 나비를 본뜻 옷을 입은 아이들에게는 황금빛 옷을 해주셨는데, 갑작스런 일이었으나 미리 마련한 것처럼 알맞은 선물이었다. 음악인들에게 내리신 선물은 흰 겹옷 한 벌, 또는 비단 두루마리로 차등이 있었다. 그리고 중장에게는 보랏빛 겉옷을 곁들인 여자 옷을 내려주셨다. 중궁의 답장은 이런 사연이었다.

'어제는 울고 싶을 만큼 부러웠습니다.'

저 나비 따라 너울너울 갈까나
겹겹 막은 황매화 울타리만 없다면.'

매사에 뛰어난 두 귀부인이긴 했으나 노래는 잘하지 못했는지, 다른 일에 비해 이 노래들은 못나보였다. 어제 있었던 일이지만 초대를 받아서 갔던 시녀들 가운데 중궁에서 온 사람들에겐 재미난 장식을 한 선물을 주었다. 그런 일들을 너무 자세히 쓰면 독자에겐 번거로운 일이니 이만 줄이도록 하겠다.

육조원 사람들은 날마다 이런 놀이를 하며 지냈으므로 시녀들도 행복했다. 부인들과 따님 사이에도 편지 자주 주고받았다.

다마카즈라 아가씨도 요즘에는 무라사키 부인께 편지를 써 보내곤 했다. 그 일만을 가지고 인품의 깊고 얕음을 판단할 수는 없었지만 차분하고 인정 많은 사람임은 틀림없었다. 하나치루사토나 무라사키 부인도 다마카즈라를 좋게 생각했다. 청혼을 해오는 사람은 많았지만 겐지는 저 혼자서 아무렇게나 정해 버릴 일은 아니라고 생각했다. 스스로도 어버이다운 마음을 가지긴 어렵다고 느꼈는지, 아이를 낳은 아버지인 내대신께 다마카즈라 존재를 알려줄까 하는 생각도 들곤 했다.

겐지의 아드님이신 유기리 중장은 친밀한 기분으로 다마카즈라의 거실에 와서 이야기를 하실 때도 있었다. 중장이 말을 걸면 다마카즈라도 곧잘 대답을 했지만, 그래도 남자와 직접 이야기하기는 수줍었다. 하지만 모두가 중장과 아씨를 친오누이로 여겼고, 중장도 매우 올곧은 성품이라 그저 누님과 동생으로 믿고 대했다.

내대신 자제들도 유기리 중장을 따라 아씨에게 마음이 있는 듯 줄곧 찾아오곤 했다. 그러나 자신이 내대신의 딸임을 잘 아는 아씨는 자기의 본디 형제들을 정다운 심정으로 바라보았다. 친아버지를 만나보고 싶다는 것은 한 번도 잊은 적 없는 소원이었지만, 그런 내색은 조금도 하지 않았다. 전적으로 신뢰를 표시하는 태도에서 겐지는 이 사람을 더욱 사랑스럽고 처녀답다고 느꼈다. 생긴 게 닮지는 않았지만, 생모 유가오의 좋은 점을 빼다박은 다마카즈라는 재기까지 갖추고 있었다.

어느덧 옷을 갈아입는 초여름은 하늘빛마저 상쾌한 계절이라, 이렇다 할 일이 없는 겐지는 여러 소일거리로 한가한 시간을 보냈다. 그 가운데 많은 남성들이 다마카즈라에게 편지를 보내 온다는 사실에 흥미를 가졌다. 겐지는 때때로 서쪽 별채로 가서는 그 사랑이 담긴 글월을 몰래 읽었다. 어떤 편지는 다마카즈라에게 어서 읽어보라고 권유했지만 그녀는 딱 질색했다. 병부경친왕은 편지 속에서 아직 시일이 얼마 지나지 않았는데도 초조하게 원망 비슷한 사연을 늘어놓았다. 그것을 집어든 겐지는 재미나다며 웃었다.

"나는 젊어서부터 여러 형제들 가운데에서도 이 친왕과 가장 살가운 사이였지만 연애문제에 대해선 이야기하시지 않았고, 나 또한 그 방면에 대해선 일절 말하지 않았다오. 이제야 친왕의 사랑과 번민을 알게 되니 만족감과 동시에 서글픔이 드는구면. 이분에게는 꼭 답장을 쓰도록 해요. 멋과 풍취를 아는 여자라면 병부경친왕 만한 교제상대도 없을 테니까."

젠지는 젊은 여자의 마음을 끌 만한 소리를 구절구절 늘어놓았는데, 그저 부끄럽기 만한 그녀는 가만히 듣고만 있었다.

젠지는 진지하고 근엄한 우대장이, '사랑의 번뇌에는 공자도 넘어진다'는 속담을 실현해 보이고야 말겠다는 듯 편지를 열렬히 쓰는 모습이 재미나게 느껴졌다. 그런 몇 통의 편지 속에 훈향(薰香)을 짙게 피워넣은 엷은 하늘빛 종이를 작고 가늘게 접은 것이 있었다. 펼쳐 보니 곱다란 글씨로 이렇게 씌어 있다.

그대 생각에 왈칵 쏟아지는 말간 눈물
바위틈에 흘러도 알아보는 사람 없어라.

어지간히 멋을 부린 편지였다.
"이건 누구 편지인가?"
젠지가 물었으나, 아씨는 선뜻 대답하려 하지 않았다. 그는 우근위를 불러냈다.

"이런 편지를 쓰는 사람들에게 세심한 주의를 기울이게나. 따로 떼어 놓고서 말일세. 답장을 써야 할 사람에겐 답장을 쓰도록 시켜야 해. 요즘 사내들은 힘으로 사랑을 이루려고 하는데 이는 반드시 사내들의 죄만은 아니거든. 나도 그랬지만, 너무 쌀쌀하다, 무정하다, 원망스럽다 하는 그런 심정이 쌓이고 쌓이면 무도한 짓을 하게 되는 법이야. 또 그 상대가 신분이 낮은 여자라면 버릇없다고 해서 더더욱 죄를 저지르기 쉽거든. 일부러 꽃이니 나비니 두루뭉술하게 에둘러 쓴 편지를 보내다간, 자칫 더 애가 타서 매달리려 들 수도 있지. 하물며 아예 답장조차 않고 잊어버린다면 남자가 화를 내며 덤벼들지도 모른단다. 하지만 일시적 감정에서 성의 없는 편지를 보내왔을 때에는 바로 답장을 써줘도 좋지 못해. 나중에 비난을 받아도 변명할 여지가 없거든. 여자가 조심성이 없이, 감정이 이끄는 대로 상대를 대하면 그 결과는 반드시 좋지 못한 법이야.

하지만 친왕이나 우대장은 겸손한 태도를 지니고 있고, 아무렇게나 연애를 하실 리가 없단 말이야. 그러니 자존심 센 여자마냥 줄곧 답장을 하지 않는 건 이분들에게 걸맞지 않은 일이야. 그리고 그 이하의 사람들에게는 인내력이 있나 없나, 시간이 긴가 짧은가에 따라 그에 걸맞은 답장을 하도록 해야 한단 말일세."

그렇게 겐지가 말하는 동안에도 잠자코 외면하고 있는 다마카즈라의 옆얼굴은 아름다웠고, 화려한 엷은 빛 겹옷에 진분홍 겉옷을 걸쳐 그 색의 조화가 매우 싱그러워 보였다. 몸에 이렇다 할 결점은 없었지만 시골생활의 대범한 티가 남아 있던 예전과 달리, 지금의 아씨는 무라사키 부인한테서 교육을 받아 사뭇 부드럽고 섬세한 아름다움이 크고 작은 동작 하나하나에 드러났다. 또한 화장술도 제법 익숙해져 흠잡을 데 없는 화사한 미인이 되어 있었다. 겐지는 이 사람이 남의 아내가 되어 놓쳐버리면 후회가 남으리라 생각했다. 우근위도 두 사람을 미소로 바라보면서, 겐지가 너무 젊어 아버지로서는 걸맞지 않고 오히려 부부로 보는 게 한층 어울린다고 느꼈다.

"다른 데서 온 편지는 절대 아씨께 전해 드리지 않았습니다. 전부터 보내오시는 분의 편지는 세 번 네 번 연거푸 돌려보내는 건 죄송해서 그저 저희들이 받아두기만 했습니다. 그리고 답장은 나리께서 쓰라고 하실 때만 쓰는데 그것도 아씨는 내키지 않으신가 봅니다."

그렇게 우근위는 말했다.

"그건 그렇고, 이 얌전하게 접어놓은 편지는 누구 건가? 고심한 흔적이 보이는군."

겐지가 미소를 띠며 그 편지에 눈길을 두었다.

"그건 내대신 댁 가시와기 중장님이 이쪽 시녀를 잘 알고 있기에, 그 시녀가 가져온 것입니다. 내용은 아직 읽어보지 않았습니다."

"그렇다면 정말 기특한 일이 아니겠는가. 아직은 지체가 낮지만 그들을 홀대하면 안 되네. 공경(公卿)이라 해도 그 사람만큼 인덕이 있는 사람도 드물거든. 내대신 댁 자제들 가운데서도 남달리 뛰어난 사람이야. 어차피 시간이 흐르면 서로 오누이임을 알게 될 테니 내버려 두게나. 참 재미있는 편지로군."

겐지는 그 편지를 이내 내려놓지 못했다.

"내가 여러 가지로 생각해서 하는 말에 네가 불만을 가지지 않을까 걱정했었다. 내대신께 네가 친자식임을 실토할까 생각한 적도 있지만, 아직 네가 세상물정을 모르는 데다 오랫동안 생사를 모르고 산 가족들 앞에 불쑥 나타나는 것도 걱정이 되는 일이라 나는 망설였지. 여자로서 결혼을 하고 안정된 다음에 부모를 만날 기회를 잡는 게 좋지 않을까 생각하는데, 우선은 그 결혼 상대가 문제이지 않겠나. 병부경친왕은 겉으로는 독신이지만 여자를 좋아해서 사귀는 여자들도 제법 많은 모양이고, 또 그댁 시녀들 가운데에도 애인이 여럿 있다고 들었다. 남편이 그런 관계를 맺었다 할지라도 부인 되는 사람이 질투하지 않고 자연스레 바로잡으려고만 한다면 세상에 추잡스러운 꼴을 드러내지 않고도 무사할 수 있다. 하지만 그러지 못하는 사람들은 그런 하찮은 일로 내외 사이가 순조롭지 못해 남편의 사랑을 잃게 되니 어떤 각오가 기필코 있어야 하지. 소싯적에 우대장은 부인보다 나이가 어려 그 사람과 헤어지고 새 결혼을 하고 싶어했지. 하지만 이런 결혼은 세상 사람들이 수군댈 테니 나도 누가 좋을지 확신할 수 없구나. 이런 일은 부모한테도 말할 수 없는 문제이고 이젠 어린아이가 아니니 너도 자신의 짝에 대해 판단할 수 있을 거라 생각한다. 나를 어머니라 생각하고 무엇이나 의논해 주길 바란다. 너에게 불안한 결혼은 시키고 싶지 않구나."

겐지는 그렇게 말했는데, 아씨는 대답도 하지 않고 잠자코 있다가 그 모습이 보기 좋을 것 같지 않아 겨우 입을 열었다.

"철들기 전부터 부모를 보지도 못하고 자랐기에 부모란 어떤 존재인지, 그에 대한 심정이란 어떤 것인지 저는 잘 모르고 있습니다."

겐지는 그런 말에도 이 사람의 됨됨이가 여실히 드러나 보이는구나 생각했다. 여자가 그렇게 생각하는 것도 당연했다.

"낳은 정보다는 기른 정이라는 속담처럼, 내 깊은 마음을 조금씩 알아주겠느냐?"

겐지가 물었다. 연정이 싹트고 있다는 말은 차마 거북스러워 꺼낼 수조차 없었다. 그런 심정을 비추는 말을 가끔가끔 넌지시 섞어서 해보았지만, 그녀가 통 아는 체하지 않기에 겐지는 탄식하면서 돌아가려 했다. 툇마루 가까이에 담죽이 싱싱하게 자랐는데, 바람이 가지를 흔드는 정경에 마음이 끌려 그는 잠시 발길을 멈추고 밖으로 발을 들쳐 올리면서 이렇게 말했다.

울타리에 고이 심은 어린 대나무,
어느새 자라나 울 밖으로 나가려느냐.

"이 얼마나 쓸쓸한 이야기인가."

발을 걷어 올리고 무릎걸음으로 나온 다마카즈라가 답가를 지었다.

어린 대나무, 처음 난 뿌리를 찾듯이
낳아준 아버지 찾아 떠나지는 않겠지요.

"도리어 제가 곤란할 테지요."

답가를 들은 겐지는 아씨의 마음씨를 기특히 여겼다. 그러나 다마카즈라는 꼭 그리 생각하는 것도 아니었다. '언젠가는 친아버지에게 아버지라고 부를 날이 오겠지.' 막연히 불안해하면서도 겐지의 호의에 감격하고 있었다. 아이를 낳은 부모라 하더라도 처음부터 길러준 부모가 아니라면, 이만큼 자상한 사랑을 보여주지는 못할 것이다. 옛 소설을 읽어 인생에 대해 여러 가지를 알고 있는 아씨는 그렇게 상상하고는, 자기가 겐지의 감정을 무시하고 멋대로 아버지를 찾아 나서는 것은 안 될 일이라고 여겼다.

겐지는 다마카즈라가 더욱 사랑스럽게 느껴져 어느 날 부인에게 이렇게 말했다.

"이상할 만큼 다정한 사람이라오. 그 어머니는 너무나 내성적이었지만 저 사람은 사물에 대한 이해력도 충분히 있고, 재치도 있어서 불안감을 조금도 주지 않거든."

부인은, 아씨에 대한 겐지의 칭찬을 듣고, 겐지의 성격으로 미루어 볼 때 그가 그녀에게 양녀 이상의 사랑을 갖게 되었다고 짐작했다.

"이해력이 있는 분이라면서, 오롯이 당신을 믿고 의지하니 그러다간 장차 어떻게 되어버릴지 측은함마저 드는군요."

무라사키 부인이 말했다.

"나는 신뢰할 만한 인물인걸."

"아뇨. 저도 그런 경험이 있지 않습니까. 당신은 괴로워하는 척하시면서 바람을 피우셨고, 저는 아직도 그날을 기억하고 있답니다."

겐지는 미소 지으면서 말하는 부인의 눈치에 놀랐다.

"당신의 경우와 혼동해선 안 되지. 그 일 말고도 당신한테 충분히 신용받는 일도 많지 않은가."

겐지는 그렇게만 말하고 꺼림칙한 마음에 이야기를 더 이상 하려 들지 않았다. 그러나 마음속으로는, 눈치 빠른 아내를 어떻게 달래야할지 고민스러웠다. 그러면서 자신의 너무나 유치하고 겉과 속이 다른 모습을 반성하기도 했다.

겐지는 다마카즈라가 걱정되어 자주 보러 갔다. 조용한 저녁녘에 앞뜰의 푸른 단풍과 떡갈나무는 화사하게 우거져 까닭없이 상쾌한 기분을 넘치게끔 했다. 그 광경을 바라보고 있자니, 겐지는 다마카즈라의 고운 얼굴이 슬며시 떠올라 서쪽 별채로 갔다. 아씨는 붓글씨 연습을 하면서 편안히 누워 있다가 이내 일어나 앉았는데, 수줍은 그 얼굴빛이 꽤나 아름다웠다. 그 나긋나긋한 모습에 문득 옛날 유가오 생각이 나서 겐지는 애처롭게 말했다.

"너를 처음 만났을 땐 이다지도 어머님을 닮은 줄은 몰랐는데, 요즘은 가끔씩 어머님으로 착각하곤 해. 그 때문에 너무나도 슬프단다. 우리 중장 녀석은 죽은 그 어미를 조금도 닮지 않았기에 모자지간은 다 그런 것인 줄 알았는데, 당신 같은 사람도 있었구면."

겐지는 눈물이 그렁그렁해져서 말했다. 거기에 놓여 있던 상자 뚜껑에 과자와 귤이 담겨 있었는데, 겐지는 귤을 손에 집어들고 만지작거리면서 말했다.

귤 향기 맡으며 옛 사람 소매를 그리워한다더니
어미 닮은 네 모습, 다른 사람 같지 않구나.

"오랜 세월을 늘 그리워할 뿐 조금도 위로 받지 못한 나였지만 고인(故人)과 꼭닮은 너를 이 집에서 볼 수 있으니 마치 꿈만 같고, 그럴수록 또 옛날이 생각나는구나. 너도 나를 좋아해 주겠느냐?"

그러면서 겐지는 다마카즈라의 손을 덥석 잡았다. 그녀는 이런 일을 당해본 적이 없었기에 꺼림칙한 기분이 들었지만 겉으로는 그저 의아하다는 기색을 보일 뿐이었다. 그리고 대범한 태도로 말했다.

그리운 귤 향기가 제게도 그윽하다 하시니
제 운명도 그와 닮아서 덧없이 지고 마는가요.

그러고서 불안한 표정으로 고개를 숙이고 있는 아씨의 모습은 무척 아름다웠다. 통통하게 살이 찐 손과 보드랍고 하얀 살결을 바라보고 있으려니 만족

감보다도, 갑자기 치솟는 상념을 억누를 수가 없었다. 비로소 겐지는 사랑을 속삭였다. 그녀는 어찌할 바를 몰라 오들오들 떨었고 겐지도 그것을 느꼈다.

"어째서 내 사랑을 받아주지를 않지? 그렇게 걱정하지 않아도 아무도 모르게 잘 숨길 수 있으니, 남들 손가락질을 두려워할 필요가 없단다. 너도 아무렇지도 않은 척 시치미를 떼면 그만이거든. 지금까지 내가 너를 얼마나 아껴왔는지를 떠올려 보거라. 그런데 사랑하는 마음이 더욱 커졌으니 무엇에 비길 수 있을까. 이 세상에 나보다 너를 더 사랑하는 사람은 없겠지. 그러니 부디 저 편지를 보낸 구혼자들보다 나를 더 미워하지 말아다오."

그렇게 겐지는 고백했다. 괴상한 논리였다.

비는 아주 그쳐버리고 바람에 서걱이는 대숲 위로 달이 떠오른 풍경은 고즈넉했다. 친밀한 이야기를 하는 주인들을 위해 시녀들은 멀리 자리를 피하고 없었다. 늘 만나는 사이이지만 이런 기회도 두 번 다시 없을 것만 같았다. 참아왔던 말을 입 밖에 내서 흥분한 탓인지, 살며시 겉옷을 벗고선 그대로 아씨의 곁에 누워버렸다.

그녀는 기가 막혔다. 남이 뭐라 할까 생각하니 이루 말할 수 없을 만큼 슬펐다. 친아버지 집이라면 사랑은 없더라도 이런 불행은 없었으리라고 생각하니 눈물이 절로 나와 참을 수 없었다. 괴로워하는 모습을 안타깝게 여긴 겐지는 다정한 말로 아씨를 달래보았다.

"그렇게 날 무서워하다니 원망스럽구나. 낯선 사람들도 부부도의 첫걸음은 인생의 법칙을 따라 함께 밟아 나간다고 하지 않느냐? 그런데 벌써 친해진 지도 오랜 내가 너와 함께 누웠다고 해서 그게 무슨 무서운 일이나 되느냐? 여기서 다른 짓은 하지 않으마. 그저 내 사랑의 괴로움을 일시적이나마 달래 보려는 것뿐이다."

이렇게 두 사람이 나란히 드러눕기만 해도 겐지의 가슴은 유가오를 만났던 옛날로 다시 되돌아온 것 같았다. 스스로 한 행동이긴 하지만 이건 경솔했구나 이내 반성한 겐지는, 남도 수상하게 여길까봐 깊은 밤이 되기 전에 자신의 처소로 돌아갔다.

"이런 일로 나를 싫어하게 된다면 내 마음이 아프구나. 다른 사람 같으면 이런 친절을 베풀지 않을 거다. 하지만 가엾고 바닥도 모를 만큼 깊은 사랑을 품은 나는 너에게 폐가 될 행동은 결코 하지 않겠다. 다만 돌아오지 못할 옛 애인을 그리워하다 슬퍼진 마음을 달래기 위해 너를 그 사람으로 착각해 무슨 말을 할지는 모르겠구나. 그럴 때마다 네가 나를 동정해서 애인처럼 말해 주면 그만이다."

겐지는 그렇게 가만가만 말했다. 아씨는 멍하니 괴로움을 안겨준 원망 때문에 아무 말도 하지 못했다.

"이토록 너그럽지 못한 줄은 몰랐구나. 지독히도 나를 미워하는군."

겐지는 탄식하며 돌아갔다.

"아무한테도 이 일을 말해서는 안 된다."

다마카즈라는 나이로 말하자면 죄다 알고 있을 만도 했지만 아직도 남녀 사이에서 일어나는 비밀에 대해 전혀 알지 못했다. 그러므로 오늘 밤 겐지의 행동에 그 이상이 있으리라고는 짐작조차 못했으므로 이젠 이루 말할 수 없이 불행한 몸이 되었다고 탄식했다. 수심에 찬 그녀의 얼굴을 본 시녀들은 병환이 드셨다고 걱정했다.

"나리는 친절도 하셔라. 친아버님인들 어찌 이렇게까지 해드리겠습니까."

시녀가 그런 소리를 하자 그녀는 겐지의 모습이 떠올라 징그러웠다.

이튿날 아침 일찌감치 겐지가 편지를 보내 왔다. 몸이 고단했던 아씨는 누워 있었는데, 시녀들은 벼루를 가지고 와서는 어서 답장을 쓰라고 했다. 그녀는 마지못해 편지를 손에 들고 보았다. 흰 종이에 아름다운 필치로 제법 근엄하게 쓴 편지였다.

'매정한 당신의 원망스러움도 나는 잊지 못해. 남들이 보면 뭐라 생각할까?'

임과 나 함께 누워보지도 못한 것을
어이해 푸른 풀은 쓰러져 얽혔는고.
당신은 아직 어린아이 같소.

연서이면서도 어버이다운 말투로 쓰인 편지였다. 아씨는 증오를 느꼈으나 답장을 쓰지 않으면 남의 의심을 살 것 같았다. 그녀는 두꺼운 종이에 그저 짤막하게 썼다.

'편지 보았나이다. 병중이라 이만 실례하옵니다.'

이것을 본 겐지는 참 굳센 여자구나 싶어 미소를 지었는데, 원망하는 데도 그만한 반응이 있나 싶었다.

한 번 입 밖으로 꺼낸 뒤 겐지가 수작을 걸어오는 횟수가 잦아져, 다마카즈라의 건강은 더욱 악화되어 갔다. 그 사실을 아는 사람은 아무도 없었고, 집안 사람들이나 다른 사람들은 그저 아버지와 딸 사이로만 보았지, 두 사람 사이에 그런 문제가 있는 줄은 꿈에도 몰랐다. 그러나 이 사실이 조금이라도 세상에 알려진다면 자신은 세상의 웃음거리가 되어 누구보다도 불행한 여자가 될 것이다. 게다가 아버님이 자기를 알게 될 때 이 이야기도 들으신다면, 본디 애정이 엷은 데 경망한 딸이라고 얼마나 자기를 민망해하실까. 그런저런 생각을 하면서 아씨는 끝없이 번민하고 있었다.

병부경친왕이나 우대장은 자신의 딸과의 혼인을 반대하지는 않는다는 겐지의 뜻을 전해 듣고선, 무슨 일이 있는지도 모른 채 한층 더 열렬히 구애에 나섰다.

반딧불*[1]

이제 태정대신에 오른 겐지의 지위는 막중했지만, 이미 조정 신하로서 맡은 일을 다하여 그다지 바쁘지 않아 한가로운 생활을 할 수 있었다. 따라서 겐지를 의지하여 왔던 여인들에게도 저마다 안정을 도모해 줄 수 있었다. 그러나 별채의 다마카즈라 아가씨만은 예기치 않던 걱정에 휩싸인 몸이 되었다. 대부감(大夫監)의 음흉한 눈빛과는 비교도 할 수 없는 괴로움을 겪고 있었기에 겐지에 대한 반발은 더욱 커져 갔다. 어머니만 죽지 않았다면, 그런 생각에 빠져 또다시 슬픔에 젖어들곤 했다.

겐지는 한 번 자신의 감정을 드러내고 나니 편해지긴커녕 더욱 마음이 불타올랐지만, 남의 눈이 꺼려져 더는 다그치지 않았다. 그저 견딜 수 없는 마음을 달래기 위해 곧잘 별채로 찾아왔는데, 다마카즈라는 겐지가 곁에 시녀들이 없을 때마다 사랑의 눈빛을 보내시니 가슴이 철렁 내려앉는 것만 같았다. 대놓고 밀어낼 수도 없는 노릇이라 다마카즈라는 그저 모른 체할 뿐이었다.

천성이 밝고 활달한 다마카즈라는 저 자신은 조심해도 넘칠 듯한 애교가 수시로 솟아나오니 매력을 숨길 수 없었다.

병부경 같은 분은 그 점을 알고 열렬히 사랑의 편지를 보내 왔다. 애정을 품은 세월이 얼마 흐르지도 않았는데 결혼을 꺼리는 장마철인 5월로 접어들었다고 원망하고 계셨다.

'그저 조금만 가까이 뵈올 수 있는 기회를 허락해 주신다면, 이 애타는 심정을 말씀 드리고 외로운 마음을 달랠 텐데요.'

이런 사연을 써서 보낸 편지를 겐지가 읽었다.

"허락해드려요. 병부경 같은 풍류객의 사랑은 가까이해 볼 가치가 있을 거요. 절대로 안 된다는 소리는 하지 말아요. 답장도 가끔씩은 써 드리도록 하

---

*1 반딧불(螢) : 겐지 36세 5월의 이야기.

고."

겐지는 그렇게 말하고 문장 쓰는 법까지 가르쳐줬다. 그러나 다마카즈라는 번번이 그런 겐지가 불편하고 기분이 좋지 않아 쓰지 못하겠노라 했다. 다마카즈라의 시녀 중에는 귀족 출신의 우수한 자가 별로 없었다. 다만 외숙부가 재상이었는데 그의 영리한 딸이 불행한 처지에 있는 걸 찾아내서 시녀로 맞아들였다. 그녀는 아버지 지위를 따라 재상으로 불렀다. 재상은 제법 글씨도 잘 쓰고 침착한 성격이라 다마카즈라는 가끔 부득이한 편지 답장을 이 시녀에게 대신 쓰게 했다. 겐지 또한 재상을 불러다가 병부경에게 줄 답장을 대신 쓰게 했다. 겐지는 병부경이 다마카즈라에게 어떤 편지를 보내는지 알고 싶었기 때문이다. 다마카즈라는 겐지에게서 사랑의 속삭임을 들은 뒤부터 병부경 등이 보내오는 편지를 다소 성의 있게 보았다. 마음이 그쪽으로 쏠린다는 게 아니라, 겐지의 사랑으로부터 빠져나오자면 병부경에게 호의를 가지는 척하는 게 하나의 방편이 될 듯했다. 세상 물정에 밝은 여인다운 비책이었다.

겐지는 자신의 일도 아닌데 병부경을 반가워하며 기다리셨다. 병부경은 아무것도 모르고 다마카즈라의 답장을 받고 기쁜 마음에 조심스럽게 찾아 왔다.

그 방은 구석에 방석이 놓여 있고 휘장으로 칸막이만을 설치하여 대화를 나누도록 돼 있었다. 향기로운 향을 피우는가 하면, 다마카즈라가 앉을 자리를 이모저모 보살피는 겐지는, 아버지이면서도 떳떳하지 못한 감정을 품은 사내로서 무척이나 간섭이 심했지만 모르는 이가 보면 세심한 마음씀씀이에 감탄했으리라. 재상이 중간에서 편지를 전달해야 하는데 부끄러운 나머지 움찔거리며 앉아만 있자, 그 모습이 답답했던 겐지가 그녀의 소매를 잡아당기고 옆구리를 찌르며 다그쳤다.

저녁 어스름이 지나고 어두운 하늘을 배경삼아 차분한 인상으로 앉아 있는 병부경의 모습은 무척 우아하고 아름다웠다. 안쪽 방으로부터 흘러나오는 훈향에 겐지의 의복에서 풍기는 향기까지 뒤섞여, 병부경이 앉아 계신 언저리는 온통 향기로 가득했다. 병부경은 자신이 예상한 것 이상으로 고귀한 성품을 지닌 여성인가보다 여기며 마음 설렜다.

병부경의 이야기는 모두 진실하고 차분하여 색을 탐하는 데 집중하지 않는 모습이 우아함을 더해 주었다. 겐지는 흥미를 가지고 집중해서 듣고 있었다.

다마카즈라는 동쪽 방 깊숙한 곳에 누워 있었는데, 재상이 병부경의 전갈

을 가지고 그 방으로 가는 것을 보자 겐지는 이렇게 충고했다.

"태도가 너무나도 무례하군. 모든 일에서 상대에 따라 태도를 바꾸는 게 가장 무난한 법이야. 소녀처럼 수줍어 할 나이도 아니고 사람을 사이에 두고 이야기할 것도 아니지 않나. 직접 말하고 싶지 않더라도 조금 가까이 나와 앉는 게 좋을 것 같다고 일러라."

다마카즈라는 난처해졌다. 그렇다고 이대로 있으면 겐지는 이 일을 핑계로 방 안으로 들어올 게 분명했다. 괴로운 마음에 다마카즈라는 그 방에서 나와 가운데 휘장 뒤에 숨었다. 병부경의 말씀이 계속 이어졌지만 무어라고 대답은 못하고 다마카즈라가 주저하고 있을 때, 겐지가 옆으로 다가와서 엷은 휘장의 한 폭을 위로 치켜들었다. 그러자 촛불이라도 던진 것처럼 환한 불빛이 아가씨 주변으로 흩어졌다. 다마카즈라는 깜짝 놀랐다.

그는 저녁때 얄따란 종이에 가득 반딧불을 싸서 숨겨 뒀다가 넌지시 휘장을 여미는 체하면서 방 안에서 펼친 것이다. 이상한 빛이 옆에서 갑작스레 솟아오르자 깜짝 놀라 얼른 부채로 얼굴을 가리는 다마카즈라의 모습은 너무나도 아름다웠다.

'강한 불빛이 비치면 병부경도 안쪽을 들여다보겠지. 내 딸이라서 미모의 여성으로 막연하게 상상하셨을 뿐이지, 진실로 이만큼 뛰어난 미인인 줄은 정말 모를 거야. 여자를 좋아하는 병부경의 마음을 애타게 해야지.'

친딸로 아가씨를 생각했다면 이런 어쭙잖은 계책은 꾸미지 않았을 것이다. 겐지는 살그머니 바깥 쪽 문으로 나와서 가버렸다.

병부경은 아가씨가 저쪽 언저리에 있으리라 짐작했는데 훨씬 가까운 곳에 있자 설레어 하며 얇은 휘장 사이로 안을 엿보셨다. 그런데 방 한 칸쯤 떨어진 곳에서 뜻밖의 불빛이 솟구쳤으므로 흥미를 가지셨다. 얼마 지나지 않아 시녀들이 반딧불이를 잡아 불빛은 사라져 버렸지만, 은은히 비추던 불빛이 사랑의 도화선이 되기에 딱 알맞았다. 흐릿하게 보였지만 아가씨의 날씬하고 아름다운 자태에 병부경의 마음은 와락 끌리고 말았다. 겐지의 계책은 성공한 셈이다.

우는 소리도 없이 타는 반딧불은
사랑이 끈다고 지워지지 않는데

하물며 내 사랑의 불길은 어쩌겠는가?

병부경은 말씀하셨다. 이런 경우 대답을 지지부진하게 끄는 건 불쾌감을 주기에 다마카즈라는 이내 답가를 지었다.

우는 소리도 없이 홀로 타는 반딧불
말로 전하는 것보다 깊은 그 마음

그리고 이렇게 구슬프게 노래하고는 다시 안쪽으로 들어가버렸다. 병부경은 서먹서먹한 대접을 받아 원망스럽다는 말씀을 하셨다. 그러나 여자를 밝힌다는 말은 듣기 싫어 병부경은 아침까지 머물지는 않고, 자신의 사랑처럼 흘러넘쳐 처마에서 떨어지는 차가운 물방울 같은 서러운 마음을 안고 계시다 동트기 전에 돌아가셨다. 오월의 밤이었으니 두견새가 울고 그 울음소리로 시도 읊었겠지만 그것까지 신경쓸 수 없었다.

병부경의 아리따운 풍채를 보면 겐지와 닮은 데가 있다고 시녀들이 칭찬했다. 겐지의 본심을 모르는 시녀들은 어젯밤 겐지가 어머니처럼 빈틈없는 시중을 든 것에만 관심있고, 다마카즈라의 고민 같은 건 알지 못했다.

다마카즈라는 겉으로는 아버지처럼 행동하는 겐지를 볼 때마다 괴로웠다. 자신을 낳아준 친아버지로부터 딸이란 인정을 받은 뒤에, 이토록 뜨거운 애정을 품은 겐지를 만났다면 이렇게 괴롭지 않을 텐데, 그러나 현재로선 아버지와 딸이 된 처지이니 내 신세가 한심하고 세상 사람들에게 얼마나 웃음거리로 여겨질까, 그렇게 다마카즈라는 고민했다.

그러나 겐지의 생각은 그렇지 않았다. 겐지는 아버지와 딸 사이에 사랑이라는 흉측한 관계를 맺고 싶지 않았다. 원래 사랑이 많으신 분이라 중궁에 대해서도 체념하지 못하고 틈만 나면 구애를 했다. 단지 그녀의 높은 신분 때문에 노골적으로 행동할 수 없었을 뿐이었다. 반면 다마카즈라는 붙임성이 좋아 친해지기 쉬웠기에 억누르고 있던 마음이 그만 뛰쳐나와 남들이 보면 수상쩍은 일도 간간이 하곤 했다. 그러나 겐지는 전에 없던 강한 자제심으로 참으셨기에 두 사람은 위태롭지만 아직 순수하고 깨끗했다.

5월 5일 마장궁(馬場宮)으로 나가는 김에 겐지는 또 다마카즈라를 찾았다.

"어땠느냐? 병부경께서 늦게까지 앉아 계셨더냐? 너무 주책없이 병부경을 가까이하지 않도록 하여라. 겉모습은 점잖해보여도 여자에게 상처를 주면서 다른 여인과 정을 통하는 사내가 많으니깐."

그렇게 병부경을 두고 치켜세웠다가 깎아내리기도 하면서 훈계하듯 말하는 겐지는, 언제나 그렇듯 젊고 아름다웠다. 그가 빛깔이 산뜻한 복색 위에 얇은 노오시[直衣]를 살짝 겹쳐 입으면 사람이 직접 물들여 지은 옷 같지 않을 정도로 색이 아름다운 조화를 이뤘다. 하지만 다마카즈라는 수심에 잠겨서 겐지의 아름다움을 두 눈으로 직접 보아도 즐겁지 않았다. 병부경이 또 편지를 보내 왔다. 하얀 얇은 종이에 씌어진 고상한 글씨는 아름답지만, 이렇게 옮기니 그렇게 훌륭한 내용은 아니다.

'단오인데도 아무도 안 뽑아가 물 속에서 이리저리 흔들리는 창포여, 차가운 당신 때문에 나는 오늘도 웁니다.'

이렇게 긴 게 또 있을까 싶을 만큼 긴 창포 뿌리에 매달아 보낸 편지였다.

"오늘은 꼭 답장을 하거라."

그렇게 말해 놓고 겐지는 가버렸다. 시녀들도 꼭 쓰라고 하기에 다마카즈라는 별 뜻 없이 편지를 쓰기로 했다.

'물 밖에서 본 창포는 보잘것없군요. 체면도 버리고 소리내서 우는 당신 마음도 이렇겠지요.'

그렇게 어렴풋이 보이도록 얇은 먹으로 썼다. 예술가적 취미를 가지신 병부경은 글씨에 좀더 고풍스러운 맛이 곁들여 졌으면 하고 아쉬워했다.

단오라서 곱게 만든 구스다마[藥玉]*² 따위를 각처에서 보내왔다. 불행했던 시절과 지금의 처지는 이런 일에서조차 비교가 되었다. 다마카즈라는 겐지와 연을 끊게 되더라도 그의 명예를 더럽히지 말았으면 했다.

겐지는 하나치루사토 부인에게도 들러서, 부인한테 분부했다.

"중장이 오늘 좌근위부에서 활쏘기 대회를 치른 다음 관원들을 죄다 끌고 오겠다고 했으니 그 준비를 해두시오. 이곳에서 조용히 몰래 여는 연회라도 병부경은 신기하게 알고 찾아올 테니 분명 시끄러워질 겁니다."

마장궁은 이쪽 복도에서 바라보아도 보일 정도로 가까웠다.

---

*2 구스다마[藥玉] : 5월 5일의 행사. 약옥(藥玉)은 '속명루(續命縷)'라고 하는데, 본디는 이것을 주는 사람이 상대방의 장수를 축하하는 것이지만, 여기서는 장식적인 것이 되고 있다.

"젊은 사람들은 대청 문을 열고 구경하게나. 요즘 좌근위부엔 훌륭한 남자들이 많아서 어중간한 전상관들은 비교할 것이 못된다네."

그렇게 겐지가 말하는 것을 듣고 궁녀들은 오늘 경기를 볼 수 있다고 기뻐했다. 다마카즈라 처소에서도 궁녀들이 구경하러 나왔으며, 동녀며 잔심부름을 하는 시녀들은 복도 문에 푸르스름한 발을 치고 죽 늘어선 화사한 연보랏빛 휘장 속을 왔다 갔다 했다.

푸른빛과 분홍빛이 도는 속옷, 엷은 남빛 웃옷을 입은 것이 서쪽 별채 여동이었다. 얌전하면서도 귀여운 아이가 네 명 와 있었다. 하녀들은 백단향꽃 같이 엷은 보랏빛 치마에 진분홍 옷, 연초록빛 당나라옷을 입고 있었다. 단오에 맞추어 입은 옷이다. 꽃 지는 마을 부인 동녀들은 짙은 보랏빛에 진분홍 한삼(汗衫)을 입어 의젓해 보였다. 서로 옷차림으로 경쟁을 하는 폼이 상당히 재미나 보였다. 젊은 전상관들은 관람석 쪽에 마음이 끌린 듯싶었다.

낮 두 시에 겐지는 마장궁으로 나왔다. 예상한 대로 친왕들도 많이 참석했다. 궁중에서 흔히 열리는 경기와 달라서 중소장(中少匠)들이 한데 어울렸으므로, 평소와 달리 화사하고 화려한 모습을 볼 수 있었다. 여자들은 어떻게 승부가 판정되는지도 몰랐지만, 사인(舍人)*³들마저 어여쁜 옷을 입고서 열심히 뛰어다니는 경기는 실로 재미난 구경거리였다. 마장은 남쪽 궁전 옆에까지 걸쳐 있기 때문에 무라사키 부인의 처소에서도 젊은 궁녀들은 구경할 수 있었다.

각종 음악이 연주되어 울려퍼지고 오른편이나 왼편이 이길 때마다 환호를 보냈다. 밤이 되어 경기가 끝날 무렵에는 어둠에 묻혀 아무것도 보이지 않았다. 좌근위부 심부름꾼들에겐 순서를 매겨 여러 경품들이 나왔고 밤이 깊어서야 손님들은 집으로 돌아갔다.

겐지는 하나치루사토의 처소에 묵기로 했다. 그러면서 온갖 이야기를 부인과 나누었다.

"병부경은 누구보다도 훌륭하더군. 용모는 그다지 훌륭하지 않지만 고상하면서도 애교가 있는 분이지. 사람들이 좋다고 칭찬하지만 아쉬운 부분도 많더군."

---

*3 사인(舍人) : 황족을 섬기던 잡역부.

"병부경은 당신의 아우인데도 오히려 연세가 더 많아 보이던데요. 이쪽으로는 자주 오신다는 말을 들었습니다만, 저는 예전에 대궐에서 잠깐 본 뒤로는 본 적이 없었습니다. 그리하여 오늘 얼굴을 뵈니 그 시절보단 고와지셨다는 생각이 들었습니다. 태재부(太宰府) 장관님은 미남이지만 품위가 없어서 친왕이라기보다는 제왕으로 보였습니다."

겐지는 이 비평이 옳다고 느꼈지만 그저 웃고만 있었다. 하나치루사토 부인은 다른 사람들에 대한 이야기도 했지만, 겐지는 자신의 의견을 덧붙이려 하지는 않았다. 그는 험담을 하거나 헐뜯는 말을 하는 사람들을 싫어했기 때문이다. 우대장조차 깊이 있는 사람이라는 부인의 평을 들었어도, 정말 어떤 사람인지 모르고 사윗감으로선 만족할 수 없다며 부정하고 싶었지만, 그런 심정을 겉으로 드러내지는 않았다. 부인과 겐지는 의좋게 지내면서도 따로따로 잠을 잤다. 언제부터 이렇게 되었던 걸까 싶어 겐지는 안타까운 기분마저 들었다. 평소에 하나치루사토 부인은 겐지에게 질투를 한 적도 화낸 적도 없었다. 육조원에서 화려한 모임이 있어도, 소문으로 전해 들으면 그만이었다. 오늘 그녀는 자기 궁전에서 모임이 열린 것만으로도 대단한 영광을 누린 것처럼 여기고 있었다.

"말도 먹지 않는다 하찮게 여기는 창포처럼 보잘것없는 나를 오늘이 창포의 날이라 신경써 주신 건가요."

부인이 그렇게 너그럽게 말하자, 특별한 노래는 아니었지만 겐지는 감명을 받았다.

"사이좋은 논병아리 부부처럼 항상 그대의 그림자 옆에 나란히 서 있는 망아지 같은 내가 창포인 그대와 어찌 헤어지겠습니까."

솔직하고 허물없는 두 사람의 노래이다.

"언제나 당신과 같이 있지는 않지만 이렇게 서로 믿고 산다는 건 좋은 일입니다."

겐지는 농담으로 말했지만 하나치루사토 부인은 분에 겹다면 나직이 말했다.

부인은 겐지에게 자신의 잠자리를 내어주고, 자신은 휘장으로 칸막이를 두어 잠을 청했다. 부부로 함께 눕는 것은 분에 넘치는 일이라고 여기는 사람이었기에 겐지 또한 억지로 권하지 않았다.

장마가 여느 해보다 오래 이어져 언제 갤지 모르는 이즈음 육조원 사람들은 심심풀이로 그림이나 소설 베끼기에 몰두했다. 아카시 부인은 그런 방면으로 재능도 있어서 베껴낸 이야기책을 따님에게 선물로 보냈다. 다마카즈라는 그런 책들을 접할 수 없는 시골에서 자랐기에 재미에 폭 빠져 날마다 베끼기도 하고 읽기도 하면서 시간을 보냈다. 이런 일을 잘 하는 시녀들은 많았다. 다마카즈라는 사실 여부를 떠나 기구한 여자의 운명을 여러모로 다룬 소설 가운데, 자신의 경험만큼 별난 운명에 처한 사람은 없다고 생각했다.

요즘 어느 궁전에나 흩어져 있는 소설을 보고 겐지는 다마카즈라에게 말했다.

"지겨운 노릇이야. 여자란 스스로 남한테 속아 살기 위해 태어난 존재인가 보군. 진실은 조금밖에 없는데, 그걸 알면서도 열중한 나머지 작품 속에 동화되어 이 무더운 장마철에 머리가 헝클어지는 것도 모른 채 베끼고들 있다니."

그러고는 웃으면서 또 말했다.

"하지만 그런 옛날이야기라도 읽지 않고선 심심함을 면할 길이 없겠구나. 이런 거짓 이야기 속에서도 사실인 양 쓰여진 대목을 보게 되면, 소설인 줄 알면서도 흥분하게 되지. 가련한 공주님이 수심에 휩싸인 장면이라도 읽으면 가슴이 사무치기도 하고. 또 부자연스럽게 과장을 했다고 느끼면서 끌려가기도 하고, 서투른 문장인 줄 알면서도 어느 대목에선 재미가 있다는 점을 부정할 수 없지. 요즈음 아카시 부인이 시녀들한테 읽어 주는 걸 듣고 있노라면 세상에는 재주있는 이야기꾼도 많구나 싶다니까. 가끔은 거짓말이 입에 붙은 자가 지어내는 게 소설이라는 느낌까지 드는데, 안 그런가?"

다마카즈라 아씨가 말했다.

"그렇기도 하지요. 거짓말을 잘하는 사람이라면 그렇게 생각하는 것도 당연하지요. 하지만 저는 아무래도 현실로 느껴지네요."

다마카즈라는 이렇게 말하면서, 그만 쓰려고 벼루를 옆으로 쭉 밀어냈다.

"기분 상하게 악담을 해버렸군. 하긴 고대 이래 이 세상에 있었던 일을 담은 《일본기(日本紀)》*4도 그 일부분에 지나지 않으니, 오히려 소설 쪽에 더 정확한

---

*4 《일본기(日本紀)》: 《일본서기》의 약칭. 한문으로 이루어진 역사 서적. 일본 신대(神代)부터 제
    41대 지토천황(持統天皇)(?~702년)까지의 기록. 황당무계하고 왜곡된 내용이 많아서 사료로
    서의 신뢰성은 떨어진다.

역사가 남아 있는 경우도 있긴 하겠군."

그렇게 겐지는 말했다.

"누구의 전기라고 해도 꼭 있는 그대로를 쓰지는 않지. 좋은 일과 궂은일을 두루 목격한 사람이 아무리 되짚어 봐도 이건 아름다운 일이라 혼자만 알기엔 너무 안타까워서 후세에 전하기 위해 소설을 쓰기 시작한 것이다. 이런 저런 경우의 일을 가슴에 묻을 수 없어서 그런 것이지. 칭찬을 하려 들면 과장해서 좋은 일만 나열하게 되고, 또 한쪽을 두둔하기 위해서는 다른 한 편을 지독하게 헐뜯어서 쓰게 되거든. 완전히 지어낸 이야기가 아니라 인간이면 누구에게나 있는 장점과 단점을 담아 놓은 게 소설이지.

중국학자가 쓴 건 또 다르고, 일본도 옛날 소설과 최근 소설에 다른 점이 있잖아. 물론, 깊고 얕음은 있겠지만 그것들이 모조리 거짓이라고 딱 잘라 말할 순 없지. 부처님이 올바른 뜻으로 말씀해 놓으신 불경 속에도 묘안이 있어서, 여러 모로 설교를 하고 있으니, 크게 깨닫지 못한 인간은 그것을 보면 의문이 생기겠지. 《방등경(方等經)》*5 속에는 특히 그런 점이 많이 있다. 결국 모두 다 같은 뜻인데, 보리심과 번뇌의 차이는 마치 인간의 선과 악의 차이와도 같다. 그래서 좋게 해석하면, 소설이고 뭐고 모든 일이 소용없다는 결론이 나오는 것이야."

겐지는 그렇게 말함으로써 소설이 이 세상에 존재하는 효능을 인정한 셈이었다.

"그건 그렇고, 옛 이야기를 쓴 소설 가운데 나만큼 성실한데도 여자에게 대우를 못 받는 사내가 있더냐? 그리고 또 아무리 인간을 초월한 고고함을 지닌 여주인공이라 하더라도 너처럼 사내에게 쌀쌀하고, 알고도 모르는 체하는 여자는 아마 없을 것이다. 그러니 너와 나의 이야기를 전례 없는 소설로 엮어 보는 건 어떠냐?"

겐지는 바싹 다가와서 다마카즈라에게 속삭였다. 다마카즈라는 옷깃에 얼굴을 파묻다시피 하면서 나직이 말했다.

"소설로 엮지 않더라도 이런 희한한 관계는 세상에 소문이 나고 말겠지요."

"네가 생각해도 희한한 이야기라 그 말이지? 정말 너처럼 아비에게 매정한

---

*5 《방등경(方等經)》: 《대승방등경전(大乘方等經典)》의 줄임말. 승려, 법승 등 대승경을 통틀어 이른다.

딸이 또 있겠느냐?"

바싹바싹 다가오면서 겐지는 이런 농담을 했다.

"생각하다가 옛날에 그런 사람이 있을까 싶어 이야기 속을 찾아보아도 부모를 거스른 아이는 찾을 수 없었다."

그렇게 겐지가 말해도 다마카즈라는 얼굴을 들려고 하지 않았다. 겐지는 여자의 머리카락을 만지면서 이렇게 절망어린 말을 읊조렸다.

"옛날이야기에도 정말 없더군요. 딸을 사랑한 아버지의 이야기는."

그제야 다마카즈라는 이렇게 말했다.

겐지는 창피하여 더 이상 손을 내밀지 못했다. 이 두 사람은 앞으로 어떻게 될 것인가.

무라사키 부인 또한 아카시 부인을 위한다는 핑계로 이야기책을 모으는 한 사람이었다.

"어쩌면 이렇게도 훌륭하게 그린 그림일까."

그림으로 된 이야기책을 손에 들고는 이렇게 말하면서 부인은 보고 있었다. 조그마한 아가씨가 아무 꾸밈없이 천진난만한 얼굴로 낮잠 자는 그림이 꼭 옛날 자기와 같다는 생각이 들었다.

"이런 아이들까지도 사랑을 하지 않습니까. 어른이 될 때까지 기다린 나 같은 사람은 다른 사람이 본받아도 좋을 만큼 드물게 심지가 굳은 편이었나 봅니다."

겐지는 부인에게 농담을 건넸다. 과연 특별한 연애를 경험한 사람답다.

"아씨 앞에서는 남녀관계를 담은 소설을 읽지 않는 게 좋아요. 갓 사랑을 시작한 여자아이가 나쁘다기보다는 세간에는 이런 일도 있구나 하는 식으로, 그것을 흔한 일로 생각해 버리게 되면 위험하거든."

이런 이야기를 별채 다마카즈라 아가씨가 듣는다면 자신에게 하는 행동과는 완전히 달라 원망할지도 모른다.

"사랑이야기를 모방한 천박한 여성의 얘기는 읽자마자 싫증이 납니다.《우쓰보 이야기〔宇津保物語〕》의 후지와라〔藤原〕댁 따님은 진중해서 실수를 저지르지 않을 성격인데도, 너무나 곧아 끝까지 퉁명스러운 말투와 행동이 여성스럽게 보이지 않은 점이 아쉬워요."

그렇게 부인이 말했다.

"현실 속 인간도 그와 똑같거든. 서로 자기 주장만 내세우고 양보하지 않아. 똑똑한 부모가 정성스레 길러낸 딸자식이 그저 어린아이같이 순진하다는 점에서 애지중지 키울 뿐, 그 밖의 방면에서는 아무것도 할 줄 모르는 것을 다른 사람이 보게 되면, 어떻게 교육을 했기에 그런가 하고 부모까지 멸시받게 되니 불쌍하지. 뭐니뭐니 해도 사람 됨됨이에 좋은 점이 있다고 인정을 받는 딸이 있다면 부모도 기른 보람이 있고 자랑스럽지요. 모두들 칭찬하는 여자이지만 그 사람이 하는 몸짓과 말에 수긍가는 점이 없다면 쓸모가 없거든. 보잘것없는 사람은 자기가 사랑하는 사람을 칭찬해서는 안 되지."

이렇게 말하면서 겐지는 따님을 완전한 여성으로 길러 내는 데 몰두했다. 계모가 심술부리는 소설도 많았기에, 부인은 그와 반대로 좋은 모습을 보여주려고 그런 이야기는 모조리 빼버렸다. 그렇게 고르고 골라낸 좋은 옛이야기들을 따님을 위해 베껴 그림으로 그리게 했다.

겐지는 중장 아드님이 무라사키 부인의 처소에 접근하지 못하도록 했으나 아카시 따님께 출입하는 것은 허락하고 있었다. 자기가 살아 있는 동안은 배다른 남매라도 평소부터 친하게 지내서 자신이 죽은 뒤에도 사이좋게 지내도록 하는 편이 서로 우애가 생길 것 같다는 생각에서였다. 겐지에겐 자식이 많았지만 그 두 남매를 소중히 했다.

중장은 침착하고 묵직한 사람이라, 겐지는 마음놓고 따님의 뒤를 돌보게 했다. 아카시 아씨는 아직 어려 인형놀이를 자주 했는데, 그럴 때면 중장은 구모이노카리와 함께 놀면서 지낸 세월을 회상하며 누이를 위해 좋은 놀이 상대가 돼주었다. 그러면서 때때로 풀이 죽기도 했다. 중장은 젊은 여성들과 사랑을 하더라도 결혼을 꿈꾸도록 깊이 사귀지 않았다. 아내로 삼고 싶은 사람이 생길지라도 굳이 일시적인 대상이라 보아 넘기고 그 이상 관계를 진행하지는 않았다. 청포(青袍)를 입은 하급관이라고 창피를 당한 구모이노카리와의 관계가 마음에 걸려, 그 사람 말고 다른 여성을 아내로 생각하지는 않았다. 허락을 받으려고 애쓴다면 외삼촌인 내대신이 짝을 지어줄 수도 있지만, 무슨 일이 있더라도 외삼촌이 애원하기 전까지는 결혼하지 않으리라 스스로 맹세했던 옛일을 잊을 수가 없었다. 구모이노카리(운거안)에게는 애정 담긴 편지를 늘 띄웠으나 겉으로는 어디까지나 냉정한 태도를 지니고 있었다. 구모이노카리 형제들은 이런 태도를 원망했다.

내대신 댁 우근중장은 다마카즈라를 깊이 사랑하고 있었으므로 중장한테 도움을 부탁해 왔다.

"남의 연애에는 금방 악담을 하고 싶어지지."

중장은 냉담하게 거절했다.

내대신에게는 처첩 소생이 여러 명 있었는데, 권세 행사가 자유로운 이 사람은 장성한 자제들을 저마다 그 성품에 따라 적당한 지위에 올려놓았다. 하지만 여식은 얼마 없었다. 그 여식은 황후 책봉 경쟁에서 지고 실의에 잠겨 있는 홍휘전 여어와, 사랑의 잘못을 저지른 구모이노카리뿐이라서, 내대신은 그 사실이 몹시 서운했다.

내대신은 지금도 패랭이꽃 노래를 읊던 딸아이를 잊지 못했다. 예전엔 남에게 말한 적도 있었는데 어떻게 된 걸까. 믿음직스럽지 못한 그 어미 때문에 귀여운 딸이 행방불명되고 말았나 보다. 애당초 눈을 뗄 수 없는 게 여자인데 지금쯤 천한 몸으로 비참한 처지에 놓인 건 아닐까, 어디에 있든 내 딸이라 말하며 어서 빨리 자기 앞에 나타나 주었으면 좋겠다고 내대신은 생각했다. 그래서 아들들에게도 번번이 그런 말을 했었다.

"그런 여자가 있다는 말을 듣거든 조심해서 살펴다오. 난 거리낌 없는 연애를 많이 했다마는, 그 어미 되는 여자만은 진정으로 사랑한 상대였다. 부질없는 일로 비관해서 딸자식 하나를 잃었으니 이런 애석한 일이 또 어디 있겠느냐."

남들이 딸을 소중히 키우는 모습을 보니 자신만이 희망대로 되지 않아 실망스러워서 요즘에는 일찍이 헤어진 딸아이가 갑작스레 그리워지는 모양이었다.

어느 날 꿈을 꾸고 나서 용하다는 점쟁이를 부르니 이런 소리를 했다.

"오랫동안 잊고 계시던 자녀가 계실 텐데, 남의 양녀로 들어갔다는 소식을 못 들으셨나요?"

"남자아이라면 양자가 되었겠지만, 여자아이가 남의 양육을 받는 일은 좀처럼 없는데 도대체 어찌된 셈일까."

그 뒤로 내대신은 잃어버린 딸 얘기를 종종 하고는 했다.

패랭이*1

무더운 날에 겐지는 동편 낚시터에 나가 더위를 식히고 있었다. 아드님인 중장 외에 친숙한 전상관들도 몇몇 동석했다. 그들은 가쓰라가와(桂川)의 은어며 가모가와(하무천(賀茂川))의 농어 같은 생선들을—즉석에서 요리하는 것을 보면서 맛을 즐기고 있었는데, 여느 때처럼 내대신 자제들이 중장을 찾아왔다.

"적적하고 따분해서 잠이나 잘까 하던 판인데 잘들 왔소."

겐지는 적극적으로 술을 권했다. 젊은 사람들은 얼음물에 밥을 말아 와자 지껄 법석을 떨면서 먹었다. 맑은 하늘 아래 바람은 시원스레 불었지만, 해질 녘이 되면서부터는 매미 우는 소리조차 후덥지근한 열기를 내뿜는 듯 견딜 수 없을 정도로 더웠다.

"물가에 있어도 덥군. 나는 좀 실례를 하겠네."

겐지는 그러면서 몸을 뉘었다.

"이즈음은 음악도 듣고 싶지 않고 따분해서 못견디겠군. 궁에서 일하는 사람들은 띠나 옷끈도 풀지 못할 테니까 애먹을 테지. 아무쪼록 우리 집에 와서는 단정하게 할 필요 없이 편히들 앉아서 이야기를 나누도록 하오. 눈이 번쩍 뜨일 정도로 신기한 이야기가 있으면 들려주오. 언제 이렇게 늙어버렸는지 요즘은 세상사도 전혀 모르고 지낸다오."

겐지는 그런 소리를 하긴 했지만, 새로이 꺼낼 만한 화제도 없고 해서 다들 황송하다는 태도로 시원한 난간에 등을 기댄 채 잠자코 있었다.

"누가 무슨 까닭으로 나에게 말했는지 잊어버렸는데, 요즈음 내대신이 딴 데서 낳은 따님을 찾아내어 귀여워하고 계시다는 말을 들었는데 그게 사실입니까?"

---

*1 패랭이(常夏): 겐지 36세 6월. 상하(常夏)(도코나쓰)는 패랭이의 딴 이름. 이 대목부터 '다마카즈라'과 '오오미 아씨'를 통해 겐지의 너그러움을 묘사하는 한편, 예전의 두중장인 내대신(內大臣)과의 대립을 그려 나간다

겐지는 변소장(弁少將)에게 물었다.

"그렇게 세상에서 떠들만한 대단한 일은 아니지 않습니까. 지난봄에 가신이 점술가에게 꿈풀이를 한 일이 소문났는지, 그 이야기를 듣고 딸이라고 한 사람이 불쑥 찾아왔지요. 저의 형 우중장이 참과 거짓을 따지고 나서 데려왔습니다만 저는 자세한 내막을 알지 못합니다. 워낙 드문 일이라 세상에 기이한 이야깃거리를 제공한 셈이 되어버렸지요. 내대신으로서 가친의 체면이 얼마나 깎였는지 모르겠습니다."

그 댁 둘째 아들의 대답이 그러했으니, 겐지는 그게 사실이었구나 싶었다.

"기러기 행렬의 많은 자식들 가운데 떨어진 한 마리마저 굳이 찾으려 했으니 욕심이 지나쳤나 보군그래. 나야말로 아이들이 얼마 없으니 그런 여자아이라도 있었으면 하는데, 아비가 필요 없는지 아무도 나서는 사람이 없구려. 하지만 좀 곤란한 점이 있다 하더라도, 아무튼 내대신의 따님은 맞지 않겠나. 젊은 시절엔 절제 없는 연애도 많이 했거든. 바닥이 깨끗하지 못한 물에 비치는 달은 역시 흐릴 수밖에 없지."

겐지는 웃으면서 말했다. 아드님 중장도 그 진상을 자세히 알고 있는 터라 웃음이 저절로 터져나왔다. 변소장과 그 동생인 도시종(藤侍從)은 몹시 거북한 표정이었다.

"중장아, 그런 낙엽이라도 주워오면 되겠구나. 좋아하는 여인과 같은 자매인데 명예스럽지 못하게 실연을 당했다느니 어쨌느니 하기보다는, 그걸로 만족하면 되잖니."

아드님을 조롱하는 듯한 투로 겐지가 말했다.

내대신과 겐지는 겉으로는 사이 좋아 보였으나, 전부터 성격 차이에서 오는 감정의 반발이 있었다. 최근에 와서 다시 아들 중장에게 모욕적인 실연의 쓰라림을 안겨준 그의 태도가 미워 겐지는 내대신의 비위를 긁는 소리를 간접적으로 곧잘 해댔다. 항상 바르고 올바르게 행동하는 성품이니 내대신이 다마카즈라를 맞아들인다면 얼마나 놀라고 애지중지할까 하고 생각했다.

해질녘이 되자 산들 바람에 젊은 귀공자들은 자리를 뜨고 싶지 않은 눈치였다.

"마음놓고 편히 쉬다 가도록 하게나. 나도 이제 젊은이들이 공경은 하되 가까이 하지 않는 나이가 되었나 봐."

그렇게 말하고서 겐지는 가까운 서쪽 별채에 가볼까 하고 일어섰다. 귀공자들은 저마다 배웅하려고 직접 따라 나섰다. 저녁 어스름 속에서 비슷비슷한 노오시〔直衣〕차림을 한 그들은 누가 누군지 가리기 퍽 어려울 정도였다.

"밤이 잘 보이는 데까지 좀더 가까이 와보아라."

겐지는 다마카즈라에게 그렇게 말하고는 데리고 온 청년들이 있는 곳을 내다보게 했다.

"소장과 시종을 데리고 왔느니라. 부르기만 하면 당장 달려올 정도로 호기심을 가진 청년들이지만 중장은 너무 순진하기 때문에 함께 오질 않았다. 동정심이 없는 짓이지. 이 청년들 가운데 너에게 무관심한 사람은 하나도 없거든. 보잘것없는 집 안 사람이라도 방에 숨어만 있으면 젊은 사내들에게 관심을 받는 대상이니까. 누구든지 실제 이상으로 이 집을 과대평가하고 있단 말이야. 젊은 사람들이 육조원의 부인을 애인으로 삼거나 상상한다는 건 불가능했지만, 네가 왔기에 그들 마음도 이렇듯 끌린 것이다. 그런 구혼자들의 진심이 얼마나 깊고 얕은지 제삼자가 되어 관찰하는 일도 재미있을 것 같아서, 너무나 심심한 나머지 전부터 그런 일이 있었으면 했는데, 이제 겨우 그 시기가 온 것 같구나."

그렇게 겐지는 속삭였다. 앞뜰에는 화려한 화초를 이것저것 심는 대신, 아름다운 빛깔을 한 패랭이꽃만 골라 나지막한 울타리를 따라 심었다. 이 패랭이꽃들은 저녁노을에 찬란하게 빛나 보였다. 귀공자들은 그 앞을 거닐다가도 무엇에 끌린 듯 우두커니 그 자리에 서 있기도 했다.

"훌륭한 청년 관리들뿐이야. 풍채나 태도나 별로 흠 잡을 데가 없지. 오늘은 보이지 않지만, 우중장은 나이가 많긴 해도 그만큼 우아하고 인품이 훌륭한 사람이다. 그 뒤로 편지에 답장은 했느냐? 너무 쌀쌀맞게 굴지 않도록 해야지."

그렇게 겐지는 다마카즈라에게 말했다. 이들 귀공자 가운데에서도 중장(中將)은 눈에 띄게 아리따웠다.

"내대신이 중장을 싫어한다는 건 도무지 알 수 없는 일이야. 자신처럼 저 애도 순수 명문가 출신이지 않느냐 이 말이요. 도리어 당당한 혈통의 황족 출신이라는 점이 탐탁지 못한 모양이야."

겐지가 그렇게 말했다.

"'천황마마 오소서. 우리 사위 삼아 보세'라는 구절도 있지 않습니까."

다마카즈라가 말하자 겐지는 탄식했다.

"그건 그렇다. 허나 뭐 꼭 사위로 삼아 달라는 것도 아니지. 다만 젊은 두 사람의 꿈을 깨뜨려 놓은 채 몇 해 동안 내버려두는 일은 너무 잔인하지 않으냐 그 말이야. 아직 벼슬이 낮아서 체면이 서지 않는다면 모른 척하고 나한테 그냥 맡겨두어도 좋지 않겠느냐 그거거든. 내가 책임을 지면 되지 않는가."

다마카즈라는 이 말을 듣고서야 자기 친아버지와 겐지 사이에 감정대립이 있었음을 비로소 알게 되었다. 이 때문에 친아버지를 만날 날이 또 멀어지지는 않을까 하고 안타까움마저 들었다.

달이 없는 때라 등롱(燈籠)에 불이 켜졌다.

"불이 가까워서 그런지 몹시 무덥구나. 그보단 화톳불이 좋겠다."

그러더니 다시 분부했다.

"이 뜰 앞에 화톳불을 놓아라."

좋은 육현금이 그곳에 나와 있어 그가 끌어다가 뜯어보니 조율이 되어 있었다. 소리도 좋았기에 겐지는 잠깐 뜯다가 말했다.

"이런 방면엔 취미가 없을 거라고 생각했는데, 아닌가 보군. 서늘한 가을밤 달빛 아래 벌레소리에 맞추듯 이걸 연주하면 제법 화려하거든. 신비한 악기라 온갖 악기의 중심이 되는 음을 가졌지. 간단히 육현금이라는 이름이 붙었지만 무한한 깊이가 있단다. 마치 이 악기는 다른 악기를 다룰 수 없는 여성을 위해 만들어진 듯해. 해보고 싶거든 다른 악기에 맞추어서 열심히 연습해 보도록 하여라. 어려울 게 없을 듯하지만 막상 이 악기를 잘 타기는 쉽지 않아. 현재로 선 내대신이 으뜸가는 명수인데. 그가 연주하면 육현금에서 온갖 악기를 품은 독특한 소리가 나거든."

다마카즈라도 그 점은 전부터 익히 들어서 알고 있었다. 어떻게 해서든 아버지인 내대신의 육현금 소리를 들었으면 하고 이전부터 바라고 있었는데 동경해 온 마음이 이제 또 크게 흔들렸다.

"여기 있으면 음악놀이라도 들을 수 있을까요. 시골 사람들도 이젠 흔히 배우는 야마토 금이니 쉬이 익힐 수 있다고 생각합니다만, 참으로 잘 하는 사람이 타는 솜씨는 다르겠지요."

다마카즈라는 진지한 투로 물었다.

"그렇지. 시골에서는 야마토 금이라고도 하지. 그 이름만 보아도 멸시해서 붙여진 야마토 금인가 싶은데, 우리나라는 궁중에 놀이가 있을 때면 도서를 맡은 관리에게 육현금을 제일 먼저 켜게 하지. 말하자면 이게 모든 악기의 으뜸이기 때문이야. 연습 여하에 따라 육현금 실력은 나아지나, 아버님처럼 음악적으로 뛰어난 분에게 배운다면 훨씬 더 이상적이지. 내 집에 아버님이 오셔도 정성을 다해서 육현금 타시는 소리를 듣기는 어려울 터이다. 명인의 예술이란 좀처럼 솜씨 전부를 보여 주지 않으니까. 그러나 언젠가는 듣게 될 것이다."

그렇게 말하면서 겐지는 육현금을 잠시 탔다. 신선하고 화려한 음이었다. 다마카즈라는 이 이상 아름다운 음이 아버지에게서 나온다는 생각에 신비로운 느낌과 더불어 더욱더 아버지를 동경했다. 단 한 순간만이라도, 언제 자기는 자신을 위해 연주하는 아버지의 육현금 소리를 들을 수 있을까 생각하니 그녀는 저 자신이 더 측은해졌다. 겐지는 정다운 목소리로 웃으면서 노래를 불렀는데, 그 뒤에는 육현금 타는 음이 아주 흥취 있게 들렸다.

"자, 이제 타보아라. 이런 예술은 부끄러워하면 나아질 수가 없는 법이지. 상부련(想夫戀)만 연주하는 건 어색할 듯하지만, 아무튼 누구하고나 될 수 있는 대로 합주하는 게 좋다."

겐지는 다마카즈라에게 육현금 타기를 열심히 권했으나 다마카즈라는 규슈〔九州〕에서 자신이 왕족 사람이라 주장하던 늙은 여인에게 잠시 배웠기에 틀리면 창피하다 싶어 손을 내밀려 하지 않았다. 겐지가 타는 소리를 좀더 오래 듣고 있으면 얻는 점이 있겠지, 조금이라도 더 연주해 주었으면 하고 도리어 바라고 있었다. 어느 틈에 그녀는 겐지 쪽으로 다가앉아 있었다.

"바람이 소소히 불어와 거문고 소리가 더 또렷하게 들리는 걸까요. 어찌된 걸까요?"

불빛에 비친 고개를 갸우뚱거리는 모습이 아름다웠다. 겐지는 웃으면서 육현금을 저만큼 밀어 놓았다.

"육현금 소리만 열심히 듣고 있는 사람 때문에 나는 찬바람이 몸에 스며드는 것 같구나."

그러자 다마카즈라는 몹시 실망했다. 시녀들이 가까이 와 있어서 겐지는 여느 때처럼 농담도 하지 못했다.

"패랭이꽃도 제대로 감상하지 않고 젊은이들이 모두 가버렸군. 내대신에게 이 꽃밭을 꼭 보여드리고 싶군. 덧없는 세상이니 무슨 일이든지 신속하게 해야 하거든. 옛날에 이야기를 하다가 내대신이 끝에 네 이야기를 했는데, 바로 그 날이 엊그제 같구나."

젠지는 그때 내대신이 했던 이야기를 회상했다. 다마카즈라는 슬픔을 이기지 못했다.

패랭이꽃같이 아름다운 당신을 보니
아버지는 옛날이 그리워
어머니의 행방을 물으시겠죠.

"그럴까 귀찮아서 그 사실을 알려준다는 게 이렇듯 늦었구나."
젠지는 말했다.

가난한 시골에서 자란 어머니를
누가 신경쓰고 누가 물으실까요.

다마카즈라가 울면서 애처롭게 읊조리는 그 모습은 앳되고 측은해 보였다. 그럴수록 젠지의 마음은 더욱더 이 사람에게 끌릴 뿐이었다. 가슴이 쓰리도록 그리웠다. 젠지는 이 사람은 도저히 억누를 수 없는 존재임을 깨달았다.

다마카즈라가 있는 서쪽 별채를 너무 자주 찾아가서 남의 눈에 띌 듯해 얼마 동안 발걸음이 뜸했다. 하지만 그런 때에는 무언가 해야 할 일을 만들어서라도 편지를 보내고는 했다. 그녀가 날마다 마음에 걸리는 젠지였다. 왜 하면 안되는 사랑을 해, 나는 이렇게 수심에 잠겨야 하는가. 근심을 내려놓고 마음이 이끄는 대로 행동한다면 세간의 비난을 모면할 순 없을 것이다. 물론 내 체면은 상관할 바 없다 하더라도 여자에게는 미안한 일이었다. 아무리 깊이 사랑하기로 무라사키 부인처럼 그 사람을 생각할 수 없다는 사실은 젠지 스스로도 잘 알고 있다. 아내로 삼아도 첩일 수밖에 없는 그 사람이 행복할 리 만무하다. 아무리 특별한 사랑을 받는다 해도 수많은 처첩 가운데 끝자리로 들어간다는 것이 명예로울 리 없지 않은가. 젠지는 그녀가 자신의 부인이 되기보다는 평범한 납언(納言)의 유일한 아내가 되는 길이 여자로서 더 행복함을 알았다. 정인으로 삼기에는 너무 불쌍하니 병부경이나 우대장과의 결혼을 허락할까. 그래서 남편 집으로 가버리면 자신은 이 번민으로부터 구원받을 수 있을지도 모른다. 소심한 생각이긴 하나 그 방법을 취할까 생각하는 때도 있었다. 그러다가도 다시 서쪽 별채에 가서 아름다운 다마카즈라를 보려고 육현금을 가르치는 핑계로 전보다 더 자주 찾아, 그동안 결심했던 일이 모두 흔들리고 말았다. 다마카즈라도 이처럼 겐지를 대하는 일이 무섭기도 하고 반감을 갖기도 했으나, 그 이상 지나친 행동이 없자 믿고 안심했다. 그리하여 굳이 겐지가 사랑스럽게 어루만지는 손짓에서 빠져나가려고 하지도 않았다. 대꾸할 때도 너무 응석부리지 않는 정도로 늘어난 애교와 매력에 겐지는 앞서 한 결심들이 이치에 맞지 않는다고 생각했다. 그렇다면 지금처럼 자기 곁에 두고 결혼시켜서 당당하게 보러 갈까. 결혼시킨 뒤에도 깊은 사랑을 가지고 이 사람을 대한다면 남편의 존재는 문제되지 않고 사랑에도 지장이 없다는 이기적인 생각을 하는 겐지였다. 그러나 그 일을 실천하게 되면 겐지는 더욱더 깊은 번민에 빠지게 될 것이요, 미지근한 사랑을 하지 않는 성격이기에 더욱 큰 비극이 벌어질 듯했다.

내대신이 자기 딸이라고 널리 알린 여자를 당장 자택으로 불러들인 조치에 대해 가족들과 가신들은 경솔한 처사였다고 쑥덕공론을 펼치곤 했다. 그리고 항간에서 그릇된 처사라고 비난하는 말도 죄다 대신의 귀에 들어갔다. 변소장(辨少將)이 무슨 이야기 끝에, 겐지가 이 일에 대해 물은 적이 있다고 말하자 그 아버지 내대신은 웃으면서 이렇게 말했다.

"그렇지, 그 댁이야말로 여태까지 소문도 없었던 첩댁 소생의 따님이 생겨 가지고 그 따님을 금이야 옥이야 하면서 야단이라지 않느냐. 남의 험담을 별로 하지 않는 태정대신이 이상하게 우리집 일은 헐뜯어서 말하는구나. 이번 일은 꼭 알아두어야 하겠는걸."

"그 댁 서쪽 별채의 따님은 흠 잡을 데가 없는 사람인가 봅니다. 병부경 같은 분이 간절히 청혼하고 계신 모양이니, 평범한 아가씨가 아닙니다."

"글쎄, 과연 그럴까. 겐지 대신의 따님이라 떠받드는 걸지도 모른다. 세상 인심이란 게 다 그런 법이다. 반드시 훌륭한 처녀라고 단정할 수는 없다. 겐지는 자식운이 없는 사람인데, 본처가 낳은 딸이 없어 내심 걱정일 터이다. 하지만 첩의 소생이라도 아카시 부인이 낳은 딸은 좋은 인연을 타고나 앞날에 행운이 따를 게 뻔하다. 어쩌면 새로 맞아들인 따님은 친자식이 아닐지도 모른다. 상

식으로 생각할 수 없는 일도 그 양반은 해내니까 말이다."

내대신은 겐지를 헐뜯으며 그렇게 말했다.

"그렇더라도, 누가 사위가 될까. 병부경의 구애가 마침내 승리하겠지. 본디 두 분 사이는 각별한 데다 취미도 같으니까 보기 좋은 한 쌍이 될 것이다."

그렇게 말한 내대신은 자기 딸 구모이노카리(운거안) 일이 섭섭했다. 누구와 결혼하느냐 하는 문제로 세상 관심을 집중시킬 만한 딸로 키우지 못한 게 너무도 분했다. 내대신은 그런 점에서도 중장이 한층 더 광채있는 벼슬로 승진해야만 그 결혼을 허락할 수 있다고 생각했다. 만약 겐지가 그 문제에 개입해서 간청해 오면 못 이기는 체 동의하려는 게 좌대신의 배짱이었다. 그러나 중장은 조금도 초조해하지 않고 태연하게 있으니 하는 수 없는 노릇이었다.

이런 여러 가지를 생각하던 내대신은 갑자기 보고 싶어져서 구모이노카리의 거실로 찾아갔다. 변소장도 따라갔다. 그때 마침 구모이노카리는 낮잠을 자고 있었다. 엷은 홑옷을 걸치고 누워 있는 모습에서 시원한 느낌을 받았다. 조그맣고 사랑스러운 아가씨였다. 엷은 천으로 비쳐 보이는 살빛이 고운 그녀는 아름다운 손에 부채를 들고 팔을 베개 삼아 베고 있었다. 부채처럼 펼쳐진 머리카락은 그다지 길지도 숱이 많지도 않았지만 끄트머리가 산뜻하고 아름다웠다. 시녀들도 휘장 그늘에 들어가서 낮잠을 자는 중이라, 아버지 내대신이 온 줄을 모르고 있었다. 아버지가 부채를 펼치자 그 소리를 듣고 문득 위를 쳐다보았는데 구모이노카리의 잠이 덜 깬 표정이 귀여워 보였고, 빨개지는 낯도 아버지의 눈에는 아름다워 보였다.

"낮잠을 자면 안 된다 일렀거늘 어찌 그리 단정하지 못한 모습으로 잠이 든 것이냐? 시녀들도 곁에 없고 이거 안 되겠는걸. 여자란 언제나 자기 자신을 지키면서 몸가짐을 조심해야 해. 자기 자신을 아무렇게나 대하는 태도는 품위가 없어 보이는 법이야. 제 딴엔 똑똑한 체하면서 부동명왕(不動明王)의 《다라니(陀羅尼)》를 읽고 두 손을 모아 근엄한 척하는 것도 가증스럽지만 말이다. 극단적인 비유 같지만, 사귀는 사람과 서먹하게 지내고 방 안에 들어앉아 있으면 별로 좋은 인상을 주지는 못하지. 태정대신이 앞으로 황후가 될 자신의 딸을 교육하는 방침을 보면, 여러 가지를 가르치면서도 두드러지게 한 가지 일에 파고들게 하지는 않는다. 즉 모든 일에 융통성 있게 행동하라는 거지. 하지만 인간에겐 저마다 천성이 있고 특별히 좋아하는 일도 있기 마련이니 무슨 특색이

건 언젠간 자연스럽게 나오게 되지 않겠는가. 그 따님이 다 자라서 궁정에 들어갈 때쯤에는 과연 어떤 모습일지 궁금하구나."

내대신은 딸에게 이런 말을 한 끝에 훈계도 했다.

"너를 폐하께 주려고 여러 가지 궁리를 했는데 이제 그건 한낱 꿈이 되고 말았다. 그래도 네가 세상 사람들 웃음거리가 되지 않도록 하려니, 남의 이야길 들을 때마다 네 생각이 나서 이 아비는 몹시 걱정한단다. 마치 널 사랑하는 것처럼 다가와 겉으로 호의를 보이는 사내에게 흔들리면 못써. 나한테도 다 생각이 있으니까."

구모이노카리는 예전에는 어려서 별로 깊이 생각하지도 않고, 중장에게 수모를 겪게 하며 부끄러운 줄도 모르고 태연히 아버지를 대했던 일을 생각하니 가슴이 미어졌다.

내대신은 북쪽 별채에 맞아들인 딸을 어떻게 하면 좋을까 하고 고민했다. 공연한 친절을 베풀어 맞아들이기는 하였으나, 이제 와서 남들이 이러쿵저러쿵한다 해서 다시 내쫓는 건 너무나도 경솔한 일이다. 그렇다고 해서 딸로서 대접해 주면 앞으로 뒤를 돌봐줄 것으로 오해를 받게 되니 그것도 싫었다. 큰딸인 홍휘전 여어에게 보내어, 거기서 예의범절을 보고 배우도록 해보자고 생각한 내대신은 마침 친정에 와 있는 홍휘전 여어에게 말했다.

"저 애를 여어한테 보내기로 했소. 모자란 점은 나이 많은 시녀들한테 고치게 해서 부리도록 해요. 젊은 시녀들이 뭐라고 하든 여어만은 그 애를 비웃지 말아요. 아직 경솔하고 예의를 모르는 아이니까."

"누가 뭐라 하더라도 그렇게 덜 떨어진 사람은 아닌 것 같아요. 두중장 오라버니의 기대가 너무 컸던 게 잘못이겠지요. 이 집에 온 뒤로 이러쿵저러쿵 말이 많아 그만 움츠러드는 게 아니겠어요."

여어는 내대신이 미안할 정도로 너그럽게 말했다. 이 사람은 하나하나가 특별히 이렇다 할만큼 아름다운 얼굴은 아니었다. 그러나 고상하고 해맑은 얼굴은 아침에 피기 시작한 아리따운 매화꽃처럼 그윽하게 보였고, 대신은 미소를 지으며 흐뭇하게 보았다. 누구보다도 빼어난 딸이라 생각했다.

"아무튼 우근중장이 뒷조사를 제대로 안한 탓이지."

평판이 좋지 않은 새 따님이 측은하기만 했다. 대신은 홍휘전 여어를 찾아갔던 김에 딸에게도 들렀다.

사랑방에 발이 팽팽하니 쳐져 있고 그 발 속에서, 고세치〔五節〕라는 건방진 젊은 시녀와 따님은 쌍륙(雙六)을 치며 놀고 있었다.

"비나이다, 비나이다."

두 손을 비벼대면서 주사위를 던질 때 주문을 외며 까불어대는 모습이 경박했다. 따라온 사람들의 벽제(辟除) 소리를 손짓으로 막으면서, 내대신은 빠끔히 열린 쌍바라지 틈으로 장지 저쪽을 들여다보았다. 시녀도 경망스럽게 떠들고 있었다.

"복수요. 복수합니다요."

주사위통을 손으로 비틀긴 했지만 곧바로 뿌리려고 하지 않았다. 따님의 용모는 예쁘장하면서도 애교있는 얼굴이었고 머리 모양도 곱기는 했지만, 이마가 좁은 데다가 괴상한 목소리 때문에 품위가 떨어져 보였다. 미인이 아닌 딸의 얼굴이 자기 얼굴과 닮아 있는 걸 보고 내대신은 저주받은 게 아닐까 생각했다.

"이 집에 살게 되면서 무슨 불편한 점은 없느냐? 난 바빠서 자주 못 찾아왔구나."

내대신이 말하자, 새 따님은 여전히 경망스러운 어투로 대꾸했다.

"이렇게 잘 지내는데 무슨 부족함이 또 있겠습니까? 오래도록 뵙고 싶었던 아버님을 같은 집에 살면서도 언제든 뵐 수 없는 점만이 답답할 뿐입니다."

"그렇지, 나도 가까이서 내 손발처럼 부릴 사람이 없기에 네가 오면 그런 일이라도 시킬까 했는데, 그건 안 되겠구나. 보통 시녀는 신분 차이가 조금 있어도 다들 함께 일을 하고 있으면 눈에 띄지 않아 마음을 놓을 수 있지만 누구의 딸이다, 아들이다 하고 신분이 알려진 사람들은 부모형제들 명예를 손상시키는 일도 자연스레 하기 마련이고, 더구나……."

말끝을 미처 맺지 못한 아버지의 마음을 헤아리지 못하고 따님은 경망스럽게 말했다.

"아뇨, 걱정 마세요. 따님이란 생각은 그만두시고요, 한 시녀로서 부려주십시오. 변기 청소고 뭐고 제가 다 해드리겠습니다요."

"그런 일까지 할 건 없어. 모처럼 찾은 어버이에게 효도할 마음만 있다면 그 말버릇부터 좀 고쳐 천천히 말해 줄 수는 없겠나. 그렇게만 해주면 내 수명도 길어지겠어."

농담을 잘하는 내대신은 웃으면서 그렇게 말했다.

"저의 혀가 그렇게 돼먹었는걸요. 어릴 적부터 어머니가 걱정해서 언제나 훈계를 하셨답니다. 묘법사(妙法寺) 주지스님이 제가 태어날 때에 산실에 와 있었는데 어머닌 그 스님의 말투를 물려받았을 거라고 탄식했습니다. 어떻게든 고치도록 노력해 보겠습니다."

"산실에 승려가 와 있으니 그런 변을 당하지. 그 승려도 업보 때문에 그런 말투가 된 걸 거야. 불교를 더럽힌 자는 벙어리와 말더듬이가 되는 게 죗값이라고 하니까."

내대신은 그렇게 말했으나, 어째서 이런 못된 것을 집으로 맞아들였던가 이내 후회했다.

"여어가 집에 와 있는 동안 넌 거기 가서 여러 가지를 배우도록 해라. 평범한 사람도 귀녀의 옆에 있으면 달라지는 법이니까."

내대신이 말했다.

"아이 좋아라. 저는 어떻게든지 여러분께서 저를 한 가족으로 인정해 주시기를 자나 깨나 빌고 또 빌어왔답니다요. 그 밖엔 무슨 일이든 관심이 없었지요. 허락해 주신다면 저는 여어님을 위해 물도 길어 나르면서 섬길 각오입니다."

"그런 막일은 안 해도 좋으니 이만 가도록 해라. 말투를 물려 준 중은 되도록 멀리하고."

그녀는 자신이 웃음거리 취급을 받는 줄도 몰랐다. 똑같은 대신이라지만, 아버님이 단정하며 의젓한 풍채를 갖춘 훌륭한 대신이라는 사실도 이 따님은 알지 못했다.

"그럼 언제 여어님을 찾아뵈올까요?"

"음, 일진을 따질 필요는 없겠지. 가고 싶으면 오늘 중이라도 가보렴."

그렇게 말하고 내대신은 나가버렸다. 사위(四位)·오위(五位) 관인(官人)들은 그 뒤를 따랐다. 권세가 대단해 보이는 아버지를 전송하고 난 뒤 따님께서 말했다.

"어쩌면 아버님은 저렇게도 훌륭하실까. 나는 저런 분의 자식인데 어찌 그리 작은 집에서 자랐을까?"

고세치가 옆에서 말했다.

"하지만 너무 훌륭해서 기가 죽을 정도예요. 지체가 높지 않더라도 진정으로 사랑해 주시는 아버님이 계셨다면 좋았을 텐데."

당연한 말이다.

"어머나, 그게 무슨 소리냐. 정말 무례하구나. 내가 너와 같은 처지라고 생각해서 그리 함부로 말하는 것이냐? 난 너와는 다른 사람이다."

화를 내며 말하는 따님의 얼굴엔 애교가 가득 있어서 장난치는 듯 보였는데 그 모습이 귀엽기까지 했다. 다만 신분이 아주 낮은 집안에서 자라난 사람이었기 때문에 고상하게 말하는 방법을 알지 못할 뿐이었다. 아무렇게나 한 말이라도 차분한 자세로 천천히 말하면 듣는 사람은 좋은 말인 줄 알며, 잘하지 못하는 이야기도 노래를 곁들여 읊을 경우 목청을 가다듬어 처음과 끝을 잘 알아들을 수 없도록 얼버무려놓으면, 제법 재미나게 느껴지기 마련이다. 내용이 중요하고 유서 깊은 이야기라도 따님의 말투로 말하면 천하게 들린다. 기품이 없는 유모의 품에서 자라 그대로, 아무런 교양도 보태어지지 않은 새 따님은 말투만으로도 오인을 받았다. 그렇다고 해서 그녀가 그다지 머리가 나쁜 것도 아니었다. 서른한 자의 첫 구절과 끝 구절이 일관하지 않는 와카(和歌)를 재빨리 지어보일 줄 아는 재주도 제법 있었다.

"여어님한테로 가라고 하셨는데, 내가 미적미적 행동한다면 감정이 상하실지도 몰라. 난 오늘 밤 중으로 가야겠어. 내대신께서 귀여워해 주시지만, 여어님이 쌀쌀맞게 군다면 난 이 집에서 설 자리가 없을 테니까."

그렇게 따님은 중얼거렸고, 자신감 없는 그 태도가 무척 가여워 보였다. 그녀는 먼저 여어님께 문안 편지부터 썼다.

'갈대 울타리를 사이에 둔 것처럼 매우 가까이 살면서도 여태껏 만나지 못했으니 그쪽에서 오지 말라고 관문으로 막아 놓은 것 같습니다. '알지는 못해도 무사시노라 하면'*²이라는 옛 노래의 '지치풀'처럼 아직 뵙지도 못했는데 한 핏줄이라 말씀드리기는 황송스럽습니다.'

이쪽저쪽에 점을 뚝뚝 찍어놓고 뒤에는 또

'사실 저녁 때라도 찾아 볼까 하는데, 이상하게도 싫어하시니 더욱 가 뵙고 싶은 심정인가 봅니다. 아, 괴이한 일들은 냇물 속에 떠나보내리.'

그렇게 쓰고, 끝머리에는 무슨 뜻인지 알 수 없는 노래도 있었다.

---

*2 '알지는 못해도…….' : '여어님과 자매임을 말씀드리기는 황송하옵지만'의 뜻.

'나는 시골에서 자란 어린 풀 히타치 해변 가와치 이카가산 스루가 해변 어떻게든 보고 싶습니다.'

파란 색지에 한자를 많이 섞어서 쓴 편지였다. 어깨가 처진 듯 한쪽으로 맥없이 축 늘어진 글씨지만 제딴엔 잔뜩 멋을 부린 글씨였다. 그녀는 한 줄 한 줄 구부러져서 쓰러질 것만 같은 자기 글씨를 흐뭇한 표정으로 읽어내리더니, 가느다랗게 똘똘 말아서는 패랭이꽃을 달았다. 변소 청소를 하는 동녀는 예쁘장한 아이로 남의 집 살이에 익숙한 신참 애송이였는데, 고것이 편지를 가지고 여어 궁전의 시녀들이 있는 방으로 살며시 가서 쑥 내밀었다.

"이걸 드리래요."

하녀 하나가 동녀의 얼굴을 알고 있어서 북쪽 별채 심부름을 하는 계집애라면서 패랭이꽃을 받아들었다. 대보(大輔)댁이라는 시녀가 여어에게 가지고 가서 편지를 펼쳐보였다. 여어가 미소를 지으며 편지를 아래에 내려놓자 중납언이 곁에서 살짝 들여다보고 말했다.

"뭐라고 하면 좋지요, 새로운 서식(書式)으로 쓴 편지인가 보옵니다."

그러면서 좀더 보고 싶다는 눈치였다.

"내가 초서체에 익숙지 못해서 그런지, 앞뒤가 어딘지 모르겠구나."

여어는 건네주면서 말했다.

"답장도 비슷한 식으로 좀 호들갑스레 써야겠다. 저급하다 멸시할지도 모르니 말이다. 그걸 읽은 김에 네가 써 주려무나."

노골적으로 웃음소리는 내지 않았지만 젊은 시녀들은 다들 웃고 있었다. 심부름 온 아이가 답장을 달라고 말해 왔다.

"시적인 말로 써 보낸 편지라서 답장 쓰기가 퍽 어렵습니다. 다른 사람이 대신 쓴 게 티가 나면 실례가 되고요."

중납언댁은 여어가 쓴 것처럼 편지를 썼다.

"바로 가까이에 있는 보람도 없이 뵐 수 없다면 원망스러운 일입니다. 아무튼 오시기를 기다리겠습니다."

히타치에 있는 스루가 바다,
스마 해변에 물결치듯
하코자키의 소나무여

중납언이 쓴 편지를 읽은 여어는 난처한 얼굴을 했다.

"정말 내가 한 말이라고 남들이 생각하면 어쩌느냐."

"걱정하실 것 없습니다. 듣는 사람이 잘 판단할 겁니다."

중납언은 그대로 종이에 싸서 보냈다. 새 따님은 그것을 보고 떠들며 말했다.

"잘 쓰신 편지야, 기다리겠다고 하셨잖니."

그러고는, 달콤한 향기를 풍기는 훈향(薰香)을 옷에 베이도록 문질렀다. 연지를 새빨갛게 찍고 머리를 곱게 빗어 붙인 그 모습에는 화사한 애교가 감돌았다. 하지만 여어와의 만남에서는 어떤 실수를 할 것인지.

화톳불[*1]

　그 무렵 사람들은 내대신의 새 따님에 대한 이야기를 자주 화제에 올렸다. 그 이야기를 들은 겐지는 사랑받지 못하는 그 따님을 동정했다.

　"어떻든 간에 아무도 모르게 감추어둔 딸을 처음엔 떠들썩하게 맞아들여 놓고선, 이제 와서 세상 사람들 웃음거리로 만든 내대신의 심사를 이해할 수가 없군. 그는 자존심이 강한 성격이라, 딴 곳에서 자라난 딸이 제대로 컸는지 알아보지도 않고 데리고 왔는데, 막상 불러들이고 보니 마음에 들지 않았겠지. 자신이 불쾌하다 해서 그런 모욕적인 대접을 하다니. 주위 사람들이 애정 어린 손길로 어떻게든 가꾸어 준다면 세상 체면을 세울 수도 있을 법한데."

　그런 소리를 자연스레 듣게 된 다마카즈라는, 부모도 성격을 제대로 알고 접근해야지 그렇지 않으면 무슨 꼴을 당하게 될지 모른다고 생각했다. 그리고 자기에게도 그런 일이 닥칠지 아닐지 어떻게 장담할 수 있으랴 싶었다. 게다가 다마카즈라는 자신에게 감정을 억지로 강요하지 않는 겐지에게 더욱 애정을 느껴서 이제는 마음을 열 수 있었다.

　스산한 가을이 되었다. 바람이 서늘하고 사무치는 감회가 저절로 더해 가는 시절이다. 겐지는 늘 다마카즈라 처소로 그리움을 달래려 와 있었는데 종일 그곳에서 지내며 육현금을 가르치기도 했다. 초닷새께 저녁달은 벌써 져버렸고, 서늘하게 흐린 하늘 아래서는 물억새 잎이 구슬프게 서걱거렸다.

　겐지와 다마카즈라는 육현금을 베개 삼아 나란히 누워 선잠이 들었다. 이런 비참한 처지는 또 없을 거라고 겐지는 탄식했으나, 밤이 너무 깊으면 남들이 수상하게 여길 테니 일찍 돌아가려고 했다. 그는 앞뜰의 꺼져가는 화톳불을 보고 우근위승(右近衛丞)을 시켜 다시 피우게 했다. 시원한 냇물 가에 풍취

[*1] 화톳불〔篝火〕: 겐지 36세 7월. 실외에 고정한 철제 바구니에 소나무 장작을 지펴 등불로 삼았다. 이 일 년(一年)의 여성의 중심은 다마카즈라에 있다

있게 가지를 뻗은 참빗살나무 아래 화톳불은 아름답게 피어올랐다. 사랑채 쪽은 서늘했고, 마침 아씨의 아름다운 모습이 불빛에 비쳐 또렷하게 떠올랐다. 겐지는 다마카즈라의 머리칼을 손으로 쓰다듬었다. 부드러운 머릿결의 감촉도 꽤나 매혹적이었는데, 수줍어하는 그 모습이 견딜 수 없이 사랑스러워 겐지는 그 자리를 뜨고 싶지 않았다.

"늘 이곳을 돌아보고 화톳불이 꺼지지 않도록 하게나. 무더울 때라도 달이 없는 동안 마당에 불빛이 없으면 을씨년스럽거든."

그렇게 우근위승에게 말했다.

어둠 속 화톳불에 타오르는 저 연기는
이 가슴 속에서 영원히 꺼지지 않을 사랑의 불꽃이리라.

"언제까지나 나는 이런 상태로 있어야 하는가. 가슴 속에서 불이 탄다는 말은 이런 걸 두고 하는 말일 테지."

겐지는 그렇게 말했다. 다마카즈라는 어쩔 줄 몰라 하며 이렇게 말했다.

끝없는 하늘 속으로 사라져 주세요.
화톳불 연기를 사랑의 연기라 하시니
연기는 하늘로 사라지니깐요.

"사람들이 수상하게 여기겠습니다."

겐지가 발 밖으로 나서려는데 동편 별채 쪽에서 밝고도 또렷한 피리소리가 고토와 어울려 들려왔다.

"두중장(頭中將)이군."

그렇게 말하고, 겐지는 그대로 머물러 있었다. 동쪽 별채로 사람을 보내 이렇게 이르라 했다.

"지금 여기 있네. 화톳불 빛이 시원하기에 발목을 잡혔다오."

세 귀공자들이 겐지가 있는 쪽으로 왔다.

겐지는 육현금 꺼내게 하여 구슬프게 뜯었다. 중장(中將)은 반섭조(盤涉

調)*²로 피리를 불었고, 두중장은 황송해서 합주에 끼이려 하지 않았다. 그것을 보고 겐지는 재촉했다.

"좀 빨리 하게."

아우인 변소장(辨小將)이 장단을 치며 나직이 노래했다. 그 목청은 방울벌레 울음소리 같았다. 두 번 되풀이해서 노래하게 한 다음, 겐지는 육현금을 두중장에게 물렸다. 두중장은 명수인 그 아버지 내대신 못지않게 육현금을 현란하게 연주했다.

"발 속에 육현금 소리를 제대로 감상하는 사람이 있을 거요. 오늘 밤 나한테 술잔을 받더라도 권하지는 말게. 청춘을 잃은 사람은 술만 마시면 과거의 추억이 떠올라 울음으로 걷잡을 수 없게 되거든."

겐지가 말하는 것을 다마카즈라도 가슴 아프게 들었다. 남매의 인연이 있는 그들에게 특별한 주의를 기울이고 있었는데, 두중장이나 변소장은 그런 줄은 꿈에도 몰랐다. 두중장은 참을 수 없는 사랑을 음악에 맡겨 한껏 육현금을 뜯고 싶은 심정을 조용히 억누르며 차분히 연주했다.

---

*2 반섭조(盤涉調) : 일반 음명(音名)의 하나. 중국 12율의 남려(南呂)에 해당한다고 함.

찬바람*1

올해 들어 중궁 처소 뜰에 심어진 가을 화초가 무수히 많았는데, 그 속에 운치 있는 통나무로 엮은 나직한 울타리가 군데군데 둘러쳐져 있었다. 아침 이슬, 저녁 이슬이 빛을 받아 구슬처럼 반짝이는 우아한 뜨락 경치를 바라보면 봄날 산빛을 잊을 만큼 흥취가 있었다. 봄과 가을의 우열을 가리는 사람들은 예부터 가을이 좋다 했지만, 육조원 봄뜰의 풍광을 보고 감격해 봄이 좋다던 사람들은 또 요즘 들어 가을을 찬미하고 있다. 마치 처음부터 세상사람들 인심이 그렇다는 듯이.

중궁은 정원 경치에 마음이 끌려 줄곧 친정살이를 계속하고 계셨는데, 음악 모임을 가질 만도 했으나 8월은 돌아가신 아버님 제사라서 즐거운 모임을 삼가셨다. 그동안 화초는 더욱더 무성하게 자라났다. 이번 찬바람은 여느 해보다도 호되고 하늘빛도 사뭇 달라질 만큼 거세게 휘몰아쳤다. 화초가 시들어 떨어지는 걸 보면 자연을 그다지 사랑하지 않는 각박한 사람조차도 가슴이 쓰라린 법이다. 더구나 중궁은 이슬이 흩날리고 가을 꽃들이 무참히 산산이 흩어지는 정경을 보고서는 병환이 나는 건 아닐까 싶을 정도로 심려하셨다. 큰 옷소매가 있으면 하늘에서 불어오는 바람을 막을 텐데 라는 말은, 봄의 벚꽃보다도 가을 하늘 앞에서 어울리는 노래이다. 차츰 날이 저물어가면서 풀죽은 초목의 그림자는 보이지 않고 바람 소리만 더해 가니 더욱 무시무시했지만, 격자문마저 모두 내렸기 때문에 중궁은 그저 보이지 않는 풀꽃만을 가엾게 생각하셨다.

남쪽 궁전도 앞뜰을 수리한 바로 다음이라서, 이번 바람으로 뿌리까지 드러난 물억새가 이리저리 가지를 휘저어대는 모습을 참담한 심정으로 바라볼 수

*1 찬바람(野分): 야분(野分)(노와키)는 가을부터 초겨울에 걸쳐 부는 바람. 겐지는 아들에게 계모의 얼굴을 보이려 하지 않았으나, 바람이 혼란스레 불자 아들은 무라사키의 얼굴을 보고 말았다

밖에 없었다. 가지가 부러져서 이슬이 맺힐 여유조차 없는 가을 화초를, 무라사키 부인은 툇마루 가까이로 나와 망연히 바라보고 있었다. 겐지는 이때 아카시 아씨에게 가 있었는데, 아드님 중장이 와서 동편 대청의 칸막이가 살짝 열려 있기에 무심히 보았더니 궁녀들이 많이 있었다.

중장은 멈춰서서 소리나지 않도록 조심하며 들여다보았다. 바람이 심했기 때문에 병풍과 나머지 것들을 모두 한 구석에 모아 놓았으므로 저편 안쪽까지 자세히 보였는데, 거기 툇마루 딸린 사랑방에 있는 한 여성이 그의 눈에 들어왔다. 다른 궁녀들과는 다르게 향기가 물씬 풍기는 듯 의젓하고 고운 자태라, 마치 봄날 아침 안개 속으로부터 활짝 피어 있는 아름다운 벚꽃을 보는 마음이었다. 정신없이 바라보는 사람의 얼굴엔 사랑스러움이 가득했다.

그녀야말로 일찍이 보지 못했던 미녀였다. 살며시 궁녀들이 바람에 휘말리는 발을 눌러놓고 다니자 그녀는 무엇 때문인지 싱긋 웃었는데, 말할 수 없을 만큼 아름다웠다. 바람에 휘몰아치는 화초를 걱정하는 무라사키는 선뜻 안에 들어가지 않고 거기 그대로 서 있었다. 그 모습이 너무나 아름다웠다. 아버지 태정대신이 무라사키에게 접근할 기회조차 주지 않은 이유는, 남성이 보면 가만히 있기 어려운 미모의 소유자에게서 멀리 떨어뜨리기 위해서였으리라. 그렇게 생각한 중장은 자신이 엿보는 걸 들킬까 무서워져 그 자리를 뜨려 했는데, 때마침 겐지가 서편 장지를 열고 부인 거실로 들어왔다.

"을씨년스러운 날이군. 격자문을 모두 내리도록 해요. 남자들이 이 근처를 드나드니 조심해야지."

겐지가 말하는 것을 듣고 중장은 다시 아까 자리로 다가가서 엿보았다. 부인은 무언가를 말하고 있었고, 겐지도 미소 지으며 그 얼굴을 바라보았다. 아버지라는 느낌이 안 들 만큼 겐지는 젊고 고왔으며, 아름다운 사내로 보였다. 중장은 지금 막 온 것처럼 헛기침을 하면서 남쪽 툇마루 쪽으로 걸어 나갔다.

"그러니까 조심성이 없다고 말했지 않았소?"

겐지는 비로소 동편 칸막이가 열려 있음을 알았다.

여러 해 동안 이런 기회를 잡지 못했으나, 바람이 바위를 움직인다는 말은 이 같은 상황을 뜻하는 듯싶었다. 중장은 조심성 많은 귀녀가 바람 때문에 바깥에 나와 있다가 나에게 드문 환희를 주었구나 생각했다.

가신들이 나오더니 주인에게 보고했다.

"바람이 대단하옵니다. 그나마 다행인 것은 북동쪽에서 오는 바람이라 이곳은 괜찮다는 겁니다. 마장궁과 남쪽 연못가는 위험할 것 같습니다."

그렇게 주인에게 보고하고, 하인에게 여러 가지 명령을 내렸다.

"그래, 중장은 어디에서 오는 길이냐?"

"삼조궁에 있다가 걱정스러워서 이리로 나왔습니다. 저쪽에는 외조모님이 혼자 계시는데 바람소리만 나도 어린아이처럼 무서워해서 다시 삼조궁으로 가 볼까 합니다."

중장은 그렇게 말했다.

"정말 그렇겠구나, 어서 가 보려무나. 나이를 먹으면 어린애가 된다더니, 이상한 말 같지만 사실은 누구나 다 그렇게 되는가 보다."

겐지는 대부인(大夫人)을 동정했다.

'날씨가 요란하여 어떻게 지내시는지 걱정됩니다만 중장이 잘 보살펴드릴 터이니 안심하고, 찾아뵙지는 않겠습니다.'

그런 인사말을 전했다. 도중에 바람이 또 몰아쳐서 쓸쓸하긴 했으나 중장은 무슨 일이든 성실히 하시는 성품이여서 삼조궁에 계신 외조모님과 육조원에 계신 부군에게 문안 인사를 거른 적이 단 한 번도 없었다. 궁중 숙직일로 대궐에서 외출하지 못할 때 말고는, 관청에 용무로 많을 때나 임시 용무가 바쁠 때나, 먼저 육조원의 아버지에게 문안드리고 삼조궁에 들린 뒤에 대궐로 꼬박꼬박 출근한다. 그러니 이런 험한 날씨 속에서도 다니는 문안 인사 정도는 대수로운 일이 아니었다. 대부인은 중장이 오자 기운을 차린 듯 기뻐하셨다.

"이 나이가 되기까지 단 한 번도 경험한 적 없는 태풍이란다."

그러면서 오들오들 떨고 계셨다. 고목나무 가지 부러지는 소리가 무시무시했다. 집집마다 기왓장이 날아다니고 그 속을 이렇게 오갔다니 무척 위험했겠구나 외조모는 그런 말을 되뇌었다. 호사스런 생활을 하신 것도 죄다 지난날 일이 되었고, 중장 하나만을 의지하고 계신 광경을 보니 무상함을 느끼게 된다. 물론 지금도 다른 사람들의 존경을 받고 계시지만 오히려 외아들인 내대신의 태도에 따스함이 부족했다.

밤새 몰아치는 바람에 잠을 이루지 못하는 중장은 너무나 구슬펐다. 오늘은 애인보다도 바람 속에서 몰래 처음 훔쳐본 계모의 모습을 잊을 수가 없었다. 이건 어찌된 셈일까. 마음속으로 큰 죄를 짓는 게 아닐까? 그렇게 반성하려고 했지만 다시 무라사키의 환영이 눈앞에 아른거렸다. 과거에도 본 적 없고 앞으로도 다시 없을 미모를 가진 분이었다.

저 부인이 있는 데도 동편 부인을 맞아들이다니 상상조차 하기 어려웠다. 중장은 무라사키와 비교가 안 되는 동편 부인이 가엾게 느껴졌다. 매력이 없는 사람도 버리지 않는 아버지의 훌륭한 성품이 이 일로 해서 밝혀진 듯했다. 성품이 성실하고 진지한 중장은 무라사키 부인을 사랑의 대상으로 생각하지 않았으나, 자기도 저런 아내를 맞고 싶다, 인생이 짧다지만 저런 여성과 함께 지내면 오래 살 수 있으리라, 그런 생각을 하고는 했다.

새벽녘에 바람은 약해졌으나 엄청난 소나기가 퍼붓기 시작했다.

"육조원에선 바깥채 건물들이 죄다 쓰러졌다고 합니다."

사람들이 그런 보고를 했다. 놀란 중장은 아직 동녘이 밝지 않은 새벽인데도 삼조궁을 떠났다. 수레 속으로 아무렇게나 들이치는 비를 흠뻑 맞으면서, 중장은 하늘빛도 험악한 길 위에 자신이 넋 빠진 사람처럼 느껴졌다. 이게 웬일일까, 안 그래도 고민이 많은데 자기한테 한 가지 수심이 더 생긴 걸까 하고 소름이 끼쳤다.

육조원에 다다른 중장은 동편 궁전의 하나치루사토 부인에게 문안 인사를 드린 다음, 남쪽 궁전으로 갔다. 아직 격자문도 올리지 않고 사람들도 일어나지 않았기에 무라사키의 침실 앞 난간에 기대서서 뜰을 바라보았다. 바람이 지나간 뜰 안 동산의 초목은 피해를 입어 가지가 죄다 부러졌다. 낭자한 풀숲은 더 이상 말할 것도 없고, 노송나무 껍질이며, 기왓장이 마구 흩날렸는가 하면, 세워놓은 덧문과 울타리도 죄다 쓰러졌다. 중장은 이런 광경을 보다가 어느 틈에 흘러내린 눈물을 주먹으로 훔치고 헛기침을 했다.

"중장이 왔나 보군. 이런 새벽에."

겐지가 일어나는 기척이 났다. 부인이 무슨 말을 하는 듯했으나 그 소리는 분명치 않고 겐지의 웃음소리만 들려왔다.

"젊었을 때에도 새벽에 헤어진 적은 없었는데 이제 와서 그 이별을 경험하게 되니 쓸쓸하지요?"

말소리가 유쾌하게 들렸다. 부인의 말소리는 잘 들리지 않았지만, 일방적인 그 말투로 미루어 보아 농담을 주고받으니 금실 좋은 부부라는 게 느껴졌다.

중장은 격자문을 손수 여는 겐지를 보고 너무 가까이에 접근했다 싶어서 몇 걸음 뒤로 물러났다.

"어땠지? 간밤에 문안을 드리니 대부인께선 기뻐하시던가."

"그러하셨습니다. 아무 일도 아닌 걸 가지고 우시기 때문에 너무도 가여워서……"

좌중장이 그렇게 말하자, 겐지가 말했다.

"이제 오래 사시지는 못하실 게다. 성의를 다해서 보살펴드려라. 내대신이 자주 신경을 써주지 못했는지 내게 푸념하신 적이 있었어. 그분은 남자답게 화려하고 번드르르한 일을 좋아해서, 부모님께 효도를 하면서도 작은 일까지 세세하게 신경 못 쓰는 사람이었지. 애틋한 정으로 섬길 줄은 모르는 사람이란 말이야. 그래도 마음이 깊고 매우 총명해서 말세의 대신으로는 아주 출중한 사람이거든. 뭐 그렇게 따진다면 누구에게나 흠은 다 있는 법이지만."

겐지는 그렇게 말했다.

"저런 대풍에 중궁 관원들도 다들 나왔던가? 간밤의 일이 궁금하구나."

그러고서 중장더러 중궁에 문안 인사를 드리고 오라 했다.

'어젯밤 바람이 드셀 때에 어떻게 지내셨는지요. 저는 하필 감기에 걸려 지금 당장은 찾아뵐 수가 없습니다.'

그런 문안 편지를 보냈다. 그 자리를 떠나 복도문을 통해 중궁 처소로 나가는 젊은 중장의 모습은 우아하고 아름다웠다.

동편 별채의 남쪽 툇마루에 서서 가운데 침전을 바라보니 두어 방만 격자문이 올려져 있었고, 궁녀들이 아직 이른 아침인데도 발을 걷어올리고 나와 있었다. 젊은 궁녀들은 난간에 기대서 뜰을 내다보고 있었다. 단정치 못한 몸차림으로 바깥에 나와 있는 건 좋지 못한 일이었지만, 이들은 모두 예쁘장하게 알록달록한 겉옷에 치마까지 입고, 여럿이 포갠 듯이 앉아 있어 운치 있고 그 모습이 퍽이나 아름다웠다.

중궁은 동녀들을 뜰에 내려보내어, 벌레에게 이슬을 주게 하고 계셨다. 패랭이꽃의 짙거나 엷은 빛깔 속옷에 마타리꽃을 닮은 엷은 겉옷과 그밖에 철에 맞는 옷을 입은 동녀들은 너더댓씩 떼를 지어 이쪽저쪽 풀숲으로 가서 가련하게 부러진 패랭이꽃 가지를 주워 왔다. 안개 속에서 왔다 갔다 하는 동녀들의 모습에서 고상함마저 느껴졌다.

사랑방을 통해 불어오는 바람은 시종향(侍從香)*2을 풍기고 있었다. 귀녀의 풍성한 우아함이 느껴지는 처소였다. 놀래키기가 미안해서 중장은 망설였으나, 헛기침 소리를 내면서 걸어가자 궁녀들은 그다지 놀란 기색도 보이지 않고 다들 사랑방으로 들어가버렸다. 중궁의 입궐 당시 중장은 아직 어린 나이여서 발 안까지 들어가기도 했기에 얼굴을 알고 있는 궁녀들이 꽤 많아서 친숙한 자리이기도 했다. 중장은 겐지의 문안 인사말을 아뢰고 나서, 잠시 동안 그 궁녀들과 이야기를 나누었다. 그러면서도 그는 어제부터 생각나는 일이 많았다.

돌아와 보니, 남쪽 궁전은 격자문을 모두 올린 상태였고, 무라사키 부인과 겐지는 간밤에 염려하며 잠들었던 화초가 일어나 보니 낭자하게 헝클어진 광경을 바라보며 망연자실해 있었다. 중장은 층계 밑으로 가서 중궁의 말씀을 전했다.

'거센 바람이지만 오셔서 막아주실 것을 믿고 기다렸는데, 문안 인사를 받은 뒤에야 비로소 안심했습니다.'

그런 내용이었다.

"워낙 연약한 분이시니 그럴 수밖에. 여자라면 누구나 무서워서 견딜 수 없는 밤이었지. 아닌 게 아니라 인정머리가 없다고 생각하셨을 게다."

그렇게 말하더니 겐지는 이내 중궁에게 방문할 채비를 했다. 중장은 겐지가 노오시를 입으려고 저쪽 방 발을 들치고 들어갈 때 짧은 휘장을 가까이 다가 세우고 앉아 있는 사람의 소매 끝을 보았다. 혹 저 사람이 무라사키 부인이 아닌가 생각이 들자 중장은 가슴이 끓어오르는 듯했다. 그러면서도 한심한 일이구나 하며 애써 외면하고 있었다.

"아침에 중장의 모습은 더욱 아름다운 것 같구나. 아직 어린 나이임에도 세련돼 보이는 건 부모의 눈이라서 그럴까."

겐지는 거울 속에 비친 자신의 얼굴보다도 중장이 훨씬 뛰어난 아름다움을 가졌다고 자부했다. 몸단장에 한참 고심하고 나서 말했다.

"중궁을 뵐 때는 언제나 영광스러운 느낌이 들거든. 지식이 겉에 드러나지는 않지만, 그분 앞에 나가면 신경이 쓰여요. 대범하면서도 여성스럽고, 또 높은 안목을 갖추신 그런 분이거든."

---

*2 시종향(侍從香): 침향(沈香)·정자향(丁字香)·사향(麝香) 등을 이겨 만든 훈향(薰香).

겐지는 발 밖으로 나오려다가, 중장이 멍하게 있는 모습을 보자 주춤하고 멈춰 섰다. 예민한 겐지는 어떻게 눈치챘는지, 돌아서서 부인한테로 가더니 추궁하듯 말했다.

"어제 바람이 부는 통에 중장이 당신을 본 게 아니요? 문이 열려 있었지?"

그러자 무라사키 부인은 낯이 붉어지면서 대답했다.

"무슨 말씀을. 대청 쪽엔 사람 발소리도 나지 않았는걸요."

"하지만 아무래도 수상쩍은데."

그렇게 중얼거리면서 겐지는 중궁 처소를 향해 걸어갔다. 중장도 따라갔다.

겐지는 중궁 처소에 들린 뒤 거기서부터 곧장 북쪽으로 가서 아카시 부인 처소로 향했는데, 잡일을 하는 하녀들이 어지럽혀진 뜰에 나와 화초를 정리하고 있었다. 동녀들은 부인이 아끼는 용담과 다른 화초잎에 묻혀버린 나팔꽃을 고르거나 매만져주었다. 서글픈 심정이 든 아카시 부인은 고토를 뜯으며 툇마루 가까이에 나와 앉았다. 겐지의 헛기침 소리가 들리자 부인은 횃대에서 내린 겉옷을 평복 위에 걸치고 맞이했다. 이런 다급한 경우에도 경의를 표하는 태도에서 그의 성격을 엿볼 수 있었다. 여자는 사랑방 문턱에 잠시 동안 앉았다가 바람 때문에 피해를 입은 것은 없는지 문안만 올리고 이내 냉담하게 돌아가는 겐지의 태도를 원망스럽게 여겼다.

마른 잎 싸리나무 스쳐가는 바람이
수심에 겨운 몸엔 더더욱 차갑구나.

겐지가 서쪽 별채로 갔을 때, 다마카즈라 아씨는 밤바람에 깜짝 놀라 새벽녘까지 잠을 이루지 못하다가 겨우 잠이 들었다가 일어나 거울을 들여다보고 있었다. 너무 요란스레 헛기침 소리를 내지 않도록 주의를 하고 겐지는 살며시 방으로 들어갔다. 병풍을 모두 접어서 치워 놓고 물건들이 널려 있어 어수선한 방이었지만 화사한 가을 햇빛이 비쳐 들었다. 그곳에는 눈부신 미모를 지닌 다마카즈라가 앉아 있었다. 겐지는 가까운 곳에 자리를 잡아 앉았다. 문안 인사를 하며 농담처럼 사랑타령을 하니 다마카즈라는 듣기 거북했다.

"차라리 어젯밤 바람을 타고 어디론가 가버리고 싶습니다."

불쾌한 얼굴로 다마카즈라가 말하자, 겐지는 재미난다는 듯이 씩 웃었다.

"바람을 타고 어디론가 가버리겠다는 건 좀 경망스러운 말이 아니요? 하지만 어딘가 바람을 타고 가고 싶은 곳이 있는 건 사실일 테지. 점점 나를 싫어하고 있으니 그럴 만도 한 일이야."

겐지가 말하자, 다마카즈라는 오해받기 쉬운 말을 했구나 어처구니가 없어 미소 짓는 얼굴빛이 참으로 화사해 보였다. 꽈리처럼 포동포동한 볼이며, 머리카락 사이로 보이는 살빛이 고왔다. 하지만 눈이 너무 크고 애교가 있어서 그리 품위 있어 보이지는 않았다. 중장은 배다른 누이의 얼굴을 한 번쯤 보는 게 평생 소원이었다. 아버지 겐지가 천천히 이야기하고 있는 동안 중장은 어질러진 방의 발 자락을 살그머니 들쳐 보고야 말았다. 가운데 방 사이에 있는 물건들은 죄다 치워져 있었으므로 안까지 들여다볼 수 있었다. 겐지의 태도가 수상하다는 사실은 보기만 해도 쉽게 알 수 있어서 '수상한 행동이구나, 아무리 아버지와 딸 사이라 해도 저렇게 껴안다니, 어린애도 아닌데' 생각하면서 빤히 쳐다봤다.

겐지에게 들킬까봐 무섭긴 했지만, 호기심이 더해져 끝까지 엿보았더니 겐지는 기둥 쪽으로 몸을 감추는 다마카즈라를 자기 쪽으로 끌어당기고 있었다. 머릿결이 물결치듯 한들한들 흘러내렸다. 여자가 난처해하면서도 나긋나긋 앉아 있는 걸 보면 이 장면은 늘 있는 일인 게 틀림없었다. 소름끼칠 노릇이었다. 어쩌된 일일까. 워낙 여자를 좋아하시는 분이면 어릴 적부터 내 집에서 같이 자라나지 않은 딸에겐 저런 감정도 가질 수 있는 것일까? 중장은 그럴 수도 있다고 생각하긴 했지만 한심스러웠다. 다마카즈라와 남매이긴 하나 배가 다르다. 어머니가 다르다고 생각하면 마음이 흔들릴 만큼 아름다운 외모이기도 했다. 어제 보았던 무라사키 부인만은 못하지만, 보는 사람이 저절로 여유로워지는 화사함은 비슷했다. 중장은 그 사람을 보면서 한창 피어난 황매화 꽃덤불이 이슬을 머금고 저녁놀 아래에 있던 정경이 떠올랐다. 지금 계절은 지났지만, 그 꽃을 꼭 닮은 사람이라고 느껴졌다.

시녀는 아무도 오지 않았고 두 남녀는 그렇게 친밀한 이야기를 하고 있었는데, 겐지가 갑자기 진지한 표정을 하면서 벌떡 일어섰다.

바람이 저렇게 드세게 불어오니
마타리꽃인들 시들어 떨어지지 않을까

당신의 태도에 숨이 끊어질 것 같습니다.

다마카즈라가 말했다. 그녀가 한 이야기가 중장에게는 잘 안 들렸지만, 겐지가 그렇게 중얼거려서 알아차렸다. 호기심에 다시 한 번 엿보고 싶었으나, 중장은 겐지에게 들키지 않기 위해 그곳에서 비켜났다.

마타리꽃이여,
시들고 싶지 않거든
바람에 순종하여라.

"그렇게 말하고 싶군. 저 어린 대나무를 본받도록 해요."
겐지의 말을 중장이 잘못 들었을지도 모르지만, 아무튼 역겨운 대화였음은 사실이다. 그곳을 떠나서 겐지는 곧장 하나치루사토에게로 갔다. 오늘 아침 추위에 놀란 듯, 늙은 시녀들이 부인 거실에서 바느질을 하고 있었다. 옷상자 위에서 풀솜을 펼치고 있는 젊은 시녀도 보였다. 곱게 물들여진 낙엽 빛깔의 엷은 천이며, 잘 다듬어진 연보랏빛 겉옷 따위가 마구 흩어져 있다.
"뭐요 이건. 중장의 속옷인가요. 올해는 대궐 안뜰의 가을 화초 잔치도 열리지 않을 것 같군요. 이런 바람이 불었으니 감상할 수도 없잖소. 지독한 가을이구려."
다채롭게 물들인 아름다운 빛깔의 옷감더미로 무엇을 만들지 말하면서 바라보았다. 겐지는 하나치루사토가 이런 물건을 알아보는 눈은 무라사키에 비해서 뒤지지 않을 만큼 출중하다고 생각했다. 겐지의 노오시용 중국풍 무늬의 비단은 초가을 화초로 손수 염색하여 빛깔이 매우 좋았다.
"이건 중장을 입혀주면 좋은 빛깔이겠군. 젊은 사람에게 어울릴 것 같은데요."
이런 말도 하고선 겐지는 돌아갔다.
여러 부인들을 방문하는 번거로운 수행을 마치고 나서, 중장은 부랴부랴 어린 누이에게로 갔다.
"바람이 무서워 오늘 아침은 일어나지도 못하고 아직 침실에 계시답니다."
유모가 말했다.

"정말 지독한 날씨였어. 여기서 머무르게 해 드렸더라면 좋았을 텐데, 외조모님이 워낙 걱정되기에 그쪽에 가 있었어. 그래 인형의 집은 무사한가."

시녀들은 웃으면서 대답했다.

"저희는 부채 바람에도 혼비백산하는데, 그런 비바람을 어떻게 견뎌냅니까. 여간 애먹은 게 아니었습니다."

"종이 한 장 주겠나? 그리고 당신네가 쓰는 벼루도 잠깐 빌려주고."

중장이 말하자, 시녀는 선반에서 두루마리 한 권과 벼루를 함께 꺼내놓았다.

"이거 무척 좋은 물건을 주시니 황송하군."

그러면서도 중장은 아카시 부인의 격을 생각하면 그리 조심할 일도 없다 여겨 편지를 썼다. 연보랏빛 엷은 종이에 정성껏 먹을 갈아 붓끝을 바라보면서 생각을 가다듬어 보고 편지를 쓰는 중장의 모습은 아리따웠다. 그러나 그 노래는 그다지 훌륭하지 않았다.

찬바람 먹구름이 일렁이는 저녁엔
어여쁜 우리 님이 더더욱 그리워라.

그런 노래를 쓴 편지를 중장은 바람에 꺾인 솔새에 달아 놓았다.

"호색가로 유명한 가타노 소장(交野少將)은 종이빛과 같은 색깔의 꽃을 사용했다지 않습니까."

시녀가 그렇게 말했다.

"그건 또 미처 몰랐군. 어느 들판에 핀 어떤 꽃이 좋을까?"

중장은 시녀에게 너무 친절하게 굴지 않으려 거리를 두고 이야기했다. 품위 있는 귀공자다운 행위였다. 중장은 편지 한 통을 더 써 가지고 우마료(右馬寮) 차관에게 넘겨주었는데, 우마료 차관은 그것을 아름다운 소년무사와 친숙한 시종에게 전하고 나갔다. 젊은 시녀들은 심부름꾼이 가는 곳과 편지 내용이 너무 궁금했다.

아카시 아씨가 온다면서, 시녀들은 갑자기 웅성거리며 휘장을 쳤다. 중장은 어제부터 오늘 아침까지 보아왔던 미녀들과 비교해 보려고 발 속으로 몸을 반쯤 들이밀었다. 휘장 틈으로 엿보는 순간, 아카시 아씨가 사랑방으로 들어왔

다. 시녀들이 그 앞을 왔다 갔다 했기 때문에 잘 보이지는 않았다. 다만 연보
랏빛 옷을 입고, 머리는 아직 발끝까지는 닿지 않고 끄트머리가 부채를 펼쳐
놓은 듯이 하늘거렸다. 날씬하고 조그마한 모습은 가련하고 사랑스러워 보였
다. 지지난해까지만 해도 이따금 얼굴을 보았는데, 그즈음보다 훨씬 더 아름다
워진 듯했다. 스무 살이 되면 얼마나 더 미인이 될까 싶었다. 앞서 본 무라사키
와 다마카즈라를 벚꽃과 황매화라 한다면 이쪽은 등꽃이라 해도 좋았다. 높
은 나뭇가지에 걸려서 핀 등꽃이 바람에 나부끼는 아름다움이란 이런 게 아
닐까 싶었다.

　아름다운 사람들을 보고 싶은 대로 실컷 보며 살고 싶었다. 내게는 계모요,
배다른 자매인데 그렇게 못 하다니, 일일이 단속하시는 아버님이 원망스럽구
나. 그렇게 생각하자 진지한 중장도 마음이 뒤숭숭하여 안절부절못했다.

　삼조궁에 가니까 노부인은 조용히 불공을 드리고 계셨다. 젊고 아름다운 시
녀는 여기에도 있었지만, 옷차림이나 거동은 권세 있는 집안 시녀들에 비해선
뒤처져보였다. 그러나 예쁘장하게 생긴 비구니가 먹빛으로 물들인 옷을 입고
있으니 이런 장소에 걸맞는 우아함이 느껴졌다. 내대신도 노부인을 방문해 불
을 밝혀 노부인과 천천히 이야기하고 계셨다.

　"손녀딸을 오랫동안 보지 못했군. 너무 하지 않습니까?"

　그렇게 말씀하시고선 노부인께서 우셨다.

　"얼른 찾아뵈옵도록 하겠습니다. 제 스스로 수심에 잠겨 안타까울 정도로
수척해졌습니다. 저는 여식을 낳지 말았어야 했나 봅니다. 무슨 일에든지 부모
속만 태우니까요."

　내대신은 지난날 노모의 과오를 아주 용서할 생각이 없는 듯한 어투였다.
노부인은 슬픈 생각이 들어 희망하시는 말을 차마 입 밖에 내지 못하셨다. 이
야기 끝에 대신은 노모에게 호소했다.

　"인간 구실을 못할 딸 아이가 나타나 속이 상합니다."

　하고 노모에게 호소했다.

　"왜 그럴까. 그대의 딸이라면 그리 부족할 리가 없을 텐데."

　"그게 그렇지가 않답니다. 경박하고 형편없는 딸이지요. 언젠간 보여 드리지
요."

　내대신은 그렇게 말했다.

행차*1

    겐지는 다마카즈라의 장래를 위해 온갖 신경을 다 쓰고 있었지만, 속으로는 감추어야 할 사랑이 '소리 없는 폭포'처럼 흘렀다. 무라사키 부인은 이 일이 불행한 결과를 가져오지는 않을까 걱정되었다. 내대신은 모든 일에 형식을 중요시하는 성품이어서 조금이라도 형식에 어긋나면 참지 못하셨다. 이 일을 알고 주저없이 사위로 맞을지도 모른다. 겐지는 이런 남부끄러운 일이 걱정되어 어지간히 망설이고 있었다.

    이 해 섣달에 낙서(洛西) 대평야의 행차가 있어서 누구나 다 그 행렬을 구경하러 나섰다. 육조원 부인들도 수레를 타고 구경하러 왔다. 상감은 오전 여섯시에 나서서 스자쿠 대로[朱雀大路]에서 오조로(五條路)를 서쪽으로 꺾어 행진하셨다. 도로는 구경 나온 수레들로 꽉 메워진 상태였다. 행차가 항상 이렇게 성대하지는 않았지만, 오늘은 친왕들이며 고관들도 모두 말까지 꾸며서 나왔다. 수행원과 마부들은 키가 가지런한 자들로만 골라 세워 복장까지 제법 화사했다. 좌우대신·내대신·납언 이하는 모조리 따라갔다. 옥색포에 연지빛 속옷을 전상관 이하 오위·육위까지도 입고 있었다. 하늘에서는 희끗희끗한 눈이 가끔씩 떨어져서 풍취를 더해 주었다.

    친왕님들이나 고관들도 매사냥을 할 줄 아는 사람은 들판에 나가 사냥할 때 입기 위해 고운 사냥복들을 미리 마련해 두었다. 좌우 근위며 좌우 위문, 그리고 병위에 속한 매잡이들은 눈에 띌 만큼 큰 무늬로 물들인 옷을 입었다. 여자들은 평소에 보지 못한 구경거리라 다들 앞 다투어 보려 했으나, 엉성하게 만든 수레는 군중들 때문에 바퀴가 망가져 허름한 꼴로 서 있었다. 가쓰라가와[桂川]의 선교(船橋) 언저리는 구경하기 좋은 자리라 좋은 수레가 많이 세워져 있었다.

---

*1 행차[行幸] : 겐지 36세 12월부터 이듬해 2월까지 이야기. 다마카즈라는 22세

육조원의 다마카즈라 아가씨도 행차를 보기 위해 나와 있었다. 화사한 몸단장에 얼굴 화장을 한 상공과 구경꾼들이 많이 보였다. 하지만 가마 속에서 단정히 주홍색 겉옷을 입으신 천황의 모습에 비교할 만한 사람은 아무도 없었다. 다마카즈라는 남몰래 아버지 내대신에게 관심을 기울였다. 소문대로 화려한 관록을 지닌 장년 남성으로 보였으나 천황보다는 훌륭하다고 할 수 없고, 누구보다도 우수한 신하로 보일 뿐이었다. 천황은 태정대신 겐지를 꼭 닮은 용안이셨는데, 그렇게 보아서 그런지 한층 숭고한 아름다움이 느껴졌다. 과연 이분은 인간 세상에서 으뜸가는 미남으로 봐야 했다. 다마카즈라는 늘 겐지나 중장을 볼 때마다 귀족 남성들은 누구나 다 멋있다고 생각했다. 그런데 이런 정장을 차려입어도 다른 남성들은 어느 때보다 못나 보여 같은 눈코입을 가진 사람처럼 보이지 않았다.

병부경도 친히 와 계셨다. 우대장은 권세 있는 중신이지만 살빛이 검고 수염이 많은 얼굴이라서 다마카즈라는 호감을 가질 수 없었다. 사내란 화장을 한 여자처럼 흰 얼굴이기는 힘들겠지만, 젊은 다마카즈라는 살빛이 검은 얼굴을 천시하는 경향이 있었다.

요즘 겐지는 다마카즈라에게 입궁을 권하고 있었다. 이때까지는 망설여왔던 다마카즈라였으나, 후궁이 아니더라도 여관이 되어 천황을 모시는 건 좋을지도 모르겠다는 생각을 갖게 되었다.

들판에 가마가 멈춰서고, 고관들이 천막 속에서 식사를 한 뒤 정장을 노오시나 사냥복으로 갈아입을 즈음 육조원 겐지 대신으로부터 술이며 과자 등의 진상품이 올려졌다. 폐하께서는 전에 겐지에게 동행하도록 말씀하셨는데 겐지는 근신일(謹慎日)을 이유로 사퇴했었다. 그리하여 폐하는 겐지에게 나뭇가지에 붙들어 맨 꿩 한 쌍을 내려주셨다.

눈 쌓인 저 봉우리 날아가는 꿩을 보니
오늘 나와 동행해주었으면 좋았을 텐데.

상감의 노래는 이러했다. 이는 태정대신이 새 사냥을 위한 행차 때 함께 했던 선례를 따른 것인지도 모른다.

겐지 대신은 어사를 황송하게 대접했다. 답한 노래는 다음과 같았다.

오늘은 이 솔밭에 눈이 소복하게 쌓여도
님 행차 자국은 오래오래 남으리.

드문드문 기억이 나서 착오가 있을지도 모르겠다. 어쨌든 이튿날 겐지는 서쪽 별채에 편지를 썼다.

'어제는 폐하를 뵈었겠지요. 입궁에 대한 문제는 어떻게 정하셨습니까.'

편지를 읽은 다마카즈라는 웃으며 얼버무렸다.

"별 말씀을 다……."

그러면서 한편으로는 남의 속을 잘도 꿰뚫어보았구나 생각했다.

'안개가 뿌연 아침 눈까지 내리는데 하늘의 빛도 폐하의 얼굴도 안 보이네.'

그렇게 써 온 답장을 무라사키 부인도 함께 보았다. 겐지는 다마카즈라에게 궁녀 되기를 권했다는 이야기를 했다.

"젊은 여자에 궁중에 나갈 자격을 가진 사람이 천황을 한 번 뵙고 나면 궁으로 들어가고 싶어질 텐데."

겐지가 그렇게 말했다.

"망측해라. 천황마마께서 아름답다고 하셔서서 연애하는 감정으로 모시려 드는 건 너무나 실례되는 소리가 아닐까요?"

부인은 웃으며 말했다.

"그런 것도 아니지. 당신도 천황을 뵙는다면 측근으로 모시고 싶어질 거야."

겐지는 다시 서쪽 별채에 편지를 썼다.

'밝은 빛이 하늘 구석구석 비추는데 왜 눈을 보느라 아름다운 폐하의 얼굴을 못보는가.'

"부디 결단을 내리시오."

겐지는 다마카즈라에게 그런 권유를 한 뒤, 어쨌든 착상식(著裳式)*2부터 올려야 성사가 되겠다 싶어 필요한 의식 준비를 하게 했다.

자기는 그저 수수하게 일을 하려 해도, 겐지 댁에서 하게 되면 자연스레 모든 행사가 크고 성대해졌다. 하지만 이번 일을 기회로 삼아 내대신에게 진실을

---

*2 착상식(著裳式) : 하카마 착의식(袴着衣式)과 아울러 남녀의 성장 확인 의식의 하나. 하카마는 남자이고, 착상식(치마 입는 식)은 여자를 위한 것. 여자가 12~14세가 되면 이 식을 올렸는데, 여기서는 '다마카즈라'의 특수한 사정으로 거식(擧式)이 늦어졌다

털어놓으려는 속셈이었으므로 매우 호화롭게 준비하라 했다. 겐지는 이 잔치를 새해 2월에 하기로 작정했다.

여자는 세상 모든 사람들이 아는 유명인이 되더라도 결혼 전 반드시 부모의 성씨를 알릴 필요가 없었기에 이제까지는 후지와라〔藤原〕내대신의 딸이니, 겐지의 딸이니 하고 밝히지 않아도 되었다. 그러나 겐지의 희망대로 궁녀 생활을 하려 한다면 가스가〔春日〕신령님*3이 점지해 주신 남의 아이를 빼앗는 격이 되며, 어차피 알려질 일을, 감정적으로 흐지부지 덮어버리는 것은 불명예스러운 일이 아니겠느냐 싶었다. 평범한 계층 사람들은 안일하게 성씨를 바꾸기도 하지만, 속에서 흐르는 아버지와 딸 사이 핏줄을 억지로 끊을 수 있는 게 아니었다. 자연의 섭리대로 자신의 너그러움을 내대신에게 보여주리라 결심하며 겐지는 그 착상식 주례역을 내대신에게 의뢰하기로 했다. 그러나 내대신은 지난해 겨울부터 병환으로 누워 계신 대부인께서 언제 돌아가실지 몰라 착상식에 나갈 수 없다고 사퇴를 표명해 왔다.

중장도 밤낮없이 삼조궁에 꼭 붙어 있다시피 병간호를 해 드리고 있어서 마음의 여유가 조금도 없는 상태였다. 차라리 겐지는 착상식을 연기하는 게 옳지 않을까 생각했다. 그러나 만약 대부인께서 세상을 뜨셔서, 다마카즈라가 손녀로서 상복(喪服)을 입어야 함에도 그 일을 알리지 않는다면 죄를 짓는 게 아닌가. 겐지는 대부인의 병환은 신경 안 쓰더라도 착상식을 올려야 하며, 대부인이 살아 계신 동안에는 내대신에게도 이 사실을 알려야 한다고 생각했다. 겐지는 삼조궁을 문병할 겸 방문했다.

미행으로 왔지만 어쩔 수 없이 행차 못지않게 위세가 갖추어져 있었다. 아름다움이 더욱 빛을 더한 듯한 겐지를 보기만 해도 내대신의 어머니는 병고가 싹 가신 듯싶었다. 그분은 팔걸이에 기대셔서, 가냘픈 목소리로 곧잘 말씀하셨다.

"그다지 쇠약해지시진 않으셨나 보군요. 중장이 어찌나 걱정을 하는지, 어떻게 지내시나 하고 근심했었습니다. 대궐에도 특별한 일이 없는 한 나가지 않고 있으며, 조정 사람과 다르게 집에만 있어서 자연히 문병 갈 생각은 하면서도 곧장 실천에 옮길 기력도 잃은 채 실례를 했습니다. 나이는 나보다 많고 몹시

---

*3 가스가〔春日〕: 등원씨(藤源氏)의 씨신(氏神)인 춘일명신(春日明神)

허리가 굽은 사람임에도 나랏일에 온 몸을 바친 사람은 예전이나 지금이나 있지만, 저는 태어나면서부터 몸과 정신이 모두 연약한 편이라 게을러질 수밖에 없는가 봅니다."

겐지는 그렇게 말했다.

"나이 탓이라고 생각하지요. 몇 달 동안 건강이 시원치 않은 것을 그대로 내팽개쳐 두었는데, 올해 들어서부터는 어쩐지 이 병이 위중하다는 느낌이 들더군요. 한 번 더 당신을 뵙지 못한 채 영영 잘못되는가 싶어 쓸쓸히 여겼는데, 문병해 주셔서 그 감격으로 조금 더 살 수 있을 듯합니다. 이제 나는 조금도 목숨이 아깝지 않아요. 모두 먼저 간 뒤에 혼자 남아 오래 사는 건 남의 일이라고 하더라도 기쁘지 않으니 빨리 저 세상으로 갔으면 하고 다급한 생각도 들지요. 하지만 중장이 어찌나 친절한지 상상도 할 수 없을 만큼 끔찍이 잘 해주고 걱정해 주니 지금까지 목숨을 부지하나 봅니다."

처음부터 끝까지 내내 울고 계시니 그 떨리는 음성도 이제는 뼈저리도록 사무치게 들려왔다. 옛날이야기도 나오고 요즘 이야기도 한 끝에 겐지가 말했다.

"내대신이 매일같이 오는 줄 압니다만, 이렇게 제가 와 있을 때 만나뵐 수 있었으면 좋겠습니다. 꼭 이야기하고 싶은 일이 있습니다만, 무슨 기회가 없으면 그것도 불가능한 일이라 아직 이러고 있습니다."

"나라 일이 바빠서 그런지 애틋한 정이 엷어서 그런지 자주 문병와 주질 않는구려. 말씀을 나누고 싶어하시다니 어쩐 일입니까. 중장이 원망스러워 할 만도 합니다. 나는 처음 일은 아무것도 모르지만 저 아이에게 쌀쌀맞게 대하는 것을 본 적이 있어요. 그런 일로 해서 한 번 퍼진 소문은 되돌릴 수도 없고, 오히려 이중으로 사람들 비난을 듣게 될 거라고 충고도 했었습니다. 예전부터 이렇다 마음먹었던 일들은 굽히지 않는 성질이라서, 본의는 아니지만 모르는 척하고 있었지요."

중장을 두고 하는 이야기인 줄 알고 노부인은 그렇게 말씀하셨다. 겐지는 웃으면서 말했다.

"새삼스럽게 어쩔 수 없는 일이어서 용서해 주시리라 생각하고 저 또한 간접적으로 희망을 비쳐본 적도 있었습니다. 하지만 헤어지게 하려는 생각이신 거같아 왜 그런 말을 꺼냈던가 물어보기도 쑥스럽고 해서 후회하고 있었습니다. 하긴 매사에 마무리가 있으니, 한낱 소문쯤은 대신의 의지로 소멸시킬 수 있을 겁니다만, 한 번 있었던 사실을 깨끗이 잊는 일은 어렵겠지요. 인간의 가치는 후세로 갈수록 떨어지고, 점점 나빠지는 것 같습니다. 그로 인해 저는 중장을 불쌍히 여기고 있습니다."

그렇게 말한 다음 겐지는 이 문제에 대해 차근차근 설명을 했다.

"대신께 말씀드리고 싶은 건, 처음에 저는 좀 정신이 없어서 대신의 가족을 제 딸자식인 줄 알고 맞아들였습니다. 그때 그 누구도 제가 잘못했다고 말하지 않았기에 자세히 알아보지도 않고, 자식이 얼마 없는 제 처지와 인연이 있다 싶어서 시중을 들라 할까 했었지요. 그렇게 얼마 동안 부모로서 제대로 돌보지 못한 채 세월이 지났는데 어떻게 해서 그 이야기가 소문이 났는지, 궁중으로부터 분부가 계셨는데 이렇게 말씀하시지 않겠습니까.

상시(尙侍)로 입궁하여 일할 사람이 없기에 자연스레 궁의 일들이 소홀해진다는 것입니다. 그래서 지금 근무 중인 고참인 전시 두 명과 상시가 되고자 하는 많은 사람들 중에서도 자격이 충분한 사람을 가려내야 하는데 그것은 곤란한 일이거든요. 대개 귀족 따님으로, 명망이 있고 가정사에 매달리지 않아도 좋은 사람이라는 게 예부터 정한 기준이지요. 결점이 없는 완전한 자격은 없다 하더라도, 밑의 자리에서부터 승진한 연공자(年功者)가 등용되는 경우가 있답니다. 지금의 전시에게는 아직 그만한 역량이 없으니, 문벌이나 세상의 인망으로 골라 출사를 시키는 게 어떻겠습니까.

내 집 아이가 어울리지 않다고 생각할 까닭도 없을 만큼 기대해왔기에 나도 중궁의 분부를 받으려고 했습니다. 궁중 근무 적임자라는 인정만 받게 된다면 일이 힘들어도 상관없습니다. 후궁도 아니고 궁중의 한몫을 맡아서 여러 사무도 보아야 하는데, 여자로서 으뜸가는 직책이 아니라고 생각하는 사람도 있지만, 저는 그렇게 여기지 않습니다.

일이 무엇이든 그 인격에 따라 직업이 좋게 보이기도 하고 나쁘게 보이기도 한다고 생각하게 되었을 즈음에 딸의 나이를 물었기에, 이 아이가 제 자식이 아니라 그분의 자식임을 깨달았습니다. 다시 만나 뵙고 그 점을 뚜렷하게 하고 싶습니다. 기회가 없어서 뵐 수가 없으니 이참에 얼굴을 뵈고 이런 말씀을 여쭐까 했는데, 그분은 대부인의 병환을 말씀하시고는 사절하시겠다는 답을 주셨습니다. 그래서 그 일이 실상 삼가야 할 것으로 여기면서도 이렇게 차도가 있으신 모습을 뵙고 보니, 역시 계획했던 대로 축하 의식이라도 올리고 싶습니다. 내대신 또한 그때만큼은 찾아와 주시길 바라고 있습니다. 대부인께서 그 일을 귀띔하시는 편지를 띄워 주시지 않겠습니까?"

겐지는 말했다.

"정말 그건 뜻밖의 일이군요. 내대신은 그렇게 신분을 밝히고 찾아오는 자는 모조리 건져주듯 잘 돌봐주는 것 같았는데, 어째서 그런 실수를 해서 당신한 테 의지하려고 했을까요. 전부터 당신이 아비라는 이야기라도 듣고서 나타난 사람인가요?"

"그렇게 될 만한 까닭이 있는 사람이지요. 자세한 일은 대신이 더 잘 아실 겁니다. 흔히 있는 일 같으면서도 명백히 밝히면 밝힐수록 나쁜 소문만 퍼뜨릴 까봐 중장에게도 아직 자세히 말하지 않았습니다. 그러니 당신께서도 비밀로 해주십시오."

겐지는 소문내지 말라는 귀띔을 했다.

내대신도 겐지가 삼조궁을 방문중이라는 말을 듣고 생각했다.

"단출한 살림을 하고 계신 어머니께서 어떻게 태정대신을 영접하신단 말이 냐. 길 안내자들을 접대하고 사랑방 시중을 들 사람도 변변치 못한 어머니댁 에서 말이다. 오늘은 중장도 주인의 수행으로 왔을 터이니 너희들이 가 보아 라."

그러고는 곧 자제들과 그 밖의 친한 전상관들을 가 보게 했다.

"과자며 술이며 좋은 것을 내놓도록 해라. 나도 가봐야 하겠지만 오히려 번 잡해질 것 같으니."

그러고 있을 때에 어머니로부터 편지가 왔다.

'육조원의 대신이 문병 와 주셨는데, 이쪽은 알다시피 제대로 모실 만한 사 람도 없어서 부끄럽고 실례도 되니, 내가 일부러 기별했다는 내색은 말고 와 주시면 좋겠소. 태정대신께서는 내대신을 만나 의논하실 일도 있나 보오.'

그런 내용이었다.

의논이라고 하는데 무엇일까. 구모이노카리와 중장의 결혼을 허락하라는 그 말씀이신가? 병환 중이시어서 오랫동안 출입을 못하시는 대부인께서 말씀을 하시고, 거기에다가 겐지 태정대신이 그 문제에 대해 겸손한 말로 호소한다면 자기는 거부할 도리가 없다. 중장이 너무나도 냉정하고 결혼을 서두르는 눈치 를 보이지 않아 답답하던 참이라, 기회만 있으면 저편에 한 걸음 양보한 것처럼 허락하리라 내대신은 그렇게 생각했다. 그리고 그것이 어머니와 겐지가 말을 맞춘 일이라고 확신한 내대신은, 그렇다면 더더욱 거부할 수 없는 일이라고 생각했다. 하지만 이런 경우엔 반발심을 가지는 것이 내대신의 성격이었다.

그러나 어머니의 편지도 있었고 겐지 대신도 기다리고 있는 중이라서 방문하지 않으면 서로가 실례되기 마련이다. 어찌되든 만난 뒤 판단할 일이라고 생각한 내대신은 옷을 갈아입고, 길 안내자들은 일부러 간단하게 거느리고 삼조궁으로 들어섰다. 여러 아들들을 거느린 내대신은 장중하고도 의젓해 보였다. 커다란 키와 그에 어울리는 당당한 풍채로 걸어 들어오는 모습은 대신다움에 부족함이 없었다. 그는 자줏빛 바지에 연분홍빛 속옷 자락을 길게 끌면서, 느긋한 걸음걸이로 들어왔다. 참으로 훌륭한 모습으로 보였는데, 육조원에서 겐지 대신은 중국비단의 연분홍빛 노오시〔直衣〕 밑에 엷은 빛깔의 통소매를 여러 벌 껴입은 풍성한 모습이었다. 세상에 그 어떤 것도 이보다 더 단아한 게 있을까 싶었다. 거기에다가 자연스레 아름다운 빛깔이 곁들여져, 내대신의 잔뜩 꾸며낸 모습과는 비길 수 없었다.

여러 자녀들은 저마다 훌륭하게 장성해 있었는데 도 대납언(藤大納言)이며 동궁대부(東宮大夫)로 불리는 내대신의 형제들도 있었으며, 장인두(藏人頭)·오위장인(五位藏人)·근위 중소장(近衛中少將)·변관(辨官) 등은 모두 한 가족이었다. 이들 화려한 가족 십여 명이 내대신을 둘러싸고 있었다. 여러 번 술잔이 도는 가운데 다들 거나하게 취했고 모두가 내대신의 풍족한 행복을 화제에 올렸다. 겐지와 내대신은 오래간만의 모임에 옛일을 회상하며 이야기꽃을 피웠다. 저마다 일을 할 때엔 두 사람 마음속에 경쟁심도 싹텄지만, 한자리에 모이고 보니 옛 우정이 되살아나는 듯했다. 편안한 대화를 나누고 있는 동안 날이 저물었는데, 계속 사람들 사이에 오가는 잔은 쉴 줄을 몰랐다.

"찾아뵙고 싶었습니다만, 오라는 분부가 없으시기에 실례만 거듭하였습니다. 삼조궁에 왔는데도 얼굴을 뵙지 않는 건 실례지요."

내대신은 말했다.

"실례는 내가 더 많이 한 것 같소이다. 지은 죄가 많으니까요."

뼈 있는 말을 겐지가 하자, 미리 예상한 문제인 터라 내대신은 그저 황송하다는 눈치였다.

"예전부터 공적으로나 사적으로 당신만큼 친밀하게 지낸 분은 또 없었소.

그 당시엔 어깨를 나란히 하고 장차 나랏일을 함께 보살피자고 생각했었지요. 나중에 되새겨 보니 옛 우정으로선 생각할 수 없는 일이 일어나기도 하는가 보더군요. 그러나 그건 우리끼리의 사적인 일이고요. 대체적인 정신은 예나 지금이나 다름없지 않겠소? 어느 틈에 먹어버린 나이를 생각해도 옛일이 그립기만 한데 만나뵐 기회도 별로 없는 것 같소이다. 일방적인 생각인지 모르겠지만 나 같은 친숙한 사람에게는 종종 권세를 내려놓고 편하게 찾아오셨으면 하고 원망스러운 마음이 들 때도 있지요.”

겐지가 말했다.

“청년시절을 떠올리면 용케도 그런 실례를 무릅썼구나 싶을 만큼 친밀하게 해주셔서 조금도 불편함을 느껴 본 적이 없었습니다. 하지만 공적인 처지에서는 감히 어깨를 나란히 한 적이 없었습니다. 그럴 가치조차 없는 저를 여기까지 보살펴 주신 호의는 절대 잊을 수가 없는데 오랜 세월 동안 저도 모르게 불미스러운 일을 많이 저질렀나 봅니다.”

내대신은 경의를 표하면서 그렇게 말했다. 이 이야기에 이어, 겐지는 내대신에게 다마카즈라에 대한 사실을 말했다.

“그게 무슨 말씀이십니까. 너무나도 반갑고 기이한 말씀을 들었습니다.”

내대신은 한바탕 울면서 말을 이었다.

“아주 오래전입니다만, 그 아이의 거처를 알지 못하게 되자 너무 슬픈 나머지 무슨 이야기 끝에 당신께 말씀드렸던 기억이 납니다. 오늘날 저는 겨우 사람 구실을 하게 되었고 또 흩어진 아이들이 마음에 걸려 그들을 찾아내어 하나둘씩 거두다 보니, 그런대로 애정이 솟아 모두가 귀엽게 여겨집니다만, 그 가운데에서도 그 애를 가장 애틋하게 여깁니다.”

이 이야기에서 두 사람은 옛날 비 내리던 밤에 이모저모 여자를 품평했던 일을 떠올리며 울고 웃었다. 밤이 깊어서야 두 대신은 함께 돌아갔다.

“마땅한 일이지만 이렇게 함께 있으니, 옛날 일이 떠올라 그리움이 가슴에 꽉 차서 돌아가고 싶지가 않습니다그려.”

그렇게 말하고선 잘 울지 않는 겐지도 취해서 그런지 울적한 태도를 보였다. 내대신의 어머니께서는 죽은 딸이 생각나셨다. 화려하던 옛날보다 몇 곱절이나 한결 더해진 겐지의 영화로움을 보시고는, 죽은 딸이 애석해서 못 견디셨다. 비구니답게, 맥없이 고개를 푹 숙이고 우셨다.

겐지는 이런 만남에서도 중장에 대한 말은 끝내 꺼내지 않았다. 내대신의 처사에 호의가 없다고 느껴졌기 때문에 자기 입으로 그 말을 꺼내기는 퍽 거북스러웠다. 내대신 또한 겐지가 아무런 말도 안 하는 문제에 대해 자기가 먼저 입을 뗄 수도 없었다. 그 문제가 해결되지 못한 채 끝난 건 유쾌한 일이 아니었다.

"오늘 밤은 댁까지 배웅해 드려야겠지만 갑자기 그러면 남들이 쑥덕공론을 떠벌릴 것이니, 다시 다른 날에 뵙고 오늘의 답례를 여쭐까 합니다."

겐지는 내대신이 하는 말을 듣고, 말씀드린 축하식 날에 꼭 참석하기 바란다 부탁하고 그와 헤어졌다. 내대신을 수행한 귀공자들은 오래간만의 만남이 명랑하게 끝났으니 무슨 논의를 했을까, 태정대신은 오늘도 그 옛날처럼*4 내대신에게 무슨 양보를 한 것은 아닐까, 그렇게 억측들을 했다. 다마카즈라에 관한 일인 줄은 아무도 상상하지 못했다.

내대신은 겐지의 이야기를 들은 순간부터 딸이 보고 싶어 견딜 수가 없었다. 만나지 않고는 못 견딜 것 같았지만 새삼스레 아버지 행세를 하는 것도 어떨까 싶기도 했다. 자택으로 맞아들일 만큼 먼저 열정을 보인 겐지의 심리를 미루어 헤아려 보니 덮어놓고 이쪽에 내주지 않을 것 같았다. 훌륭한 부인들을 배려해서 같은 서열로 맞아들이지도 못하고 그렇다고 해서 그대로 애인으로 두는 건 친딸로 맞아들인 애초의 태도를 배반하는 게 된다. 이래저래 세상 체면을 생각해서, 자기한테는 어버이의 권리를 양보한 것이 아닐까 생각하니 내대신은 다소 섭섭했다. 그러나 또 한편으로는 자기 딸을 겐지의 아내로 삼는 걸 꼭 불명예라고 할 수도 없었다. 궁녀로 들여보낼 것이라고 겐지가 발설한다면 큰딸 홍휘전 여어와 그 어머니는 불쾌하게 여길지 모르나, 어떻든 겐지가 하기 나름이 아니냐고 내대신은 혼자서 이런 것들을 두고 이모저모를 생각했다. 이것은 2월 첫무렵 일이었다.

열엿샛날은 길일이며, 이 이상의 날은 없다고 천문박사가 내놓은 보고도 있었으므로 다마카즈라의 착상식을 이 날로 정했다. 겐지는 다마카즈라한테 말을 내대신에게 전했다 하고, 의식에 대한 마음가짐을 가르쳤다. 겐지의 따뜻한 친절은 부모라도 이렇게 하지는 못할 것이라 생각하며 다마카즈라는 무척 고

---

*4 겐지는 전부터 번잡한 정무에는 관여하지 않았다.

마워했는데, 그러면서도 차츰차츰 다가오는 친아버지 만날 날을 그 무엇보다도 기뻐했다.

그런 뒤 겐지는 아들인 중장에게도 그 사실을 말해 주었다. 의아한 일이었지만, 중장으로선 그럴 법하다고 이해되는 점도 있었다. 자신에게 실연을 안겨준 구모이노카리보다도 훨씬 아름답다 싶었던 다마카즈라의 얼굴을 떠올리면 놀랍고도 넋이 나간다. 그럴 때면 왜 미처 알지 못했던가 하고 후회가 밀려와 뜻하지 않은 손해를 본 듯했다. 그러나 이건 불순한 생각이라 하겠다. 내 애인의 형제되는 사람이 아니냐고 반성했던 중장은 세상에서 드물게 보이는 성실한 사람이었다.

열엿샛날 아침에 갑작스러운 일이기는 했지만, 삼조궁 대부인이 조용히 심부름꾼을 보내왔다. 착상식을 올리는 아가씨에게 선물로 빗을 담는 함 등을 아담하게 만들어 정성껏 보내 주셨다.

'내가 이렇게 편지 드리는 일조차 상서롭지 못하다고 여기실 것 같아 사양하는 게 좋지 않을까 생각했습니다만, 어른이 되는 첫 축하를 내가 해도 좋을 것 같습니다. 오늘은 참고 집에 있기로 했지만, 장수한 나를 본받기 바라며 선물을 보냅니다. 아씨의 신상에 대한 복잡한 사정을 익히 들어서 나도 알고 있지만, 감히 손녀라 칭하기는 부끄러우니 아무쪼록 그대의 뜻에 맡기리라.'

겐지와 내대신 어디에 연이 있든
당신과 나의 연은 깊구나
빗과 빗함이 서로 떨어질 수 없듯이

노인이 떨리는 손으로 쓴 글씨를, 마침 다마카즈라의 처소에서 지시를 하고 있던 겐지도 들여다보았다.

"고풍스러운 편지이지만 글쎄 가엾지 뭔가, 이 글씨 말이야. 옛날엔 잘 쓰셨는데 이런 것조차 차츰차츰 서툴러지시는가봐. 이상하리만큼 손이 떨리셨군."

겐지는 몇 번이고 되풀이해 읽으면서 웃음을 띠었다.

"빗함에 대한 노래를 잘도 읊으셨군. 짧은 노래 속에서 다른 말은 별로 하지 않으셨으니 말일세."

중궁은 흰 치마·당의(唐衣)·통소매 속옷에 빗함을 아담한 가짓수로 맞추었고, 선물에 함께 담은 향단지에는 훌륭한 중국산 훈향을 넣어서 보내셨다. 육조원의 여러 부인들도 모두 저마다 취향대로 아가씨 의상에 궁녀용 빗과 부채까지 많은 것들을 곁들여 선물했다. 더 좋고 덜 좋고가 없는 물건들이었다. 총명한 사람들이 남과 경쟁할 모양으로 꾸며서 마련한 것이라 하나같이 눈과 마음을 즐겁게 해주는 선물들뿐이었다.

동원 사람들은 착상식이 있다는 소식은 들었으나 선물을 보내는 일을 삼가고 있었다. 그러나 스에쓰무하나 부인은 형식적인 일에 뭐라도 하지 않고는 못 배기는 성미라서, 이것을 남의 일로만 볼 게 아니라며 정식으로 선물을 마련했다. 그냥저냥 무난한 친절이었다. 북청색 유아용 속옷에다 낡은 밤색인지 뭔지 하는, 옛날 여자들이 희한해하던 빛깔의 하카마[袴] 한 벌, 보랏빛이 희뿌옇게 퇴색되어 보이는 바둑무늬 천의 겹겉옷, 그런 것을 옷상자에 넣어 요란하게 포장해서 보내왔다.

'알아주실 만한 처지가 되지 않아 매우 부끄럽습니다만, 이런 경사스러운 일을 지켜만 보고 있을 수는 없었습니다. 초라한 물건이니 시녀에게나 나누어주시기를.'

편지에는 제법 의젓하게 씌어 그렇게 있었다. 겐지는 그것을 보고, 또 부질없는 짓을 했구나 싶어 낯이 붉어졌다.

"이 부인은 전대(前代)의 유물 같은 사람이야. 이렇게 소심한 사람은 나서지 않는 편이 좋은데 말이야. 하지만 답장은 주도록 해요. 답장을 받지 못하면 그쪽에서는 모욕당한 줄 알 거예요. 친왕이 그토록 아끼시던 따님이시니, 멸시할 수 없는 가엾은 사람이지."

겐지는 이렇게 말했다.

고우치기[小袿]의 소매 언저리에 여느 때나 다름없는 노래가 들어 있었다.

이 몸이야말로 가엾구나
당신의 옷이 되어도
소매에 팔 한 번 넣어보시지 않으니

글씨는 여전히 서툰 편이라 지금은 더욱 자잘하고 삐뚤어져 종이에 꾹 눌러 댄 듯 쓰여졌다. 겐지는 볼품없다하면서도 한편으론 저절로 웃음이 터졌다.

"얼마나 고민하면서 이 노래를 읊었을까. 예전만큼 기력도 없을 텐데, 도와 줄 시녀도 없이 힘들었겠군."

그러면서 우스워했다.

"이 답장은 내가 쓰지."

겐지는 그렇게 말하고 화가 난 듯이 붓을 놀렸다.

'평범한 사람이 생각지 못할 이상한 짓은 두 번 다시 안 하는 게 좋겠습니 다.'

그렇게 반감 섞인 편지를 쓰고, 다시 이렇게 또 썼다.

옷소매 옷소매라 옷소매에 옷소매
몇 번을 되뇌는 옷소매에 옷소매.

"그 사람이 좋아하는 단어라서 이렇게 지어 봤어요."

그러면서 다마카즈라에게 보였다. 아가씨는 화사한 얼굴로 웃으면서도 난처 하다는 듯이 말했다.

"가엾지 뭡니까. 조롱하시는 모양이 되지 않습니까?"

겐지는 이런 장난도 하고 있었다.

내대신은 의젓하고 위엄있는 모습을 좋아했기에, 착상식 주례역을 맡았어도 정각보다 일찍 나갈 필요가 있겠느냐는 태도였다. 그러나 다마카즈라 이야기 를 들었을 때부터는 부성애를 느껴 딸을 한시라도 바삐 만나고 싶은 마음에 오늘은 일찌감치 나왔다.

육조원에서는 축하식이 용의주도하고 빈틈없이 준비되어 있었다. 어지간한 호의가 아니고서는 이렇게 할 수 없다고 내대신은 고맙게 여기는 한편, 겐지의 과한 마음씀씀이를 이상하게 생각했다.

밤 10시가 되자 식장으로 안내를 받았다. 형식적인 행사 말고도, 이 사랑채 의 내대신 자리에는 호화로운 준비가 되어 있어 가지가지 주안상이 차려져 나 왔다. 그리고 여느 착상식 식장보다도 등불을 조금 더 켜서 오랜만에 만나는 부녀가 서로의 얼굴을 알아볼 수 있도록 해 놓았다. 내대신은 딸의 얼굴을 자 세히 보고 싶었으나, 대신 치마끈을 매어 줄 수 없어 안타까운 마음에 온갖 감정들이 가슴을 메우는 것만 같았다.

"아직 이 사실을 외부에 알리지 않을 것이니 평범한 법도를 지켜 주시도록."

겐지가 주의를 주었다.

"뭐라 말씀 드릴 면목이 없습니다."

잔을 받았을 때 내대신은 다시 말을 이었다.

"정말로 감사합니다. 그러나 오늘날까지 알려 주시지 않아 원망이 따라도 이해하시기 바랍니다."

그렇게 말하는 내대신의 얼굴에 슬픔이 어려 있었다. 내대신은 이렇게 덧붙였다.

"그런 비호를 받고 있는 줄도 모르고 오랫동안 찾기만 한 일이 원망스럽습니다."

원망스럽구나
바다 속에 숨은 어부처럼
착상식까지 숨어 있던 딸이

다마카즈라는 아버지의 이 말에 대해 대답을 하고 싶었지만 이곳은 식장이었고 너무나 황송해서 엄두가 나지 않았다. 그것을 보고 겐지가 대신 이렇게 대꾸했다.

둥둥 떠다니다 당도한 바닷가
어부도 쳐다보지 않는
해초처럼 가엾은 아이여

"당치 않은 원망이십니다."

"지당하신 말씀입니다."

내대신은 쓴웃음을 지었다.

이렇게 해서 착상식은 무사히 끝났고 친왕들 이하 내빈들도 많이 참석했다. 구혼자들도 여럿 섞여 있었던 관계로, 내대신이 발 안에 들어 가 돌아오지 않는 까닭은 무엇일까, 그런 의문으로 웅성거렸다. 내대신의 자제인 두중장과 변소장만 그 진상을 알고 있었다. 멋모르고 짝사랑을 한 일이 쑥스럽기도 했지만 다행이라는 생각도 들었다. 변소장은 형에게 이렇게 속삭였다.

"난 구혼자가 되려 한 걸음 더 내딛지 않은 게 정말 다행이야."

"태정대신은 그런 취미를 가지신 모양이지. 중궁과 마찬가지로 대할 속셈이
야."

겐지는 그렇게 말하는 것을 들었으나 내대신에게 이렇게 말했다.

"당분간은 이 일을 신중하게 해야 하겠습니다. 세상사람들 비난이 집중되지
않도록 말입니다. 예사 사람이라면 별일 아니겠습니다만, 당신이나 나나 세상
사람들 눈과 말을 신경써야 하는 신분이니, 사실을 모르는 사람들이 안 좋은
소문을 내지 않게 조심해야겠지요."

"높으신 뜻을 따르겠습니다. 친딸마냥 사랑을 드리워 주셨는데 이것도 전생
에 깊은 인연이 있었다 생각합니다."

내대신에게 드리는 답례품은 차등을 매겨서 나누어주는 법이지만, 겐지는
그 이상의 화려한 선물을 내놓았다. 하지만 대부인의 병환이 일시적으로 좋지
않았던 시기였기에 요란한 음악놀이는 행하지 않았다.

병부경은 이제 성년식도 마쳤으니 결혼을 늦출 이유는 없지 않느냐고 하시
면서 겐지의 동의를 열심히 요청하셨으나 겐지가 이렇게 대답했다.

"천황께서 후궁으로 맞이 한다 하셨으니, 한 번 물러난 뒤에 다시 지시가 계
시면 먼저 상시(尚侍) 근무를 시키려 합니다. 그리고 결혼 문제는 그 뒤에 생각
해 볼까 합니다."

아버지 내대신은 어렴풋이 본 다마카즈라의 얼굴을 좀더 똑똑히 볼 수 없
을까, 못생긴 딸이라면 겐지가 그토록 난리법석을 치며 소중히 대할 까닭이
없었을 텐데. 그렇게 생각하자 벌써 너무나 보고 싶어졌다. 새삼스레 꿈풀이를
한 점쟁이의 말이 사실과 부합된다고 생각했다. 가장 사랑하는 딸인 여어에게,
대신은 다마카즈라에 대해 자세히 이야기했다.

얼마 동안 항간에 이 소문이 나지 않게 하기 위해 두 집안에서는 무척 조심
했으나, 말이 많은 게 세상이라 어느 틈에 소문이 파다하게 났다. 그 소문을
예의 경망스러운 내대신의 따님이 듣고서, 여어의 거실에 두중장과 변소장이
와 있을 무렵 이렇게 지껄여댔다.

"아버님께 또 딸이 생겼다죠? 복도 많지 뭐예요. 두 대신 댁에서 금이야 옥
이야 할 테니. 그리고 또 그 여자의 엄마도 제대로 된 사람은 아니라더군요."

그렇게 노골적으로 떠들어도 여어는 우습지도 않다는 듯이 묵살해 버렸다. 두중장이 그 말에 답했다.

"그럴 만한 까닭이 있어서 소중히 하겠지. 도대체 넌 누구한테서 그런 소릴 듣고 함부로 입을 놀리는 게냐. 수다스런 시녀들이 다 듣고 있는데."

"오라버닌 잠자코 계세요. 난 다 알고 있어요. 그 여자는 곧 있으면 상시가 된대요. 내가 여어님한테 와 있는 것도 상시가 되고 싶어서 그런 거예요. 그래서 예사 시녀들조차 안 하려는 막일까지 기꺼이 했는데, 여어님은 너무나 야박해."

그러면서 아씨는 원망했다.

"상시에 결원이 생기면 우리가 그걸 할까 기대했는데. 그래, 네가 하겠다 했다니, 어유 맙소사."

두 형제가 놀려대자 불끈 화를 내면서 말했다.

"훌륭하신 형제님네에 초라한 누이가 밀고 들어와서 미안하게 됐습니다. 두중장 오라버니도 매정합니다. 쓸데없는 짓을 해가지고 나를 이 집에다 끌어넣고선 천대만 하는걸. 이 집은 의젓하고도 의젓하신 양반님네들이니까. 나같이 천한 출신은 함께 어울려 살 수 없는 집이야."

그녀는 주춤주춤 뒤로 물러나면서 이쪽을 노려보고 있었는데 꼭 어린애처럼 눈꼬리를 심술궂게 치뜨고 있었다. 두중장은 이런 꼴을 볼 때마다 자신의 실수를 뉘우치게 되어 할 말이 없었다.

"그렇게 넌 제법 조리있게 말할 줄 알기에 여어님도 존중하시는 게 아니겠니. 마음을 가라앉히고 꾹 참고 있노라면 바위도 봄눈 녹듯 녹일 수 있다는데, 너의 희망도 이룰 수 있지 않겠니."

변소장이 그렇게 미소지으면서 타일렀다.

"화난 김에 네가 어느 누구처럼, 하늘의 동굴 속으로 들어가버리면 그만 아니겠니."

두중장은 그렇게 말하더니 일어서서 나가버렸다. 오미 아씨는 눈물을 뚝뚝 떨어뜨리며 울고 있었다.

"오라버니들은 저렇게 박정한 소리를 하시지만, 언니는 저를 사랑해 주시니 이렇게 시중을 들어드리죠."

막심부름을 하는 동녀조차 하지 않는 일까지 부지런하게 서둘러 하고서는 여어에게 졸라댔다.

"저를 상시로 밀어주세요."

무슨 속셈으로 그것을 바라는지, 여어는 어이가 없어서 딱히 무어라 말할 수도 없었다. 이 말을 내대신이 듣더니 재미난다는 듯이 웃으면서 불렀다.

"그래 어디 있지? 오미(近江) 아씨 잠깐 이리 와요."

"예에."

커다랗게 대답을 하고 오미 아씨가 나왔다.

"너 참 부지런하구나, 어디 근무라도 하면 좋겠군. 상시가 되고 싶다는 말을 미리 나한테 하지 그랬어?"

내대신은 제법 진지하게 말했다.

오미 아씨는 기쁜 표정을 지었다.

"그렇게 여쭤볼까도 했습니다만 여어님께서 간접적으로 말씀하실 줄 알고 단단히 믿고 있었죠. 실은 양반이 따로 계시단 말씀을 듣고서, 전 그저 꿈 속에서만 돈부자가 된 기분이었죠. 가슴에 손을 얹고 한숨만 푸욱푹 쉬는 형편이었답니다."

알아들을 수 없을 만큼 빠른 말로 나불거렸다. 내대신은 터지는 웃음을 억제하며 말했다.

"그러니까 상냥한 마음씨로 한 일이 잡쳤다 그거군. 그러면 그렇다고 진작 나에게 말했더라면 다른 희망자보다 먼저 상감께 아뢰었을 거 아니냐. 태정대신의 따님이 제 아무리 훌륭하다 하더라도 내가 너를 꼭 부탁드린다고 하면 윤허하셨을 텐데. 안타까운 노릇이구나. 그러나 이제라도 늦지 않았으니 자신의 추천장에다가 온갖 화려하고 아름다운 말들을 나열해서 내면 좋지. 긴 노래라도 그럴싸하게 늘어놓으면 필시 폐하께서 유념해 보실 것 아닌가, 인정이 있으신 분이니까."

부모로서 할 말이 아닌데도.

"노래라면 그런대로 지을 수 있습니다만 기다란 추천문은 아버님께서 써서 내주셨으면 합니다. 그러니 아버님께서 저를 대신하여 쓰시고, 저는 한마디 덧붙이는 것으로 하면 어떨는지요. 그리하면 아버님의 덕을 볼 수 있을 겁니다."

두 손을 비벼대면서 오미 아씨는 말했다. 휘장 뒤에서 잠자코 듣고 있던 시녀들은 웃고 싶을 때 웃지 못하는 고통을 맛보고 있었다. 참을성 없는 사람들은 그 자리를 떠 버렸다. 여어도 얼굴이 빨개져서는 꼴사나운 일이라 생각했다.

"기분이 언짢을 땐 오미 아씨를 만나는 게 좋겠다. 너를 보면 정말 즐겁거든."

내대신은 이런 소리를 하면서 웃음거리로 삼았으나, 세상 사람들은 내대신이 자신의 허물을 얼버무리기 위해 딸에게 그런 태도를 취하고 있다고 했다.

등골나물꽃*1

    겐지는 물론 친아버님인 내대신께서도 상시(尚侍)가 되어 궁중 근무를 하라고 거듭 권해 오기에 다마카즈라는 걱정하지 않을 수 없었다. 과연 좋은 일일까. 수양아버지인 겐지조차 믿을 수 없고 여자를 밝히는 고약한 버릇을 보이며 자신을 대하는데, 혹여 폐하의 총애를 받기라도 하면 중궁이나 여어가 불쾌해할 게 뻔했다. 게다가 자기는 두 집안 어느 쪽에도 의지할 데 없는 미약한 사람이지 않은가. 이제 어른이 된 다마카즈라는 미래에 펼쳐질 막연한 괴로움만 생각하면 번민에 빠지지 않을 수 없었다.

    처지를 바꾸지 않고 지금 이 상태로 있는 것도 싫지는 않았지만, 겐지의 사랑으로부터 헤어나와 세상에 떠도는 억측들이 거짓이라는 사실을 남에게 알려주지 못하는 상황도 괴로웠다. 자신을 낳은 아버지도 겐지의 감정을 상하게 할까봐 어버이로서 떳떳이 나서서 보살펴 주지 못했다. 다마카즈라는 이도 저도 아닌 처지에서 고생만 하고 남들의 질투를 받아야 하는구나 깊게 한탄했다. 친아버지와 만나고 나서부터 겐지는 이제는 도덕적으로 신경써야 할 일에서 해방된 듯 다마카즈라에게 노골적으로 애정을 표현해서 그녀는 울적해졌다. 다마카즈라에게는 자기 심정을 넌지시 호소할 수 있는 어머니가 없었다.

    동쪽 부인이나 서쪽 부인이나 딸처럼 또는 어머니같이 대해주기도 하지만, 그런 귀부인께 내밀한 사항을 의논하여 털어놓을 수 있을까 생각하면 망설여져서 그 누구보다도 자기 신세가 가엾어 보였다. 그리하여 그녀는 몸에 사무치는 저녁 노을을 툇마루 가까운 사랑방에서 바라보며 수심에 잠겨 있었는데, 그 모습이 매우 아름다웠다. 다마카즈라는 북청색 상복을 입고 있어서 한층 얼굴이 화사하고 도드라져 보였다. 시녀들은 이를 감상하듯 바라보고 있었는데, 중장이 좀더 빛깔이 짙은 노오시(直衣)에 관(冠) 뒤끈을 동그라니 늘어

---

*1 등골나물꽃(藤袴) : 등골나물은 가을철에 보랏빛 두상화(頭狀花)가 피는 엉거시과 여러해살이풀. 같은 보랏빛이라는 데서 상복의 의미로 썼다. 겐지 37세 8, 9월 이야기

뜨려 평소보다도 아리따운 모습으로 찾아왔다. 이제 와서 남매가 아니라는 태도를 취하는 것도 이상하다 싶어서, 다마카즈라는 발에 휘장을 곁들여 거리를 두어 중간에 사람을 두지 않고 이야기하기로 했다.

오늘은 겐지의 심부름으로 왔는데 그는 대궐에서 내린 분부를 아드님에게 시켜 전하게 했다. 의젓하면서도 요령 있게 대답하는 다마카즈라의 태도에서 중장은 귀녀(貴女)와 대화하는 기쁨을 느꼈다. 찬바람 불던 아침에 엿보았던 아름다운 얼굴을 잊을 수 없어 그 여인은 내 누이가 아니냐며 자신을 자책했던 중장이었다. 하지만 그런 장애물이 사라진 지금 그는 이 사람을 사랑해도 된다 생각했다. 아버님이 다마카즈라를 순순히 입궁시킬 턱이 없었다. 지금은 많은 처첩들을 거느리고 잘 지내고 있으나 언젠간 이 다마카즈라 때문에 갈등이 생기고 말리라. 이렇게 생각하자, 중장은 가슴이 무언가에 짓눌리는 듯했지만 꾹 참았다.

"아버님께서는 남이 듣지 못하게 조심하라고 말씀하셨는데, 전해도 좋을까요?"

시녀들은 의미심장한 말을 듣자 조금 떨어진 곳을 찾아 모두들 휘장 뒤로 물러났다.

중장은 겐지가 하지 않은 말까지도 진실처럼 여러 가지 당부를 전했다. 천황께서 상시로 불러들이시는 속뜻은 따로 계신 듯하니 늘 순결을 지키려는 마음가짐이 있어야 한다는 그런 이야기뿐이었다. 굳이 답변할 일도 아니라서 다마카즈라가 그저 한숨만 쉬는 모습이 매혹적으로 느껴졌다. 중장의 마음에는 누를 수 없는 어떤 감정이 뜨겁게 끓어올랐다.

"우리가 입은 이 상복은 이달이 지나면 벗어도 되지만, 책력을 보니 이달 말은 일진이 좋지 않아 연기될 것 같군요. 열사흗날에 가모가와(賀茂川) 강변에서 제복(除服)*² 재계식(齋戒式)이 있는데, 아버님께서는 당신이 오시도록 정하신 모양입니다. 그래서 나도 참석할까 합니다."

"우리가 함께 간다면 남의 눈에 뜨일 겁니다. 몰래 가는 게 좋을 겁니다."

다마카즈라가 대답했다. 내대신 딸로서 대부인의 상(喪)을 입었다는 것을 세

---

*2 제복(除服) : 겐지의 큰 아들(여기서는 겐 중장)의 외조모인 대부인은 이 해 3월 스무날에 별세했다. 거상기간(居喪期間)은 다섯 달 동안이므로 8월 스무날께엔 상을 벗게 된다. 다마카즈라에게도 할머니가 되는 사람이니 역시 거상 중인 셈이다

상에 알리지 않으려는 태도에서 이 사람의 총명함과 겐지에 대한 배려심이 드러났다.

"숨기려고 드시니 섭섭하기도 합니다. 그건 그렇더라도, 당신과 나는 같은 분을 할머니로 모셨으니 참 이상하군요. 상복을 입지 못했다면 난 진실을 몰랐겠지요."

"저 같은 사람은 일이 왜 이리 되었는지 알 까닭이 없습니다만, 아무튼 상복을 입으니 사무치는 심정이네요."

이렇게 말하는 다마카즈라의 정다운 말투가 중장은 반가웠다. 그는 지금이 기회라 생각했는지, 손에 들고 있던 고운 등골나물꽃을 발 밑으로 살며시 들이밀면서 말했다.

"이 꽃은 지금 우리한테 어울리지 않습니까?"

다마카즈라가 꽃을 받자 중장은 다마카즈라의 소매를 잡고 놓아주지 않았다.

  같은 상복을 입은 당신과 나
  같은 들에 핀 등골나물꽃처럼
  아주 조금이라도 가엾이 여겨준다면

그런 소리를 했다. 다마카즈라로서는 뜻밖의 일이라 당황해하면서도 모르는 체하고 물러나며 말했다.

  먼 곳에 안개처럼
  당신과 나의 연도
  등골나물꽃잎 빛깔과 같겠죠.

그렇게 말하자, 중장은 빙그레 웃으면서 심중을 털어 놓았다.

"그 사실 말고도 생각해 주셔야 할 점을 잘 아실 텐데요. 상식적으로는 죄송한 일이지만 이 감정을 억누를 수 없으니 이해해 주십시오. 이런 말을 고백하면 오히려 미워하실까봐 여태까진 잠자코 있었습니다만, 그저 측은하게 여겨주신다면 좋겠습니다. 요즈음 두중장의 동향을 알고 계십니까. 그때는 남의 일

인 줄만 알았는데, 제가 이렇게 사랑의 괴로움을 맛보게 되다니 매정하게 굴었던 대가이겠지요. 이제 두중장은 이성을 되찾고, 남매의 인연이 있다는 사실만으로도 만족하고 있으니 정말 부럽더군요. 그저 나를 불쌍히 여겨주시지요."

이 밖에도 여러 말을 했지만, 필자는 중장을 위해 사양하기로 한다. 망측해하는 다마카즈라를 보자 이렇게 중장은 말했다.

"나를 믿지 않으시는군요. 엉뚱한 행동을 하는 사람이 아니라는 건 알고 계실 텐데."

이 기회에 좀 더 털어놓고 싶었다.

"어째 갑자기 기분이 안 좋은 것 같습니다."

그러나 다마카즈라가 이렇게 말하고 저쪽으로 들어가 버리자 중장은 깊은 한숨을 쉬면서 돌아갔다.

중장은 쓸데없는 고백을 했다고 뉘우치면서도, 이 사람보다 훨씬 그리운 무라사키 부인을 다마카즈라처럼 어렴풋하게 음성이라도 들을 수 있으면 좋겠다고 생각했다. 그러면서도 중장은 그 일이 얼마나 어려울까 하고 괴로운 심정으로 걱정하며 남쪽 궁으로 왔다. 마침 겐지가 나왔기에 중장은 다마카즈라에게 듣고 온 말을 전했다.

"대궐에 나가는 일을 가까스로 승낙한 꼴이니 딱하지 뭐냐. 병부경 같은 이가 정열에 넘친 편지를 보내왔기에 그쪽으로도 마음이 끌리지 않았나 측은하기도 해. 그러나 대평야로 행차가 계셨을 때 천황을 먼발치에서 뵙고 아름다운 분이라고 느꼈던 모양이야. 애당초 나는 그 일을 계획할 때, 젊은 여자들이 한번이라도 용안을 뵈면 궁중에서 일하고 싶다고 스스로 나설 거라 생각했어."

"그렇더라도 그분은 어떻게 하시는 게 가장 좋을까요? 대궐에는 중궁께서 존귀한 존재로 계시고, 홍휘전 여어는 총애를 받으시니, 아무리 사랑받는다 할지라도 그 두 분을 따를 수야 없지 않겠습니까. 병부경께선 열렬히 결혼을 희망하고 계시니, 상시로 보내면 여태까지 쌓아온 친분에 금이 가지 않을까 걱정됩니다만."

중장은 어른스러운 말투로 의견을 말했다.

"어려운 일이지. 내 생각만 갖고 어떻게 할 수 없는 사람이지 않은가. 그런데도 우대장 같은 사람은 나를 원망하는 모양이야. 한 구혼자에게 동정해서 마음을 주면 다른 사람들은 죄다 실연하기 마련이니 혼담을 소홀히 결정할 수 없거든. 저 사람 생모가 딱한 유언을 했으니까 말일세. 다마카즈라가 변두리에서 쓸쓸하게 지낸다는 말을 듣고 내대신마저 자기 자식으로 인정하려 들지 않는다며 비관하는 것 같았기에 먼저 내 자식으로 맞아들이기로 했던 거야. 내가 그 아이를 애지중지 여기자 그제야 내대신도 그 가치를 인정한 셈이지."

겐지는 진실인 양 그렇게 말했다.

"아씨는 병부경 부인이 되는 게 가장 적합할 것 같아. 세련되고 풍성한 아름다움이 깃든데다가 총명하고 과오를 범하지 않을 여성이니 병부경의 좋은 부인감이지. 그리고 상시로서도 적임자야. 미모도 귀녀답고, 직책을 충분히 완수할 수 있는 인물이라야 한다는 천황의 요청에 안성맞춤이시지."

겐지는 그런 말도 했다. 중장은 겐지 가슴속 숨은 비밀도 찾아보고 싶었다.

"오늘날까지 친아버지에게서 숨기고 아버님 곁에 두셨다는 점에서 항간에선 여러 가지 쑥덕공론을 하고 있습니다. 내대신도 우대장의 청혼에 그런 뜻을 담은 말로 대답했다지 않습니까."

그렇게 중장이 말하자, 겐지는 웃으면서 말했다.

"그건 너무 난처한 이야기군. 궁중 근무고 뭐고 난 내대신의 의사를 존중해서 할 수 있는 뒷바라지만 할 생각이야. 여자의 삼종(三從)의 길 가운데 첫 번째는 어버이를 따른다지 않는가. 그 미풍을 깨뜨린다면 언어도단이지."

"내대신께서는 육조원에 훌륭한 부인들이 계셔서 아버님이 아씨를 그분들과 동렬로 취급하지 못하고, 체면상 입궁을 시키는 척하다 자신의 애인으로 삼을 영민한 계책을 갖고 있다는 말을 들었습니다."

중장이 심각한 말투로 이렇게 말하자, 겐지는 내대신은 그런 상상을 할 수도 있겠거니 하고 미안한 생각이 들었다.

"그런 말도 안 되는 해석을 다 하는구나. 성격이 지나치게 세심한 탓이다. 이제 곧 모든 일의 진실이 밝혀지게 될 테지. 어쨌든 너무 심한 추측이군."

겐지는 그렇게 말하며 웃었다. 중장은 듣기 좋게 변명했다고 생각하면서도 여전히 의혹의 여지는 충분히 남았다고 여겼다. 겐지도 마음속으로는, 아들이 들었다는 소문처럼 그릇된 길을 밟지 않으리라 스스로 다짐했다. 이런 사실을 내대신에게도 알리고 싶었는데, 다마카즈라를 관직에 올려둔 채 애인 사이로 지내려는 속셈을 내대신이 어떻게 알았을까 생각하니 겐지는 꺼림칙했다.

다마카즈라는 상복을 벗었으나, 다음 달인 구월은 여자의 입궐을 꺼리는 달이라서 시월에 들어서야 출사하기로 겐지는 정했다. 그런데 그 말씀을 들으신 천황은 몹시 초조해하셨다. 구혼자들 역시 다마카즈라가 상시로 결정된 사실을 알고는 분하게 여겼다. 이때까지 다마카즈라에게 구혼하려 입궐을 저지하기에만 급급한 나머지 중개자가 된 시녀들을 타박했는데, 상시의 출사를 저지하는 것은 요시노 폭포수(吉野瀑布水)*³를 막기보다 더 어려운 일이라고 여자들은 말하고는 했다.

중장은 안 해도 좋을 고백을 했다는 데서 다마카즈라의 감정이 상하지는 않았을까 불안해하며, 그 괴로움을 잊어버리기 위해 상시의 출사에 대한 용무 등으로 동분서주하며 호의를 보이기에 애썼다. 그 일이 있은 뒤로 다시는 경솔하게 감정을 고백하는 일도 없이 삼가고 있었다. 내대신 자제들은 남매일지라도 이제는 내외를 해서 드나들려 하지 않았다. 궁중에서는 상시를 후원하기 위해 좀더 친숙하게 지내야 하지 않겠느냐며 불안해했다.

시녀들은 두중장이 사랑의 포로가 되어 뻔질나게 편지를 보내오던 일을 삼가게 된 것을 재미나게 여겼는데, 그는 이제 아버님 대신 심부름꾼으로 찾아왔다. 아직도 공공연하게 어버이요 딸이요 하면서 왕래하기를 삼가고, 몰래 편지를 보내면 다마카즈라도 답장을 보내오는 정도에 그쳤기에, 두중장이 이렇게 달 밝은 밤에 몰래 찾아온 것이다. 전에는 두중장을 아무도 방문자로서 대접하려 들지 않았지만, 오늘 밤은 남향 툇마루에 자리를 마련하고 받아들였다. 다마카즈라는 몸소 나와서 응대하기는 부끄럽기에 차마 그러지는 못하고, 재상을 통해서 대답만 했다.

"아씨께 직접 말씀드려야 하는 중요한 이야기라는 아버님의 뜻을 전하기 위해 제가 심부름꾼으로 뽑혀왔습니다. 이렇게 서먹서먹한 대접을 받고서 어찌 그 말씀을 드릴 수 있겠습니까. 저는 하잘것없는 사람입니다만 당신과는 뗄 수 없는 가족의 인연이 있기에 이렇게 찾아왔습니다."

이렇게 말하고 두중장은 좀더 친밀감을 지니고 싶어 하는 눈치를 보였다.

"지당하신 말씀입니다. 오랫동안 실례했던 일에 대해 사과도 직접 드리고 싶습니다만, 몸이 불편하여 일어나 앉는 것조차 힘겨워 그러지 못하고 이렇게 누워 있습니다. 헌데 그런 원망어린 말씀을 듣게 되니 오히려 남남처럼 느껴짐

---

*3 요시노 폭포수(吉野瀑布水) : 시코쿠(四國)의 요시노가와(吉野川)에 있는 폭포를 가리키는 듯

니다."

다마카즈라는 진지하게 말했다.

"기분이 언짢아 누워 계시는 바로 그 휘장 앞으로 가도록 허락해 주시지 않겠습니까. 아니 괜찮습니다, 굳이 이런저런 부탁 말씀을 드리는 것도 실례가 되니까요."

두중장은 대신의 말을 조용히 전했다. 몸가짐이나 거동이, 중장 못지않게 인상 좋은 사람이었다.

"대궐로 나가시는 일에 대해 아직 자세히 정하지 않았습니다만, 당신께서 이렇게 해줬으면 좋겠다, 무엇이 필요하다, 그런 점을 말씀해 주시면 그대로 전해 드릴까 합니다. 사람들 눈이 무서워 찾아뵐 수도 없고 생각하는 바를 직접 말씀드릴 수 없어 유감입니다."

이것은 아버님 내대신의 말을 다마카즈라에게 전한 것이었다.

"저도 함부로 편지를 보낼 수 없게 됐습니다. 제 진심을 끝까지 모르는 척하시다니 원망스럽습니다. 시녀를 통해 대화를 나누더라도 좀더 사람이 없고, 가까운 곳에서 즐겁게 이야기하면 좋을 텐데, 무슨 대접이 이리 쌀쌀맞으신 겁니까. 세상에 이렇게 해괴한 남매 사이도 없지 않습니까."

이렇게 비난하다시피 해도 말과 태도가 부드럽고 호감이 느껴져 다마카즈라는 재상을 시켜서 말했다.

"남 보기 이상할 테니 너무 갑작스럽게 태도를 바꿀 수는 없습니다. 오랜 세월 가슴에 묻어둔 이야기도 말씀드리고 싶지만 할 수 없으니 저도 괴롭습니다."

그렇게 고지식한 인사말을 하는 바람에 두중장은 민망해서 더는 할 말이 없었다.

산이 마주보고 있기에 물으니
남매라 하네.
끊어진 사랑의 다리 위에 서 있을 뿐

원망해도 소용없기에 이렇게 시를 읊었다.

길 잃고 헤매다 보니
양쪽에 산이 마주보고 있네.
남매 산인걸 아무도 모르네.

재상은 다마카즈라의 노래를 전한 다음, 다시 말했다.

"지금까지 보내신 편지가 무슨 말씀을 하시는지 전혀 알지 못했습니다. 그저 얌전하시고 사양만 하시기에 친밀하게 이야기를 나눌 수도 없었습니다. 하지만 앞으로는 자연히 변해 가겠죠."

일리가 있는 말이었기에 두중장은 이렇게 말하고 돌아갔다.

"그럼 이제 그만하기로 하고, 여기 오래 머물러도 좋지 않으니 남매의 정을 쌓도록 노력하면서 이제부턴 매일 부지런히 다니기로 하겠습니다."

밝은 달이 중천에 떠오르고, 아리따운 달빛 아래 풍채가 고상한 젊은 두중장이 걸어가는 모습은 즐거운 볼거리였다. 그는 중장만큼 아름답지 않았지만 그것대로 좋은 느낌을 주었는데, 젊은 시녀들은 어쩌면 이토록 모두가 뛰어날까 하며 여느 때보다 한결 호들갑스러운 말로 칭찬하고 있었다.

우대장은 두중장이 근무하는 우근위부(右近衛府) 장관인 탓으로, 늘 두중장을 불러서 다마카즈라와의 결혼에 대해 의논했다. 그리고 내대신에게도 이 이야기를 전해 달라 부탁하고는 했다. 인물도 훌륭했고 앞으로 대신으로서 활약할 가능성이 있는 사람이기에, 딸에게 나쁜 배필이 아니라고 내대신도 인정하고 있었다. 그러니 겐지가 상시로 보내는 일에 대해선 항의할 필요도 없었고, 또 그렇게 하는 덴 깊은 이유도 있으리라 생각되어, 모든 일을 겐지에게 완전히 맡기기로 했다.

우대장은 동궁의 생모이신 여어와 남매이자 겐지와 내대신 다음 가는 큰 세도가였다. 그의 나이는 서른두 살이었다. 부인은 무라사키 부인의 언니였는데 식부경(式部卿)의 큰 따님이셨다. 나이가 서너 살 위라서 차이가 많이 나지 않지만, 웬일인지 우대장은 그 부인을 '할머니 할머니' 하면서 사랑하지 않았다. 제발 헤어지고, 다른 사람과 결혼하고 싶다며 소원을 드릴 뿐이었다. 부부관계가 그렇다 보니 겐지는 우대장과 다마카즈라의 혼담에 찬성할 수 없었다. 우대장의 가정과 다마카즈라를 위해 서로 번잡한 관계는 피하고 싶었다.

우대장이 여자를 밝히는 사람은 아니지만 다마카즈라와 결혼하는 일에는 여전히 열중해 있었다. 우대장은 내대신이 반대하지 않는 것을 알았다. 주변 사람들이 다마카즈라도 상시가 되는 일을 그리 바라지 않는다며 자세히 전해 왔다.

"겐지만 다마카즈라가 한 집안의 부인이 되는 일을 반대하는 셈이군. 친아버지가 좋으시다는 대로 하면 될 게 아니냐."

그러면서 우대장은 중개자인 시녀를 거칠게 몰아세웠다.

구월이 되었다. 첫서리가 뜰에 하얗게 내린 아리따운 아침, 여느 때처럼 시녀들은 이곳저곳에서 부탁받은 편지들을 다마카즈라의 거실로 갖고 왔다.

다마카즈라는 편지들을 제 눈으로 읽지 않고 시녀가 대신 뜯어 읽는 내용을 가만히 듣고만 있었다. 우대장의 편지는 시월이면 다마카즈라가 대궐로 가게 된다는 것을 알고 쓴 편지였다.

　결혼하기 좋다는 팔월도 가고
　결혼 하면 단명한다는 구월이 와도
　나는 포기할 수 없네.

병부경의 편지는 이러했다.

　아침 햇빛에 반짝이는
　서리를 보면
　그 빛에 녹을까 두렵기만 하네.

'저의 애타는 심정을 이해해 주신다면 그나마 위안으로 삼을까 합니다.'

그 편지에 묶여진 꽃나무는 쭈그러지고 부러진 댓가지에 서리가 잔뜩 끼어 있었는데, 가지고 온 심부름꾼의 모습도 이 대나무 가지 같았다. 또 현재 식부인 좌병위독(左兵衛督)은 무라사키 부인과 이복남매이다. 그는 육조원에 늘 드나드는 사람이어서, 다마카즈라의 입궐에 대한 사정도 잘 알고 있었으므로, 매우 걱정하는 심정이 글에 드러났다.

잊으려 잊으려 해도 슬픈 마음을
어찌어찌하면 좋을 거나.

저마다 종이 빛깔이며 서식이며 피워넣은 훈향 냄새며 모두 그 나름의 특색이 있었다. 아름답고도 그윽한 정감을 편지들에서 느낄 수 있었다. 시녀들은 다마카즈라가 대궐로 나가게 되면 이런 일도 없으리라며 애석해했다. 다마카즈라는 어찌된 영문인지 짧기는 했으나 병부경에게만 답장을 썼다.

스스로 빛을 따르는
해바라기도
스스로 서리를 녹이지 못하네.

은은한 글씨로 피어난 이 노래에 동정심이 담겨 있는 병부경은 매우 반갑게 여기셨다. 이런 구혼자들의 편지는 이 밖에도 여러 곳에서 왔다. 겐지와 내대신은 다마카즈라를 가리켜 구혼자가 많은 여자 가운데 모범적인 여자라고 말했다 한다.

노송나무 기둥*1

"임금께서 듣고 불쾌해하셨다면 황송한 일이오. 당분간 세상에 알리지 않도록 합시다."

겐지에게서 그렇게 주의를 들었으나, 검은 턱수염 우대장은 사랑을 거머쥔 승리자로서의 자랑을 언제까지나 숨길 수 없다는 눈치였다. 날이 지나도 다마카즈라 부인에게선 친밀한 태도를 찾아볼 수 없고 매일 다마카즈라는 자신은 이렇게도 하잘것없는 운명을 지녔던가 하고 수심에 잠겨 있으니 우대장은 못내 섭섭해하면서도, 이 사람과 배필이 될 수 있었던 전생의 인연을 감사히 여겼다. 생각했던 이상으로 아름다운 그녀를 볼 때마다, 자신이 손에 넣지 못하고 이 뛰어난 사람이 다른 사람의 아내가 되었을 것이라 상상만 해도 가슴이 울렁거렸다. 이시야마사(石山寺)의 관세음보살과, 중개를 맡은 변(弁)이라는 시녀를 나란히 놓고 공을 치하하고 싶을 만큼 우대장은 감격했었다.

하지만 시녀 변(弁)은 우대장과 연을 맺게 했다고 다마카즈라한테 미움을 사는 바람에 새 부인의 거실에 나갈 수 없어 자기 방에 틀어박혀 근신했다. 여러 절의 부처님께 소원을 빌며 결혼하고 말리라 했던 풍류객들의 사랑에는 효험이 없었고, 정이 가지 않는 무뚝뚝한 우대장이 승리자가 된 걸 보면 이시야마사 관세음보살이 과연 영험한 모양이었다.

겐지도 이 일이 안타까웠으나, 이미 일어난 일이요 사람들은 물론이고 친아버지도 허락한 사위인데 자기만 인정하지 않는 것은 사랑하는 다마카즈라를 위해서도 가엾은 일인 듯해 장인으로서 해야 할 의식도 호화롭게 치러 주고, 사위 대접도 장엄하게 해 주었다. 우대장은 하루 빨리 자택으로 새 부인을 데려가고 싶어했다. 그러나 겐지는 섣불리 남편 집으로 옮겼다가 그곳에는 다마

---

*1 노송나무 기둥(眞木柱) : 겐지 37세 10월부터 38세 11월까지의 이야기. 마키(眞木)란 건축용 목재로서 주로 노송나무를 이른다. 다마카즈라에 대한 겐지의 계획은 좌절되고, 다마카즈라는 우대장의 아내가 된다. 진목주(마키바시라)는 우대장의 정실 부인이 낳은 딸이름이다

카즈라를 반가이 맞아들일 수 없는 첫째 부인이 있으니 다마카즈라가 측은하다는 이유로 말렸다.

"서로 조용히 일을 처리해서 어느 한 쪽이 비난받거나 원망하는 일이 없도록 해야지."

겐지가 말했다.

친아버지인 내대신은 '오히려 이 결혼은 다마카즈라를 행복하게 할 게다. 충실한 후견인도 없이 덜컥 화려한 궁중에서 일하게 되면 괴로운 점이 있으리라고 나는 걱정이 태산 같았다. 도와주고 싶은 마음은 굴뚝 같지만 이미 후궁엔 여어가 있으니 나로선 어떻게 해줄 수도 없다' 이런 편지를 다마카즈라에게 보냈다.

그것은 사실이었다. 상대가 천황이라 할지라도, 총애는 없고 그저 애인으로 어중간한 후궁의 지위를 얻는다는 건 여자로서 행복하지 않다. 사흘째 밤 의식*2 때, 내대신은 겐지가 다마카즈라의 부모를 대신해 우대장과 축하 편지를 주고받았다고 들었다. 그런 겐지의 호의를 무척 기뻐했다. 세상 사람들에게 결혼을 알리려 하지 않았지만, 얼마 지나지 않아 항간에서는 재미난 이야기로 이 일을 주고받게 되었고, 결국 천황도 들으시었다.

"안타까운 일이지만 일단 자신이 정한 일이니, 후궁으로 꼭 들어가지 않더라도 상시직(尚侍職)으로 출사하는 것은 그만둘 필요가 없소."

그런 분부를 겐지에게 내리시었다.

십일월이 되었다. 내시소는 제사 의식이 많아 바쁜 때라 내시 이하 여관들도 상시가 된 다마카즈라의 의견을 묻기 위해 자택으로 찾아왔다. 그리하여 사람 출입이 번잡스럽게 잦아진 터에 우대장이 낮에도 자기 집에 안 가고 머물고 있어서 다마카즈라 무척 난처했다.

아씨로 인해 실연의 슬픔을 맛본 사람은 많았지만 그 가운데에서도 병부경 같은 분은 아깝고도 아쉽다 생각한 분이었다. 좌병위독(左兵衛督)은, 누님인 우대장 부인과 함께 세상 사람들의 웃음거리가 된 것 같아 부끄러워했는데, 이제는 원망해도 소용없음을 알고 침묵을 지켰다.

우대장은 전부터 부지런하고 성실한 사람으로 널리 알려져 왔다. 그는 과거

---

*2 사흘째 밤의 의식 : 결혼한 사흘째 밤에는 의식적인 떡을 먹는다

에 어떤 연애문제도 일으키지 않았다가 지금에 와서 다른 사람마냥, 사랑의 노예가 되어 있었다. 이처럼 사람들은 우대장이 풍류객답게 이른 새벽부터 새 부인 처소인 육조원으로 출입하는 모습을 재미나게 바라보았다.

다마카즈라는 쾌활하고 밝았던 모습이 사라지고 수심에 잠겨 있으니, 자신이 원한 일이 아니라는 게 제삼자도 알 수 있었지만, 겐지가 어떻게 생각하고 있을까 하는 점이 다마카즈라로서는 하염없이 괴로웠다. 그녀는 병부경의 마음씨가 그 누구보다도 깊었음을 생각하면 한심하고 분한 심정에 휩싸여, 아직도 우대장을 사랑할 수 없었다.

세상 사람들이 다마카즈라를 동정하며 겐지를 의심했던 일에 대해서는 깨끗하게 결백이 증명됐다. 하지만 겐지는 자기 스스로 도리에 어긋나도 사랑에 빠지고마는 성격임을 알아차렸다. 무라사키 부인보고도 이런 소리를 했다.

"당신은 의심하지 않았었나요?"

그러나 사랑에 장애가 있으면 더욱 깊이 빠지는 겐지라서, 앞으로 어떻게 될지 스스로 물어보면서도, 다마카즈라가 너무나 그리워서 우대장이 없는 낮 동안 그녀의 처소로 가보았다.

다마카즈라는 요즘 줄곧 병을 앓아 기운 차릴 틈도 없을 만큼 기가 죽어 있었는데, 겐지가 왔다고 해서 잠깐 일어나 휘장 뒤에 숨듯이 가만히 앉아 있었다. 겐지도 전과 달리 아버지다운 위엄을 보이면서 정색을 한 채 이런저런 지나가는 이야기를 했다. 평범한 우대장의 모습만 보아오던 다마카즈라의 눈에는 겐지의 고상하고 우아한 모습이 새삼 아름답게 느껴졌다. 그러자 뜻하지 않은 운명 때문에 이렇게 된 자신이 덧없고 창피해서 눈물이 주르륵 흘렀다. 섬세하고 애정이 넘치는 목소리로 이야기를 나누면서 겐지는 팔걸이에 살짝 기대어 휘장 안 다마카즈라 쪽을 건너다보듯 말했다. 조금 수척해서 더욱 사랑스러운 느낌마저 드는 다마카즈라의 얼굴을 바라보면서, 이런 사람을 남에게 양보하다니 내가 너무나도 얼빠진 짓을 했구나 싶었다.

"강물을 퍼 오기라도 할 걸 그대가 삼도천(三途川) 건널 때 다른 사람 손 잡으라는 약속 안했거늘."

다마카즈라는 눈물을 머금고 그렇게 말하는 겐지가 자상하게 느껴졌다. 그녀는 얼굴을 숨기면서 말했다.

"삼도천을 건너기도 전에 내 눈물이 강이 되어 그 강의 거품처럼 사라질 것

같네."

다마카즈라의 노래를 듣고 겐지는 미소를 보이고 이렇게 말했다.

"거품이 되어 사라진다니 아직 어리군요. 그러나 누구나 죽어서 삼도천을 건넌다고 하니, 그땐 손끝만이라도 내가 잡게 해발."

겐지가 또 말했다.

"너도 이제 알겠구나. 누구보다 좋고 믿을 수 있는 사람은 나뿐이란다. 다른 남성은 그렇지 않다는 걸 이미 경험했으니 그렇게 생각하면 나는 스스로 위안이 되겠구나."

그러고는 괴로워하는 다마카즈라를 동정하여 이야기를 얼버무렸다.

"천황께서는 동정하며 황송한 분부를 내려주셨으니, 형식적으로나마 너를 대궐 안으로 들일까 생각하고 있다. 하지만 네가 한 가정의 아내가 되어 버린다면 그런 소임을 위해 대궐로 나가기 어려울 테지. 단순한 상시라면 처음에 내가 염두에 둔 계획과는 다르겠지만, 이조원의 대신은 오히려 만족하고 있을 테니 안심이 되는구나."

그렇게 겐지는 애정이 가득 담긴 이야기를 했다. 부끄러운 마음과 감동에 젖어 가슴이 벅찼지만 다마카즈라는 그저 눈물만 흘렸다. 겐지는 이렇게 비관적인 성격이 된 다마카즈라가 몹시 불쌍해서 차마 사랑을 속삭일 수도 없었다. 다만 대장과 그 집안에 대해 앞으로 지녀야 할 몸가짐만 가르쳐 주었다. 그러나 그쪽으로 거처를 옮기는 일은 당분간 허락하지 않으려 했다.

다마카즈라를 상시로 대궐 안에 들이는 일 때문에 우대장은 더욱 불안을 느끼게 되었는데, 이 기회에 상시를 자기 집으로 데려올 수 있다고 생각하면서부터 짧은 시일 동안은 궁정 출근을 허락하게 되었다. 우대장은 사위지만 남을 피해 숨어서 여자 집을 드나드는 데 익숙하지 못해 괴로울 뿐이었다. 그리하여 자택을 수리하고 가재도구를 새로 마련한 뒤에 하루 속히 다마카즈라를 맞아들여야겠다고 마음먹었다. 어제까지는 집안이 먼지가 쌓여 어수선해져도 가만히 두었던 그였다.

우대장은 정부인의 슬퍼하는 마음은 물론 사랑하는 아이들도 신경쓰지 않았다. 여자를 밝히는 풍류객이라면 한 여인만을 사랑하는 게 아니라 이 사람 저 사람 생각하며 친절하게 대하기 마련인데, 우대장은 융통성이 없고 고집이 세서 사람 마음에 상처를 주었다.

부인이 남보다 뒤떨어지는 여성도 아니었다. 신분으로 말하자면 존귀한 식부경이 가장 아끼던 맏딸로, 일반사람들이 존경하던 사람이기도 했다. 제법 미인이기도 했는데 몹쓸 귀신이 씌어 지난 몇 해째 병에 걸려 있었다. 그녀는 정신을 놓을 때가 많아 부부 사이가 멀어져 있었다. 그래도 유일한 아내로 그녀를 존중해 주던 우대장에게 새 부인이 생기고 만 것이다. 우대장은 다마카즈라가 뛰어나게 아름다운 사람일 뿐만 아니라, 겐지와 의심했던 관계가 아니라는 점에서 애정이 더욱 샘솟았다. 그만큼 첫째 부인은 애정을 빼앗기고 만 셈이다.

　식부경은 이런 경위를 듣고 말했다.

　"젊은 부인을 들여놓고서 호사스레 살림을 시키려는 판에, 그 저택 한구석에서는 눈치를 살피면서 살아야 하니 세상 체면이 말이 아니다. 내가 살아 있는 동안은 그런 수모를 당하면서 남편 집에 머물 필요가 없다."

　그런 충고를 하고, 당신 저택 동쪽 별채를 치우게 하고 대장 부인이 옮겨 올 처소를 정하였는데, 친정이라 하더라도 남편의 애정을 잃은 여자로 친정에 돌아가는 결단을 쉽게 내릴 수 없는 일이었다. 부인은 성품이 조용하고 선량하며 어린애같이 얌전한 사람이면서도, 가끔씩 귀신이 쓰여 병적으로 격하게 행동하고는 했다.

　늘 어수선하기만 하고, 깨끗한 구석이라곤 하나도 남아 있지 않은 부인의 처소도 다마카즈라의 육조원과는 비교가 안 되었다. 하지만 청년 시절부터 지녀온 부인에 대한 애정은 뿌리가 깊어 하루아침에 변할 수 없는 것이라서, 우대장은 지금도 마음속으로는 아내를 가엾게 여기고 있었다.

　"귀족들은 어제 오늘 결혼한 부부 사이라 하더라도 탐탁지 않은 일은 내색을 않고 지내는 법이야. 사람을 아주 내버리는 짓을 우리 계층에서는 전혀 하지 않지. 당신은 병에 시달리고 있으니, 그걸 보기만 해도 안쓰러워 내 연애문제를 이야기할까 하다가도 할 기회가 없었어. 예전부터 약속하지 않았는가, 당신이 병을 앓더라도 난 평생토록 당신과 살겠다고 말이야. 그리고 어떤 일이든 나는 꾸준히 할 작정인데, 당신은 다른 생각을 하고 있지 뭔가. 헤어지느니 어쩌느니 그런 건 생각지도 말고 나를 사랑해 줘요. 자식들도 있고 해서 한평생 당신을 아껴주겠다는데 여자들의 질투심은 고약한 성질이 있어서, 당신은 나를 원망하기만 하는구려. 지금만 본다면 그럴 수도 있겠지만, 나를 믿고 얼마 동안 냉정하게 있으면 당신을 생각하는 내 뜻이 무엇인지 이해할 날이 있을 거요. 식부경께서는 이를 불쾌히 여기시고 당장 당신을 자택으로 데려가겠다고 말씀하셨다지만, 오히려 경솔하신 처사가 아닐까 싶소. 진정 갈라서게 하시려는 것일까. 아니라면 당분간 나를 혼 좀 내주자는 속셈이시겠지."

우대장은 웃으면서 말했지만 그 태도에는 누구에게나 반감을 사기에 충분한 이기주의자 같은 구석이 있었다.

우대장의 첩이나 다름없는 목공(木工)댁이나 중장댁 같은 여인도 우대장을 원망하는데, 하물며 정부인은 정신을 되찾은 때라 곁에 있어 주고 싶을 정도로 매일 서글피 울고 있었다.

"저를 병든 여자라 업신여기는 건 당연한 일입니다만, 그런 말씀 속에 우리 아버님까지 비난하는 걸 들으면, 나 때문에 그런 소릴 듣는가 여겨져 아버님께 미안해서 참을 수가 없습니다. 제가 당신의 그런 말을 들은 건 처음도 아니니 슬프지도 않습니다."

그러면서 고개를 돌렸는데 그 모습이 무척 가여워 보였다. 안 그래도 몸집이 작은 사람인데 고질병 때문에 더욱 수척하고 연약해진 데다가 곱고 길던 머리숱은 마구 잘라낸 것처럼 엷어지고, 제대로 빗지도 않은 머리카락이 눈물로 엉겨붙어서 퍽 처량해 보였다. 하나 하나 뜯어보면 잘생긴 얼굴은 아니었지만 식부경을 꼭 닮아 전체적으로 아리따운 구석이 있었다. 그런데도 머리를 손질하지 않고 내버려두는 판이니 화려하다거나 젊다거나 하는 점은 이 사람에게선 찾아볼 길이 전혀 없었다.

"식부경님 말씀을 함부로 할 수는 없지요. 남이 들을까 무서운 말은 하지 마시오."

그렇게 대장은 달랬다.

"내가 다니는 곳은 크고 화려한 저택이거든. 그런 곳에 아무 멋도 없는 내가 드나든다는 일이 더욱 남의 눈에 띄지 않을까 싶어 마음이 불편하단 말이야. 그래서 내 집으로 어서 데려오려고 생각하는 중이야. 태정대신이 오늘 같은 시대에 얼마나 권세를 가진 분인가 하는 건 새삼스레 말할 필요도 없지만, 그 훌륭한 인격자 귀에까지 부부싸움소리 들리게 된다면 그분에게 미안할 따름이지. 서로 조용히 의좋게 지내도록 노력해야 하오. 식부경 댁으로 당신이 가더라도 나는 여전히 당신을 사랑할 거요. 부부는 어떻게 변하더라도 애정이 사

라질 수는 없을 거요. 하지만 항간에서는 당신을 경솔한 사람으로 말할 게고, 이는 나에게도 경망스러운 일이거든. 오랫동안 사랑해 왔던 두 사람인 만큼, 이제부터는 당신도 나를 위하고 서로 보살펴줍시다."

그런 말도 했다.

"당신의 냉혹한 성격이 좋은 건지 나쁜 건지 전 더는 생각지 않겠습니다. 다만 제가 웃음거리가 될 거라니 너무 슬픕니다. 식부경께서 딸인 저의 명예를 끔찍이 생각하고 걱정하며 번민하는 게 몹시 죄송해서 저는 친정으로 돌아가기 싫습니다. 그렇다고 해서 육조 대신의 마님이 저에게 타인이라는 말은 아닙니다. 아버님께서는 다른 데서 자란 그 사람이 장성해서, 그 댁 양녀가 되어 언니나 다름없는 저의 남편을 사위로 삼는다는 그 점을 원망하고 계십니다. 하지만 저는 그런 일은 생각지도 않아요. 그쪽에서 하는 일을 저는 보고만 있을 뿐이지요."

"지금 당신은 조리 있게 이야기를 하지만, 병이라도 생겨서 돌이킬 수 없는 사태가 앞으로 벌어지지는 않을까 생각하면 가엾단 말이야. 육조원 마님은 이 문제에 대해선 관여하지 않을 거야. 대신께서 소중한 딸처럼 애지중지하는 그분이 있는데 굳이 딴 곳에서 온 처녀 따위에 관심을 가질 이유가 없지 않은가. 하긴 그렇지. 전혀 어버이답지 않은 계부님이라 말할 수도 있겠지. 그런데도 원망한다는 소리가 귀에 들어간다면 미안한 일이야."

그러면서 종일토록 부인 곁에 붙어 앉아 우대장은 이야기하고 있었다.

날이 저물자, 우대장 마음은 더 이상 진정할 수 없을 정도로 들떠서 어떻게든 자택에서 한시바삐 나서고 싶어했는데 하필이면 눈이 펑펑 쏟아졌다. 이런 날씨에 집을 나서면 남의 눈에 몰인정한 사람으로 비춰질 것이고 아내는 분별 없이 강짜를 부릴 것 같았다. 이쪽에서 먼저 화를 내고 집을 나갈 기회를 만들 수도 있었지만, 저렇게 대범하게 조용히 지내고 있는 판이니 그저 가여울 뿐이었다. 우대장은 고민에 잠겨 격자문도 내리지 않은 채 툇마루 가까이에서 뜨락을 내다보고 있는데, 그 모습을 부인이 보고 외출을 재촉했다.

"공교롭게도 눈이 점점 더 퍼붓지 않습니까. 시간도 이젠 다 되었어요."

그러면서 이제는 남편이 자기와 함께 있어도 흥미를 완전히 잃은 듯하니 말려도 소용없다 체념한 태도가 참으로 불쌍했다.

"이런 밤에 어떻게?"

우대장은 우물쭈물하면서 이번에는 거꾸로 이런 소리를 했다.

"당분간은 내 심정을 알지 못하면서, 옆에 있는 시녀들한테 온갖 소리를 듣곤 의심하게 될 거야. 또 여러모로 대신이 이쪽 태도를 감시하고 있을 테니 조심할 필요가 있어요. 당신은 마음을 진정시키고 느긋하게 내 진심을 지켜봐요. 그 사람을 이 집에 불러들이면 밖으로 나갈 일도 없어질 거고 오늘처럼 얌전히 있을 땐 밖으로 나가고 싶은 생각도 안 들고 당신이 더 좋아지는걸."

"집에 있다 해도 마음이 다른 곳에 있다면 저는 괴롭습니다. 다른 데 가 있더라도 이쪽 생각만 해준다면 얼어붙은 저의 눈물도 녹을 게 아닙니까."

부인은 부드럽게 대꾸했다. 작은 화로를 가져오라 하여 남편의 외출복에 그윽한 향을 피워넣게 했다. 우대장은 부인이 아무렇게나 구겨진 옷을 걸쳐 입고 파리한 모습으로 풀이 죽은 채 앉아 있는 꼴을 보니 가슴이 저며왔다. 울어서 눈이 퉁퉁 부은 얼굴은 가엾기 짝이 없는데, 사랑하는 남편 마음으로 보니 그 모습마저 밉지 않았다. 용케도 오랜 세월 서로가 사랑해 왔구나 생각하면서도 새 아내에게 빠져버린 자신은 경박한 사내가 아니고 무엇이겠는가. 이렇게 우대장은 반성을 하면서도, 가서 새 아내를 만나려 생각하니 흥분을 좀처럼 가라앉히기 어려웠다. 마음에도 없는 탄식을 하면서 옷을 갈아입고 작은 화로를 소매 속에 넣어 향을 피웠다. 몸에 꼭 맞은 의복으로 단장한 우대장은, 겐지의 미모를 따라가지 못하지만 강렬한 남성적인 얼굴이 결코 평범해 보이지 않았다. 말 그대로 귀족다운 풍채였다. 경비소에 모인 사람들이 말했다.

"눈이 좀 그쳤군. 시간이 꽤 늦었는걸."

그러나 대놓고 재촉할 수도 없는 노릇이라 넌지시 주인의 관심을 끌려고 헛기침을 했다.

"안타까운 부부 사이네요."

중장댁과 목공댁은 이렇게 한탄하면서 모두들 고개를 돌렸는데, 부인은 가련한 모습으로 엎드려 있다가 갑자기 벌떡 일어나더니, 커다란 옷바구니 밑에 놓여 있던 작은 화로를 손에 집어들고 남편의 뒤를 따라가 그것을 내던졌다.

누가 말릴 틈도 없이 순식간에 벌어진 상황이었다. 우대장은 이런 꼴을 당하니 그저 기가 막힐 뿐이었다. 자잘한 재가 눈에고 코에고 마구 들어가서 아무것도 보이지 않았다. 손으로 털어내려 하자 그 잿가루들은 온 방 안에 뭉게뭉게 연기처럼 솟아올랐기에 우대장은 의복마저 벗어 버렸다.

제정신으로 이런 짓을 하는 부인이라면 아무도 용서해 줄 사람이 없겠지만, 귀신이 붙어 부인을 밉게 보이려고 그런 것이니, 시녀들도 부인을 가엾은 사람으로 여겼다. 모두들 난리법석을 떨면서 우대장의 옷을 갈아입혔는데, 머리는 물론이고 수염에도 재가 흠뻑 묻어서 온통 잿더미로 가라앉은 기분이었다. 깨끗한 육조원에 이 꼴을 하고 갈 수는 없었다.

우대장은 벌컥 혐오감이 들면서 아내에 대한 증오가 마음속 깊숙이 솟구쳤다. 조금 전까지 사랑을 느꼈던 심정은 자취도 없이 사라졌고, 지금은 지독한 저주가 자신의 행복 위로 덮칠 듯싶었다. 그리하여 우대장은 부인에게 화가 났음에도 야밤중에 스님을 불러 기도를 드리게 했다. 부인의 정떨어지는 아우성을 들으면 우대장이 멀리하는 것도 무리가 아닌 듯싶었다. 부인은 밤새도록 스님에게 얻어맞고 끌려다니고 한 끝에 잠깐 눈을 붙였다. 그동안 대장은 다마카즈라에게 편지를 썼다.

'어젯밤 갑자기 몸이 좋지 못한 병자가 생겼고, 때마침 내리는 눈도 심해서, 이런 때에 가는 건 좀 어떨까 싶어 고민하다가 부득이하게 그곳에 가는 일을 단념했습니다. 하지만 밤에 내 속은 내리는 눈보다 꽁꽁 얼어붙어 버린 것 같아 퍽 쓸쓸했습니다. 당신은 믿어주시겠지만, 곁에 있는 자들이 남의 속을 미루고 헤아려서 이러쿵저러쿵 여쭈지 않았을까 걱정됩니다.'

그다지 문학적인 문장은 아니었다.

하늘에서 눈 날리듯
어수선한 이 마음
외로이 잠이 들었는데
소매마저 얼어붙었네.

"견딜 수 없는 일입니다."

하얀 종이에 우중충한 글자로 그렇게 씌어 있었다. 다만 글씨가 능필인 것은 그가 학문에 일가견이 있는 사람이기 때문이었다. 상시는 대장이 오지 않아도 그 어떤 괴로움도 느끼지 않았고, 한껏 변명을 하고 있는 이 편지를 펼쳐 보지도 않았다. 그러니 답장이 올 까닭이 없었다.

대장은 자택에서 우울한 하루를 보냈다. 부인이 오늘도 괴로워했기 때문에 대장은 승려에게 다시 기도를 드리게 했다.

　대장 자신도 마음속으로는 당분간 부인에게 발작이 없기를 간절히 빌었다. 잡귀에게 붙들리지 않은 제정신인 아내는 사랑스럽다는 사실을 자신도 알고 있었기에 참을 수 있었으나, 그렇지 않다면 버려도 아깝지 않다고 대장은 생각했다.

　해가 지자 그는 외출할 채비를 서둘렀다. 대장 옷차림에 대해서도 부인은 늘 아내답게 시중을 들지 못했기에 그는 자기가 입은 옷이 유행에 뒤처져 걸맞지 않다고 불평하곤 했는데, 오늘 밤에도 산뜻한 노오시[直衣]가 제대로 마련되지 않아서 보기에 민망했다. 어젯밤 옷은 온통 재에 뒤덮이고 탄내가 배여 있었다. 통소매에도 그 냄새가 옮아, 아내의 질투어린 흔적을 드러내어 상대의 반감을 살 것 같았다. 그 때문에 그는 입고 있던 의복을 벗어 던지고 물을 끓이게 해서 목욕을 하면서 몸치장에 고심했다.

　목공댁은 주인을 위해 훈향을 피워 넣으면서 말했다.

　혼자 있는 외로움에
　옷을 태울 정도로
　마음이 탔다 생각되네.

"너무나 노골적인 태도를 취하기 때문에, 보는 저희들도 딱해서 견딜 수가 없습니다."

　그러면서 목공댁은 소매로 입가를 가렸는데, 그 모습이 매우 요염했다. 그러나 대장은 왜 자기가 이런 여자와 애인관계를 맺었던가 후회할 뿐이었다. 정말 한심스러운 이야기였다.

　어제의 일을 떠올리면
　결혼을 후회하는 생각들이
　연기처럼 피어오르네.

"저런 추태가 소문난다면 저쪽 사람도 나를 좋게 여기지 않기 마련이고, 어느 쪽에도 붙을 수 없는 불행한 신세가 되고 말겠지."

그렇게 탄식하면서 대장은 출발했다. 다마카즈라는 하룻밤 못 본 사이에 더 아름다워 보였기에 우대장의 사랑은 한층 더 깊어졌다. 그리하여 그는 자택에 돌아가지 않은 채 줄곧 다마카즈라의 처소에 있었다. 정부인 처소에서는 날마다 기도를 올리는 등 야단법석을 떠는데도, 악령들이 나타나 고래고래 소리를 지르고 악다구니를 한다는 소문이 들리니 우대장은 아내를 위해서도 좋지 못하다고 생각했다. 그러나 이로 인해 자신에게도 불명예스러운 소문이 날 듯해 두려워 접근도 하지 못하고, 자택으로 돌아가도 별채에 떨어져 있으면서 아이들을 부르고 만나보는 일을 낙으로 삼고 있었다. 열두어 살 되는 딸아이가 하나 있었고 그 밑으로 아들이 둘 있었다. 근년에 이미 부부 사이는 멀어질 대로 멀어져 살고는 있었지만, 단 하나의 부인으로 소중히 여기는 마음은 예나 지금이나 다름없었다. 그런 부인이 이런 지경이 되었기에 남편도 이제는 마지막 때가 왔다고 생각했으며, 시녀들도 그렇게 생각하고는 슬퍼했다.

식부경이 그런 소리를 듣고 전갈을 보냈다.

"넌 그렇게 매정한 대접을 받으면서도 참고만 있느냐. 그건 자존심도 명예도 없는 여자가 하는 노릇이야. 내가 살아 있는 한 네가 그토록 참고 있을 필요가 없지 않느냐?"

그러고는 갑자기 마중하는 사람을 보냈다. 부인은 이제 겨우 제정신을 차리고 자신의 애꿎은 처지를 슬퍼하던 때 마중하러 오는 사람을 맞았다. 아버지의 말씀을 따르지 않고 이 집에 있으면서 남편에게 버림받을 날만을 기다리다간 지금보다 더한 창피를 당할 듯싶었다. 그래서 본처는 그만 친정으로 가기로 결심했다.

부인의 동생인 귀공자들 가운데 좌병위독은 고관이라서 남의 눈에 띌 것을 꺼리어 마다했고, 그 밖의 중장이며 시종·민부대보(民部大輔) 등은 세 대 가량의 수레를 준비해서 부인을 마중하러 나왔다. 결국은 이렇게 될 것을 예상하고는 있었으나, 막상 오늘을 마지막으로 이 집을 떠나야 한다고 생각하자 시녀들은 모두 슬퍼하며 함께 울었다.

"여태까지와는 달리 손님으로 계시니 비좁은 곳에선 여럿이서 시중을 들 수가 없어요. 몇 사람만 같이 가고 나머지는 저마다 집으로 돌아가서 당분간 안정되기를 기다려 봅시다."

시녀들은 저마다 짐짝들을 제 집으로 나르며 뿔뿔이 헤어지게 되었다. 부인의 가재도구와 운반할 수 있는 물건들은 죄다 짐으로 꾸리고 그 모습을 본 시녀들이 모두 소리내어 우는 광경은 참으로 처량해 보였다. 부인은 아무것도 모른 채 천진하게 집 안을 돌아다니고 있는 딸과 두 아들을 불러다가 자기 앞에 앉혔다.

"이 어미는 애꿎은 신세가 되어 아버지한테 버림을 받았으니, 어디든 가야 한단다. 어린 너희들이 어미와 떨어져야 할 처지가 됐으니 불쌍하구나. 장차 어찌될지 모르겠다만, 여자인 너는 나와 같이 가서 살자꾸나. 사내인 너희들 둘은 여기 남아야 한다. 가끔 아비가 이 집에 와서 너희가 눈에 띈다고 해도 귀여워하지는 않을 테고, 어른이 된 뒤에는 출세도 하지 못할 불행의 씨앗이 될 것이다. 하지만 외할아버지인 식부경님이 계시는 동안에는 관원자리나마 얻을 수 있을지도 모른다. 친척이 되는 두 분 대신의 뜻대로 되는 세상이니, 그 분들이 미워하는 이 어미와 함께 간다면 너희들은 손해를 보게 될 것이고 출세도 바랄 수가 없다. 그렇다고 중이 되어 산속이나 숲속으로 들어간다면 그 것 또한 슬픈 일이 아니겠니. 하물며 나를 따라 출가를 하면 죽은 다음에도 죄가 될 것이다."

그러면서 우는 어미를 보고, 아이들은 깊은 의미를 알지도 못한 채 슬퍼서 울었다.

"옛날 소설 속에서도, 보통 이상으로 자녀를 사랑하는 아버지들조차 때에 따라서는 세상 사람들 눈치를 보며 아이들에게 쌀쌀맞게 대하지요. 하물며 우리 나리도 지금 저런 모습을 보이지 않습니까. 자녀의 장래를 생각해 주실 리가 없지요."

유모들은 유모들대로 함께 어울려 슬퍼하고 있었다. 해도 지고 눈도 내릴 듯한 쓸쓸한 저녁놀이었다.

"날씨가 몹시 추워지니 어서 떠나도록 합시다."

부인 동생들은 재촉하면서도 눈물을 닦으며 슬퍼하는 육친들을 바라보고 있었다. 우대장이 무척 아끼던 딸은, 아버지를 보지 못한 채 갈 수는 없었다. 오늘 아버지와 무슨 말이라도 나누지 않는다면 두 번 다시 그런 기회가 없을 지도 모른다는 생각에서 엎드린 채 울며불며 가려고 하지 않았다. 그 모습을 부인이 보고선 달랬다.

"네가 그런 꼴을 하고 있으니 이 어미도 가슴이 미어지는구나."

그러면서 딸을 생각해 조금 있으면 아버지가 돌아올지도 모른다고 말했지만, 날이 저물어 밤이 된 시간인데 우대장이 다마카즈라를 두고 어찌 돌아오겠는가.

딸은 언제나 자기가 기대고 있던 동쪽 사랑채 가운데 기둥을 누군가에게 빼앗길 것 같아 슬퍼졌다. 딸은 노송나무 껍질 빛깔 종이에 작은 글씨로 적은 노래를 비녀 끝으로 노송나무 틈에다 밀어 넣었다.

지금은 떠나기 힘들어도
언젠가 익숙해지겠지
노송나무 기둥만은 잊지 않기를

그런 노래를 쓰다 말고는 울다가 다시 쓰곤 했다.
부인 또한 딸을 달래며 노래를 지었다.
"뭘 그러느냐."

정든 기둥이 널 생각한들
이제 와서 어쩌겠느냐
노송나무 기둥아 네 생각도 그렇지

그렇게 자신도 읊조렸다. 시녀들은 온갖 슬픈 생각으로 신세를 한탄했다. 무심한 뜰 앞 초목과 헤어지는 일도 나중에 가서 떠올리면 슬픈 일이겠거니 하니 마음이 아파왔다. 목공댁은 대장을 모시는 시녀였기에 그대로 남게 되었다. 중장댁과 헤어지면서 목공댁은 노래했다.
바위 틈 물은 옅은 데도
이곳에 남는데
주인은 이곳을 떠나는구나.

"뜻밖의 일이지 뭐예요. 이렇게 당신과 이별하게 되다니."
중장댁이 이렇게 말하자 목공댁도 울면서 노래했다.

바위 틈 물처럼 슬픔에 갇혀
뭐라 표현할 길 없으니
그리 오래가지 않으리.

"너무 너무 괴롭습니다."

수레가 움직이자 시녀들은 두 번 다시 이곳을 볼 날이 없겠지 싶어, 저택의 나무숲이 보이지 않을 때까지 뒤돌아보았다. 주인 때문에 집과 헤어지는 것이 안타까운 게 아니라 집 자체에 애착이 가는 마음에서 그런 것이다.

식부경께선 딸을 기다리면서 매우 괴로워하였다. 어머니 되는 마님은 울고불고 야단을 쳤다.

"당신은 겐지 태정대신을 친척으로 두어서 좋은 연줄이라 기뻐하고 있지만 나로선 전생의 원수였나 싶습니다. 우리 딸인 여어에게도 불친절한 태도를 노골적으로 보이기도 했지만, 그 무렵엔 스마(須磨) 시절의 원한이 잊히지 않았기 때문이라고 당신도 말했고 항간에서도 그렇게 비평했지요. 그런데 나는 이해가 가지 않았습니다. 양녀를 데려다가 당신 자신이 총애하며 위안을 받아오다 가엾다 여겨지니까 우대장 같은 순직한 사내를 사위로 삼지 않았습니까. 어찌하여 이것을 원망하지 않을 수 있겠습니까."

이렇게 힐난했다.

"듣기 싫소. 항간에선 아무런 비난도 받지 않는 대신을 입에서 나오는 대로 헐뜯지 마시오. 겐지님은 총명한 사람이니 죄를 눈앞에서 처단하려 하질 않고 벌을 받게 하는 게 좋으리라 생각했을 거요. 그렇게 낙인을 받은 내 자신이 불행했던 거야. 냉정한 태도로 있는 것 같으면서도, 그때의 보답으로 어느 때는 잘해 주고, 어느 때는 엄하게 다스리라 생각하고 있겠지. 그래도 내가 무라사키의 아비여서 놀랄 만큼 훌륭한 잔치를 베풀어 주지 않았던가. 그것만으로도 산 보람이 있었다 여기고 다른 일은 체념하게나."

그러나 식부경이 하는 말을 듣고도 마님은 더욱더 사나워질 뿐이었으며, 겐지 부부를 저주하는 말까지 퍼부었다. 이 마님은 선량한 데가 눈곱만큼도 없는 사람이었다.

우대장은 부인이 친정으로 돌아갔다는 말을 듣고도 거짓말 같았고, 젊은 부부 사이에서나 있을 법한 싸움이 일어났구나 생각했다. 그러면서 자기 아내는 애정을 무시할 수 있는 성격이 아닌데, 식부경께서 경솔하게 일을 처리했구나 싶었다. 그는 자식들도 있고, 항간에 떠도는 아내의 체면을 세워 줘야겠다 싶어서 곰곰이 고민한 끝에, 다마카즈라에게 이런 해괴한 사건이 있었노라 말했다.

"오히려 홀가분하지만, 아내는 얌전하게 집 안에서 살아갈 만큼 선량한 사람이었지. 그런데 상황을 알지 못하는 식부경께서 갑작스레 일을 처리한 것이야. 항간에서 알게 되면 나만 오해받을 터, 어쨌든 한 번은 만날 생각이라오."

그렇게 말하고 우대장은 나갔다. 그는 고상한 웃옷을 걸치고 녹색 겹옷을 껴입었는데 청회색 중국비단 바지로 격식을 갖춘 모습은 근엄한 대관(大官)다웠다. 시녀들은 이쯤이면 우대장도 다마카즈라와 잘 어울린다고 속닥거렸지만, 다마카즈라는 한 가정의 비극이 전해진 것만으로도 자신의 입장이 난처해져 대장의 호의를 성가시게 느꼈다. 그리하여 그를 배웅하려 들지도 않았다.

우대장은 식부경께 항의하기 위해 집을 나섰다가 자택에 먼저 들렀다. 목공댁이 나오더니 부인이 떠나던 광경을 여러 가지로 상세하게 말했다. 딸 이야기를 듣자마자 슬픔을 억제하고 있던 우대장도 더는 참을 수 없는 듯 눈물을 뚝뚝 흘리는 모습이 무척 가여웠다.

"어찌 그런단 말인가. 보통 사람도 아닌 병든 사람을 내가 얼마나 오랫동안 아껴왔는지 몰라준단 말인가. 경솔한 사내였다면 결코 오늘날까지 데리고 살지도 않았을 게 아닌가. 하지만 하는 수 없지, 그 사람은 폐인이 된 마당에 어딜 가나 마찬가지일 거야. 허나 아이들을 어쩌자는 셈일까."

우대장은 울먹거리며 노송나무 기둥의 노래를 읽고 있었다. 글씨는 서툴렀지만 상냥한 딸의 감정을 그대로 느낄 수 있어서, 수레 속에서도 눈물을 훔치며 식부경 친왕 댁으로 향했다. 하지만 부인은 만나려 들지 않았다.

"만날 필요 없다. 다른 여자에게 마음을 품었다는 이야기가 어제 오늘 일도 아니지 않는가. 그 사람이 젊은 마누라를 갖고 싶어한다는 말을 들은 지도 벌써 오래 전이다. 그런 남편의 애정이 너에게 돌아오기를 기대해서는 안 된다. 그럴수록 네가 성한 여자가 아니라는 점을 인정하는 셈이지."

식부경이 우대장 부인에게 이렇게 훈계했는데 그럴 법한 일이었다.

"부부 사이에 일어난 일에 어른스럽지 못한 처사라 얼떨떨합니다. 아내와 저 사이엔 사랑스런 아이들도 있어서 지나치게 믿은 나머지 태평하기만 했던 제 잘못은 무슨 변명을 하더라도 용서 안된다는 건 알고 있습니다. 그래도 이번 만큼은 너그러이 넘어가 주십시오. 그 뒤 나에게 옳지 못한 일이 있으면 세상이 용서하지 않을 것이니 그땐 분명하게 이런 조처를 취하도록 해주시지요."

우대장은 난처하다는 듯이 변명했다. 딸이라도 만나고 싶었지만 보여주지 않았다. 열 살이 된 아들은 궁중 출입을 하고 있었고 용모는 그다지 출중하지 못했지만, 남들로부터 칭찬을 받으며 귀족 자제다운 데가 있었다. 그 아이는 이제 부모 싸움에 관심을 가질 만큼 커 있었다. 그리고 둘째는 여덟 살인데 귀여운 얼굴이 딸과 닮았기에 우대장은 머리를 쓰다듬어 주고 울면서 말했다.

"네 누나가 보고 싶으면, 이 아비는 이제부턴 너를 보아야겠구나."

우대장은 식부경에게 뵙기를 원했다.

"감기로 누워 계십니다."

그러나 이렇게 거절당한 뒤 겸연쩍게 식부경 댁을 물러나왔다. 두 아들을 수레에 태우고 이야기하면서 왔지만, 육조원으로 데리고 갈 수는 없는 노릇이었기에 자택에 두고 우대장은 말했다.

"여기에 있어라. 아버지는 언제든지 너희들을 보러 올 테니."

외로운 형제가 슬픈 눈길로 아버지를 배웅하는 모습이 측은해서 우대장은 예기치 않았던 걱정거리가 생긴 느낌이었다. 그래도 아름다운 다마카즈라를 폐인이나 다름없던 아내와 비교해 보면 뭐니 뭐니 해도 역시 지금의 행복이 가장 큰 게 아닌가 싶었다. 그 뒤로 우대장은 부인에게 아무 말도 하지 않았다. 모욕적인 그날에 대한 대접으로 서운하다는 편지 한 통 보내지 않으니 식부경댁 사람들은 냉담한 그의 태도를 분하게 여겼다.

무라사키 부인도 그런 이야기를 듣고 있었다.

"나마저 원망을 사게 되었으니 무척 괴롭군요."

그러면서 한탄하는 모습을 보고 겐지는 가엾게 여겼다.

"어려운 문제야. 내 마음대로 되는 사람도 아니니 이 문제 때문에 천황도 불쾌히 여기고 병부경도 원망한다고 하더군. 물론 그분은 이해심이 있으니 사정을 듣고 이젠 오해를 푸신 모양이야. 연애문제란 비밀로 해두어도 진상이 알려지기 쉬우니 괴로워할 잘못은 안했다고 생각하오."

그런 소리도 했다.

다마카즈라는 우대장의 본부인과 자꾸만 복잡하게 얽혀드니 한층 더 울적해졌다. 이제까지 우대장은 다마카즈라가 상시(尙侍)로서 대궐에 들어가는 것을 반대해 왔다. 하지만 천황이 이런 태도를 무례하다 하니 두 대신도 불쾌하게 여길 듯싶었다. 그리고 공직을 가진 여자의 남편이 되는 것도 세상에 있을 법한 일이라 여기며 궁중 출사(出仕)에 찬성하기로 마음을 고쳐먹고, 봄이 되자마자 상시출사에 대한 문제를 매듭지었다. 남자들의 도카(踏歌)*3가 있었으므로, 그것을 기회삼아 다마카즈라는 대궐로 나갔다.

모든 의식은 화려하게 거행되었다. 두 대신의 세력을 배경삼은 데다가 우대장의 권세까지 더해졌으니 호화로워지는 게 당연한 일이었다. 유기리 중장은 시중을 충실하게 들었다. 형제들도 다마카즈라에게 접근하기 위해 성의를 보였고, 부러울 만큼 모여들어 흥청거렸다.

궁전에서는 승향전(承香殿)*4 동쪽 일대가 상시의 궁방으로 정해졌다. 서쪽 일대는 식부경 친황의 여어가 거처하여 양쪽 사이에 복도가 이어져 있었지만 두 여성의 감정은 훨씬 멀어져 있었다. 여어들은 앞 다퉈 화려한 궁정 분위기를 만들기 위해 나섰는데, 이때는 말 그대로 화려한 시대였다. 신분이 낮은 갱의(更衣)들은 많이 출사하지 않았다. 중궁과 홍휘전 여어에 식부경의 딸인 여어, 좌대신의 딸인 여어 등이 후궁이었다. 그 속에 중납언의 딸과 재상의 딸이 폐하를 모시고 있었다.

남답가 때는 친정 사람들이 여어들 처소를 구경하러 많이 와 있었다. 이것은 궁중행사 중에서도 단연 재미있고 흥취가 있는 일이라 구경하는 사람들의 옷차림도 서로 화려함을 다투었다. 동궁을 낳은 여어도 누구 못지않게 화려한 분이었다. 동궁께서 아직 열두 살 어린 나이인데도 화려하게 꾸미고 있었다. 남답가 행렬이 어전과 중궁과 주작원으로 돌다보니 밤이 깊어지자 올해엔 육조원에 들르지 못했다. 주작원에서 되돌아와 동궁의 궁전 두 군데를 돌았을 즈음 날이 샜다.

훤하게 밝아오는 새벽녘에 모두들 술에 취해서 타케 강(竹河)을 부르고 있

---

*3 도카(踏歌) : 발을 굴러 가면서 노래하는 무도. 수(隋)·당(唐)나라의 민간행사였는데, 일본에 건너와서 궁중에서 행해졌다. 연초에 노래를 잘하는 남녀를 뽑아서 시켰다. 남자는 정월 14일 또는 15일, 여자는 16일에 행하였다

*4 승향전(承香殿) : 궁중 전사(殿舍)의 하나로, 궁중의 가운데에 있으며 내연(內宴)·어유(御遊) 등을 행하던 궁전

었는데, 그 속에는 내대신 아들이 네댓 명이나 있었다. 모두들 유난히 목청이 좋고 용모마저 출중했다. 특히 아직 동자 모습인 하치로(八郎)는 본처 소생으로 내대신이 유독 애지중지했다. 대장의 맏아들과 나란히 서 있는 모습이 남남같이 보이지 않아 상시도 눈여겨보았다.

궁중생활에 익숙한 여어들의 차림보다도 다마카즈라의 소매며 분위기가 훨씬 더 화려해서, 상시 다마카즈라나 시녀들은 이런 화려한 잔치를 계속하고 싶어했다. 답가를 춘 사람들에게는 풀솜이 지급되었는데, 그 가운데도 상시 다마카즈라가 보낸 선물은 색과 향이 특별했다. 이쪽은 잠깐 들렀지만 화려한 분위기가 엿보이는 궁방이라서, 귀공자들은 영광스러운 생각에 긴장 속에서 남답가를 추었다. 연기자들은 특히 후한 대접을 받았는데 그것은 우대장의 배려였다. 우대장은 종일 궁중 대기실에 있으면서 상시에게 이런 소리를 써 보냈다.

'오늘 밤 안으로 같이 퇴궐하고 싶소. 출사(出仕)한 이상 좀더 머물고 싶을지 모르나, 당신이 생각한 출사는 나에겐 고통스러울 뿐이오.'

그러나 다마카즈라는 아무런 답장도 쓰지 않았다. 그저 시녀들로부터

'겐지 대신께선 오랜만에 모처럼 출사하였으니 임금께서는 이젠 가도 좋다고 분부하실 때까지 궁중에 있으라고 말씀하셨습니다. 그뿐더러 오늘 밤이라니 너무나 몰인정한 처사가 아닐까 하고 저희는 생각합니다.'

이런 말을 전해 들었다. 우대장은 상시를 원망하며 깊이 탄식했다.

"그토록 말했는데도 내 의사는 조금도 존중하지 않는구나."

병부경 친왕도 어전의 음악자리에서 그 일원으로 참석했는데, 그 마음은 평온하지 않았다. 마음은 오직 상시 다마카즈라의 궁방에만 가 있으니, 끝내 참을 수 없었기에 결국 편지를 썼다. 우대장은 숙직소에 있는지라, 시녀는 대장이 보내는 것처럼 전했다. 상시 역시 그리 알고 대수롭지 않게 읽었다.

깊은 산 속 나무에
날개를 포개고 자는 새 한 쌍
샘 나는 봄이구나.

"지저귀는 소리마저 마음에 걸려 참을 수가 없습니다."

그런 사연이었다. 다마카즈라가 민망할 정도로 낯을 붉히며 어떻게 답장해야 할지 어쩔 바를 모르는 상황에 임금께서 건너왔다.

밝은 달빛 속에서 아름다운 용안을 뵐 수 있었는데, 마치 겐지의 얼굴을 그대로 옮겨 놓은 듯했다. 다마카즈라는 이런 얼굴이 또 있었던가 싶기도 했다. 겐지의 사랑은 깊었지만 자신이 받아들이기에는 어려운 점이 너무나 많았는데, 천황과 자신 사이에선 그런 장애물이 없었다. 천황께서는 정답게, 일이 자신의 뜻에 어긋났다는 원망어린 말만을 했는데 상시는 부끄러워 얼굴을 들 수조차 없었다. 고개를 숙이고 대답도 못하고 있었다.

"왜 아무 말 없으신가요. 3위의 품계를 내렸는데도 제 마음을 모른 체하는군요. 무슨 일 때문에 그러신 건가요. 본디 그런 성격인가요?"

폐하는 그렇게 말하고 또 덧붙였다.

만나기도 힘든 그대
보랏빛 옷까지 주면서
마음을 빼앗겼네.

"우리 두 사람은 그렇게 깊은 인연을 맺을 수 없는 운명일까."

젊고 아름다운 모습은 겐지와 많이 닮았다. 상시는 겐지라 여기고 말씀드렸다. 천황께서 한 말은 지난해에 상시가 된 뒤로 아직 근무다운 근무도 하지 못한 다마카즈라를 삼위(三位)자리에 올려 준 그 일을 가리키는 것이었다. 보랏빛은 삼위 계급의 관복 빛깔이었다.

만나기도 힘든데
당신의 깊은 마음을
이리도 짙은 보랏빛으로 물들이셨는지요.

"앞으로는 은총을 새삼 생각하겠습니다."

그렇게 상시가 말하자 천황은 미소를 지으며 투정부리듯 말씀하셨다.

"그 앞으로라는 말이 모든 일을 헛되게 하는군. 나의 진심을 알아주는 사람이 있으면 내 마음이 억지인지 아닌지 묻고 싶군. 내가 먼저 당신을 사랑한 게 아니겠소."

언어유희로서가 아니라 진정으로 그러기에, 상시는 딱한 일이라고 생각했다. 자신이 천황의 사랑에 감격하고 있음을 보여드려선 안 된다. 천황이라 하더라도 이분 또한 남자이기에 같은 버릇을 지니고 있으리라는 추측에 다마카즈라는 그저 순진한 태도로 잠자코 모시고 있었다. 천황은 깊은 사랑 이야기를 하고 싶어 여기에 온 것이었는데, 그 말은 차마 꺼내지도 못하면서 상시와 좀더 친숙해질까 생각하고 있었다.

우대장은 천황께서 궁방으로 거동하셨다는 소리를 듣고선 의구심과 함께 조바심이 나서 견디지 못해 퇴궐을 서둘러 하라고 채근했다. 그럴싸한 구실을 만들어 아버지 내대신을 열심히 설득한 결과, 마침내 오늘 밤 퇴궐하라는 허락을 얻었다.

"오늘 밤 그대가 나가는 일을 허락하지 않으면 앞으로 누가 그대를 이리로 보내겠는가. 누구보다도 그대를 먼저 사랑한 사람은 나인데, 어찌 하다 애꿎은 사람에게 빼앗겨 지금은 그 사람 비위를 맞춰야 할 판이 되었구려. 사랑하는 이를 빼앗긴, 옛날 그 사람*5처럼, 정녕 비관적인 사람이 된 기분이군."

천황께서는 이렇게 말하고선 분하다는 태도를 보였다. 들었던 소문보다 몇 배나 더 아름다운 미모의 소유자였기 때문에, 처음부터 그런 뜻이 없었다고 하더라도 다마카즈라를 실제로 보시고선 공직의 상시로 허락지 않았나 싶다. 더구나 갑작스러운 결혼이었기 때문에, 천황께서는 참을 수 없는 질투심 때문에, 첫 구혼자로서의 권리를 주장하고 싶었다. 그러나 경박한 연애라는 오해를 사기 싫어 자제하고는, 열정을 인정받으려고 여러 말을 했다. 이렇게 해서 친밀해 지시려는 호의가 어쩌나 황송스러운지, 결혼해도 내 마음만은 내 것이니, 남편에게 모조리 주어버린 것은 아니지 않느냐 다마카즈라는 생각했다.

연차(輦車)*6가 오고, 내대신과 우대장을 따르던 사람들은 상시가 퇴궐하면 따라가려고 기다리고 있었다. 우대장 자신도 초조한 표정을 지은 채 사람들에

---

*5 옛날 그 사람 : 후지와라노 도키히라(藤原時平)와 다이라노 사타부미(平貞文)는 헤이안(平安) 시대 전기의 중신들이었는데, 사타부미가 도키히라에게 애인을 빼앗긴 고사를 말한 것임

*6 연차(輦車) : 가운데에 바퀴를 단 가마. 손으로 끌며, 천황이나 천황의 가족들이 나들이 때 타던 것.

게 지시를 내리면서 그 언저리를 돌아다녔지만, 천황은 상시의 궁방을 떠날 수가 없었다.

"호위가 너무 삼엄하지 않은가. 이건 꼭 감시받는 것 같군그래."

천황은 매우 언짢아했다.

안개가 아홉 겹이나 두텁게 끼어
매화꽃을 가리면
그 향기마저 풍겨오지 않을까 두렵네.

아무렇지도 않게 지은 노래 같지만, 아름다운 천황께서 읊었기에 상시로선 특별한 뜻을 품은 것 같았다.

"나는 이런저런 이야길 하면서 밤을 지새우고 싶지만 그대를 놓칠까 안달난 사람에게는 안 될 일이지 그 사람에게 동정심도 생기니 어서 돌아가시오. 하지만 편지는 어떻게 보내드리면 좋을까."

그러면서 걱정스레 말하는 모습을 보니 다마카즈라는 황공하기만 했다.

꽃에 바람이 불면
향기는 퍼지겠죠.
다른 향에 비하면 보잘 것 없어도

그렇게 읊으니, 다마카즈라도 싫어하지 않는 듯하여 아쉬운 마음에 천황은 자꾸만 뒤돌아다보면서 그 자리를 겨우 떠났다.

우대장은 이대로 다마카즈라를 자택으로 데려가고 싶었으나, 벌써부터 그런 소리를 하면 겐지의 동의를 얻을 수 없을 것 같았기에 이때까지는 말하지 않았다. 그러다가 돌연 이렇게 말했다.

"갑자기 감기가 들어 내 집에서 몸조리를 시켜 볼까 합니다만. 부부가 따로 따로 헤어지면 아내가 걱정을 할 것 같고 해서."

그러면서 점잖게 양해를 구하는 듯하더니 그대로 상시를 데리고 가버렸다. 내대신은 사돈집에서 그렇게 갑자기 딸을 데려간 데 대해 예의에 어긋나 불만을 느꼈지만, 사소한 일로 사위인 우대장의 감정을 상하게 할 필요는 없다 싶어 이렇게 대답을 하고 말았다.

"좋으실 대로 하시지요. 우리 의사로서는 어찌할 수 없는 딸이니까요."

겐지는 뜻하지 않은 결과로 몹시 실망을 하였는데 무리도 아니었다. 다마카즈라는 마음에도 없는 남편을 맞이하게 된 게 너무나 괴로워했다. 우대장만은 보물이라도 훔쳐온 것처럼 집에 오니 마음이 안심되고 기쁘기도 했다. 천황께서 궁방에 장시간 머물렀다는 데서 우대장은 몹시 질투를 하여 원망을 했는데, 그 모습이 너무나 품위 없어 남편을 사랑할 수 없는 다마카즈라의 심사는 더욱 사나워졌다.

식부경은 딸을 데려오면서 그토록 사위를 비난하였으나, 우대장이 그 뒤로도 아무런 반응이 없자 내내 걱정을 하고 있었다. 그는 이제 만나기를 단념한 듯싶었다. 우대장은 오랫동안 꾸어 온 꿈을 이룬 것 같아서 밤낮으로 다마카즈라를 섬기는 데 마음을 쓰고 있었다.

마침내 2월이 되었다. 겐지는 우대장을 무정하게 여겼다. 이토록 단호하게 다마카즈라를 자기에게서 떼어놓을 줄도 모르고 마음놓고 있었다는 사실이 너무나 분했다. 또한 자신의 체면도 서지 않으며 다마카즈라가 한없이 그립기만 했다. 오래된 인연을 무시할 수는 없지만, 자신이 너무나도 이해심이 많아 이런 괴로움을 스스로 불러들인 게 아니냐며 밤낮없이 다마카즈라를 그리워했다. 풍류도 운치도 없는 우대장 곁에서 농담마저 마음껏 못할 거라 생각하며 스스로를 위로했다. 비가 자주 내리고 조용할 즈음 겐지는 다마카즈라의 처소를 찾곤 했는데, 그 시절 정경이 눈에 떠오르자 그리운 마음을 가득 담은 편지를 썼다. 편지는 우근위승을 통해 몰래 보냈는데, 그러면서도 우근위승이 수상하게 생각하지는 않을까 싶어 그대로 다 쓸 수는 없었다. 그저 짐작하여 알 수 있도록 애매하게 썼다.

부슬부슬 내리는 봄비
오래된 옛 사랑을
어찌 생각하는가.

'비가 내려 따분할 때면 여러 가지로 섭섭한 마음이 들기도 합니다. 헌데 어떻게 하면 그런 심정을 알려드릴 수 있을는지 모르겠습니다.'

이런 사연이 적혀 있었다. 다마카즈라 곁에 아무도 없는 틈을 타서 우근위승은 그 편지를 보였고 다마카즈라는 그것을 읽고 하염없이 울었다. 시간이 갈수록 겐지도 자주 생각이 났지만, 감정이 이끄는 대로 그리워하고 어떻게든 만나고 싶은 심정을 억제해야 할 어버이였다. 그러니 실제로 언제 만날 수 있을지 몰라 슬프기만 했다.

가끔 겐지의 불순한 손길이 뻗어 와서 난처했다는 이야기를 아무에게도 말하지 않았지만, 언젠가부터 우근위승이 두 사람 관계를 수상쩍어하기 시작했다. 하지만 의심하면서도 사실은 정확히 모른다 생각하고 있었다.

"편지를 쓰자니 부끄럽고 드리지 않으면 실망할 것 같고."

다마카즈라는 고민하다가 끝내 답장을 썼다.

처마 끝에서 뚝뚝 떨어지는 빗물처럼
눈물이 떨어져 소맷자락 적시니
어찌 생각 안 날 수 있으랴.

'오랫동안 뵙지 못하고 시간만 흐르니 울적하고 적적한 심정도 더해가는 것 같습니다.'

다마카즈라는 일부러 공손하게 썼다. 그것을 펼쳐 들자, 겐지는 처마에서 떨어진다는 그 빗방울이 마치 자기에게 떨어지는 듯 눈물이 흘렀는데, 남들이 좋지 못한 상상을 할지 몰라 억지로 참고 있었다. 예전에 주작원 모후께서는 자신의 딸인 상시 오보로즈키요를 엄중히 감시하여 겐지와 만나지 못하게 했는데, 그때가 꼭 지금처럼 괴로웠기 때문에 현재와 비교하여 생각났다. 그래도 이일이 지금 눈앞에 펼쳐져 있어서 그런지 그때보다 더 야속하게 느껴졌다.

여자를 밝히는 사내는 스스로 괴로움을 자초하는 법이니, 이제 우대장의 아내가 되었는데 이 무슨 마음고생인가. 겐지는 지난날을 잊으려는 심정으로 육현금을 타보았다. 그러나 그리운 듯이 타던 다마카즈라의 육현금 소리가 다시 생각나 견딜 수가 없었다. 화금(和琴)을 노래 없이 타다가 '고운 물풀은 베지 말 것'이라는 노래를 부르는 겐지의 이 모습을 그리운 사람에게 보여줄 수만 있다면, 그 사람의 마음도 흔들리지 않을까 싶었다.

천황께서는 어렴풋이 보았던 다마카즈라의 아름다움을 잊지 못하고, '붉은 치마 끌고 가던 그 모습을'이라는 옛 노래를 통해 감정을 노골적으로 표현했다. 그리고 그 노래를 읊으면서 추억에 잠겼다.

다마카즈라는 이젠 자신의 처지를 한없이 비관해 버리고 이런 마음으로는 글을 쓸 수 없다 생각해서, 호의에 감격한 답장은 하지 않았다. 다마카즈라는 이제 와서야 겐지가 순결한 사랑으로 일관해 준 친절이 진심으로 고마웠다.

3월에 접어들면서 겐지는 저녁놀 아래 육조원 뜰 안 곱게 핀 등꽃이며 황매화를 볼 때마다 다마카즈라의 뛰어난 자태가 떠오르곤 했다. 남녘의 봄 뜰을 버려둔 채 서쪽 별채에 와서 다시 다마카즈라를 닮은 황매화를 바라보곤 했다. 대나무 울타리에 자연스레 덮이듯 피어난 황매화는 운치가 있었다.

이데를 나누는 길처럼
헤어져 있어도
황매화 같은 사랑아.

그런 노래를 겐지는 읊조리고 있었다.

그러나 여기에는 아무도 듣는 사람이 없었다. 이렇게 깊이 그리워하는 일은 이번이 처음이었다. 처음 느끼는 감정이 겐지는 이상했다. 다른 데에서 선물로 많이 들어온 기러기 알을 본 겐지는, 감귤인 듯 꾸며 다마카즈라에게 보냈다. 편지가 남의 눈에 띄면 안 될 것 같아 사연을 예삿일처럼 썼다.

같은 둥지에서 난 알 하나가
보이지 않는구나.
누구 손에 있는 게냐.

'그러나 특별한 경우가 아니고선 만나라는 허락이 없을 것 같아, 유감스럽게 생각하오.'

그렇게 제법 양아버지다운 어투로 편지를 썼다. 이 편지를 보고 우대장은 웃으면서 말했다.

"여자는 친아버지도 까닭 없이는 만나지 않는 법인데, 어째서 이 대신은 언제나 못 만난다 못 만난다 하면서 불평만 써 보냈단 말입니까?"

이런 비평 비슷한 소리를 하는 것도 다마카즈라로선 미웠다.

"도저히 답장을 쓸 수가 없습니다."

다마카즈라가 답장하기를 망설였다.

"오늘은 내가 답장을 쓰지."

대장이 대신 답장을 쓰겠노라 나서자 다마카즈라는 가소롭기 짝이 없었다.

둥지 구석에 가려져

있는지도 몰랐던 기러기 알 하나

누구에게 돌려주리오.

'기분을 상하게 해드린 것 같아 이런 말씀을 드립니다. 풍류를 아는 척해서 죄송합니다.'

대장이 쓴 사연은 이러했다.

"이 사람이 농담조로 편지를 다 쓰다니 참 드문 일이구나."

겐지는 이러면서 웃어넘겼지만, 속으로는 다마카즈라를 자기 소유인 양 말하는 모습이 더 미웠다.

우대장의 정부인은 세월이 감에 따라 울적해져 멍한 상태로 있는 때가 많았다. 때문에 우대장은 생활비와 세세한 데까지 뒷바라지를 해주고 있었다. 아이들도 전처럼 소중히 키워주고 있었으므로, 정부인의 마음은 남편을 떠나지 못해 의지하고 있었다. 우대장은 딸이 몹시 그리워 만나보고 싶었으나, 식부경 댁에서는 좀처럼 허락하지 않았다. 딸은 조부와 조모, 모두 입을 모아 자신이 사랑하는 아버지를 헐뜯기만 하고 더욱더 만나게 해주지 않아 외로웠다. 사내아이들은 늘 찾아와서 상시 이야기를 하며 말했다.

"우리를 귀여워하고, 날마다 재미난 놀이를 하면서 지내고 있어요."

그런 소리를 듣자 부인은 내심 부러웠다. 명랑한 마음으로 인생을 즐겁게 바라보며 일하지 못하는 자신의 성격이 슬펐다. 남자에게나 여자에게나 걱정을 많이도 안겨다 주는 상시인가보다.

그해 동짓달 다마카즈라는 아름다운 아기를 낳았다. 우대장은 만사가 순조로이 돼 나간다며 기뻐했고, 사랑하는 아내에게서 태어난 아이를 소중히 여겼다. 굳이 쓰지 않아도 산실에서 요란하게 축하하는 광경을 알 수 있을 것이다.

내대신도 다마카즈라의 행복을 흐뭇하게 여겼다. 우대장이 아끼는 전처 소생 맏아들이나 둘째 아들과 비교해 보아도 이번 아기 얼굴이 훨씬 아름다웠다. 두중장(頭中將)도 남매로서 이 상시를 매우 사랑했는데, 행복하다며 무조건 기뻐하는 내대신과는 달리 상시의 처지를 조금은 못마땅하게 여겼다. 상시로서 천황을 옆에서 섬겼다면 하고 상상하니, 우대장 갓난아들의 아름다운 얼굴을 보고도 억울하고 분해하였다.

"여태까지 황자가 없는데 아기황자를 낳아드렸다면 얼마나 큰 가문의 명예가 되었겠는가."

다마카즈라는 자택에서 상시로서 공무를 지장 없이 보기로 하고, 더는 궁중에 출사하지 않을 것으로 보였다. 그렇게 되는 게 당연한 일이었다.

내대신 딸로서 상시를 희망하던 오미 아씨는, 저능한 사람마냥 언제나 연애에 호기심을 가져 주위를 불안하게 했다. 홍휘전 여어도 오미 아씨가 집안의 수치가 될 일을 저지르지는 않을까 싶어, 걱정되고 종종 깜짝깜짝 놀라게 하는 일도 많아 신경을 곤두세우고 있었다.

"이젠 사람들 앞에 나서지 말도록 해라."

내대신이 걱정이 되어 이렇게 금지했지만, 아씨는 들은 척도 하지 않았다.

언제던가, 홍휘전 여어의 처소에 전상관들이 많이 모여서 음악놀이를 하고 있었다. 그 가운데에는 중장도 와 있었는데, 평소와는 달리 소탈하게 시녀들과 이야기를 하고 있었다. 다른 시녀들이 그것을 보고 칭찬의 말을 하고 있었다.

"역시 뛰어난 분이야."

그러자 오미 아씨는 시녀들의 앉은 자리 가운데를 밀치다시피 하고 밭 곁으로 나가려 했다.

"경망된 말을 하면 야단일 텐데."

그러면서 시녀들이 안으로 들여보내려 했으나, 오미 아씨는 시녀들을 쏘아보며 꿈쩍도 하지 않았다. 오미 아씨는 품행이 단정한 젊은 공자를 가리키며 말했다.

"바로 이 사람이다, 이 사람."

하필이면 고지식하기로 이름난 중장의 아름다움을 큰 소리로 칭찬하니, 다른 남자들의 자리에까지 들려왔다. 시녀들이 난처해서 허둥대고 있을 때 오미 아씨는 또 한 번 큰 소리로 읊었다.

먼 바닷길을 잃고 저 배는 떠도는데
삿대 저어 머물 곳을 가르쳐 주시오.

"'맴도는 한 척의 조각배 그 임만을 그리는가' 이런 노래도 있잖아요. 아, 이
거 실례했네요."
　중장은 해괴한 일이라 생각했다. 여어의 처소엔 세련된 시녀들만 모여 있을
터인데, 이렇게 노골적으로 농을 걸어올 사람은 있을 수 없다고 생각한 뒤 자
세히 알아보니 소문으로 익히 들은 그 아씨였다.

길을 잃어 헤매는
뱃사람이라도
마음 머물지 않는 곳에는 가지 않네.

그렇게 중장은 말했다.

매화 가지*1

겐지는 열한 살 난 딸 아카시의 착상식(著裳式)*2 준비에 바빴다. 동궁도 같은 2월에 성인식을 하기로 되어 있었는데, 딸이 동궁으로 입궐하는 일도 잇따라 행해질 예정이다. 정월 하순께였는데, 겐지는 공사 모든 일이 한가한 시절이라 육조원에서 우연히 훈향(薰香)*3 만들 생각을 하게 됐다. 대이(大貳)가 보내준 향나무 향을 맡아 보았는데, 새것보다 옛날 것이 훨씬 좋은 듯싶었다. 그리하여 겐지는 이조원 창고를 열어 중국에서 건너온 물건들을 모두 육조원으로 가져오게 한 뒤, 그것들과 새것들을 비교해 보았다.

"비단도 역시 옛것이 예술적으로 좋은 게 많구나."

기리쓰보(桐壺) 선황이 살아 있을 때에 고려인이 헌상한 비단을 비롯하여 식장에 쓸 보자기며 깔개, 금침 가락에 달 천들이 있었는데, 요즘 것보다 더 훌륭한 품위를 가진 천들이 많아 저마다 용도를 정했다. 이번에 대이가 보내온 비단과 얇은 천을 시녀들에게 나누어 주었다.

향나무는 옛것과 새것을 섞어 육조원에 있는 부인들과 존경하는 친구들 앞으로 보낼 두 가지 훈향을 만들어 줄 것을 부탁했다. 부인들은 저마다 처소에서 착상식날 선물이며, 고관들에게 줄 상급(賞給) 의복류를 나누어 준비하고 있었다. 처소에서는 각각 골라낸 향나무를 가루로 만드는 쇠절구 소리와 함께 분주한 분위기에 휩싸였다.

부인의 처소에서 얼마 떨어져 있지 않은 침전, 겐지는 죠와 황제(承和皇帝)*4의 비법이라는 두 가지 조합법에 따라 훈향을 만드는 데 심취해 있었다.

---

*1 매화 가지(梅枝): 겐지 37세 이야기
*2 착상식(著裳式): 하카마 착의식(袴著衣式)과 아울러 남녀의 성장 확인 의식의 하나. 하카마는 남자이고 치마 입는 착상식은 여자를 위한 것
*3 훈향(薰香): 향에는 향목으로 피우는 것과 향목을 가루로 빻아 이긴 것이 있다. 여기서는 후자를 말한다
*4 죠와 황제(承和皇帝): 제54대 닌묘천황(仁明天皇)(810~850)

한편 무라사키 부인은 동쪽 별채 아무도 모르는 깊은 곳에 자리를 마련하고 거기서 식부경이 남모르게 전해 준 비전에 따라 향을 만들고 있었다. 이렇게 부부 사이에서도 비밀을 들키지 않기 위해 고심하며 향의 우열을 겨루었다. 자식을 둔 어버이답지 않은 경쟁이었다. 이런 조합실에서 시중을 드는 시녀도 소수 가운데에서 가려 뽑은 사람들이었다.

의식에 쓸 자잘한 도구들은 매우 정교하게 만들었는데, 그 가운데에서 특히 향합(香盒) 상자의 모양과 항아리, 향로의 세공 등에 겐지는 고심했다. 부인들이 만들어 낸 훈향을 시험해 본 다음 그 항아리에 담아 놓기로 결정했다.

2월 10일이었다. 봄비가 부슬부슬 내리고 앞뜰에 빛깔이나 향기가 뛰어난 홍매화가 관록을 발휘하고 있을 때 병부경이 몸소 방문하였다. 착상식이 오늘내일로 임박했기에 걱정하고 있는 겐지에게 안부라도 물을까 온 것이다. 예전부터 특히 사이가 좋은 형제인지라, 홍매를 바라보며 여러 가지 의논을 하고 있으려니까, 아사가오 전 재원(齋院)이 꽃이 드문드문 떨어진 매화 가지에 달아맨 편지가 왔다. 병부경은 겐지와 전 재원에 대한 소문을 알고 있었기에 호기심 가득한 눈치를 보였다.

"그 여인이 무슨 소식을 보내왔는지요?"

"실은 내가 무례한 부탁을 드렸는데 고맙게도 급히 향을 만들어 보냈구려."

겐지는 그러면서 편지를 얼른 감췄다. 침향목 상자에 유리 향호 두 개가 들어 있고, 훈향이 약간 큼직하게 동그랗게 뭉쳐서 넣어져 있었다. 푸른 유리 향호에는 오엽송(五葉松) 가지, 흰 유리 향호에는 매화 가지를 곁들였는데, 장식 줄도 부드럽고 우아했다.

"화려하게 만들었군요."

병부경은 감탄하면서 이렇게 말하였다.

꽃이 진 가지에는
향이 머물지 않지만
소맷자락에는 그윽이 남겠지.

조그맣게 씌어 있는 노래를 소리내어 읊었다. 겐지의 아들 중장은 심부름 온 사람을 찾아내어 대접했다. 그리고 진홍빛 중국 비단으로 지은 통소매를

곁들인 여인들의 옷가지를 답례품으로 내렸다. 또한 회답도 진홍빛 종이에 써서 앞뜰의 홍매화를 꺾어 그 가지에 매달아 보냈다.

"답신은 뭐라 썼는지 매우 궁금하군요. 왜 그렇게 비밀로 하시는지."

병부경은 무척 읽고 싶어하였다.

"숨기는 게 무어 있겠습니까. 공연한 의심은 곤란합니다."

겐지는 붓을 들어 재원에게 보낼 노래를 써 보였다.

가지에 꽃 떨어졌다 하여
그 마음도 떨어질까.
눈치채지 못하게 함은 감췄어도

"어째 좀 유별난 취미 같아 보이지만, 외동딸 성인식이라 어쩔 수 없이 이런 법석을 떨고 있습니다. 그러나 볼품없는 딸자식이라 다른 분에게 부탁하기도 어려워, 중궁을 퇴궐하게 해서 허리끈 매는 일만 부탁드릴까 해요. 허물없이 지내는 사이이나, 인격이 고매하신 분이니 평범한 의식을 하면서 오시라는 게 황송스럽기는 해요."

겐지가 이렇게 말하자, 병부경도 찬성하였다.

"그렇군요. 중궁의 행운을 본받기 위해서라도 꼭 그렇게 해야죠."

겐지는 전 재원한테서 전달된 향과 병부경의 방문을 계기삼아 부인들이 조제한 훈향도 가져오게끔 심부름꾼을 보냈다.

'습기를 머금은 오늘의 공기가 향을 시험하기엔 적절한 듯해서.'

단순한 이유였다. 부인들은 여러 색깔로 단장한 다양한 종류의 향을 만들어서 보내왔다.

"이 향의 우열을 가려 주시오. 그대 말고는 부탁할 사람이 딱히 없으니."

겐지는 이렇게 병부경에게 말하고, 향로를 가져오게 해서 향을 시험해 보았다.

"저는 그만한 실력이 없어요."

병부경은 겸손하게 말하였으나, 향기의 좋고 나쁨을 맡아내어 티끌만한 흠집이라도 놓칠까봐 파고들어 등급을 매기려 들었다.

겐지는 자신이 만든 두 종류의 향을 비로소 꺼내 놓았다. 궁중에서는 우근위부의 도랑 옆에 묻어두곤 하였는데, 그것을 본받아 육조원 서쪽 대청마루 아래를 흐르는 냇가에 묻어두었던 향을 유광재상(惟光宰相)의 아들인 병부위가 파내어 가져왔다. 그것을 겐지의 아들 중장이 받아 겐지에게 전했다.

"어려운 역할을 맡았네요. 연기가 매워서 도저히 못견디겠습니다."

병부경은 난처한 얼굴로 말했다. 같은 조제법이 널리 전해졌다 하더라도, 저마다 개인 취미가 더해져서 완성된 훈향을, 코로 맡아 좋고 나쁨을 비교해서 가리는 일은 매우 흥미진진했다.

어느 향이 제일이라 결정하기는 어려웠지만 그 가운데에서도 재원이 만든 흑방향(黑方香)*5은 그윽하면서도 차분한 향기가 뛰어났다. 시종향(侍從香)*6에 대해 병부경은 겐지의 작품이 뛰어나며 우아하고 부드럽다고 했다.

무라사키 부인은 세 종류를 내놓았는데, 유독 매화향(梅花香)*7이 화려하여 세련된 데다가 드물게 신선한 맛까지 풍겼다.

"요즘에는 산들바람에 띄워 향기를 풍기니 이보다 더 좋은 것은 없을 겁니다."

병부경은 무라사키 부인의 매화향을 극찬하였다.

여름 침전의 꽃지는 마을 부인은 경쟁 속에 끼는 건 무리라고, 이런 일에까지 수줍음을 보이며 하엽향(荷葉香) 한 종류만을 만들어 왔다. 그 향에서는 정다우면서도 색다른 향기가 은은히 풍겼다.

겨울 침전인 아카시 부인(아카시의군)은, 계절을 대표하는 향이 따로 정해져 있어서 정해진 향을 조합하는 것도 좋지 않다 싶어 훈의향(薫衣香)*8을 만들었다. 훈의향은 제조법 가운데에서도 뛰어나다고 하는 이전 주작원의 비법을 바탕으로 정제했다는 백보향(百步香)*9 처방을 참고로 만들었는데, 아카시 부인은 그 향에서 영감을 얻어 세상에서 보기 드문 우아하고 아름다운 향을 조합하였다.

병부경은 아카시 부인의 취향이 참으로 고상하다고 칭찬하며, 모두 우열을

───────────────

*5 흑방향(黑方香) : 침향(沈香)·정자향(丁字香)·갑향(甲香)·백단향(白檀香)·사향(麝香) 등을 이겨서 만든 향
*6 시종향(侍從香) : 침향·정자향·사향·울금향(鬱金香) 등을 이겨서 만든 향
*7 매화향(梅花香) : 흑방향과 같은 재료로 만든 향으로, 매화 향기가 나는 것
*8 훈의향(薫衣香) : 정자향·침향·사향·백교향(白膠香)·소합향(蘇合香) 등을 이겨서 만든 향
*9 백보향(百步香) : 백 보의 거리까지 풍긴다는 향

가릴 수 없이 뛰어나다고 평가하였다.

"전부 칭찬을 하는 걸 보니 좋은 심판관은 아닌 듯하군요."

겐지는 웃으며 말했다.

달이 휘영청 떴기에, 사람들이 앉은 자리에는 술이 나오고 병부경과 겐지는 옛날이야기를 하기 시작했다. 으스름 달빛이 아리따운 밤에 촉촉이 비 온 뒤 바람까지 산들거리며 꽃향기가 그 자리에 서려 있었다. 모두들 그윽한 기분으로 취해 갔다.

장인소(藏人所)에서는 내일 있을 합주를 위해 전상관들이 연습할 악기들을 꺼내 울려도 보고, 재미난 피리소리를 내기도 했다. 내대신 아들 두중장이며 변소장이 문안 인사만 하고 돌아가려 하자, 겐지가 만류하고 무사를 시켜 악기를 가져오게 했다. 두중장이 화금(和琴)을 맡아 화려한 곡을 신나게 타자, 합주는 더욱 흥이 돋우어졌다. 중장이 횡적(橫笛)을 맡았다. 봄의 가락은 하늘까지 높이 솟구치도록 힘차게 불어댔다. 변소장은 박자를 맞추면서 고운 목청으로 '매화 가지'를 불렀는데 이 사람은 어릴 적 운자(韻字) 맞추기를 하는 자리에서 아버지와 함께 노래를 불렀던 공자였다.

병부경도 겐지도 때때로 노래에 가세하니 대단한 음악회는 아니었으나 즐거운 밤이었다. 병부경이 겐지에게 술잔을 건네며 노래 한 수를 읊었다.

　전부터 마음이 끌렸던 꽃그늘에 내 오늘 찾아드니
　꾀꼬리 우는 소리 더더욱 다정해라.

"천 년도 더 여기에 있고 싶습니다."

그렇게 겐지에게 말했다.

　꽃의 빛깔과 향기가 그 소매에 배도록
　이 봄엔 자주자주 이 집에 오소서.

그렇게 겐지는 노래로 답하였다. 겐지가 두중장에게 잔을 권했다. 두중장은 받고 중장에게도 따라 주었다.

꾀꼬리 둥지 튼 매화꽃 떨어지도록
더더욱 불어대라 한밤의 피리소리.

두중장이 이렇게 노래하자, 중장이 이런 노래로 받았다.

꽃이 떨어질세라
바람도 사려 부는 매화꽃 가지인데
내 어찌 마구 불랴 한밤의 피리소리.

"꽃을 떨어뜨리게 하는 것은 좀 심하지 않을까요."
중장이 말하자 다들 웃었다. 변소장은 이렇게 노래했다.

달과 꽃 그 사이에 안개만 없다면
둥지에 새가 아침이라 착각하겠네.

언제까지 여기 있고 싶다고 말한 대로 병부경은 밤새 함께 지내다가 새벽
녘이 돼서야 돌아갔다. 겐지는 자신을 위해 만들어온 직의(直衣) 한 벌과 손을
대지 않은 훈향 두 단지를 선물로 병부경의 수레에 실었다.

아리따운 이 소매에 꽃향기 옮긴다면
어디 갔다 왔냐 아내가 질투하네.

병부경이 이렇게 읊자, 겐지는 웃으면서 말했다.
"공연한 걱정이 되는 모양이군요."
수레를 고삐에 묶기 전에, 겐지는 심부름꾼을 시켜 쫓아가 이렇게 전하게
했다.

고향에서 기다리는 사람이
꽃향기 나는 당신을 신기해 하겠죠.

"보기 힘든 일이라고 부인께서 말하실 겁니다."

이 말을 듣고 병부경은 쓴웃음을 지었다.

겐지는 두중장과 변소장에겐 너무 화려하지 않게 수수한 통소매와 고치키〔小袿〕를 선물로 보냈다.

겐지 부부와 딸은 저녁 여덟 시에 착상식을 올리는 서쪽 저택으로 갔다. 중궁이 오시는 궁전 서쪽 별채에 식장을 마련했고 아가씨의 머리를 올려주는 여관(女官)도 그쪽으로 와 있었다. 무라사키 부인도 이 기회에 중궁을 만나 뵈었다. 중궁 측근 시녀들을 비롯한 아가씨와 부인 측근으로 한껏 차려 입은 수많은 궁녀들이 앉아 있는 광경이 보였다. 착상식은 자시(子時)에 시작되었다. 등불이 흐렸지만, 중궁은 아카시 아씨의 모습이 아름답다고 생각하였다.

"사랑해 주시리라 믿었기에 실례를 무릅쓰고 딸을 어전(御前)에 내놓았습니다. 존엄하신 당신께서 이처럼 시중을 들어 주시니 전례 없는 일인 줄 알고 감격했습니다."

겐지가 아뢰었다.

"어떻게 해야 할지 깊이 생각지 않고 이 일을 맡았는데 그런 인사말을 해주시니 오히려 송구스럽습니다."

그렇게 겸손하게 말하는 중궁의 앳된 모습은 아리땁고 애교가 넘쳐 있었다. 그 광경을 본 겐지는, 이 아름다운 사람들 모두가 자기 집안사람이라는 자부심을 느꼈다. 딸의 성인식 때조차 어머니로 아카시 부인이 나서지 못한 채 이 영광스러운 의식을 보지 못하고 슬퍼하자, 이를 눈치챈 겐지가 측은하게 여기고 이리로 부를까 생각했으나 체면 때문에 꺼리어 그리하지는 않았다.

이런 의식에 관한 이야기는 명문(名文)으로 쓴다 해도 번잡해지기 마련이다. 필자 같은 사람이 장황하게 써 내려간다면 오히려 아름답고 훌륭한 일을 망쳐버릴까 두려워 자세히 적지는 않기로 한다.

동궁 성인식은 2월 20일에 있었다. 이미 의젓한 어른으로 성장했으므로 신분 높은 분들은 앞 다투어 자기 여식을 입궁시키려 했다. 겐지가 자신감을 갖고 열심히 딸을 동궁에 입궁시키려 하자, 좌대신이나 좌대장 등은 강력한 경쟁자가 있는 이 궁중 출사가 도리어 딸을 불행하게 만드는 일이 되지 않겠느냐며 포기했다는 소문이 들린다.

"그렇다면 황실에 황공한 일이 된다. 궁중 출사는 많은 재원들이 나서서 매

력을 겨루는 데에 의의가 있다. 훌륭한 귀족 아가씨들이 나서야 이쪽에서도 경쟁할 재미가 나지 않겠느냐."

겐지는 그러면서 딸의 출사 시기를 늦추었다.

딸을 출사시킨다 하더라도 나중으로 미루었던 사람들도 그 말을 듣고 서둘러 딸을 입궁시켰다. 맨 먼저 좌대신의 셋째 딸이 입궁하여 여경전(麗景殿)을 처소로 삼게 되었다.

한편, 겐지는 예전 숙직소인 숙경사 실내장식을 수리하느라고 뒤로 미루고 있는데, 동궁께서 딸의 입궁을 고대하는 눈치여서 4월에 입궁시키기로 했다. 딸의 집기류도 본디 있던 것에 새로 곁들여 만들고, 겐지가 직접 생각한 것을 도안으로 그리게 해서 전문 명인들을 모아 아름답게 만들라 명했다. 상자에 넣은 연습장을 나중엔 책으로 만들 수 있게 겐지는 잘 골라냈다. 고인(故人)이자, 서도(書道)의 대가라는 유명한 사람들이 쓴 글씨가 겐지에겐 수두룩했다.

"모든 것이 예전보다 악화되는 말세라고들 하지만 가나 글씨만은 어디까지 발전할지 모를 만큼 갈수록 훌륭해지고 있소. 예전 가나는 정확하긴 하지만 융통성이 없고 변화의 묘미가 없어서 단조로웠지. 나도 가나를 열심히 배웠던 시절엔 무난한 가나 글씨를 교본삼아 백방으로 찾아다니며 수집하곤 했었소. 중궁의 어머니 되는 육조 미야스도코로가 무심하게 한두 줄 쓴 편지를 손에 넣고선 최고의 가나 글씨라며 흠뻑 심취했지요. 그 일 때문에 뜬소문이 나고 나와의 관계를 쓰라린 경험으로 여겨, 분한 마음을 품은 채 세상을 떠났다지만 나는 나쁜 마음이 없었어. 지금은 내가 중궁을 후견하고 있으니, 저승에서나마 내 성의를 인정해 주실 거라 믿어. 중궁의 글씨는 단정하긴 하지만 재치가 덜한 것 같아."

겐지는 무라사키 부인에게 속삭였다.

"돌아가신 모후 후지쓰보 님은 최고의 귀부인답게 품위있는 글씨를 쓰셨지만 연약하기만 하고 화사한 느낌이 없어. 한편 오보로즈키요 상시는 지금 이 시대의 가장 뛰어난 서도가이지만 너무 멋을 부리는 버릇이 있거든. 아무튼 오보로즈키요 상시와 아사가오 전 재원과 당신을 가나 습자책을 만들 사람으로 지목할까 해요."

겐지는 무라사키 부인을 인정했다.

"그런 분들과 함께 한다니 제 실력이 부끄러운걸요."

"너무 겸손해하지 말아요. 당신의 필체는 부드러운 맛이 기막히게 좋아요. 다만 한자는 잘 쓰지만 가나에는 아무래도 불안한 글자가 섞여 있는 게 결점이에요."

그렇게 겐지는 말하면서 아무것도 쓰지 않은 새 연습장도 몇 권씩 묶게 했다. 표지며 끈을 정성들여 아름답게 선택했음은 두말할 나위도 없다.

"병부경이나 좌위문독에게 써 달라고 합시다. 나도 한 권 쓰지요. 그분들도 솜씨를 다하여 쓸 터이니 나 역시 그 정도는 쓸 수 있겠지요."

겐지는 은근히 자신의 필체를 자랑했다.

겐지는 가장 좋은 먹과 붓을 골라, 늘 그러했듯이 여러 부인들에게 집필을 부탁했다. 이 부탁에 응하기를 곤란해하며 거절하는 사람도 있지만, 그럴 때는 정중하게 거듭 부탁했다.

얇고도 우아한 느낌을 주는, 고려에서 온 종이로 만든 연습장을 본 겐지는 이렇게 말했다.

"풍류를 아는 젊은이들에게 이 종이를 주어 써 보게 합시다."

겐지는 아들 중장과 식부경 자제 병위독(兵衛督), 내대신 아들 가시와기 두 중장 등에게 초서라든가, 노래에 그림이라든가, 무엇이나 저마다 마음대로 써 달라 부탁했다.

젊은이들은 앞다투어 쓰기 시작했다.

언제나 그러하듯 겐지는 침전에 틀어박혀 쓰고 있었다.

벚꽃 철이 지나 푸른 하늘빛이 청명한 날, 겐지는 옛 노랫가락을 조용히 고르며 스스로 만족할 때까지 한자체나 가나체를 열심히 썼다. 그 방에는 시녀도 많이 두지 않고 그저 두셋만 두어 먹을 갈게 했다. 옛 노래집에서 노래를 찾아내는 데 도움이 되는 시녀만 대기하고 있다.

방의 발은 모두 올리고 팔걸이 위에 종이를 펴놓고 툇마루 가까이에 편한 차림새로 붓자루를 입에 문 채 생각에 잠긴 겐지의 모습은 아무리 보아도 아름답다.

병부경이 왔다는 시녀의 전갈에 겐지는 깜짝 놀라 평상복을 걸치고 사랑방에 가서 다시 방석을 가져오게 하고 병부경을 모시게 했다.

시녀들은 발 너머로 병부경이 단정한 모습으로 침전 남쪽 층계를 우아하게 올라오는 것을 몰래 보고 있었다.

두 사람은 예의 바르게 인사말을 나누었다.

"틀어박혀 있으니 괴로울 정도로 따분하던 참이었소. 잘 오셨소."

겐지는 이렇게 병부경을 반긴다.

병부경은 부탁받은 글씨를 가지고 왔다. 그 자리에서 종이를 펼쳐 보았는데 대단한 필적은 아니지만 깔끔하고 세련된 예술미가 엿보였다. 노래도 평범한 것을 피해 색다른 기교를 구사한 옛 노래를 골랐다. 한 수에 3행 정도 한자체로 산뜻하게 적혀 있었다. 겐지는 뜻밖의 솜씨에 깜짝 놀라면서 이렇게 말했다.

"이토록 솜씨가 훌륭한 줄은 몰랐소. 나 같은 사람은 붓을 버려야겠군요."

"제 주제도 모른 채 대가들 틈에 섞여 썼으니 나 자신도 대견하다 싶네요."

병부경은 이렇게 농담을 건넸다. 이미 완성된 겐지의 글씨첩도 감출 필요가 없으므로 꺼내서 병부경께 보였다. 병부경은 빛깔이 수수한 중국 종이에 초서로 쓴 한자체가 뛰어나게 아름답다고 생각했다. 그리고 섬세하고 부드러운 바탕의 결에 빛깔도 요란하지 않은 아리따운 고려 종이에 바르고 열띤 필치로 쓰인 절묘한 가나체도 훌륭하다 여겼다.

병부경은 크게 감동해 마치 먹 속에 눈물이 스며들어 흐르는 듯해서 언제까지나 눈을 뗄 수 없었다. 또 일본에서 만든 화려한 빛깔 색지에 흘려 쓴 글씨에는 무한한 정취가 깃든 것 같았다. 갈겨쓴 구석구석까지 사람을 도취시키는 애교가 담겨 있는 이 글씨첩 말고는 다른 사람 글씨체는 굳이 보려고 하지 않았다.

좌위문독의 글씨는 점잖은 체로 쓰긴 했으나 속된 느낌을 벗지 못했고, 억지로 꾸민 듯한 느낌이 났다. 그리고 노래도 유난스런 것을 일부러 골라 쓴 듯하였다.

겐지는 부인들이 쓴 글을 살짝 보여 주었다. 그러나 아사가오 전 재원의 글은 깊이 숨겨두었다.

젊은 사람들이 그림을 섞어 흘려 쓴 몇 권의 글씨첩은 형형색색 재미가 있었다.

중장 글씨첩의 풍성한 물과 흐드러진 갈대는, 나니와(難波) 포구를 연상시켰다. 게다가 이쪽저쪽 아름다운 노래를 곁들여 놓아 맑은 격조가 있는가 하면, 또 완전히 다르게 바위가 우뚝 선 풍경과 그에 알맞은 웅건한 가나를 써 놓은 종이도 있었는데 그건 흘려 쓴 현대풍 글씨였다.

"놀라운데요. 이걸 다 보려면 시간이 꽤 걸리겠는걸요."

병부경은 흥미를 느끼고 이렇게 말했다. 그는 예술적 풍류가 많은 분이라 마음에 들면 한없이 칭찬했다. 이날은 종일 글씨체에 관한 이야기만 나누었다. 그러다가 겐지가 색지를 이어붙인 두루마리 표본을 골라내자, 병부경은 아들 시종을 자택에 보내어 글씨체 표본 몇 가지를 가져오게 했다.

사가 황제(嵯峨帝)*10가 《고만요슈(古萬葉集)》*11의 노래를 골라 뽑은 책 4권, 엔기 황제(延喜帝)*12의 《고킨와카슈(古今和歌集)》*13였다. 《고킨와카슈》는 연보랏빛 색지에 이어 붙인 당지(唐紙)로 된 표지, 같은 빛깔의 보석축 두루마리에 권마다 서풍(書風)을 바꿔가며 쓴 것이었다. 받침대를 짧게 한 등불을 사이에 두고 필체를 들여다보던 겐지가 이렇게 말했다.

"워낙 잘 써서 아무리 보아도 싫증 나지 않는군요. 요즘 사람들은 부분적으로 세련된 기교를 부리는 데 지나지 않아요."

그러자 병부경은 그 두 가지 표본을 겐지에게 기증하면서 이렇게 말하였다.

"딸이 있다 하더라도 그 가치를 제대로 알지 못하는 아이에겐 남겨주고 싶지 않은 법이지요. 게다가 저한텐 딸아이도 없으니 태정대신께 드리는 게 좋겠습니다."

겐지는 정성스럽게 쓴 중국 한자 표본책을 침향목 상자에 넣어 고려 피리를 곁들여 답례했다.

이참에 겐지는, 서예 가운데에서도 특히 가나 글씨 감상에 열중해서 글씨 잘 쓴다는 사람이면 신분의 높낮음을 막론하고 찾아내 각자 어울리는 글을 골라 쓰게 하였다.

---

*10 사가 황제(嵯峨皇帝) : 제52대 황제(786~842)

*11 고만요슈(古萬葉集) : 현존의 《만요슈(萬葉集)》를 이렇게 부른 듯하지만 확실하지는 않다. 《만요슈》는 일본에서 가장 오래된 시가집으로 대체로 제34대 조메이천황(舒明天皇) 때까지 130여 년에 걸쳐 성립된 것으로 짐작된다. 장가 265수, 단가 4,207수, 나머지 64수가 실려 있는, 일본문학의 주류를 이루는 소박하고 힘찬 시풍의 시가집이다

*12 엔기 황제(延喜皇帝) : 제60대 다이고천황(醍醐天皇, 885~930)

*13 제60대 다이고천황(醍醐天皇)의 칙령에 따라 편찬된 칙찬화가집. 고킨와카슈(古今和歌集)는 줄여서 고킨슈(古今集)라고도 한다. 화가 1,111수가 실려 있으며, 《만요슈》와는 대조적으로 우미하고 섬세한 시풍의 시가집이다.

겐지의 글씨첩 상자에 귀족들이 쓴 글씨를 글씨첩이나 두루마리로 진귀한 보물처럼 꾸며서 넣어두곤 했다. 젊은 사람들은 다른 나라 궁정에도 없을 듯한 아주 호화로운 딸의 다른 세간들보다도 이 글씨첩 상자를 엿보고 싶어했다.

겐지는 그림 등속을 챙겨서 딸 아카시에게 주었는데 스마에서 일지(日誌) 쓰듯 그린 그림 두루마리도 딸에게 전해 주려 했으나, 딸이 좀더 성장하여 세상일을 알 때까지는 갖고 있는 편이 좋겠다고 생각해서 그 속에는 넣지 않았다.

내대신은 겐지가 딸의 입궁 준비로 분주하다는 소문을 남 일처럼 들으며 한편으로 굉장히 섭섭히 여기고 있었다.

스무 살이 된 자신의 딸 구모이노카리(운거안)은 이제는 제법 아름다웠다. 내대신으로선 아름다운 이 딸이 결혼도 안 하고 혼담도 나누지 않고 틀어박혀 있는 모습이 크나큰 걱정거리였다. 중장의 태도는 여전히 변화가 없으니 지금 와서 이쪽에서 먼저 혼담을 거는 것도 체면상 좋지 않아 보였다. 내대신은 중장이 딸을 열렬히 사랑할 때, 모르는 척 허락해 줄 걸 그랬다고 남몰래 후회했지만 지금 와서 태도를 바꿀 수도 없다고 생각했다.

중장은 내대신이 다소 기가 꺾였다는 소문을 들었으나 그때 매몰차게 굴었던 내대신의 태도를 생각하면 원망스러운 기억이 사라지기까지 모르는 척 해야겠다 싶어 내대신 앞에서 태연하게 지냈다. 그렇다고 달리 사랑의 대상을 바꾸고 싶은 생각도 없었다. 중장은 저 스스로도 이런 답답한 사고방식에 반발을 느꼈으나, 육위(六位)였던 자신을 깔보았던 유모 대모에게 적어도 중납언으로 승진하는 모습을 보여 주는 게 먼저라고 생각했다.

겐지는 아들이 어느 쪽도 아닌 마치 허공에 뜬 상태로 결혼도 하지 않자 이렇게 말했다.

"그 아씨를 단념했다면, 우대신이나 중무 친왕이 사위로 삼고 싶다고 뜻을 비치고 있으니 어느 쪽으로든 결정을 하려무나."

그러나 중장은 그저 송구스럽다는 태도를 보일 뿐이었다.

"예전의 나도 선황께서 충고하실 적에 복종하지 않았으니 참견하고 싶지는 않다. 하지만 돌이켜 생각하면 그때 충고가 영원한 진리였다는 걸 이제야 알겠구나. 오래도록 독신으로 있으면 남들은 당치않은 억측을 할 텐데, 어쩌면 그

것은 숙명일지도 몰라. 결국 어쩔 수 없이 변변치 못한 여자와 함께 있으면, 처음은 좋지만 나중엔 나쁘다는 말이거든. 제법 잘난 체하는 것 같지만 젊은 시절엔 밖에서 오는 유혹이 있기 마련이다. 다정다감한 연애에 빠지기는 쉽지만 타락하지 않도록 명심해야 한다. 궁중에서 자라서 자유로운 일은 아무것도 하지 못하고, 그저 그릇된 일이 한 가지라도 생기면 세상이 나를 시끄럽게 비난하지 않을까 하고 전전긍긍했었지. 그런 젊은이였던 나도 연애유희에 몰두하는 사내마냥 나쁘게 평가되고 지탄을 받곤 했었다. 위계가 낮고 자유로운 몸이라 하여 주목하는 사람이 없으리라 생각해서 방종한 짓을 저지르면 안 된다. 교만한 마음이 가득할 때 여자 문제로 똑똑한 사람이 실패하는 사례는 역사상에도 충분히 있지 않느냐. 그러면 생각해선 안 될 사람을 생각해서 여자의 이름을 소문나게 할 뿐만 아니라, 자신도 남의 원망을 받게 되어 평생 마음의 부담을 지게 되거든. 불운한 결혼을 해서 여자의 결점이 눈에 띨 정도로 괴롭더라도, 그럴 때일수록 인내심으로 모든 사람들을 사랑하는 인도적인 마음을 습득하도록 노력한다든가 또는 여자 어버이의 호의를 생각해서 부족한 점을 채운다든가, 어버이가 없는 사람과 결혼했을 때, 부족한 처지라도 아내가 가치 있는 여자라면 그로써 보충하자고 인식해야 해. 그러한 동정심을 갖는다는 건 자기나 아내를 위해서 앞으로 커다란 행복을 얻게 되는 과정인 거지."

그런 이야기도 해가면서, 짬이 날 때마다 곧잘 중장을 가르치는 겐지였다. 유기리중장은 아버지의 이런 교훈처럼, 잠시나마 첫사랑을 잊고 다른 여자를 생각한다는 것은 구모이노카리에게 너무 불쌍한 일이라고 생각했다.

구모이노카리도 요즘들어 아버지의 걱정을 깨닫고는 부끄럽게 여겼으며, 자기는 불행한 여자라고 생각했으나 겉으로는 아무렇지 않은 척 대범한 심정으로 나날을 보냈다.

유기리중장은 구모이노카리 생각에 지치면 정열에 넘친 편지를 그녀에게 쓰고는 했다. 누구 말을 믿을까 싶기도 했지만, 세상사에 닳고 시달린 사람과는 달리 남을 의심하는 일이 없던 순진한 구모이노카리는, 중장의 편지에서 그의 뼈저린 뜻을 많이 읽어낼 수 있었다.

"중무 친왕께서 자신의 딸과 유기리중장의 혼담을 겐지 대신께 제의했는데, 대신도 찬성한 모양입니다."

시녀가 이렇게 내대신에게 전하자, 그의 마음은 수심에 잠겼다. 내대신은 그 말을 딸에게 넌지시 일러주었다.

"이런 소문을 들었다. 그때 내가 강경한 태도를 보였기에 지금은 대신도 다른 곳과 혼담을 나누는 모양이야. 이제 와서 머리를 낮추고 청을 넣자니 웃음거리가 될 테고……"

구모이노카리는 눈물을 머금은 채 아버지가 하는 말을 부끄럽게 들으면서도, 한편으론 자꾸만 흘러내리는 눈물이 멋쩍어 외면하고 있었다. 그 모습이 너무 가련했다. 어찌하면 좋을까. 이쪽에서 먼저 굽히고 나갈 것인가. 그렇게 번민을 하면서 내대신이 자리를 뜨고 난 뒤에도 구모이노카리는 뜰을 바라보며 수심에 잠겼다.

이 얼마나 어리석은 눈물일까, 아버지는 어떻게 생각했을까 고민하고 있는 참에 유기리 중장의 편지가 왔다. 여태껏 원망스러운 사람이라 여겼지만, 그러면서도 편지를 곧바로 펼쳐 보았다. 정이 듬뿍 담긴 편지였다.

세상은 날로날로 무정하기만 하온데
임이야 그러할까 남이야 어떠한들.

그런 노래가 씌어 있었다. 중무 친왕의 아씨에 대해선 조금도 언급이 없었기에 구모이노카리는 괴로웠으나, 곧 답장을 썼다.

못 잊을 일일망정 잊으려고 애씀도
흐르는 세상 따라 흐르는 인심이리.

하지만 유기리 중장은 이 노래의 의미를 알지 못해서, 편지를 내려놓지도 못하고 언제까지나 고개를 갸우뚱거렸다고 한다.

등나무 속잎*1

육조원 딸 아카시 아씨가 태자궁(동궁) 입궁 채비로 분주하기 짝이 없는 그때, 오라버니인 유기리중장은 수심에 잠겨 있었다. 중장은 자신이 집착하고 있음을 깨달았지만 도대체 무슨 까닭으로 그러는지 미처 몰랐다. 어째서 이렇듯 그 사람을 그리워하게 된 걸까. 이토록 괴로운 일이라면, 우리 두 사람의 연애를 인정한다는 내대신의 말도 들리던데, 진작 나서서 예전처럼 관계를 회복시키기만 하면 좋을 게 아닌가. 그러나 되도록 내대신 쪽에서 정식으로 사위로서 맞아들이려 할 때까지 지난날의 설욕을 기억하며 기다리리라 다짐했기에 번민하고 있었다.

구모이노카리(雲居雁)도 아버지가 얼핏 말한 연인 유기리중장의 혼담으로 힘든 나날을 보냈다. 만약 그렇게 된다면 이제 자기는 영원히 버림받게 될 신세라는 생각이 들어 무척 슬펐다. 서로 만나지 않으려 하면서도, 이 두 사람은 열렬히 그리워하며 상사병을 앓았다. 내대신은 자존심 때문에 중장을 인정하려 들지 않고 결혼 문제에 냉담한 태도를 취해 왔다. 그러나 구모이노카리의 마음이 여전히 그 사람에게만 기울어져 있자, 어버이 된 마음으로 유기리중장이 다른 가문 여식과 결혼하는 모습을 그대로 두고 볼 수만은 없었다.

중무(中務) 친왕 댁에서 유기리중장을 사위로 삼겠노라 결정한 다음 이쪽 이야기를 꺼낸다면 중장을 괴롭히는 셈이다. 그러면 자기 가문의 체통도 서지 않게 되고, 세상 사람들 입방아에 오르기 쉽다. 게다가 비밀에 부친다 하더라도 지난날 관계는 벌써 남들이 모두 알고 있을 것이다. 내대신은 무슨 구실을 만들어서라도 역시 내가 먼저 고개를 숙이고 들어가야 하리라 결심하기에 이르렀다.

내대신은 겉으로는 아무렇지 않은 척했지만, 그 일이 있은 뒤로는 유기리중

---

*1 등나무 속잎(藤裏葉) : 겐지 39세 봄부터 시월까지 이야기. 제1권 '기리쓰보' 이래 이 권에서 비로소 내년엔 40세가 된다고 하는, 겐지의 나이에 대한 기록이 있다

장과 사이가 멀어져 갑작스레 말을 꺼내기가 꺼려졌다. 새삼스레 사위를 맞는
다고 하면 남들이 이상하게 여길듯해 그러지는 못하고, 언제 직접 이야기하는
게 좋을까 생각하고 있었다.

3월 20일은 돌아간 내대신 어머니의 기일이라서 내대신 댁 가족 모두가 극
락사(極樂寺)에 참배를 하러 갔다.

내대신은 자제들을 모두 거느리고 갔으며, 위세 높은 세도 집안 일인지라 많
은 고관들도 법회에 참석했다. 그 중 유기리중장은 어느 고관들 못지않은 의젓
한 풍채에다, 한층 단아한 용모로 우아하고 귀한 젊은 관인으로 보였다. 원망
스러웠던 그 뒤로 내대신과의 만남은 몹시 쑥스러워, 오늘만 해도 한집안의 어
른으로서 지녀야 할 경의만 표시했다. 그렇게 아주 냉정하고 침착한 태도를 보
이고 있는 유기리중장을 내대신은 더욱 조심히 지켜봤다.

겐지는 불전에 불경을 외고 계셨다. 중장은 외조모님이 살아 계실 때 지극
히 사랑을 받았기에 경권(經卷)이며 불상이며 그 밖의 불공에도 성심을 다하
였다.

저녁이 되어 참석자들이 꼬리에 꼬리를 물고 줄줄이 돌아갈 즈음, 벚꽃이
흩날리는 뜰에 안개가 자욱하여 늦봄의 애수가 깊어지고 있었다. 그 풍경을
내대신은 어머니가 살아 계셨던 그 옛날을 회상하면서 풍취 있는 모습으로 바
라보았다. 유기리중장도 가슴이 저미는 저녁 풍경에 불공드릴 때보다 더욱 쓸
쓸한 심정이었다.

"비가 오겠군."

사람들의 이런 말소리를 들으며 정원으로 눈길을 돌렸다. 좋은 기회라고 생
각했던지, 내대신은 유기리중장의 소매를 잡아 끌며 이렇게 말했다.

"그대는 어째서 그렇게도 나를 미워하는가. 오늘 이 법회를 어머님을 위한 것
이라 생각한다면 그 아들인 내 죄를 용서해 줘도 좋지 않겠는가. 이렇게 늙어
서 얼마나 육친이 그리운지도 모르는 나에게 너무 가혹한 벌을 주는 것 같아
꽤나 섭섭하구나."

그러자 유기리중장은 송구스러운 듯 이렇게 대답했다.

"세상을 떠나신 분의 유지에는, 외삼촌을 믿고 의지하라 하신 걸로 알고 있
습니다. 하지만 저를 허락하시지 않으니 삼가고 있었던 참입니다."

궂은 날씨가 사나워지자 사람들은 비바람 속에 쫓기다시피 집으로 돌아갔

다. 유기리중장은 내대신이 무엇 때문에 평소와 다른 친근한 말투로 자기한테 이야기를 건네는 걸까, 늘 구모이노카리를 마음에 품고 있었기에 그 한 마디가 귓전에서 사라지지 않아 많은 생각을 하며 밤을 새웠다.

오랜 세월 변치 않고 구모이노카리만을 생각해 온 유기리중장의 마음이 통해서인지, 내대신은 옛날 그 사람답지 않게 겸손하고, 딸을 둔 어버이 마음으로 유기리중장을 초대해 자연스럽게 대화할 기회를 엿보고 있었다.

그러던 가운데 4월 초, 정원에 등나무꽃이 아름답게 피어 보랏빛 꽃송이들이 선연히 나부꼈다. 내대신은 이대로 지는 게 아까워 꽃구경 겸 음악회를 열었다. 그리고 등나무꽃이 저녁나절이면 한층 아름다워 보인다는 평계를 대며 맏아들 두중장(柏木)을 시켜 유기리중장에게 초대장을 전해 주도록 했다.

"극락사 꽃그늘에서 천천히 이야기할 겨를도 없어 아쉽게 생각하네. 그러니 좀 한가하면 와 주지 않겠는가."

우리 집 등꽃송이 빛깔이 더욱 깊어지는 황혼에
그대 오지 않으려는가 가는 봄 함께 아쉬워하며.

그렇게 씌어 있었는데 선연한 등나무꽃 가지에 초대장이 매달려 있었다. 유기리중장은 내심 이렇게 불러 줄 날을 기다렸는데, 초대를 받고 보니 가슴이 울렁거렸다. 그리고 답장에도 송구스럽다는 뜻을 전했다.

좀처럼 꺾기 힘든 등나무 가지
황혼에 녹아든 등꽃송이
꺾을 수 없구나.

그런 시를 썼다.
"기가 죽어서 제 자신이 한심해 집니다. 잘 전해 주세요."
유기리중장은 외사촌형한테 말했다.
"제가 동행하지요."
"긴장이 되어 싫습니다."
유기리중장은 외사촌형을 먼저 돌아가게 하였다.

중장은 아버지 겐지의 거실로 가서 두중장이 다녀갔다는 말을 전한 뒤, 내대신의 노래를 보여 드렸다.

"다른 이유로 초대한 건지도 모르지. 그래도 그런 적극적인 태도로 나온다면, 그 옛날의 앙금은 풀렸다는 뜻이겠지. 어떠냐?"

겐지는 그거보라는 듯 득의양양한 표정을 지었다.

"그 정도로 의미 있는 것은 아니겠지요. 별채 앞 등나무꽃이 여느 해보다도 멋지게 피었으니 요즘같이 한가한 시절에 합주라도 하려는 것이겠지요."

유기리중장은 아버지에게 자신의 생각을 말했다.

"정중히 사자를 보낸 걸 보니 빨리 가는 편이 좋겠다."

겐지는 기꺼이 허락했다. 그러나 중장은 마음속으로 기대감과 불안감이 하나가 되어 복잡했다.

"그 빨간 평상복 빛깔은 너무 짙어서 경망스러워 보이는구나. 참의가 아니거나 직함이 없는 젊은 사람들에게는 붉은색도 도는 푸른색도 어울리는 법이지. 이미 재상이 되었으니 단정히 하고 가거라."

겐지는 자기가 입으려고 지어두었던 좋은 평상복에, 아래옷 등 속옷도 함께 곁들여 중장을 수행해 온 시동에게 가지고 가게 했다.

중장은 자기 거실에서 공들여 화장을 하고 나서, 저녁 어스름도 한참 지나 내대신 편에서 초조해질 시각이 되어서야 당도했다.

두중장을 비롯한 내대신 댁 공자 일고여덟 명이 나와서 유기리중장을 맞이했다. 다들 아름답게 생긴 귀공자들이었지만 그 가운데에서도 유기리중장이 가장 눈에 띄게 아름답고 매력적인 데다가 귀인다운 품위가 있었다.

내대신은 유기리중장의 자리를 정리하는 데 각별히 신경을 쓰고 있었기에 부인과 젊은 시녀들에게 이렇게 말하였다.

"다들 보게나. 유기리중장은 나이가 들수록 날로 훌륭해지지 않는가. 거동이 조용하고 의젓하여, 또렷하니 이 아름다움은 겐지 대신보다 더하지 않은가. 아버지는 아리땁고 애교가 있어, 보는 사람도 자연스레 웃는 얼굴로 만들어 인생살이 괴로움도 잊어버릴 수 있는 힘을 가졌지만 정치가로서는 다소 무른 데가 있지. 그것은 당연한 일이었어. 하지만 유기리중장은 학문에 성실히 임했고, 성품이 굳건해서 훌륭한 관원이라고 평판이 대단하오."

내대신은 유기리중장을 만나 의례적인 이야기는 짧게 끝내고 등나무꽃 잔

치로 화제가 옮겨졌다.

"봄꽃이란 어느 꽃이든 처음에 피어났을 때 눈부신 느낌을 주지만, 시간이 지나면 사람을 즐겁게 해주지 못한 채 이내 져버리곤 하지. 정말 안타까운 일인데, 등나무꽃은 한 걸음 뒤늦게 피어서 초여름까지 핀다는 점에서 매력이 있어. 그래서 나는 이 꽃을 사랑하거든. 보라색 빛깔만 해도 사람의 애정을 상징하니 깊은 인연이 있는 듯 생각된다."

이렇게 말하고 미소짓는 내대신의 표정은 속뜻이 있어 보였다.

이윽고 달이 떴으나 등나무꽃 빛깔을 또렷이 볼 만큼 밝지는 못했다. 그래도 꽃을 즐기는 잔치로서 술잔이 돌고 연주가 울려퍼졌다. 내대신은 술에 취한 척하면서 유기리중장에게 술을 권하여 취하게 하려 했다. 유기리중장은 취할 것을 경계하며 곤혹스러워하고 있었다.

"자네는 이런 말세에 어울리지 않는 학문적 재능을 가진 인물이지만, 나이를 먹은 사람을 불쌍히 여기지 않으니 못내 섭섭하네. 옛 서적에도 《가례(家禮)》라는 것이 있어 성현의 가르침을 잘 알고 있을 터인데, 어찌하여 나에게 이리도 고통을 주는지 원망스럽다네."

술기운을 빌려 그런 소리를 하니 유기리중장은 난처해졌다.

"그럴 리가 있겠습니까. 돌아가신 분들과 다름없다 생각하며, 저의 한 몸을 외삼촌을 위해 희생해도 좋다고 믿었습니다. 왜 그런 말씀을 하십니까? 모든 것이 제가 게으른 탓입니다."

유기리중장이 이렇게 공손하게 말하자, 내대신은 이때다 싶어 〈봄 햇살에 등꽃잎이 녹네〉라는 옛노래를 읊조렸다. 그대가 마음을 열어 준다면 내 딸을 그대에게 맡길 터인데 하는 내대신 속마음을 간파한 두중장은, 빛깔이 짙고 꽃송이가 기다란 등나무꽃을 꺾어다가 유기리중장의 술잔 받침에 곁들여 놓았다. 중장은 잔을 들었는데, 술을 마셔야 한다는 곤혹스러움이 그 얼굴에 서려 있었다. 그리고 대신이 또 노래했다.

말만 해 준다면
보랏빛 등꽃 더 짙어질 텐데.
기다리다 져버리겠네.

감사의 뜻으로 잔을 들면서 고개를 숙인 유기리중장의 모습은 매우 품격이
있었다.

이슬이 맺힌 채
봄을 몇 번이나 보냈는가.
드디어 꽃이 활짝 웃는구나.

그렇게 읊조린 유기리중장은 잔을 두중장에게 돌리자, 두중장이 이렇게 화
답하였다.

고운 님 펄럭이는 소매인가 저 등꽃은
보는 이 여겨보니 더더구나 고와라.

사람들에게도 그런 식으로 잔이 돌려졌고, '주효(酒肴)'의 노래가 여러 사람
들 입에서 흘러나왔다. 그런데 술 취한 사람들의 작품이라 위의 3수보다 더 나
은 것도 없었다.

초이렛날 저녁 달빛이 비추는 연못은 거울처럼 맑았다. 내대신의 말대로 봄
꽃이 다 지고 난 뒤에 새 잎이 있는지 없는지 알 수 없는 쓸쓸한 나뭇가지만
남아 있을 이즈음에, 옆으로 길게 뻗어난 소나무에 걸린 등나무꽃은 더할 나
위 없이 아름다웠다. 목청이 좋은 변소장이 고운 목소리로 '갈대울타리' 민요
를 불렀다.

"얼씨구 좋다."

내대신은 농담을 하고 장단을 맞추었다. 흥취 있는 저녁 달빛 속 등나무꽃
잔치에 마음의 앙금도 모두 사라진 듯했다.

밤이 깊어가자 유기리중장은 취기를 못 이기는 척하며 두중장에게 이렇게
부탁했다.

"도저히 참을 수 없네. 속이 불편하여 그만 물러가고 싶으나, 무사히 갈 자신
이 없으니 그대의 침실을 빌렸으면 하는데?"

"그렇지 두중장, 네가 침소를 마련해 주려무나. 이 늙은이는 취했으니 이만
들어가겠어."

내대신은 이렇게 말하고 거실 쪽으로 들어갔다.

"꽃그늘에서 나그네 잠을 주무신단 말씀이군요. 나는 괴로운 안내역이나 맡아야겠습니다."

그렇게 두중장이 말하자, 유기리중장이 이를 받았다.

"소나무나 다름없는 굳은 절개의 정신으로 피는 등나무꽃인데 왜 바람기 있는 꽃이라는 겁니까. 당치도 않습니다."

두중장은 보기 좋게 당했다고 느꼈지만, 유기리중장은 훌륭한 귀공자니 어떻게든 누이와 결혼을 성립시키고 싶었다. 그랬기에 흐뭇해하면서 유기리중장을 누이 방으로 안내했다.

유기리중장은 이것이 꿈이 아닐까 여기며, 지금까지 용케도 참아온 자신이 대단하다 생각되었다. 구모이노카리는 수줍어서 어찌할 줄 몰랐으나, 헤어지던 때에 비해 한층 아름다운 귀녀로 성장해 있었다. 유기리중장이 입을 열었다.

"실연당한 비참한 사람이 돼 버릴 뻔했던 나를 내대신이 마음을 열고 허락해 주심은, 그대를 향한 한결같은 내 마음을 인정했기 때문 아니겠소? 그런데도 당신은 무관심하고 쌀쌀맞군요."

"변소장이 불렀던 '갈대울타리' 가사를 들으셨나요. 신랄한 사람이더군요. 나는 반박하는 노래를 부르고 싶었는데."

구모이노카리는 노골적인 그 말에 귀가 거슬렸다.

"어떻게 뜬소문을 그렇게 퍼뜨리신단 말입니까. 어이가 없네요."

그렇게 말하는 모습이 꽤나 귀여웠다. 중장은 빙그레 웃으면서 말했다.

"오랜 세월 쌓이고 쌓인 괴로움과 오늘 밤 마신 술 때문에 이제 나는 분별도 못하겠소."

그러고는 술에 취한 척 휘장 안으로 들어가 버렸다.

유기리중장은 날이 새는 줄도 모르고 긴 잠에 빠져 들었다. 시녀들의 조심스런 몸짓을 보고서 내대신이 말했다.

"제법 넉살좋게 늦잠까지 자고 있군."

이처럼 유기리중장은 해가 중천에 뜨고 나서야 집으로 돌아갔다. 잠에서 깬 중장의 흐트러진 모습을 본 사람들은 재미있게 생각했다.

안부 편지는 다음 날 아침에 몰래 도착했는데, 구모이노카리는 거리낄 필요가 없음에도 답장을 쓰지 못했다. 말 많은 시녀들이 팔꿈치로 서로를 찌르며 웃자, 내대신이 나와서 편지를 읽어 보았다. 구모이노카리는 더욱 부끄러워 견딜 수가 없었다.

화내지 마시오.
숨어들어 젖은 소매를 짜보니
눈물이 손을 따라 흐르네.

'예나 지금이나 변함없이 매정한 당신을 만난 저 자신이 한층 불쌍한 사람으로 여겨집니다만, 누를 수 없는 사랑 때문에 또 이렇게 편지를 씁니다.'
편지는 제법 친밀하게 쓰여 있었다. 내대신은 웃는 얼굴로 말했다.
"이젠 제법 글씨를 잘 쓰는구나."
말투도 전과는 아주 딴판이었다. 답장 노래를 읊기 어려워하는 딸을 보고 퉁명스럽게 말했다.
"왜 그러는 거지, 꼴사납게."
내대신은 딸이 아버지를 어려워하는 심정을 짐작하고선 이내 나가 버렸다. 편지 심부름꾼은 호화로운 선물을 받았다. 그리고 두중장이 대접하는 일을 맡아했다. 언제나 남몰래 매화 가지를 전달해야 했던 이 특사는 처음으로 인간다운 대우를 받는 기분이었다. 이 사람은 우근장감(右近狀監)으로 유기리중장이 측근에 두고 부리는 사내였다.
겐지도 전날 밤 내대신 댁에서 있었던 일을 알게 되었다. 유기리중장이 여느 때처럼 밝은 얼굴을 하고 나오자 이렇게 말했다.
"오늘 아침은 웬일이냐, 벌써 편지는 썼느냐. 총명하다는 사람도 연애를 하면 단정치 못한 짓을 하는 법인데, 처음으로 맺은 관계를 존중하면서도 조급해하지 않고 자연스레 해결되기까지 기다렸다는 점에서 평범한 사람이 아님을 인정하겠다. 내대신이 너무나 강경한 태도를 취했다가 결국 무너졌다는 점에서 세상 사람들은 온갖 말로 비난할 게다. 그러나 너무 우월감을 가진 나머지 자만심에 차서 무심코 들뜬 모습을 보여서는 안 된다. 이번 태도는 너그러웠는지 모르지만, 내대신의 성격은 단순치 못하고 꽤나 까다로우니 말이다."
그런 말로 겐지는 다시 훈계했다. 하지만 원만하게 유기리중장이 자신에게 어울리는 아내를 맞이했다는 데 만족했다.

겐지는 유기리중장의 아버지라고는 생각지 못할 정도로 젊어서 몇 살 위 형쯤으로 보였다. 따로따로 봐도 같은 얼굴을 찍어낸 듯 보이는 중장과 겐지가 나란히 있는 모습을 자세히 보면, 그나마 두 사람의 아름다운 용모에 서로 다른 특색이 있었다. 엷은 빛깔의 평상복 밑에 중국풍으로 보이는 하얀 지문(地紋)이 반드르한 통소매를 입은 겐지는 여전히 멋지고 아름다웠다.

유기리중장은 아버지보다 약간 짙은 평상복에 갈색으로 보일 만큼 정향나무로 짙게 물들인 비단과 흰 옷을 겹쳐 입고 있었는데, 매우 기품 있고 우아한 모습이었다.

오늘은 4월 8일, 관불회(灌佛會)가 있는 날이다. 절에서 아기부처님을 모셔오느라 도사들이 늦게 오는 바람에, 여러 부인에게 딸린 남쪽마을의 동녀들은 해가 지고 나서야 구경하러 나왔다. 그들은 제나름대로 부인들로부터 저마다 보시할 물품을 가지고 나왔다.

관불회는 궁중에서 행하는 관불의식 그대로 거행되었다. 그 가운데엔 전상관인 귀공자들도 많이 참석했는데, 보통 의식 때보다 훨씬 화려하게 치러져 도사들은 주눅이 들어 있었다.

유기리중장은 마음이 들떠 있었다. 그리하여 화장을 곱게 하고 옷차림을 단정히 꾸미고는 신부 구모이노카리가 있는 처소로 갔다. 깊은 관계는 아니지만 젊은 시녀들 가운데에서는 사모하는 마음으로 이를 원망스레 여기는 사람도 있었다. 고난을 쌓으며 보내온 세월 때문에 젊은 두 사람 사이엔 물샐 틈조차 없었다.

내대신은 유기리중장을 가까이서 보면 볼수록 더욱 귀여운 사위라 생각되어 소중히 돌보아 주었다. 자기가 졌다는 생각에 조금은 자존심이 상했지만, 그렇다고 앙금이 남아 있는 것은 아니었다. 그리고 중장이 그동안 어느 누구와의 혼담에도 귀 기울이지 않고 한결같이 지내왔다는 점에서 딸에 대한 성실성을 인정할 수 있었다. 그것만 생각해도 쌓인 불만은 충분히 보상되었다.

여어보다 구모이노카리의 모습이 훨씬 더 행복하고 화려하고 만족스러워, 조금도 나무랄 데 없어 보이자 양모나 시녀들이 그것을 시샘하여 입에 올리는 자도 있으나 그런 건 아무것도 아니었다. 구모이노카리의 친어머니인 안찰사 대납언 부인도 딸이 훌륭한 신랑을 얻어서 매우 기뻐했다.

육조원에서 준비 중인 겐지 딸의 태자궁 입궁은 4월 20일로 결정되었다.

딸을 위해 무라사키 부인이 하무(賀茂) 신사에서 참배하고 싶다 하자, 겐지는 여느 때처럼 다른 부인에게도 동행을 권해 보았다. 그러나 부인들은 무라사키 부인과 함께 가면 수행원 꼴로 보일까 꺼려하여 아무도 참가하지 않았다. 수레는 스무 대쯤에 수행원들도 최소한으로 뽑아 간소하게 차리고 여행을 떠나니 오히려 훌륭하게 보였다.

그날은 접시꽃 축제날이어서 일행은 동이 틀 무렵 참배를 하고 돌아오는 길에 칙사들 행렬을 보려고 임시 관람석에 나갔다. 다른 부인들도 시녀를 수레에 태워 칙사 구경을 시키려 내보냈다. 그 수레들은 모두 관람석 앞에 줄지어 세워져 있었다. 저것은 어느 분, 이것은 어느 부인의 수레인지 먼발치에서도 알 수 있을 만큼 화사하게 꾸며졌다. 겐지는 예전에 중궁 모후인 육조 마나님의 수레가 좌대신 댁 사람들 때문에 구경꾼 뒤로 밀려났던 어식소를 떠올리고선 부인에게 이야기했다.

"권세를 믿고 오만하게 굴어 그런 사건을 일으킨 것은 불쾌한 일이야. 그런 식으로 육조 마나님을 업신여긴 사람도 원한을 사 세상을 일찍 뜨고 말았지."

겐지는 그 경위에 대해서는 얼버무리며 말을 이었다.

"남은 자손 가운데 중장은 신하로 조금씩 출세하고 있고, 중궁은 누구도 넘볼 수 없는 지위로 올랐으니, 생각하면 감개무량하오. 인생이란 원래 그런 것이야. 무상한 세상을 살아가는 동안 내 뜻대로 하면서 살고 싶소. 하지만 내가 죽으면 당신이 혼자 남아 쓸쓸한 생활을 할 테니 마음에 걸려서 지금처럼 수수하게 지내는 편이 나을 거요. 그래서 나는 모든 일에 조금은 소박하게 살고 있는 것이오."

겐지는 부인과 대화를 마치고, 상달부 사람들이 인사드리러 오는 것을 보고 관람석으로 나갔다.

오늘 근위장관으로 참향(參向) 분부를 받은 칙사는 두중장이었다. 상달부 사람들은 내대신 댁에 모여 있다가 칙사가 떠나자 이곳으로 왔다. 한편 등전시(藤典侍)도 내시사로 와 있었다. 그녀도 인기가 많은지라 궁중과 동궁에서 내린 특별 하사품이 있었는데, 육조원에서 보내온 선물도 있었다. 유기리중장은 출발 준비로 분주한 등전시에게 편지를 보냈다. 그들은 남몰래 정을 주고받은 사이라, 유기리중장에게 정실부인이 생겼다는 점을 등전시는 가슴 아프게 생각하고 있었다.

사람들 머리를 장식한 접시꽃
지난날 추억을 되새기는데
눈앞에 봐도 기억 안 나네.

그런 편지였다. 등전시는 무슨 생각인지 어서 빨리 수레를 타야 할 때였지
만 이런 답장을 썼다.

나도 머리에 꽃을 달았는데
그 풀이름 기억 안 나네.
월계수 가지 꺾은 그대는 아니요.

간단한 편지이긴 했으나 유기리중장은 재치 있는 글이라 생각했다. 그리고
아직 마음이 이어져 있으니 앞으로도 은밀히 만날 것이다.

딸의 입궁에 어머니가 따라가는 것은 관례이나 무라사키 부인이 오래도록
시중을 들 수는 없을 터이니, 이 기회에 생모인 아카시 부인을 후견인으로 붙
여놔야겠다고 겐지는 생각했다. 무라사키 부인에게도 자연스러운 일이며, 아
카시 부인도 자신의 딸과 지금처럼 헤어져 있음을 슬퍼할 게 틀림없으니 말이
다. 딸도 이젠 유년 시절과는 달리 그 일을 못마땅하게 여기고 있을 테고, 두
사람이 자기 한 사람을 원망한다는 생각만으로도 괴로운 일이다. 무라사키 부
인도 이렇게 말하였다.

"이 기회에 아카시 부인을 따르게 해 주세요. 아직 아씨는 어리고 걱정이 많
은데 시녀들까지 철없고 젊은 사람들뿐이니까요. 제가 줄곧 붙어 있을 수도
없는 처지이니 제가 없는 동안 그분이 함께 있어 준다면 안심이 되겠네요."

겐지는 자기 심정과 부인의 말이 일치하여 매우 만족해하면서 아카시 부인
에게 그 이야기를 전했다.

아카시 부인은 자신의 오랜 소원이 이루어진 듯 아주 기뻐했다. 그녀는 시
녀들의 옷가지며 그 밖의 채비를 빈틈없이 하여 고귀한 무라사키 부인에 뒤지
지 않게 하였다.

아씨의 외할머니인 비구니는 외손녀의 앞날을 끝까지 지켜보고 싶었다. 아
씨 얼굴을 다시 한 번 보고 싶다는 마음으로 목숨을 부지하고 있다고 알게

된 아카시 부인은 이를 불쌍히 여겼다. 하지만 궁에 들어가고 나면 그 기회는 영원히 오지 않을 것 같았다.

입궁하는 날 무라사키 부인에게는 동승이 허락되겠지만, 아카시 부인은 수레를 타지 못하고 걸어가야 하기에 초라해 보이리라 한탄했다. 자신을 위해서라기보다 겐지 내외가 잘 보살펴 입궁하는 아씨에게 혹시 옥에 티가 되지는 않을까 싶어 마음이 쓰라렸다.

겐지는 딸이 입궁하는 의식에 남의 눈을 놀라게 하는 호화로운 일은 하지 않으리라 생각하고 검소하게 한다 했으나 역시 평범하게 보이진 않았다. 아씨를 정성들여 단장시키며 무라사키 부인은 아씨를 진심으로 귀엽고 사랑스런 눈으로 바라보면서도, 진작 생모한테 양보하지 말고 내 자식으로 키웠더라면 하는 생각이 간절했다. 겐지와 유기리중장도 이 점만큼은 아쉽게 생각했다.

사흘 뒤 무라사키 부인이 퇴궁하고 그 대신 아카시 부인이 궁으로 들어가게 되니, 동궁의 휴식소인 기리쓰보 궁방에서 두 부인은 처음 만나게 되었다.

"보시는 바와 같이 아씨는 성인이 되었습니다. 그대와 오랜 인연이 증명되었으니 이제는 서로가 남인 양 조심하지 않아도 되겠지요."

무라사키 부인이 이렇게 정답게 말하며, 많은 이야기를 나누었다. 두 부인이 서로 마음을 터놓는 계기가 되었다.

무라사키 부인은 아카시 부인의 말하는 태도와 분위기를 통해 겐지가 이 사람에게 끌리는 건 당연하며 그녀는 참 훌륭한 사람이라고 수긍했다. 아카시 부인도 세상에 둘도 없는 귀녀로 보이는 무라사키 부인의 아름다움에 깜짝 놀랐다. 숱한 여성들 가운데에서도 겐지의 총애를 받으며 첫째 부인의 영예를 받고 있음은 당연해 보였다. 이 사람과 같은 부인의 지위를 얻고 있는 자기 운명도 그리 나쁘지는 않은 듯했다. 이제 돌아가는 무라사키 부인은, 한층 화려한 사람들의 호위를 받으며 천황의 허락을 얻은 수레를 타고 나가는데 그 광경은 천황의 여어(女御) 권세에 못지않았다. 그런 광경만 보더라도 아카시는 절로 탄식이 터져 나왔다.

아리따운 딸을 꿈꾸듯 하염없이 바라보면서도 아카시 부인은 눈물이 그치지 않았다. 그러나 이것은 기쁨의 눈물이었다. 이제까지 여러 번 비관하고 죽고 싶었던 목숨도, 좀더 오래오래 살아야겠다는 명랑한 기분으로 바뀌었다. 이 모든 일이 주길신령(住吉神靈)의 은혜라고 생각하니 감사를 드리고 싶었다.

이상적인 교육을 받아 모자라는 점이 거의 없어보이는 아씨는, 절대적인 세력을 지닌 겐지를 아버지로 둔 점 말고도 뛰어난 미모와 자질을 갖추고 있었다. 이 점에서 동궁은 아직 어리기는 하지만 그녀를 가장 총애하였다.

동궁을 모시고 있는 휴식소에 근무하는 다른 궁녀들은, 겐지의 정실이 아닌 생모가 함께 있는 게 옥의 티라고 수군거리곤 했다. 하지만 고작 그 정도로 아씨의 품위가 손상될 까닭은 전혀 없었다.

아씨는 어린 나이임에도 위엄과 우아함까지 갖추고 있었다. 그런 데다 아카시 부인이 아무리 하찮은 일이라도 정성껏 보살피는 터라 전상관들은 무척 반기며 좋아했다. 그리고 아카시 부인은 궁녀들이 갖춰야 할 예의범절도 빈틈없이 가르쳤다.

무라사키 부인도 기회 있을 때마다 자주 오곤 해서 아카시 부인과 차츰 친밀해졌다. 그렇더라도 아카시 부인은 지나치다 싶을 정도로 가까운 태도는 보이지 않았으며, 무라사키 부인 또한 상대방을 조금도 업신여기지 않았다. 그러니 이상하리 만큼 우아함이 깃든 우정이 두 여성 사이에 있었다.

겐지는 살아 있는 동안 이루려 했던 아씨의 입궁을 실현했다. 또한 자신도 생각이 있어서 한 일이었지만, 본의 아니게 혼처가 정해지지 않았던 유기리중장도 구모이노카리와 결혼하여 행복하게 살자, 아주 안심됐다. 겐지는 지금이야말로 전부터 염원한 대로 출가해도 좋을 때가 왔다고 생각했다.

무라사키 부인이 걱정되기는 했으나, 양녀인 중궁께서 계시니 무엇보다도 확실한 의지가 될 것이고, 또 아씨도 생모는 아니나 무라사키 부인을 잘 따르고 있으니, 출가하더라도 자연스레 그분들을 정성껏 섬기게 되리라 생각했다. 하나치루사토 부인에게는 유기리중장이 있으니 마음을 놓고 있었다.

이듬해에 겐지는 마흔이 되는데 그 축하잔치를 조정을 비롯한 곳곳에서 준비하고 있었다.

그해 가을 39세인 겐지는 준태상천황(准太上天皇)*² 자리에 올랐다. 그로 인해 관에서 내려오는 물건이 많아졌으며 연관연작(年官年爵)*³의 특권 수효가

---

*2 황위를 물려준 천황을 태상천황이라 하는데, 겐지는 신하이므로 태상천황이 될 수 없어 '준(准)'이 붙었다. 대우는 태상천황과 같다

*3 연관연작(年官年爵) : 연관은 명목상 직함을 만들고 그 소득을 나누는 것. 연작은 명목상 작위를 주고 그 소득을 배분하는 것. 예컨대 태정대신은 삼천호(三千戶) 봉호(封戶)를 받는데,

늘어났다. 굳이 그러지 않아도 많은 권력을 누리고 있었는데, 일이 이렇게 되어 대궐 출입을 가벼이 할 수 없게 되자 육조원은 못내 섭섭하였다. 이렇게 조처를 했는데도 천황은 불만족스럽게 생각하고, 세상 체면 때문에 양위할 수 없음을 밤낮으로 한탄하였다.

내대신은 태정대신이 되고, 유기리 중장은 중납언이 되었다. 임관 인사차 태정대신 저택으로 갔다. 중납언 유기리는 한층 광채를 더한 것만 같았는데, 몸가짐과 용모의 아름다움은 더할 나위가 없었다. 장인되는 태정대신은 후궁 경쟁에 밀린 상태로 궁중 출사를 시키느니 이런 사위를 얻은 편이 잘 되었다며 만족했다.

중납언 유기리는 구모이노카리의 유모인 대보(大輔)가 '아가씨께서 육위(六位)와 결혼하시다니'라고 깔보았던 그때를 자주 떠올리곤 했다. 그는 백국(白菊)이 아름다운 보랏빛으로 변한 국화꽃을 꺾어 대보한테 전하였다.

연한 푸른 잎이 나기 시작한
어린 국화꽃
보랏빛으로 물들 줄 몰랐네.

"초라한 처지에서 들었던 당신의 그 한 마디는 잊을 수 없습니다."
애교가 철철 넘치는 미소를 지으며 그렇게 말했다. 유모는 미안한 마음에 부끄러웠으나 귀엽게 원망을 하는구나 싶었다.

유명한 정원에 난 국화인데
어찌 떡잎만 보고
안개보다 연한 빛깔이라 할까요.

"얼마나 마음이 상하셨나요."
유모는 넉살좋게 뻔뻔한 변명을 말했다.
승진을 하자, 방문객도 많아지고 집이 불편해져서 중납언 유기리는 거처를

여기서 바치는 물품이 그의 수입이 된다

돌아가신 대궁(외조모)이 살던 삼조전으로 옮겼다. 허름한 집을 잘 수리하고 궁정 장식까지 새로이 하여 내외의 거처로 삼았다. 두 사람의 어린시절 사랑을 되찾은 기분이 드는 집이었다. 뜰 앞 나무는 작은 나무였는데 이제는 자라서 널찍한 그늘을 만들었으며, 한 무더기 억새풀이 아무렇게나 자라 있었다. 무성한 풀들을 다듬고 도랑의 수초도 제거하니 상쾌한 조망을 구경할 수 있게 되었다.

정취 있는 저녁 한때, 중납언 부부는 아름다운 저택 뜰의 경치를 바라보면서 차가운 손길로 헤어지게 되었던 지난날, 사랑스런 추억을 이야기하고 있었다. 그리워지는 일들도 많았지만 구모이노카리는 그 당시 시녀들이 자기를 어떻게 보았을까 하고 부끄럽게 생각했다.

조모님 시절부터 이 댁에 몸담고 있던 시녀들 가운데 고향으로 돌아가지 않은 시녀들이 죄다 나와, 새 부부가 이 집에 살게 된 것을 반가워했다.

바위에서 맑게 흐르는 물
너는 이 집의 주인
어디로 가신지 아느냐.

중납언 유기리가 말하자, 구모이노카리가 화답했다.

돌아가신 분은 그림자도 안 보이는데
모르는 척하고
흘러가는 맑은 물이여.

그때 장인 태정대신은 중궁을 나와 돌아가던 길에 이 저택의 단풍 빛깔에 끌려 잠깐 들렀다. 대부인이 살던 때와 마찬가지로 여러 채 건물들은 호화롭게 꾸며졌고, 그 때문에 대신의 마음은 눈물겨운 감회로 젖어 있었다. 중납언 유기리는 아름다운 얼굴을 조금 붉히며 장인 앞에 섰다. 나무랄 데 없이 잘 어울리는 부부이지만, 딸을 보는 아비의 눈에는 딸이 세상에 둘도 없이 아리땁게 보인다. 그리고 중납언은 어디까지나 단아했다. 늙은 시녀들은 대신의 내방에 옛 추억을 더듬듯 옛날 이야기를 꺼냈다. 글씨 연습으로 써 놓았던 어머니 대궁을 추억하는 노래가 적힌 종이를 집어들고 읽어 본 대신은 울먹이는 목소리로 말했다.

"나도 저 물에 물어보고 싶은 말이 있지만 늙은이가 그런 말을 하면 불길하니 하지 않기로 하지."

그리고 대신은 이런 노래를 읊었다.

그 옛날 푸르던 나무도 다 늙었네.
그 시절 심었던 잔솔에도
벌써 이끼가 돋아났네.

중납언의 유모였던 재상댁은 쓰라림을 주었던 대신의 지난 일을 잊지 않고 시로 읊었다.

이 어린 두 소나무는 자라나
앞으로 우리를 그 그늘로 덮어 줄 것이니
뿌리 박은 이 모습이 얼마나 마음 든든합니까.

나이든 다른 시녀들도 이런 노래만 읊었기에 중납언은 유쾌해졌다. 반면 구모이노카리는 차츰 얼굴이 붉어지면서 부끄럽기 그지없었다.

10월 20일이 지나 육조원으로 천황이 행차하였다. 때마침 단풍이 한창 이어서 흥취가 깊을 것이라 생각되는 행차였다. 천황은 주작원 상황에게도 동행을 권하여 상황까지 육조원에 걸음을 하게 되었다. 세상 사람들은 드물고 성스럽다며 이날을 고대했다.

마중하는 육조원 겐지도 정성을 다하였다. 오전 열 시에 행차하였는데, 처음에는 마장전(馬場殿)으로 거동하였다. 좌마료와 우마료 말들은 앞뜰에 정렬되어 있으며, 좌근위부, 우근위부 무관들은 거기에 따라 대열을 이루었다. 이것은 단옷날 경사 의식과 비슷했다.

오후 두 시에 남녘 침전으로 옮겼다. 그런데 그 통행로가 되는 홍예다리며 대청마루엔 비단을 깔고, 드러나 보이는 곳에는 장막을 쳐서 가려 두었다. 가산의 단풍은 정말 아름다웠는데 서편 마을 뜰에서 한결 선명한 빛깔을 보여

주기 위해, 남녀 마을과의 사이에 있던 복도벽을 헐고 중문을 활짝 열어 놓아 탁 트인 경관을 감상하도록 했다. 천황의 분부로 위쪽 열에 마련된 옥좌 두 개와 아래 열에 마련된 주인 자리를 같은 줄로 만들었다. 이야말로 그지없는 영광이었지만, 천황은 한층 더 육조원 주인을 존중해 주지 못함을 섭섭하게 여겼다.

연못에서 잡은 물고기를 좌근소장이 나무판에 받쳐 들고, 장인소의 매 사냥꾼이 북쪽 들에서 잡아온 새를 우근소장이 받쳐 든 모습으로, 남쪽 뜰로 나아가 층계 좌우에 무릎을 꿇고 각각 주상했다. 태정대신의 분부로 사냥감들은 어찬으로 조리되었다.

친왕이며 당상관들 음식상에도 평상시와는 다른 희귀한 요리가 올랐다. 사람들은 거하게 취하고, 해질 무렵에는 악사가 불려 나왔다. 대규모 음악이 아닌 듣기 좋을 정도로 울려 퍼지는 연주를 들으며 대궐의 시동들은 춤을 추었다. 그 옛날 주작원에서 단풍놀이를 하던 날의 추억은 누구 머리에서나 떠올랐다. 황은을 축하하는 곡인 '하왕은(賀王恩)'이라는 곡이 연주될 때, 태정대신의 열 살 되는 막내아들이 아주 재미나게 춤을 추었다. 천황이 어의를 벗어 하사하자, 아버지인 태정대신이 뜰 아래로 내려가 정중히 받았다. 겐지는 뜰의 국화를 꺾어 오게 해 대신에게 내주며 그 옛날 국화를 머리에 꽂고 청해파(靑海波) 춤을 추던 날을 회상하였다.

"꽃 빛깔이 화사한 울타리에 있는 국화처럼 우리가 꺾어 들었던 그 옛날의 가을이 그립군요."

그때 함께 춤을 추던 태정대신은 자신도 남부럽지 않은 행복을 얻고 있지만, 준태상천황인 겐지와 자기가 도달한 바는 크나큰 거리가 있음을 깨달았다. 가을 소나기가 때를 만난 듯이 쏴아 하고 쏟아졌다.

"자줏빛 구름같이 아름다운 국화꽃을 닮은 준태상천황, 그대야말로 저 하늘의 별처럼 보입니다. 바로 알맞은 때에 핀 꽃이라 할 수 있지요."

태정대신은 겐지에게 그렇게 말했다.

저녁바람에 단풍잎은 색색의 빛깔을 흩뿌렸고 그 풍경은 먼 대청마루에 깔린 비단 빛깔처럼 보였다. 이처럼 화려한 색에 물든 뜰 앞에서 아름다운 동자들은 회백색·연지빛 웃옷에 자줏빛 아래옷을 걸치고, 이마에만 살짝 머리를 빗어 얹었다. 그러고선 짧은 곡조를 살며시 추면서 단풍 그늘로 들어가니, 그 정경은 해가 지는 게 아까울 정도로 아름다웠다.

주악소(奏樂所)도 요란스럽게 꾸미지 않았으며, 곧장 어전에서 관현의 합주가 시작되었다. 어서소(御書所)에 있는 관원에게 거문고를 가져오도록 했다. 밤의 흥이 깊어졌을 무렵 세 분은 각각 거문고를 잡았다. '우다의 법사' 옛 그대로 고풍스러운 음률을 주작원 상황은 아름답다 생각했으며, 사무친 회포에 젖기도 했다.

해마다 가을비에 젖어 늙은 이 몸도
이토록 아름다운 단풍철은 몰랐어라.

상황이 이 노래를 읊은 까닭은 재위시에 이런 연회가 없었던 아쉬움이었으리라.
천황은 상황에게 이렇게 화답했다.

세상에 흔한 단풍이 아니구나.
선대가 펼쳐놓은
비단 장막 같구나.

천황의 용모는 더욱더 아름다워져 지금은 겐지와 아주 똑같아 보일 정도인데, 그 옆에 앉아 있는 중납언 유기리의 얼굴과도 닮았으니 이 사람으로서는 넘치는 행복이었다. 그렇게 보아서 그런지 품위 있고 훌륭하다는 점에선 중납언이 조금 뒤처져 보이지만, 선연한 아름다움은 중납언이 좀더 나은 듯했다.
중납언은 피리를 맡아서 불었고 합주는 매우 흥겹게 진행되었다. 노래를 부르는 전상관은 계단 옆에 자리하고 있었는데, 그 가운데 변소장의 목소리가 빼어났다.
양쪽 모두 전생에서부터 축복 받고 태어난 사람들이라 할 수 있으리라.

풋나물 1*1

　주작원 상황(朱雀院上皇)은 육조원 행차가 있던 그 뒤부터 병으로 몸져누웠다. 본디 허약한 편이었지만, 이번에는 특히 자신의 병세를 불안해하였다.
　"나는 예전부터 출가하려 했었는데 황태후께서 계시는 동안 내 마음대로 할 수 없어 오늘날까지 미루어 왔다네. 그런데 역시 불도에 마음이 끌리는지 남은 날이 얼마 되지 않은 듯 느껴지는구나."
　이렇게 말하고는 이것저것 출가할 채비를 했다. 슬하에는 동궁을 비롯 네 명의 황녀가 있었다. 그 가운데 후궁 후지쓰보 여어 사이에 낳은 자식은 셋째였다. 후지쓰보 여어란 3대 전 천자의 황녀로 겐지 성을 얻은 분이다.
　상황이 동궁일 때 입궁해 황후 자리에 오를 자격을 갖춘 사람이었지만, 이렇다 할 후견인들도 없는데다가 어머니도 힘 없는 집안 갱의(更衣)였기에 경쟁이 치열한 후궁 생활에서 위치가 불안정하였다. 황태후는 상시(尚侍)를 후궁으로 들이고 다른 사람들이 감히 넘볼 수 없도록 강력하게 뒤를 봐주었다. 임금이던 상황도 속으로는 불쌍히 여겼지만 그렇다고 황후로 지목할 생각은 차마 못하였고 퇴위하여 때를 놓친 뒤로는 안타깝지만 어쩔 수 없다며 자신의 운명을 탓하다가 세상을 떠났다. 상황은 그분의 소생인 셋째 황녀 온나산노미야를 누구보다도 아꼈다. 이때 그녀의 나이는 열서넛이었다.
　'속세를 버리고 절로 들어가고 싶은데 혼자 남을 온나산노미야는 누구를 의지하여 살아갈 것인가' 그게 요즘 상황의 가장 큰 걱정거리였다.
　그리하여 서산에 불당을 지어 옮길 채비를 하면서, 한편으론 셋째 황녀 온

---

*1 풋나물(若菜) 1: 1·2 두 편으로 이루어져 있다. 1은 겐지 40수 축하 잔치가, 2는 주작원의 50수 축하 잔치가 주요 내용인데, 그때 풋나물을 선물한 것에서 권명(卷名)이 비롯되었다. 여기에는 겐지 39세 12월부터 41세 3월까지 이야기가 씌어 있다. '와카나(若菜)'란 새해 풋나물을 통틀어 이르는 말로 정월 자일(子日)에 먹는다는 미나리·냉이·떡쑥·별꽃·광대나물·순무·무 등 일곱 가지 나물을 가리킨다

나산노미야의 성인식을 준비하고 있었다. 상황전에서 소중히 여기는 많은 귀중한 보물과 재산과 미술품은 물론 악기며 놀이 도구도 좋은 것들은 모두 황녀 앞으로 물려주고 남은 것들은 다른 자녀들에게 나누어 주었다.

동궁은 아버지 상황께서 중병을 앓는 데다 출가를 염두에 두고 있다는 소식을 듣고 주작원을 찾았다.

어머니 쇼쿄덴 여어도 동행하였다. 이분은 상황의 특별한 총애가 있었던 것은 아니지만, 이렇듯 동궁을 낳았으니 더없는 인연이라 여겨 상황은 오랜 세월 쌓인 얘기를 나누었다. 상황은 동궁에게 제왕이 지녀야 할 마음가짐 등을 가르쳐 주었다. 동궁은 나이에 비해 어른스럽고 후원할 수 있는 외가 사람들도 많아, 상황은 그 점에 대해서 안심했다.

"나는 이제 이승엔 미련이 없다. 다만 딸자식들이 여럿 남아 있기 때문에 미래가 어떻게 될지 죽어도 편치 못할 듯하다. 지금까지 보아온 바에 의하면 여자들은 본의 아니게 타인에게 비난을 받고 수모를 겪는 일이 많아 참으로 안타까웠다. 동궁이 세상을 다스리는 시대가 오거든 누이들을 따뜻하게 보살펴 주기 바란다. 후견이 있는 딸들은 의탁할 곳이 있으니 마음이 놓이나, 셋째 온나산노미야만은 나이도 어린데 어미도 없이 지금껏 나만 따르면서 자라와 내가 출가하고 나면 의지할 곳 없어 세상 풍파에 시달릴 듯하니, 그것이 마음에 걸려 견딜 수가 없다."

그러면서 몇 번이고 눈물을 닦으며 동궁에게 뒷일을 부탁하였다.

쇼쿄덴 여어에게도 셋째 황녀를 어여삐 여겨 달라고 말했다. 그러나 옛날 궁중에 있던 시절 이 황녀의 어머니인 후지쓰보 여어가 상황의 각별한 총애를 받았던 데다, 여어들의 경쟁이 심했던 터라 미워하지는 않는다 해도 그 딸을 진심으로 돌봐 줄 마음은 없으리라 짐작된다.

상황은 밤낮으로 셋째 황녀의 장래만 걱정하였다. 그해가 저물어 가던 즈음 병환은 몹시 심해져서 이제는 발 밖으로 나오지도 못하게 되었다. 지금까지 귀신에 씌어 몸져누운 적은 있었으나, 이렇게 오래도록 건강이 좋지 못한 적은 없었으므로, 당신 스스로 명이 다 되었다고 여겼다. 비록 퇴위했으나 재위 시절에 은혜를 입은 사람들은 지금도 상황의 인자하고 너그러운 성품을 사모하여, 답답한 일이 생겼을 때마다 위안처로 상황을 찾으며 정성스레 시중을 들고 있다. 그들은 상황의 병환을 참으로 슬퍼했다.

육조원에서도 늘 문안 심부름꾼이 왔다. 조만간 겐지도 오리라는 통지가 있었을 때 상황은 매우 기뻐하였다. 육조원의 아들 겐 중납언 유기리가 몸소 문안 인사를 드리자, 주작원은 병실의 발 안으로 맞아들여 친히 이야기를 했다.

"승하하신 선제(先帝)께서 임종 전에 나에게 여러 가지 유언을 하셨는데, 특히 당신 아버지 육조원과 현 폐하를 각별히 부탁하셨지. 황위에 오르면 자기 뜻을 마음대로 실천할 수 없는 순간이 있기에, 마음은 조금도 변함이 없지만 내 잘못으로 그분에게 원망을 산 일도 있었을 것이다. 그런데 그때의 원한을 한 번도 드러내지 않았다. 현인이라도 자신의 문제에는 원망과 증오를 하기 마련이지. 그건 역사상 흔히 있는 일이었고, 사람들도 모두 그렇게 생각했지. 하지만 그분은 내게 사랑 밖에 주지 않으셨다. 동궁에게도 호의를 베풀어 주는가 하면 사돈 관계까지 맺어 주었으니, 나는 얼마나 감사하고 있는지 모른다.

나는 어리석은 사람이다. 자식들을 생각한 나머지 미궁에 빠져 꼴사나운 짓을 해서는 안 된다 생각하고, 동궁을 오히려 남 대하듯 하면서 겐지에게 모든 일을 맡기고 무관심한 듯 지냈지. 물론 선황 유언에 따라 지금의 임금께 양위하니 당대 명군으로 전대인 내 명예까지 높여 주어, 염원을 이루어 준 것 같아 오히려 기쁠 뿐이다. 지난 가을 육조원으로 행차했을 때 직접 만난 뒤로, 옛일들이 생각나면서 뵙고 싶은 마음이 간절해지는군. 뵙고 말하고 싶은 것도 많다. 친히 와주십사 전하도록 하라."

기력이 빠진 듯 상황은 힘겹게 말하였다. 중납언 유기리가 말씀을 올렸다.

"옛날 일을 두고 군이 지금에 와서 옳고 그름을 따질 마음은 없습니다. 제가 장성해 관리로서 직책을 맡게 되자 아버지께서는 저를 위해 주의해야 할 점들을 실례를 들어 말씀해 주셨습니다. 하지만 그럴 경우에도 당신 자신은 과거에 괴로운 일이 있었다는 어떠한 말씀도 하신 적이 없습니다.

'이렇게 정치 일선에서 물러나 출가를 하고자 은거하게 된 뒤부터 세상일에는 전혀 관여하지 않고 알려고도 하지 않으니, 돌아가신 기리쓰보 선황의 유언조차 따르지 못하게 되었구나. 상황께서 재위하실 땐 내가 너무 젊어 기량도 부족하였고, 높으신 분들도 많았던 터라 상황을 정성껏 보살피지 못하였다. 양위하시고 물러나 한가히 계실 때 찾아뵙고 흉금을 터놓고 얘기도 나누고 싶지만, 준태상천황이란 분에 넘친 지위로 운신이 쉽지 않은 신분이 되어 그만 뵐 기회도 없이 나날을 보내고 있구나'라며 탄식하고 계십니다."

이제 스물남짓된 중납언은 매사 반듯하고 외모도 출중하여 상황은 아름다운 젊은이를 가만히 바라보았다. 그리고 어떻게 해야 할지 모를 걱정스러운 셋째 딸을 중납언과 맺어주면 어떨까 남몰래 생각해 보셨다.

"태정대신 딸과 혼담이 정해져 그쪽에 가 있다지? 지난 몇 년 동안 이해할 수 없는 안 좋은 소문이 들려 안타깝게 여기고 있었는데 좋은 소식을 듣고 안심했네. 그러나 한편으로는 아쉽기도 하군."

중납언은 상황께서 하신 말뜻을 알지 못해 가만히 생각해 보았다. 곧 셋째 황녀를 걱정하여 '좋은 사윗감이 있으면 시집을 보내 안심하고 출가하고 싶다'는 말씀을 하시는 것을 들은 적이 있어 그 뜻을 짐작할 수 있었다. 하지만 얼어들은 이야기만으로 잘 알았다고 말씀드릴 수도 없는 노릇이었다.

"하찮은 몸이라서 좋은 인연을 얻기도 쉽지 않습니다."

엿보고 있던 젊은 시녀들이 소곤거렸다.

"보기 드문 미남이시네. 풍채도 그렇고. 어쩌면 저렇게 훌륭하실까."

한데 모여 하는 소리를 듣고 있던 늙은 시녀들이 말했다.

"그렇지만 겐지님 젊었을 때의 아름다움에는 비교도 할 수 없습니다. 그 분은 정말 눈부실 만큼 아름다웠지요."

그렇게 말해도 젊은 사람들은 이해되지 않았다. 이 말을 들은 상황도 겐지를 칭찬하였다.

"그 말이 맞아. 정말 겐지는 모습이 남달랐다. 세상에 다시없을 아름다움이었지. 최근 들어 더욱 훌륭해져서 빛이 난다고나 할까. 위엄 있게 정무볼 때는 의젓하고 아름다워 보이고, 탁 터놓고 농담이라도 할 때면 애교가 철철 넘쳐 다정한 느낌을 주지. 어쩌면 전생(前生)의 큰 보답을 받은 듯 보이는 흔치 않은 인물이다. 궁궐에서 자라나 기리쓰보 선황의 사랑을 한 몸에 받았고 선황께서도 당신 목숨과 바꿀 수 없다고 하실 만큼 애지중지 하셨지. 그렇다 해서 자만심을 가지지도 않고 겸손해서, 20세가 되기 전까지는 중납언 자리에도 오르지 않았다. 21세가 되어서야 참의로 대장을 겸했던가, 거기에 비하면 중납언의 승진은 빠른 편이지. 아들에 이어 손자까지 복을 누리는 가문인 듯하다. 중납언 유기리는 학식이나 마음가짐을 보아도 옛날 히카루 겐지에 뒤지지 않아. 설사 그것이 잘못 본 것이라 해도 점차 관록이 붙어 평이 높으니 참으로 대단한 일이다."

온나산노미야의 귀엽고 천진난만한 모습을 보고 상황은 이렇게 생각했다.

'충분히 사랑해 주고 부족한 점은 감싸 주어 안심하고 맡길 수 있는 그런 사람을 사위로 골라줬으면 좋겠는데.'

상황은 상급 유모들만 불러내어 성인식 준비를 지시하며 이렇게 말했다.

"육조원 겐지 대신이 식부경친왕의 딸 무라사키를 길렀듯이, 내 셋째 황녀를 길러 줄 사람이 없을까. 신하 가운데에는 그런 사람이 없고 폐하께는 중궁이 계시지만 그 밑 여어들도 모두 신분이 높은 자들이지. 어엿한 후견인이 없으면 오히려 마음고생이 심할 것이다. 저 중납언이 독신 시절 넌지시 떠볼걸 그랬어. 아직 젊지만 훌륭한 수재로 장래가 촉망되는 사람이지."

"중납언 유기리는 워낙 성실하기만 한 분이라서 몇 해 동안이나 첫사랑인 구모이노카리에게만 마음을 주고 다른 사람은 쳐다보지도 않았던 사람입니다. 그 사랑이 이루어진 지금, 다른 어떤 이야기로도 그분을 움직일 수는 없을 겁니다. 저희들은 오히려 그 아버지 겐지 쪽이 가능성 있지 않을까 생각합니다. 연애 잘하고 여성에 호기심을 가지시는 건 예나 지금이나 다름없다고 하지 않습니까. 여전히 최고의 귀녀를 좋아하셔서 아사가오 전 재원님을 지금도 잊지 못한다고 합니다."

황녀의 유모가 이렇게 대답했다.

"바람둥이 기질이 여전하다니 그건 반갑지 못하군."

유모의 말처럼 육조원엔 여러 부인과 애인이 있어서 유일한 아내로 인정받을 수는 없을 것이다. 그리하여 상황은 이렇게 말했지만 '유모들 말대로 겐지에게 보내 부모처럼 의지하는 게 최선일지도 모르겠다'는 생각을 해 보았다.

'남들처럼 번듯하게 결혼시키고 싶은 딸을 가진 부모라면 이왕이면 겐지 곁에 두고 싶겠지. 덧없는 인생, 살아있는 동안은 겐지처럼 충족된 삶을 살고 싶다. 내가 여자로 태어나 겐지와 남매였다고 해도 그 이상으로 사랑하며 가까운 사이가 되었을 테지. 젊은 시절에 그런 생각도 했었다. 그러니 여자가 그에게 유혹당하는 건 당연하고도 자연스러운 일이지.'

상황은 오보로즈키요 상시 사건을 떠올렸다.

온나산노미야 시중을 드는 이 중에, 지위가 높은 유모의 오빠가 좌중변이 되어 육조원의 가까운 가신으로 있었는데, 그는 이 황녀에게 특히 호의를 가진 사람들 가운데 한 사람이었다. 이 사람이 왔을 때 그 누이인 유모가 상황의 희망을 이야기했다.

"상황은 겐지를 사윗감으로 말씀하셨는데, 기회가 있으면 오라버니께서 이 이야길 겐지님께 슬며시 전해 주시면 좋겠습니다. 황녀들은 독신으로 지내는 게 보통 관습이지만, 어떤 경우에나 의지할 수 있는 사위를 맞이하신다면 믿음직스럽지 않겠습니까. 상황이 아니면 진심으로 황녀님을 걱정하는 분이 없으니 저희 같은 사람이 아무리 아껴드린다고 하더라도 한계가 있는 법입니다. 황녀님 일을 저희 마음대로 할 수도 없는 일이고, 다른 시녀들도 있는데 분별없는 연줄이라도 대려고 해서 좋지 않은 소문이라도 나게 되면 얼마나 곤란하겠습니까. 상황이 살아 계시는 동안 황녀님 혼처가 결정된다면, 저는 정말로 안심이 되겠습니다. 귀한 황녀라도 여자의 운명이란 예상할 수 없는 것이니 불안해서 견딜 수가 없습니다. 여러 황녀들 가운데 특별히 아끼시는 분이고 또 질투를 받기도 하니까 저는 안절부절못하겠습니다."

좌중변이 대답하였다.

"이야긴 해보겠지만 좋은 결과를 얻을지는 확신할 수 없네. 겐지님은 연애 문제에서 변덕스럽다든가 하는 분은 아니시고 보기 드물게 진실한 성품을 가지셨거든. 잠시라도 애인으로 삼으신 사람은 마음에 들고 안 들고를 떠나서 모두 저택 내에 모여 살게 하고 있지. 부인이나 총애를 받는 사람은 여럿 있지만, 결국 가장 사랑하고 소중히 여기는 분은 무라사키 부인 단 한 분뿐이라네. 그때문에 같은 원내에만 계실 뿐 쓸쓸하게 지내고 계시는 분도 많다네. 만일 연분이 있어서 황녀께서 그쪽으로 옮긴다면 아무리 훌륭하신 마님이라 하더라도 무라사키 부인을 이기실 수는 없겠지. 그래도 반드시 그렇지 않을 수도 있겠지. 겐지님은 자신이 가진 온갖 부귀영화에 만족해하고 있지만 연애에선 남의 비난을 받는 일이 종종 있어, 자기 자신에게 불만을 느끼기도 한다는 말을 농담삼아 하기도 하는데, 우리로서도 그렇게 여겨지는 점이 아예 없지도 않거든. 부인들만 하더라도 지금까지는 그저 평범한 여성들뿐이었지, 겐지님 신분에 어울리는 지위에 있는 분은 한 분도 계시지 않았어. 이런 상황에 셋째 황녀님과 연이 닿는다면 얼마나 훌륭한 내외분이 되실까 궁금하군."

좌중변이 이렇게 대답하자, 유모는 이 말을 상황께 전해 올렸다.

"오라버니의 말로는, '겐지님께서는 반드시 수락할 것이다. 고귀한 신분의 부인을 맞고자 했던 오랜 염원이 이루어져 기뻐할 것이니, 상황께서 허락하신다면 그 뜻을 전하겠노라'고 했습니다. 어떻게 하면 좋겠는지요. 애인들에겐 자기 신분에 걸맞은 대접을 하며 친절을 베푼다고 들었습니다만, 보통 신분의 여자들이라도 자기 말고 총애를 받는 여인이 있는 분과 결혼하는 일을 행복으로 여기지는 않습니다. 그러니 불쾌하다 하실지도 모를 일입니다. 황녀님을 배필로 맞고 싶어하는 사람은 그 밖에도 많이 있으니 잘 생각하셔서 신중히 결정하시는 게 좋을 듯합니다. 고귀한 황손이시라 해도 요즘은 대범하게 마음 내키는 대로 처신하며 부부 사이를 유지해 나가는 분도 많은 듯합니다. 하지만 황녀님께서는 아직 어리고 분별력이 없어 걱정이니 곁에서 모시는 시녀들도 시중드는 데 한계가 있습니다. 저택 전체에 따라 탄탄한 아랫사람이 말썽없이 시중을 들어야 마음이 놓일 듯합니다. 특별히 후견을 하실 분이 없다면 역시 불안한 일이지 않습니까."

상황은 걱정이 이만저만이 아니었다.

"나 역시 이런저런 생각이 많다. 황녀가 결혼하면 경박하다 하여 집안일까지 세상 평판에 오르게 되지. 게다가 결혼을 하면 하지 않아도 좋을 번민으로 자신을 괴롭히고 화가 나는 일도 겪게 되겠지. 한편으로는 부모형제와 헤어진 뒤 여자가 독신으로 있으면 옛사람들은 신성하게 놔두었지만 근대의 남자들은 결혼하지 않는 여자를 무시하고 악덕으로 여겨 갖가지 소문도 퍼뜨릴 것이다. 어제까지만 해도 존귀한 부모의 딸로서 존경받던 사람이 쓸모없는 사내에게 속아 뜬소문이 나고, 때로는 죽은 부모의 명예를 손상한다는 이야긴 얼마든지 있지. 황녀라 하더라도 여자인 이상 마찬가지다. 더구나 숙명이란 어떻게 될지 모르는 것이지. 배우자를 골라 주지 않고 내버려둔다면 불안한 마음은 여전할 터이다. 신분에 맞는 인연은 전생에서부터 정해져 있다고 하지만 그런 건 알 수 없는 일이니 걱정이 되어 견딜 수가 없다. 잘되든 못되든 간에 자발적으로 정하지 않고 부모형제가 골라준 상대와 결혼을 했다면, 좋지 못한 결과가 따르더라도 그것은 본인들 책임으로 돌아가지 않지. 물론 연애결혼을 한다 해도 결과가 좋다면 그것도 좋은 일이구나 하고 생각하기 마련이지. 그래도 소문이 파다해질 무렵 부모의 승낙도 얻지 않고 가족도 허락지 않았는데 연애를 해서 남편을 만났다는 건 여자로선 가장 부끄러운 일이다. 그건 신분을 떠나서 여느 여염집 딸이라도 경솔하다는 소리를 들을 수밖엔 없는 것이지. 본인 뜻을 무시하고 결혼을 결정할 수는 없지만 운명이 마음에 들지 않는 남자를 남편으로 정해버렸다면 그 여자가 평소 얼마나 행동거지와 마음가짐이 경솔했는지를 알 수 있다. 황녀가 연약하고 빈틈이 보이는 성격이라고 해서 시녀들이 함부로 황녀에게 강요해서는 안 된단 말이다. 그런 소문이 항간에 흘러나간다면 수치스러운 일이지."

상황은 자신이 출가한 후 온나산노미야의 처지까지 걱정을 하니, 유모나 시녀들은 무거운 책임을 느껴 괴로워했다.

"좀더 분별할 수 있는 나이가 될 때까지 내가 붙어 있으려고 여태까지 염원해 왔지만, 지금 건강 상태로 보아선 출가하기도 전에 죽어 버릴 듯해서 어쩔 수 없이 출가하기로 했다. 육조원 겐지에게 맡겨두는 게 가장 안심할 수 있을 듯싶다. 부인을 여럿 거느리고 있다지만 그걸 하나하나 염두에 둘 수는 없지. 그건 본인이 마음먹기에 달린 문제다. 화려했던 시절도 지나고 의연하고 침착하게 세상의 모범으로 칭송받고 있으니 앞날도 믿을만하고, 셋째 황녀의 남편으로 더할 나위가 없다.

그 밖에는 적당한 후보자로 누가 있을까? 병부경친왕은 풍채와 인물도 그만하면 웬만큼 훌륭하다. 같은 황족이니 다른 사람들처럼 혹독한 비평은 할 수 없지만, 나약하고 예술가적 경향이 있어 좀 경박한 것 같으니 남편으로 믿음직스럽다고 할 수는 없지. 한편 대납언(大納言)이 이쪽의 가신이 되고 싶어한다는데 친절해 보이긴 하지만 전혀 허락해 주고 싶지는 않다. 아무리 생각해도 그 정도 신분으로는 역시 균형이 맞지 않지. 옛날에도 부마를 고를 때에는 모든 일에 뛰어나고 덕망이 높은 사람을 골랐다. 그저 친절해 보인다는 것만으로 택한다면 아쉬움이 남는 법이지. 상시는 우위문독(右衛門督)이 그런 희망을 품고 있다고 말했는데, 그는 훌륭한 인물이니 관위(官位)가 좀더 올라 있었다면 나도 좋게 생각하겠으나 지금은 너무 젊고 관록이 부족하구나. 그는 이상이 높아 누구와도 결혼하지 않고 홀로 있으면서 제법 고매한 정신을 지녔지. 학문도 상당하고 앞으로 나라의 기둥이 될 인물임에는 틀림없다. 하지만 지금으로서는 사랑하는 딸의 사위로 그의 지위가 아직 흡족하지 않다."

이렇게 말하면서 상황은 속을 태웠다. 셋째 황녀가 아닌 다른 황녀들에게는 청혼하는 사람이 없었다. 어찌된 영문인지 상황이 셋째 황녀를 아껴 좋은 배필을 정하려 전념하고 있다는 소문이 궁 밖으로까지 자연스레 퍼져 모두들 셋째 황녀만을 사모하여 애를 태우기 시작했다.

"큰아들 우위문독은 아직 독신으로 지내면서 황녀가 아니면 결혼하지 않겠다고 하니, 부마를 찾고 있다는 이야기가 나온 지금 상황께 청을 넣어 혹시라도 마음에 들어 사위로 삼아 주신다면 그 얼마나 기쁜 일일까."

태정대신이 이렇게 말하자 그의 정부인인 상시의 언니가 대신의 뜻을 전하였다.

병부경친왕은 좌대장(左大將)의 부인 다마카즈라에게 실연당했기에 버젓한 결혼은 할 수 없다고 생각하며, 까다롭게 부인을 고르고 있던 참이라서 마음이 움직이게 되었다. 친왕은 매우 열성적으로 구혼했다.

도 대납언(藤大納言)은 상황의 오랜 사무담당관으로 친히 섬겨 온 사람이었으므로 상황이 출가하면 의지할 데를 잃게 되는 꼴이었다. 그래서 황녀와의 결혼으로 앞으로의 지위를 보장받으려는 생각으로 허락을 간청하고 있었다.

겐 중납언(源中納言) 유기리도 소문을 듣고 황녀님과 결혼하기를 원한다고 말씀드리면, 상황께서도 냉담하게 대하지는 못하리라고 괜스레 기대를 하고 있었다. 하지만 자기를 신뢰하고 있는 구모이노카리를 보고, 마음을 다잡았다. '오랫동안 마음고생 하며 연애를 할 수 없던 무렵, 다른 여인에게 마음을 주지 않고 지내왔는데, 이제 와서 분별없이 부인을 마음고생 시킬 수는 없는 노릇 아닌가. 황녀처럼 고귀한 신분의 여인과 인연을 맺으면 무엇 하나 마음대로 할 수 없고 모두 신경쓰며 괴로워하게 될 뿐이다.'

중납언 유기리는 본디 호색적이 아니었기 때문에 흔들리는 마음을 억누르고 티를 내지는 않았다. 그러나 역시 셋째 황녀가 다른 사람과 결혼하는 것을 가만히 보고만 있을 수는 없어 소문에 귀를 세웠다.

이러한 여러 가지 소문을 동궁도 듣고 있었다.

"이런 일은 후세에 본보기가 되니 잘 생각한 뒤에 사람을 고르시기 바랍니다. 아무리 훌륭한 인물이라 해도 신분에 한계가 있으니, 셋째 황녀를 생각하신다면 역시 육조원 겐지에게 맡기시는 게 가장 좋다고 생각합니다."

동궁이 이런 의향을 전하여 왔으므로, 상황은 기다리던 말을 들은 듯 기뻐했다.

"지당한 의견이군. 아주 좋은 충고다."

상황은 셋째 황녀 유모의 오라비인 좌중변을 보내 육조원에게 뜻을 전했다. 셋째 황녀 결혼 문제로 상황께서 걱정하고 있단 말을 전부터 들어왔던 겐지는 이렇게 말했다.

"참으로 안됐구나. 황송할 따름이야. 하지만 상황(42세)께서 오래 살지 못하신다면 나(39세) 또한 마찬가지가 아니겠나. 얼마나 더 오래 산다고 후사를 맡을 수 있겠나. 나이순으로 내가 상황보다 몇 해 오래 산다 해도 상황의 황녀는 모두 남이라 여길 수 없는 분들이다. 더구나 각별히 아끼시는 온나산노미야는 더 정성껏 돌봐드려야 할 텐데 그 역시 덧없는 인생에서 어찌될지 어떻게 보장하겠는가."

그러니 내 아내로 삼는다는 건 더더욱 안 될 일이지. 내가 상황의 뒤를 따라 세상을 뜬다면, 온나산노미야도 가엾을 뿐 아니라 나 또한 죽어서도 마음이 편치 않을 것이네. 차라리 내 아들 중납언 유기리가 신분은 높지 않지만 아직 젊고 장래가 있는 인물이거든. 나라의 기둥이 될 가능성도 있는 사람이니 그를 사위로 삼는 게 더 낫지 않겠나. 그러나 너무 고지식한데다가 이미 아내가 있으니 상황은 꺼리실지도 몰라.'

겐지 자신은 그다지 생각이 없는 듯 보였다. 상황이 어중간한 생각으로 결정한 일이 아니었기에 좌중변은 유감스러우면서도 상황께 송구스런 생각도 들었다. 그래서 주작원께서 이 일이 성사되기를 원하신다고 다시 한 번 그 사정을 자세히 말했다. 겐지가 미소를 지으면서 말했다.

"셋째 황녀를 무척 귀여워하는 분이시니 여러 가지로 앞날을 걱정해서 그러시는 것이네. 궁중에 들어가게 하면 될 것 아닌가. 훌륭한 후궁들이 있다고 해서 희망이 없는 건 아니지."

겐지는 용모를 상상하며 동요하는 듯했다.

그해도 저물어 가고 있었다. 주작원에서는 상황의 병환에 차도가 없기 때문에 셋째 황녀의 성인식을 서두르고 여러 가지 준비를 하고 있었다. 이전에도 앞으로도 다시 없을 호화로운 의식이 될 게 분명했기에 모두 분주했다. 식장은 상황의 황후 처소인 서쪽 사랑채였다. 일본 직물은 쓰지 않고 당나라 황후의 거실 장식을 본떠 장막이며 휘장 등을 모두 화려하고 훌륭하게 꾸며 눈이 부실 지경이었다.

허리끈을 매는 일은 태정대신에게 부탁해 두었다. 본디 거드름 피우기를 좋아하던 대신은 썩 내켜 하지 않았지만 옛날부터 상황 말씀은 거역한 적이 없었기에 이번에도 승낙하였다. 좌우 양대신과 고관들도 만사를 제쳐놓고 앓는 병도 굳이 참아가며 참석했다. 친왕 쪽에서는 여덟 분이나 와 있었다. 전상관은 물론 동궁전에 근무하는 자들도 모두 빠짐없이 참석해 참으로 성대한 의식이었다. 얼마 지나지 않아 출가하게 될 상황의 마지막 모임이다 보니 임금과 동궁은 궁중 창고에 있는, 중국에서 건너온 물품들을 후하게 선물하였다. 육조원에서도 참석자들에게 기념품으로 나눠 줄 의복류와 주빈인 대신들에게 줄 선물 등을 보냈다. 아키고노무 중궁은 황녀의 옷가지에 빗상자 등을 특별히 화려하게 만들어 보냈다. 그 옛날 상황께서 중궁이 입궁할 때 선물했던 빗상자를 새로 가공한 것이었는데, 본래의 멋이 가시지 않도록 그 빗상자임을 알 수 있게 세공되어 있었다. 성인식 날 저녁, 중궁은 주작원에 드나드는 자를 시켜 그것들을 온나산노미야에게 보내라 명하였다. 안에는 다음과 같은 노래가 들어 있었다.

늘 머리에 꽂으며 옛 정을 지금도 느끼는데
이 빛나는 옥빗도 거룩하게 낡았네.

이것을 본 상황은 추억에 사무쳤다. 중궁이 자신의 행복을 본받으라는 뜻에서 보낸 빗상자이니 고맙게 여겨, 청춘 시절의 추억은 굳이 언급하지 않고 기쁜 마음만을 담아 다음과 같은 답가를 보냈다.

그대의 행운을 본받아
이 회양목 빗이 낡아지도록 행복해지기를

상황의 병환은 결코 가벼워지지 않았다. 무리하게 거행한 셋째 황녀의 성인식이 끝나자, 사흘 뒤 상황은 머리를 깎았다. 보통 신분이라도 출가를 하게 되면 가족의 슬픔이 큰 법인데, 지체 높은 분이다 보니 상황의 여인들도 슬픔에 겨워 어쩔 줄을 몰랐다. 오보로즈키요 상시가 한시도 곁을 떠나지 않고 슬픔에 잠겨 있자 상황은 그녀를 달래기 위해 애썼다.

"자식에 대한 애정도 한도가 있는 법인데, 이토록 슬퍼하는 모습을 보니, 더는 참을 수 없을 만큼 마음이 괴롭구려."

상황은 흐트러지려는 마음을 억누른 채 팔걸이에 기대앉았다. 연역사(延歷

寺) 주지승과 계사(戒師)를 맡는 스님 세 분이 법의로 갈아입고, 속세와 인연을 끊는 의식을 시작하자 슬픔은 최고조에 이르렀다. 해탈한 승려들까지 눈물을 감추지 못했고, 황녀들이며 여어·갱의, 가신과 시녀들까지 오열했다. 상황은 동요했다. 요란한 의식없이 조용히 이별하여 고즈넉한 산속 절간으로 옮기려고 했던 계획을 이루지 못할 것 같았다. 하지만 이 또한 온나산노미야를 걱정하는 마음 때문이라 생각했다. 천황을 비롯하여, 문안 오는 사람들이 끊이지 않았음은 더 이상 말할 것도 없었다.

겐지도 상황의 병환에 차도가 없다는 말을 듣고 찾아뵈었다. 겐지는 궁정에서 주는 봉토 등에서 태상천황과 동등한 대우를 받고 있었지만, 상황처럼 화려한 격식을 차리려 들지는 않았다. 사람들은 겐지에게 존경과 신뢰를 바치며 우러렀지만, 그는 말도 타지 않은 채 수수한 수레를 타고 왔다. 또한 수행하는 당상관도 몇 명만 따라왔다.

겐지의 방문을 고대하고 있던 주작원 법황(불문에 든 상황)은 기뻐하며 기운을 내 아픈 몸을 일으켜 그를 만났다. 형식에 얽매이지 않고 겐지를 위한 자리를 마련한 뒤 맞아들였다. 삭발을 하고 승복을 입은 상황을 본 겐지는 눈앞이 캄캄해지며 비탄을 금할 길이 없었다. 잠시 뒤에 그가 말했다.

"선황께서 돌아가시기 십여 년 전부터 인생의 무상함을 절실히 느꼈습니다. 하지만 저는 출가하고자 결심하고도 마음이 흔들려 우물쭈물할 뿐이었습니다. 드디어 이런 모습을 뵙게 되니 아직 출가하지 못한 저의 나약함과 부끄러움에 견딜 수가 없습니다. 저 같은 자에게 출가는 대단한 일이 아니라고 마음을 다잡아 보지만 막상 때가 되면 미련을 버리지 못하고는 합니다."

겐지는 그렇게 말하고 좀처럼 마음이 가라앉지 않았다. 주작원도 병환 중이라 외로운 심정으로 냉정한 태도를 유지하지 못한 채 기운 빠진 기색을 보이면서 옛날과 지금 이야기를 힘없는 목소리로 말했다.

"오늘내일하는 중병이지만 그래도 살아 있으니, 희망하던 출가도 이루지 못하고 죽어선 안 되겠다 싶어 분발하여 실천으로 옮겼던 거요. 남은 나날이 얼마 없어 대단한 불제자가 되지 못하겠지만 먼저 어느 만큼의 선(線)까지 나가 놓고, 힘든 수행은 어렵더라도 염불만이라도 해두고 싶다오. 나 같은 사람이 아직 살아 있음은, 부처님께서 불쌍히 여기시어 이 뜻만은 이루어 보라는 희망을 주신 것으로 나는 생각하오. 하지만 아직껏 수행다운 수행조차 못하고

있으니 부처님께 그저 송구스러울 따름이오."

상황은 출가에 대한 소감을 그렇게 늘어놓은 뒤에 마음에 두었던 얘기를 했다.

"황녀들을 남겨 두고 가는 게 걱정이오. 특히 셋째 온나산노미야는 어미도, 의지할 곳도 없어 걱정이오."

겐지는 상황이 꼭 집어 그 문제를 꺼내지 않자 오히려 미안해하였다. 속으로는 그 황녀에 대해 다소 호기심도 동하고 있었기에 아무렇게나 이야기를 넘길 수도 없었다.

"지당하신 말씀입니다. 여염집 딸보다도 후견인이 없는 황녀가 더 불안한 법이지요. 다행히 동궁 인품이 뛰어나 말세에 훌륭함 천황이 되리라 모두가 믿고 받들고 있습니다. 상황께서 말씀하신 일은 소홀히 할 리 없으니 앞날은 걱정하지 않으셔도 될 듯합니다. 하지만 모든 일에는 한계가 있는 법이니 동궁이 황위에 올라 나라를 돌보게 되더라도 황녀만을 위해 마음을 쓰지는 못할 것입니다. 여인은 역시 결혼을 해서 곁에서 보살펴주는 보호자가 함께 있어주는 게 가장 안심이 될 것입니다. 그래도 계속 걱정이 되신다면 지금 적당한 분을 찾아 미리 사윗감을 결정해두시는 게 어떨까 합니다."

주작원이 말했다.

"나도 그렇게 생각하오만 그 또한 곤란한 일이라오. 옛날 예를 보더라도, 천자의 황녀들에게 배필을 골라서 맺어 주는 일이 어렵사리 진행되었는데, 하물며 나처럼 황위에서 물러나 출가한 사람이 자녀의 배필을 구하기는 더욱 어려울 것이오. 세상에는 끝까지 버릴 수 없는 일도 많으니 번민하고 괴로워하다 병만 깊어지고 세월만 자꾸 흐르니 조급하기만 합니다. 미안한 부탁이지만 나의 어린 황녀 하나를 특별한 호의로 맡아 주시고 당신의 눈에 드는 사람과 짝지어 주시오. 난 그 말을 하고 싶었던 거요. 중납언 유기리 같은 사람이 홀몸으로 있을 때 왜 이 이야기를 꺼내지 못했던가 싶어요. 태정대신에게 빼앗긴 게 분하다는 생각이 드는구려."

겐지가 주작원의 말을 받았다.

"중납언은, 성실한 남편은 될지 모르나 아직 모든 일에 미숙하고 분별력도 모자랍니다. 황녀에겐 도움이 되지 않을 겁니다. 황송합니다만, 제가 정성들여 보살펴 드린다면 상황께서 지키는 것과 다름없이 지낼 수 있으리라 믿습니다.

다만 내 남은 생애도 얼마 되지 않는 게 걱정입니다. 마지막까지 보살펴 주지 못하게 될까 그 점이 안타까울 뿐입니다."

젠지는 이런 이야기 끝에 온나산노미야를 맡기로 하였다.

밤이 되자, 주인인 상황 측근의 고관과 젠지를 수행한 고관들 모두 향연에 참석하였다. 요리는 정식(正式)이 아닌 소찬에다가 아취가 있었는데 좌석으로는 거실이 사용되었다. 주작원의 것은 칠을 입히지 않은 천향(淺香)*² 반상(飯床)이며, 바리때에 진지를 담은 불가의 양식을 따른 것이었다. 예전과는 다른 광경에 참석자들은 눈물을 흘렸다. 사람들은 사무치는 감회를 노래로 표현하여 읊었지만 생략하기로 한다. 밤이 깊어 젠지가 육조원으로 돌아갈 때는 대납언이 별당 뒤를 따랐다. 수행원 모두에게 신분에 따른 녹이 내려졌다.

주작원 상황은 눈이 내리던 이날 고뿔에 걸렸지만 셋째 황녀의 일이 결정되었다는 데서 안심하였다.

젠지는 온나산노미야를 맡기로 하였지만 어쩐지 마음이 편치 않아 이런저런 생각에 잠겨 있었다. 무라사키 부인도 이런 이야기가 오가고 있다는 말은 들었지만 설마 그렇게 할까 싶었다. '아사가오 전 재원(齋院)도 그토록 사랑했지만 굳이 결혼하려 들지는 않으셨으니까.' 그렇게 생각했기에 무라사키 부인은 그런 문제가 있었느냐고 묻지도 않았으며 의논도 하지 않았다.

무라사키의 그런 가련한 모습을 보고 젠지는 마음이 쓰라렸다.

'이 일을 알면 이 사람은 어떻게 생각할까. 부인에 대한 내 애정은 변함없고 일이 그리 된다 해도 내 애정은 오히려 깊어질 뿐인데, 내 마음도 모르고 이 사람은 얼마나 의심하고 괴로워할까.'

그렇게 생각하면 젠지의 마음은 편할 수가 없었다. 오늘날에 와서 두 사람 사이에는 허물이 없어져 부부금실도 아주 좋았다. 그랬기에 젠지는 이 이야기를 곧바로 하지 않은 채 지내자니 몹시 고통스럽다 생각하면서도, 그날 밤은 그대로 잠이 들었다.

다음 날도 여전히 눈이 내리고 하늘은 그대로 몸에 사무치는 빛깔이었다. 젠지는 무라사키 부인과 함께 지난날 이야기며 앞날에 대한 이야기를 조용조용히 나누고 있었다.

---

*2 천향(淺香) : 아직 어리고 흰 침향목(沈香木)

"상황의 병환에 차도가 없으시고 날로 쇠약해지시기에 병문안을 드렸을 뿐인데 여러 가지로 감회가 깊었소. 셋째 황녀에 대한 일로 무척 걱정하시면서 나에게 이런 말씀을 하셨다오."

겐지는 황녀를 부탁하던 주작원의 말씀을 자세히 설명했다.

"너무나 가엾어서 물리칠 수 없었는데, 이걸 두고 세상에서는 호들갑스레 수군대겠지. 나는 이젠 젊은 사람과 새로 결혼할 흥미가 없기에 처음에 말씀하셨을 땐 구실을 만들어 사양했었소. 하지만 직접 뵈었을 적엔 어버이로서의 심정이 너무나 사무쳐서 냉담하게 거절할 수 없었단 말이요. 상황께서 도읍 밖으로 나가 절로 들어가실 무렵 황녀를 맞이할까 하오. 당신에게는 매우 불쾌한 일이겠지만 이 일 때문에 무슨 괴로운 일이 한꺼번에 생기더라도, 당신을 생각하는 내 마음은 조금도 변함이 없을 터이니 너무 마음에 두지 마시오. 온나산노미야가 안돼지 않았소. 그러나 그분 체면이 상하지 않을 만큼은 돌봐드릴 생각입니다. 당신도 온나산노미야와 가능한 잘 지내도록 해주시오."

무라사키 부인은 겐지가 대수롭지 않은 연애문제를 일으켜도 편치 않아하는 성미여서 어찌 나올까 걱정했는데 의외로 조용하게 말했다.

"어버이의 애정에서 우러난 부탁이겠지요. 제가 어찌 감히 고귀하신 황녀님을 불편하게 여길 수 있겠습니까. 그분이 저를 무례한 여자라고 하든지, 왜 사양해서 어디라도 가지 않느냐고 비난하지 않는다면 저는 안심입니다. 온나산노미야 어머니 되는 여어는 제 숙모님이시기도 하니 그 인연을 보아서라도 친하게 지낼 수 있겠지요."

"당신이 그렇게 너그러운 태도를 보이니 오히려 내가 불안해지는구려. 이건 농담이요. 그저 그러려니 하고 당신이 너그러이 용서해 주고, 한편 그런 마음가짐으로 평화를 얻을 수 있다면 난 더없이 기쁠 것 같소. 중상(中傷)하는 자가 무슨 말을 하든지 그걸 믿으면 안 돼오. 소문이란 무서운 법입니다. 부부 사이에 있지도 않은 일을 부풀려서 너나할 것 없이 떠들어대니 결국 말도 안되는 일이 일어나고 말지요. 모든 일은 가슴 속에 묻어두고 흐름에 몸을 맡기는 게 가장 좋은 방법이요. 성급하게 일을 크게 만들거나 질투해서는 안 되오."

그렇게 겐지는 충분히 설명했다. 그러나 무라사키 부인은 심중으로 이렇게 생각했다.

'이렇게 마른하늘에 날벼락 같은 이야기나 어쩔 수 없는 그런 문제에는 질투하지 않으리라. 이번 일은 나를 배려하거나 누군가의 말을 따라 결정할 수 있는 문제가 아니었으니. 남편이 스스로 바라서 시작된 연애도 아니니 막을 수도 없을뿐더러, 부질없는 수심에 잠겨 있다는 소문이 나서는 안될 일이다. 계모인 식부경친왕 부인은 자기를 저주하는 말만 하고 좌대장(左大將) 결혼에 대해서도 무슨 연유인지 나를 원망하고 질투하고 있지 않은가. 그 계모가 이 이야기를 듣는다면 저주가 이루어졌다고 생각할 것이다.'

아무리 의연한 성격의 무라사키 부인이라 하지만 이 정도의 추측을 하지 않을 수 있겠는가. 이제까지 행복을 의심해 본 적 없이 안심하고 살아왔다. 무라사키 부인은 득의양양하게 지내던 자기가 이후엔 어떤 굴욕을 감수해야 할지도 몰라 근심했지만 겉으로 내색은 하지 않았다.

새해가 밝았다. 주작원에서는 아씨가 육조원으로 들어갈 채비를 갖추었다. 이제까지의 구혼자들이 낙담한 것은 두 말할 나위가 없었다. 천황께서도 후궁으로 들이고 싶다는 뜻을 전하려 했으나 이번에 결정된 이야기를 듣자 그만두었다.

상황은 새해 봄부터 40세가 되는 겐지를 위해 궁중에서 축하 잔치를 베풀어야 한다고 일렀다. 일반 사람들도 성대한 축하식을 기대하고 있었다. 그러나 겐지는 예전부터 자신을 위한 떠들썩한 의식을 꺼려했기에 그런 이야기는 모조리 거절했다.

정월 23일, 자일(子日)이었는데, 좌대장의 본처 다마카즈라 부인이 축하의 뜻으로 풋나물을 보내왔다. 바로 전까지 완전히 비밀리에 준비된 일이라 겐지가 마다할 틈도 없었다. 눈에 띄지 않게 하려 했으나, 워낙 권세 높은 좌대장 일가가 하는 일이라 다마카즈라 부인이 육조원으로 나올 때 따라온 수행원 행렬은 그야말로 대단했다.

육조원 남쪽 침전의 서쪽 사랑채에 겐지의 자리가 마련되었다. 병풍이나 벽에 친 장막들은 모두 새것으로 장식되었지만, 겐지의 자리엔 격식을 차린 의자를 놓지 않았다. 그러나 당나라 돗자리 40장과 방석이며 팔걸이 등 의식에 필요한 장식은 모두 좌대장 댁에서 가져온 것으로, 고상한 취향으로 아담하게 마련돼 있었다. 나전으로 꾸민 문갑 두 쌍과 옷상자 네 개에 계절별 옷들과 향호, 약상자, 벼루, 머리 감는 물그릇, 빗상자 등 눈에 띄지 않는 부분까지 세심하고 아름답게 꾸며졌다. 머리를 장식하는 조화를 올려놓는 받침은 침향목과 자단 목재에 화려한 무늬를 새기고, 같은 금속이지만 금색과 은색을 절묘하게 조화시켜 현대적인 멋이 엿보였다. 다마카즈라 부인은 예술적 재능이 있는 사람으로, 공예품은 겐지를 위해 새로 구색을 맞추어 훌륭하면서도 전체적으로 두드러지지 않도록 검소하게 하여 실질적인 축하 잔치를 베풀게 했다.

참석자를 안내하기 위해 손님방으로 나왔을 때 겐지는 다마카즈라 부인을 만났다. 두 사람은 마음속으로는 여러 가지 옛 일들을 회상했으리라. 겐지의 얼굴은 젊고 아름다워서 마흔이란 나이를 잘못 센 건 아닐까 싶을 정도로 매력적이라 자식이 있는 아버지로 보이지 않았다. 다마카즈라 부인은 오랜만에 겐지를 만나 부끄러워하면서도 전과 다름없이 이야기를 친밀하게 나누었다.

다마카즈라의 아이들은 두 살과 세 살로 무척 귀여웠다. 다마카즈라 부인은 아이들을 겐지에게 보이고 싶지 않았으나, 남편인 좌대장은 이런 기회가 아니면 언제 보여드리겠냐며 갈래머리를 한 아이들을 평상복을 입혀 데리고 나왔다. 겐지가 말했다.

"해마다 나이를 먹으면서도 그런 줄 모르고 여전히 나는 젊은 기분으로 살고 있었는데 손자들을 보게 되니 갑자기 부끄러울 만큼 나이를 생각하게 되는구나. 우리 중납언 유기리도 아이가 생겼다는데, 나를 공경하되 가까이 하지 않는지 아직 보여 주지를 않네. 누구보다 먼저 내 나이를 알아주고 축하해 준 오늘 자일(子日)이, 어째 좀 원망스럽군. 아직은 나이를 잊고 지내고 싶었는데."

다마카즈라는 한층 아름다워졌으며 관록도 느껴져 어엿한 정부인다웠다.

들녘의 새잎 돋은 어린 솔들을 이끌고
어버이 바위 찾아 오늘은 내가 왔네.

다마카즈라 부인은 아이를 둔 어머니답게 어른스러운 인사말을 했다. 겐지는 침향목(沈香木) 쟁반 네 개에 소복하게 담긴 풋나물을 살짝 입에 대고는 술잔을 들고 답했다.

어린 잔솔밭 가없이 뻗는 목숨 닮아서
들녘의 풋나물도 해를 거듭 쌓으리.

고관들은 남쪽 침전 사랑채에 자리잡았다. 식부경친왕은 좌대장의 전처 때문에 다투었던 적이 있어 다마카즈라 부인이 마련하는 잔치에 참석하기가 거북했다. 그러나 장인되는 몸으로 겐지의 초대를 받고서 축하 잔치에 나오지 않는다면 나쁜 감정이 있어 보일 것 같았기에 시간을 좀 늦춰 나왔다. 친왕은 옛 사위인 좌대장이, 겐지의 수양딸 사위로서 득의양양하게 이 잔치 주최자로 나서는 모습을 보자 매우 불쾌해했다. 외손자 되는 좌대장의 첫째·둘째 아들은 무라사키 부인의 조카이자 주최자의 자제로서 연회 석상에서 부지런히 일을 돕고 있었다.

중납언 유기리를 비롯해 친척뻘 되는 사람들이 차례로 과일 광주리 40개, 음식 바구니 40개를 헌상했다. 술잔이 돌아가고 봄나물 국을 먹었다. 겐지 앞에는 침향목 주안상이 네 개 놓였는데 그릇들도 모두 우아하고 세련되었다.

주작원이 아직도 완쾌하지 않았기에 화려한 것은 피하고 악사도 부르지 않았다. 그러나 피리 등등 악기들은 태정대신이 준비하였다.

"고상한 악기가 다 모였으니 이 세상에서 육조원의 축하 잔치만큼 좋은 자리는 없으리."

태정대신이 이렇게 말하며 아름다운 음색을 뽐내는 명기를 꺼내들고는 조용히 연주를 시작했다. 특히 화금(和琴)은 대신이 가장 아끼는 비장의 악기로, 명수가 다루며 더없이 훌륭한 소리를 내기에 대신이 연주를 시작하면 다른 사람들은 연주하기를 사양했다. 겐지가 군이 사양하는 우위문독(가시와기)에게 연주하기를 간청했더니, 이 명수의 맏아들은 예상대로 아버지에게 뒤지지 않을 만큼 좋은 솜씨를 보여 주었다. 무엇이든 명인의 자식이라 해도 그 솜씨를 이렇게까지 이어받기는 쉽지 않다며, 사람들은 그의 소리에 매혹되어 감동한 표정이었다. 선율에 따라 연주법이 정해져 있는 곡이나 중국에서 들어온 악보는 매우 어렵지만, 습득하는 방법이 분명하여 배우기는 쉽다. 하지만 화금은 연주할 때의 기분에 따라 현을 뜯는데도 여러 악기의 소리가 어우러져 조화를 이루니 무엇에도 비할 바 없이 아름답고 신비한 울림이 있었다. 아버지 태정대신은 화금의 현을 느슨히 한 채, 선율은 낮추고 여운이 길게 남도록 연주했다. 아들 우위문독의 연주는 화려하고 높은 선율로 감미롭고 요염한 느낌이 들었다. 그 음색을 들은 친왕들도 이렇게 솜씨가 뛰어날 줄은 몰랐다며 감탄을 금치 못했다.

거문고는 병부경친왕이 맡았다. 이 거문고는 궁중의 의양전에 보관하고 있는 것으로, 어느 시대에나 최고의 명기로 이름이 높았다. 승하하신 동호원 상황이 재위 끝무렵에 거문고에 재주가 있던 첫째 황녀에게 하사했던 거문고도 오늘 축하 잔치를 위해 태정대신이 빌려왔다. 이런 유래를 생각하니 겐지는 만감이 교차하며, 옛 추억이 떠올랐다. 그리하여 겐지는 더욱 사무치게 그 소리에 귀를 기울였다. 병부경친왕도 술에 취해 울음을 참지 못하는 것 같았다. 겐지의 마음을 짐작한 듯 거문고는 겐지 앞으로 옮겨졌다. 오늘 밤의 기분으로 마다하실 수가 없어, 겐지는 평소에 듣기 어려운 곡을 연주했다. 의례적인 분위기만 빼면 풍류가 넘쳐흐르는 음악의 밤이었다. 층계 쪽에는 목청이 좋은 젊은 전상관들이 계단 아래 모여 있었는데, 아름다운 선율은 여조로 바뀌며 느긋해졌다. 밤이 깊어 선율이 편안해지고 사이바라의 '푸른 버들'을 노래할 즈음 연주는 둥지의 꾀꼬리조차 놀랄 만큼 흥겨워졌다.

푸른 버들 외올실로 꼬아
꾀꼬리가 꾀꼬리가
꿰매어 만든다는 갓은
매화꽃 갓

개인적인 축하 잔치였지만 겐지는 손님들에게 줄 선물을 준비해 두었다.
날이 밝을 무렵 다마카즈라는 자택으로 돌아갔다. 겐지가 선물을 주면서 말했다.
"나는 세상을 등진 사람처럼 멋대로 생활하고 있어 흘러가는 세월도 모르고 있었는데 이렇게 축하 자리를 마련해 나이를 실감시키니 서운하기도 하구나. 가끔씩 얼마나 늙었는지 보러 와 다오. 아무튼 노인이라 모든 게 귀찮고 지루해서 자유로이 행동할 수도 없고, 만날 기회가 많이 없어 아쉽구나."
다마카즈라 부인은 옛일이 그리워 애틋한 마음에 가슴이 찡했으나 서둘러 돌아가야 하는 게 서운한 눈치였다. 다마카즈라는 친아버지인 태정대신에게는 육친으로서 애정만 갖고 있었지만, 세월이 흐르고 아내가 되고 어머니가 되어 안정을 찾으니 겐지의 자상했던 애정에 고마운 마음이 깊어졌다. 자신에게 오늘이 있음도 겐지의 은혜라고 생각했다.

2월 10일이 지나 주작원 셋째 황녀는 육조원으로 들어오게 되었다. 육조원에서도 준비를 했는데, 풋나물 축하 잔치에 사용했던 침전 서쪽 별채에 온나산노미야의 침실을 장만하고, 거기에 속한 열두 채 가옥과 대청과 시녀들의 방까지 공들여 꾸몄다. 궁중에 입궐하는 사람과 마찬가지로 주작원에서도 집기류를 보내 왔다. 그날 밤 의장행렬은 화려하기 이를 데가 없었다. 수행자에는 고관도 다수 섞여 있었고 황녀와 결혼하고자 희망했던 대납언도 원망어린 눈물을 머금은 채 따라왔다.

젠지는 수레가 도착한 곳까지 마중 나가 황녀를 안아 내렸는데, 이것은 전례가 없었다. 천자가 아니기에 의식에도 만사 한계가 있어 입궐식과는 다르고, 일반적인 사위와는 사정이 달라, 매우 드문 부부사이였다.

사흘 동안 상황과 젠지는 문안을 여쭈러 온 사람들을 화려하게 대접했다. 이런 분위기 속에서 무라사키 부인은 평정심을 유지하기 힘들었지만 온나산노미야에게 무시를 받거나 젠지와의 사이가 불안해지리라고 생각지는 않았다. 그러나 사랑받는 아내로서 지위를 줄곧 지켰던 그녀에게도 젊고 장래가 양양한 경쟁자가 등장하지 않았는가. 그런 생각을 하면 마음이 불편했지만 겉으로 티를 내지 않으며, 젠지와 함께 황녀가 옮겨오기 전에 모든 채비를 했다. 그런 갸륵한 태도에 젠지는 무척 감격해하였다.

온나산노미야는 아직 너무 작아서 덜 성숙했다기보다는 그저 어린애 같았다. 무라사키 부인이 이조원으로 들어왔을 때와 비교해 보면, 그 무렵의 무라사키는 어린 나이에도 재치가 있어 상대하기에 부족함이 없었는데, 이 황녀는 철없는 어린애 같다는 느낌만 들었다. 이것도 좋다. 어린애라면 무라사키 부인에게 떼를 쓰거나 얄밉게 구는 일은 없을 것이라며 젠지는 되도록 좋게 보려 했지만, 너무나도 허무한 신부라는 생각에 탄식하였다.

가마가 들어온 사흘 동안 젠지는 계속해서 온나산노미야 처소에 머물렀다. 이런 일에 익숙지 못한 부인은 참으려 해도 자꾸만 쓸쓸한 생각만 솟구쳤다. 젠지의 많은 의복에 시녀를 시켜 훈향을 피우면서도 그 스스로 수심에 잠겨 있는 모습이 너무도 가련하고 아름답게 느껴졌다. '어떤 사정이든 이 사람이 아닌 다른 부인을 맞이할 필요가 있었을까, 결국 바람기 많고 나약한 나 때문에 이런 일이 생긴 것이다. 상황께서는 나보다 젊어도 중납언 같은 성실한 사람은 사윗감으로 생각지도 않으셨는데' 하고 생각하니 젠지는 자신이 원망스러워 눈물을 머금고 말했다.

"오늘 밤까지만 예를 지킬 수 있도록 해 주오. 오늘 이후로도 내가 계속 당신을 홀로 잠들게 한다면 내 자신이 나를 멸시하게 될 거요. 하지만 상황께서 또 어떻게 생각하실지."

걱정하는 모습이 측은했는지 부인이 미소를 지으면서 말했다.

"그거 보세요. 당신 자신의 마음도 정하지 못하셨는데, 이 몸이 어찌 예를 따질 수 있겠습니까?"

무라사키 부인이 가볍게 말을 받자, 겐지는 부끄러워서 뺨을 괴고 멍하니 누워 있었다. 무라사키 부인은 벼루를 끌어와 노래를 지었다. 옛노래도 섞여 있는 듯, 별 의미는 없는 것 같지만 너무도 마땅하게 여겨지는 노랫말에 겐지는 온나산노미야 처소로 가지 못한 채 우물쭈물 했다.

눈앞에 변천하는 뜬세상 보면서도
먼 앞날 기약하고 덧없이도 살았네.

뜬세상 이 목숨은 끊길 날이 있어도
우리의 인연이야 끊길 줄이 있으랴.

"이러시면 사람들이 이상히 여겨 이 몸이 곤란해집니다."

무라사키 부인이 재촉하였다. 훈향을 피워 넣은 부드러운 평상복으로 갈아입고 표현할 수 없는 향내를 풍기고 나서는 겐지를 배웅하는 부인의 마음은 평온할 리가 없었다.

오랜 세월 이런 일이 생기지 않을까 조마조마했던 때도 많았지만, 남녀문제에서 멀어진 지금은 이제 괜찮다고 안심했다. 그런데 새삼 소문내기에도 민망한 이런 일이 생기다니. 무라사키 부인은 안심할 수 있는 위치가 아니었으니 앞으로 어떤 일이 생길지 모르겠다며 불안해하였다. 겉으로는 아무렇지 않은 척 태연하게 굴었지만, 시녀들도 걱정하며 이렇게 말했다.

"뜻하지 않은 일이 생기는 세상이네요. 다른 마님들이 계신다 해도 마님께 견줄 분은 없었고, 모두들 위세에 눌려 물러나 있었으니 아무 일이 없었는데요. 하지만 온나산노미야가 이렇게 무시하는 태도로 나오는데 어찌 가만히 보고만 있을 수 있겠어요. 물론 그렇다고 사소한 일까지 하나하나 옥신각신 하게 되면 성가셔지긴 하겠죠."

그렇게 한탄을 하고 있었지만, 부인은 조금도 마음에 두지 않는 듯 그들과 함께 밤이 깊을 때까지 이야기를 하면서 사랑방에 나와 있었다. 주위에서 말들이 많은 게 듣기 괴로웠던 무라사키 부인이 말했다.

"처첩이 많이 있지만, 나리의 마음에 들 만큼 신분이 높은 사람이 없다고 여기던 차에 이상에 맞는 온나산노미야께서 와 주셨으니 잘된 일이다. 나는 아직 철이 안 들어서 그런지, 함께 즐겁게 지내고 싶은데, 내가 크게 신경 쓰고 있는 것처럼 주위에서 말들이 많으니 듣기 난처하구나. 신분이 비슷하거나 낮은 분이라면 또 몰라도 온나산노미야께는 피치 못할 사정도 있으니 나는 어떻게든 잘 지내보고 싶다."

중장과 중무(中務) 댁이 눈을 마주 보고 말했다.

"배려심이 너무 많으신 것 같네요."

이 두 사람은 젊었을 때 겐지 옆에서 시중들던 사람이었는데, 그가 스마로 가고 집을 비웠을 때부터 부인을 섬기고 있어서 그런지 모두 부인을 진심으로 따르고 있었다. 다른 부인들도 무라사키 부인의 마음을 헤아려 문안을 오곤 했다. '기분은 좀 어떠신가요, 애초부터 사랑받지 못했던 우리들이야 이런 때는 오히려 마음이 편합니다만'이라고 위로를 하기도 했다. 부인은 그런 동정을 받으니 오히려 더 괴로웠다. '마음대로 내 속을 짐작하는 사람들은 참 성가시구나. 어차피 덧없는 남녀사이에 무얼 그리 애를 태울까.'

너무 늦게까지 잠자리에 들지 않으면 사람들이 이상하게 볼 것이 마음에 걸려 무라사키 부인은 침소에 들었다. 시녀들이 이불을 덮어주었지만, 밤마다 겐지 없이 홀로 지내니, 역시 쓸쓸한 기분에 마음이 편치 않았다.

'겐지님이 스마로 떠나 헤어져 있을 때가 생각나는구나. 아무리 멀리 떨어져 있어도 같은 세상에 무사히 살아 있다는 소식만 들을 수 있다면, 모든 일을 제쳐두곤 했었지. 겐지님만 그리워하며 안타까워하지 않았던가. 만약 그 때 그 소동에 휩쓸려 겐지님과 함께 목숨을 잃기라도 했다면 얼마나 허무했을까.'

무라사키 부인은 이런 생각으로 마음을 다잡았다.

바깥에는 바람이 불고 싸늘한 밤이라 얼른 잠이 들지 않았다. 곁에 잠든 시녀들이 걱정할까봐 꼼짝 않고 누워 있으려니 괴로운 노릇이었다. 첫닭 우는

소리가 사무칠 듯 들려왔다.

꼭 원망한 것은 아니었는데, 부인의 괴로워하는 마음이 저쪽까지 통했는지 겐지는 부인 꿈을 꾸었다. 잠에서 깨어나 놀란 가슴이 불안으로 두근대는데 첫닭 우는 소리가 들려왔다. 겐지는 기다렸다는 듯 황녀의 침전을 나섰다. 어린 황녀였기에 유모들이 가까이에 대기하고 있다가 여닫이문을 열고 나가는 겐지를 배웅해 드렸다. 동이 트기 전이라 하늘은 어슴푸레한데 정원에 쌓인 눈이 하얗게 빛나 주위는 부옇게 보였다. 그가 자리를 뜬 뒤에도 남아 있는 그 윽한 향에 유모는 '봄의 어두운 밤은 아무런 소용이 없구나. 매화꽃은 보이지 않아도 향기만은 숨길 수 없으니.'라는 옛 노래를 읊조리며 돌아간 겐지를 아쉬워했다.

동쪽 별채에는 드문드문 눈이 남아 있었는데 아직 동이 트지 않아 정원의 하얀 돌과 구분이 가지 않았다. 겐지는 그 풍경을 바라보며 한시를 읊었다.

자성 그늘에 남아 있는 눈

별채 격자문을 두드렸다. 오래도록 새벽녘에 귀가하는 일은 없었기에 시녀들은 심술을 부려 한 동안 잠든 척하다가 한참만에야 격자문을 열었다.

"한참 동안 바깥에서 기다리니 몸이 얼어붙었소. 이리 일찍 돌아올 것이 부인에 대한 내 마음이 거짓이 아니라는 증거 아니겠소. 그렇다고 내게 허물이 있는 것도 아니오."

그렇게 말하면서 겐지가 부인의 이불을 들치니, 그녀는 눈물에 젖은 홑옷 소매를 감추려 하고 원망지도 않았다. 하지만 마음이 다 풀어지지도 않았는데도 못이긴 척 상냥하게 구는 모습이 오히려 더 매력적이고 아리따워 보였다.

아무리 고귀한 분이라 해도 이런 여자는 없으리 생각하면서 두 사람을 비교해 본다.

겐지는 지난 일들을 이야기하면서 아직도 섭섭해하는 부인을 달래며 그날 밤을 함께 보냈다. 이튿날은 줄곧 방에서 떠나지 않은 채 있다가, 밤이 되어서도 온나산노미야에게는 가지 않고 편지만 보냈다.

'오늘 새벽녘의 눈으로 기분이 좋지 않아 괴롭습니다. 편안한 곳에서 몸조리를 할까 합니다.'

"그대로 전해드렸습니다."

온나산노미야 유모의 말을 심부름꾼이 전해 왔다.

'쌀쌀맞은 대답이로구나.'

겐지는 상황이 어떻게 생각하실까 염려스러워 당분간은 그쪽 체면을 세워 주려 하였지만 그도 그리 쉽지만은 않았다.

'이러한 것은 예상했던 일이 아닌가.' 겐지는 자책하며 생각에 잠겼다.

'내 입장은 생각해 주시지 않는구나. 무심한 분'

무라사키 부인도 자신의 처지를 괴로워했다. 다음 날도 겐지는 예전처럼 부인의 처소에서 눈을 뜨고, 온나산노미야에게 편지를 썼다.

조금도 쑥스러울 게 없다고 생각하는 상대긴 했지만 붓을 골라 하얀 종이에다 썼다.

우리 사이를 막을 정도는 아니지만
오늘 아침에 내린 봄눈이 마음을 어지럽게 합니다.

겐지는 편지를 백매화 가지에 매달아 심부름꾼에게 일렀다.

"서쪽 회랑에 갖다 드려라."

겐지는 툇마루에 가까운 방에서 뜰을 바라보고 있었다. 흰옷을 몇 겹 걸치고 남은 매화나무 가지를 만지작거렸다. 또 새로 내릴 눈을 기다리고 있었는데, 희미하게 남아 있는 눈 위에 눈발이 흩날리고 있었다. 가까운 홍매화 가지 끝에서 꾀꼬리가 싱그럽게 지저귀는 소리를 들으며 노래를 읊조렸다.

'매화나무 가지를 꺾으니 소매마저 꽃향기 풍기는데, 매화꽃 여기에 있다고 알려주듯 지저귀는 꾀꼬리'

이렇게 읊고선, 꽃을 든 손을 소매 속에 끌어넣으면서 발을 걷어 올렸다. 그 모습은 중납언과 여어를 자녀로 둔 어버이나 준태상천황 지위에 있는 분으로 보이지 않았고 풋풋한 젊은이처럼 보였다.

온나산노미야로부터 오는 답장이 늦어질 듯해 겐지는 안으로 들어가 부인에게 매화꽃을 보여 주었다.

"꽃이라면 이만한 향기는 있어야겠지요. 이 좋은 향기가 벚꽃으로 옮겨 간다면 다른 꽃은 모두 버려도 좋을 것 같소."

겐지는 다시 말했다.

"매화는 다른 꽃에 시선을 빼앗기지 않는, 이른 시기에 꽃을 피워 주목을 받는 것인지도 모르지요. 봄 벚꽃이 한창일 때 비교해 보고 싶구려."

그때 온나산노미야가 답장을 보내왔다.

분홍빛 얇은 종이에 산뜻하게 싸여 있는 편지를 보고 겐지는 당황했다.

'당분간 부인에겐 감춰두리라. 숨기려는 것은 아니지만, 경솔하게 다른 사람의 눈에 띄게 하는 건, 온나산노미야의 신분을 생각해 보아도 황송한 일이다'

온나산노미야의 유치한 필적을 보며 겐지는 이렇게 생각했다. 하지만 억지로 숨기려는 것도 무라사키 부인을 불쾌하게 하는 일이 될 듯하여 끝만 살짝 펼쳐 보였다. 무라사키 부인은 흘끗 쳐다보고는 곁에 누웠다.

오시지 않아 허전하고 외로운 마음
바람에 흩날리는 봄눈이
덧없게 하늘에서 사라져버리듯
나도 필시 죽어버리겠지요

필적은 말할 수 없이 유치했다. 무라사키 부인은, 내가 저만한 나이 땐 이렇게 하지 않았을 거라는 생각에 눈살이 찌푸려졌으나 못 본 체하고 말았다.

다른 분이었다면 겐지도 무어라 했을 것이다. 그러나 온나산노미야의 신분을 생각하면 애처로운 일이었다. 겐지는 말했다.

"당신은 안심해도 좋을 거요."

이날 낮에 겐지는 온나산노미야의 처소로 갔다. 정성스레 화장한 모습을 본 시녀들은 그 아름다움에 모시는 보람이 있다며 감격했다. 나이가 지긋한 유모는 기뻐하면서도 한편으론 걱정스런 마음을 감추지 못했다.

"앞으로 과연 어찌 될는지요. 이분께선 분명 더없이 훌륭하게 자라시겠지만, 생각지도 못한 일이 생길까 염려스럽습니다."

황녀는 거실을 꾸민 호화로운 장식과는 어울리지 않는 천진난만한 소녀로, 입은 옷 속에 파묻혀 버린 것처럼 몸집이 작았다. 별로 수줍어하는 모습도 아니었다. 낯을 가리지 않는 아이처럼 스스럼없었다.

'상황은, 학문을 그다지 깊이 닦으시지는 않았지만 예술적인 취미가 풍부하고 고상한 분이셨다. 그런데 어째서 황녀를 이렇게 철없이 키우셨을까. 가장 귀히 여기는 황녀라고 하셨건만.'

겐지는 안타까웠다. 하지만 한편으로는 귀엽다는 생각도 들었다. 겐지가 하라는 대로 선선히 따른다. 나긋나긋하고 온순했다. 생각나는 것은 어린애답게 다 말했다. 너무 천진해서 오히려 불안할 지경이었다.

'예전의 나였다면 쉽게 싫증냈겠지. 지금은 남녀사이가 저마다 특색이 있다고 생각하고 있으니 다행이로구나. 어차피 모든 게 완벽한 사람이 그리 흔한 것도 아니고. 어떤 여인이든 장점이 있고 단점이 있겠지. 다른 사람 눈에는 온나산노미야가 이상적인 여인으로 보일 수 있지 않을까.'

이렇게 생각하니 옛날부터 보아 왔던 무라사키 부인의 인품이 새삼 완벽하게 느껴졌다. 겐지는 자기가 일궈낸 일이지만 정말 이상적인 여인으로 잘 키웠다는 생각이 들었다. 단 하룻밤 떨어져 있었는데 그 다음날 아침이 되자 부인에 대한 그리움으로 가득 찼다. 얼마 뒤면 만날 수 있었지만 기다리는 시간이 안타깝고 겐지의 애정은 커지기만 했다. 왜 이렇게까지 생각나는 걸까 겐지는 자신이 의아스러웠다.

주작원은 같은 달인 2월에 절로 옮겼다. 겐지에게 어버이의 정이 깃든 편지를 몇 번 보냈다. 온나산노미야를 잘 부탁한다는 간곡한 내용이었다.

"나를 신경 써서 삼갈 필요는 없소. 그대가 생각하는 대로 마음껏 온나산노미야를 돌보아 주었으면 좋겠소."

편지에는 이렇게 씌어 있었으나, 결국 온나산노미야가 너무 어리고 철이 없으니 걱정이 되어 마음을 놓지 못하는 모습이 느껴졌다. 그리고 무라사키 부인에게도 편지를 썼다.

'어린 딸이 아직 아무 지각도 없는 모습으로 그곳에 가 있습니다. 순진한 사람으로 여겨 너그러이 두루두루 보살펴 주십시오. 사촌자매라는 연고도 있지 않습니까. 입산하는 몸이지만 속세에 두고 가는 이 아이의 앞날을 생각하니 미련이 남습니다. 어버이로서 걱정을 숨기지 않고 편지를 드리는 일도 조심스럽답니다.'

겐지가 편지를 보더니 부인에게 말했다.

"자식을 둔 탓에 마음을 비우지 못하고 이런 편지를 보내는 것은 어리석은 일이지만 황송하고 과분한 편지입니다. 당신도 정중하게 답장을 써 보내시오."

그렇게 말하고, 시녀를 보내 그 사자에게 술을 권하게 하였다.

"어떻게 써야 좋을지 모르겠습니다. 답장을 쓰기가 어렵습니다."

부인은 이렇게 말했으나 답장에 과하게 멋을 부릴 필요는 없었다. 다만 솔직하게 생각되는 바를 이렇게 적었다.

'버리고 가시는 이 세상 미련이 남아 걱정이시라면 황녀님과의 끊을 수 없는 정을 굳이 버리려 하시지는 마시기를.'

겐지는 통소매를 곁들인 여자 옷을 사자에게 하사했다.

무라사키 부인이 쓴 훌륭한 필적을 받아본 주작원은, 이처럼 모든 것을 완벽하게 갖춘 부인에 비하여 어린 황녀가 유치하게 보이리라 생각하니 안타깝게 여겨졌다.

상황이 출가하며 여어와 갱의에게 작별을 고하자 모두 자택으로 돌아가게 되었으니 가엾은 일이었다. 상시 오보로즈키요는 승하하신 황태후가 살던 이조원에 들어가게 되었다. 주작원은 오보로즈키요에 대한 애착이 강했기에 차마 발길이 떨어지지 않았다.

이 상시가 여승이 되려고 하자 주작원이 충고하였다.

"이런 때에 출가하려고 하면 내 뒤를 따르는 듯하여 수선스럽지 않은가."

그러나 오보로즈키요는 하나하나 출가준비를 시작했다.

겐지는 달밤에 만났던 상시와 미련이 남는 작별을 한 뒤로 지금까지 쭉 잊지 못하고 있었다. 어떤 기회에 또다시 만날 수 있을까, 만나서 옛이야기를 나누며 소동이 일어났을 무렵 괴롭던 그때 마음을 알려 주고 싶었다. 그러나 두 사람 모두 세상 평판을 꺼리는 신분이다 보니 서로 삼가고 조심하고 있었다. 하지만 이제는 상시도 한산한 독신생활로 들어섰다는 그 사실에 마음이 끌린 겐지는 만나고 싶어 견딜 수가 없었다. 있어선 안 될 일인 줄 알면서도 그저 문안 편지인 척 마음을 담은 서신을 보낸 적도 한두 번이 아니었다. 이젠 청춘 남녀와 같은 위험도 없다고 생각하며 상시도 가끔 답장을 써 보냈다. 겐지는 오보로즈키요의 시녀인 중납언댁에도 애절한 사연을 담아 여러 차례 편지를 보냈다.

그 여자의 오라비인 예전 화천태수를 불러 젊은 시절로 돌아간 것같이 의논하였다.

"가리개가 말을 막고 있어도 좋으니 그분과 직접 하고 싶은 이야기가 있네.

자네가 넌지시 내 뜻을 전하고 승낙만 얻어주면 나는 은밀히 찾아갈 작정이야. 이젠 절대로 그런 짓을 할 수 없는 처지이니 반드시 비밀을 지켜줘야 하네. 자네가 입이 가벼운 자가 아님을 믿고 상의하는 것이네."

중납언댁을 통해 이야기를 들은 상시는, 그런 일은 생각도 못했는지 한숨을 쉬며 생각했다.

'어떻게 해야 하지. 남녀 사이의 정이란 어떤 것인지 잘 알고 있지만 그분의 박정함도 몇 번이나 보아왔는걸. 상황께서 출가하신 안타까운 때에 우리가 새삼 추억에 잠길 수 있을까. 아무도 모르게 만난다 하더라도 자신의 양심에 찔린다면 창피한 일이 아닐까.'

아무리 만나기 힘든 여건 속에서도 사람들 눈을 피해 서로 사랑했던 두 사람이 아니었던가. 출가하신 상황에겐 떳떳하지 못하지만, 없었던 관계도 아니니 이제 와서 새삼스레 깨끗한 척해도 한 번 맺어진 사이가 쉽게 끊어질 리 없다고 생각한 겐지는 화천태수에게 안내를 부탁해 이조궁을 방문할 결심을 했다. 부인에게는 이렇게 말했다.

"이조 동원에 있는 히타치의 스에쓰무하나가 전부터 병환으로 누워 계신데 이번 북새통에 문안드리지 못해서 무척 송구스럽더군요. 낮에는 남의 눈에 띄어 안 좋으니 밤에나 가볼까 하오. 아무한테도 알리지 않을 작정이니 그렇게 알고 있으시오."

설레어 하는 겐지를 본 무라사키 부인은 그렇게 신경 쓰던 분도 아닌데 웬일로 찾아뵌다는 것인지 이상하게 생각했다. 짚이는 데가 없는 바는 아니었으나 셋째 황녀가 온 뒤로는 이런 일에 하나하나 질투하지 않았고 답답한 마음을 전혀 내색하지 않았다.

이날엔 온나산노미야 침전으로도 가지 않은 채 그저 편지만 주고받았다. 옷소매엔 열심히 훈향을 피워 넣고 겐지는 날이 저물도록 기다렸다. 밤이 되어, 수행원 네댓만을 거느리고 눈에 안 띄는 수수한 삿자리*³ 수레를 타자 마치 옛날 밀행을 나서는 모습 같았다.

화천태수를 보내 인사말을 하였다. 육조원에서 왔다는 말을 듣자, 오보로즈키요는 깜짝 놀라며 불쾌해하였다.

---

*3 삿자리 : 갈대를 엮어 만든 자리.

"웬일일까, 내가 한 말씀을 어떻게 잘못 전해 드렸단 말이냐?"

"핑계를 만들어 돌려보내드리는 건 더욱 죄송한 일이지 않습니까."

중납언은 그렇게 말하고 무리한 계책까지 세워 겐지를 사랑채로 인도했다. 겐지는 문안 인사를 전하고 나서 말했다.

"잠깐 여기까지만 나오셔서 가리개 너머로라도 이야기를 나누도록 해주시지요. 내 오늘은 옛날처럼 흑심을 품지 않을 것입니다."

그렇게 간절한 말에 오보로즈키요는 몹시 탄식하면서 무릎걸음으로 나왔다. '역시 정에 약한 점은 예나 다름없다.' 겐지는 흐뭇해하면서도 내심 경망스럽다는 생각이 들었다. 두 사람은 예사로운 사이가 아니었던 만큼 기척만으로도 몸짓 하나하나를 알 수 있었다. 그래서 더욱 그립고 각별한 사이였다.

동쪽 별채였다. 겐지는 동남쪽 끝 사랑채에 있었는데, 오보로즈키요가 있는 옆방 문 장지에는 고리가 걸려 있었다.

"어째 젊은 사람에게 하는 대접을 받는 기분인데 이래가지고선 마음이 놓이지 않는군요. 이리도 많은 세월이 지났는데도 당신을 잊지 못하는 나로선 이런 냉대가 섭섭하기만 하구려."

겐지는 원망을 했다.

밤은 깊을 대로 깊어갔다. 원앙새 소리도 슬피 들려 왔고, 인기척 드문 궁 안의 축축한 공기가 몸에 스미는 듯했다. 부귀영화의 자취가 깃든 저택을 보자 인생이 이다지도 빨리 변해 버리는가, 안타까운 생각이 들었다. 거짓 눈물을 흘렸던 헤이추(平仲)[4]과 달리 진실한 눈물이 넘쳐흘렀다. 겐지는 옛날과 다르게 차분하고 노련한 태도를 보였지만 가리개를 두고 볼 수만은 없었다.

긴 세월을 지나 이제야 겨우 만날 수 있었는데
이런 관문이 막고 있어서야
흐르는 내 슬픈 눈물 막을 길이 없어
흘러넘칠 뿐이오

겐지가 노래를 읊자 오보로즈키요 상시는 매정한 노래로 답하였다.

---

*4 헤이추(平仲) : 타이라노 사타부미(平貞文). 헤이안(平安) 시대 중기의 연애편력으로 이름난 사람

만남의 고개 관문에 있는 샘처럼 흐르는 내 눈물도 막을 길 없으나
그대와 만날 길은 이미 가로막히고 말았구나

옛날을 생각하면서 상시는, 누구 때문에 이분이 먼 곳으로 귀양을 가게 되었는가, 혼자 죄를 뒤집어쓰신 이분께 쌀쌀하고 약한 체하는 여자가 될 것인가 하고 그녀의 약한 마음은 기울어졌다. 워낙 신중함이 없는 사람이지만, 겐지로부터 떨어져 있던 그동안 옛날의 경솔함을 뉘우치기도 하고 공적으로나 사적으로나 마음고생을 많이 하며 자중하며 지내왔었다. 그러나 옛날과 같은 밤이 눈앞에 나타나 그때와 지금의 시간이 갑자기 이어진 듯했고, 처음과 같은 매정한 태도는 취할 수 없었다.

상시는 여전히 젊고 아름다웠다. 탄식하는 모습은 처음 만났을 때보다 신선하고 아름다워 겐지는 바다처럼 깊은 애정이 솟아오름을 느꼈다. 날이 새는 것이 안타까워서 일어날 생각도 하지 않았다.

새벽녘 아름다운 하늘에서는 새 우는 소리가 즐겁게 들려왔다. 벚꽃이 다 떨어지고 연초록빛 이파리가 돋아난 벚나무 사이로 부연 안개를 바라보며, 겐지는 옛날 이맘때 있었던 등꽃 잔치를 떠올렸다. 지금까지 지내온 긴 세월을 생각하자 청춘 시절이 몹시 그리웠으며, 막 일어난 일들처럼 사무치게 생각났다.

중납언댁이 겐지를 배웅하기 위해 덧문을 열자, 겐지가 그에게 다가가 말했다.

"고운 빛으로 물든 등나무와 나는 깊은 인연이 있는 듯하네. 풍취가 요염한 이 등나무꽃이 얼마나 내 마음을 끄는지 아시오. 내 어찌 이 꽃그늘을 떠나갈 수 있겠는가."

겐지는 꽃을 바라보며 이렇게 혼잣말을 하며 떠나려고 하지 않았다. 때마침 산에 떠오를 아침 햇살이 겐지를 비쳐 그는 눈부시게 아름다웠다. 예전보다도 더 뛰어난 풍채를 오랫동안 못 보았던 사람은 그 모습을 보고서 마음이 움직이지 않을 까닭이 없었다.

'상시께서는 왜 이런 분과 인연을 맺지 못하신 걸까. 궁에 들어가 폐하를 모신다 해도 여어가 되신 것도 아니고 그다지 높은 신분이 되신 것도 아닌데 돌아가신 태후께서 너무 힘을 과하게 쓰셔서 소동만 커지고 이름까지 더럽히신

데다 두 분 사이도 멀어지시다니.'

시녀들은 끝나지 않은 두 사람의 사연을 계속 이야기 하고 못다 푼 그리움과 아쉬움을 풀어드리고 싶었지만 겐지도 처신이 자유롭지 않았고 사람들 눈도 두려웠다. 해가 떠오르자 점점 쫓기는 기분이 느껴졌다. 복도 출입구 밑에 수레가 기다리고 있고 수행원들은 재촉하는 듯한 소리를 냈다. 겐지는 뜰에 있는 사람에게 길게 늘어진 등나무꽃 한 가지를 꺾게 했다.

그 옛날 유랑을 내 어찌 잊으랴만
다시금 꽃물결엔 이 몸이 잠기는가.

그런 노래를 읊으면서 괴로운 듯 문어귀에 기대 서 있는 겐지를, 중납언이 측은하게 바라보았다.

오보로즈키요는 어젯밤의 밀회를 부끄럽게 여기고 마음이 혼란스러웠지만, 아름다운 등꽃 같은 겐지를 향한 그리움은 어쩔 수 없었다.

잠긴다 그 말씀을 내 어찌 믿으리까
다시는 꽃물결에 잠기지 않으리.

겐지는 자신의 치졸한 행동이 바람직하지 않다 여겼지만, 문지기의 감시가 느슨해지자 마음의 여유를 찾고는 다음에 다시 만날 것을 굳게 약속하고 일어섰다. 예전에 누구보다 각별한 사랑을 하다 헤어진 뒤 그리움에 애를 태웠는데, 이렇게 하룻밤을 보내고 나니 다시 연정이 타올랐다.

사람들 눈을 피해 돌아온 겐지의 흐트러진 모습을 보고 무라사키 부인은 상대가 오보로즈키요 상시일 것이라 짐작했으나, 모르는 척 했다. 질투심을 겉에 드러내는 것보다도 도리어 이런 태도가 겐지는 괴로웠고 자신이 어쩌다 이렇게 부인과 멀어졌나 탄식했다. 그랬기에 전보다 더한 열정으로 영원히 변함없는 사랑을 속삭이는 말을 다하려 했다. 상시와 또 한 번 벌인 밀회는 전할 만한 이야기가 아니었지만, 옛날 일을 잘 알고 있는 부인에게 그대로 말할 수는 없어도 어느 정도는 털어 놓았다.

"가리개 너머로 겨우 이야기만 나누었을 뿐인데 참 아쉬웠소. 남의 눈을 피해 한 번이라도 다시 만나고 싶은 사람이요."

그 정도로 말했다. 부인은 웃으면서 말했다.

"날이 갈수록 젊어지시는군요. 지금 와서 옛 사랑을 다시 시작하려 하시다니. 기댈 곳 없는 저는 괴로울 뿐입니다."

그래도 눈물이 고여 있는 모습은 가련하게 보였다.

"언제나 그렇게 아파하니 나도 너무 괴롭소. 차라리 때리거나 원망해 주시오. 그렇게 서먹서먹한 태도는 가르치지 않았건만, 까다로운 성격이 되어 버렸구려."

그러면서 비위를 맞추는 중에 그만 어젯밤 진상마저 털어 놓게 되었다. 겐지는 하루 종일 온나산노미야에게도 가지 않은 채 부인을 달래기에 바빴다. 온나산노미야는 별 대수롭지 않게 생각했지만 유모들은 이를 불쾌히 여기며 투덜댔다. 황녀가 질투한다면 무라사키 부인보다 신경을 써야 하겠지만 겐지는 황녀를 귀여운 놀이 상대로만 여겼다.

동궁에 입궐한 뒤 아카시 여어는 좀처럼 허락을 받지 못해 오랫동안 친정나들이를 하지 못했다. 입궁을 하기 전 편하고 여유로웠던 어린 시절 기억이 궁중 생활을 따분하고 답답하게 했다. 여름이 되면서 건강도 좋지 못했는데, 바깥출입을 허락해 주지 않아 안타까워했다. 모든 게 입덧 탓이었다. 축하할 일이지만 아직 열네 살 어린 나이이고 몸집이 작다 보니 이 사람의 징후를 보고선 누구나 위태위태하게 느꼈다. 머지않아 친정나들이가 겨우 허락되었다. 셋째 황녀가 거처하는 침전 동쪽에 여어의 거처가 마련되었다. 아카시 부인이 여어와 함께 퇴궁하니 생각해보면 큰 행운이었다.

무라사키 부인은 겐지에게 여어의 방을 찾아가 만나는 길에 온나산노미야도 만나겠다고 했다.

"이 기회에 칸막이문을 열고 온나산노미야님에게도 인사를 드리겠습니다. 전부터 생각은 하고 있었는데, 아무런 용건도 없이 찾아뵙기 황송하였습니다. 인사를 드리면 앞으로 서먹해지지는 않겠지요."

겐지는 미소지으면서 동의했다.

"좋아요. 아직 어린 사람이니 여러 가지를 잘 가르쳐 주어요."

무라사키 부인은 온나산노미야보다도 아카시 부인을 만난다는 것이 긴장되어 머리도 감고 공을 들여 몸단장을 했다. 그 아름다움에 비길 만한 사람은 없을 것만 같았다.

겐지는 온나산노미야 처소로 가 말했다.

"오늘 저녁 무라사키 부인이 아카시 여어를 방문하는 김에 이곳에 와서 당신과 만나 보고 싶다고 했으니 이야기 나누어 보시오. 그 사람은 착한 사람이라오. 아직 젊은 편이라 당신의 놀이 상대도 될 거요."

"부끄럽겠네요. 어떤 이야길 하면 좋을까요."

온나산노미야가 이렇게 대답하자 겐지는 자상하게 알려주었다.

"무라사키 부인이 하는 말에 따라 그때그때 대답을 생각하면 됩니다. 서먹하게 굴지만 않도록 하세요."

겐지는 두 부인이 사이좋게 지내기를 바랐다. 너무도 철부지 같은 온나산노미야의 모습을 보이는 것은 쑥스럽다고 생각하면서도 부인이 바라는 일을 거절하여 막는 것도 좋지 않다고 판단했다.

무라사키 부인은 남편의 다른 부인에게 문안 인사를 올려야 하는 자기 자신이 측은했다. 겐지의 정부인으로 자신을 능가하는 부인이 육조원에 있어선 안 될 일이었다. 자신이 어린 시절부터 남편에게 의지해 왔다는 사실이 결정이 되는 것 같아 걱정이 되었다. 글씨 연습을 하다가도 안타까운 옛노래만 떠올라 자신이 수심에 잠겨 있음을 깨닫고 놀라곤 했다.

그때 겐지가 무라사키 부인 쪽으로 왔다. 온나산노미야와 아카시 여어를 보고, 모두 귀엽다고 생각했지만 그 눈으로 부인을 보니 오랜 세월을 보아 익숙한데도 훌륭함에 감탄을 금치 못했다. '이 사람이 평범한 외모였다면 내가 이렇게 빠지진 않았겠지. 정말 보기 드문 미인이다.'

우아하고 기품 있고 단정한 모습은 보는 사람을 부끄럽게 만들 정도였다. 세련된 화사함과 은은하게 빛이 나는 듯한 아름다움과 요염함까지 있어, 성숙한 여인의 자태가 느껴졌다. 지난해보다 올해 더 아름답고 어제보다도 오늘이 더 놀라워 싫증이 난다거나 시들해지는 일이 없었다. 겐지는 어떻게 해서 이다지도 흠이 없는 사람일까 생각했다. 부인이 연습삼아 쓴 종이가 벼루 밑에 감추어진 것을 찾아낸 겐지는 그것을 집어들고 읽어 보았다. 소일거리로 쓴 글이라 뛰어나게 잘 쓴 글은 아니었지만 달필이면서도 귀여운 느낌이 드는 글씨였다.

어느덧 여름 가고 가을이 다가왔네

푸르던 저 산마저 벌써 단풍이 드는가.

그런 노래가 쓰어 있는 곳에 겐지의 눈이 머물렀다.

산의 푸른빛은 변하지 않아도
싸리꽃 드리운 그늘은 벌써 빛깔 변했네.

겐지는 밑에 이런 노래를 적어 놓았다.

가을이 되어도 물새의 파란 날개가 변하지 않는 것처럼
내 마음도 변함없네
싸리나무 아랫잎 같은 그대야말로 어딘가 조금 이상하구려.

오늘 밤에는 무라사키 부인이 온나산노미야와 아카시 여어를 만나러 간 덕에 겐지는 아무도 신경 쓰지 않고 이조의 오보로즈키요를 만나러 나섰다. 속으로는 이게 무슨 염치없는 짓인가 싶었지만 발이 저절로 움직이기에 어쩔 수 없었다.

무슨 일이 있을 때마다 오늘처럼 고민하는 모습이 엿보였지만 아무 일 없는 듯 누르고 있는 그 모습을 겐지는 애틋하게 여기고 있었다.

동궁의 아카시 여어는 생모보다 무라사키 부인을 더 가깝게 느끼며 의지했다. 부인은 아름답게 성장한 의붓딸을 어버이와 다름없이 진심으로 사랑했다. 그들은 정답게 이야기를 나눈 끝에 칸막이를 열고 온나산노미야를 만났다. 겐지가 말한대로 철부지 같고 가련해 보이는 온나산노미야를 본 무라사키 부인은 안심이 되어 어머니 심정으로 말을 건넸다. 황녀의 어머니 되는 분과 자신의 혈연관계를 이야기하기 위해 중납언 유모를 옆에 불러놓고 말했다.

"선조를 거슬러 올라가면 이렇답니다. 제 아버지와 온나산노미야님의 어머니는 남매 사이셨지요. 지금껏 인사를 드릴 기회가 없어 결례를 저질렀습니다. 앞으로는 스스럼없이 동쪽 별채에도 들려주세요. 있을 때 말씀해 주시면 기쁜 마음으로 받아들이겠습니다."

중납언 유모가 이어서 말했다.

"어머니를 여의고 상황께서는 출가하셔서 외로운 온나산노미야님께 이리도 친절하게 말씀을 해주시니 더없이 감사할 따름입니다. 상황께서도 무라사키 부인께서 이처럼 친근하게 온나산노미야님을 돌보아 주시기를 바라셨겠지요. 저희들에게도 그런 말씀을 하시며 여러 부탁을 하셨습니다."

"일전에 황송한 편지를 보내 주셨으니, 어떻게든 힘이 되어드리고 싶습니다 만 아무래도 제가 모자란 탓에 제대로 못하고 있습니다."

무라사키 부인은 따뜻하고 침착한 태도를 보이며 나이 어린 동생을 대하듯 온나산노미야가 좋아할 만한 그림 이야기도 하고, 동심으로 돌아가 인형놀이 도 해주었다. 온나산노미야는 겐지가 말하던 대로 무라사키 부인은 젊고 마음 씨도 싹싹한 사람이라 느끼며, 안심했다.

그 뒤로 편지를 주고받으며 즐거운 놀이가 있을 때에는 서로에게 편지를 보 내 함께 놀기를 권했다. 세상 사람들은 고귀한 집안의 일들을 화제로 삼기를 좋아해서 처음에는 무라사키 부인을 동정하는 소문이 떠돌기도 했다.

"무라사키 부인은 지금 마음이 어떠실까."

"무라사키 마님도 예전처럼 총애받지는 못하실 거야. 겐지의 애정이 식을 수 밖에 없지 않는가."

처음에는 그런 소리를 했지만 겐지가 전보다 더 사랑하는 눈치를 보이자, 이 번에는 황녀를 동정하는 온갖 수군거리는 소문들이 전해졌다. 하지만 온나산 노미야와 무라사키 부인이 사이 좋게 지내자 나쁜 소문들은 사라지고 모든 일이 원만하게 수습되었다.

10월에 무라사키 부인은 겐지의 40세 축하를 위해 차아(嵯峨)의 불당에서 약사불(藥師佛) 공양을 올리기로 했다. 겐지가 성대한 잔치를 꺼렸기에 조용히 준비했다. 그래도 약사불, 경전을 담는 상자, 경전을 싸는 대나무 발 등은 극락 을 떠올릴 정도로 호화로웠다. 최승왕경(最勝王經)·금강반야경(金剛般若經)·수 명경(壽命經) 등을 올리는 성대한 기원 법회였다.

고관들도 다수 참석했다. 불당 주위를 둘러싼 아름다운 가을 풍경에 끌려 서 모여든 사람이 대부분이었고, 서리를 맞아 고요하고 메마른 들판까지 말과 수레가 오가는 소리가 계속해서 들려 왔다. 여러 부인들도 한꺼번에 송경(誦 經)을 신청했다.

23일이 불사 마지막 날이었는데, 육조원에는 많은 여인들이 살고 있는 터라 무라사키 부인은 평소 자신의 사저로 생각하는 이조원에서 축하 잔치를 열기로 했다.

겐지의 의상을 비롯하여 필요한 준비들은 모두 무라사키 부인이 손수 마련했지만, 다른 부인들도 자청하여 분담하겠다고 나서서 거들어 주었다.

이조원의 별채를 지금은 시녀들이 거처하는 방으로 쓰고 있었는데, 그 방을 치우게 하고 전상관과 오위 관원, 겐지 시종들의 접대소로 꾸몄다. 침전 사랑채는 식장으로 만들고 겐지를 위해 나전의자를 마련해 놓았다. 서쪽 사랑채에는 열두 개의 의상탁자를 놓은 뒤 여름·겨울 옷이며 잠옷을 관습대로 쌓아놓고 그 위를 자줏빛 비단으로 덮자 안에 무엇이 있는지 아무 것도 보이지 않았다. 의자 앞에는 장식물을 놓는 탁자 두 개가 있었는데 중국에서 들여온 얇은 비단 끝을 짙게 물들인 덮개가 덮여 있었다. 꽃장식을 얹어놓은 상은 침향목으로 다리를 만들었고, 머리에 쓰는 꽃 장신구는 은빛 나뭇가지 위에 황금빛 새가 앉아 있었다. 이것은 아카시 여어가 손수 만든 것이기에 아주 품격 높고 아름다웠다. 의자 뒤 사첩 병풍은 무라사키 부인의 아버지 식부경친왕이 맡아 만들게 한 것으로 매우 훌륭했다. 사계절을 그린 흔한 풍경이었지만 보기 드문 산수나 폭포 등의 경치가 신선했다. 북쪽 벽 밑에는 문갑 두 개가 놓여져 있었는데, 거기에 장식물들을 진열한 것은 하나의 격식이었다.

남녘 사랑채에는 고관·좌우 대신·식부경친왕까지 누구 하나 참석하지 않은 사람이 없었다. 무대 좌우에 악사들의 천막을 치고, 정원 동서쪽에는 도시락 80인분, 답례품이 담긴 당궤가 40개씩 놓여 있었다.

오후 두 시에 악사들이 도착했다. 무악인 만세악, 황장을 추고 해가 질 무렵, 고려악의 시작을 알리는 젓대 소리가 울려 퍼지자 낙존을 추었다. 흔히 볼 수 없는 춤이라 끝날 때쯤 중납언 유기리와 우위문독 가시와기가 나와 잠깐 퇴장의 춤을 추고 단풍나무 아래로 들어가는 것에 사람들은 아쉬워하면서도 크게 감동하였다. 옛날 기리쓰보 선황이 주작원에 행차하셨을 때에 겐지와 두중장이 청해파(靑海波)의 절묘한 춤이 있었던 것을 기억하는 사람들은, 이들 두 사람이 겐지와 두중장의 진정한 후계자라고 말했다. 그러면서 역시 전생에 베푼 선한 행동의 결과가 있는 집안 자녀들이라고 감탄했다.

밤이 되어 악사들이 돌아갈 때 무라사키 부인의 가사 관리장은 직원들을 데리고 나와 당궤에서 답례품을 꺼내 나누어 주었다. 선물로 받은 흰 옷을 어깨에 걸친 사람들이 산기슭에서 연못을 끼고 지나가는 광경을 멀리서 바라보자 천년 수명을 지닌 학이 어울려 노는 사이비라의 '학의 하얀 털옷'이 떠올랐다.

음악이 시작되고, 흥겨운 밤잔치가 벌어졌다. 거문고를 비롯한 모든 악기는 동궁이 손수 마련한 것이었다. 주작원께서 물려준 비파며 칠현금, 천황께 하사받은 쟁 등 귀에 익은 그윽한 소리를 냈다. 오래간만에 합주를 하니 옛 궁정이 떠올라, 여러 가지 그리운 추억을 꿈처럼 그리게 했다.

후지쓰보가 살아 있었다면 자신이 직접 축하 잔치를 베풀어주었을 거란 생각에 겐지는 무엇 하나 깊은 정을 느낄 수 없었다. 세월이 흘러도 그저 안타까울 뿐이다.

천황께서도 후지쓰보가 살아 계시지 않아서 커다란 빛이 사라진 듯 쓸쓸히 여겨졌다. 그나마 겐지를 최고 지위에 앉히려는 희망조차 실현되지 못하자 언제나 유감스럽게 생각하였다. 그래서 올해는 겐지의 40세 축하 잔치를 핑계삼아 육조원으로 행차하실 작정을 하셨다. 그러나 세간에 폐 끼치는 일은 하지 않음이 좋겠다는 겐지의 진언으로 좌절되고 말았다.

12월 20일이 지나서 아키고노무가 궁중에서 퇴궐하였는데 겐지의 올 축하의 마지막 기원으로, 나라(奈良)의 7대절에 포목 4,000필을, 교토 주위의 절 마흔 곳에는 비단 400필을 나누어 헌사했다. 곱게 키워주었으며 깊은 사랑을 주신 양아버지 겐지에게 아무 보답도 해드리지 못해 그저 안타까울 따름이었다. 그리고 돌아가신 아버지와 어머니 육조원 마마께서 살아 계셨다면 감사한 뜻을 어떻게든지 표시했으리라고 이 기회에 드러내고 싶었다. 하지만 겐지가 천황폐하의 행차마저 사양하였기에 여러 일을 포기할 수밖에 없었다.

"선례를 고려해 보면 40세 축하 잔치를 크게 열고 오래 산 사람은 얼마 없는 것 같습니다. 이번에는 떠들썩한 잔치는 치르지 않도록 해주시고, 제가 쉰 살까지 장수할 수 있게 기원해 주십시오."

겐지는 이렇게 사양 섞인 말을 했지만 중궁이 주최하는 공식 축하 잔치인 만큼 화려하게 벌어졌다.

중궁 처소의 침전이 식장으로 꾸며졌는데 지금까지 열렸던 축하식과 크게 다름없이 잘 준비되어 있었다.

당상관들에게 주는 선물도 황후의 큰 잔칫날에 내리는 물품과 같았다. 친왕

들에게는 여자 의상을, 비참의인 사위(四位)와 전상관 등에게는 흰 평상복 한 벌씩을, 그 아래 관리들에게는 두루마리 비단을 주었다. 겐지를 위해 만든 의복은 더 없이 훌륭했으며, 그 밖에도 국보로 지목되는 가죽 허리띠며 큰 칼을 바치게 했다. 이 두 품목은 중궁의 아버지이신 전 황태자 유품으로 역사적인 물건이었기에 겐지는 매우 기뻐했다. 예부터 전해 내려오는 천하의 명품이며 미술품이 모두 모인 것 같았다. 옛날 소설에서도 선물을 주는 일이 가장 중한 일인 듯 세세하게 기록되어 있으나, 워낙 번거로운 일이라 필자는 일일이 다 쓸 수가 없다.

천황은 겐지에게 호의를 베풀려던 축하 잔치를 어쩔 수 없이 중지하게 되자, 유기리 중납언에게 갑자기 잔치를 주최하라고 명령하였다. 그 무렵 우대장이 병으로 사직하자, 임금은 유기리 중납언을 그 후임으로 승진시켰다. 겐지는 겸손하게 감사의 인사를 드렸다.

"갑작스레 내린 은혜로운 명이 너무나도 과분해서 젊은 그에게는 너무 이른 이야기가 아닌가 싶습니다."

천황은 우대장을 표면의 주최자로 내세워, 축하연 마지막 잔치는 육조원 동북쪽 침전에 마련하였다. 겐지는 잔치가 요란스럽지 않기를 바랐으나, 궁중 내명(內命)으로 베풀어지는 축하 잔치여서, 약식을 취하지 않고 정식대로 성대하게 준비했다.

음식은 모두 두중장이 준비하였다. 친왕 쪽에서 다섯 분, 좌우 대신, 대납언 두 명, 중납언 세 명, 참의 다섯 명, 대궐의 전상관이며 동궁과 겐지의 전상관들도 거의 모두 참석했다.

태정대신은 천황의 직명에 따라 겐지의 자리와 그 실내 도구들을 준비시켰고 당일에는 식장에도 자리를 같이했다. 겐지도 이에 놀라고 황송한 뜻을 표하면서 자리에 앉았다. 가운데 방에는 남쪽을 향해 놓여져 있던 겐지의 자리와 나란하게 태정대신 자리가 놓였다. 태정대신은 의젓하여 보기 좋게 살이 쪘고, 벼슬의 관록과 중후한 덕을 보이는 장년이었다. 겐지는 젊은 시절 모습 그대로였다. 병풍 네 폭에는 천황이 손수 쓴 글씨가 붙어 있었는데, 엷은 중국 비단에 우아한 밑그림이 있는 병풍이었다. 사계절 경치를 그린 채색화보다도 이 병풍의 먹빛 글자가 더 눈부시게 빛나 보였고, 천황 폐하의 친필이 들어가 더욱 훌륭하게 느껴졌다. 두 문이 달린 장식궤, 현악기나 취주악기 등은 장인소로부터 하사된 것이었다. 유기리 우대장의 당당함까지 가세하여, 이날 열린 예식의 화려함은 더할 나위 없이 훌륭했다. 좌마료·우마료·육위부 관원들이 마흔 필의 말을 끌고나와 세워 놓을 무렵에는 이미 해가 기울어 있었다.

어느 틈엔가 밤이 되었다. 만세락(萬歲樂)이며 하황은(賀皇恩) 같은 형식적인 춤을 춘 다음, 사랑채에서는 흥겨운 음악놀이가 벌어졌다. 무엇에나 재주가 뛰어난 병부경친왕은 여느 때처럼 비파를 연주하고 겐지는 거문고, 태정대신은 화금을 연주했다. 오랫동안 듣지 못했던 화금 가락이 절묘하다고 느낀 겐지는, 자신도 최선을 다해 거문고를 연주했다. 그 어느 때보다도 아름다운 음색이 울려 퍼졌다. 이렇게 가까운 사이가 되자 옛날이야기가 오가고 어느 쪽 인연을 봐서라도 잘 지내자며 즐겁게 이야기를 나누었다. 술잔을 거듭하였다. 흥겨움도 정점에 이르러, 취흥에 울지 않을 수 없었다.

겐지는 태정대신에게 훌륭한 명기인 화금, 대신이 좋아하는 고려피리, 또 자단(紫檀) 상자 하나에는 당나라와 일본의 초서(草書)로 쓴 책들을 담아 선물로 수레에 실어 주었다. 천황 폐하께서 겐지에게 말을 하사하신 때에 우마료 사람들은 고려악을 연주했다. 육위부 관원들에게는 유기리 우대장이 기념품을 주었다. 겐지의 의향대로 되도록 검소하게 하여 눈에 띄지 않게 하려 했는데, 천황, 중궁, 동궁, 상황이나 황후 같이 가장 고귀한 분들만 배석하니, 그 성대함이 이루 말할 수 없이 경하스러웠다.

겐지로서는, 아들이 유기리 우대장 하나밖에 없어 허전하기도 했다. 하지만 우대장은 다른 사람들보다 뛰어났으며, 세상의 신망이 두텁고 인품도 뛰어났다. 우대장의 어머니인 아오이 부인과 이세로 내려간 육조 미야스도코로는 자존심이 드세어 겐지의 사랑을 놓고 서로 다투던 시절이 있었는데, 중궁과 이 대장 두 사람 다 같이 겐지의 큰 사랑 밑에서 훌륭하게 성장했음을 느끼게 했다.

이날 대장의 옷은 하나치루사토 부인이, 답례품은 삼조원의 구모이노카리가 준비한 것이었다. 육조원의 화려한 잔치도 남의 일로 듣고 있던 구모이노카리 부인은 그런 보람 있는 일을 언제 할까 싶었는데, 유기리 대장과의 인연으로 영광을 나눠 가지게 되었다.

해가 바뀌어 육조원에서는 아카시 여어가 13세로 출산 시기가 다가오자 순산을 기원하는 기도가 끊임없이 들려왔다. 각 신사와 절에서도 기도를 수없이 드리게 하였다. 예전에 규(葵) 부인이 아이를 낳고 죽은 일이 생각나는 겐지는 출산을 무서운 일로 여기고 있었다. 무라사키 부인이 아이를 갖지 못해 아쉽지만 한편으로는 다행이라 생각할 정도였다. 그렇기에, 아직 소녀의 몸으로 여자로서의 큰 위기를 돌파해야 하는 아카시 여어를 벌써부터 걱정하고 있었다. 게다가 2월께부터 드러누울 만큼 고통스러워하는 모습을 보자 겐지나 부인은 조마조마하지 않을 수 없었다.

음양가들은 장소를 바꾸어 근신해야 한다고 조언했으나, 궁 밖의 다른 집으로 옮기는 것을 불안하게 여겼다. 그리하여 아카시 부인이 사는 북녘 마을 별채로 내실을 옮기기로 했다. 큼직한 별채 둘과 복도로서 둘러진 사랑방 밖에 없는 곳이었다. 그리하여 대청 사랑방에 기도단(祈禱壇) 여러 개를 마련하고 평판이 좋은 승려들을 모두 불러다가 기도를 올리게 했다.

아카시 부인은 아카시 여어가 무사히 아이를 낳느냐 마느냐에 따라서 자신의 운명도 정해진다 믿고 마음을 단단히 먹고 있었다. 아카시 부인의 어머니 여승 부인은 늙은 몸을 주체하는 것조차 어려웠을 텐데도 외손녀에게 다가가는 것이 꿈만 같아 여어가 하루 빨리 몸을 풀기를 기다리며 곁에서 시중을 들고 있었다. 지금까지 여승 부인은 여어가 태어난 무렵 사정은 분명하게 이야기해 준 적이 없었는데 너무나도 기쁜 나머지, 내실에 와서는 눈물을 흘리고 몸을 떨며 옛 이야기를 해 주었다. 아카시 여어는, 처음에는 이상한 늙은이로구나 싶어 그 얼굴만 물끄러미 바라보았지만, 언젠가 어머니께서 이 할머니가 있다는 말을 해주셨기에 친절하게 대할 수 있었다. 아카시에서 탄생했을 때 일이며, 겐지가 그곳 바닷가로 옮겨왔던 무렵의 일을 여승이 차근차근 이야기했다.

"겐지님이 도읍으로 올라가셨을 땐 온 집안사람들이, 이젠 연분이 끊기고 마는가 하며 몹시 슬퍼했다오. 하지만 아씨가 태어나 이렇게 우리를 어두운 운명에서 구해주었으니 고마운 은혜로 생각합니다."

그러면서 눈물을 주르륵 흘렸다. 그런 가엾은 옛날 이야기를 이 여승이 들려주지 않았다면 자기는 그저 과거를 의심해 볼 뿐, 진실은 아무것도 모르고 말았을 것이라고 생각하며 아카시 여어는 울었다. '나는 이렇게 여어가 될 수 있는 처지가 아니었구나. 무라사키 부인께서 키워주신 덕분에 남들만큼 제몫을 할 수 있게 되었고, 세상 사람들에게 업신여겨지지 않을 수 있었는데. 그런데 나는 자신을 고귀한 사람이라 착각하고 후궁에서도 다른 여어나 갱의를 무

시하고 잘난 척을 하다니. 사람들이 뒤에서 뭐라 했을까.'

여승 부인의 이야기를 들은 여어는 이런 생각을 하였다.

생모가 다소 처지는 집안 출신이었다는 사실은 알고 있었으나, 자신이 그런 시골집에서 태어났다는 것은 생각도 못한 일이었다. 너무나 철없이 자란 탓인지는 몰라도, 자신이 여태껏 그것을 모르고 지냈다는 게 이상스럽게만 여겨졌다. 아카시 포구에 남아 있던 할머니의 법사가 선인처럼 속세를 버리고 지내고 있다는 말도 어린 마음에는 슬프게 들렸다.

아카시 여어가 가슴에 솟구치는 갖가지 상념으로 쓸쓸한 얼굴을 하고 있을 때 아카시 부인이 나타났다. 여기저기서 몰려든 영험한 스님들이 가지기도(加持祈禱)를 올린다고 소란한데, 여어 곁에 하녀들은 없고, 여승인 노모만 득의한 모습으로 가까이에 앉아 있었다.

"민망한 모습입니다. 낮은 휘장이라도 당겨 모습을 가렸으면 좋았을 것을, 바람이 심한데 휘장 사이로 누가 들여다보면 어쩌시려고요. 그렇게 의원 같은 모습으로 곁에 계시면 곤란합니다."

아카시 부인은 무척 민망했다. 여승 부인은 자신이 예의 바르게 처신하고 있다 생각했지만 나이를 먹어 귀도 잘 들리지 않아 엉뚱한 대답만 하며 고개를 갸웃거릴 뿐이었다.

사실 여승 부인의 나이는 예순대여섯 살로 고령은 아니었으며, 여승다운 산뜻하고 기품 있는 모습을 지니고 있었다. 눈물에 젖은 눈이 빨갛게 부어오른 것을 보니, 겐지가 그 옛날 아카시 바닷가를 떠나던 무렵 일을 떠올리는 듯해 아카시 부인은 가슴이 철렁 내려앉았다.

"옛 이야길 잘못 말씀하셨나 보군요. 기억이 흐릿하여 있지 않은 이야기가 섞인 것은 아닌지 모르겠습니다. 옛 일은 모든 꿈 같은 법이지요."

아카시 부인이 쓴 웃음을 지으며 딸의 얼굴을 보니 매끈하고 아름다우면서도 어느 때보다 울적한 빛이 보였다. 자기 자식이지만 믿어지지 않을 만큼 기품이 있어 황송하기까지 한데 여승이 마음 상하게 하는 이야기를 해서 번민하는 게 아닐까 걱정이 됐다. 이 딸이 왕후 자리에 오르는 때를 기다렸다가 때가 되면 지난 진실을 알려주려고 했었다. 만일 이 사람이 옛이야기를 직접 들었다고 해서 스스로를 비하하지는 않겠지만, 얼마나 낙담했을지 걱정이 되었다. 기도가 끝나고 스님들이 물러간 다음에 아카시 부인이 가까이 와서 과자를 권하였다.

"조금이라도 드셔요."

할머니 여승은 의젓하고 아름다운 여어 쪽에 눈길을 주고선 감격에 젖어 눈물을 흘리고 있었다. 입은 볼썽사납게 커질 만큼 한가득 웃음을 짓고 있었지만 눈에서는 눈물이 멈추지 않았다. 아카시 부인은 곤란하다는 눈짓을 해 보였지만 여승은 모르는 척할 뿐이었다.

　　이제 나이 들어 노망나고
　　한없이 기쁜 곳으로 나와
　　눈물에 젖어 있는
　　여승을 그 누가
　　탓할 수 있으리오

"옛날에도 이런 늙은이가 하는 일은 뭐든 너그러이 용서해주었답니다."

여어는 벼루상자에 들어 있던 종이를 꺼내 이런 노래로 화답했다.

　　눈물 젖은 할머니의 길 안내에
　　저 멀리 파도 너머 찾아가고 싶구나
　　아카시 해변의 옛집을.

아카시 부인은 참다못해 울음을 터뜨렸다.

　　시름겨운 세상을 버리고 번뇌를 벗어던져도
　　아카시 해변 홀로 사는 아버지 법사 또한
　　손녀 생각하는 마음의 어둠은 걷어내지 못하였겠지요.

아카시 부인은 노래를 읊으며 눈물을 감추었다. 여어는 할아버지와 헤어진 그 아침을 꿈에서도 볼 수 없음을 안타깝게 여겼다.

3월 10일이 지나 아카시 여어는 무사히 아기를 낳았다. 산기가 있기 전까지는 걱정이 많았지만, 큰 고통 없이 사내아이를 낳자 모든 일이 바라던 대로 이루어져 겐지도 마음이 놓였다. 여어가 머물고 있는 곳은 사람들이 오가기 쉬운 육조원 뒤편으로 출산을 축하하는 행렬이 끊이지 않았다. 그 소란하고 화려한 광경은 비구니에게 '한없이 기쁜 곳'이라 노래했던 모습 그대로였지만 구석진 곳이라 사람들 눈에 잘 띄지 않았다. 의식을 치르기에 적합하지 않았기에 여어는 동남쪽 침전으로 돌아가기로 했다.

무라사키 부인도 건너왔다. 흰 옷을 입고 어머니다운 모습으로 아기마마를 안고 있는 여어는 아주 귀여웠다. 무라사키 부인은 자신이 경험한 적 없던 일이고, 다른 사람의 산실에도 가본 일이 없었기에, 어린 아기마마를 신기해하며 사랑스러워했다.

아직도 위태위태해 보이는 작은 아기마마를 무라사키 부인이 늘 안고 있어서 친할머니인 아카시 부인은 아기마마 일을 무라사키 부인한테 맡긴 채 아기 목욕 준비를 도왔다. 더운물을 큰 대야에 부어넣는 아카시의 모습에, 여어의 생모를 알고 있는 동궁측 시녀들은 가슴이 뭉클했다. 은밀한 사정도 알고 있어, 만약 아카시 부인이 실수라도 하면 여어에게 매우 불미스러운 일이었으리라. 하지만 아카시 부인은 깜짝 놀랄 만큼 기품이 있었고, 과연 남다른 인연으로 축복받은 분다웠다. 지금까지의 소식을 하나하나 짚고 넘어가는 것도 새삼스럽다.

엿새째에 여어와 어린 도련님은 자신의 남녘 침전으로 돌아갔다. 이레째 밤에는 천황으로부터 축하가 있었다. 동궁의 아버지인 주작원 상황이 출가를 했기 때문에 그 대신 행한 일인 것 같았다. 궁중 관리가 와서 유례 없을 만큼 성대하게 예를 갖추었다. 이날의 화려한 축하 잔치 자리를 관리했다. 중궁이 내린 축하 선물도 다른 공식 행사 때보다 더 훌륭했고, 친왕과 대신들도 모두 정성을 다해 축하의 예를 갖추었다.

겐지도 이 축하 행사는 자신의 마흔 살 축하연때처럼 간소하게 하지 않고, 전에 없이 성대하게 준비하자 소문이 퍼져 큰 소동이 벌어졌다. 훗날에도 전하고 싶은 우아하고 아름다운 축하 선물들은 이 소동에 가려져 끝내 사람들 눈에 띄지 않았다.

겐지는 아기마마를 안고 말했다.

"우대장이 아이를 많이 두고 있으면서 여태껏 보여 주지 않아 무척 섭섭했는데, 그럴 만한 일이라 싶다."

아기마마는 무럭무럭 자랐다. 그리고 당분간은 새 유모를 구하지 않고 종래 육조원 시녀들 가운데에서 신분이나 성격이 좋은 사람을 골라서 붙여 두었다. 아카시 부인은 총명하고 고상하며 마음씨가 너그러운 한편, 언제나 겸손하기를 잊지 않고 자신이 앞으로 나서려고 하지 않았다. 그리하여 아카시 부인을 칭찬하지 않는 사람이 없었다. 아카시 부인을 그렇게 미워하던 무라사키 부인도 지금은 아기마마 덕분에 서로 격의 없이 친하게 지내게 되었다. 본디 어린 아이를 좋아하는 무라사키 부인이 액막이 인형을 손수 만들어 주는 모습은 한층 앳돼 보였다. 밤낮없이 아기마마를 위해 마음을 쓰는 무라사키 부인이었다.

할머니 여승은 아기마마를 마음껏 뵐 수 없다는 사실이 서운했다. 어린 증손자를 겨우 한 번 본 뒤로 보지 못하자 여승은 그리움에 사무쳐 죽어 버릴 것 같았다.

아카시 법사도 외손녀의 출산 소식을 듣고서는 세속을 떠난 몸이지만 매우 기뻐했다.

"이젠 이 속세로부터 안심하고 떠나도 되겠다."

법사는 제자들에게 말하더니, 아카시 저택을 절로, 주변 논밭을 절의 영지로 만들었다. 깊은 산 속, 사람들이 잘 다니지 않는 오지를 갖고 있던 법사는 그곳에 눌러 앉았다. 사람들을 만나거나 자신의 소식을 알려서는 안 된다 생각하니 마음에 걸리는 일이 있어 떠나지 못하고 지금껏 아카시에 머물고 있던 것이다. 염원하던 것이 이루어진 지금, 이제 미련은 없다며 신불에 의지하여 깊은 산으로 들어가고 말았다.

지난 몇 년은 도읍의 가족도 순조로이 지내고 있다고 해서 안심하고 심부름꾼을 보내려고 하지도 않았다. 다만 도읍으로 심부름꾼이 갔을 때에서야 여승에게 짧은 편지를 써 보냈다. 이번에는 속세를 버리는 작별의 의미로 아카시 부인에게 편지를 썼다.

'이 몇 해 동안 너와 한 세계에 살면서도 이미 다른 세계로 가버린 심정이었기에 대단한 일이 없는 한 소식을 들으려고도 하지 않았다. 가나문(假名文)으로 쓴 것을 읽자면 시간이 걸리고 염불을 게을리하게 되어 도움될 게 없기 때문이야. 이쪽 소식도 잘 전하지 않았지만, 듣자 하니 외손녀가 동궁의 후궁으로 들어가 옥동자를 낳으셨다 하니 나는 깊은 축하의 말씀을 드린다. 그렇다고 이미 불가에 귀의한 몸으로 새삼 영달을 바랄 마음은 없다. 과거의 나 같으면 은애로운 감정에서 벗어날 수 없고 업을 닦으면서도 부처 앞에 비는 것은 다만 너에 대한 일이었지, 나의 정토왕생의 기원은 둘째였다.

사실, 네가 나던 해 2월 어느 날 밤에 이런 꿈을 꾸었지. 나는 수미산(須彌山)*5을 오른손으로 떠받치고 있었다. 그 산 양 옆에서 달과 햇빛이 비쳐 나와 주위를 비추더구나. 내겐 산 그림자 때문에 그 빛이 비쳐오지 않았어. 나는 그 산을 널따란 바다 위에 띄워 조그마한 배를 타고 서쪽 극락정토를 향해 가는 데서 꿈은 끝났다.

꿈에서 깨고 난 아침부터 나는 미래에 꿈을 가질 수 있게 되었다. 그 꿈 같은 행복으로 어떻게 다가갈 수 있을까 생각이 많았는데 그때 아내가 너를 품었다. 보통 책이나 불전에는 꿈을 믿어도 좋다는 말이 흔히 씌어 있기에 무능한 부모지만 너를 소중히 키워 왔단다. 그러기 위해서 물질적인 부족이 없도록 도읍 살림을 그만두고 지방관으로 내려왔던 게지. 그 뒤 하리마의 국수로 영락해, 늙은 몸으로 다시는 도읍으로 돌아가지 않으리라 결심하고 이 아카시 해변에서 사는 동안에도 너의 운에 기대 남몰래 많은 발원을 하였다. 염원이 이루어져 여어가 국모가 되어 숙원을 이루는 날에는 주길(스미요시) 신사를 비롯하여 감사 참배를 드리도록 해라. 무엇을 의심할까. 가까운 미래에 하나의 염원이 이루어 질테니, 내가 저 멀리 서방 십만억불토 떨어진 극락이 구품연대 위에 다시 태어날 것은 의심할 여지가 없다. 지금은 오직 미타불의 부름을 기다리고 있을 뿐이다. 부름이 있는 날까지 나는 산천초목이 깨끗한 깊은 산 속에서 수행에 전념할까 한다.'

광명이 비치는 새벽이 머지않은 것처럼
동궁이 즉위하여
아카시 여어가 국모가 될 날도 머지않았으니
지금에야 먼 옛날 꿈이야기를 하느니

---

*5 수미산(須彌山) : 불교 세계관에서, 세계의 중심에 있다는 높은 산

그리고 날짜가 적혀 있다. 날짜 다음에 추신이 있었다.

'내 생명이 끝나는 날을 알 필요는 없다. 사람들이 관례대로 어버이를 위해 상복을 입지만 너는 입지 말도록 해라. 자신을 신분이 변화하여 세상에 나타난 자라 여기고 나를 위하고자 한다면 남에게 공덕이 되는 일을 해라. 즐겁게 살고 있을 때에도 내세를 잊지 말거라. 내가 늘 바라마지 않는 극락에 가 있다면 언젠가는 다시 만날 것이다. 사바를 떠나 피안(彼岸)에서 다시 만나기를 바란다.'

법사가 주길신사에 바쳤던 많은 기원문을 모아 넣은 침향목(沈香木) 상자는 단단히 봉해 아카시 부인에게 보냈다. 여승에게 준 편지엔 자세한 말은 하지 않고, 이렇게 씌어 있었다.

'지난 시월 십사일에 이제까지 살던 집을 떠나서 산 속으로 들어왔소. 하찮은 이 육신을 곰이나 늑대에게 베풀까 하오. 당신은 더 오래 살아서 복된 꽃이 아름답게 피는 날을 만나도록 하오. 극락정토에서 다시 만납시다.'

여승은 다 읽고 나서 심부름 온 스님에게 법사에 관한 말을 물었다.

"편지를 쓰고 사흘 뒤 깊은 산속 암자로 옮기셨답니다. 저희들은 배웅하러 산기슭까지 갔습니다만, 거기서 모두들 돌려보내고 스님 한 분과 동자 두 명만 데리고 가셨습니다. 출가하셨을 때 슬픔이 다한 줄 알았는데 그대로 끝난 게 아니었습니다. 전부터 수행을 하며 틈틈이 연주하셨던 거문고와 비파를 가져오라 하시더니 불전에서 하직 인사로 연주하신 뒤 악기를 불당에 헌납하셨습니다. 다른 여러 물건도 불당에 헌납하셨기에 그동안 따르던 제자 60여 명과 가까이 지내던 사람들이 나누어 간직하였습니다. 남은 것은 도읍에 계시는 분들께 보내셨지요. 그렇게 모든 걸 청산하시고서 깊은 산의 구름과 안개 속으로 자취를 감추셨습니다. 그날 이후 저희들 제자는 얼마나 큰 슬픔에 잠겨 있는지 모르겠습니다."

승려도 어린 시절 법사를 따라 도읍에서부터 따라온 사람이었는데, 높은 법사가 된 지금도 아카시 해변에 남아 법사와의 이별을 슬퍼하고 있었다. 불제자로 굳은 신앙을 가진 그 사람들조차 주인을 잃은 비탄에서 헤어나오지 못했으니 법사의 소식을 들은 여승이 비탄에 잠긴 것은 당연한 일이었다.

아카시 부인은 남쪽 침전에 가 있었는데, 심부름꾼이 법사의 편지를 가지고 왔다는 소식을 듣고서는 비구니의 거처로 은밀히 걸음을 옮겼다. 지금은 어린 황자의 할머니가 되어 근엄하게 처신하고 있어 사소한 일로 오가며 만나기는 어려웠지만, 좋지 않은 편지가 왔다는 소식에 사람들의 눈을 피해 온 것이었다. 등불을 가까이 가져와 편지를 읽자, 주체할 수 없는 눈물이 하염없이 흘러내렸다. 남이 보면 아무렇지도 않을 일도 자식이기 때문에 지난 일들이 주마등처럼 떠올랐고 그리워서 견딜 수 없었다. 끝내 아버지가 영원히 자기들 앞에서 사라졌다고 생각하자, 슬픔에 사무쳐 유언을 보면서도 아무 말도 하지 못했다.

아카시 부인은 슬프고 눈물이 앞을 가리는 듯했지만 편지에 적혀 있는 꿈 이야기에 희망을 가졌다.

'아버님의 완고하고 까다로운 성격으로, 나처럼 어울리지도 않는 사람이 겐지님과 인연을 맺게 되었다며 나의 불행과 아버님을 원망했던 적도 있었지. 하지만 이렇게 허무한 꿈에 의지하고 높은 이상을 품었기 때문이었구나.'

아카시 부인은 이제야 아버지의 마음을 이해하였다.

여승은 눈물을 훔치고, 아카시 부인에게 말했다.

"당신이 있음으로 해서 빛나는 영광과 기쁨을 얻기도 했지만 또 한편으로는 당신 때문에 얼마나 마음속으로 괴로웠는지 모릅니다. 대단한 집안 자식은 아니었으나 오래 살아 정든 도읍을 등지고 시골로 갔을 무렵에도 불운한 나 자신을 몹시 한탄했지요. 훗날 우리 부부가 생이별을 하게 되리라고는 생각도 못하고, 저세상에서는 반드시 함께하자고 내세를 기약하며 지내왔는데 이렇게 뜻하지 않은 일이 생겨 한 번 버린 도읍으로 다시 돌아오게 되었습니다. 당신들이 누리는 행복을 눈으로 보고 기뻐하면서도 한편으론 당신 아버님이 걱정되어 슬퍼했습니다. 게다가 끝끝내 멀리 떨어진 채 영영 헤어져 버린 일이 안타깝기만 합니다. 그분은 속세에서도 남들과는 다른 성품이라 세상을 등지고 계셨지만, 젊었을 적부터 서로 사랑했던 우리 두 사람 사이엔 깊은 신뢰가 있었습니다. 그런데 어째서 이렇게 금방 소식을 들을 수 있는 곳에 살면서도 헤어져야 하는 걸까요?"

눈물로 얼룩진 여승의 얼굴을 보며 아카시 부인도 흐느꼈다. 두 사람은 밤을 새워 많은 이야기를 나누었다.

"남보다 행복한 미래 따위는 바라지 않습니다. 그늘에 숨어 사는 몸으로 어떻게 자랑스럽고 화려한 삶이 있겠습니까. 이렇게 생이별을 한 채 아버님 생사도 모르고 지내야 한다는 생각만 하면 마음만 아플 뿐입니다. 이게 모두 아버님의 숙명이라 해도 그리 깊은 산에 들어가셨으니 이러다 허무하게 돌아가시기라도 한다면 저는 어떻게 해야 할까요. 어제 여어 곁에 있다가 겐지님이 보시자마자 숨어버렸으니 경솔했다 생각하시겠지요. 저만이라면 아무 상관없겠지만, 어린 도련님 곁에 있는 여어님께 폐가 될까 마음대로 행동할 수가 없습니다."

그렇게 말하고, 아카시 부인은 새벽녘에 돌아갔다.

"아기마마는 어떻게 하고 있습니까. 제발 보고 싶습니다."

비구니가 이렇게 물으며 애타게 울자, 아카시 부인이 말했다.

"얼마 지나지 않아 곧 뵙게 되겠지요. 여어도 할머니를 보고 싶어하며 할머니 이야기를 한답니다. 겐지님도 기회 있을 때마다 '세상이 바뀌어 모든 일이 뜻대로 되는 날이 올 것이다. 불미스러운 말로 들릴지도 모르지만 그때까지 여승 부인이 오래 살아 계셨으면 좋겠구나' 말씀하십니다. 무슨 말씀이신지는 잘 모르겠지만요."

아카시 부인이 이렇게 말하자 여승은 웃으며 기뻐했다.

"그래서 운명을 상식으로 생각할 수 없는 이상한 것이라고 하지 않소."

아카시 부인은 법사의 유언이 담긴 편지함을 시녀에게 들려서 여어의 침실로 돌아갔다.

동궁에서 왜 빨리 돌아오지 않느냐는 재촉이 빗발쳤다.

"당연하지 않습니까. 아기마마까지 탄생하셨으니 얼마나 보고 싶으실까요."

무라사키 부인도 이렇게 말하며 어린 황자를 동궁전에 데려갈 수 있도록 배려해주었다. 하지만 여어는 외출 허락을 얻기 힘들었던 것을 생각하니 이 기회에 좀더 친정에 머물러 있고 싶었다. 작은 여자의 몸으로 큰 고난을 치른 뒤라 야위고 수척했으나 그 모습은 오히려 아리따웠다.

"아직 몸이 회복되지 않았는지 좀더 이쪽에서 몸조리를 하는 게 좋겠습니다."

아카시 부인의 의견이었다.

"남자는 수척한 여인의 모습에 오히려 애정을 느끼는 법이네."

겐지는 이렇게 말하였다. 무라사키 부인이 별채로 돌아간 조용한 저녁에, 아카시 부인은 여어의 방으로 와서 편지를 보여 주며 외할아버지 법사에 대한 이야기를 했다.

"모든 일이 뜻대로 이루어질 때까지 이런 것은 보여 주지 않는 게 좋겠지만, 사람의 목숨이란 게 덧없지 않습니까. 스스로 판단할 수 있는 나이가 되기 전에 내가 죽을지도 모르고, 임종시에 여어님을 만날 수 있을지 어떨지도 모를 신분이지요. 그러니 또렷한 정신으로 지금 이 얘기를 해드리는 게 좋겠다 싶습니다. 이 기원문은 문갑 같은 곳에 넣어두었다가 국모가 되시는 날에 반드시 읽어 보시고 여기 써 있는 법사의 기원에 대해 보시를 하셔야 합니다. 믿을 수 없는 사람에게는 절대 이 이야기를 하시면 안 됩니다. 여어님이 이 자리에 오르는 것을 지켜보았으니 저는 이제 출가를 하고자 하는 마음이 간절합니다. 무라사키 부인의 은혜를 잊어선 안 됩니다. 참으로 고마우신 분이지요. 세상에 다시 없을 만큼 마음이 고우신 분이니 저 같은 사람보다 오래오래 사셨으면 좋겠습니다. 저는 여어님을 곁에서 보살펴드릴 수 없는 신분이라 무라사키 부인께 여어님을 맡겼으나 그토록 깊은 애정을 기울이실 줄은 상상도 못했습니다. 그 뒤로도 그저 세상 사람들의 계모나 다름없다고 생각했는데 그분의 애정은 시시하지 않더란 말입니다. 그분한테 맡겨드리는 것만큼 안심되는 일은 없다고 저는 믿고 있습니다."

아카시 부인은 길게 이야기를 했다. 여어는 눈물을 흘리며 듣고 있었다. 친모녀지간이니 그렇게 깍듯이 예의를 지키지 않아도 될 듯하지만, 아카시 부인은 언제나 공손하게 여어를 대했다.

법사의 편지는 문장이 딱딱하고 전혀 친근감이 느껴지지 않았다. 시간이 지나 누렇게 바랜 종이 대여섯 장이나 되는 편지는 향이 짙게 배어 있었다. 법사의 편지가 가슴에 사무친 여어는 이마의 머리카락이 눈물로 젖어들 만큼 눈물을 흘렸다. 그 옆모습이 기품 있고 아름다웠다.

그때 온나산노미야의 처소에 가 있던 겐지가 갑자기 칸막이 문을 열고 들어왔다. 너무도 갑작스러웠기에 아카시 부인은 여어 앞에 내놓은 편지를 미처 감추지 못하고, 휘장을 살짝 잡아 당겨 그 뒤에 편지와 함께 몸을 숨겼다.

"내 발소리 때문에 아기마마가 잠이 깨셨나. 잠시라도 보지 않으면 얼굴이 보고 싶구나."

겐지의 말씀에도 여어가 잠자코 있기에 아카시 부인이 말했다.

"무라사키 부인께서 데리고 가셨습니다."

"이거야 원, 무라사키 부인은 아기마마를 독차지하고 품에서 내려놓지를 않으니. 옷마다 소변이 묻어 계속 옷을 갈아입는다는군요. 이렇게 쉽게 아기마마를 내주면 안 됩니다. 이쪽으로 보러 오게 하면 될 것을."

"별말씀을 다 하십니다. 황녀마마라 하더라도 무라사키 부인께서 보살펴 주시면 영광이지요. 더구나 황자마마이지 않습니까. 고귀하신 분이어도 마음 편히 맡길 수 있는 좋은 분이라 생각하고 있었습니다. 농이라도 부인을 그렇게 말씀하시면 안 됩니다."

아카시 부인이 그렇게 답변하자 겐지는 웃으면서 말했다.

"그럼 아기마마는 두 부인께 맡겨야겠군요. 요즘은 왜 그런지 모두 나를 제쳐두고 수군거리는지 모르겠습니다. 괜한 참견이란 소리를 듣는 것도 어른스럽지 못한 일이지요. 안 그런가, 이렇게 얼굴을 감추고 날 나무라기만 하니."

그러면서 휘장을 옆으로 잡아당기니, 아카시 부인은 말쑥한 얼굴로 가운데 기둥에 기대어 서 있었다. 편지함을 서둘러 숨기는 것도 보기 좋지 않을 듯하여 그대로 두었다.

"그건 무슨 상자입니까? 사랑을 하는 사내가 긴 연가를 써서 봉해 둔 것 같군요?"

겐지가 물었다.

"별난 상상을 다 하십니다. 당신께서 젊어지더니 저희들조차 들어본 적도 없는 농담을 하시네요."

미소 짓는 아카시의 얼굴에는 슬픈 기색이 역력했다. 겐지가 의아하게 여기는 듯하자 아카시 부인은 일이 성가시게 될 것 같아 이렇게 둘러댔다.

"아카시의 암자에서 올렸던 기도 목록과 아직 답례 보시를 하지 못한 발원문입니다. 겐지님께도 알려드릴 기회가 있다면 보여 드리는 게 어떠냐며 아버님께서 보내주셨습니다만, 지금은 아직 그런 걸 볼 시기가 아니기에 손대지 않고 있습니다."

모녀에게 수심이 보인 것도 그럴 만하다 싶었다. 겐지가 말했다.

"그 뒤로 얼마나 깊은 신앙의 길을 걸으셨겠습니까. 오래 살아 부처 앞에서 긴 시간 수행할 수 있으니 다행이지요. 유명한 고승들도 자세히 보면 속세에 미련이 없는 자는 적으며, 번뇌가 깊은 탓인지 아무리 총명하다 해도 한계가 있어 법사께는 미치지 못합니다. 법사는 정말 깨달음이 깊고 품격을 갖춘 분이라 옛날부터 성승을 자처하시면서도 속세를 완전히 버린 듯 보이지는 않으셨지요. 마음은 이미 극락정토를 자유로이 오가는 듯하였습니다. 마음을 어지럽히는 굴레도 없는 지금이야 이미 해탈을 하셨겠지요. 처신이 자유로운 몸이라면 저도 은밀히 걸음하여 만나 뵙고 싶습니다만,"

"지금은 이미 그 집마저 버리고 새 소리조차 들리지 않는 깊은 산 속으로 들어가셨다고 합니다."

"그럼 그건 유언이 아닙니까. 편지는 주고받으십니까. 여승께서는 얼마나 슬프시겠습니까. 부모 자식 사이와는 또 다른 깊은 애정이 내외 사이엔 있는 법이니."

겐지도 눈물을 글썽였다.

"나이를 먹고 세상을 알게 되며 더욱 그리웠던 사람이었으니 부부의 연을 맺었던 여승의 마음은 얼마나 괴롭겠습니까."

겐지에게 법사의 꿈 이야기를 하면 무언가 짐작 가는 바가 있을지도 모른다는 생각에 아카시 부인은 편지를 꺼냈다.

"범자(梵字)라는 색다른 글자처럼 읽기 힘든 글자로 씌어졌지만 참고가 될까 하여 보여드립니다. 마지막으로 작별을 하고 도읍으로 올라왔으나 그래도 미련이 남아 있는지 애틋한 마음을 감출 수가 없습니다."

아카시 부인이 흐느끼자 겐지는 편지를 받아들고 말했다.

"글자를 보니 상당히 건강한 것 같습니다. 나이는 들었지만 노망은 들지 않았나 보군요. 필체도 그렇고 무엇이든 달인이라 해도 좋을 사람이었지만 처세가 좋았다고는 할 수 없었습니다. 그의 선대인 대신은 현명하고 충성심이 있어 조정에 헌신했었는데, 사소한 실수를 저질렀지요. 그 업보로 자손들이 번성하지 못했다고 하더군요. 하지만 그대가 이렇게 있는 이상 대가 끊겼다고는 할 수 없지 않겠습니까. 그의 오랜 수행의 공덕이라 할 수 있겠군요."

겐지는 눈물을 닦으며 편지를 읽었다. 꿈 이야기 대목이 특히 겐지의 관심을 끌었다.

"법사께서는 이상과 희망만 거창하다는 비난을 받아 나도 한때나마 처신이 경솔하다 여겼는데 여어가 태어나면서 전생의 인연은 깊었음을 알았습니다. 그럴 만한 사이였구나 하며 인정했지만, 먼 훗날의 일은 눈으로 볼 수도, 알 수도 없는 일이라 생각했었는데, 법사께서는 이런 꿈에 의지하여 저를 사위로 삼으려 하셨었군요. 내가 죄도 없이 그런 외딴 시골로 내려가야 했던 것도 그 따님을 얻기 위함이 아니었나 싶습니다. 법사께선 부처님께 무엇을 기도하셨을까요."

젠지는 그것이 알고 싶어, 마음으로 절을 하며 발원문을 받았다. 그리고 아카시 여어에게 이렇게 말했다.

"드리고 싶은 것이 있습니다. 조만간 다시 이야기를 나누도록 하죠. 이렇게 옛일을 조금이나마 알게 되었지만, 무라사키 부인의 호의를 가벼이 여겨서는 안됩니다. 부부 사이가 가까운 것은 당연한 일입니다. 끊으려야 끊을 수 없는 부모자식이나 형제자매가 아닌, 타인이 한 순간이나마 애정을 주고, 따듯한 말을 건네는 것은 예사로운 일이 아니지요. 게다가 친어머니께서 그대를 곁에서 이렇게 돌보아주고 있는 것을 보고도 무라사키 부인은 변함없이 그대를 소중히 여기고 있지 않습니까.

옛날부터 세상에 나도는 계모 이야기를 보면 '겉으로는 귀여워해도' 라는 말이 있지만, 설령 계모가 정말 다른 마음을 품고 있다 해도 그렇게 보지 않고 잘 따르면 계모도 마음을 바꾸게 되어 있습니다. 왜 이런 어여쁜 아이를 미워했을까 하고 말이지요. 왜 그런 짓을 했을까 후회하고 마음을 고쳐먹는 것입니다. 누가 되었든 나쁜 마음만 갖지 않으면 사이가 좋아지는 예는 많이 있습니다. 사소한 일에 화를 내고 까다롭게 굴고 퉁명하게 대하는 사람은 친해지기도 어렵습니다. 지금까지 많은 사람을 만나보았지만, 교양있고 바르게 자랐다 싶은 사람들은 차이는 있을지언정 기대를 저버리지 않는 정도의 마음가짐은 갖고 있었습니다. 누구에게나 장점은 있고, 하찮은 사람은 없는 법이지만, 아내로 맞이할 사람은 찾기 쉽지 않습니다. 순수하고 모난 곳 없이 성품도 훌륭한 무라사키 부인을 넘어설 사람은 없지요. 정말 너그럽고 선량한 여성입니다. 훌륭한 성품을 갖췄다 해도 조심성 없고 미덥지 못한 사람은 곤란합니다."

이렇게 무라사키 부인 이야기만 하니 다른 분들과의 관계를 쉬이 짐작할 수 있었다.

"당신만은 어느 정도 일의 도리를 알고 있으니 다행입니다. 무라사키 부인과 사이좋게 지내면서 여어의 뒷바라지를 함께해 주시구려."

젠지는 다시 작은 소리로 아카시에게 말하였다. 그러자 아카시 부인이 말했다.

"굳이 말씀하시지 않아도 보기 드문 인품을 지닌 분이라 생각하고 있습니다. 저를 거슬린다 하여 받아주지 않으셨다면, 이런 자리에 있지 못하였을 터인데 황송할 따름입니다. 그만한 가치도 없는 제가 죽지도 않고 언제까지나 여어 곁에 있다면 세간의 풍문도 좋지 않을 듯해 송구스러운데 무라사키 부인께서는 싫은 말씀 한 번 안 하시고 늘 감싸주실 뿐이니."

겐지가 다음과 같이 말을 받았다.

"당신의 친절한 마음이야 모를 리 있겠소만, 이제는 어머니로서 딸을 사랑하는 마음을 나누기 위해 양보해야겠지요. 그대가 친어머니임을 내세우지 않으니 원만하게 지낼 수 있는 것입니다. 하찮은 일에도 경망스럽게 심술부리는 사람이 하나라도 있으면 주위 사람들이 퍽 난처할 테니까요. 당신들한테는 그런 결점이 없으니 나도 마음이 편안합니다."

겐지의 이 말을 듣고 아카시는 스스로 낮추어 살아온 것을 잘한 일이라 생각했다. 겐지는 동쪽 별채로 돌아갔다.

"더욱더 무라사키 부인께 애정이 기울어지나 보군요. 사실 누구보다도 훌륭하고 무엇이든지 다 갖춘 분이니 그러실 만도 하다고 우리들마저 수긍하곤 했지요. 겉으로는 온나산노미야님을 소중히 대하시지만 자주 만나지 않으니 참으로 난감한 일입니다. 황송한 일이기도 하고요. 같은 핏줄이라 하지만 온나산노미야님이 더 높은 신분이시건만."

그렇게 여어에게 이야기하면서 아카시는 다소 자신은 강한 운세를 타고 났다고 생각했다. 고귀한 신분에 걸맞지 않는 만족스럽지 못한 대우를 받고 있는 부인들도 있는데, 자신의 처지에 어찌 그런 분과 어깨를 나란히 할 수 있을까 체념하고 있었다. 그러나 다만 속세를 버리고 산 속으로 들어간 아버지를 생각하면 슬프고 허무한 마음을 달랠 길이 없었다.

어머니 여승은 '극락정토에서 다시 만나자'는 한 마디에 의지하여 다음 생을 그리며 수심에 잠겼다.

유기리 대장은, 온나산노미야와 결혼할 수도 있었기에 황녀가 육조원에 와 있자 마음이 편치 않았다. 또한 겐지의 아들로서 궁전에 입궐할 기회도 많았기에 황녀를 넌지시 관찰했는데 너무 어리고 철이 없을 뿐이었다. 그녀는 화려한 육조원의 본전(本殿)에 거처하며 전례로 남을 만큼 호사스러운 대접을 받고 있었지만, 그리 품위 있어 보이지는 않았다. 시녀들도 차분하게 나이 먹은 사람은 별로 없고, 젊고 아름답고 화려하게 들떠 있는 사람이 많았다. 그러나 어떤 일에든 침착한 시녀도 있었는데, 그런 사람들은 속마음을 다른 사람에게 보이지 않았다. 남몰래 고민을 끌어안고 있어도, 걱정거리 없이 즐겁게 지내는 사람들 틈바구니에 끼어 있다 보면 주위 사람들에 휩쓸려 화려한 분위기에 맞추게 되니, 이곳은 늘 철없는 놀이 분위기가 한창이었다. 겐지는 종종 그런 광경을 난감한 표정으로 바라보았다.

그러나 겐지는 한 가지 선입견만으로 사물을 판단하려 들지 않았으므로 너 그러이 용납할 뿐 간섭은 하지 않았다. 다만 온나산노미야의 처신과 태도에는 엄격하여 열심히 가르친 덕에 조금은 어른스러워진 듯했다.

우대장은 바깥까지 흘러나오는 그런 소문을 듣고 훌륭한 사람이란 드문 세상이구나 싶었고, 동시에 무라사키 부인과 비교하게 되었다. 무라사키 부인은 이토록 오랫동안 함께 지냈지만, 무엇 하나 사람들 입에 오르내린 적이 없었다. 부인은 조용하고 깊이 있는 여성이면서도, 한편으로는 명랑한 태도를 잃지 않았으며, 남을 멸시하지 않고 자신의 자존심을 꺾지 않는 마음가짐을 지녔다. 그렇게 생각하자 우대장은 몇 해 전 찬바람이 불던 저녁 밤의 그 모습을 잊을 수가 없었다.

유기리 대장은 구모이노카리를 사랑하는 마음에는 변함이 없었으나 그녀에게는 특별히 뛰어나고 매력적인 재주는 없었다. 대장은 편안한 결혼생활에 안주하여 매일 같이 얼굴을 마주하는 부인에 대한 관심이 옅어져 있었다. 색다른 몇 사람의 부인을 모아놓고 있는 아버지의 육조원 생활이 부럽기만 했고 누구든 자기 아내보다는 재미난 상대일 것 같았다. 온나산노미야는 신분을 보아도 고귀한 분인데 겐지의 총애를 받지 못하고 체면만 유지하고 있다는 사실을 알게 되자 딴 마음이 있는 것도 아닌데 언젠가 황녀의 얼굴을 볼 기회를 가졌으면 하는 기대를 갖고 있었다.

가시와기 우위문독도 늘 육조원에 드나드는 사람이었다. 그는 주작원 상황이 온나산노미야를 얼마나 귀여워했는지 잘 알고 있었고, 여러 혼담이 오가고 사위를 물색하던 때부터 이 황녀에게 호의를 품고 청혼도 했었다. 상황 또한 별로 꺼려 하는 기색이 없다고 생각했는데 기대를 저버린 채 겐지에게 시집을 보내, 무척 서운해하며 상심하고 괴로워했다. 그리고 여태껏 연정을 버리지 않았다. 그래도 그즈음부터 친숙해진 시녀를 통해 황녀의 근황을 듣는 일을 그나마 위안으로 삼고 있었는데, 그것도 생각하면 덧없는 짓이었다.

"역시 무라사키 부인과는 경쟁이 안 되는 모양이지."

세상사람들이 이렇게 수군거리는 소리를 들을 때마다, 우위문독은 황녀의 시녀 소시종(小侍從)을 책망했다. '황송한 말이지만, 내게 보내주셨다면 그런 수심에 잠기게 하지는 않았을 텐데. 온나산노미야님은 내가 감히 넘볼 수 없는 고귀한 분이지만 세상일이라는 게 무상하여 알 수 없는 것 아닌가. 겐지님이 그토록 바라시던 출가를 하신다면.' 이렇게 생각하며 끊임없이 틈을 엿보며 그 주위를 배회하고 있었다.

3월, 하늘이 화창한 날 병부경친왕과 우위문독이 육조원을 찾았다. 겐지는 이내 나와서 맞았다.

"한가한 나는 이 시기가 가장 지루해 무엇을 하며 놀까 고민하고 있었던 참이라오. 어디든지 다 무사태평하군그래. 오늘은 어떻게 지내면 좋을까."

겐지는 그렇게 말하고는 다시 근시에게 물었다.

"오늘 아침에 우대장이 왔었는데 어디로 갔을까? 활이라도 쏘며 무료함을 달래볼까 했건만 금세 가버린 모양이군."

우대장 유기리가 동북쪽 침전 앞에서 축국(蹴鞠)*6을 구경하고 있다는 보고를 받고 말했다.

"시끄러운 놀이 같지만 직접 보면 기량의 차이도 뚜렷하고 활기도 있으니 재미있겠구나, 여기서 하는 건 어떻겠느냐."

그러면서 우대장을 부르러 보내자 공을 차던 사람들이 다가왔다. 젊은 귀공자들이 많았다.

"공도 가지고 왔습니까. 어떤 이들이 왔는지요?"

우대장과 함께 있던 관원들의 이름이 열거되었다. 우대장이 말했다.

"이쪽으로 오는 게 어떻겠습니까?"

침전 동쪽은 아카시 여어의 처소이지만, 아기마마를 데리고 동궁으로 간 뒤라 비어 있었다. 시냇물 흐름이 맞닿는 언저리에 축국을 하기 좋은 장소가 있어 모두 그곳에 모였다. 태정대신 댁 자제들은 두변(頭辯) 병위좌(兵衛佐), 대부군(大夫君) 등 젊거나 어린 사람들뿐이었는데, 축국은 다른 사람들에 비해 기

---

*6 축국(蹴鞠) : 공차기.

량이 뛰어났다. 날이 저물 때까지 축국을 하기에 알맞도록 바람 없이 좋은 날씨가 이어졌다. 변관도 참지 못하고 끼어들었다.

겐지가 말했다.

"문관의 자랑이라고 할 변관조차 가만있지를 못하는데, 아무리 고관이라지만 우근위부 젊은이들이 얌전 떨고 있을 필요는 없지 않나. 내가 젊었을 적에도 그런 놀이에 참가하지 못하면 아쉽기만 했지. 하지만 이 놀이는 참으로 시끄럽군."

겐지가 권하자, 우대장은 우위문독과 함께 마당에 내려가서 아름다운 벚꽃 그늘 속을 뛰어다녔다. 때마침 저녁 노을이 비쳐 그 모습이 한층 더 아름다웠다. 축국은 시끄러운 놀이라 차분해 보이지 않지만 그것도 장소와 사람에 따라 다른 듯했다. 풍치 있는 뜰의 나무숲은 아련한 속엔 알록달록 예쁜 꽃이 피어 있고 새싹이 돋아난 나무 아래, 서로가 지지 않기 위해 기량을 다투었다. 그 가운데 대수롭지 않게 끼어든 우위문독의 빠른 발재주를 따를 사람은 없었다. 얼굴이 단아하고 풍채가 아리따운 이 사람은 몸놀림에 신경을 쓰며 공을 찼는데, 그 모습이 실로 아름다웠다.

벚나무 그늘에서 모두들 꽃구경은 하지 않고 경기에만 열중하자, 겐지와 병부경친왕은 구석 쪽 난간에 기대어 보고 있었다.

저마다 특징이 있는 기량을 보이면서 경기가 이어졌으므로, 고관들도 너무 열심히 뛰어다녔는지 이마의 관이 조금씩 벗겨지려 했다. 우대장도 관위(官位)에 맞지 않게 차림새가 흐트러져 있었지만, 누구보다도 젊고 아름다웠다. 벚꽃 빛깔의 평상복을 걸치고 가랑이가 불룩한 바지를 조금 추켜올린 모습은 결코 가볍게 보이지 않았다.

눈처럼 날리는 꽃잎을 쳐다보고 시든 가지를 조금 꺾어 든 우대장은 계단 중간쯤에 앉아 휴식을 취했다. 우위문독이 뒤따라 오면서 말했다.

"벚꽃이 너무 많이 떨어지는데요. 바람이 벚꽃을 비껴 가면 좋으련만."

그러면서 걸어오는 이 사람은, 안 보는 체하면서 온나산노미야의 처소를 힐끗 쳐다보았다. 마음이 들뜬 젊은 시녀들의 기척이 느껴지고 발 아래로 알록달록한 소맷자락과 치맛자락이 보였는데, 그 모습이 꼭 가는 봄에게 손짓하는 오색 주머니 같았다. 휘장을 옆으로 밀쳐 놓고 발 근처에 모여 있는 시녀들이 왠지 요염하고 쉽게 다가갈 수 있을 것 같았다.

당나라산(産) 작은 고양이가 큰 고양이에 쫓겨 별안간 발 밑에서 빠져 나오려 하자, 기겁하며 뒤로 물러나려고 하는 시녀들의 옷자락 스치는 소리가 시끄러울 만큼 밖으로 들려왔다. 아직 길들여지지 않은 고양이는 긴 줄에 붙들려 있는데, 줄이 다른 것에 걸렸는지 줄에 휘감겨 바동거렸다. 그러면서 휘장 자락에 얽히는 것을 마구 끌고 달아나려고 해서 발 모서리가 훤하게 들쳐졌다. 하지만 아무도 이내 바로잡으려 들지 않았다. 거기 기둥 옆에 있는 시녀도 그저 당황해할 뿐 겁에 질려 어찌할 줄을 몰랐다.

휘장보다 좀더 안쪽에는 소례복 차림으로 서 있는 사람이 있었다. 계단에서 서쪽으로 두 번째, 세 번째 기둥 사이의 동쪽 끝이었으므로 그 사람의 모습은 밖에서도 환히 들여다보였다. 짙은 빛과 엷은 빛을 겹겹이 겹쳐 입은 것이 화사했고, 옷자락은 이야기책을 쌓아 놓은 듯 보였다. 또 벚꽃 빛깔의 두꺼운 천으로 지은 겉옷을 걸치고 있었다. 산뜻한 검은 머리카락은 실을 꼬아 걸어놓은 것처럼 흘러내렸는데, 가지런히 잘라낸 그 머리카락 끝이 참으로 아름다웠다. 그리고 키보다도 여덟 치 정도는 긴 머리가 뒤에서 나부끼는 모습이 참 귀여웠다. 포개진 옷자락의 부피만 클 뿐 그 사람은 작달막하고 날씬했고 머리카락으로 가려진 옆얼굴도 아주 기품 있고 가련해 보였다. 저녁 무렵이라 어슴푸레한 어둠 때문에 잘 보이지 않아 아쉬울 정도였다.

젊은 귀공자들이 벚꽃이 떨어지는 것에 아랑곳하지 않고 공차기에 열중하는 모습을 정신 없이 구경하던 시녀들은 안이 다 보이는 것도 미처 알아채지 못했다. 우위문독은 시끄럽게 우는 고양이 소리에 뒤돌아보는 표정과 차림새, 어리고 귀여운 그 모습을 보고, 그녀가 온나산노미야라는 것을 순간적으로 알았다.

우대장 유기리도 발이 들쳐진 것을 보고 어쩔 줄 몰라 했으나, 자신이 발을 내려주기 위해 다가가는 일도 점잖지 못한 행동 같아서 그 사실을 알려 주기 위해 헛기침만 했다. 그러자 온나산노미야가 황급히 안으로 들어갔다. 우대장은 몹시 아쉬웠지만 고양이 줄이 풀리고 발이 내려졌기에 어쩔 수 없이 한숨만 내쉬었다.

황녀만 응시하고 있던 우위문독의 가슴은 무엇으로 꽉 막힌 것만 같아 저건 황녀가 틀림없다, 눈에 띄는 소례복만 보아도 잘못 보았을 리 없다고 생각했다.

우대장은 아는 체하지는 않았으나, 자기가 본 사람을 우위문독이 보지 못했을 까닭이 없기에 온나산노미야 때문에 곤란한 일이 생겼다고 생각했다. 우위문독은 외로운 마음이나 달랠까 하여 고양이를 불러서 껴안았다. 좋은 향기가 나고 귀여운 소리로 우는 고양이는 어딘지 온나산노미야를 닮은 듯했다. 아쉬운 마음에 고양이를 쓰다듬는 모습이 상당히 민망했다.

이 젊은 두 고관이 있는 쪽을 겐지가 바라보더니 말했다.

"당상관들 자리가 계단에 있으니, 마루 끝에 너무 가까워 경망스러워 보이는군요. 이리로 오시지요."

그러면서 동쪽 별채 남쪽 방으로 들어가자, 모두 그 뒤를 따랐다. 병부경친왕은 방 안으로 옮겨 이야기를 나누었고 전상관들은 깔개를 얻어 툇마루에 자리를 잡았다. 젊은이들은 동백잎으로 싼 떡이며 배와 귤 등을 먹으며 마른 안주와 함께 술잔이 오갔다.

우위문독은 멍하니 생각에 잠긴 듯하다가 문득 뜰앞 벚꽃에 눈길을 주었다. 그런 사정을 눈치챈 우대장은 조금 전 신비했던 순간, 눈앞을 스쳐간 인물의 환영같던 모습을 그가 떠올리는 게 아닐까 상상했다.

'온나산노미야가 너무 경망스럽게 마루 끝에 나와 있던 게 아닌지 생각하겠군. 무라사키 부인은 절대 그런 식으로 행동하지 않을 텐데.'

우대장은 생각하면서, 그렇기 때문에 고귀한 신분인 온나산노미야가 겐지의 총애를 받지 못하는 것이라며 납득했다. 그러면서 스스로에게나 타인에게나 조심성 없고 유치한 사람은 아무리 귀여워도 위태롭고 안심할 수 없다며 온나산노미야를 가볍게 여기게 되었다.

하지만 우위문독은 온나산노미야의 결점을 생각할 틈이 없었다. 뜻하지 않게 말려 올라간 발 틈으로 어렴풋하게 그 모습을 볼 수 있었던 것은 오랫동안 사모해왔던 자신의 마음이 통했기 때문은 아닐까, 전생에 깊은 인연이 있어서는 아닐까 그저 기쁘기만 했다.

겐지는 옛 이야기를 하면서 우위문독을 칭찬하였다.

"우위문독의 아버지 태정대신을 상대로 곧잘 승부를 겨루곤 했었는데, 공차기만큼은 도저히 이길 수가 없었소. 사소한 놀이까지 혈통이 이어지지는 않겠지만 역시 잘하는 사람의 혈통은 따로 있는 모양이군요. 그대의 오늘 놀이는 훌륭했습니다."

우위문독이 쓴웃음을 지으며 답했다.

"중요한 공무에 뒤떨어지는 우리 가문에서 공놀이 기량을 물려받았다 해서, 그게 뭐 자손에게 각별한 일이 되겠습니까?"

겐지가 말했다.

"그 무슨 말씀이십니까. 어떤 일이든 남보다 출중하다면 기록에 남겨 후세에 전해야 하는 법, 그대의 공놀이 솜씨 또한 가문의 기록에 남기면 좋을 테지요."

농담하는 겐지의 아름다운 모습을 보면서 이런저런 궁리를 했다.

'이런 훌륭한 분을 남편으로 두고 있는 부인이 어찌 다른 남자에게 마음을 빼앗길 수 있을까? 어떻게 하면 가엾은 나를 조금이나마 돌아보게 할 수 있을까?'

우위문독은 아무리 궁리하고 고민해 보아도 온나산노미야에게 다가갈 수 없는 자신의 신분이 뼈저리게 느껴져 번뇌로 가득한 가슴을 안고 자리를 떠났다. 우대장도 함께 나와 두 사람은 수레 안에서 이야기를 나누었다.

"봄철을 맞아 놀기에는 육조원에서 기분 전환을 하는 게 으뜸이군요."

우위문독이 이렇게 말하자 우대장이 말하였다.

"오늘과 같이 한가할 때 벚꽃이 지기 전에 한 번 더 오라고 하셨으니 가는 봄을 아끼는 의미에서 이달에 다시 한 번 갈까 싶습니다. 그리고 그땐 수행원에게 활이라도 들고 오게 합시다."

그들은 약속했다. 갈림길에 이르기까지 함께 타고 갔는데, 우위문독은 황녀 이야기를 꺼내고 싶었다.

"겐지님은 여전히 무라사키 부인 처소만 찾으시는 것 같더군요. 무라사키 부인을 각별히 아끼시는 것이겠지요. 그러니 온나산노미야님은 어떤 심정이실까. 주작원 상황께서는 그 누구보다도 소중히 여기셨는데 육조원에서는 다른 부인에게 총애를 양보하시고, 더구나 같은 집에 기거하시니 얼마나 상심이 크시겠습니까. 참으로 안타깝습니다."

그러나 말하지 않는 편이 오히려 좋았다. 우대장이 반박했다.

"당치도 않은 소리요. 어찌 그런 일이 있겠소. 무라사키 부인은 남다른 사정이 있어 아버님께서 손수 키우신 분이라 남다른 친밀감을 느끼는 건 마땅한 일이지요. 그러나 누구보다 온나산노미야님을 소중히 여기고 계십니다."

"그런 말은 마시오. 다 들어서 이미 알고 있습니다. 자주 보는 사람이 안타까울 지경이라 들었소. 상황께서 그토록 귀애하시던 분인데 어찌 상심하지 않을 수 있겠소."

우위문독은 온나산노미야를 동정하고 있었다.

이 꽃에서 저 꽃으로 옮겨다니는 꾀꼬리는
어찌하여 많은 꽃들 가운데 벚꽃만
둥지를 틀지 않는 것일까.

"벚나무 가지에만 앉으려 들지 않는 봄날 들뜬 새의 마음이라. 나는 이해할 수가 없구려."

우위문독이 중얼거리니 우대장은 괜한 간섭이라 불평하면서도 자신의 짐작이 맞으리라 생각했다.

깊은 산 해묵은 나무를 둥지로 정한 어여쁜 새가
아름다운 벚꽃을 어찌 싫증낼 수 있으랴

"함부로 말하지 말아 주시오. 그렇게 일방적으로 단언할 수 없는 문제요."

우대장은 이렇게 답하고 더 이상 황녀의 일에 간여하지 말도록 부탁했다. 그리고 흥분해 있는 우위문독과 이 문제를 이야기하는 것은 피해야 한다는 생각에 다른 화제로 옮겼다가 헤어졌다.

우위문독은 아직껏 아버지 태정대신 댁 동쪽 별채에서 독신생활을 하고 있었다. 뜻하는 바가 있어 오랫동안 이런 생활을 해왔지만 때로는 몹시 적적하기도 했다. 집안도 훌륭하고, 빼어난 용모에 재주까지 갖춘 자신의 뜻이 이루어지지 않을 리 없다고 자신해왔었다. 그러던 것이 그날 저녁부터는 마음이 처절함으로 가득해졌다.

'언제 또 저만한 기회를 잡을 수 있을까. 차라리 눈에 띄지 않는 신분이었다면, 방향이 불길하다거나 꺼림칙한 일이 있다거나 평계를 만들어 다니기도 쉬웠을 텐데. 그러면 틈을 봐서 다가갈 기회도 있었을 테고.'

그렇게 생각하자 가슴이 쓰라린 우위문독은 궁에 있는 온나산노미야에게 사모하는 마음이라도 전하고 싶어 소시종(小侍從)에게 편지를 써 보냈다.

'지난번엔 봄바람에 들떠서 육조원에 갔었습니다. 그때 제가 나쁜 인상을 드리진 않았을까 생각하니 슬퍼집니다. 그날 저녁부터 저는 병이 들어 수심에 잠겨 있습니다.'

그런 사연과 함께 노래도 곁들여졌다.
멀리서만 넌지시 아름다운 꽃을 바라볼 뿐
보고도 꺾지 못할 꽃인 줄을 알고는
사무치게 그리워라 그 저녁 그 모습.

우위문독이 황녀를 보았다는 사실을 알지 못하는 소시종은 그저 사람들이 흔히 겪는 상사병이라 여겼다. 소시종은 황녀의 처소에 시녀들이 나오지 않은 틈을 타 우위문독의 편지를 가져왔다.

"이 사람이 여태껏 마마를 사모한다는 말만 써 온 편지를 보니 참말로 딱합니다. 너무나 가엾은 모습에 동정이 가기도 하는 제 마음을 저도 모르겠습니다."

소시종이 웃으면서 말했다.

"망측한 소릴 다 하는구나."

무심하게 말하고선, 황녀는 소시종이 펼친 편지를 읽었다.

'전혀 보지 못한 것도 아니고 보았다고 할 수 없는 사람이 그립네' 옛노래를 인용한 대목을 읽는 동안, 공을 차며 뛰놀던 날에 발이 들쳐진 것이 생각나 낯이 붉어지며 겐지가 주의를 주었던 일이 생각났다.

"우대장한테 모습을 보이지 않도록 하세요. 당신은 너무 어리고 철이 없어 자칫 실수라도 하면 대장에게 보일 수도 있습니다."

우대장이 겐지에게 그런 일이 있었다고 전하면, 겐지가 어떤 야단을 치실까, 온나산노미야는 사람들 눈에 띈 실수의 중대함이 아니라 겐지가 질책할 것만 무서워했다. 그야말로 철없는 어린아이였다. 평소보다 말도 없고 입을 꾹 다문 황녀의 모습을 본 소시종은 뭐라 말을 붙여볼 경황도 없었으며, 굳이 더 드릴 말씀도 못 되었기에 편지를 가지고 나와 버렸다. 그리곤 저 스스로 답장을 썼다.

'지난번엔 시치미를 떼셨지요. 신분도 맞지 않는 무례한 분이라 용서하지 않으리라 생각했었습니다. '전혀 보지 못한 것도 아니고'가 무슨 뜻인지요. 민망한 일입니다.'

새삼 내색하지 마시길
손도 닿지 않는
산벚나무 가지에
마음을 두었다고

"소용없는 일입니다."
답장에는 이렇게 씌어 있었다.

풋나물 2*1

　소시종이 보내온 편지는 하나같이 맞는 말이었지만, 우위문독은 어떻게 보면 노골적이고 심한 말로 느껴졌다.

　'참으로 뻔뻔스럽구나. 이런 상투적인 인사치레만 위안 삼으며 언제까지 견뎌낼 수 있을까. 사람을 통하지 않고, 한 마디라도 좋으니 온나산노미야님과 직접 이야기를 나눠보고 싶구나.'

　이렇다보니 이런 사정만 아니라면 훌륭한 사람이라 존경했을 겐지에게도 괜한 혐오감이 일어났다.

　3월 그믐날에는 고관과 젊은 전상관들이 모두 육조원에 모였다. 만사가 귀찮아진 우위문독은 발길이 떨어지지 않았지만 온나산노미야가 있는 곳에서 꽃이라도 보면 마음의 위로가 될까 하여 나가보았다. 2월에는 궁술경기대회를 계획했지만 연기되었고, 3월은 황태후 후지쓰보의 제사가 있어 중지되자 이를 유감으로 여긴 사람들은, 육조원에서 활쏘기놀이가 있다는 소식을 전해 듣고는 여느 때처럼 모여들었다. 좌대장은 겐지의 양녀 다마카즈라의 남편이고 우대장은 아들이었으니 참석하는 게 마땅했다. 그 때문에 좌우 근위부 중장으로 경기 참가자가 많았으며, 작은 활이라는 규정이 있었지만 걸으면서 활을 쏘아 맞추는 명수들도 있어 그들은 어김없이 불려나와 시합을 치렀다.

　전상관이라도 활 쏘는 재주가 있는 자는 다들 좌우로 갈리어 저녁녘까지 승부를 겨루었다. 날이 저물며 '봄도 마지막이라 여겨지는 안개 낀 풍경' 속 저녁 바람에 꽃잎 흩날리는 벚나무 아래에서 사람들은 술에 취해 자리를 뜨지

─────────────

*1 풋나물〔若菜〕2 : 문장은 '풋나물' 1에서 계속되어 있는데 1·2로 나뉜 것은 편의적인 것이다. 첫째 권은 겐지 41세 봄 3월까지 이야기이고, 그 뒤 42세부터 45세까지는 이야기가 없으며, 둘째 권에서는 46세부터 47세 12월까지 이야기가 서술되었다. 냉천원(冷泉院)이 양위하고 금상(今上 : 겐지의 형이자 주작원의 황자)이 즉위. 주작원 50세 축하 잔치가 베풀어진 데서 '풋나물'이라는 권이름이 나왔다. 중납언과 온나산노미야의 간통 사건이 있었고, 무라사키 부인 발병도 서술되었다

못했다.

"부인들이 풍류 넘치는 상품들을 내놓아 저마다 취향을 알 것 같군요. 버들 잎을 쏘아 백발백중이었다는 초나라 명수가 무색할 만한 명사수들만 나와 솜씨를 겨루는 일은 별 재미가 없습니다. 좀 평범하고 미숙한 사람도 겨루게 하는 게 좋지 않을까요."

겐 우대장(유기리)을 비롯한 당상관들이 뜰에 내려섰는데, 우위문독은 이럴 때에도 잔뜩 풀이 죽어 있었다. 그 속내를 짐작한 우대장은 못마땅해 하면서도 자신이 고민을 짊어진 듯 생각했다. '좀 수상한 걸. 뭔가 귀찮은 연대문제가 일어날 것 같군.' 이 두 사람은 매우 의가 좋았다. 우대장에겐 중납언이 처남일 뿐만 아니라 예전부터 화목한 우정을 쌓아온 사이였다. 그리하여 서로 번민에 사로잡혀 있으면 마치 자기 일처럼 걱정하곤 했다.

우위문독은 겐지를 보면 두려움을 느끼면서 똑바로 바라보지도 못했다. '이런 흑심을 품고도 내가 무사할 수 있을까. 아무리 사소한 일이라도 사람들에게 손가락질 받을 만한 일은 하지 않으려 애써왔는데. 내 주제도 모르고 이런 흉측한 짓을.'

고민하던 우위문독은 지난번에 본 고양이라도 손에 넣을 수는 없을까 궁리했다.

'이 애타는 마음을 고양이한테 들려줄 수는 없더라도 홀로 지새우는 밤 외로움을 달랠 수 있지 않을까.'

이런 생각을 하기 시작하자, 어떻게 하면 그 고양이를 훔칠 수 있을까 고민에 빠졌다. 하지만 이 또한 쉬운 일은 아니었다.

우위문독은 누이인 홍휘전 여어에게 가서 이야기나 하고 괴로운 마음을 달래 볼까 했다. 귀녀답게 조심성이 많은 여어는 서로 이야기를 나누면서도 얼굴을 보여주지 않았다. 남매 사이라도 남녀 구별이 엄격한 관례를 생각해보면 그날 뜻하지 않게 온나산노미야의 모습을 본 것은 정말 운명적인 일이라는 생각이 들었다. 사랑에 빠진 우위문독은 그날 온나산노미야가 얼마나 철없이 처신했는지조차 판단하지 못했다.

우위문독은 동궁에 안부 인사를 올리며, 온나산노미야와 남매이니 얼굴이 닮지 않았을까 뚫어져라 보았다. 동궁은 화사한 애교가 있지는 않지만 고귀한 분에게만 볼 수 있는 고상하고 아리따운 얼굴을 지녔다.

천황이 기르던 고양이가 새끼를 여러 마리 낳아, 그 가운데 한 마리는 동궁이 가져다 기르고 있었다. 귀엽게 돌아다니는 고양이 새끼를 보자, 온나산노미야가 기르는 중국 고양이가 생각났다.

"온나산노미야님 처소에 있는 고양이는 정말 신기하게 생겼더군요. 잠깐 보았습니다만. 아주 귀여웠습니다."

우위문독의 말에 동궁은 고양이를 무척 좋아했으므로 자세히 물었다.

"당나라 고양이인데 이곳 고양이와는 사뭇 다른 생김새를 하고 있습니다. 다 같은 종이라 해도 성격이 얌전하고 사람을 잘 따르는 게 묘하게도 마음을 사로잡았습니다."

우위문독은 동궁의 마음이 움직이도록 말했다.

동궁이 아카시 여어를 통하여 그 고양이를 청하자 온나산노미야는 당 고양이를 동궁에게 보냈다.

"정말 귀엽구나."

소문대로 아름다운 고양이여서 동궁전 사람들도 모두 귀여워했다. 흥미를 느낀 동궁이 그 고양이를 손에 넣었으리라 생각한 우위문독은 며칠 뒤 다시 동궁전을 찾았다. 우위문독은 아주 어린 시절부터 주작원 상황이 특별하게 곁에서 믿고 부렸던 터라 상황이 출가한 뒤부터는 동궁과 가까이 지내고 있었다.

우위문독은 거문고를 가르치다가 말했다.

"고양이가 많이 있군요. 어디에 있습니까, 제가 본 고양이는."

우위문독은 그 고양이를 찾아냈다. 무척 귀여워 사랑스러운 손길로 어루만지고 있었다. 동궁이 말했다.

"정말 귀여운 고양이입니다. 아직 사람을 잘 따르지 않아서 낯을 가리는 것뿐입니다. 그렇지만 다른 고양이도 이보다 못하지 않아요."

"고양이는 사람을 알아보니 영리한 고양이라면 곧 사람을 분별하게 될 것입니다. 훌륭한 고양이가 이렇듯 많은데 이 고양이를 제가 잠시 맡아 기르면 어떻겠습니까?"

우위문독은 스스로도 어리석은 짓을 다 하는구나 싶었다.

우위문독은 바라던 대로 고양이를 손에 넣고서, 밤에는 곁에 재웠다가 날이 밝으면 온종일 고양이를 어루만지며 시간을 보냈다. 길들이기 힘들었던 고양이가 스스럼 없이 달라붙고 옷자락에 매달리는가 하면, 곁에 누워 어리광을 부리자 우위문독은 고양이를 더욱 귀여워했다. 툇마루에 앉아 시름에 잠겨 있으면 고양이가 옆에 다가와 귀여운 목소리로 울었다.

　애가 타게 그리운 분을 추억하며
　너를 쓰다듬고 귀여워하는데
　어이해 그런 목소리로 울어
　내 마음을 더 안타깝게 하느냐.

"이것도 전생의 인연 때문인가?"

고양이를 바라보며 말하자 고양이는 더욱 귀여운 목소리로 야옹거리며 어리광을 피웠다. 우위문독은 고양이를 품에 안고 다시 생각에 잠겼다.

그런 우위문독을 보며 오랫동안 시중을 든 시녀들은 이상한 일이라며 의아하게 생각했다.

"이상하네요. 갑자기 고양이를 귀여워하시다니요. 지금까지 동물에 무관심하시던 분이 말예요."

동궁으로부터 재촉이 있어도 돌려보내지 않고 오히려 빈 곳에 숨겨두며 슬쩍 자기 친구로 삼아버렸다.

검은 턱수염 좌대장의 부인인 다마카즈라는 친남매간인 태정대신의 아들보다 유기리 우대장을 가깝게 여기고 있었다. 다마카즈라 부인은 재치 있고 친근한 분이라 우대장의 방문을 받을 때에도, 남처럼 대하지 않고 늘 다정하게 대하고는 했다. 우대장은 아카시 여어가 친누이였지만, 서먹하게 굴어 가까이하기 어려웠기에 오히려 다마카즈라 부인을 친형제처럼 여기며 가까이 지냈다.

검은 턱수염 좌대장은 날이 갈수록 다마카즈라를 더욱 소중하게 여겼다. 이제는 전 부인과 완전히 갈라졌으니 상시가 유일한 부인이었다. 다만 후사가 사내아이들뿐인 것이 아쉬워 진목주(마키바시라)를 불러들여 곁에 두고 싶어했으나 외할아버지인 식부경친왕이 이를 찬성하지 않았다. 친왕이 말했다.

"손녀딸만은 손가락질당하지 않도록 키우고 싶다."

천황까지도 큰아버지인 친왕에게 깊은 애정을 가졌으니 친왕이 말씀을 아뢰면 거역하지 못하였다. 물론 친왕은 호사스런 생활을 하고 있으며, 많은 사람들이 그를 육조원이나 태정대신의 뒤를 이를 사람이라 생각하고 섬기며 정

중하게 대하고 있었다.

좌대장 또한 동궁 큰아버지로서 장차 제일인자로서 장래가 약속된 사람이기에 사람들은 식부경친왕의 손녀이자 좌대장의 맏딸인 진목주 아씨를 중히 여기고 있었다. 구혼하는 자는 많았지만 좌대장은 아직 누구를 사위로 선정했다고 말하지 않았다. 좌대장은 우위문독에게 '그럴 마음이 있었으면' 좋겠다고 생각했지만, 아씨가 고양이보다 못한지 구혼할 기미를 보이지 않으니 안타까운 일이었다.

어머니는 아직도 귀신에 씌어 있는지 정신을 못차리고 있었기에 아씨는 마음 아파하면서도 계모인 다마카즈라 부인에게 마음이 끌리는 개방적이고 밝은 성격이었다.

전처와 사별한 지 8년 된 병부경친왕(兵部卿親王)*²은 지금도 독신인데, 바라던 상대는 모두 다른 사람한테 뺏겨버려 여자와의 관계에도 재미를 느끼지 못했고 사람들의 웃음거리가 된 듯해 마냥 가만히 있을 수도 없었다. 그는 식부경 댁을 찾아 이 진목주 아씨에게 마음 있는 척하며 청혼했다.

"잘된 일이군요. 소중한 손녀딸이라 궁으로 보내거나 친왕께 드리고 싶었습니다. 사람들은 성실하고 평범하기만 한 신하를 귀히 여기는데 그건 그렇게 품위 있는 생각이 아니지요."

식부경은 병부경친왕을 애태우지도 않고 쾌히 승낙하였다. 너무 쉽게 성사가 되어, 사랑의 한탄을 말할 틈도 없는 게 오히려 어이없을 정도였다. 그러나 상대는 권세가 대단한 식부경이라 새삼 말을 뒤바꿀 수도 없는 노릇이었다. 이렇게 병부경친왕은 진목주 아씨의 처소를 드나들게 되었다. 식부경 댁에서는 이 사위를 더없이 소중히 여겨주었다. 식부경친왕은 딸들이 많았기에 마음고생을 많이 하였고 딸을 보살피는 데는 진력이 나 있었다. 하지만 손녀딸만큼은 마음에 걸려 내버려 둘 수 없었다.

"어미는 시간이 갈수록 더욱 병들어 가고, 아비인 좌대장은 자기 뜻을 따르지 않는다고 해서 딸을 내버려 두었으니, 더 측은하기만 했지요."

식부경은 신혼부부의 거실 장식마저 손수 감독하며 모든 일에 부족함이 없도록 신경 썼다.

---

*2 병부경친왕(兵部卿親王) : 겐지 동생 반딧불이.

사별한 전부인을 그리워하는 병부경친왕은 부인을 닮은 신부를 얻고 싶었다. 진목주 아씨가 못생긴 얼굴은 아니지만 닮은 데가 없다고 생각했는지 보러 가는 일도 썩 내켜하지 않았다. 이에 식부경친왕은 생각 밖이라고 실망을 했다. 병자인 어머니도 정신이 돌아올 때면 분해하며 성급한 결혼이었다고 안타까워했다.

아버지인 좌대장도 이 이야기를 듣자 자기가 두려워하던 결과가 생긴 게 아니냐, 바람기가 있는 병부경친왕이라 애당초 허락하지 않았던 혼사인데 딱한 일이라며 탄식했다.

"그러게 내 말하지 않았나, 바람기가 많은 분이라고."

다마카즈라 부인도 책임감 없는 병부경친왕의 처사를 듣고는, 그 때 자신이 그 사람과 결혼했다면 어떤 처지에 놓였을까 생각해 보았다. 겐지와 태정대신이 얼마나 상심하셨을까 생각하니 옛일이 우습기도 하고 한편 그리워지기도 했다.

'그 무렵에도 병부경친왕과 결혼하겠다는 마음은 없었지만, 그렇게 자상하고 따듯하게 대해주셨는데 좌대장과 결혼하였으니 날 얼마나 박정한 여자라며 경멸했을까.'

다마카즈라 부인은 이런 생각을 하며 혹여라도 진목주 아씨와 병부경이 결혼해 자신과 병부경친왕의 옛일을 알게 될까 걱정했다.

의붓어머니이기는 해도, 다마카즈라 부인은 진목주 아씨를 정성껏 보살펴주었다. 병부경친왕의 매정한 태도를 모르는 척하면서 아씨의 형제들을 불러 다정하게 대하니, 병부경친왕도 마음을 썼는지 진목주 아씨와 연을 끊으려는 생각은 하지 않았다. 하지만 까다로운 식부경 부인은 사소한 일도 용납하지 못하고 잔소리를 해댔다.

"친왕과 결혼하면 너그럽고 바람도 피우지 않고 손녀딸만 사랑해 줄 터이니, 화려하진 않아도 마음고생은 하지 않으리라 믿었건만……"

이런 불평이 병부경친왕의 귀에 들어가자 이렇게 생각했다.

'불쾌한 이야길 듣게 되는군, 옛날에는 사랑하는 본처가 있어도 조금 바람을 피웠지만 이렇게 심한 말을 들은 적은 없다.'

그러자 세상을 떠난 부인이 계속해서 그리워졌으며 부인과 살았던 자택에 틀어박혀 시름에 잠기는 날도 많아졌다. 그렇기는 하나, 두 해가 가는 동안 그런 관계에 익숙해졌는지 지금은 부부로 그럭저럭 지내고 있었다.

세월은 흘러*3 천황이 즉위한 지도 18년(냉천제, 28세)이 되었다.

"나에겐 앞으로 천황이 될 아들이 없으니 인생이 쓸쓸하구나. 이제 정무에서 물러나 마음 편히 가까운 사람들을 만나며 한가로이 지내고 싶다."

그렇게 전부터 곧잘 말해 오던 천황은 병환이 위중해져 갑자기 양위를 하고 말았다. 세상사람들은 성대한 치세에 갑자기 퇴위하리라 생각도 하지 않았으므로 섭섭하게 여기며 한탄하였다.

그러나 주작원의 황자로 20세가 된 동궁도 이제는 어른인데다 곧 즉위를 하였기에 정치적으로 특별히 달라진 일은 없었다. 든든한 태평성대였다.

태정대신은 관백직(關白職)*4에 사직원을 내고 숨어지냈다.

"덧없는 인생에 천황께서도 양위를 하셨으니, 나 같은 늙은이가 관직에서 물러난다 해서 서운할 일이 무엇인가."

그리하여 검은 턱수염 좌대장이 우대신으로 승진하여 정무를 보게 되었다.

우대신의 여동생이자 새 천황의 생모인 승향전 여어는 새 천황의 즉위를 보지 못하고 돌아가셨기에, 황후로 추대되었지만 그 영광도 그림자로만 남았을 뿐 쓸쓸하기만 했다.

드디어 아카시 여어가 낳은 첫째 황자가 동궁이 되었다. 누구나 예상하고 있었지만, 막상 그렇게 되고 보니 놀랄 만큼 경사스런 일이었다.

유기리 우대장이 대납언으로 승진하고 검은 턱수염 우대신과는 각별한 관계로 여전히 화목하게 지내고 있었다.

겐지는 퇴위한 냉천원 상황에게 후사가 없음을 유감스럽게 생각했다. 새로 동궁 자리에 오른 첫째 황자도 자신의 혈통이기는 하나, 겐지에게 냉천원 상황은 특별했다. 상황이 재위 중에 마음 속 고민을 드러내지 않아, 출생의 비밀이 새어나가지 않았고 겉으로는 무사히 치세를 마칠 수 있었다. 하지만 그 업보인지 후사가 없어 천황 자리를 자손에게 물려주지 못했으니 겐지는 상황의 운명을 안타깝게 여겼다. 그러나 입 밖에 낼 일도 아니었으므로 그저 답답할 뿐이었다.

동궁의 생모 아카시 여어는 그 뒤에도 자손을 여럿 낳음으로써 천황의 총

---

*3 세월은 흘러 : 이 동안에 이야기가 없는 4년의 시일이 흘렀다
*4 관백(關白) : 임금을 보좌하여 국사를 다스리던 중요 직위. 태정대신 윗자리

애는 더욱더 깊어지게 된다. 겐지 성을 가진 황족이 이어서 후의 위에 오르는 것은 못마땅하다는 여론이 생겼다. 그것을 아는 냉천원의 중궁은 별다른 이유 없이 자신을 황후 자리에 올려준 겐지의 호의를 떠올리며 은혜에 감사했다.

기대했던 대로 이제 냉천원은 자유롭게 행차할 수 있는 몸이 되어 이쪽저쪽 떠돌며 황위에 있을 때와는 달리 이상적인 생활을 하였다. 새 천황은 온나산노미야를 하나부터 열까지 걱정하며 각별히 신경써주었다. 세상사람들은 온나산노미야를 소중한 분으로 존경하지만, 겐지는 온나산노미야를 무라사키 부인 이상으로 총애하지는 않았다. 세월이 흘러도 겐지와 무라사키 부인 사이에는 아무런 불만이 없고 금실만 좋아질 뿐이었다. 하지만 무라사키 부인은 겐지에게 진지하게 간청할 때도 있었다.

"이제 저는 이렇게 사람 많은 거처에서 조용히 물러나 신앙생활을 하고 싶습니다. 세상에 더 이상 바람도 미련도 없는 나이가 되었으니, 이젠 출가하도록 허락해 주시지요."

"그게 무슨 소리입니까. 언제부터 당신은 그런 섭섭한 생각을 하고 있었소? 그건 내가 이루고 싶었던 일인데. 당신이 뒤에 홀로 남아 쓸쓸해하거나, 나하고 함께 있을 때와는 다른 세상 사람들 태도에 속상해할까 봐, 그 때문에 이대로 있는 거라오. 언젠가 내가 바람을 이루는 날이 올 터이니 그 뒤에는 마음대로 하시오."

그렇게 말하며 겐지는 부인의 뜻을 가로막았다. 아카시 여어는 부인을 친어머니 이상으로 존경하고 있었으며, 아카시 부인은 뒤에서 여어를 후견하며 겸손함을 잃지 않았는데 그 태도는 장래를 위해 오히려 믿음직한 일이었다. 외조모인 여승도 기쁨의 눈물을 자주 흘려 늘 눈이 퉁퉁 부어 있지만 행복한 늙은이의 본보기라 할 수 있겠다.

겐지는 주길신사에 세운 소원이 이루어졌으니 감사의 참배를 하고자 했다. 아카시 여어를 위해서도 기도를 하려고 이전에 법사가 보내 준 발원문 상자를 열어 보았다. 거창한 소원들이 많이 적혀 있었다. 매해 봄과 가을 두 차례씩 신령을 위한 무악(舞樂)과 함께 자손의 번영을 기원하는 일이 적혀 있었는데, 겐지처럼 위세가 있는 사람이 아니고서는 실천할 수 없는 소원들이었다. 아무렇게나 갈겨쓴 문장인데도 법사의 학문과 소양이 엿보였고, 신불도 들어줄 듯한 명백한 문구였다.

"속세를 떠난 사람이 어찌 이렇게 소망이 많단 말인가."

신분에 맞지 않는 바람이라 여겨지지만, 법사는 전생에 수도승이었다가 잠시 인간으로 태어났다는 말인가 생각되기도 했다.

여러 모로 생각하니 아카시 법사를 가볍게 볼 수 없었다.

이번 참배는 아카시 여어가 시행하는 일이 아닌, 겐지가 참배를 하고자 도읍을 떠났다.

스마 아카시 시대〔須磨明石時代〕에 신령께 약속했던 일은 모두 다 이루어졌는데, 그 뒤에도 이처럼 오랫동안 행운이 이어졌기에 신령의 가호를 잊을 수가 없었다. 겐지는 무라사키 부인도 일행과 더불어 참여시켰다. 검소하게 준비하여 세상에 폐가 되지 않도록 하려했으나 신분이 신분이니 만큼 갖춰야 할 격식이 있기에 의식은 자연스레 거창하게 되었다. 공경도 좌우대신을 제외하고는 모두 대동하였다.

무악인들은 각 위부 차장 가운데에서 용모가 단정한 사람들로 키를 맞춰 골랐다. 재주가 뛰어남에도 선발되지 못하여 한탄하는 자도 많았다. 연주자들도 석청수(石淸水)궁과 가모〔賀茂〕 신사의 임시제사 때 연주하는 사람 가운데서 선정되었고 산악 쪽에서도 많은 사람들이 동행했다. 천황과 동궁, 상황의 전상관들이 정성스레 시중을 들었다. 화려함과 아름다움의 극치를 보여주는 상달부들의 말과 안장, 마부와 수행원, 그리고 시종들까지 모두 멋지게 차려입고 행렬하는 모습은 보기 드물게 훌륭한 구경거리였다.

겐지의 수레에는 무라사키 부인과 여어가 있었고, 그 다음 수레에는 아카시 부인과 그 어머니인 여승이 눈에 띄지 않도록 타고 있었다. 거기에는 전부터 모셔서 사정을 잘 알고 있는 여어의 유모도 함께 올라 있었다. 시녀들의 수레는 무라사키 부인과 아카시 여어의 것이 각각 다섯 대, 아카시 부인에게 딸린 가족이 세 대로서 저마다 화려한 장식과 복장으로 사람들의 눈을 끌었다. 어머니 여승이 함께 온 것은 사실 겐지가 이렇게 말했기 때문이다.

"이왕이면 어머니 여승의 주름이 펴지도록 여어의 할머니답게 훌륭하게 꾸며 참배하도록 하세요."

하지만 아카시 부인은 오히려 그를 말렸다.

"이번엔 여어와 무라사키 부인 위주로 참배하는 만큼 어머니와 함께 가는 것은 고사하는 게 어떨까요. 나중에 바라는 대로 경하스러운 날이 올 때까지

살아 계시면, 그 때."

그러나 여승은 그때까지 살아 있을 자신도 없고 쓸쓸해서, 슬그머니 일행을 따라왔던 것이다. 운명을 타고난 특별한 사랑을 받고 사는 부인이나 여어보다, 이날만큼은 어머니 여승이 더욱 큰 행운을 누리고 있었다.

10월 20일의 일이었다. '신사의 울타리를 휘감은 칡잎 색도 변하고 소나무 아랫잎도 물드니, 바람 소리로 가을을 느꼈다'는 옛 노래와는 달리 단풍이 든 나뭇잎 색깔에서 가을 기척이 느껴졌다. 거창한 당음악이나 고려음악보다도, 이런 때에는 일본음악이 사람의 마음에나 물결 소리에나 꼭 들어맞았다. 높은 나뭇가지를 울리는 솔바람 밑에서 부는 피리소리는 다른 곳에서 듣는 소리와 달리 몸에 사무치고, 솔바람이 거문고에 맞추는 박자는 북소리보다 부드러울 뿐만 아니라 쓸쓸하면서도 흥겨웠다. 무인들이 입고 있는 포는 쪽물로 대나무 모양을 찍은 것이라 소나무처럼 보이기도 했다. 여러 색상의 머리 장식은 이른 가을 피는 꽃과 구분이 가지 않아, 눈에 비치는 모든 것이 반짝이는 듯했다. 구자(求子)라는 곡이 끝날 무렵, 젊은 상달부가 마당으로 내려와 포의 옷섶을 벗고 춤을 추었다. 상반신이 드러나며 진홍색과 진보라색 소매가 꽃이 피듯 드러났다. 지금까지 특별한 것 없는 포였는데 진홍색 속옷자락이 부슬부슬 내리는 가을비에 젖은 솔밭 위로, 떨어지는 낙엽처럼 보이는 광경이었다. 무인들은 한결같이 눈부신 모습에 새하얗게 마른 갈대를 머리에 높이 꽂은 채 춤을 추고 돌아갔다. 흥겨운 구경거리였다.

겐지는 옛날을 회상하고 있었다. 한때 불행했던 일들이 눈앞에 그려져 오늘처럼 여겨졌는데, 더불어 이야기할 사람이 없던 겐지는 은퇴한 태정대신이 그립기만 했다. 겐지는 안에 들어가 품에서 첩지를 꺼내 노래를 지어 어머니 여승이 타고 있는 두 번째 수레에 슬며시 전했다.

우리 마음 알고서 뉘가 물을까.
주길신사 노송더러 그 옛날 그 사연을.

어머니 여승은 목이 메었다. 오늘의 화려한 광경은 보기만 해도, 겐지가 아카시를 떠나던 무렵의 일과 여어가 배 속에 있을 때의 일들이 자연스레 떠올랐다. 그리고 자신의 운명이 복되었음을 깨달았다. 산으로 들어간 남편이 그리워져 슬픔이 밀려왔지만, 이런 날 눈물은 불길한 것 같아 경하스런 날에 어울리는 말을 신중히 골라 답장을 썼다.

이 주길 바닷가가 살만한 곳이며
행운이 깃든 곳임을 오래도록 붙박여 사는
어부들조차 오늘에야 알았겠지요.

답장이 늦으면 실례가 될 듯하여 그저 송구스러운 느낌을 고스란히 쓰고, 또 이렇게 읊조렸다.
"이렇게 스미요시 신의 무한한 영험을 보면서도 그 옛날 아카시 해변을 잊지 못하니."
일행은 꼬박 하룻밤을 가무로 지새웠다. 스무날 밤 달빛으로 바다는 멀리 하얗게 트였고, 서리가 두껍게 깔린 솔밭은 어제와 달리 빛깔만 봐도 더한 추위가 느껴졌다. 그러나 상쾌하게 몸에 스며드는 신사 앞의 새벽녘이었다. 무라사키 부인은 사계절마다 열리는 풍취 있고 우아한 음악놀이에 익숙했다. 하지만 밖에서 구경한 적은 거의 없었고 이렇게 도읍을 떠나 여행지에서 듣는 일은 처음이라 모든 게 즐겁고 신기하기만 했다.

깊은 밤 주길신사 소나무에 내린
깨끗하고 하얀 서리는
주길신사 신이 씌워주신
솜가발일까
참으로 성스럽구나

무라사키 부인이 지은 이 노래는 소야황이 히라 산의 눈을 솜가발에 비유해서 '히라 산도 솜가발을 썼구나'라고 노래한 눈 내린 아침 풍경을 떠올리게한다. 또 서리가 이 제의를 주길신사의 신이 기쁘게 받아들인 증거라 여겨져더욱 믿음직스럽다.

신관들이 받들고 있는

깨끗한 비쭈기나무 잎 위에
하얀 실을 매달아놓은 것처럼
깊은 밤 하얗고 깨끗한
서리가 내렸구나

아카시 여어는 이렇게 노래했다

무라사키 부인의 시녀인 중무도 노래를 읊었다.

신관들이 받들고 있는 실이라
착각할 정도로
하얗게 내린 서리는
말씀대로 신이 기쁘게 받아들이셨다는
명백한 증거이겠지요

잇달아 많은 노래들이 읊어졌으나 하나하나 다 기억할 필요는 없을 듯하다. 평소에는 솜씨 좋게 노래를 잘 짓는 분들도 이런 때에는 재주를 잘 발휘하지 못하니 '천 년을 사는 소나무'란 정해진 문구 외에는 새로운 것이 없어 모두 적는 일도 성가시니 생략하기도 한다.

아침 해가 떠오를 무렵에 서리는 한층 더 깊어졌다. 밤새 마신 술 때문에 악인들은 무악의 탈바가지가 되어 버린 자기 얼굴도 모른 채 꺼져가는 화톳불 앞에서 아직껏 만세 만세 하고 비쭈기나무를 흔들며 서로를 축복하고 있었다. 이렇게 축복받는 겐지 가족이 앞으로 얼마나 번창할지 상상만 해도 경하스러웠다.

모든 것이 훌륭하고 천일 밤을 응축시켜 놓은 듯한 즐거운 밤도 덧없이 밝아왔다. 젊은이들은 바닷가 물결이 돌아가듯 이곳을 떠나야 함을 섭섭하게 생각했다.

수레는 까마득하게 긴 행렬로 늘어섰는데, 늘어뜨린 비단 휘장이 바람결에 펄럭이는 모습 사이로 언뜻 보이는 여자들의 의상은 마치 꽃비단을 깔아놓은 듯했다. 평민들은 남자 관리들이 계급에 따라 다른 빛깔의 포를 입고, 아름다운 음식상들을 겐지의 수레로 연방 나르고 있는 광경이 몹시 부러웠다. 아카시 여승 앞에도 천향 나무로 만든 찬합에 회색 종이를 깐 산채요리가 담겨 있었는데, 사람들은 입을 모아 수군거렸다.

"참 운도 좋은 여자군그래."

겐지는 참배길 오를 때는 넘치는 공물 때문에 힘든 데다 지키는 사람 수가 많아 충분히 구경을 못하였으나, 돌아가는 길에는 자유로이 즐거운 여행을 할 수 있었다. 겐지는 이 여행에 법사와 동행하지 못한 것을 섭섭해하였지만 그것까지는 무리였다. 사실 연로한 법사가 이 행렬에 끼어들면 그만큼 꼴사나울 일이 어디 있겠는가. 승승장구하는 아카시 가문의 행렬을 보며 사람들은 높은 이상을 품었고, 이는 유행처럼 퍼져 나갔다. 무슨 일만 있으면 놀라고 칭찬하며 화젯거리로 삼아 '아카시 여승'을 행운의 상징으로 삼았다.

출가한 주작원 법황은 불도에 정진하고 정치에 대해서는 어떤 간섭도 하지 않았다. 다만 천황이 주작원 법황을 만나기 위해 봄가을 행차를 할 때면 예전의 생활을 회상하곤 했다. 또 여전히 온나산노미야를 걱정해서 육조원을 형식상의 보호자로 보고, 내부에서 해야 할 보호는 천황께 부탁하였다. 온나산노미야는 2품의 지위에 오른 덕분에 봉호(封戶)*5의 수도 많아졌으며 더욱 화려한 신분이 되었다.

무라사키 부인은 세월이 흐르고 다른 부인의 세력이 강해지면서 이런 생각을 하게 되었다. '나는 아직도 겐지님의 애정만을 믿고 있는 게 아닐까. 지금은 열등감을 느끼지 않는다 하더라도 언젠가 겐지님의 애정도 시들고 말 것이다. 그런 쓸쓸한 때가 오기 전에 차라리 출가를 하고 싶구나' 하지만 너무 똑똑한 체하는 것도 어째 보일까 싶어 아직 입 밖에 내지는 않았다.

겐지는 법황뿐만 아니라 천황마저 온나산노미야에게 관심을 보이는 게 황송스러웠다. 냉담하게 군다는 소문이 날까 봐 무라사키 부인과 온나산노미야 사이를 공평하게 드나들었다. 그럴 법하다고 생각하면서도 역시 이렇게 되는구나 싶어 무라사키 부인은 몹시 슬퍼했다. 하지만 겉으로는 아무렇지 않은 듯 처신했다.

무라사키 부인은 동궁 바로 아래 여동생인 첫째 황녀 온나이치노미야를 데

*5 봉호(封戶) : 황족과 고관에게 내린 호(戶). 그 호에서 거두어들이는 조세가 그들의 수입이 되었다

려와 키우고 있었는데, 그 시중을 드는 재미에 겐지가 없는 쓸쓸한 밤도 달랠 수 있었다. 부인은 동궁의 형제인 아카시 여어의 아이들을 모두 무척이나 귀엽게 여기고 있었다.

하나치루사토 부인은 무라사키 부인이 많은 손자들을 돌보는 것이 부러웠다. 그리하여 그녀 또한 유기리 좌대장(대납언 겸직)이 전시(典侍)의 정을 통해 낳은 셋째 딸을 굳이 맞아들여 애지중지 키우고 있었다. 아름답고 영리한 이 아이를 겐지도 무척 귀여워하였다. 겐지는 자녀가 많지 않아 늘 한탄했는데 손자들이 이렇게 번성하자 지금은 손자들 재롱을 낙으로 무료함을 달래는 듯했다. 검은 턱수염 우대신이 전보다 훨씬 자주 육조원을 드나들며 겐지를 가까이 했고, 중년 부인이 된 다마카즈라도 겐지가 예전처럼 연애감정을 갖는 일이 없어지자 마음놓고 육조원에 발길을 했다. 온나산노미야만이 여전히 철이 없고 어렸기 때문에 딸같이 여기고 그 교육에 힘을 기울였다.

주작원 상황은 온나산노미야에게 편지를 보냈다.

이제 죽을 때가 가까운 것인지, 마음이 허전하고 불안합니다. 속세의 일은 모두 잊어버리고자 출가를 하였는데, 다시 한 번 그대를 보고 싶군요. 이 미련이 원한이 되어 왕생에 걸림돌이 될까 염려스럽습니다. 조용히 한 번 와주시지 않겠습니까.

편지를 본 겐지는 이렇게 말하며 온나산노미야의 방문을 계획했다.

"지당한 말씀이지요. 이런 말씀이 없다 하더라도 이쪽에서 먼저 찾아뵈었어야 하는데, 이렇게 말씀하실 때까지 기다리고 있었다니 황공한 일입니다. 하지만 명분도 없이 갑작스레 찾아뵐 수는 없으니, 행사를 준비하는 게 좋겠습니다."

이번에 마침 법황 보령이 50세가 되니, 황녀가 풋나물 잔치를 베풀어 드리면 어떨까, 겐지는 그런 생각을 했다. 그래서 선물할 승복과 축하연 음식 등 보통 사람들과는 그 형식이 달라 부인들의 지혜를 빌려 이런저런 계획을 세웠다.

주작원은 예부터 음악을 유난히 즐기셨던 분이었기에, 무용인이나 음악인들에도 뛰어난 사람으로 골랐다. 검은 턱수염 우대신의 자식 둘, 유기리 좌대장의 자식은 전시 소생을 합하여 모두 세 명이었다. 7세 이상 아이들은 모두

동자 전상인을 시켰다. 겐지는 그들과, 병부경친왕의 성인식을 올리지 않은 아들, 그 외에도 친왕의 자제들과 친척 자제들 가운데서 많이 뽑았다. 전상관 가운데서도 용모가 좋고 예도에 능한 사람을 골라 여러 춤을 준비하게 했다. 스승이 된 전문가들은 매우 자랑스러운 기회라 생각하고 그 사람들을 열심히 공부시키기 위해 무용이나 음악 부문에서 분주했다. 온나산노미야는 아버지인 법황 밑에서 거문고 공부를 했는데, 열네댓 살 어린 나이에 육조원으로 옮겼기에 그 솜씨가 어떤지 알 수 없었다. 법황은 불안한 나머지 이렇게 말했다.

"이쪽으로 오게 되면 온나산노미야의 거문고 소리를 들어보고 싶군. 아무리 철이 없다 해도 거문고 솜씨는 많이 늘었을 게야."

이 말이 궁중에도 전해졌다.

"그렇게 말씀하셨다면 결코 평범한 솜씨가 아닐 게야. 상황 앞에서 연주하는 걸 듣고 싶구나."

천황도 그리 말했다는 소식이 육조원에도 전해졌다.

'지금까지 틈 나는 대로 가르쳐서 실력이 늘기는 했지만 아직 상황께 들려드릴 만큼 훌륭한 솜씨는 아니다. 아무 준비없이 뵈었다가 연주를 듣고 싶다 하시면 큰일 나겠구나.'

겐지는 그렇게 생각하며 온나산노미야에게 거문고를 열심히 가르치기 시작했다. 색다른 두세 곡, 또 대곡(大曲)으로서 춘하추동 각 계절에 따라 울림을 바꾸고, 날이 춥거나 따스한 때에 따라 가락을 조율하는 방법 등 특별한 비법을 가르쳤다. 처음에는 미덥지 않은 구석들도 있었으나 잘 받아들여서 온나산노미야도 이제는 제법 뛰어난 솜씨를 갖췄다.

"낮에는 출입하는 사람들이 많아 방해가 됩니다. 차분하게 현을 뜯고 누를 때마다 달라지는 음의 섬세함을 알 수 없으니 밤에 조용히 가르쳐야겠습니다."

무라사키 부인의 양해를 얻은 다음, 겐지는 줄곧 황녀의 침전에서 아침저녁 연습을 돌보았다. 아카시 여어나 무라사키 부인에게는 거문고를 가르치지 않았다. 두 사람은 이 교습에서 진귀한 비곡(秘曲)을 타리라 생각하고 듣고 싶어했다. 여어는 얻기 힘든 휴가를 가까스로 얻어 잠시 돌아와 쉬고 있었다. 이미 황자가 둘이나 있었지만, 또 임신해서 5개월이나 되었기에 궁중 제사를 빌미로 퇴궁 허가를 얻은 것이다.

12월 11일 제사가 끝나자 돌아오라는 궁중의 재촉이 있었지만, 이즈음 거문고 소리가 너무 즐거운 나머지 육조원을 떠날 수 없었다.

"어째서 아버님께서는 내게 거문고를 가르쳐 주시지 않았을까."

여어는 겐지가 원망스럽기도 했다.

겨울을 좋아하는 겐지는 눈 내리는 달밤과 어울리는 곡을 거문고로 탔다. 그리고 시녀들 가운데에서 재능이 있는 사람에게 다른 악기로 합주를 하게 했다.

해가 저물어가자, 무라사키 부인은 여어며 황자들을 위한 설맞이 채비에 바빴다.

"봄이 오면 화창한 저녁 무렵에 온나산노미야님의 거문고 소리를 들려 주세요."

부인이 그리 소망하는 사이 해가 바뀌었다.

천황께서 주최하시는 행사와 겹치면 좋지 않으리라 생각한 겐지는 상황의 50세 축하연을 2월 십여 일쯤으로 연기하였다. 그래서 음악인과 무용수는 늘 육조원에 와서 열심히 연습했다. 겐지가 말했다.

"부인이 당신의 거문고 소리를 듣고 싶어하니, 쟁과 비파를 합주하는 여자들과 여악을 열어보는 건 어떻겠습니까. 내로라하는 명수들로 육조원 여인들의 솜씨를 당해내지 못할 겁니다. 나는 대단한 음악가는 아니지만, 온갖 기예에 통달해 두자는 생각으로 소년 시절부터 이름 높은 스승, 유서 깊은 집안 명인들에게 비전(秘傳)을 배웠지요. 하지만 진정 음악에 조예가 깊거나 도저히 당해내지 못할 사람은 없었습니다. 그런데 그 시절보다도 지금 음악하는 사람의 소질이 더 후퇴했고 솜씨는 천박해진 듯합니다. 더구나 거문고를 공부하는 사람이 이젠 드물다고 하니 당신만큼 타는 사람도 아마 거의 없을 겁니다."

온나산노미야는 순진한 미소를 지으면서, 자기 재주가 이만큼 인정받게 되었는가 기뻐했다. 22세가 되었는데도 아직도 여자로 성숙하지 않아 어리게만 보였다. 손 대면 부서질 듯 가냘픈 모습이 너무나 사랑스러웠다.

"상황을 뵌 지 7년이나 지났으니 훌륭한 어른이 된 모습을 보여드려야 합니다. 그렇게 생각하실 수 있도록 어른스럽게 처신하세요."

겐지는 틈 나는 대로 그렇게 가르쳤다. 겐지가 없었다면 황녀는 언제까지고 어린 티를 벗지 못할 것이라고 시녀들은 생각했다.

1월 20일이 지나자 벌써 제법 봄이 가까워져 따뜻한 바람이 솔솔 불었고,

뜰에는 매화가 한창이었다. 다른 꽃나무들도 봉오리를 터뜨리기 시작했고 나무숲은 아지랑이로 덮여 있었다.

"2월이 되면 축하연 준비 때문에 혼잡할 것이고, 그때 합주를 하면 사람들은 축하를 위한 시연이라고 말들이 많겠지요. 그러니 한가로울 때 연주를 합시다."

겐지는 이렇게 말하고 무라사키 부인을 온나산노미야의 침전으로 맞았다. 동행하고 싶다는 시녀들은 많았으나 음악을 잘 알지 못하는 자는 제외되고 나이는 다소 지긋하지만 음악에 조예가 깊은 시녀들과 얼굴이 고운 어린 시녀 넷이 그 뒤를 따랐다. 빨간 윗도리에 하얀색, 빨간색 한삼을 입고, 얇은 보라색 속옷, 돋을무늬가 있는 겉바지, 그리고 맨 속에는 다듬이질을 한 고운 옷을 입은, 몸가짐이 우아한 아이들이 뽑힌 셈이었다.

아카시 여어도 새해를 맞이하여 새로운 장식으로 꾸며져 있었으며, 화려한 분위기 속에 화사하게 꾸민 시녀들의 모습 역시 눈부실 지경이었다. 어린 시녀는 파란색 윗도리에 진홍색 한삼, 능직 겉바지와 황금빛 당 비단으로 만든 속옷을 차려 입은 모습들이었다.

아카시 부인의 동녀는 눈에 띄지 않게 수수한 의상을 입었으며, 진분홍빛을 입은 동녀가 둘, 연분홍빛을 입은 동녀 역시 둘인데 밑에는 모두들 청색을 짙고 엷게 한 속옷이었다. 이 또한 다듬이발을 잘 받은 옷들이었다. 온나산노미야도 여어와 부인들이 모이는 날이어서 동녀의 옷차림에 각별히 신경을 썼다. 청황색 의복에 연둣빛 한삼, 빨간 자줏빛 속옷들은 평범한 취향이긴 했지만, 어딘가 기품 있게 느껴지는 것은 의심할 여지가 없었다.

부인들은 차양의 방 중간 장지문을 떼어내고 휘장을 쳐 가운데에 겐지의 자리를 마련했다. 박자를 맞추는 소년을 부르자고 하여, 검은 턱수염 우대신 댁 셋째 아들로 다마카즈라가 낳은 큰아들이 생황을 맡았다. 그리고 젓대를 맡은 유기리 좌대장의 큰아들은 자리에 대기하고 있었다. 연주자들의 방석이 모두 깔리자 겐지는 비장의 악기들을 감색 비단 자루에서 꺼냈다. 아카시 부인은 비파, 무라사키 부인에게는 화금(和琴), 여어에게는 13현의 쟁금(箏琴)이 주어졌다. 온나산노미야는 이렇게 유서 깊은 명기를 다루는 데 아직 서툰지라 겐지가 거문고를 조율하고 건네주었다.

"쟁금은 현이 늘어지지는 않지만, 다른 악기와 합주할 때에는 가락에 따라 기러기발 위치를 바꿔야 합니다. 미리 그 점에 주의하여 조율해 두어야 하는데, 여자 힘으로 줄당기기가 힘들 겁니다. 역시 좌대장을 부르는 게 좋겠군요. 더구나 박자를 맡은 소년들도 너무 어려서 미덥지 않아요.”

겐지는 웃으면서 대납언 유기리를 불렀다.

어색한 분위기에 부인들은 긴장하고 있었다. 아카시 부인을 제외하고는 모두가 겐지의 소중한 제자들이니만큼 겐지도 하나하나 신경을 쓰면서 좌대장이 들어도 흉이 되지 않도록 정성을 다했다. 여어는 평소에도 임금 앞에서 다른 사람과 합주하는 일이 익숙해서 침착한 연주를 할 수 있었다. 하지만 무라사키 부인의 화금은 가락에 변화를 줄 수 없고 정해진 연주법이 없어 여자가 연주하기에는 벅찬 악기였다. 봄철의 현악은 서로 차분하게 조화를 이루어야 하는데, 과연 화금이 조화를 잘 이룰 수 있을까. 겐지는 염려가 되었다.

대납언 유기리는 몹시 긴장해서 표정이 굳어 있었다. 천황 앞에서 정식으로 연주할 때보다 더 긴장이 되어, 말쑥한 평상복에 훈향이 잘 밴 의복을 조심스레 겹쳐 입었다. 소매에도 짙게 향을 배게 하고 빈틈 없이 치장을 한 뒤 나타났는데, 그땐 이미 날이 저물어 있었다.

저녁 하늘 아래 탐스럽게 피어난 매화꽃은 지난해 본 눈처럼 소담스러웠다. 산들바람이 지날 때마다 발 안의 훈향은 매화 향기와 어우러져 옛 노랫말처럼 ‘꾀꼬리를 유혹하는 듯하니, 침전 주위는 향기로운 향내로 가득했다. 겐지는 발 아래로 살며시 쟁금을 내밀면서 대납언에게 말했다.

“이 쟁금의 현을 당겨 조율 좀 해 주십시오. 이곳에 다른 사람을 부를 수도 없는 노릇이니…….”

대납언은 공손히 받아들더니 일월조의 음으로 기러기발을 조정하고는 기다렸다. 그 광경을 보고 겐지가 말했다.

“시험 삼아 한 곡 연주해보시는 게 어떻겠습니까.”

“오늘처럼 성대한 연주에 음을 섞을 수 있을 만한 솜씨가 아닙니다.”

좌대장은 사양하여 겸손히 말했다.

“그도 그렇지만, 그렇다고 해서 여악의 상대도 못하고 도망쳤다는 소문이라도 나면 더 곤란하지 않겠습니까.”

겐지는 이렇게 말하고 웃었다. 그래서 좌대장은 조율을 마치고 흥을 돋을 정도로만 살짝 현을 퉁긴 뒤, 쟁금을 도로 밀어넣었다. 아름다운 평상복을 갖쳐 입은 손자들이 소리를 맞춰 부는 피리는, 아직 어리긴 하나 장래가 촉망되는 음향이었다.

모든 악기의 조율이 끝나자, 드디어 합주가 시작되었다. 우열을 가릴 수 없는 가운데 아카시 부인의 비파 연주는 명수 못지않게 엄숙하고 고풍스러움을 한눈에 알 수 있었다. 맑은 소리가 영롱하게 울려 퍼졌다. 좌대장은 무라사키 부인의 화금 소리에 귀를 기울였다. 그 소리는 다정하고 부드럽고 애교가 있으며 현을 타는 소리는 가슴이 시원해질 정도로 신선했다. 이름 높은 명수들의 연주와 견주어 봐도 조금도 손색 없는 화사한 선율에, 대상은 화금에도 탄주법이 있구나 싶어 감탄을 금치 못했다. 부인이 열심히 연습하신 자취가 잘 드러났기에 겐지는 안심하며 세상에 둘도 없이 훌륭한 여성이라 생각했다. 아카시 여어가 연주하는 쟁금 소리가 다른 악기들 사이사이에서 새어나오듯 섬세하게 들려오니 그 또한 사랑스럽고 우아했다.

온나산노미야는 아직 미숙했지만 한창 배우는 중이라 연주법이 정확하고 다른 악기와 맞추는 조화도 좋았다. 좌대장은 박자를 맞춰가며 선율을 읊조렸다. 겐지도 이따금 부채 소리를 내며 함께 읊조렸다. 그 음성은 예전보다 한결 정취가 있고, 굵직한 느낌이 더해진 듯싶었다. 좌대장도 목소리가 좋은 분이라, 밤이 깊어져 감에 따라 음악에 흠뻑 빠졌다.

달이 늦게 뜨는 계절이라 여기저기에서 등불이 밝혀졌다. 겐지가 온나산노미야가 있는 곳을 들여다보니, 남보다 작은 모습이라 마치 의복만이 놓여 있는 듯한 느낌이었다. 화사한 얼굴은 아니어도 귀족적인 아름다움은 갖추었는데, 2월 스무날께 싹을 틔운 버들가지가 늘어진 듯했으며, 매우 가냘퍼서 꾀꼬리의 깃바람에도 흔들릴 것만 같았다. 하얀색과 빨간색 평상복을 입고 머리칼이 양쪽 어깨 너머로 흘러 넘치는 모습은 마치 실버들 같았다. 더없이 고귀한 분의 모습이다 싶어 겐지는 그윽하게 바라보았다.

아카시 여어 역시 우아하고 아리따운 모습에 요염함이 깃들어 몸짓과 기척이 더욱 그윽하게 느껴졌다. 봄부터 여름까지 등나무꽃이 아름다움을 다툴 꽃 한송이 없이 홀로 아침 햇살을 받고 있는 것처럼 보였다. 그러나 아카시 여어는 임신을 한 상태라 몸이 불편하고 기분도 좋지 않아 연주가 끝나자 쟁금을 앞으로 밀어놓고 숨이 가쁜 듯 사방침에 기대 앉았다. 보통 크기의 사방침이 몸에 비해 커 보였다. 좀 작은 사방침을 만들어 주고 싶을 정도였다. 자홍색 겹옷 위로 머리칼이 흘러내려 확실히 기품 있어 보였고, 등불에 비쳐 나오는 모습은 한층 귀엽게 보였다.

무라사키 부인은 옅은 홍색 평상복에 짙은 보라색 소례복을 입었는데, 그 옷자락에 넘치듯 느슨하게 뭉쳐진 머리칼은 멋들어지고 용모며 자태가 더할 나위 없으니 주위는 온통 부인의 아름다움이 내뿜는 빛으로 가득 찬 듯했다. 꽃에 비유한다면 만개한 벚꽃이라 해도 모자랄 만큼 고운 자태였다.

이런 사람들 속에 놓고 보면 아카시 부인은 기가 죽어 보일 것 같지만 그렇지 않았다. 오히려 뛰어난 미색(美色)에 총명한 품위마저 깃들어 보였다. 속내를 알고 싶어지는 분위기는 그녀를 더 고상하고 화사하게 보이도록 했다. 연두색 평상복에 비슷한 색 소례복을 입고 얇고 가벼운 치마를 입은 겸손한 모습도, 여어의 생모라 생각하는 탓인지 그 자태며 마음씨가 그윽하고 범접하기 어려운 위엄이 느껴졌다. 푸른 바탕의 고려 비단으로 테두리를 두른 깔개에 조심스레 앉아, 비파를 퉁기기 시작했다. 유연한 손놀림에 연주 소리를 듣기도 전부터 우아함과 부드러움이 느껴져 오월의 귤나무로 친다면 꽃과 열매가 함께 달린 탐스러운 가지를 연상시켰다.

어느 여성이나 모두 상냥한 몸짓으로 앉아 있으니 대납언 유기리 마음은 자신도 어떻게든 발 안을 들여다보고 싶었다. 더욱이 예전의 찬바람 불던 저녁때보다 한층 아름다워졌을 무라사키 부인을 생각하니, 가슴이 설레 차분히 앉아 있을 수가 없었다. 온나산노미야만 해도 운명이 조금만 더 자신에게 친절했다면, 자기 배필로서 이분을 대할 수 있었을 텐데 싶어서 소심한 자신에게 괜스레 화가 났다.

'주작원 상황께서 가끔 그런 뜻을 내비치시며 나를 떠보셨었는데. 다른 사람들에게도 그리 말씀하셨다건만.'

대납언은 새삼 지난날을 후회했다. 온나산노미야가 틈이 많고 경솔하게 보여, 무시까지는 아니더라도 크게 마음이 동하지 않기는 했었다. 무라사키 부인이 손이 닿지 않는 분이라 동경하며 긴 시간을 보냈던 좌대장은, 그 한결 같은 호의만이라도 부인이 알아주었으면 하고 번민했다. 하지만 도리에 맞지 않는 허튼 생각은 전혀 없었다. 품어선 안 될 연정을 억제할 줄 아는 사람이었다.

밤이 이슥해졌는지, 바람이 서늘하게 느껴졌다. 늦은 달이 떠오르기 시작했다. 겐지가 좌대장에게 말했다.

"어슴푸레한 달밤이군. 가을도 좋은 음악과 벌레 소리가 함께 어울릴 때에 정취를 느낄 수 있지."

좌대장이 말을 받았다.

"달 밝은 가을밤엔, 무슨 소리든 간에 투명하게 잘 들리는 법입니다. 그러나 너무 곱고 조화로운 하늘이라든가, 화초에 맺힌 이슬에 눈길이 쏠리고 마음이 흩어지니 가을의 좋은 점에는 한계가 있는 듯 합니다. 아무래도 봄철 어슴푸레한 안개 사이로 으스름 달이 떠오르는 밤에 조용한 피리 소리가 울리는 정취에는 가을이 미치지 못하지요. 가을에는 피리 소리도 맑게 멀리 퍼지지 않습니다. '여자는 봄을 그리워한다'고 옛 사람이 말했는데 이는 지당한 이야기라고 생각됩니다. 음악 소리가 아름답게 조화되는 것도 봄철 해질 무렵이 각별하지요."

겐지가 말했다.

"그야 물론 봄과 가을에는 우열이 있을 수 있겠지요. 하지만 옛 사람들도 봄인가 가을인가를 판단하지 못한 것을, 말세에 사는 우리가 명확하게 판단할 수 있겠습니까. 가을의 가락이 봄보다 못함은 그대가 말한 그 이유 때문이겠지요. 어떻습니까? 요즘 이름 높은 명수라 일컫는 사람들이 폐하 앞에서 종종 연주를 하는데 정말 명인이라 할 수 있는 사람은 많지 않은 듯합니다. 남들보다 뛰어나다고 자부하는 명인도 사실은 대단한 실력을 갖추지 못한 게 아닐까요. 오늘 부인들의 연주만 두고 보더라도, 특별히 두드러진 사람은 없었습니다. 제가 근년에는 아무 데도 가지 않고 한 군데만 틀어박혀 있었으니 안타깝게도 귀가 나빠진 까닭인지도 모르지요. 그런데 무슨 연유인지 이 육조원은 학문이든 예능이든, 같은 것을 배워도 다른 곳보다 배움의 보람이 더하여져 훌륭하게 보입니다. 폐하 앞에서 연주를 하기 위해 뽑힌 명수들과 부인들을 겨루어보게 하고 싶을 정도이지요."

대납언이 말했다.

"저도 그런 말씀을 드리고 싶었으나 아무것도 모르는 제가 주제넘는 소리를 하는 게 아닐까 하여 삼가고 있었습니다. 예전 명수들 소리와 비교할 수는 없으나, 사람들은 우위문독의 화금이나 병부경의 비파를 더없이 훌륭한 솜씨라고 칭찬합니다. 물론 두 분 모두 겨룰 자가 없을 만큼 명수이나, 오늘 밤 여러분의 연주는 정말이지 놀랄 만한 것이었습니다. 겉으로 나타나지 않은 음악놀이라 방심해서 그런지 한층 더 감격이 컸는지도 모릅니다. 창가를 부르기도 쉽지 않았습니다. 지금껏 화금은 전 태정대신에 의해서만 교묘한 음이 나올 수 있다고 믿었고, 다른 사람은 그 경지에 한 발짝도 들어설 수 없는 어려운 것으로 알았습니다. 오늘 밤 무라사키님의 연주는 아주 특별했습니다. 참으로 훌륭했습니다."

"그런 찬사받을 정도는 아닐 텐데. 과찬이십니다."

득의에 찬 미소가 겐지 얼굴에 나타났다.

"나에겐 서투른 제자가 없었나보군. 비파는 내가 무어라 흠잡을 데 없는 솜씨였지만, 역시 내 영향을 받았는지 어딘가 조금 느낌이 다르더군요. 아카시처럼 예기치 못한 곳에서 처음 들었을 때도, 보기 드문 음색이라 감탄했었는데 그 때보다 더 능숙해졌으니까요."

이렇듯 겐지가 모든 게 당신 자신의 공인 듯 말하자, 시녀들은 서로 팔꿈치를 쿡쿡 찌르며 웃었다. 겐지가 말했다.

"어떤 예능이든 배우기 시작하면 깊이를 알 수 있어 자기가 만족할 만큼 습득하기가 쉽지 않습니다. 그러나 요즘에는 그만한 노력을 기예에 기울이는 사람이 적으니, 조금 연습하면 자만해서 손을 놓고 말지요, 헌데 거문고만은 간단하게 손을 댈 수가 없습니다. 정식으로 옛 연주법을 배워 그 정수를 깨우친 사람은, '거문고의 음색으로 천지를 주무르고 귀신의 마음까지 어루만졌다' 합니다. 거문고 소리에 이끌려 깊은 슬픔에 잠긴 사람이 행복해지고, 빈곤한 사람은 고귀한 신분에 올라 영화를 누리고 세상의 인정을 받게 된 예는 많았습니다. 거문고 연주법이 전래된 초창기에 이를 터득하고자 한 사람은 오랜 세월 외국에 나가 방황하면서 온갖 고생을 다한 듯합니다. 그러나 경지에 오르기란 쉽지 않았지요. 그럼에도 거문고의 절묘한 음색이 하늘의 달과 별과 비구름을 움직이고, 때 아닌 서리와 눈을 내리게 하고, 천둥을 치게 했다는 예가 옛날에는 있었습니다. 그런 최고의 악기인데 지금 같은 말세에는 그 연주법을 온전히 익힌 자가 드무니, 어디에 그 옛날 비법의 일부분이나마 전해지고 있는지 알 수 없을 지경입니다. 하지만 귀신도 넋을 잃고 귀 기울인다는 거문고다보니, 어중간히 연습해서는 오히려 화만 자초한다는 불미한 구실이 붙어 등한시되었으니, 오늘날에는 연주법을 배우고 전하는 사람이 거의 없다고 합니다. 안타까운 일이죠. 거문고가 없다면 무엇으로 악기의 음률을 맞추겠습니까.

모든 게 너무도 빨리 쇠퇴하는 지금, 예도에 뜻을 두고 부모와 처자식을 버리고 고국을 떠나 방랑한다면 세상은 그를 외면하겠지요. 그렇게까지는 못하더라도 역시 거문고 연주법이 어떤 것인지 조금이라도 알고 싶습니다. 한 가지 주법을 완전히 터득하기도 쉽지 않은 일이라는데, 그 많은 곡을 어찌 다 연습하겠습니까. 내가 젊은 시절 열심히 연습하던 무렵에는, 세상에 있는 악보란 악보는 모두 참고해 연구하고는 했었습니다. 끝내 더는 배울 만한 스승이 없어 독학을 해야 했지만, 역시 옛 명인의 경지에는 이를 수 없었지요. 더구나 그 재주를 전할 자손이 없으니 몹시 아쉽습니다."

겐지가 이렇게 하는 말을 듣고, 대납언 유기리는 자신의 부족함이 부끄러워졌다.

"아카시 여어 황자들 가운데 내 바람대로 성장하는 분이 있고 또 내가 그때까지 살아 있다면 그땐 내가 습득했던 거문고 기예를 전수해 드릴까 합니다. 둘째 친왕은 벌써부터 음악에 재능을 가지신 듯하니 말이지요."

이 말을 아카시 부인은 자신의 명예나 되는 것처럼 눈물이 그렁그렁 맺힌 채 듣고 있었다.

여어는 쟁을 무라사키 부인에게 물리고는 물건에 기대어 몸을 뉘었다. 겐지가 화금을 연주하며 한층 더 화기애애한 두 번째 연주가 시작되었다. 사이바라의 '가즈라키'를 합주하자 화려한 연주에 흥이 절로 났다. 후렴을 노래하는 겐지의 목소리는 무어라 표현할 수 없을 만큼 매력적이었다. 달이 높이 솟을 시간이 되고 매화꽃도 선연한 아름다움을 보였다.

여어가 쟁을 뜯는 소리는 귀엽고 여성스러웠으며, 어머니 아카시 부인의 연주가 어우러져 줄 퉁기는 소리가 맑게 울렸는데, 교대한 무라사키 부인의 솜씨는 아카시 부인과는 달리 느슨한 여유가 느껴져 듣는 이의 마음을 흔드는 매력이 있었다. 차분한 기법과 빠른 기법이 섞인 음은 물론 모든 것이 재기에 넘치는 음색이었다.

곡이 여에서 율로 바뀌자 다른 악기도 조를 바꾸어 소품을 율조로 연주하는데, 이 또한 부드럽고 세련된 감각이 느껴졌다. 거문고에는 다섯 개의 조가 있고 수많은 주법이 있는데, 반드시 주의하여야 하는 다섯째 여섯째 현에 충분한 주의를 기울이니 매우 좋은 소리가 났다. 겐지는 봄과 가을뿐만 아니라 온갖 방식으로 다루는 연주법을 가르쳤다. 그것을 어김없이 잘 터득하고 있었기에 겐지는 자랑스럽게 여겼다.

겐지는 피리를 열심히 분 손자들을 귀엽게 여기고 노고를 위로하였다.

"졸릴 텐데. 오늘 밤 합주는 짧게 할 예정이었으나, 그만두기 아쉬울 정도로 소리가 훌륭하고 모든 악기가 우열을 가리기 어려우니 나의 순한 귀가 우물쭈물 하는 동안 밤이 깊고 말았구나 염치 없게 되었다."

생황을 분 다마카즈라 부인의 장남에게 술잔을 돌리고, 입었던 옷을 벗어서 걸쳐주었다. 무라사키 부인은 젓대를 분 대납언의 큰아들에게는 무라사키 부인이 평상복과 바지를 너무 두드러지지 않을 만큼 성의를 표시했다. 대납언에 게는 온나산노미야가 발 속에서 술잔을 권하고 온나산노미야의 옷 한 벌이 상품으로 나왔다.

"이상하네. 스승인 나에게 먼저 상을 주지 않으니. 실망스럽습니다."

겐지가 이렇게 농을 던지자, 온나산노미야의 휘장 안에서 피리가 나왔다. 겐지가 웃으면서 받아든 피리는 아주 좋은 고려적(高麗笛)이었다. 겐지가 피리를 조금 불자 이미 물러서고 있던 대납언 유기리가 발길을 멈추고 아들이 가졌던 젓대를 달라고 하여 음을 맞추었다. 손수 가르친 제자들이 더없이 훌륭한 솜씨를 보이자 겐지는 자신의 음악적 재능이 세상에 유례가 없으리라고 만족해 하였다.

대납언은 아들을 수레에 태우고 달빛이 환히 비추는 밤길을 돌아갔다. 돌아가는 내내 두 번째 합주 때 들었던 무라사키 부인의 쟁 소리가 귀에 남아서 사무치도록 그리웠다. 본처인 구모이노카리는 조모이신 대부인의 가르침을 받았지만, 제대로 익히기도 전에 대부인이 돌아가시는 바람에 숙달하지 못했다. 그래서 남편 앞에선 부끄러워 좀체 타지를 않았다. 매사에 순순하고 차분한 성품이지만, 연달아 생겨나는 아이들 뒤치다꺼리에 쫓기느라 좀처럼 정취를 즐기지 못했다. 그래도 종종 토라지고 질투도 하는 애교 있고 귀여운 부인이었다.

겐지는 그날 밤 동쪽 별채에 들었다. 무라사키 부인은 뒤에 남아서 온나산노미야와 두런두런 이야기를 나누다가 새벽녘에 동쪽 별채로 건너갔다. 두 분은 한낮이 될 때까지 침실에서 나오질 않았다.

"온나산노미야의 솜씨가 무척 향상된 것 같던데, 어떻게 느끼셨습니까?"

겐지가 부인에게 물었다.

"처음 들었을 땐 조금 불안했지만, 이젠 정말 많이 능숙해졌더군요. 당연한 일이겠지요. 스승께서 그 일에만 골몰하고 계셨으니까요."

"그렇지. 날마다 손수 가르쳤으니 이처럼 확실한 교수법은 없을 거요. 거문 고는 어렵고 복잡해 시간이 많이 걸리니 다른 사람에게는 가르치지 못했지요. 헌데 주작원 상황께서 '거문고만큼은 가르치고 있겠지'라는 말씀을 하셨다는 말을 듣자 그 정도는 해야겠다는 생각이 들어 가르쳤다오."

겐지는 이야기 끝에, 부인에게 말했다.

"당신을 어렸을 적부터 내 곁에 두고 이상적으로 가르치리라 생각했었지만, 그 무렵 나는 한가한 시간이 없었기에 특별한 스승이 되어 주지도 못했고, 근 년에 와서는 또 여러 일들이 생기는 바람에 제대로 돌봐 주지도 못했지. 그런 데 어제 그런 훌륭한 솜씨를 보여주자 내가 으쓱하더군요. 대납언이 그토록 감탄하는 것만 보아도 기쁘기 그지없었소."

무라사키 부인은 그런 예술적인 능력도 풍부한 데다가, 한편으론 황자들을 위해 조모의 의무까지 충실히 다하고 있었다. 게다가 집안일을 보살피는 데도 역량이 모자라는 데라곤 조금도 보이지 않았다. 그런저런 것을 생각하던 겐지 는, 이렇게 완전한 사람은 명이 짧다는 옛 말을 떠올리며 불안함을 느꼈다. 지 금껏 여러 여성들을 보아온 겐지는, 이렇게 두루 갖춘 여성은 달리 없으리라 믿어 의심치 않았다.

무라사키 부인은 올해 37세였다. 함께 살아온 긴 세월을 회상하면서 겐지는 부인에게 말했다.

"올해는 액년이니 기도도 어느 해보다 더 많이 하고, 무리하지 않도록 조심 해야 하겠소. 나도 신경을 쓰겠지만, 다른 일에 정신이 팔려 소홀히 하는 수도 있을 거요. 규모가 큰 불사(佛事)를 열 생각이라면 얼마든지 준비토록 할 거요. 북산(北山)의 승도가 돌아가신 건 애석한 일입니다. 훌륭한 분이셨는데……."

겐지는 이어서 말했다.

"나는 태어나면서부터 남다른 운명을 지녀 그런 예가 없을 만큼 부귀영화 를 모두 누려왔소. 하지만 남다른 불행을 겪기도 했지요. 어머니와 조모를 일 찍 여임을 비롯 온갖 애달픈 일들이 있었다오. 그래서 죄업을 가볍게 해준 덕 에 이렇게 오래 살아온 것 같소. 당신은 나와 별거하던 시절의 쓰라린 경험을 한 뒤로는 수심이나 번민이 없었으리라 생각하오. 허나 황후나 그 아래 궁정 사람들은 아무리 신분이 높아도 마음이 편치 않을 겁니다. 폐하의 총애를 다 튀야 하니 한시도 마음 고생을 안할 수가 없겠지요. 이 점에서 누구보다도 당신은 행복했음을 알 수 있으리라 생각하오? 황녀를 이 집에 맞아들여야 하면서부터는 뜻밖에 불쾌한 일도 조금 있겠지만 말이오. 그렇게 됨으로써 내 애정은 한층 더 깊어졌는데, 당신은 자신의 일이라 미처 깨닫지 못할 수도 있겠지. 그러나 도리를 아는 사람이니 이해해 주리라 믿고 있어요."

그러자 무라사키 부인이 말했다.

"말씀하신 대로 겉으로 보기에 저는 과분한 팔자인지는 몰라도, 마음속엔 슬픔만 점점 늘어가고 있습니다. 신불 앞에서 저는 그 아픔을 덜어주십사 조용히 빌고 있습니다."

이렇게 말하고도 하고 싶은 말이 남아 있는 듯했으나 짧게 이 말만 한 무라사키 부인에게 귀녀다운 아름다움이 엿보였다. 이어 말했다.

"이제 전 더 이상 오래 살 수는 없을 듯합니다. 액년인 올해를 이렇게 아무 생각 없이 지내기가 불안하여 견딜 수가 없습니다. 모쪼록 출가를 허락해 주십시오."

겐지가 펄쩍 뛰며 말했다.

"그건 천부당만부당한 말이오. 당신이 출가한 뒤로 홀로 남은 내게 무슨 삶의 보람이 있겠소. 평범하게 사는 듯하지만 당신과 정답게 지내는 것보다 더 좋은 일은 없다고 믿고 있소. 내가 얼마나 당신만을 사랑하는지 그 깊은 마음을 끝까지 헤아려 줘요."

무라사키 부인의 말에 겐지는 늘 같은 대답만 하고 있으니 부인은 괴로움에 눈물을 글썽였다. 측은하게 눈물짓는 무라사키 부인을 달래느라 겐지는 이런저런 이야기를 했다.

"그렇게 많은 사람들을 만난 것은 아니었지만, 비교적 우수한 여성에 대해 말해 보자면, 여자는 무엇보다도 성품이 착하고 침착한 사람이 으뜸이라는 생각이 들어요. 그런데 그런 사람은 그리 흔치 않다는 것을 알게 되었습니다. 대납언 유기리의 어머니인 아오이 부인과 어렸을 때 결혼하였지만, 부부 사이가 원만하지 않아 마음을 열지 못한 채 끝나 버렸지요. 지금 생각하면 미안하고 안타까운 마음뿐입니다. 그러나 또 나만 나쁜 건만은 아니었다고 생각되기도 해요. 훌륭한 귀부인이었다는 것만큼은 틀림없고 아무런 결점도 없었지만, 다만 너무 빈틈없이 단정하여 딱딱한 느낌마저 주었지요. 아내로는 신뢰하고 있었지만 함께 하기에는 답답하고 피곤했습니다.

아키고노무 중궁의 어머니 되는 육조궁 미야스도코로는 정이 많고 우아한 여성이었지만, 애인으로선 지극히 다루기 힘든 성격이었소. 원망하는 게 마땅하다 싶을 정도로, 그 사람은 그것을 그대로 잊지 않고 꽁하니 가슴에 담아두고 깊이 원망했지. 그러니 내가 얼마나 괴로웠겠습니까. 늘 자기를 높이 평가하려는 자부심에 사로잡혀 어쩌다 긴장이 풀리면 깔보지는 않을까 마음놓을 수 없었으니 체면만 차리다가 자연히 멀어지면서 연이 끊기고 말았다오. 나와의 일로 허황된 소문이 퍼져 명예와 신분을 더럽히고 몹시 힘들어 했으니 참 안된 일이었지요. 그 성격으로 보아 나에게 죄가 있다고 생각하고 있었는데 그러다가 끝내 헤어지고 말았습니다. 그 죄의 대가로 나는 전생의 업이라 여기고 비난과 원망은 아랑곳 않고 중궁을 보살폈던 것입니다. 그러니 육조궁 미야스도코로도 저세상에서는 생각을 바꿔주겠지요. 예나 지금이나 이 충동적인 연애 감정 때문에 상대를 가엾게 만들기만 하니 나도 후회가 되는군요."

이렇게 겐지는 지나간 여인에 대한 이야기를 하였다. 이어서 말했다.

"아카시 여어의 그 후견인 아카시 부인은 비교적 신분이 낮아 가볍게 보아서 마음 편한 상대로 생각했지만, 그게 글쎄 마음의 바닥까지 헤아릴 수 없는 여인이었단 말이오. 겉으로는 순진하고 유순해 보이지만 자기를 지키는 견고함이 어떤 경우에나 엿보이는 영리한 성격이지."

무라사키 부인이 말했다.

"다른 분은 뵙지 못해 알 수 없습니다만, 아카시 부인은 종종 뵐 수가 있어서 저도 느끼는 바가 있습니다. 그분은 정말 총명해서 자신의 감정을 조금도 보이지 않아 가까이 하기 어렵지만 행실이 바른 분임을 잘 알 수 있었습니다. 저의 열린 태도를 그분께서 어떻게 보실까 겸연쩍지만 양모였던 저를 너그럽게 보아 주리라 생각합니다."

부인에게는 질투의 상대였던 아카시 부인조차 이토록 너그러운 마음으로 대하는 태도를, 겐지는 여어에 대한 애정이 짙어져서 그런 것이라고 기쁘게 생각하면서 미소지어 말했다.

"당신은 원망하는 마음이 있었겠지만 그와 동시에 동정심도 있어서 그다지 나를 난처하게 만들지는 않았지요. 많은 여자들을 보아 왔지만 당신 같은 여성은 없었습니다. 다만 기분이 안 좋으면 쉽게 얼굴에 드러나는 게 탈이지요."

겐지는 거문고를 훌륭하게 연주한 온나산노미야를 치하해야겠다고 하며 저녁때가 되어 온나산노미야의 침전으로 갔다. 온나산노미야는 자신에게 마음 쓰는 사람이 있을 것이라 생각지 않고 거문고에만 열중하고 있었다.

"거문고도 그만 좀 쉬게 해 주시오. 그리고 스승을 잘 환대해야 훌륭한 제자라 할 것이오. 그동안 수고한 보람이 있어, 안심할 수 있을 정도로 실력이 늘었소."

겐지는 이렇게 말하고 황녀와 함께 침소에 들었다.

무라사키 부인은 평소와 같이 겐지가 오지 않는 밤에는 늦게까지 시녀들에게 이야기책을 읽게 하여 듣고 있었다. 그 소설 속에도, 바람기가 많은 남자, 여자면 그저 좋아하는 남자, 양다리를 걸치는 남자와 관계한 여자 등 많은 사람이 나오지만 결국 가장 믿음직한 남자에게 의지하고는 했다. 그런데 자기는 어떤가. 만년이 다 되어서도 한 사람의 아내가 되지 못하고 있지 않은가. 겐지 님의 말대로 자기는 좋은 팔자를 타고났을지도 모르는데, 누구도 견딜 수 없다는 고통에 평생토록 얽매여 있어야 할까. 무라사키 부인은 한심한 일이라고 생각하면서 밤이 깊어서야 잠자리에 들었다. 그런데 새벽녘부터 병이 나서 그런지 가슴이 몹시 아파왔다. 시녀가 걱정이 되어 겐지한테 말씀드리겠다고 하였다.

"그러면 못쓴다."

부인은 만류하며 심한 고통을 참고 아침이 되기만을 기다렸다. 부인의 상태는 열까지 심하여 좋지 않았다. 겐지가 좀처럼 돌아오지 않으니 알릴 방도가 없었다. 때마침 여어에게서 부인 앞으로 편지를 들고 온 심부름꾼이 있어, 시녀가 그 편에 이야기를 전했다. 놀란 여어가 겐지에게 알렸다. 겐지가 돌아와 보니 부인은 고통스러운 듯 누워 있었다.

"어떻게 된 거요?"

겐지가 손을 뻗어 짚어 보니 부인의 몸은 몹시 뜨거웠다. 어제 얘기했던 '액년'이란 말이 떠올라 겐지는 더럭 겁이 났다. 죽을 쑤어오게 했지만 부인은 거들떠보지도 않았다. 겐지는 하루 종일 병상에 붙어 앉아 간호를 했다. 부인은 과일조차 입에 대지 않고 일어나지도 못한 채 며칠이 지났다. 어찌 될지 두려운 겐지는 수없이 기도를 드리고 스님을 불러 가지기도*6도 올리게 했다. 특별히 어디가 불편하다는 점도 없이 부인은 몹시 괴로워했고, 가끔씩 일어나는 가슴통증에 견딜 수 없을 정도로 고통스러워 했다.

갖가지 섭생과 액막이를 해 보았으나 별 효험은 보이지 않았다. 병세가 중하다 해도 나을 가망이 보인다면 다행인데, 그런 기미가 보이지 않아 겐지는 몹시 슬퍼하였다. 다른 일을 생각할 여유가 없기 때문에 상황의 50세 축하연도 중지되었다. 상황도 무라사키 부인이 병환으로 누워 있다는 소식을 듣고, 정중하게 몇 번이고 문안하였다.

부인의 병환은 차도를 보이지 않은 채 두 달이 지났다. 겐지는 말할 수 없을 만큼 걱정하던 끝에 시험삼아 장소를 바꾸어 볼까 하며 병든 부인을 이조원(二條院)으로 옮겼다. 육조원 사람들은 지위를 막론하고 커다란 재난이라도 온 것처럼 슬퍼하고 있었다. 냉천원 상황(冷泉院上皇)도 소식을 듣고 한탄하였다. 만약 이 부인에게 어떤 일이 닥치게 된다면 겐지는 반드시 출가할 게 틀림없었기에, 대납언 유기리는 부인의 회복을 위해 동분서주했다. 대납언은 겐지가 올리는 기도 말고도 스님들에게 각별히 정성을 다해 기도를 올리라 일렀다.

부인은 의식을 회복했을 때면 이렇게 원망했다.

"출가하고자 하는 나의 소망을 당신이 거절했기 때문이에요."

겐지는 수명이 다해 영원한 이별을 하는 것보다 부인이 스스로 머리를 깎고 출가를 한다면 애석하고 슬퍼 견딜 수 없을 듯했다.

"나도 예전부터 출가하고자 했지만 당신이 혼자 남아 쓸쓸히 살 것을 생각하면 견딜 수 없어 아직껏 속세에 머물러 있었습니다. 그런데 이제는 당신이 나를 버리려는 겁니까?"

이런 소리만 하면서 받아들이려 하지 않는 데에 절망했는지, 부인의 병세는 가망 없을 정도로 점점 나빠져만 갔다. 겐지는 부인이 걱정되어 온나산노미야의 처소에는 방문조차 하지 못했다. 악기는 자취를 감추고 육조원 사람들은 모두 이조원에 모여들었다. 육조원 저택은 불이 꺼진 듯 조용했다. 다만 부인들만이 남아 있었는데, 이를 보면 육조원의 화려함은 무라사키 부인 한 사람에 의해 나타났던 것만 같았다. 여어도 이조원 쪽으로 와서 아버지 겐지와 함

*6 가지기도(加持祈禱) : 부처의 힘을 빌려 병이나 재난 등을 피하기 위해 올리는 기도

께 간호를 하였다.

"회임 중인 몸에 귀신이라도 씌일까 걱정입니다. 어서 궁으로 돌아가세요."

병고 속에서도 부인은 근심스레 말했다. 데리고 온 이들의 귀여운 모습을 볼 때마다 부인은 몹시 울었다.

"장성하는 걸 보지도 못하는 게 가장 슬퍼요. 나는 곧 잊어버리겠지요."

그런 소리를 듣는 여어도 눈물을 감추지 못했다.

겐지가 말했다.

"그런 불길한 생각을 하면 안 돼요. 나쁜 일도 그렇게 될 리가 없다고 생각해야지요. 세상 일이란 모두 마음 먹기에 달린 것이니 좁은 소견을 가진 자는 출세하더라도 너그럽지 않기에 분명 실패하거든. 선량하고 대범한 사람은 자연히 장수하니, 당신 같은 사람에게 그런 슬픈 일이 일어날 리는 만무해요."

그렇게 겐지는 위로했다. 신불 앞에서도 부인이 매우 선량하며 전생의 죄업이 가벼움을 발원문에 자세히 적었다. 기도하는 중이나 숙직하는 승려, 신분 높은 고승도 망연자실한 겐지가 애처로워 모두들 정성껏 기도드렸다.

다소 차도가 있다가도 대엿새 사이에 다시 병세가 악화되자 겐지는 여러 달 동안 부인의 병상을 떠나지 못했다. 겐지는 앞으로 어찌될 것인지, 쾌차할 수 없는 병인가 싶어 슬프고 안타까울 뿐이었다.

귀신이 나타나 이름을 대는 일도 없었다. 병세는 어디가 어떻게 아픈 것도 아니면서 하루가 다르게 나빠지기만 했다. 겐지는 슬프기만 하여 다른 일은 생각할 여유도 없었다.

우위문독 가시와기는 중납언이 되었다. 천황의 신임을 받아 권세가 더해졌는데도 그는 실연의 쓰라림을 잊을 수 없어 온나산노미야의 언니인 둘째 황녀 온나니노미야와 결혼했다. 지체가 낮은 갱의(更衣) 소생 황녀라 마음이 놓이고, 아내에 대해 각별한 존경을 표할 필요도 없다 싶었다. 보통 사람에 비하면 성품도 바르고 한결 품위도 있었지만 마음에 담아 둔 사람에 비하면 그만큼의 애정이 생기지 않았다. 그저 남의 눈에 민망하지 않을 정도로만 남편으로서의 의무를 다하고 있었다.

허나 결혼을 하고도 온나산노미야에 대한 연정을 포기하지 못해, 소시종을 통해 그분의 소식을 전해 듣고 있었다. 소시종은 예전 온나산노미야의 유모였던 여자의 딸로, 그 유모의 언니가 중납언의 유모였기에 누구보다 빨리 온나산노미야의 소식을 들을 수 있었다. 우위문독은 온나산노미야가 어렸을 때부터 아름답고 상황이 총애한다는 이야기를 들어왔기에 연심을 품게 된 것이었다.

겐지가 병을 앓는 부인과 이조원으로 옮긴 뒤 육조원에는 발걸음을 하지 않는 터라 이 때가 기회라 생각한 가시와기 중납언은 자택으로 소시종(小侍從)을 맞아들여 중재를 해 달라고 열심히 이야기했다.

"예전부터 목숨을 걸다시피 한 사랑을 하면서 당신 같은 좋은 연줄 덕분에 황녀의 근황도 들을 수 있고, 참기 힘든 이 마음을 전해왔기에 든든하다 생각했는데 조금도 효과가 없으니 섭섭하기만 하구려. 자네가 법황께서도 겐지가 많은 부인을 두고 있고 온나산노미야께서 무라사키 부인에게 눌려 혼자 지새는 밤이 많고, 적적하게 지낸다는 말을 듣곤 겐지님께 맡긴 것을 후회하시는 모양이네. 어차피 신하와 연을 맺어 마음 편히 살게 할 생각이었다면 좀더 성실하게 보살펴줄 사람을 골랐어야 했다고 말씀하시고, 둘째 황녀가 오히려 걱정 없이 오래오래 함께 살 듯하다고 하시니, 죄송스러우면서도 얼마나 안타까웠는지 모르네. 그 분과 자매라서 아내로 맺긴 했지만 그건 역시 온나산노미야님은 아니니."

중납언이 이렇게 탄식하자 소시종이 말했다.

"큰일 날 소리를 하십니다. 온나니노미야님을 두고 어찌 온나산노미야님께 마음이 있다는 말씀을 하십니까. 욕심이 과하십니다."

중납언은 미소를 보이면서 말했다.

"사실이 그런 것을 어찌하겠소. 내가 셋째 황녀의 열렬한 구혼자였다는 사실은 상황께서도 잘 아시던 바, 그 무렵에 임금께서 중납언에게 보내도 좋다고 말씀하신 적도 있으시네."

"안 될 말씀이십니다. 전생의 운명이란 것도 있겠지만 상황께서 거론하셨을 때만 해도 겐지님과 경쟁할 정도의 신분이 아니셨지 않습니까. 요즘에야 지위가 올라 관복색이 짙어지셨지만."

소시종이 이런 식으로 무례하면서도 단호하게 말하는 바람에, 중납언은 더 이상 할 말이 없었다.

"그만하시오. 지난 일을 얘기해서 무엇하겠나. 그저 요즘같이 좋은 기회에 어떻게든 처소 가까이에 가서, 내가 괴로워하는 심정을 조금만 말씀드리지 않겠

나. 이젠 엉뚱한 기대는 하지 않기로 단념했으니 걱정하지 말게나."

"그보다 더한 엉뚱한 일이 또 어디 있습니까? 어쩌자고 그런 불미한 마음을 품고 계십니까. 저는 나오지 말걸 그랬습니다."

소시중은 강경하게 거부했다.

"지독한 소릴 하는군. 너무 과장하지 말게. 남녀 사이는 아무도 모르는 것이니 여어나 황후처럼 지체 높은 분이라도 다른 남자와 불륜에 빠지는 예도 없지는 않았네. 온나산노미야님은 어느 자손보다도 상황의 귀염을 받고 자란 분이지, 지금은 지체가 다른 분과 동등한 한 사람의 부인이면서도 가장 사랑받는 부인이 아니라는 그런 자세한 내막을 난 알고 있단 말일세. 우리는 덧없는 세상에 살고 있는 인간들이지. 자네는 이렇게 황녀의 행복을 지키려 하지만, 내일은 그게 다 허사가 될지도 모르네. 그러니 그렇게 함부로 단정지어서는 안 돼."

"남들처럼 귀염을 받지 못한다고 했지만, 다른 분께 시집 갈 수는 없지 않습니까? 겐지님과 황녀마마는 여느 내외와는 다르답니다. 보호자도 없이 홀로 계시는 것보다 부모님 대신 잘 보살펴 주십사 해서 부탁드리신 셈이지요. 겐지님께서 선뜻 받아들이신 것도 그런 뜻에서 행하신 겁니다. 당치 않은 험담은 그만하십시오."

소시종은 결국 이렇게 화를 냈다. 중납언은 소시종의 비위를 맞추려 했다.

"사실, 세상에 두 번 다시 나타나지 않을 것같이 훌륭한 겐지님을 부군으로 맞은 황녀마마께서 나같이 보잘것없는 자의 호의를 받으려는 생각은 조금도 없을 걸세. 그런 흑심은 전혀 없네. 다만 한 마디 마음을 전하고 싶은 것뿐이고 가리개가 있을 텐데 황녀님께 뭐 그리 흠이 되겠나. 신령이나 부처 앞에서 생각을 말한다고 해서 그것도 죄가 될 것인가?"

그러면서 중납언은, 절대로 부정한 일은 하지 않겠다는 맹세까지 하면서 달랬다. 처음엔 있을 수 없는 일이라고 강경하게 물리쳤지만, 본디 분별력이 없는 젊은 시녀는 상대가 목숨 걸고 강한 어조로 호소하는 통에 그만 홀딱 넘어가고 말았다.

"혹시 적당한 기회가 있다면 궁리해 보지요. 겐지님께서 오지 않는 밤엔 휘장 둘레에 시녀들이 많이 있어서 반드시 누군가가 가까이서 시중들고 있으니, 언제 그런 좋은 기회가 있을지는 모르겠습니다만."

소시종은 난처한 듯 말하면서 돌아갔다.

중납언으로부터 매일같이 어떻게 되었냐는 독촉을 받은 소시종은 간신히 틈을 보아 편지를 전했다. 중납언은 기뻐하면서 눈에 띄지 않는 행색을 하고 소시종을 찾아갔다. 중납언 자신도 이런 행동이 옳지 못하다는 것을 알고 있었으나, 가까이 가서 그 모습을 보면 감정이 복받쳐 이성을 잃을지도 모른다는 생각은 하지 않았다. 다만 황녀의 겹겹이 포갠 옷자락을 어렴풋이 보았던 봄날 저녁을 잊을 수가 없어 안타까웠다. 온나산노미야의 모습을 조금이나마 가까이서 보며 마음을 전해 드리고 한 줄 글월의 답장이나마 얻을 수 있으면 좋겠다. 그런 생각으로, 중납언은 황녀가 측은히 여겨 줄지도 모른다는 덧없는 희망을 품었다.

이것은 4월 10일의 일이었다. 황녀는 가모(賀茂) 행사를 하루 앞두고, 자매인 재원을 위하여 의전차(儀典車)에 태워 보낼 12명의 시녀를 골랐다. 선발된 젊은 시녀들과 동녀들은 바느질을 하거나 화장을 곱게 했고, 한편에서는 자기들끼리 내일 구경을 나가기 위해 준비하고 있었다. 그 채비에 난리법석을 피우고 있어 온나산노미야의 처소에는 시녀들이 얼마 없었다. 측근에 있어야 할 안찰사 댁도 애인 유기리 중장에게 불려가 다른 방에 가 있으므로 소시종만이 곁에서 시중을 들고 있었다.

좋은 기회라 여긴 소시종은 침소 동쪽 끝에 몰래 중납언을 숨게 했다. 망측스런 처사였다.

아무 생각 없이 쉬고 있던 온나산노미야는 가까이 사내의 기척을 느껴지자 겐지가 온 것으로 생각했다. 그러나 그 사내는 황송하다는 태도를 보이며 침소에서 온나산노미야를 안아 내리려 했다. 온나산노미야는 '이상하다, 꿈속에서 가위에 눌렸나' 하며 눈을 떠 보니 놀랍게도 겐지와는 다른 사내였다. 그 사내는 뜻을 알 수 없는 기묘한 말을 계속 중얼거렸다. 온나산노미야는 괴이한 느낌에 시녀를 불렀으나 처소에는 아무도 없었다. 오들오들 몸을 떨며 비오듯 땀을 흘리고 당장이라도 실신할 것 같은 모습이 매우 가련해 보였다.

"변변찮은 저입니다만 이토록 싫어하실 줄은 몰랐습니다. 예전부터 분수도 모르고 연심을 품어왔는데, 그냥 내버려두면 어둠 속에 묻힐 수도 있었겠지요. 그러하오나 당신을 소망한다는 말을 상황께 드렸고, 그분은 당치도 않다는 말씀을 하지 않으셨습니다. 그래서 이 사랑에 희망을 걸게 되었고, 또 신분이 변변치 않은 탓에 그 뜻이 꺾이고 말았습니다. 그러나 이제는 부질없는 일임을 알고 있기에 더 이상 생각하지 않기로 마음먹고 있었습니다. 하지만 이 사랑이 얼마나 제 마음속 깊이 파고 들었는지, 그 괴로움에 세월이 가면 갈수록 원망만 더해 가더군요. 더 감정을 억누를 수 없게 되어, 이렇게 부끄러운 모습으로 와서는 안 될 곳에 오게 되었습니다. 하지만 한편으로 매우 염치없음을 자책하고 있으니 더는 무례한 행동은 하지 않겠습니다.”

그런 말을 듣는 사이에 온나산노미야는 이 사람이 가시와기 중납언임을 알았다. 온나산노미야는 너무도 뜻밖의 일에 화가 나고 무서워서 한 마디 대꾸도 하지 않았다.

“쌀쌀맞게 대하시는 건 마땅하나 이러한 일이 세상에 없는 것은 아닙니다. 너무 동정심 없는 태도를 보이시니 오히려 한심한 생각에 자제력을 잃을 듯합니다. 불쌍하다고 동정이라도 해주십시오. 그 말씀을 들으면 저는 이만 물러나겠습니다.”

중납언은 이 말 저 말을 하여 황녀의 마음을 움직이려 했다. 멀리서 그리워하며 상상할 때는 온나산노미야는 위엄이 있어 가까이 가면 주눅이 들 것이라 짐작했던 탓에 중납언은 애타는 마음을 들어만 준다면 더 이상의 파렴치한 짓은 하지 않으리라 다짐했었다. 그런데 온나산노미야는 고귀하고 품위가 있어 다가가기 어려운 분이 아니라 귀엽고 가련하고 나긋나긋한 느낌이 드니 그 아름다움을 어디에도 비교할 수 없을 것 같았다.

그런 온나산노미야의 모습을 두 눈으로 보고 부드러운 몸에 닿으니 중납언은 이성과 자제심을 잃어버리고 온나산노미야를 데리고 어디로든 도망을 가 행방을 감추어 버리고 싶은 생각마저 들었다.

그 뒤, 깜박 잠이 들었는데, 중납언은 꿈에서 자기가 사랑하는 고양이 울음소리*7를 들었다. 그 고양이는 온나산노미야에게 돌려 주려고 데리고 온 것이었음을 상기하고, 무엇 때문에 돌려 주려는 것인가 생각하던 차에 잠이 깼다.

온나산노미야는 이 일을 막을 수 없었다. 너무도 천박하고 허망하여 현실 같지도 않았고 그저 가슴이 먹먹하니 어쩌면 좋을지 몰라 비탄에 빠져 있을 뿐이었다.

---

*7 고양이 울음소리 : 이 고양이는 온나산노미야의 애완동물인데, 꿈에서 고양이를 봄은 임신의 징조라고 했다

"전생에 깊은 인연으로 이어져 있었다 여겨 주십시오. 저 자신도 알 수 없는 힘이 시킨 일입니다."

중납언은 고양이가 끝자락을 끌어올린 발 속에서 황녀의 모습을 보았던 봄날 저녁 일도 말했다.

'그 일이 이런 슬픈 죄에 빠진 원인이 되었던가' 하며 황녀는 자신의 운명을 안타까워했다. 이제 겐지를 뵐 수 없는 짓을 했다고 생각하면서, 너무나 슬프고 괴로워 어린아이처럼 우는 모습이 한없이 측은했다. 자신의 슬픔과, 동시에 애인의 애처로운 모습을 보는 것은 중납언으로서도 참을 수 없는 일이었다. 밤이 차츰 밝아지는데, 중납언은 뜻을 이루고도 오히려 애틋한 마음에 괴로웠다.

"어떻게 하면 좋을지요. 저를 너무나 미워하기에 이제 더 이상 만나주지 않을 것 같은데, 단 한 마디 말씀이라도 들려주십시오."

온나산노미야는 그저 모든 것이 귀찮고 괴로워서 대꾸하려 해도 말이 나오지 않았다.

"이렇게 매정하시니 오히려 기분이 나빠졌습니다. 이런 냉혹한 처사가 또 있을까요?"

사내는 원망스럽다는 표정이었다.

"저의 소망은 안 되겠지요? 그렇다면 저는 이제 죽을 수밖에 없겠군요. 이제까지 당신께 미련이 있어서 살아왔는데, 오늘 밤에 죽는다고 생각하니 애잔합니다. 조금이라도 저를 용서할 마음이 생기신다면 대가로 이 목숨을 버리겠습니다."

그렇게 말하고, 중납언은 황녀를 안고 침실에서 나왔다. 온나산노미야는 망연함에 어쩔 줄을 몰랐다. 구석방 병풍을 펼쳐 그늘을 만들어 놓고 쌍바라지를 열자, 대청마루 남쪽 문이 아직 어젯밤 들어올 때처럼 그대로 열려 있었다. 그리고 대청마루의 방 하나에 황녀를 내려놓았다. 바깥은 아직도 새벽녘의 어스름 속이었는데 황녀의 얼굴을 좀더 오래 보려는 생각에 조용히 격자문을 올리고 말했다.

"당신이 너무나 냉담하시니, 저의 기대는 완전히 사라지고 말았습니다. 저를 진정시키고 싶거든 불쌍하다는 말 한 마디만 해 주십시오."

온나산노미야는 이 기막힌 일에 무슨 말이든 하려고 했으나 온몸을 바들바들 떨고 있는 모습은 그저 어리고 가련해 보일 뿐이었다. 날이 밝아 오자 중납언은 마음이 급해졌다.

"의미가 있을 법한 꿈 이야기를 해드리고 싶습니다만, 저를 미워하시는 게 원망스러워 그만두겠습니다. 하지만 우리 두 사람이 얼마나 깊은 인연을 가졌는지 언젠가는 알게 되실 겁니다."

중납언은 다급한 마음으로 나오는데, 어슴푸레한 새벽 경치가 쓸쓸한 가을 하늘보다 더 슬프게 느껴졌다.

일어나 갈 곳도 모르는 채
헤어져 가는
이 새벽녘의 어슴푸레함에
촉촉이 젖어드는 내 소맷자락은
어디 이슬이 내린 것인가

소매를 끌어당기며 슬프게 호소하니 온나산노미야는 그가 이제 돌아가는구나 싶어 조금 안심했다.

이 새벽녘 어두운 하늘에
한심하고 처절한 내 신세
지워버리고 싶어라
저 끔찍한 일이
모두 다 꿈이었다 할 수 있도록

앳되고 아름다운 목소리가 허망하게 노래를 읊조렸다. 중납언은 다 듣지 못하고 돌아갔지만 옛 노래처럼 온나산노미야의 소매에도 그 혼이 머물러 있는 것 같았다.

중납언은 부인인 둘째 황녀한테는 가지 않고, 아버지 대신 댁에 은밀히 갔다. 잠자리에 누웠지만 잠은 오지 않았다. 세상에서 말하듯 꿈속의 고양이가 임신의 징후이고, 온나산노미야가 임신하는 일은 없겠지만, 그렇게 생각하자 오히려 그 고양이가 그리워졌다. 자기는 참으로 큰 죄를 저지르고 말았구나 싶었다. 살아 있다는 것 자체가 눈을 못 뜰 만큼 무섭고 부끄러워 중납언은 그대로 집에 틀어박혀 있었다.

온나산노미야의 입장에서는 말할 것도 없고, 자신도 불손하기 짝이 없는 큰 죄를 저질렀다고 생각하니 두려움만 가득하여 사람들에게 얼굴을 내밀 수조차 없다.

'천황의 총애를 받고 있는 후궁과 정을 통하는 잘못을 저질렀다가 들켰다 하더라도 이토록 고통스럽지 않을 터, 차라리 죽는 편이 덜 고통스러울 것이다. 이 일로 그런 큰 죄는 아니겠지만 겐지님께 원한을 산다면 면목이 없고 두려워서 어찌 산단 말인가.'

어떤 사람들은 귀녀의 신분으로 겉으로는 순진한 재녀같아 보여도 남녀의 정을 알아 유혹을 받으면 상대방과 정을 통하기 마련이다. 그러나 온나산노미야는 사려 깊지는 않아도 겁이 많아 벌써부터 비밀이 탄로된 듯 무서워하며 부끄러워하기에 밝은 곳에는 나가지도 못했다. 이 무슨 한심한 신세냐며 비탄에 잠겼다. 온나산노미야가 몸이 불편하다는 기별을 받고, 겐지는 무라사키 부인의 병환 말고도 심려할 일이 생겼는가 하며 놀라서 육조원으로 돌아왔다. 황녀는 전혀 불편해 보이지 않았다. 그저 몹시 부끄러워하는 듯했고, 어찌 보면 기가 죽은 듯했다. 겐지의 눈을 피하려는 듯하면서 잠자코 아래만 보고 있었다. 오랫동안 자기를 찾지 않은 데에 대한 원망이려니 하고, 겐지의 눈에는 그 모습조차 측은하고 애처롭게 비쳤다.

겐지가 무라사키 부인의 병세를 이야기했다.

"이젠 글렀나 봅니다. 이런 때에 박정하게 대한다고 여겨지고 싶지 않아 그쪽에 머물고 있었습니다. 소녀 시절부터 늘 곁에 두고 보살펴온 아내라, 버려 두고 있을 수도 없어 이렇게 석 달 동안 모든 일을 뒤로 하고 병간호에 매달려 있어요. 이 일이 일단락되면, 내 마음도 알게 되겠지요."

온나산노미야는 겐지가 그 일을 전혀 눈치 채지 못한 게 안됐기도 하고 괴롭기도 하며 남몰래 눈물을 흘렸다.

중납언의 사랑은 갈수록 더욱 뜨거워졌으며, 밤낮으로 심한 번민에 휩싸여 있었다. 가모제(賀茂祭)*8 축제날에도 구경 가는 귀공자들이 우르르 몰려와서 그를 꾀어내려 했으나 중납언은 병을 앓는 체하며 침실에 틀어박혀 수심에 잠

---

*8 가모제(賀茂祭) : 교토 가모신사의 제사. 해마다 4월에 드렸다

거 있었다. 부인인 둘째 황녀한테는 경의를 표하는 척하면서도 마음을 열고 다정하게 지내지는 않았으며, 처소에 틀어박혀 불안해 하기만 했다.

그 때 어린 시녀 아오이가 들고 있는 접시꽃이 눈에 띄었다.

아, 후회스럽구나
그분을 억지로 범하고 만
나의 이 깊은 죄
신이 허락하지 않은 접시꽃을
그만 따고 말았으니

이렇게 생각하자 오히려 그리움이 북받쳤다. 밖에서 수레가 오가는 소리도 다른 세상 일만 같았고, 누구의 탓도 아닌 스스로 자초한 이 무료한 하루가 길게만 느껴졌다.

그 속마음을 모르는 온나니노미야는 시큰둥한 중납언의 태도에 자신을 너무 홀대하는 것이 아닌가 분하고 우울해했다.

시녀들도 모두 제를 구경하러 나가고 없어, 조용한 집에서 망연히 수심에 잠겨 쟁을 뜯던 온나니노미야의 모습은 과연 황녀답게 기품이 있고 우아했다.

머리에 꽂는 접시꽃과 계수나무처럼
사이좋은 두 자매 가운에
나는 어이하여 탐탁지 않은
낙엽 같은 분을
줍고 말았을까.

중납언은 이렇게 생각하고 분해하면서 마음을 달래려 붓을 드니, 온나니노미야에게는 몹시 무례한 험담이었다.

겐지는 황녀의 처소에 건너와 곧바로 돌아가지도 못하고 무라사키 부인이 걱정되어 안절부절못하고 있는데, 심부름꾼이 왔다.

"지금 막 무라사키 부인께서 숨을 거두셨습니다."

겐지는 눈 앞이 캄캄해져 이조원으로 돌아가는데, 수레 속도마저 더디어 마음은 한없이 초조했다. 도착해 보니, 이조원 대로에는 벌써 사람들이 꽉 차서 웅성거리고 있었다. 이조원 안에서는 울부짖는 소리가 퍽이나 불길하게 들려왔다.

"요 2, 3일 동안은 좀 차도가 있는가 했더니, 갑자기 숨을 거두셨습니다."

정신없이 집 안으로 들어서려 했는데, 시녀들이 그렇게 보고를 하고선 자기들도 함께 죽게 해 달라고 목놓아 울부짖으니, 차마 눈 뜨고 보지 못할 광경이었다. 이미 기도단은 철거되었고 아주 친한 스님만 남아 있었다. 임시로 불러들인 스님들은 돌아갈 준비를 하느라 바빴다. 겐지는 가장 사랑하는 아내의 목숨을 인력으로도, 법력으로도 어찌 할 수 없이 끝장을 보고 말았다며 비길데 없는 슬픔에 젖었다.

"숨이 끊어졌다 해도 이건 요괴의 소행일 수도 있다. 너무 어수선하게 울지 마라."

겐지는 시녀들에게 조용히 하라 이르고, 발원기도를 다시 올리도록 했다. 그리곤 영험한 수도승들을 모두 불러들였다.

"정해진 목숨이 다한 것이라 해도 잠시나마 그 시기를 늦추어 주시옵소서. 부동존(不動尊)은 죽어 가는 사람의 목숨도 연명해 주셨다 하지 않습니까. 며칠만이라도 세상에 머물게 해 주십시오."

스님들은 부동존같이 머리에서 검은 연기가 피어오를 듯이 열성을 다해 빌고 있었다.

"한 번만이라도 눈을 뜨고 나를 보세요. 마지막 순간을 함께 하지 못했다니 너무 허무하고 분하고 후회스럽소."

울부짖으며 간절하게 말하는 겐지는 자기 목숨도 끊어질 것 같았다. 그 모습을 본 사람들은 또 한 번 탄식했다.

부인에 대한 겐지의 큰 사랑이 부처님을 움직이신 건지, 몇달 동안 한 번도 나타나지 않았던 귀신이 어린 동자에게 붙어 큰 소리를 지르자 무라사키 부인의 숨이 되살아났다. 겐지는 기쁘기도 하고 또 한편 다시 숨이 끊어지는 것이 아닐까 불안했다.

귀신은 스님들의 기에 눌려 소리쳤다.

"다들 여기서 나가 주시오. 겐지님께 여쭐 말이 있습니다. 나의 혼백은 오랫동안 법력에 시달리고 고통받은 게 원망스러워 앙갚음을 하려 했습니다. 지금

은 비록 천박한 마계에 떨어져 있지만, 지난 날 사모했던 겐지님에 대한 사랑
이 남아 여기까지 온 것입니다. 슬픔에 겨워 어쩔 줄 몰라하며 목숨이 위태로
울 정도로 한탄하시는 겐지님을 두고 볼 수만은 없어 정체를 드러낸 것이오,
나라는 것을 절대 알리지 않으려 했건만."

머리칼을 얼굴에 흐트러뜨리고 우는 모습은 옛날 육조 미야스도코로의 귀
신과 꼭 닮아 있었다. 그 당시와 같은 괴이함이 마음에 솟구쳐 무서웠지만, 겐
지는 동자의 손을 꼭 붙잡아 앉혀 놓고 흉측한 불미스런 짓을 저지르지 못하
게 했다.

"정녕 그 사람이냐. 못된 여우가 고인(故人)을 해치기 위해 헛된 말을 지껄일
수도 있다는데 확실한 말만 해라. 다른 사람은 몰라도 나만이 납득할 수 있는
말을 무엇이든지 해 보아라. 그러면 내 너를 믿어 주마."

동자는 괴로운 듯 눈물을 흘리며 이렇게 말했다.

이내 모습은 변하여
그 옛날 흔적 없는데
옛날과 변함없는 모습으로
모르는 척하시는 그대

"아키고노무 중궁한테 잘해 주는 것만으로도 너무 기쁘고 고마워서 저승
에서 지켜보고 있었지만, 귀신이 되어 자식에 대한 사랑을 이전만큼 깊이 느
끼지 못하는 듯합니다. 하지만 당신을 원망하였던 집착만큼은 남아 있습니다.
살아 있을 때 무라사키 부인보다 제가 못하다며 저를 내치신 것보다 두 분이
다정하게 말씀을 나누는 가운데 제가 심보가 고약하고 불쾌한 여자라고 하신
말씀이 그저 분할 따름이었습니다. 제가 나쁜 사람일지라도, 이미 죽은 사람
이니 좋게 감싸주시면 좋지 않습니까. 부인을 원망하지는 않습니다. 당신은 불
법의 가호가 강해서 다가갈 수 없어 희미하게 목소리만 들릴 뿐입니다. 이제
성불하지 못하는 나의 죄가 가벼워지도록 공양해 주십시오. 기도나 독경 소리
는 괴로운 불꽃이 되어 나에게 달라붙을 뿐입니다. 존엄한 부처님의 자비로우
신 말씀을 듣고 싶은데 그를 듣지 못해서 슬프기만 합니다. 중궁에게도 궁중
생활을 하면서 남과 다투거나 질투하는 마음을 가지면 안 된다고, 재궁으로

있을 때의 죄가 가볍게 될 수 있도록 부지런히 착한 공덕을 쌓으라고 이 말씀을 전해 주십시오. 그 무렵이 너무 후회스럽습니다."

그렇게 말이 계속 이어졌는데, 귀신과 이야기를 하는 것도 흉한 일이라, 귀신이 다시 나오지 못하도록 법력으로 단단히 봉해 놓고, 부인은 다른 방으로 옮겼다.

무라사키 부인이 죽었다는 소문이 벌써 세상에 자자하게 전해져서 문상 오는 사람들이 있었기에 겐지는 불길했다. 가모 행사를 마치고 돌아가는 행렬을 구경하러 나왔던 고관들은 집에 돌아오는 길에 그 소문을 들었다.

"이것 참, 큰 변고가 생겼군요. 최고의 영화를 누린 행복한 여성이 빛을 잃고 돌아가신 날이라서 그런지 가랑비까지 내리는군요."

이렇게 중얼거리는 사람도 있었다. 그런가 하면 이런 말을 하는 사람도 있었다.

"모든 걸 갖춘 사람들은 단명하기 마련이야. 벚꽃은 기다려주지 않고 금방 지기에 아름다운 것이라고 노래한 '무엇 때문에 벚꽃을 사랑하리'라는 옛노래도 있지 않습니까. 그런 분들이 오래 살아 영화를 누린다면 보통 사람들에게는 큰 폐가 되지 않을까요. 앞으로는 2품인 온나산노미야님께서 신분에 걸맞은 총애를 받으시겠군요. 지금까지는 무라사키 부인에게 눌려 안쓰러울 정도였는데."

중납언은 어제 하루 종일 지겹도록 틀어박혀 있었기 때문에, 오늘은 아우인 좌대변과 도재상을 수레에 태우고 제의를 구경하러 거리에 나섰다. 사람들이 수군거리는 소문을 듣는 그 순간에는 가슴이 조마조마했다. 벚꽃은 지기에 아름다운 짓이라 생각하고, '시름에 겨운 세상 무엇이 오래도록 머물 수 있으리' 그런 노래를 읊으면서 이조원을 찾았다. 아직 분명치 않아 문병으로 간 것이었지만, 시녀들이 울고불고하는 광경을 보자 소문이 사실인 듯하여 다시 놀랐다. 때마침 부인의 아버지되는 식부경친왕께서 달려왔는데, 친왕은 정신을 가누지 못해 사람들의 조문 인사에도 응대할 수가 없었다. 몰려온 수많은 문병객들과 인사를 주고받느라 하인들이 분주히 돌아가고 있는 판에, 유기리 대납언이 눈물을 닦으면서 나왔다.

"어찌된 일입니까. 불길한 소문을 들었지만 믿을 수가 없어서 이렇게 찾아뵈었습니다. 오래 앓아왔던 병환이 걱정될 뿐입니다."

"중태에 빠져 오랫동안 앓고 계시다가 오늘 새벽녘에 숨을 거두셨습니다. 귀신 때문이었지요. 지금 간신히 숨이 통하게 돌아와 모두 마음을 놓았습니다만 아직 안심할 수 있는 상태는 아닙니다. 걱정이지요."

대납언의 얼굴에는 눈물의 흔적이 고스란히 남아 있었다. 중납언은 제 나름의 엉뚱한 상상으로, 대장과 친밀하지도 않았던 계모의 불행을 이토록 슬퍼하니 참으로 이상하다고 생각했다. 고관들까지 문병하러 왔다는 말을 들은 겐지는 인사 말씀을 전했다.

"병세가 급변하여 시녀들이 울고불고하는 바람에 나 자신도 마음의 안정을 잃고 말았습니다. 다른 날에 오시면 호의에 대한 감사의 말씀을 드리도록 하겠습니다."

겐지가 전하는 말만 듣고도 중납언의 가슴은 벌써부터 두근거리기 시작했다. 내심 이런 북새통이 아니면 얼씬도 못할 장소임을 알고 있다. 사람들의 눈이 부끄럽게 생각되는 것은 마음이 켕기기 때문이다.

무라사키 부인은 다시 살아났지만, 두려움을 떨치지 못한 겐지는 부인을 위해 백방으로 대대적인 법력의 가호를 구하도록 했다. 육조 미야스도코로는 죽기 전에도 살아 있는 귀신으로 나타나는 등 꺼림칙한 일이 많았는데 지금은 마계에 떨어져 끔찍한 모습을 하고 있자 생각하자 소름이 끼쳐 딸인 중궁을 대하는 일도 꺼려졌다. 그러나 그 사람뿐만 아니라 여자란 누구나 할 것 없이 죄업의 근원을 심어주는 법이니, 이젠 남녀 간의 정에도 염증이 났다. 더구나 그 말은 아무도 듣지 않는 내외간에 나눈 이야기였는데, 귀신이 정확하게 말하는 것을 떠올리자 더욱 불길한 생각이 들었다.

굳이 출가하겠노라고 부인이 간청하자 수계의 공덕으로 병세가 호전되지는 않을까 하는 기대감에 정수리의 머리카락을 조금만 자르고 오계를 받게 하였다. 수계사(授戒師)가 부처님 계율을 완전히 지키겠노라는 서약을 불전에서 존엄하게 말하자, 겐지는 체면도 잊어버리고 부인에게 바짝 다가앉아 눈물을 훔치면서 부인과 함께 염불을 외었다. 이 광경을 보면 아무리 총명한 사람도, 사랑하는 아내의 병을 고치기 위해 부처님께 의지하는 마음은 일반 사람들과 다를 바가 없음을 알 수 있었다. 어떤 방법을 강구하면 부인의 병환을 구하고 더 오래 살 수 있을까 밤낮으로 한탄한 탓에 겐지의 얼굴도 약간 수척해 보였다.

5월에 접어들자 기후는 한층 나빠졌고 부인의 병세는 시원치 않았으나, 그래도 전보다는 약간 차도가 있어 보였다. 그러나 아직도 고통스러운 날들이 많았다. 겐지는 귀신의 죄업을 덜기 위해 날마다 법화경을 독경하며 공양을 올렸다. 그 밖에도 여러 가지로 종교 행사를 많이 하였다. 부인의 머리맡에서는 목청이 좋은 스님들이 모여 쉬지 않고 독경을 했다. 귀신은 한 번 나타난 뒤 때때로 신령 지핀 아이의 몸에 들어가 슬픈 이야기를 늘어놓으며, 조금도 떠나려 하지 않았다.

무더운 여름날이 되면서 더욱 숨이 넘어갈 듯 쇠약해지는 부인 때문에 겐지의 비탄은 끊일 새가 없었다. 병으로 시달리면서도 부인은 겐지의 그런 모습을 보며 괴로워했다. '죽는다 해도 세상에 큰 미련은 없지만, 겐지님이 이리 침통해 하시니 죽은 모습을 보인 것이 황공하구나.' 열심히 탕약을 마신 덕분인지 무라사키 부인은 6월에 접어들면서 가끔씩 머리를 들어 보였다. 대견하고 반가웠지만 아직도 불안하기에, 잠시도 육조원으로 건너가지 못했다.

온나산노미야는 그 불미스런 사건이 있은 뒤 번민을 계속하다가 몸이 부실해졌다. 병환처럼 보였으나 그리 대단한 것은 아니었다. 5월에 접어들면서는 식욕이 떨어지고 안색도 좋지 못해 수척한 기미마저 보였다. 중납언은 열정을 참지 못할 때마다 꿈처럼 허망한 밀회를 거듭하였으나, 황녀는 당치도 않은 처사를 꺼리기만 할 뿐이었다. 겐지를 두려워하는, 황녀의 눈에 중납언은 인품이나 용모 등에서 도저히 겐지에 미치지 못했다. 중납언은 멋이 있고 아름다운 분이라, 일반 사람들의 눈에는 훌륭한 사람이라고 칭찬받는 사람일지는 모르지만 어렸을 때부터 겐지의 훌륭함에 익숙해진 황녀는 그저 불쾌할 따름이었다. 그런데 그 '무례한 사람'이라고 각인된 사람의 아이를 가지고 입덧에 괴로워하고 있다니 너무나 딱한 운명이었다. 임신을 눈치챈 유모들은 한탄했다.

"겐지님은 근자에 육조원을 찾지도 않았는데, 어찌 몸져누워 있는 온나산노미야에게 이런 일이 생길 수 있단 말인가."

겐지는 온나산노미야가 몸져 누웠다는 것을 알고 육조원을 찾으려 했다.

무라사키 부인은 무더운 날씨를 좀 이겨 볼까 해서 머리를 감았더니 약간 상쾌한 기분이 되었다. 그리곤 그냥 누워 있었기 때문에, 아직 마르지 않고 촉촉한 머리는 한 가닥의 흐트러짐도 없이 산뜻한 바람에 흔들렸다. 오랫동안 앓아누워 있던 탓에 얼굴은 창백했으나 피부가 아름답고 투명했다. 그러나 여전히 벌레가 벗어놓은 허물처럼 맥이 빠져 있었다. 더구나 오랫동안 버림받은 이조원도 황폐해져 조금은 비좁아 보였다. 어제 오늘 부인은 생기를 회복함으로써, 공들여 가꾸어 놓은 초목을 바라보고 있었다. 무라사키 부인은 그런 늦여름의 풍경과 뜰을 바라보면서 지금까지 용케 목숨을 이어왔다고 절실하게 생각했다.

연못물은 시원해서 연꽃이 많이 피었고, 파룻파룻한 연잎 위에 구슬처럼 반짝거리는 이슬을 보고 겐지가 말했다.

"저걸 봐요. 연꽃에 맺힌 이슬이 상쾌하게 보이지 않소?"

부인은 일어나서 다시 뜰을 내다보았다. 그런 모습이 신기해서, 겐지가 눈물이 그렁그렁해서 말했다.

"이렇게 좋아진 모습을 볼 수 있다니 꿈만 같구려. 상태가 몹시 나빴을 때, 어찌나 슬펐던지 내 생명도 끝나는 게 아닌가 생각했었소."

겐지가 눈물을 글썽이며 말하자 부인은 벅찬 가슴으로 노래를 읊었다.

사라지지 않고 남아 있는 이슬만큼이나
이 목숨 앞으로 살 수 있을까
연꽃에 맺힌 이슬만큼이나
위태로운 목숨인 것을

약속하지요
이 세상 아니 저 세상에서도
극락과 같은 연꽃에 맺힌
이승방울처럼
이 마음 그대와 더불어
늘 함께 있을 것을

온나산노미야가 몸져누웠다는 소식을 듣고도 며칠이 지났지만 겐지는 무라사키 부인의 병이 위중함을 걱정하느라 온나산노미야의 병문안은 안중에도 없었다.

겐지는 온나산노미야에게 가는 것이 내키지 않았지만 궁중에 대한 체면과

법황에 대한 동정심을 뿌리칠 수 없었다. 그러나 부인의 병환이 이렇게 차도가 있는데도 이곳에 그냥 들어앉아 있는 것은 좋지 않다는 생각으로 궁으로 건너갔다.

온나산노미야는 양심의 가책에 시달려 겐지를 보는 일조차 부끄럽고 송구스러웠기에 무슨 말을 해도 대꾸조차 제대로 하지 못했다. 오래 만나지 못한 사이였지만 '어린아이 같은 사람도 원망을 품은 게로구나' 하며 겐지는 위로하려 들었다. 시녀를 불러내어 황녀의 병환에 차도가 있는지를 물어보다가 임신 징후가 보인다는 대답을 들었다.

"이제 와서 희한한 일도 다 있구나. 몇 년이나 지나 지금 그런 일이 생기다니."

겐지는 그렇게만 말했으나, 속으로는 오래 데리고 살았던 부인에게도 임신이 없었기에 회임을 한 것이라 잘못 알고 있는지도 모르겠다고 생각했다. 그러면서도 그 말은 자세히 물으려 하지 않고 다만 입덧으로 괴로워하는 가련한 모습을 애처롭게 보고 있었다. 오래간만에 온 터라 이내 돌아가실 수도 없고, 2, 3일 동안 묵기로 했다. 그러는 동안 이조원 부인의 건강 상태가 걱정되어, 그쪽으로 편지를 자꾸 써 보냈다.

"겨우 며칠 사이인데, 어떻게 저렇게 많은 편지를 쓰시는지 모르겠습니다. 이래서야 온나산노미야님과의 사이가 걱정스럽습니다."

그렇게, 황녀의 잘못을 알지 못하는 시녀들이 말했다. 그 비밀에 관계된 소시종은 겐지가 머물러 있는 동안 무사히 지낼 수 있을까 생각하니 가슴이 울렁거렸다.

중납언은 겐지가 육조원에 와 있다는 말을 듣자마자 주제넘은 질투를 일으켰다. 그리고 원망이 가득 담긴 편지를 보냈다. 겐지가 잠시 별채에 들른 사이 황녀의 거실에 아무도 없는 틈을 타서 소시종은 그 편지를 황녀에게 보여드렸다.

"싫은데 읽으라는구나. 정말 싫다. 기분이 더욱 좋지 않다."

온나산노미야는 편지를 거들떠보지도 않고 자리에 누워 버렸다.

"하지만 편지 끝에 씌어있는 말이라도 읽어 보십시오, 너무나 가엾습니다."

소시종은 중납언의 편지를 펼쳤다. 다른 시녀들이 다가오는 기척에 소시종은 황녀 옆에 있는 휘장을 헤치고 그대로 나가 버렸다. 온나산노미야는 가슴이 두근거려 경황이 없는 판에, 마침 들어온 사람이 겐지라서 편지를 감출 틈도 없었다. 그리하여 편지를 깔개 밑에 얼른 끼워놓았다. 겐지는 밤이 되면 이 조원으로 가리라 생각해서, 타이르는 투로 황녀에게 말했다.

"당신은 그리 심하지 않은 것 같지만, 저쪽 무라사키 부인은 아직도 너무 위험한 상태입니다. 그냥 내버려둘 수 없어 이만 돌아갈까 합니다. 이것을 나쁘게 말하는 사람이 있어도 마음에 두지 마시오. 내 진의를 알게 되는 날이 반드시 있을 거요."

평소에는 어린애 같은 농담을 하며 명랑하게 대했는데, 오늘은 온나산노미야가 몹시 우울하여 얼굴을 이쪽으로 돌리려고 하지도 않았다. 겐지는 무라사키 부인과의 사이를 질투하여 토라진 것이리라 생각했다. 잠시 자리에 누워 이야기를 나누는 사이에 쓰르라미 우는 소리에 눈을 떴다.

"그럼 더 어둡기 전에 떠나지."

이렇게 말하면서 겐지가 옷을 갈아입는데, 앳된 모습으로 온나산노미야가 말했다.

"'그대여 달이 뜨기를 기다려 돌아가시길'이라는 옛 노래도 있습니다."

온나산노미야가 마치 첫날밤을 보낸 부인처럼 부끄러워하며 말하니 겐지는 '그동안이나마 보리다'라는 노래의 결구처럼 헤어지기를 아쉬워하는 모양이라며 딱하게 여기며 그대로 머물렀다.

저녁 이슬 같은 눈물로
소맷자락 적시며
울라는 뜻인가요
쓰르라미의 애처로운 울음소리 들으며
돌아가시려 함은

온나산노미야는 천진하고 순수한 마음으로 노래하니, 겐지는 가여운 마음에 그 자리에 무릎을 꿇고 한숨을 쉬었다,

"참으로 곤란하구려. 어찌하면 좋겠습니까."

내가 돌아오기를 기다리는 곳에서는

어떤 마음으로 듣고 있을까
이쪽저쪽에서
사람 마음을 어지럽히는
쓰르라미 울음소리

겐지는 망설였지만 역시 온나산노미야에게 매정하게 굴 수 없어 그날 밤은 육조원에서 머물렀다. 하지만 무라사키 부인의 용태가 마음에 걸려 걱정을 거두지 못하고 수심에 차 과일만 입에 대고는 잠자리에 들었다.

겐지는 선선한 아침에 가려고 일찌감치 일어났다.

"어제 쓰던 부채는 어디에 두었는지 잃어버렸구나. 이 쥘부채*⁹는 바람이 시원하지 않군."

겐지는 쥘부채를 내려놓고 어제 낮잠 잘 때 부채를 두었던 곳으로 가 보았다. 그리하여 멈춰서서 이쪽저쪽 살펴보더니, 모서리가 약간 말린 듯한 이불 밑에서, 얇은 연초록색 종이에 쓴 돌돌 말린 편지가 살짝 보였다. 별생각 없이 살짝 끌어내 보았더니, 그것은 분명 남자의 필적으로 씌어진 편지였다. 고혹적인 향이 배어 있고 문장에도 깊은 뜻이 있는 듯했다. 반으로 접은 종이에 자잘하게 쓴 글을 자세히 살펴보니, 그것은 틀림없는 가시와기 중납언의 필적이었다. 겐지 옆에서 거울 뚜껑을 열고 몸단장을 돕던 시녀는, 그저 편지를 읽는 줄 알았다. 하지만 어제 전한 편지와 색깔이 같다는 것을 깨달은 소시종은 놀란 가슴이 두방망이질을 해댔다. 죽을 먹는 겐지 쪽을 돌아볼 용기도 나지 않았다. 소시종은 설마 그런 운명의 장난이 일어나다니 말도 안 된다며 황녀마마는 틀림없이 편지를 감추었으리라 믿으려 했다. 하지만 온나산노미야는 아무것도 알지 못한 채 아직까지 자고 있었다.

'이 무슨 경솔한 짓이란 말인가. 내가 아닌 다른 사람이 보았다면 어쩔 뻔했는가. 그러니 저 사려 깊지 못한 인품이 오래전부터 마음에 걸려 걱정하였거늘.'

겐지는 온나산노미야의 인품을 한심해하였다.

겐지가 돌아간 뒤 온나산노미야의 거실로부터 시녀들이 모두 나간 다음 소

---

*9 쥘부채 : 접었다 폈다 하게 된 부채

시종이 와서 온나산노미야에게 물었다.

"어제 편지를 어떻게 하셨습니까. 오늘 아침 겐지님께서 읽고 계시던 편지 색깔이 그 편지와 무척 비슷했습니다만."

깜짝 놀란 온나산노미야는 그저 눈물만 줄줄 흘릴 뿐이었다. 소시종은 가엾기는 하지만 대책이 없는 분이라고 생각했다.

"대체 어디다 두셨습니까. 그때 시녀들이 들어왔고 제가 옆에서 어물대면 이상히 여길까 하여 물러갔습니다. 겐지님께서 사랑방으로 돌아오시기까지 잠깐 시간이 있었으니 당연히 감추셨으리라 생각하였습니다."

"그렇지 않았다. 내가 읽고 있는데 들어왔기 때문에 어디다 감출 수도 없고 해서 요 밑에다 끼워 두었던 건데, 그만 잊어버렸다."

소시종은 기막힌 심정을 어떻게 표현해야 할지 알 수 없었다. 숨겨 둔 곳에 가서 찾아보았으나, 편지가 그곳에 있을 까닭이 없었다.

"야단났습니다. 그분도 몹시 겁을 먹고 겐지님 귀에 들어가면 큰일이라고 삼가셨는데, 벌써 이런 사건이 벌어지고 말다니. 온나산노미야님이 아직 철이 없어 그분에게 모습을 보여 이런 일이 생긴 것입니다. 중납언님은 온나산노미야님께 연정을 품으시고 제게 다리를 놓아주지 않는다며 성화를 부리셨습니다. 하지만 설마 이렇게 깊은 사이가 되실 줄을 꿈에도 몰랐습니다. 모든 게 난감하게 되었어요."

소시종은 이렇듯 무례하게 밀어붙였다. 어린 주인을 만만하게 보고 예절을 잊어버린 모양이었다. 온나산노미야는 대꾸도 하지 않은 채 울고만 있었다. 기분이 좋지 않아 음식을 조금도 들지 않으니, 시녀들은 겐지를 원망하며 이렇게 말했다.

"그렇게 괴로워하는데도 내버려두시고, 이젠 다 나으신 부인의 병 간호에만 정성을 쏟으시다니."

겐지는 돌아오는 길에 아직 미심쩍은 오늘 아침 편지를 자세히 살펴보았다. 시녀들 가운데 중납언과 글씨체가 비슷한 여자가 있지는 않을까 의심도 품어보았다. 그러나 남성적인 말투하며 내용으로 보아 가시와기 중납언이 쓴 게 분명했다. 오래 품은 사랑을 가까스로 성취했는데 아직도 괴로운 심정을 담은 문장이 제법 감동적이었지만, 신중하지 못함이 온나산노미야와 다름없어 경멸스러웠다.

'아무리 연문이라지만 이렇게 노골적으로 쓰다니, 부주의하게도 썼다. 나도 젊었을 적에는 편지를 떨어뜨려 사람들 눈에 띄면 어쩌나 싶어 자세히 쓰지 않고 간략하고 애매하게 썼거늘. 용의주도하지 못한 남자로군. 그나저나 앞으로 온나산노미야를 어떻게 대해야 한단 말인가. 임신은 그야말로 불순한 사랑의 결과이다. 한심한 노릇이 아닌가. 남에게서 들은 말도 아니고 직접 비밀을 알아버렸는데, 전과 같이 돌보아 드려야한단 말인가?'

겐지는 이제 전처럼 저 사람을 사랑하는 일은 자기로서는 불가능할 듯싶었다.

'가벼운 애인으로 삼은 상대라 하더라도, 다른 애인을 둔 사실을 알게 되면 불쾌해서 마음이 떠나는 법이거늘 하물며 그녀는 내 아내가 아닌가.

참으로 무례한 놈이다. 천황의 여인과 통정을 하는 자는 예전부터 있었지만, 이것은 엄연히 문제가 다르다. 서로 폐하를 모시는 몸이라 가까이 지내다 보니 절로 정을 통하게 되어 끝내 불미스런 일로 이어지는 경우도 많았겠지. 여어니 갱의니 해도 좋은 점만 갖고 있을 수는 없고, 신중치 못한 여인이 뜻하지 않게 잘못을 저지르는 일도 있을 것이다. 그 잘못이 사람들 눈에 드러나지 않는 동안에는 폐하를 모실 수 있으니 눈에 보이지 않는 불륜도 있었으리라. 나는 황녀를 정실로 대접해 왔다. 마음으로는 사랑하는 이마저도 접어두고 소홀히 여길 수 없는 분이라고 생각해서 살뜰히 보살피고 있는 나를 제쳐두고 엉뚱한 일을 벌이다니, 세상엔 그런 일은 또 없을 것이며 이만저만한 큰 죄가 아닌가.'

겐지가 한탄했다.

'폐하를 모신다 해도 표면적인 의무만을 다하는 마음으로 후궁 생활을 하면 아무런 재미가 없겠지. 깊은 애정으로 구애하는 남자에게 흔들려 정을 나누고, 남자가 보내는 편지를 무시할 수 없어 답장을 쓰다가 마음이 통하게 된 일이라면, 밀통이라는 불미스러운 짓을 저질렀다 해도 동정의 여지가 있었을 텐데. 온나산노미야가 중납언 정도의 남자에게 마음을 빼앗길 줄은 몰랐구나.'

겐지는 몹시 불쾌하지만 내색할 수 없어 속으로만 고민하고 있었다.

'돌아가신 동호원께서도 이렇게 후지쓰보님과의 밀통을 아시면서도 모르는 척하셨던 것은 아닐까. 생각해보면 그 때 그 일이야말로 있어서는 안 될 끔찍한 짓이었구나.'

한편으로는 자신의 잘못을 떠올리니 옛 노래에도 있듯이 '사랑의 험준한 산

길'을 헤매는 사람을 비난만 할 수도 없다는 생각이 들었다.

겐지는 시치미를 뚝 떼고 있었지만 근심 가득한 모습이 여실히 드러났기에, 무라사키 부인은 목숨을 회복한 자기를 불쌍히 여겨 겐지가 건너왔으나 육조원 황녀를 생각하니 또 마음이 쓰라려 번민하는 것이라고 짐작했다.

"저는 이제 다 나았습니다. 온나산노미야님의 건강이 안 좋으실 텐데 바로 돌아오시면 실례가 아닐지요?"

"그런가요? 좀 좋지 않은 것 같지만 대단치는 않아서 안심하고 돌아온 거요. 궁중으로부터 여러 번 어사가 다녀갔다더군요. 오늘도 편지왔다고 합니다. 법황의 특별한 부탁을 받으셨기에 천황께서도 그토록 관심을 가지셨는가 보오. 내가 조금이라도 소홀히 하면 이쪽저쪽에 걱정을 하게 되어 미안하게 됩니다."

겐지가 탄식했다. 그러자 부인이 말했다.

"궁중에 대한 염려보다도 온나산노미야님이 당신을 원망하실까봐 고민하시는 거 아닌가요. 온나산노미야님은 그러지 않으신다 하더라도, 측근들이 이런저런 말들을 할 것이니 저는 그것이 걱정됩니다."

"과연, 내가 누구보다 귀히 여기는 당신에게는 말 많은 친척이 없는 대신 당신이 모든 일을 넉넉하게 헤아리는군요. 시녀들을 신경 쓰고, 온나산노미야까지 배려하는데, 나는 그저 폐하께 거슬리지 않을까 그것만 걱정하니 온나산노미야에 대한 애정이 깊지 않다 여겨져도 할말이 없겠소."

겐지는 쓴웃음을 지으면서 얼버무리고 제안하는 말을 했다.

"육조원에는 당신이 완쾌되었을 때 함께 돌아가도록 합시다. 당분간은 여기서 느긋하게 지냅시다."

그렇게 단호한 말투로 말했다.

"저는 그냥 혼자서 조용히 있고 싶어요. 황녀마마의 마음이 위로될 때까지 먼저 가서 함께 계시도록 하세요."

부인의 그런 권유를 듣고 나서도 날짜는 속절없이 흘러갔다.

지금까지는 겐지가 오래도록 오지 않아 원망만 했던 황녀였다. 그러나 이제는 자신의 죄 때문임을 알고선, 나중에 법황의 귀에 들어간다면 어떻게 생각할까 하며 살아 있는 것만으로도 두려운 생각이 들었다.

중납언은 끊임없이 편지를 전해 왔지만, 소시종은 일이 더 커질까 두려워 조바심을 냈다.

"이런 일이 있었습니다."

소시종은 중납언에게 겐지가 편지를 보았음을 알렸고 중납언은 너무 놀라 어떻게 그런 일이 일어났는지 생각했다. 하지만 이런 일이 계속되다 보면 기척만으로도 사람들 눈에 띄게 마련이라는 생각이 들었고 그는 두려움에 움츠러들었다. 안 그래도 하늘이 모든 것을 내려다보고 있는 듯하여 두려웠는데, 의심할 수 없는 증거물이 들통 난 이상, 수치스럽고 황송하여 견딜 수가 없었다. 아직 여름이라 아침저녁에도 서늘한 바람 한 점 불지 않는데, 몸이 얼어붙는 것 같이 두렵고 슬펐다.

'지난날 사적으로나 공적으로나 격의 없이 불러주셔서 스스럼없이 찾아뵈었고, 다감하신 겐지님의 배려를 감사히 여겨왔는데. 이런 얼토당토않은 짓을 저질러 미움을 받게 되었으니 무슨 낯을 해야 한단 말인가. 그렇다고 갑자기 소식을 끊고 걸음도 하지 않는다면 모두 이상히 여길 테고, 겐지님도 역시 그랬구나 하고 괘씸하게 생각하시겠지. 정말 괴롭구나.'

불안에 시달린 중납언은 몸도 망가져 궁중 출입도 하지 못했다. 중죄를 지은 게 아니라 해도 이제 자신의 인생은 끝났다는 생각이 들자, 이렇게 될 줄 몰랐던 것도 아닌데 그런 짓을 저지른 자신이 한심하고 원망스러웠다.

'생각해 보면 본디부터 차분한 분은 아니었지. 그 발 사이로 모습을 보인 것부터 있어서는 안 될 일이었으니. 그때, 대납언도 그런 처신을 경솔하게 여겼었지.'

그는 새삼스레 그런 일까지 상기시켰다. 굳이 그 사람에게서 멀어지려는 마음에서 이런 결점을 들추게 된 것인지도 모른다.

'아무리 고귀한 분이라 하더라도 철이 없으면 세상사를 제대로 알지 못하지. 시녀들은 경계할 줄도 모르고, 돌이킬 수 없는 잘못을 자신을 위해서 범하는가 하면 남에게도 피해를 주고는 하는구나.'

중납언은 온나산노미야가 안쓰럽고 원망스러웠다.

온나산노미야는 기분이 좋지 않은 상태로 있었다. 입덧으로 괴로워하자, 겐지는 마음이 쓰리고 불쌍했다. 남편으로서의 애정은 사라진 듯했지만 원망스러움과 더불어 불쌍하다는 생각도 들어 육조원으로 건너갔다. 그리하여 절간에 순산 기도를 올리도록 이것저것 분부했다. 겉으로 대하는 태도엔 전과 조금도 다름이 없었다. 오히려 환대하는 듯 보였지만, 부부로서 화목함은 더 이상 일어나지 않았다. 남의 눈을 속이기 위해 한방을 쓰며, 혼자서 번민하는 겐지를 본 온나산노미야의 마음은 더 괴로웠다. 겐지는 편지에 관해서는 아무 말도 하지는 않았는데, 혼자 죄책감에 휩싸여 안절부절못하는 온나산노미야의 태도는 오히려 유치해 보였다.

'이런 어리석은 사람이니 불상사도 일어났을 게다. 부드러운 성품 덕분에 귀여답다고는 하나 너무 미덥지 못하다.'

겐지는 남녀 사이가 모두 불안하게 여겨지면서 이런 생각이 들었다.

'아카시 여어도 너무 순수하고 얌전하니, 온나산노미야를 사랑하는 중납언처럼 행동하는 사내가 나타나면 더 정신을 잃고 큰 잘못을 범할지도 모르겠구나. 온나산노미야처럼 미덥지 못하고 얌전하기만 한 여자들은 남자들도 업신여기게 되지. 있어서는 안 될 일이지만 남자가 간절히 다가가면 마음이 약해 끝까지 거부하지 못하고 잘못을 저지르고 만다.'

검은 턱수염 우대신 부인 다마카즈라는 이렇다 할 돌봐주는 사람도 없어 유년 시절부터 고생을 하면서 자라왔지. 그래도 재능과 견식이 있어 나도 겉으로는 양아버지인 척했지만, 속으로는 호색적인 마음을 억누를 수 없는 정념을 겨우 감추고 있었는데. 그래도 그녀는 끝끝내 알아채지 못한 척 모나지 않게 외면하지 않았던가. 경망스런 시녀의 안내로 검은 턱수염 우대신이 몰래 숨어들어왔을 때도, 자신은 절대로 응하지 않았다는 것을 세상에 분명히 했어. 부모 허락 아래 결혼하여 자신에게는 책임이 없음을 분명히 했지. 그건 그 사람이 얼마나 영특한지 말해 주는 증거였다. 주작원도 그렇게 생각했지. 본디 인연이 깊은 두 사람이었기에 지금껏 부부로 잘살고 있는 것이니, 품행문제로 세평에 오르게 된다면, 손가락질을 받게 될 게 틀림없다. 다마카즈라는 정말 훌륭하게 일을 처리했다.'

겐지는 아직도 이조원에서 으스름 달밤에 본 상시 오보로즈키요를 회상하곤 하지만 온나산노미야의 사건으로 뒤가 꺼림칙한 사람은 삼가야겠다는 교훈을 얻었다. 그러자 상시의 흔들리기 쉬운 마음에 반감을 느끼게 되었다. 상시가 전부터 바라던 대로 여승이 되었다는 말을 듣자 애석하여 이내 문안 편지를 보냈다. 자기에게 넌지시 미리 알리지 않아 섭섭해한다는 사연이었다.

그대가 출가하였다는 소식이
어찌 남일처럼 들리리
스마의 해변을 어부처럼
외로이 유랑하였던 것도
따지자면 그대 탓이거늘

"무상한 인간세상을 마음 깊이 새기면서 오늘날까지 출가하지 못했는데, 그대가 앞지르고 말았으니 안타까운 일입니다. 이미 나를 버렸으나, 그대가 날마다 올리게 될 회향에서는 이 몸의 안위를 제일 먼저 발원해 줄 터이니 감개무량합니다."

일찍이 품은 뜻이었지만 겐지가 말려 상시는 여승이 되기를 망설이고 있었다. 사람들에게는 분명하게 말할 수 없지만, 속으로는 옛날부터 괴로운 일이 많았던 만큼 두 사람의 인연은 얕지 않았다. 상시는 그런 생각에 가슴이 벅차 이런 저런 옛일들을 떠올렸다.

앞으로는 이렇게 답장도 주고받을 수 없으니 마지막 편지라는 생각에 마음을 다해 썼는데, 그 필체가 매우 훌륭했다.

"세상의 무상함을 저만이 알고 있다 여겼는데, 당신께서 홀로 남았다 말씀하시다니요. 그러고 보니, 과연."

나를 태우고 떠나는 배를
어찌 놓치셨는지요.
저 멀리 아사키 해변에서
어부처럼 살았던 그대가

"회향이라 하시지만 어차피 모든 중생을 위한 회향, 당신이 그 안에 들지 않을 리 없습니다."

짙은 남빛 종이에 편지가 쓰여 있었는데 붓순나무 가지에 단 것은 다른 사람들도 누구나 할 수 있는 일이었다. 하지만 달필로 쓰인 글씨는 지금도 충분한 홍취를 지니고 있었다. 이날은 이조원으로 돌아온 길이라, 겐지는 그 편지를 무라사키 부인에게도 보였다. 이미 끊어진 사이라고 여겨 스스럼없이 내보인 것이다. 겐지가 말했다.

"아주 호되게 당해서 나도 내 자신에게 정나미 떨어지는군요. 세상살이 지금까지 잘도 살아왔지요. 세상에 흔히 있는 온갖 이야깃거리도, 정취와 풍류도 말할 줄 알고, 떨어져 있어도 친근하게 지낼 수 있는 사람으로는 재원과 오보로즈키요뿐이었는데, 이렇게 출가하고 말았으니. 더구나 재원 같은 사람은 여승으로 불도수업에만 골몰하는 사람이 되고 말았지요. 여러 여성을 보아왔지만, 견식 높으면서도 한편 향기가 그윽하다는 점에서 그분을 따를 사람이 없소. 여자를 가르치는 건 어려운 일입니다. 부부가 되는 숙명은 눈에 보이지 않을뿐더러 부모의 힘으로 어찌지 못하는 것이지요. 그러니 결혼하기까지 부모는 여아 교육에 온힘을 써야 합니다. 나는 자식 복이 없어 그 책임이 크지 않으니 오히려 다행이라 생각합니다. 젊어서 인생을 잘 알지 못하던 시절엔, 어린 자식이 없으면 쓸쓸할 것만 같더군. 아무튼 당신이 맡고 있는 여어의궁을 잘 키우도록 해요. 아카시 여어는 아직 채 장성하기 전에 궁정에 들어갔으니, 모든 일이 아직도 완전치 못하리라 생각되오. 아기마마 교육은 최고의 여성으로 키워낼 각오로 조그만 흠도 없도록 해서, 평생 독신으로 지내더라도 위태로움이 없는 소양을 갖추도록 하고 싶소. 결혼하기로 되어 있는 여염집 처자라면, 남편만 잘 만나면 그 도움을 받아서 편안하게 지낼 수도 있겠지만 황녀는 다르지 않습니까."

"도움 될 만한 후견인은 되지 못하겠지만, 살아 있는 동안에는 성심껏 보살필 생각입니다. 그런데 저의 건강이 미약하여."

그렇게 대답한 부인은, 자기 몸을 불안한 듯 돌이켜보며 신앙생활을 자유로이 하는 사람들을 부러워했다. 겐지가 말했다.

"상시는 아직 여승옷도 제대로 갖추지 못했을 텐데 내 쪽에서 마련하여 보내고 싶소. 헌데 가사는 어떤 식으로 만들어야 할까. 당신이 누구든 시켜서 지어 주도록 해요. 한 벌은 육조원 동편 하나치루사토에게 지으라고 하지요. 너무 승복 냄새가 나면 보는 사람의 느낌도 좋지 않을 터이니 그 점을 고려해서 잘 만들도록 해요."

부인은 새 여승을 위해 짙은 쥐색 법복 한 벌을 손수 장만했다. 겐지는 궁중의 세간을 맡은 공장을 불러들여 여승용 집기류 제작도 몰래 분부하였다. 그리고 방석이며 돗자리며 병풍, 휘장도 좋은 물건으로 준비하게 했다.

무라사키 부인의 중병 때문에 법황의 축하 잔치는 가을로 연기되었는데, 8월은 대납언 유기리의 친모인 아오이 부인의 제사가 있는 달이라 음악을 준비하기에는 사정이 좋지 않았다. 또 9월은 상황의 황태후가 승하하신 달이어서 그것도 안 될 일이었다. 겐지는 10월에는 거행하리라 생각했으나, 온나산노미야가 몸져 눕는 바람에 또 연기되었다. 중납언의 부인인 둘째 황녀 온나니노미야만이 축하연에 참가하였다. 전 태정대신이 스스로 지휘하여 힘껏 호사스런 축하 잔치를 베풀어 드렸다. 병을 앓고 드러누웠던 중납언도 그때 처음으로 참상했다. 그리고 중납언은 그 뒤로는 다시 전처럼 병상을 떠나지 못하게 됐다.

온나산노미야도 번민만 하고 무엇에나 기가 죽어 고통스럽게 지냈다. 겐지는 원망스러워도 가련한 모습의 황녀를 보고선 어떻게 되나 불안함 속에서 한탄하는 때가 많았다. 올해는 이래저래 기도를 올릴 일이 많아 바쁘기도 했다. 법황도 황녀가 임신했다는 말을 듣고 애처로운 마음에 만나보고 싶어했다. 겐지가 오랫동안 이조원 쪽에 따로 있으면서 드문드문 찾는다는 말을 듣고 문득 황녀의 임신이 심상치 않은 결과가 아닐까 하고 상상을 하니 가슴이 뛰었다. 인생만사가 새삼스레 원망스럽기만 했다.

'무라사키 부인 병환 당시에는 겐지가 그쪽에만 가 있었던 건 당연한 일이었지만 매정한 처사로 느껴졌다. 그러나 부인이 완쾌한 뒤에도 겐지의 방문이 뜸하여 그 동안에 무슨 불상사라도 일어난 게 아닐까, 황녀가 모르는 사이에 경박한 시녀의 행동 때문에 불미스러운 사건이 일어났던 건 아닐까. 궁정에서는 고이한 노래만 주고받는 사이라 해도 좋지 않은 소문이 나는데.'

속세의 번거로운 일을 단념하기 위한 출가였지만, 이렇게 생각하자 역시 자식에 대한 애정은 떨쳐버릴 수 없어 온나산노미야에게 편지를 쓰게 되었다. 겐지가 육조원에 있을 때 편지가 도착하였고, 겐지는 그 편지를 읽어 보았다.

'소식이 끊긴 가운데 하는 일도 없이 흘러가는 세월도 이승에서는 슬픔일까. 심상치 않은 몸이 되어 건강을 해치고 있다는 말을 자세히 들었는데, 지금은 어떠십니까. 외로운 운명에 부딪치더라도 참고 지내세요. 원망하는 태도를 보이거나 질투의 말을 하는 것은 품위없는 일입니다.'

상황은 그렇게 딸에게 훈계를 하고 있었다. 겐지는 송구스럽고 마음이 괴로웠다. 상황께서는 황녀에게 비밀이 있다는 것은 꿈에도 알지 못할 테니 겐지를 탓하며 불만스러워 하시리라는 생각이 들었다.

"답장은 어떻게 쓸 작정입니까. 민망스러워서 나는 괴로운 느낌마저 듭니다. 그대의 일을 유감스럽게 생각하고는 있지만, 그렇다고 그대를 소홀히 한다고 비난받을 만한 태도는 보이지 않았습니다. 도대체 누가 주작원에게 말씀드렸을까?"

수치스러운 듯 외면하는 황녀의 모습은 가련했다. 그리고 아주 파리하여 수심에 지친 듯한 얼굴은 오히려 기품이 느껴졌다. 겐지가 말했다.

"당신이 어린 티를 벗어나지 못한 것을 알고 있어서 이런 말씀을 하시는 것이니, 나는 다른 일도 아울러 고려해서 지당하다고 생각되는 점이 있어요. 그래서 이후에도 위태로워 견딜 수가 없군요. 이런 말을 하려고 하지는 않았지만, 상황께서 나를 믿지 못하실까봐 고통스럽군요. 당신만이라도 내가 경박한 사람이 아님을 인정해 주었으면 좋겠습니다. 깊은 생각 없이 남의 허튼 수작에 쉽게 변하는 당신에게 나의 진정한 사랑이 얕게 보일지도 몰라요. 또 당신과는 나이 차이가 많은 남편을 경멸하고 싶을지도 모르지요. 나는 그것을 안타깝게 생각지는 않지만, 상황께서 살아 계시는 동안은, 행복한 길로 선택하여 늙은 남편을 존중하며 사는 게 좋겠지요. 예전부터 소원이었던 출가하려는 희망이나, 유치한 신앙심밖에 가지지 못했다고 믿었던 여인네들이 실천하는 것을 곁에서 보기만 하고 있는 것도, 내 자신이 이승의 욕망을 버릴 수 없어서가 아니랍니다. 상황께서 출가하실 적에 당신께서 후견으로 나를 결정해 주신 마음을 고마워하고 있습니다. 내가 그 뒤를 쫓는 것처럼 출가하여 똑같이 당신을 버려둔다면, 상황도 언짢게 생각할 것 같아서 실행에 옮기지도 못하고 있습니다. 상황도 이젠 더 이상 오래 살지 못할 겁니다. 전보다 한층 건강이 쇠약해지고 쓸쓸한 심정으로 계시니, 더는 나쁜 평판으로 걱정을 끼치지 않도록 하세요. 세상일은 그리 대단하지 않습니다. 아무 미련도 없지요. 하지만 내세의 성분을 방해한다면 그 죄는 두렵겠지요."

그 일을 노골적으로 짚어서 말하지는 않았으나, 차근차근 타이르는 말에 황녀는 눈물이 솟구쳐 어느새 풀이 죽은 듯한 모습으로 있어서 겐지도 눈물을 흘리며 말했다.

"다른 사람이 이런 소리를 하는 걸 보고 쓸데없는 한낱 늙은이의 푸념이라고 생각했던 내가, 어느 틈엔가 잔소리를 하는 사람이 되었군요. 부질없는 소리를 하는 늙은이라 더욱 싫어졌겠습니다.”

겐지는 벼루를 끌어당겨 손수 먹을 갈고 종이를 골라 황녀에게 답장을 쓰게 했지만, 붓을 든 그녀의 손이 부들부들 떨려 쓸 수가 없었다.

'저 애정 깊은 말이 쓰여 있었던 가시와기 중납언의 편지에 대한 답장은 전혀 망설이지 않고 써내려 갔겠지.'

이러한 생각이 들자, 다시 애처롭다는 마음도 사라졌다. 그래도 겐지는 참고 답장에 쓸 말을 가르쳤다.

이번 달도 이렇게 지나 버려 온나산노미야는 결국 주작원 상황의 축하연을 치르지 못했다. 중납언의 아내인 온나니노미야가 각별한 위세로 경쟁하듯 치르는데, 임신 8개월의 초췌한 모습으로 축하연을 치렀다가 자칫 비교될까 두려웠던 것이다.

“11월은 동호원 선황의 기월입니다. 연말에는 이 일 때문에도 바쁩니다. 애타게 기다리시는 상황에게 이런 모습을 보이는 것이 내키지는 않겠지만, 그렇다고 언제까지 미룰 수는 없습니다. 너무 수심에 잠기지 말고 명랑한 마음으로 수척한 얼굴부터 회복하시오.”

겐지는 또 이렇게 온나산노미야를 가엽게 생각했다.

어떤 행사에든 중납언을 불러들여 의논하던 겐지였는데, 이번 법황의 축하 잔치에서만큼은 아무런 분부도 없었다.

사람들이 수상해 하겠지만, 만나면 그에게 자신이 어리석게 비치고 가신도 불쾌하여 마음이 평온할 리가 없을 것임을 알기에.

몇 달이나 찾아오지 않는 그에게, 무슨 일이냐고 물어보려 하지도 않았다. 사람들은 중납언이 병을 앓아누웠고, 육조원에도 음악 행사가 전혀 없던 터라 그런 것이라고 해석했다. 그러나 유기리 대납언만큼은 어떤 이유가 있을 것이라고 생각했다. 가시와기 중납언은 다정다감한 사내라서, 자기가 추측했던 그 사랑 때문에 자제력을 잃은 건 아닐까 하고 짐작은 했지만, 이 같은 불상사를 겐지가 알게 됐으리라고는 상상하지도 못했다.

12월이 되었다. 법황 축하 잔칫날을 10일로 정하고, 육조원은 그 채비에 바빴다. 무라사키 부인은 계속 이조원에 머물러 있었는데, 축하 잔치 예행연습에 신경이 쓰여 육조원으로 돌아와 있었다. 아카시 여어도 친정에 와 있었다. 이번 해산에서도 또 옥동자를 낳았다. 귀여운 아기마마들을 돌보는 일에 무라사

키 부인은 삶의 보람을 느끼고 있었다.

예행연습 땐 검은 턱수염 우대신 부인 다마카즈라도 육조원으로 왔다. 대납언 유기리가 이전부터 동북쪽 궁전에서 춤곡 연습을 시키고 있었기 때문에, 하나치루사토 부인은 예행연습 구경엔 나오지 않았다. 이 예행연습 날 중납언이 빠지면 모임의 명분이 서지 않고 남들이 미심쩍게 여길까봐 걱정된 겐지는 사람을 보내 오라고 했으나 중납언은 병을 핑계대며 나오려 하지 않았다. 그러나 병이라지만 이렇다고 꼬집어 말할 수 있는 병도 아니라서 괜히 마음이 괴로워 그러는 것이라 여기고 특사까지 보내려 했다.

아버지 태정대신도 출석을 권하였다.

"어째서 마다하는 거냐? 무슨 다른 뜻이라도 있는 줄로 아실 게 아니냐. 중병도 아니니 다소 무리가 되더라도 출석하는 게 좋을 듯하다."

그렇게 권유하고 있는 참에 거듭 사람이 오자 하는 수 없이 괴로운 심정을 참고 출석하였다. 아직 다른 고관들이 모이기 전이었다. 평소처럼 사랑방 주발 안으로 중납언을 맞아들이고, 겐지는 다른 발 안쪽 거실에 있었다.

소문대로 몹시 야위고 낯빛이 좋지 못했다. 평소에도 아우들 쪽이 더 화사하고 아름다웠고 중납언은 깊이가 있으면서도 침착하고 조용한 풍채가 장점이었다. 더군다나 오늘은 얌전한 몸가짐으로 맞이하는 모습이 황녀의 배우자라 해도 손색없어 보였지만, 그 관계가 올바르지 못해 불쾌하고 증오를 느낄 수밖에 없었다. 하지만 겐지는 그런 내색은 하지 않고 부드럽게 말했다.

"기회가 없어 뜻하지 않게 격조하였군요. 그 동안 병자들 간호를 하느라 여유가 없었습니다. 축하 잔치라고 하면 대단한 것 같지만, 자손들이 많아졌으니 춤이라도 보여 드릴까 하여 연습을 시키고 있습니다. 그나마 그것만이라도 제대로 되게 하려고 박자가 맞나 시험해 보고 있었는데, 그 지도를 부탁할 사람으로 누가 좋을지 생각할 틈도 없던 차에 그대한테 귀찮은 일을 맡기기로 했지요. 오랫동안 서로 소식이 오가지 않았던 유감도 버리고 부른 것입니다."

겐지의 태도는 예전과 다른 점이 전혀 없었는데, 중납언은 기가 죽고 저 자신도 낯빛이 변한 것만 같아 얼른 대답을 하지 못했다.

중납언이 말했다.

"오래도록 마님들께서 병환 중이라는 말씀을 듣고 걱정은 하면서도, 전부터 앓던 각기병이 자꾸만 도져 걷는 게 힘들다 보니 대궐로 나갈 수도 없어 아주

세상과 동떨어진 적적한 생활을 해왔습니다. 법황께서 50세가 되시는 해이기에 아버지께서는 누구보다 더 정성들여 축하를 드려야 한다고 말씀하셨습니다만, 관직을 떠난 자신이 표면에 나서기보다는, 지위는 낮으나 중납언인 제가 주최하는 게 타당하다고 하셨습니다. 그렇게 제가 성의를 표해야 한다고 권하시기에 병든 몸을 무릅쓰고 참상하였습니다. 요즘 법황께서는 더욱 적적하고 조용하게 생활하시고자 하는데 화려한 축하 잔치를 베풀어 드리면 오히려 송구스러워하실 것 같으니, 차라리 간소하게 잔치를 치른 뒤 온나산노미야님과 조용한 시간을 보내게 해 드리는 편이 낫지 않을까 합니다."

극진하고 호화스럽게 차려드렸다는 전날 축하 잔치를 온나니노미야를 위해 자신이 치렀다 하지 않고, 부친 뜻에 따랐을 뿐이라고 말하는 걸 듣자 겐지는 무척 사려 깊다고 생각하였다.

"우리 집에서 열리는 축하 잔치가 간소하여 어떤 사람들은 나쁘게 말할 것이라 생각했는데, 그렇게 이해해 주는 말을 들으니 다행스럽고 안심이 되는군요. 대납언은 관원으로서 다소 경험을 쌓은 것 같지만, 섬세한 관찰은 소질도 없고 참으로 미숙합니다. 법황께서는 온갖 예술에 조예가 깊으신데 그 가운데 특히 음악에 가장 조예가 깊으시지요. 물론 출가 뒤에는 차츰 멀어지셨지만 법황이 보신다 생각하면 영광스럽습니다. 저 대납언과 함께 춤을 출 아이들한테 조심해야 할 점을 잘 가르쳐 주세요. 전문적인 스승들이란 자기 예도(藝道)엔 훌륭해도 융통성이 없는 법이니 말입니다."

그렇게 분부하는 겐지의 다정한 태도를 기쁘게 여기면서도 중납언은 부끄럽고 겸연쩍어 말을 많이 하지 않았다. 조금이라도 빨리 떠나고 싶은 마음에, 전과 같은 자상한 이야기는 하지 않고 적당한 기회를 엿보다 가까스로 자리를 떴다. 동북쪽 궁전에서 대납언이 담당하여 충분히 준비해 두었던 무희와 악공의 의상에 중납언이 다시 의견을 내놓았다. 그 방면에는 깊이 통달해 있던 중납언이었다.

오늘은 예행연습 날이지만 이를 구경하고자 머무는 부인들이 많았다.

더욱 돋보이라는 의미에서 축하연 당일에 입을 빨간빛이 섞인 옅은 쥐색 포와, 보라색 속옷을 입지 않고 청색 포에 암홍색 속겹옷을 입었다. 악공 30명은 하얀 옷을 입었다.

동남쪽 연못가 건물로 이어지는 복도를 연주장으로 삼고, 연못 남쪽인 동산에서 앞으로 돌아 나오며 〈선유하〉라는 아악을 연주했다. 꽃잎이 휘날리듯 눈발이 흩날리니 봄이 가까운 듯했고, 매화꽃이 하나 둘 꽃망울을 터뜨리는 풍경이 매우 아름다웠다.

툇마루에 가까운 발 속에 겐지의 자리가 마련되고, 식부경친왕과 검은 턱수염 우대신이 나란히 앉아 있었다. 그 아래 고관들은 모두 툇마루에 자리를 잡았는데, 거기에는 형식을 줄인 소박한 대접 음식이 나와 있었다.

검은 턱수염 우대신의 넷째 아들, 대납언의 셋째 아들과 병부경친왕의 두 아들이 만세악을 추었다. 아직 어린 아이들이라 매우 귀여웠다. 넷 모두 고귀한 집안의 아이들이고 용모도 뛰어난데다 훌륭하게 차려입고 있으니, 그 모습이 벌써부터 품위가 있었다.

또 전시가 낳은 대납언의 둘째 아들과 식부경의 아들이며 병위독에서 권중납언이 된 사람의 아들이 황장을, 검은 턱수염 우대신의 셋째 아들이 능왕을, 대납언의 첫째 아들이 낙존을 추었으며, 같은 집안 아이들과 어른들이 모여 태평락과 희춘락을 추었다.

날이 저물자 어전의 발은 걷혔고, 음악과 춤 덕분에 흥취가 더해갔다. 귀여운 모습을 한 손자인 귀공자들은 스승들이 자신의 비밀 기법을 아낌없이 가르친 기예에다, 좋은 혈족답게 타고난 재능이 더해진 춤을 저마다 보여 주었는데, 모두들 하나같이 훌륭했다. 늙은 고관들은 모두 감격의 눈물을 흘렸다. 식부경친왕도 손자들의 재롱에 콧등이 붉어지도록 감동하였다.

겐지가 중납언을 보면서 말했다.

"나이가 들수록 술에 취해 눈물을 자주 흘리게 되는군요. 중납언이 우스운 듯 나를 보고 웃고 있으니 너무 부끄럽습니다. 그러나 세월은 거꾸로 흐르지 않는 법이지요. 그대 또한 늙어가는 운명을 벗어날 수는 없을 겁니다."

누구보다도 근엄한 태도로 마음이 불편해서 재미난 일도 눈에 들어오지 않는 중납언을 가리키며, 취한 모습을 핑계삼아 농담처럼 말하였다. 그러자 중납언은 가슴이 철렁 내려앉아 자기 앞에 돌아온 술잔을 손에 받아들고서도 조금밖에 마시지 못했다. 겐지는 눈치를 보다가, 사람을 시켜 술을 보내 기어코 다 마시라고 권했다.

심신의 고통을 참지 못한 중납언은 잔치가 채 끝나기도 전에 사양하고 돌아왔는데, 왜 이리도 취기를 이기지 못하는 것인지 순간 자책감으로 심히 고

민하여 착란을 일으켜서 그런 걸까. 그토록 비열한 자신이 아니었는데 하며 슬퍼했다. 일시적인 술독에서가 아니라 중납언은 그대로 드러누워 중태에 빠졌다.

전 태정대신은 중납언을 처가에 두는 게 불안하다 생각하여 자택으로 불러들이기로 했고, 온나니노미야는 어찌나 슬퍼하였는지 그 모습이 퍽 애처로웠다. 아무 일도 없었기에 중납언 자신도 부인을 깊이 사랑하는지 알지 못했다. 그러나 이승에서의 마지막 이별이 될지도 모른다는 예감에 부인을 두고 가는 게 여전히 슬펐다. 그리고 쓸쓸한 과부로 만드는 것을 견딜 수 없는 고통으로 느껴졌고, 황송스러운 생각에 한탄하지 않을 수가 없었다. 황녀의 생모 일조궁 미야스도코로 부인도 몹시 슬퍼했다.

"세상의 관습으로 부모는 부모이고, 부부는 반드시 같이 살아야 합니다. 그쪽으로 가버리고 회복될 때까지 따로따로 산다는 건 황녀를 위해서도 가여운 일이니, 얼마 동안은 이쪽에서 몸조리하도록 하세요."

이렇게 권하며 일조궁 미야스도코로 부인은 휘장을 치고 간병을 했다.

중납언이 말했다.

"지당하신 말씀입니다. 저 같은 사람과 결혼해 주신 온나니노미야님을 위해, 저는 그나마 오래 살아 남들만큼 출세를 해야겠다고 마음먹었습니다. 그런데 제가 이런 병자가 되고 보니 저의 애정이 어느 정도인지 온나니노미야님께 알리지 못하고 세상을 떠나야 한다고 생각하면 차마 눈을 감을 수 없을 듯합니다."

그렇게 서로 눈물을 흘리면서 이야기를 했다. 아버지 대신 댁에서 맞아들이려 해도 이내 옮겨가지 않았다. 그 어머니가 걱정된 나머지 불평했다.

"어째서 아프다는 사람이 부모한테 오려고 하지 않는가. 내가 병을 앓을 적에 여러 아이 중에서도 중납언이 곁에 있어 주기를 바랐고, 또 그리하면 마음이 든든해서 무척 반가웠는데, 어찌하여 얼굴을 보이지 않는가. 불안해서 견딜 수 없구나."

그런 말을 전해 오는 것도 일리가 있다 싶었던 중납언은 어머니를 안타깝게 여기지 않을 수가 없었다.

중납언이 온나니노미야에게 말했다.

"내가 맏아들로 태어나서 그런지, 부모님께서는 애지중지 키우셨는데도 어머니는 여전히 나를 귀여워해 주는군요. 잠시라도 만나지 않으면 괴로워하시니 이제 가망이 없는 병세이니만큼, 어머니를 뵙지 못하면 내세까지의 죄가 될 것 같습니다. 그리하여 어쨌든 저쪽 집으로 옮길까 하오. 위독하다는 기별이 있거든 몰래 찾아와 주시오. 내가 어리석어 의도치 않게 당신을 언짢게 해드린 적도 있었을 터이니, 그 점이 미안하기 그지없소. 이렇게 짧은 목숨인 줄도 모르고, 긴 앞날에 진심을 알아주실 날이 반드시 있으리라 생각했지요."

중납언은 울면서 부모에게로 옮겨 갔다. 온나니노미야는 홀로 남아 말할 수 없이 슬퍼하고 그리워하며 애를 태웠다. 아버지 대신 댁에서는 병자를 기다리고 있다가 간병을 한다며 한바탕 소동이 벌어졌다.

병세는 최악의 상태는 아니었다. 다만 식욕이 감퇴하여 이쪽에 온 뒤로부터는 과일조차 먹으려 하지 않았다.

교양 높은 고관으로 알려진 우수한 사람이 이 모양으로 불안한 병세에 놓이게 되자, 세상사람들은 안타까운 마음으로 병문안을 오지 않는 사람이 없었다. 궁중에서나 법황이 보낸 어사가 자주 와서 중납언이 앓는 병에 대해 심려하는 모습을 볼 때마다 부모는 슬픔을 억제할 수가 없었다.

겐지도 매우 유감으로 여기며 번번이 위문편지를 대신 앞으로 정중히 보냈다. 더구나 유기리 대납언은 사이좋은 친구였으므로, 병상에 자주 찾아와서는 몹시 애처로워했다.

주작원 상황의 50세 축하연은 25일로 정해졌다. 현재 명성이 두터운 고관이 중환을 앓고 있고, 그 일가친척들이 우환에 잠겨 있을 때에 거행하는 잔치를 법황은 씁쓸하게 여겼다. 그러나 겐지로서는 달마다 일이 있어 미루어 왔고 올해 안에 꼭 치러야 할 일이기도 해서 별도리가 없었다. 그리하여 예법에 따라 50개의 절에서 불경을 외고, 법황이 머무는 절에서도 대일여래(大日如來)를 공양하는 불경소리가 울려 퍼졌다.

떡갈나무*10

    가시와기 중납언은 병세가 조금도 나아지지 않은 채 새해를 맞았다.

    아버지 대신과 어머니가 슬퍼하는 모습을 보니 죽음을 바라는 마음도 큰 죄가 되리라 느껴졌다. 하지만 아무리 생각해도 좋은 수가 없어서 어수선한 마음을 다독이지 못했다. 어린 시절부터 품어온 남다른 자존심도, 이런저런 실망감 때문에 비뚤어진 뒤로는 염세적 사상마저 품기에 이르렀다.

    출가할 뜻을 내비쳤으나 비탄에 잠긴 부모를 보니 속세를 피하려는 자신의 실천이 방해되리라는 생각이 들어 여전히 머무르게 된다. 그러는 동안 살아가기가 어려워 고민을 거듭하게 되었으니, 모든 게 누구를 원망할 수도 없는 자신의 잘못이었다. 신불이 가호를 드리우지 않는 곳으로 타락한 것도 모두 다 전생에서 빚어진 슬픈 인과였다.

    그 누구도 영원한 생명을 지니지 못하니, 값싼 동정일망정 애석하게 여길 때 그리운 그분을 사모하며 죽는 게 나을 듯했다. 그리고 내 마지막 사랑을 불쌍히 여겨 주실 분이 있다는 것만으로 그나마 보상받는다고 생각하자, 구차스럽게 살아남아 악명만 퍼져 내 자신과 그분을 괴롭히는 것보다는 내가 죽으면 아무리 나를 무례한 놈이라 미워하는 겐지라도 모두 용서해 주시리라. 그러니 차라리 죽어야지. 과거나 지금이나 다른 일로는 겐지의 감정을 상하게 한 적이 없었으니, 오랫동안 은혜를 입었던 애정을 생각해서라도 내가 눈을 감으면 가엾게 여기시지 않을까. 가시와기 중납언은 그런 생각까지도 했다.

    또한 어째서 이런 짧은 시일 사이에 자신이 이토록 형편없는 놈이 되었을까 하면서 번민 속에 괴로운 눈물을 흘렸다. 병고가 약간 덜해지고 가족들이 병실에서 나간 사이에 가시와기 중납언은 온나산노미야에게 편지를 썼다.

---

*10 떡갈나무(柏木) : 겐지 48세 정월부터 가을까지 이야기. '떡갈나무'는 태정대신의 맏아들 가시와기의 별명. 온나산노미야와의 불륜의 시기가 이 권에 나온다

'이제 제 목숨이 얼마 남지 않았음을 풍문으로 듣고 계실 줄 아오나, 좀 어떠냐고 물어 주지도 않으시니, 마땅한 일이긴 하나 저로서는 슬프기 그지없습니다.'

이만한 편지를 쓰는 데도 가시와기 중납언은 손이 바들바들 떨려서, 쓰고 싶은 말을 전부 쓰지도 못한 채 다그치는 말로 끝을 맺었다.

'불쌍하다고 말씀해 주십시오. 그 말씀에 만족하여 암흑 세계로 들어가는 길에 빛으로 삼을까 합니다.'

가시와기 중납언은 소시종에게도 안타까운 말들을 써 보냈다.

'다시 한 번 직접 당신을 만나서 하고 싶은 말이 있네.'

편지에는 그렇게 쓰여 있었다. 소시종도 동녀 시절부터 큰어머니의 연고로 친했기 때문에 가시와기 중납언이 살아날 가망이 없음을 알고서는 슬피 울며 온나산노미야에게 말했다.

"꼭 답장을 써 주시지요. 이것이 마지막 편지가 되리라 생각합니다."

"나도 언제 죽을지 모를 만큼 자신이 없어졌으니, 그의 애달픈 마음은 짐작할 만하다. 그러나 난 더는 그 사람에게 시달리고 싶지 않아. 답장을 해서 다시 엮이고 싶지 않다."

그러면서 온나산노미야는 답장을 쓰려 하지 않았다. 그래도 소시종이 벼루를 갖다놓고 재촉하기에, 어쩔 수 없이 편지를 써서 소시종에게 건네주었다. 소시종은 그 편지를 가슴에 품고 저녁 어스름을 타고 가시와기 중납언을 찾아갔다.

아버지 대신은 가즈라키 산에서 영험한 도승을 불러들여 가지기도를 올리게 했다. 기도드리는 소리며 경 읽는 소리가 떠들썩하게 병실에 들려왔다. 아버지 대신은 남들이 권하는 대로 세상에 나서기를 꺼리거나 그다지 알려지지 않은, 먼 곳의 고승까지도 아들들을 보내 불러들였다. 가시와기 중납언의 병이 낫기만을 바랐기에 보기에도 흉하고 야비한 중들까지 꼬리에 꼬리를 물고 수없이 몰려들었다.

병자의 상태는 어디가 어떻게 나쁘다고 말할 수 있는 것도 아니니, 그저 불안한 모습으로 가끔 소리내어 흐느낄 뿐이다.

음양사들 대부분이 여인 원령의 소행이라고 점을 치자, 대신은 그럴지도 모르겠다 싶었다. 그렇다고 귀신이 나타나는 것도 아니었기에 애가 타는 나머지, 산골 구석구석까지 사람을 보내 영험한 자들을 끌어 모았다.

가즈라키 산에서 온 고승은 키가 크고 눈매가 매서운 남자인데, 거칠고 큰 목소리로 다라니경을 읽었다.

"그 참 원통하구나. 나는 죄가 깊어서 그런지 저렇게 다라니를 큰 소리로 읽으니, 무서워서 금방이라도 죽을 것만 같다."

이렇게 말하면서 가시와기 중납언은 몰래 병상에서 빠져 나와 소시종을 만났다.

대신은 그런 줄도 모르고 몰래 고승과 이야기하고 있었다. 대신은 나이가 많긴 해도 여전히 화려한 사람으로 잘 웃는 성격이었다. 그는 비루한 모습을 지닌 산승과 마주 앉아, 가시와기 중납언의 증상에 대해 세세히 이야기를 나눴다.

"아무쪼록 당신의 힘으로 요괴가 누구인지 그 정체를 밝혀 주시오."

그렇게 고승을 신뢰하며 말하는 모습이 더욱 가여워 보였다.

"소시종, 들어보게. 저쪽에서는 무슨 죄로 내가 이 꼴이 되었는지를 모르니 여자 혼령이 붙었다는 말을 곧이곧대로 믿고 있구나. 그분 이외엔 내 마음을 끄는 여자가 없으니, 그분의 혼령이 진정 나에게 들어왔다면 그런 고마운 일이 또 어디 있겠나. 그건 그렇더라도 분에 넘친 사랑을 하여 잘못을 저지르고, 남의 이름을 더럽히며 자신을 돌아보지 않은 사람이 내가 처음은 아니잖나. 옛날 누군가도 이런 죄를 지었었다고 스스로 달래 보려고도 하지만, 내 마음은 구원받을 수가 없구나. 상대가 상대이니만큼 어찌 나 자신의 잘못을 뉘우치고 스스로를 나무라지 않겠는가. 살아 있는 것만으로도 괴로워 견딜 수 없구나. 그분은 옛날부터 세상사람들이 말하듯 특별한 광채를 지니신 분이었다. 그리하여 그 낯을 뵌 순간부터 내 마음은 혼란스럽고 혼백이 육조원을 방황하는 것 같았어. 만약 그 혼령이 육조원으로 가서 그분을 찾아 헤매고 있다면 주문을 외어 돌아오게 해 주게나."

그렇게 가시와기 중납언은 쇠약해서 껍데기만 남은 모습으로 울다가 웃다가 하면서 말했다. 소시종은 온나산노미야가 몹시 부끄러워 수심에 잠겨 있다고만 전했다. 자기가 지금 온나산노미야를 애처롭게 생각하면 그리워하는 혼백이 저쪽을 떠돌아다닐 것 같기에 가시와기 중납언은 더욱 마음이 어지러웠다.

"이젠 더 온나산노미야님 이야기는 하지 않으련다. 내 일생은 이런 모습으로 덧없이 지나 버렸지만, 이런 집착이 영겁 후의 세상에서 왕생하는 데 방해가 될까 싶어 몹시 괴롭구나. 마음에 걸리는 출산을 무사히 치르셨다는 말만이라도 듣고서 죽고 싶단 말이네. 그때 꾼 고양이 꿈에서 우리를 만나게 해 준 일을 보았다고 이야기해 드리지 못한 게 속상하단 말이야."

그러면서 그가 그렇게 슬퍼하는 모습을 보자 소시종도 더 이상은 참다못해 울음을 터뜨렸다.

가시와기 중납언은 촛불을 켜게 하고 온나산노미야의 답장을 읽었는데, 연약하고 애련한 필적이었지만 아름답게 쓰여 있었다.

"병세가 중하다 들으니 안쓰러운 마음에 나 또한 괴롭지만, 어쩔 도리가 없군요. 다만 그 심정을 헤아릴 뿐. '남겠지요'라는 노래에도 있더군요."

그대와 함께 나도
연기가 되어 하늘 저편으로
사라지고 싶어라.
애달프고 서러운 고뇌의 불길이
더 빨리 연기로 변하려고 겨루면서

"나 또한 남아 있지 않겠지요."

이것을 읽고 가시와시 중납언은 슬프면서도 고마웠다.

"아, 연기를 겨루어보자는 이 노래만이 이승에서의 추억이 될 터이지. 생각해보면 참으로 허망한 인연이었다."

가시와기 중납언은 격한 울음을 터뜨리며 가로 누워 쉬엄쉬엄 답장을 썼다. 말이 군데군데 끊어지고 필적마저 괴발개발 보기 흉하였다.

내 목숨이 정처 없는
하늘의 연기가 되어 허망하게
사라진다 할지라도
혼은 그리운 그대 곁에

머물며 떠나지 않으리

"저녁이 되면 제 연기가 사라진 하늘을 올려다보며 저를 생각해주세요. 제가 죽은 뒤에는 그것조차 뭐라 하는 분의 눈길은 염려하지 말고요. 죽고 나면 아무 소용없는 일이나, 가엾다는 것만은 늘 잊지 말아줘요."

이렇게 어지러운 글씨로 흘려 쓰고 나니 몸 상태가 더욱 나빠졌다.

"이제 됐어. 밤이 깊어지기 전에 돌아가서, 죽음이 임박했다는 사실을 온나산노미야님에게 말씀드리도록 하게나. 어찌하여 전생의 인연으로 도리에 벗어나는 마음이 나에게 파고들었을까."

가시와기 중납언은 울면서 병상으로 무릎걸음을 했다. 평소 그는 어디까지나 소시종을 앞에다 앉혀 놓고 온나산노미야에 대한 이야기를 한 마디라도 더 많이 들으려 하던 사람이었다. 오늘은 말수도 적어진 데다 수척한 모습이어서 너무 가여워 소시종은 얼른 일어설 수가 없었다.

큰어머니인 유모도 그의 병세에 대해 말하고는 엉엉 울음을 터뜨렸다. 대신도 어찌나 마음이 아팠는지 난리였다.

"어제 좀 차도가 있나 싶었는데, 어째서 또 이렇게 쇠약해졌는가?"

"그렇게 걱정하실 건 없습니다. 어차피 전 살아 있기 어렵습니다."

가시와기 중납언은 그렇게 아버지에게 말하고는 또다시 울기 시작했다.

온나산노미야는 이날 저녁부터 심상치 않은 조짐을 보이고 괴로워했다. 경험이 있는 사람들이 일찍이 눈치를 채고 겐지에게 보고를 드렸으므로 겐지는 놀란 마음을 뒤로 한 채 이쪽 궁전으로 서둘러 왔다.

'얼마나 유감스런 일인가. 아무 의심없이 출산을 맞았다면 얼마나 신기하고 기쁜 일인가.'

마음속으로 이렇게 생각했으나 그런 내색을 하면 남이 눈치챌까 봐 조심하면서, 수도승을 급히 불러오도록 분부했다.

밤새 진통을 겪다가 해가 돋을 즈음에 온나산노미야는 아들을 출산했다.

'이렇게 비밀을 지키고 있는데, 태어난 아이가 그 사람과 꼭 빼어닮았다면 얼마나 곤란해질 것인가. 여자아이라면 얼버무릴 수도 있고, 많은 사람들이 얼굴을 보는 것도 아니니 안심할 터인데. 그러나 남자는 출신이 분명하지 않아

떡갈나무 937

도 괜찮지만, 어떤 고귀한 분을 어머니로 두어야 하는 여성들은 출신이 분명해야 한다. 이런 면에서 보면 오히려 딸이 좋은데, 한시도 잊지 못하는 죄에 대한 보답이 이것이었나 보다. 이승에서 뜻밖의 벌을 받게 된다면, 후세엔 얼마나 벌이 가벼워질지 모르겠구나.'

겐지는 남자 아이가 태어났다는 전갈을 듣고 이런저런 생각에 빠졌다. 온나산노미야의 비밀은 아무도 알지 못하므로 존귀한 온나산노미야를 어머니로 얻은 아기마마를 겐지께서는 얼마나 사랑하실까 하고, 가신들은 대대적인 출산 축하 준비를 했다. 산실에는 육조원 부인들이 보낸 위문품과 축하품이 가득 쌓였는데, 여러 가지 의장으로 꾸민 것들이었다. 네모 쟁반이며 쟁반받침이며 굽 달린 그릇 등속은 만듦새에도 모두 저마다 개성이 엿보였다.

닷샛날 밤, 아키고노무 중궁도 산부의 먹을거리와 시녀들 신분을 고려하여 적절한 하사품을 보내왔다. 이는 중궁의 공식적인 축하 행사로 성대하게 거행되었다. 산부가 먹을 죽이며 주먹밥 오십 인분, 또 도처에서 열리는 향연에 참가한 육조원의 하급관리와 잡일을 하는 아랫것들에게도 빠짐없이 성대하게 음식을 베풀었다.

상황의 전상관과 함께 중궁직 관원들 모두가 참여했다.

이렛날 밤에는 궁중에서 베푸는 축하식이 있었다. 이것도 조정의 행사로서 장중하게 거행되었다. 태정대신 같은 사람도 이 축하에 동분서주할 사람이었지만 자제의 중병 때문에 다른 일을 생각할 겨를이 없었던지 그저 예사롭게 축하품을 보내왔을 뿐이었다. 친왕들이나 고관들의 참여도 많았다.

아기마마를 소중히 여기는 분위기가 원내에도 조성되었으면서도, 겐지는 속으로 수치심을 느꼈다. 그리하여 잔치를 화려하게 할 생각이 없었기에 음악놀이뿐만 아니라 아무것도 하지 않았다.

온나산노미야는 약한 몸으로 아기를 낳는 큰일을 치렀으므로 아직까지 미음조차 먹을 수가 없었다. 자신의 기구한 운명을 다시 한 번 깊이 느끼고 차라리 이만 죽어 버리고 싶다고도 생각했다. 겐지는 남이 수상쩍어할까 봐 내색도 하지 않았지만 갓난 아기마마를 눈여겨보려고도 하지 않았다. 늙은 시녀들이 말했다.

"아마도 애정이 식은 것 같아. 오랜만에 얻은 아기마마가 이렇게도 예쁘신데."

온나산노미야가 그 말을 들었다. 이 얕은 애정이 아기마마가 성장함에 따라 더욱더 얕아질 것이라고 생각하니 원망스러워 여승이 되어야겠다는 결심이 더욱 들었다. 겐지는 밤에도 이쪽 궁전에는 건너오지 않고 낮 동안만 이따금 얼굴을 내밀었다.

"인간 세상의 무상함으로 보아 앞으로 살날이 오래지 않으리라 생각하니 불안하여 근행에 힘쓰는 날이 많아졌습니다. 출산을 치른 뒤라 이래저래 어수선하니 마음이 흐트러질 듯하여 찾아보지도 못하고 있습니다. 어떻습니까. 기분은 좀 좋아졌는지요. 가엾게도."

겐지는 이렇게 말하면서 휘장 끝에서 온나산노미야를 살펴보았다. 온나산노미야는 고개를 약간 치켜들고 평소의 모습보다 어른스럽게 말했다.

"저는 아직도 회복될 자신이 서지 않습니다. 하지만 이러한 계제에 죽으면 죄가 깊다고 하니 여승이 되어 그 공덕으로 혹시 살 수 있는지 어떤지를 시험해 보고 싶습니다. 또 죽는다 하더라도 죄가 가벼워지리라 믿어 그렇게 할까 합니다."

겐지가 말했다.

"그 무슨 불길한 말씀입니까. 왜 그렇게까지 생각하는지요. 출산이 물론 두려운 일이긴 해도, 그렇다고 다들 죽는 것은 아닙니다."

겐지는 겉으로는 이렇게 말하지만 속으로는 달리 생각했다.

'진심으로 출가를 위해 각오하고서 말하는 것이라면, 차라리 여승이 된 사람을 보살피는 게 애정도 깊어질지 모르겠다. 이대로는 아무리 잘 보살핀다 한들 이전의 마음으로 돌아갈 수 없는 일. 오히려 온나산노미야가 신경을 쓰고 어려워하면 그 또한 가여운 일이고 자칫 불손한 태도를 보이는 일도 있을 테지. 그러다 보면 남들 눈에도 자연히 온나산노미야를 소홀히 대하는 것처럼 보이게 될 터이니 비난을 받기도 하겠지. 그것도 참으로 괴로운 일이로고. 만의 하나 법황의 귀에 그런 소문이 들어가면 모든 것을 나의 부실함으로 여길 터. 그렇다면 차라리 병을 구실로 원하는 대로 출가를 시켜야 할까.'

이렇게 마음이 출가 쪽으로 기우나, 젊고 앞날이 창창한 여인의 검은 머리를 짧게 자르는 것 또한 애처롭고 가여운 일이었다.

"마음을 굳게 다잡으세요. 걱정할 것 없어요. 더 이상 살지 못할 것만 같던 병자도 마음을 굳게 먹어 되살아났습니다. 최근 무라사키 부인을 봐도 그렇고. 아무리 무상하다 해도 그리 쉬이 버릴 수 있는 세상은 아닙니다."

겐지는 이렇게 말하며 탕약을 권했다. 초췌하게 야위고 핼쑥하여 뭐라 말할 수 없이 가련한 모습으로 누워 있는 온나산노미야의 모습이 누긋하고 귀엽게 보인다. 철없는 잘못을 저질렀다고는 하나, 보는 이도 마음이 약해져 용서하고 싶은 모습이라고 겐지는 생각했다.

산에 있는 법황은 온나산노미야가 출산을 무사히 마쳤다는 기별을 듣고선 너무도 사랑스럽고 그리워 하루 빨리 만나보고 싶어했다. 하지만 산후 몸이 온전치 못해 자리를 털고 일어나지 못한다는 소식만 줄곧 들려 어찌된 일인가 하여 근행까지 게을리하며 걱정했다.

몸이 쇠약한 상태에서 또 며칠 동안 음식을 들지 않자 더욱더 불안해 보이는 온나산노미야는 울면서 말했다.

"오랫동안 뵙지 못하니 아버님이 더욱 그리운데, 이대로 죽어야 하나요?"

겐지가 사람을 보내 그 말을 법황께 전하자, 법황은 슬픔을 참지 못하고 옳지 못한 행동인 줄 알면서도 으슥한 밤이 되자, 사람들 눈을 피해 갑작스레 육조원으로 행차하였다.

주인인 겐지는 놀라면서 황공한 뜻을 표하였다. 법황이 말했다.

"이제 더는 이승의 일을 돌보지 않으리라 결심하고 있었습니다만 아직까지도 자식을 생각하는 헛된 꿈에서 벗어나지 못하고 있습니다. 온나산노미야가 위중하다 보니 불공드리는 일마저 게을리하게 되어 부끄럽기 그지없습니다. 덧없는 사람의 목숨은 누가 먼저고 나중이라 할 것도 없잖습니까. 그리운 자식을 만나지도 못하고 죽게 된다면 어버이로서 남은 미련이 불도를 방해할 것만 같았기에, 세상 사람들의 비난을 무릅쓰고 내려온 겁니다."

스님의 모습이긴 했지만 아리따운 티가 아직도 남아 있어서 부드러운 모습이었다. 눈에 띄지 않게 법복은 입지 않았으나 먹물 들인 수수한 옷을 옥체에 걸친 모습이 한층 단아하고 아름다웠다. 그 모습을 본 겐지는 부러운 듯 공손히 뵙고 눈물을 뚝뚝 흘리며 그간의 근황을 전했다.

"이렇다 할 병은 아니온데, 지금까지 몹시 쇠약한 데다가 식욕이 없어서 음식을 들지 못해 이렇게 기운을 잃은 것입니다. 실로 무례한 자리입니다만"

겐지는 온나산노미야 침소 앞에 방석을 깔아 자리를 마련하고 법황을 그리로 모셨다.

시녀들은 간호를 하고 부축도 하면서 온나산노미야를 침소 아래에 내려와 앉게 하였다. 법황은 휘장을 약간 옆으로 밀어놓으며 말했다.

"밤샘하는 기도승 같은 기분인데 아직도 효험을 나타낼 만한 수행을 못해서 부끄럽지만, 보고 싶어서 한달음에 찾아온 내 얼굴을 잘 보아 두어라."

이렇게 말하고 눈물을 닦았다. 온나산노미야도 힘없이 울면서 말했다.

"저는 이제 더 이상 살 수가 없을 듯하니, 이 기회에 출가시켜 주세요."

"실로 존귀한 결심이나, 인생이란 알 수 없는 것이니 앞날이 창창한 젊은 사람은 오히려 오래 살아가는 도중에 유혹을 당해서 세상사람들의 지탄을 받는 일이 일어날지도 모른다. 신중하게 생각하고 행동하도록 해라."

그러고 나서 법황은 겐지에게 제안했다.

"이렇게 자진해서 말하는데, 이미 위독한 상태니 잠시나마 그 뜻을 이루게 하여 부처님의 가호를 얻게 함이 어떨까 하오."

"이 며칠 동안 줄곧 그런 말을 했으나, 귀신이 병자의 마음을 어지럽혀 그럴 수도 있다고 얘기하고 상대하지 않았습니다."

겐지가 이렇게 말하자, 법황이 말을 받았다.

"설사 귀신의 짓이라 해도 그걸 이기지 못해 결과가 나쁠 것 같으면 삼가야 겠으나, 이렇듯 쇠약해진 병자가 마지막 때가 왔다고 생각해 바라는 것을 외면한다면 훗날 후회스러워 괴롭지 않겠습니까."

한편 법황은 마음속으로는 다른 생각을 했다.

'가장 안심할 수 있는 분이라 여겨 온나산노미야의 생애를 맡겼는데, 기꺼이 받아들여놓고도 별로 깊은 애정을 쏟지 않고, 지난 몇 년 동안 내가 기대하는 만큼의 대우를 하지 않는다는 소문을 들어온 터, 심중에 맺힌 한을 얼굴에 드러내며 말할 수도 없어 참아왔지. 세상사람들이 이 두 사람 사이를 어떻게 보고 수군덕거릴지 생각하는 것조차 유감스럽게 여겨왔는데, 이 기회에 출가를 하면 그만큼 나쁜 풍문에 웃음거리가 되는 일도 없을 것이니, 차라리 좋은 방법일지도 모르겠다. 겐지가 앞으로도 보살펴주기는 할 터이니 그것만으로도 온나산노미야를 맡긴 보람은 있었다 단념하고, 기리쓰보 선황에게 물려받은 넓고 운치 있는 집을 수리하여 거기에 온나산노미야를 살게 하자. 세상 이목이 있으니 별거하는 형식은 취하지 말고. 출가한 몸으로 지낸다 해도 내가 살아 있는 동안은 걱정 없이 살게 하고 싶구나. 겐지 또한 그리 박정하게 내치지는 않겠지. 아무튼 좀 더 지켜봐야겠다.'

이렇게 생각한 끝에 법황은 마음을 정리하고 나서 말했다.

"그럼 내가 이번에 온 김에 출가의 수계를 받아 불도와 연을 맺도록 하지요."

겐지는 앞으로 벌어질 일을 불안해하면서 슬픔을 참지 못하고 휘장 안으로 들어가 온나산노미야에게 말했다.

"어찌하여 앞으로 살 날도 얼마 남지 않은 나를 내버려두고 출가하려고 하오? 얼마 동안 마음을 진정시키고 탕약도 들고 음식도 들도록 힘써 보시오. 출가에 아무리 공덕이 있다 한들 약한 몸으로는 불공도 제대로 드릴 수 없다오. 아무튼 몸이 회복된 다음에 하도록 하오."

이렇게 타일렀으나 온나산노미야는 고개를 저으며 말리는 것을 원망했다. 온나산노미야의 마음을 돌이키기 위해 온갖 말로 타이르는 중에 새벽녘이 되었다.

법황께서는 날이 밝은 대낮에 산으로 돌아가면 보기 흉하다는 핑계로 서두르면서, 기도를 위해 대령하고 있던 스님들 속에서 존경할 만한 인격자만을 산실(産室)로 불러 온나산노미야의 머리칼을 자르라고 분부했다. 한창 젊은 나이에 아름다운 머리칼을 자르고 부처님의 계율을 받는 광경은 슬프기 그지없었다. 안타까운 마음에 겐지는 몹시 울었다.

누구보다도 법황은 자식 가운데 특히나 애지중지하고 누구보다도 행복한 생애 살기를 바랐던 온나산노미야를 여승으로 만드는 것이 슬퍼서 눈물에 젖었다.

"비록 이렇게 되었다 하더라도 건강만 회복되면 그것을 복으로 알고 아무쪼록 염불에 힘쓰도록 하거라."

법황은 이런 말을 남기고 날이 밝기 전에 급히 떠났다.

온나산노미야는 아직도 생명이 위태로워 보였는데 아버지 법황을 제대로 보지도 못하고 작별 인사도 못했다. 떠나는 법황에게 겐지가 인사말을 했다.

"마치 꿈을 꾸고 있는 듯 마음이 혼란스러워 그 옛날처럼 정겨운 행차에 변변한 답례조차 못하는 불충은 나중에 사죄드리도록 하겠습니다."

그러고는 육조원 관원들에게 절까지 배웅하도록 보냈다.

"이 세상에서 내 목숨도 오늘내일이라 느낄 때, 남겨 놓은 온나산노미야가 후견인 없이 쓸쓸하게 이승을 떠난다니 한없이 안타깝습니다. 본래 의도는 그런 것이 아니었겠지만 당신께 의탁하게 되어 지금까지 안심하며 살아왔습니다. 만일 온나산노미야의 목숨이 구제된다면, 많은 사람들이 출입하는 주거에 있는 것도 걸맞지 않은 듯합니다. 그렇다고 해서 쓸쓸한 교외에 사는 것도 야속하니, 그 점을 염두에 두고 거처를 옮겨 주시지요."

그렇게 법황께서 울먹이며 말하자, 겐지가 말을 받았다.

"그런 분부까지 받으니 오히려 부끄럽습니다. 너무나 혼란스러워 어찌해야 좋을지 모르겠습니다."

겐지는 슬픔을 가눌 길이 없어 힘들어하였다.

그날 밤 한참 가지기도를 올리는데 귀신이 나타났다.

"보시오. 무라사키 부인의 목숨을 용케 되살렸다고 생각하는 듯하니, 그게 분하고 원통해 이번에는 얼마 전부터 이분 곁에 시치미 떼고 붙어 있었던 거야. 허나, 이제 그만 돌아가런다."

귀신은 이렇게 말하며 비웃었다.

'참으로 한심한 일이로다. 저 귀신이 온나산노미야까지 괴롭혔단 말인가.'

겐지는 이렇게 생각하니 온나산노미야가 가여워졌다.

귀신이 사라지자 온나산노미야는 정신을 좀 차린 듯 보였으나 여전히 기력은 없었다. 시녀들도 온나산노미야의 출가에 낙담한 모습이었다. 출가를 했으나 겐지는 병이 낫기만을 바라면서 날을 연기하거나 기도를 게을리 하지 말라고 이르는 등, 온나산노미야의 목숨을 구하기 위해 온갖 수단을 가리지 않았다.

가시와기 중납언은 온나산노미야의 출산과 출가 소식을 듣고선 병세가 호전되기는커녕 한층 더 희망이 없어 보였다. 부인인 온나니노미야가 한없이 가엾게 느껴졌다. 가시와기 중납언은 황녀가 여기로 오는 건 신분상 경솔한 일이고, 또 어머니와 아버지 대신이 늘 옆에 바싹 붙어 있으니 자연스럽게 온나니노미야의 모습을 보는 것도 송구스러운 일이라 여겼다.

"어떻게든 일조원*¹에 다시 한 번 가보고 싶습니다."

---

*1 일조원 : 온나니노미야 처소.

하지만 아버지 대신과 어머니는 한사코 허락하지 않았다. 그래서 가시와기 중납언은 자신이 죽으면 온나니노미야를 잘 돌봐달라고 누구에게나 다 부탁했다.

온나니노미야의 어머니 일조궁 미야스도코로는 처음부터 이 결혼을 탐탁해하지 않았는데, 가시와기 중납언의 아버지 대신이 분주히 드나들며 간절하게 청하였고, 법황도 그 깊은 마음을 꺾지 못해 어쩔 수 없이 허락한 것이었다. 법황은 온나산노미야를 걱정할 때도, 둘째는 믿음직하고 성실한 남편을 얻어 다행이라 하였다고 하니, 가시와기 중납언은 일이 이렇게 된 것을 새삼 민망해했다.

가시와기 중납언은 어머니에게도 이렇게 부탁했다.

"온나니노미야를 홀로 남겨두고 가야 한다 생각하면 가여워서 견딜 수가 없습니다. 모두 안되었으나, 마음대로 되지 않는 것이 사람의 목숨이니 어쩔 수가 없군요. 평생을 함께하지 못한 부부의 짧은 인연을 온나니노미야가 얼마나 원통해할까 생각하면 괴로울 뿐입니다. 어머님, 그분을 자상하게 돌봐주세요."

"쓸데없는 소리를 하는구나, 네가 죽고 나면 이 어미가 얼마나 더 살아 있을 줄 알고 그런 앞날까지 걱정하는 게냐."

이러면서 어머니가 울먹이자 가시와기 중납언은 더 이상 무어라 이야기를 할 수가 없었다.

가시와기 중납언은 바로 아랫동생인 좌대변에게 온나니노미야와 관련된 유언을 남겨 두었다. 가시와기 중납언은 선량한 사람이었으므로 아우들도 애정을 가졌으며, 막내는 그를 마치 아버지처럼 따르는 듯했다. 모두들 슬퍼했다.

천황도 가시와기 중납언의 일을 애석해하고 안타깝게 여겼다. 임종이 가깝다는 소식을 듣고 서둘러 권대납언으로 승진시켰다. 그 기쁨에 기운을 되찾아 다시 한 번 궁을 찾아주지 않을까 하여 직위를 내렸으나 병자는 전혀 회복의 기미를 보이지 않고 힘겨운 가운데에서도 병상에서 예를 올렸다.

아버지 대신은 이렇듯 각별한 폐하의 처우에 슬픔을 더하니, 체념하지 못하고 비탄에 몸부림쳤다.

유기리 대납언은 가시와기 권대납언의 병세를 마음 아파하면서 병문안을 하기 위해 수시로 드나들었다. 이번 승진 소식에도 가장 먼저 달려와 축하해주었다. 병상이 있는 본체 주변과 대문 앞에는 축하객과 문안객이 타고 온 말과 수레가 줄지어 서 있고, 많은 수행원들로 떠들썩하고 혼잡했다.

올해 들어 권대납언은 거의 자리에서 일어나지도 못하는데, 근위대장이란 막중한 직위의 분을 흐트러진 무례한 차림새로 대할 수는 없었다. 그래도 이대로 세상을 떠난다면 아쉬움이 클듯하여 만나고 싶어, 가지승을 잠시 물러나 있게 하고 누워 머리맡으로 유기리 대납언을 맞았다.

"이리로 들어오게. 흐트러진 모습을 보이는 무례함은 용서해주겠지."

옛날부터 격의 없이 사이좋게 지내온 친구 사이라서 죽음으로 헤어지게 된다면 그 슬픔과 애틋함은 친형제 못지않았다.

오늘은 관위 승진을 축하하러 왔으니 조금이라도 기운을 되찾았으면 얼마나 기쁘랴 생각했는데, 이런 모습을 하고 있느니 유기리 대납언은 실망스럽고 안타까워 어쩔 줄을 몰랐다.

"어찌하여 이렇듯 기력을 잃었는가. 오늘은 경하스러운 날이니, 다소나마 기운을 되찾지 않았을까 싶어 찾아왔거늘."

유기리 대납언은 이렇게 말하며 휘장의 자락을 걷어올렸다.

"참으로 안타깝고 허망하게도, 그 옛날 내 모습은 완전히 사라져 버렸네."

가시와기 권대납언은 이렇게 말하며 흐트러진 머리카락을 감추려 건을 간신히 눌러쓰고 몸을 조금 일으키려 하나 몹시 힘들어했다. 낡아 구깃구깃해진 하얀 속옷을 몇 개나 겹쳐 입고 그 위에 이불을 덮고 누워 있었다.

병상 주위는 깔끔하게 정리되어 있고 훈향 냄새까지 풍기니 그윽하고 정취가 있었다. 병상이라 모든 것이 다 제대로 갖춰졌다고는 할 수 없지만, 세심한 마음씀씀이가 엿보였다. 중환자라 하면 머리카락과 수염이 제멋대로 자란 흉물스러운 모습을 하고 있는 게 보통인데, 가시와기 권대납언은 야위고 초췌한데도 오히려 헬쑥한 피부색이 기품 있어 보였다. 베개를 세우고 기댄 채 이야기하는 모습이 기력이 다해 금방이라도 숨이 넘어갈 듯하니, 도저히 마음이 아파서 보고 있을 수가 없었다.

"벌써 앓아누운 지 오래인데, 그에 비하면 몸은 그리 상하지 않은 듯 보이는구려. 건강했을 때보다 오히려 남자답게 보이니 말이네."

유기리 대납언은 말은 이렇게 하면서도 흐르는 눈물을 훔치며 다시 말을 이었다.

"우리는 한날한시에 함께 죽기로 언약한 친구가 아닌가. 그런데 어쩌다 이렇듯 슬픈 일을 당하게 되었는지. 어찌 이리 병이 깊어졌는지 나는 그 원인조차 모르니, 그저 답답하고 의아할 따름이네."

"나도 왜 이렇게 병이 깊어졌는지 도저히 모르겠네. 아픈 곳도 없다가 이렇듯 갑자기 나빠질 줄은 생각지도 못했는데, 불과 며칠 만에 이리 쇠약해져 버려 지금은 살아 있는 듯도 하지 않으이. 죽어도 아깝지 않은 목숨을 어떻게든 부지하려고 발원을 하고 기도를 올린 효험이 있어 아직 이 세상에 머물고는 있으나, 지금은 고통이 더 커서 차라리 하루빨리 죽고픈 심정이라네. 그래도 막상 이 세상을 떠나려니 마음에 걸리는 일도 많으이. 효도 한번 제대로 못했는데 앞서 가는 불효를 저질러 부모님을 슬프게 하고, 폐하께는 충성을 다하지 못하고 있네. 이제껏 살아온 생애를 되돌아봐도 뜻한 바대로 되지 않아 출세도 못하고 끝나게 되어 한만 남았네. 하지만 아무에게도 말하지 못한 더 큰 번뇌까지 안고 있으니. 이리 마지막 가는 길에 누구에게 말을 하랴 싶어 망설여지네만, 더는 마음에 담고 있기가 어려우니 그대가 아니면 누구에게 털어놓겠는가. 형제들은 많아도 저마다 이런저런 사정이 있으니 말을 꺼내기가 쉽지 않으이. 실은 겐지님에게 도리에 어긋나는 잘못을 저질러 지난 몇 달 동안 마음속으로는 줄곧 사죄를 했지만, 나로서는 참으로 유감스러운 일이고 이 세상에 살아남아 있는 것조차 불안하니, 그래서 병에 걸리지 않았나 싶네. 법황마마 생신 축하잔치의 시연 때, 겐지님의 부름이 있어 찾아뵙고 의중을 살폈으나 역시 용서하시지 않는 듯했다네. 매서운 눈초리로 나를 찌르듯 노려보시어 더더욱 세상에 살아 있기가 두렵고 소심해져, 모든 것에 의욕을 잃고 말았네. 그때 뒤로는 마음이 어지럽더니 끝내 이렇게 되고 말았네. 겐지님은 나 따위 하잘것없는 인간이라 여기실 테지만, 나는 어릴 적부터 의지하고 따랐던 분인데, 무슨 모함이라도 있지 않았나 싶네. 죽어도 그 일이 세상에 맺힌 한으로 남을 듯하니, 왕생에도 장애가 되지 않겠는가. 그러니 아무쪼록 내 말을 잊지 말고 기회를 봐서 겐지님께 잘 설명해주게나. 내가 죽은 뒤에라도 용서를 받는다면 자네의 은혜를 잊지 않겠네."

권대납언이 이렇게 말하는 동안에도 고통이 더 심하여지는 것만 같아, 유기리 대납언은 몹시 슬퍼했다. 그러나 그 이야기에 대해 짐작가는 구석이 있기도 했지만 선뜻 단정 내릴 수는 없었다. 유기리 대납언이 말했다.

"어찌하여 그렇듯 자신을 탓하기만 한단 말인가. 아버님 겐지는 전혀 그런 기색조차 보이지 않으시던데. 자네 병이 깊다는 소식에 놀라 탄식하며 더없이 안타까워하시거늘. 그렇듯 마음속에 번뇌를 품고 있으면서 지금까지 내게 아무 말도 하지 않았으니. 진작 알았다면 두 사람 사이를 중재하여 해명해줄 수 있었을 터인데. 이제야 어쩔 도리가 없지 않은가."

돌이킬 수 없는 일임을 유기리는 못내 서운해 하였다. 가시와기 권대납언이 말했다.

"조금 기운이 남아 있을 때 상의해서 의견을 드렸어야 했는데, 목숨이란 저 자신도 모른다고 하지만, 어찌 이렇게 빨리 끝날 줄을 누가 알았겠나. 이 일은 아무에게도 절대로 말하지 마시오. 좋은 기회에 나를 위해 변명해 줍사 말했을 뿐이니 일조에 있는 온나니노미야에게는 형편이 닿는 대로 호의를 베풀어 주길 부탁하네. 법황께서 걱정하여 근심하시지 않도록 잘 돌봐 주게나."

할말이 많은 듯 보였으나, 참을 수 없을 만큼 고통스러워진 가시와기 권대납언은 이제 그만 돌아가라고 손짓했다.

가지승들이 다시 자리로 돌아오고, 대신과 그 부인이 나온다고 웅성웅성하기에 유기리 대납언은 울먹이면서 자리에서 물러났다.

여동생인 홍휘전 여어는 말할 것도 없고, 또 다른 여동생인 유기리 대납언의 부인 구모이노카리 부인 또한 몹시 슬퍼했다. 가시와기 권대납언은 모두를 자상하게 배려하는 맏형다운 듬직한 성품이었기에, 검은 턱수염 우대신의 부인 다마카즈라 부인 역시 이분을 친근한 형제로 생각하고 있었다. 병세를 걱정하여 기도도 직접 나서서 특별히 시켰으나, 약이나 기도로는 듣지 않는 사랑의 병인 탓에 아무 소용이 없었다.

온나니노미야도 만나지 못한 채 가시와기 권대납언은 거품이 꺼져버리듯 허망하게 숨을 거두었다.

지금까지 오랜 세월, 권대납언은 온나니노미야에게 깊은 애정을 품지는 않았어도, 겉으로는 더없이 자상하게 애지중지 보살펴주었고, 부드러운 태도와 풍정 있는 마음씀씀이로 예의 바르게 대해주었다.

온나니노미야로서는 남편에게 이렇다 할 불만을 품을 일이 없었다. 다만 이렇듯 빨리 갈 사람이었기에 부부 사이의 관심이 세상 여느 부부만큼도 못되고

담백하였나 싶었다. 견딜 수 없는 그리움과 슬픔에 젖어 있으니 그 모습이 참으로 가련했다.

어머니 일조궁 미야스도코로도 이렇듯 남편과 사별하게 된 온나니노미야의 결혼이 사람들의 웃음거리가 되지 않을까, 부끄러우면서도 안타까워했다. 지금으로선 온나니노미야의 신세가 처량하고 가여워 슬픔이 앞섰다.

가시와기 권대납언의 죽음으로, 대신과 부인은 말할 수 없는 비탄에 잠겨 있었다. 늙은 자기들이 먼저 떠나는 게 마땅한 일인데 도리에 어긋난 불효를 저질렀다고 울고불고 했으나 아무런 소용도 없었다.

출가한 온나산노미야는 특별히 가시와기 권대납언의 병세를 안타까워할 일도 아니었지만, 세상을 떠났다는 기별을 듣고선 가슴이 미어지는 듯했다.

'전생의 인연이 이렇게 될 것으로 정해졌는가. 이런 뜻하지 않은 사건이 생기고……, 권대납언이 자신의 아들이라 믿는 아이가 태어난 것일까?'

이렇게 생각하니 세상살이 모두 허망하여 눈물만 흐를 뿐이었다.

3월이 되어 날씨가 화창해지니, 육조원 아기마마의 50일을 축하하게 되었다. 아기는 살빛이 희고 귀여운데다 발육도 좋아 벌써 옹알이를 하고 소리내어 웃기 시작했다.

"기분은 좀 좋아졌습니까. 아, 참으로 맥이 빠지는 일이로군요. 본디 모습으로 기운을 되찾았다면 얼마나 기쁜 마음으로 만나겠습니까. 이렇게 출가를 하고 말았으니, 나는 그저 괴롭고 한스러울 따름입니다."

겐지는 온나산노미야를 찾아 눈물을 머금고 원망을 늘어놓았다.

겐지는 날마다 온나산노미야를 찾아보며 여승이 된 지금 오히려 더욱 정중하고 사려깊게 보살피고 있었다. 시녀들이 아기마마의 50일 축하잔치에 어마마마가 여승 모습으로 나타나는 것은 마땅치 않다고 생각해서 어떻게 할 것이냐고 공론을 하고 있는 판에 겐지가 와서 말했다.

"그게 무슨 상관이냐. 여자 아이라면 어마마마의 운명을 닮을까봐 염려하기도 하지만."

그러고는 남쪽 사랑채에 아기마마의 조그마한 자리를 마련하고 잔칫상을 차려 놓았다.

새 유모들은 모두 옷매무새가 화려했으며, 식장은 요리상에서부터 시녀들을 위해 차린 음식이 가득 담긴 그릇에 이르기까지 모두가 정결한 느낌을 주었다. 겐지는 진상을 알지 못하는 사람들의 숱한 축하품을 보고선 이 일을 바로잡을 수 없는 괴로움에 부끄럽기 짝이 없었다.

출가한 온나산노미야도 일어나 머리를 매만지고 있었는데 가지런히 자른 머리끝이 두텁게 넘쳐 퍼지자 못마땅하게 여겼다. 그리하여 이마의 머리털을 뒤로 쓸어넘기고 있을 때, 갑자기 나타난 겐지가 휘장을 옆으로 밀고 거기에 앉았다. 그러자 온나산노미야는 부끄러운 듯 모로 돌아앉았는데 전보다 한층 조그맣게 보였고, 머리는 수계하던 날 뒷머리는 길게 잘라서 그런지 얼핏 보아서는 보통 여인처럼 보였다. 푸른 빛이 도는 검정색 의복을 몇 벌인가 겹쳐 입은 위에 노르스름한 연한 빛깔의 홑옷을 걸쳐 입었는데, 아직은 여승처럼 보이지 않고, 오히려 귀여운 아이 같은 느낌이 들었다. 이것이 가장 어울리는 모습이 아닐까 하는 생각이 들 만큼 아리따워 보였다.

"검정 물을 들인 빛깔이 좀 아쉽군요. 어쨌든 슬픈 빛깔이고, 눈도 어둡게 하는 색입니다. 이렇게 되셨더라도 함께 살 수 있다는 생각에 스스로를 위로하려고 합니다만, 아직 눈물이 체념하지 못하고 흘러나오니 딱하군요. 이런 식으로 당신한테서 버림을 받은 것도 모두 내 잘못이라 생각하니 고통스럽소. 어떻게 좀 돌이킬 수가 없을까."

겐지는 그렇게 탄식하고는, 말을 이었다.

"이제는 끝이라고 나를 버리고 절에라도 들어갔다면 정말 내가 싫어서 버린 것이라고 수치스럽게 여기겠지요. 아무쪼록 이 몸을 가엾게 여겨 주시오."

온나산노미야가 대답했다.

"이렇게 출가한 사람은 이승의 정을 모르는 법이라 들었습니다. 더구나 저는 처음부터 사랑의 감정을 모르고 있었으니 무어라고 답하여야 좋을지 모르겠습니다."

"참 너무하군요. 알았을 때도 있었을 텐데."

겐지는 이렇게 말하고 말끝을 맺지 않은 채 아기마마를 바라보았다.

신분이 높고 용모도 출중한 유모들이 시중을 들고 있었다. 겐지는 그 여인들을 불러 어린 도련님을 모실 때의 마음가짐을 가르쳤다.

"살 날이 얼마 남지 않은 늙은 아비를 두었으니 참으로 가엾구나."

이렇게 말하면서 겐지가 아기를 받아 안자, 도련님은 천진난만한 웃음을 보였다. 그 얼굴은 토실토실 살이 오르고 살빛이 희었다.

유기리 대납언의 어렸을 때 모습을 어렴풋이 떠올리며 비교해보아도 닮은 구석이 없었다. 아카시 여어가 낳은 황자 또한 아버지의 피를 이어받아 황족다운 고귀한 품위는 갖추었으나, 뛰어나게 아름다운 용모는 아니었다.

그런데 이 어린 도련님은 기품에 애교까지 있고, 눈매가 곱고 아름다우니 방실거리는 모습이 참으로 매력적이었다. 그리 생각한 탓인지, 가시와기 권대납언의 모습을 많이 닮은 듯했다. 눈매가 온화하여 벌써부터 보는 이의 마음을 끌 만큼 용모가 출중하니, 향내가 피어나듯 아름다운 모습이었다. 허나, 어머니인 온나산노미야는 가시와기 권대납언을 닮았으리라 생각지 못하고, 다른 시녀들 또한 꿈에도 진실을 모르는 터라 겐지 혼자서만 마음속으로 이렇게 생각했다.

'이 아이가 태어나자 그가 죽다니, 참으로 가시와기 권대납언의 운명이 허망하구나.'

새삼 무상한 인생을 생각지 않을 수도 없으니 겐지의 눈에서는 눈물이 주르륵 흘렀다.

'조용히 생각에 잠겨 눈물을 삼키니'라는 《백씨문집》에 있는 백거이의 시를 읊조렸다. 백거이는 쉰여덟 살에 비로소 첫아들을 얻었다. 겐지는 쉰여덟에서 열 살이 젊으나 자신의 목숨이 얼마 남지 않았다는 생각에 울적해졌다.

이 시 안에 '괜한 고집을 부려 어리석은 네 아비를 닮지 말거라'라는 구절이 있다. 어린 도련님에게 친아버지를 닮지 말라고 깨우치고 싶었던 걸까.

여기 있는 시녀 가운데에서도 정녕 그 숨겨진 일에 참여했던 사람이 있을 것이다. 그들이 자신을 어리석은 사람이라 멸시하고 있으리라 생각하니 불쾌했다. 그래도 자기는 참고 견딘다 치더라도 그들이 온나산노미야를 어떻게 볼까 하는 데까지 생각이 미치자, 겐지는 온나산노미야를 위해서라도 끝까지 모르는 체하기로 작정하였다.

사연을 모르는 사람은 즐거운 듯 천진하게 옹알이를 하는 도련님의 눈매며 입술을 보면 어떤 생각이 들지 알 수 없지만 그 모습은 꼭 그를 닮은 것 같았다. 권대납언의 부모는 자식이라도 있었으면 하고 슬퍼했지만, 그렇다 해서 이 아이를 보여 줄 수도 없었다. 오죽하면 이런 비밀스러운 장소에 아이를 남겨둔 채, 저 자존심이 센 사내가 스스로 명줄을 쥐고 일찍이 숨을 거두었는가 싶어

가시와기 권대납언이 새삼 불쌍했다. 겐지는 그 죄를 증오하며 무례한 짓이라고 여겼던 한때의 감정조차 어느덧 사라지고 저도 모르게 눈물을 주르륵 흘렸다.

축하연이 끝나고 시녀들이 자리를 물러난 틈에 겐지는 온나산노미야 가까이에 다가앉으면서 말했다.

"이 아이를 어떻게 생각하시오? 이렇게 귀여운 아이를 두고서 출가해야만 했나요? 아, 당신은 참으로 냉정하시구려."

겐지가 관심을 일깨우듯 말하자 온나산노미야는 낯을 붉혔다.

대체 언제 어느 누가
이 씨를 뿌렸느냐
묻는다면
바위에 돋아난 소나무 같은
이 어린아이는 무어라 대답할까

"가엾은 일입니다."

이렇게 소리 죽여 이야기하니, 온나산노미야는 아무 대답도 없이 엎드리고 말았다. 겐지는 그럴 만도 하다 여기고 더는 추궁하지 않았다.

'무슨 생각을 하는 걸까. 본디 깊이 생각하는 분은 아니나, 그렇다 해도 이런 일에 이렇듯 태연할 수는 없을 터인데.'

이렇게 온나산노미야의 속내를 짐작하는 것 또한 가슴 아픈 일이었다.

유기리 대납언은 가시와기 권대납언이 하다못해 자기한테 털어놓은 그 말이 어떤 사연일지 궁금했다. 고인이 그토록 병약하지 않은 때였다면 스스로 입 밖으로 꺼낸 일이니 좀 더 사정을 물을 수도 있었을 텐데, 기회가 좋지 못했다고 유감스럽게 생각했다.

온나산노미야가 갑작스레 출가한 것도 무엇인가 까닭이 있을 법했다. 그다지 중병을 앓지도 않았는데 겐지가 아무런 항의도 하지 않고 출가하게 했다는 것도 수상했다. 무라사키 부인이 중태에 빠졌을 때 울면서 출가를 허락할 것을 간청했는데도 겐지는 끝끝내 허락하지 않았다. 지난날을 차근차근 떠올린 유기리 대납언은 온나산노미야의 출가가 가시와기 권대납언과 관련된 일임에 틀림없다는 결론을 내리게 되었다.

'그러고 보면 옛날부터 가시와기 권대납언이 온나산노미야에 대한 연심을 넌지시 비추어왔고, 그것을 억누르지 못해 어쩔 줄 몰라하던 때도 있었으니. 겉으로는 매우 냉정한 척해도, 남보다 주의 깊고 온화하여 마음에 무슨 생각을 품고 있는지 헤아리기 어려워 주위 사람들조차 거북해할 정도였다. 정이 많고 너무 나약하여 이리되었을까. 아무리 애틋하다 한들, 도리에 어긋난 사랑에 번민하다가 이렇듯 목숨을 다해도 되는 걸까. 상대에게도 안된 일이지만 자신마저 파멸의 길을 걷고 말았으니. 전생의 업이라고는 하나, 사려 깊지 못한 경솔한 처신 탓에 결과가 이리된 거겠지.'

유기리 대납언은 저 혼자 생각할 뿐, 구모이노카리 부인에게조차 이 이야기를 하지 못했다. 그는 언젠가는 권대납언의 말을 아버지 겐지에게 전해야겠다고 생각했으나, 좋은 기회는 여전히 오지 않았다.

가시와기 권대납언의 아버지 대신과 어머니는 슬픔에 잠겨 눈물이 마를 새가 없으니, 아들이 죽고 나서 얼마나 지났는지 날수조차 헤아리지 못했다. 그래서 법회를 위한 법의와 의상, 그밖의 모든 절차를 형제자매들이 저마다 맡아 준비했다. 그날을 위한 독경과 불상장식을 지시하는 일도 바로 아랫동생인 좌대변이 맡아 했다.

이레째 날 불경 독송에 대해서도 사람들이 주의를 주나 아버지 대신은 그저 죽은 사람처럼 넋을 놓고 있을 뿐이었다.

"그런 말은 내게 하지 마라. 이렇듯 슬퍼하고 있는데, 마음이 더 어지러워지면 도리어 죽은 사람의 성불에 방해가 될 터이니."

일조의 온나니노미야는 임종의 병상에도 가지 못한 채 남편을 여읜 슬픔도 슬픔이지만 그 뒤로 날이 감에 따라 사람들의 기척이 줄어드니 넓은 저택이 더욱 적막하게 느껴졌다. 권대납언 시중을 들던 사람들은 고인의 아내인 황녀 온나니노미야를 지금도 잊지 않고 경의를 표하러 오고는 했다. 권대납언이 아끼던 매사냥에 쓰는 매라든가 말 따위를 맡아보던 무사들도 의지할 곳을 잃은 듯 낙담하면서 쓸쓸한 모습으로 출입을 했는데, 그런 모습을 보면서도 온나니노미야는 슬픔에 잠겼다. 손때 묻은 도구들이며, 늘 퉁겼던 비파며 육현금 등도 이제는 그 현을 죄지 않으니 보는 것마저 괴로웠다. 뜰앞 나무숲이 부옇게 푸르고 제철을 잊지 않은 채 피는 꽃을 바라보면 한없이 고독했다.

시녀들도 모두 상복 차림을 하고 모든 면에서 서글프기만 하던 어느 날 낮, 행차를 알리는 사람들의 구성진 목소리가 울리고 대문 앞에 수레를 세우는 자가 있었다.

"아, 돌아가신 것을 깜빡 잊고, 가시와기 권대납언님께서 오셨는가 했지요."

이렇게 말하면서 흐느끼는 시녀도 있었다.

바로 유기리 대납언이 방문한 것이다. 그는 먼저 인사를 드렸다. 평상시처럼 권대납언의 아우 좌대변이라든지 참의가 방문한 것인가 생각했으나, 기품이 있고 산뜻한 풍채에 몸가짐이 뛰어난 의젓한 유기리 대납언이 들어오지 않는가. 본채로 연결된 남향 사랑방에 자리를 마련한 뒤 손님을 맞아들였다. 보통 사람과 같이 시녀만이 나가서 응접하는 것은 실례라고 생각해서 어머니인 일조궁 미야스도코로가 나섰다.

"저 불행한 친구를 슬퍼하는 마음은 일가친척보다 더하십니다만, 저는 형식적으로라도 그런 뜻을 보여드리지 못했습니다. 임종을 앞두고 저에게 유언을 남겼으니, 저는 그것을 허술하게 여기지 않을 것입니다. 죽음은 누구나 겪는 일이지만 우리가 남아 있는 이상, 저는 친구로서 도울 수 있는 일은 죄다 해드릴까 합니다. 좀더 일찍 찾아뵈려 했습니다만, 제사로 대궐이 분주할 때 사적인 슬픔을 겪는다고 해서 출입하지 않는 것은 법도에 어긋나기에 행동을 삼갔습니다. 또한 뜰 앞에서 잠깐 머물렀다 돌아가는 방문이라면 저도 만족할 수 없을 것 같아 오래도록 찾아 뵙지 못했습니다. 아버지 대신께서 비탄에 젖어 계시다는 말을 들었지만, 부모자식 간의 애정과 마찬가지로 부부 사이도 각별하니 온나니노미야님의 슬픔은 또 어떨까 싶어 안타까움을 가눌 길이 없습니다."

이렇게 말하는 동안 유기리 대납언은 몇 번이고 흐르는 눈물을 닦았다. 그 모습이 눈에 띄게 기품 있으면서도 부드럽고 우아한 풍취가 있었다.

일조궁 미야스도코로도 울먹이는 목소리로 말했다.

"사별의 슬픔은 이 무상한 세상의 이치이겠지요. 아무리 괴롭고 슬퍼도 세상에 처음 있는 일은 아닐 거라 여기고, 이 늙은 몸은 애써 마음을 다잡으려 합니다. 하지만 아직 젊은 온나니노미야가 슬픔에서 헤어나지 못하고 있는데 그 모습이 불길할 정도입니다. 당장이라도 저세상으로 뒤따라가지 않을까 싶으니, 살면서 슬픈 일을 숱하게 겪은 불행한 이 몸이 이토록 오래 살아남아 덧없는 세상의 시름겨운 일들을 많이 보는 것은 아닌가 한탄스러울 뿐입니다. 그대는 죽은 이와 허물없이 지낸 친구 사이였으니, 죽기 전에 뭐라 한 말도 있었겠지요. 나는 처음부터 이 혼담이 내키지 않았지만, 아버지 대신이 간절히 청하는 것을 거절하기 어려웠고, 법황 또한 그런대로 괜찮은 혼담이라 여기고 허락의 뜻을 보였기에, 내 생각이 모자란가 하여 마음을 고쳐먹고 그분을 사위로 맞은 것입니다. 그런데 이처럼 허망하게 세상을 떠나 슬픔을 겪게 되니, 그때 내 의견을 강경하게 주장해 혼인을 반대하지 못한 게 후회막급입니다. 그때 강하게 말리지 못했던 것은 일이 이렇게 될 줄 몰랐기 때문입니다. 낡은 사고방식에서 벗어나지 못한 나 같은 사람에게는, 황녀 신분이란 어지간한 일 없이 이렇듯 결혼하는 것은 상서롭지 못한 일이라 생각하고 있으니, 어차피 어중간하게 불행한 운을 타고났다면 차라리 죽은 사람의 뒤를 따라 연기가 되어 사라지는 게, 남편 뒤를 따랐다고 하면 오히려 동정을 받고 세상에도 떳떳하지 않을까 생각됩니다. 하지만 말은 그렇게 해도 단호하게 마음먹기는 쉽지 않은 일이라 비관하고 있던 참에, 고맙게도 이렇듯 찾아와 살펴주니 더없이 황공하고 기쁩니다. 임종에 앞서 그런 약속을 서로 나누었기 때문인가요. 생전의 그분은 온나니노미야에게 그리 깊은 애정을 보이는 듯하지 않았는데, 정작 임종 때는 모두에게 온나니노미야를 부탁했다는 유언을 들으니 이리 슬프면서도 기쁘기 한량없습니다."

이렇게 말하고 일조궁 미야스도코로는 울음을 참지 못했다. 유기리 대납언도 덩달아 울었다.

"예전엔 이상할 만큼 냉철한 사람이었는데, 일찍이 죽으려고 그랬는지, 최근 2, 3년 전부터 몹시 울적해 보일 때가 많았고 쓸쓸한 기색을 보이기도 했습니다. 깨달음이 지나치면 솔직함을 잃기 쉽고 활발하지 않다고, 모자란 제가 충고를 하곤 했습니다. 그럴 때마다 그는 저를 연민어린 눈길로 쳐다보곤 했지요. 무엇보다도 온나니노미야님이 슬퍼하시는 모습을 보니 황송합니다만 애처로운 느낌마저 들었습니다."

그렇게 다정하게 말했다. 얼마 뒤 유기리 대납언은 물러나려고 했다. 죽은 가시와기 권대납언은 유기리 대납언보다 대여섯 살 위였으나 그럼에도 젊어

보였고 여성적인 부드러움마저 엿보이는 사람이었다. 유기리 대납언은 중후하고 단정하면서도 얼굴만은 한없이 아름다웠다. 젊은 시녀들은 슬픔도 다소 잊은 듯 돌아가려는 유기리 대납언의 모습을 눈여겨 바라보았다.

앞뜰에 아름답게 핀 벚꽃을 바라보면서 유기리 대납언의 입에선 '올해만큼은 잿빛으로 피려무나'라는 노래가 튀어나올 뻔했으나 불길한 일이 연상되어 삼가고, 해마다 봄이면 꽃은 활짝 피지만 '내게 목숨이 붙어 있어야 그 꽃을 볼 수 있겠지'라는 옛노래를 읊조렸다.

봄이 오면
꽃은 지난해와 다름없이
고운 빛깔 띠며 피어나니
한쪽 가지가 말라버린
이집 벚나무에도

이렇게 태연하게 노래를 읊고 자리를 뜨자, 일조궁 미야스도코로가 얼른 화답했다.

그 사람과 사별한 올봄에는
버들잎 새싹에 이슬방울을 꿰듯
슬픔의 눈물에 젖어 있으니
피었다 지는 꽃의
행방조차 모른다네

일조궁 미야스도코로는 그리 운치 있는 분은 아니었으나, 한때 재녀로 일컬어지던 갱의였다. 유기리 대납언은 평판대로 과연 재치있는 사람이구나 감탄했다.

유기리 대납언은 태정대신 댁을 방문했는데, 많은 자제들이 나와서 안내를 도왔다. 별채인 대신의 사랑방 쪽으로 가면 실례가 되지 않을까 하여 유기리 대납언은 주저하면서 들어가 장인을 뵈었다. 언제나 단정하던 대신의 얼굴은 몹시 수척했고 수염은 깎지 않은 채 더부룩했다.

항간에서는 부모를 사별했을 때보다 아들을 잃은 뒤에 대신이 더욱 늙어버린 것 같다고 떠들어 댔는데 그 뒷공론이 꼭 맞는 듯했다. 유기리 대납언은 그 얼굴을 대한 순간부터 슬픔이 복받쳐 눈물이 한없이 흘러내렸으나, 본인은 쑥스러워서 한사코 감추려 들었다. 그러면서 일조궁을 방문하고 온 이야기를 했다. 처음부터 눈물이 그렁그렁했던 대신은 더 많은 눈물을 보이면서 사위와 함께 고인에 대한 이야기를 나누었다. 일조의 미야스도코로가 써 준 노래를 유기리 대납언이 보이려 했다.

"눈도 잘 보이질 않는걸."

그러면서 대신은 눈물이 그렁그렁 고인 눈을 껌벅거리며 읽으려고 했다. 눈물 때문에 찌푸린 얼굴은 평소 눈부시게 빛나던 때의 모습은 온데간데없고 흉하기만 했다. 노래는 평범했으나 '눈물겨워 할까나'라는 말은 대신 자신도 뼈저리게 느끼고 있던 터라, 동병상련의 눈물이 흘러나왔다. 곧 대신은 다시 이렇게 덧붙였다.

"당신 어머니인 아오이 부인이 돌아가셨을 때 그보다 슬플 일은 또 없겠다 싶었지요. 여인네란 만나는 사람이 적기에 온갖 말들로 자신의 아픈 상처를 건드리는 일은 드물지만 그래도 이번과 같은 고통을 느낀 적이 없었습니다. 부족하더라도 조정의 은덕으로 지위가 높아짐에 따라 그의 비호를 받고자 하는 사람이 차츰 많아졌으니, 그가 죽어 실망한 사람도 적지 않을 것입니다. 하지만 아비인 나로선 벼슬자리에 올라 세력을 누리고 있던 차에 그리되어 애석하다든가 하는 것보다도, 평범한 자식인 그 애가 그립기 그지없다네. 그 무엇이 이 슬픔을 달래줄 수 있을까요. 그것은 있을 수 없는 일이지요."

아버지 대신은 이렇게 말하고는 하늘을 쳐다보며 깊은 시름에 잠겼다.

상복 색깔처럼 잿빛으로 변한 저녁 하늘도, 꽃이 진 나뭇가지도 오늘 처음 보는 듯했다.

일조궁 미야스도코로의 노래가 적혀 있는 종이에 대신은 이런 노래를 썼다.

자식을 앞세운 서러움으로
눈물 젖는구나
순서가 뒤바뀌어

부모가 자식으로 인해
상복을 입은 이 봄이여

유기리 대납언도 한 수 읊조렸다.

죽은 사람도
미처 몰랐겠지요
무정하게 먼저 떠나
아비인 그대에게
상복을 입히리라고는

뒤이어 동생인 변도 노래했다.

한스럽도다
덧없는 이 상복을
누가 입으라고
봄도 기다리지 않고 떨어지는 꽃처럼
가버렸단 말인가

권대납언의 49제는 매우 성황을 이루었다. 유기리 대납언의 부인인 구모이노카리가 오라버니를 위해 드린 진상품은 물론이거니와, 좌대장 자신도 성의를 다하여 진상품을 드렸으며 송경도 베풀어 드렸다. 이들은 더없이 극진한 우정을 표시했다.

유기리 대납언은 수시로 온나니노미야가 있는 궁을 찾아 문안을 드렸다. 4월 초여름 하늘은 어딘지 청명하고 온통 나무숲이 초록 빛깔로 물들어져 있는 속에 모두들 외롭게 보였다. 이렇게 황녀 모녀가 무료함을 느끼고 있을 무렵 유기리 대납언이 들렸다. 화초밭의 풀들은 이미 파릇파릇 자라났고, 모래가 듬성듬성 보이는 구석에 쑥이 얼굴을 내밀고 있었다. 유기리 대납언은 연못 가꾸기를 취미로 두어 이를 아름답게 꾸며 놓았는데, 그런 꽃동산에 있는 나무들은 가지를 우악스럽게 뻗치고 있었다. 그리고 드리워진 그늘에서 한 무더기 억새풀은 가을벌레 소리를 상상하게 할 만큼 무성했는데, 그런 모든 것이 유기리 대납언의 눈에는 서럽고 서운한 기분을 자아내게 하는 듯 보였다.

상갓집에는 발 대신 대발을 걸어 놓아 거기에 비쳐보이는 사람의 그림자까지 시원해 보였다. 깨끗하게 차린 동녀들의 짙은 감색 한삼 자락과 약간씩 보이는 뒷머리 모습은 상쾌한 느낌마저 주었다. 어떻든 간에 짙은 쥐색은 보는 사람으로 하여금 가슴 아프게 하는 빛깔이었다.

오늘은 황녀의 사랑방 툇마루에 앉을 수 있도록 시녀들이 방석을 내놓았다. 유기리 대납언은 여느 때처럼 일조궁 미야스도코로와 이야기를 나누기 위해 시녀들에게 그녀를 불러달라고 부탁했으나 요즘 들어 몸이 불편한 일조궁 미야스도코로는 오늘도 누워 있었다. 시녀가 무슨 말을 하고 있는 동안 유기리 대납언은 푸릇푸릇 돋은 풀 앞 나무숲을 무심히 바라보고 있었다. 그런데 그 심정은 사무치게 슬펐다. 떡갈나무와 단풍나무가 싱그러운 빛깔로 서로 가지를 맞걸고 있는 것을 가리키며 그는 시녀에게 말했다.

"무슨 인연을 지닌 나무들일까. 서로 의지해 서 있는 것이 믿음직스러워 보이는군."

이렇게 말하고는 다시 발 쪽으로 다가서면서 말을 이었다.

저 떡갈나무와 단풍나무처럼
허물없던 죽은 이와 나
어차피 이리 찾았으니
죽은 이의 허락을 얻었다 하고
그대와 친해지고 싶거늘

"이렇듯 늘 발을 사이에 두고 데면데면 대하다니 너무하십니다."

유기리 대납언은 툇마루와 차양의 방을 가르는 가로대 기둥으로 살며시 다가가 기댔다.

"저 요염하고 나긋나긋한 모습이라니, 참으로 우아하십니다."

시녀들은 서로를 쿡쿡 찔러가며 이렇게 속닥거렸다. 지금 상대를 하고 있는 소장이란 시녀들 편에 온나니노미야는 이런 노래를 전했다.

떡갈나무에 깃든 나무의 신 같은
남편이 죽어 없다 하여
함부로 외간 남자를
가까이 들여도 좋을
나뭇가지는 아니지요

"충동적으로 하시는 말씀인 듯하니, 사려 깊지 못한 분이라 여겨지는군요."
유기리 대납언은 그 말도 일리가 있다고 여기며 쓸쓸하게 웃었다. 그때 일조
궁 미야스도코로가 무릎걸음으로 나오는 기척이 나기에 그는 잠시 앉음새를
고쳤다. 미야스도코로가 말했다.
"세상사를 너무나 슬프게만 생각하는 탓인지 몸이 불편하여 우울한 나날을
보내고 있습니다만, 이렇게 번번이 친절히 방문을 해 주시니 기운을 차려 나
와 뵈었습니다."
그 말대로 병색이 완연했다. 유기리 대납언이 위로의 말을 했다.
"고인을 슬퍼하는 건 당연한 일입니다만, 너무 비탄에 젖는 생활도 좋지 못
합니다. 세상만사는 전생에 정해진 인연의 결과이니 그리 될 운명이었던 게지
요. 뭐라 말씀드려도 슬픔에 빠져 힘겨워하시겠지만 언젠가는 끝이 있음을 알
게 되겠지요."
'온나니노미야는 소문으로 듣던 것보다 훨씬 우아하고 아름다운 여성으로
보이지만, 남편을 여읜 아픔 말고도 불행한 사람이 되었다며 동정받는 일을
더욱 괴로워할 것이다.'
이런 연민에서 유기리 대납언은 어느 틈엔가 그녀를 그리워하는 마음으로
변해 가는 스스로를 인정하지 않을 수 없었다. 온나니노미야의 근황을 열심히
일조궁 미야스도코로에게 물어보았다.
'그 용모는 그다지 훌륭한 편은 아니지만, 못생겨서 민망할 정도만 아니면
용모만으로 그 사람을 싫어하거나, 도리에 어긋나는 일을 해서야 되겠는가. 그
런 몰염치한 짓은 나의 취미가 아니다. 여자는 성품에 따라서 존중해야 할 여
자와 그렇지 못한 여자로 나눠야 할 것이다.'
유기리는 이렇게 생각했다.
"이제 서로 친숙해진 셈이니 돌아가신 분을 대하는 것처럼 대해 주시기 바

랍니다."

직접적으로 연정을 드러내는 건 아니지만 호의를 가져 주었으면 좋겠다는 말을 유기리는 간절히 부탁했다. 그의 평상복 차림은 후리후리한 키에 어울려 청초하고 의젓하게 보였다.

"돌아가신 분은 그윽하고 아리따운 용모뿐만 아니라 애교가 있어 사람을 끄는 매력이 있었지요. 그런가 하면 사내다운 이분은 누구보다 멋지구나 하는 첫인상이거든요."

시녀들은 그런 말을 한 뒤, 이렇게 속삭였다.

'되도록 황녀마마의 남편이 되시어 늘 오시면 좋겠네.'

그런 바람에서 속삭였음이 틀림없다.

우장군의 무덤에 처음으로 풀이 푸르다

세상사람들 누구나 아끼던 친구의 죽음을 유기리는 이런 시로 회상했다. 천황도 음악놀이가 있을 때면 어느 경우에나 가시와기 권대납언을 추억했다. '아, 그 가시와기 권대납언'을 어느 기회에나 말하지 않는 사람은 없었다. 더구나 겐지는 날이 갈수록 고인을 불쌍히 여기며 떠올리는 일이 많아졌다. 겐지만이 어린 도련님이 가시와기 권대납언이 남긴 자식임을 알고 있지만, 다른 사람은 생각도 못할 일이니 아무 보람도 없다. 어린 도련님은 가을이 될 무렵부터 기어다니기 시작했는데 그런 모습이 말할 수 없을 만큼 귀여웠다. 겐지는 남이 보는 데서뿐만 아니라 아이가 진심으로 사랑스러워 언제나 껴안고 소중히 여겼다.

젓대*2

가시와기 권대납언의 죽음을 안타까워하는 사람들이 많았다. 여러 날이 지나도 사람들은 여전히 그를 그리워했는데 겐지 또한 그러했다. 겐지는 관계가 깊지 않은 사람이라도, 재능 있는 사람이라면 그 죽음을 애석해했다. 그런 면에서 가시와기는 아침저녁으로 드나들었던 사람이고, 그런 이들 가운데에서도 특히 사랑할 만한 사람이었기에, 한 가지 불쾌한 문제는 별도로 하더라도 마음에 떠오르는 일이 많았다.

1주기 때에도 경전 독송 등의 보시를 후하게 했다. 아무것도 모르는 어린 도련님의 얼굴을 보면 깊은 비애에 젖어, 도련님이 공양하는 것이라 생각하고 황금 100냥을 보냈다. 까닭을 모르는 대신은 감격하여 고맙다는 말씀을 거듭했다.

유기리도 종형이자 부인의 오빠이며 친구였던 권대납언의 법회를 여러 가지 형식으로 성대하게 열어 정성을 보였다. 그러면서도 한편으로는 홀몸이 된 일조궁의 온나니노미야에게 문안 인사는 물론 선물을 많이 보내는 것을 잊지 않았다. 고인의 형제 이상으로 친절을 베푸는 유기리를 보고 아버지 대신과 어머니는 이렇게까지 할 줄은 몰랐다며 기뻐했다.

생전에 사람들로부터 얼마나 신망이 두터웠는지를 이제야 알게 된 부모님은 고인의 죽음이 더욱 애석하여 하염없이 그리워했다.

온나니노미야는 젊은 나이에 남편을 잃고 미망인이 되어 사람들의 웃음거리가 될 처지를 슬퍼하고 있고, 온나산노미야는 출가를 해 속세와는 완전히 인연을 끊었기에, 산에 있는 법황은 이들을 안타깝게 생각하는 일이 많았다. 하

---

*2 젓대(橫笛) : 겐지 47세 때 이야기. 떡갈나무(가시와기의 별명)의 1주기를 맞아, 그 뒤 겐지의 아들 유기리 대납언이, 고인이 애용하던 피리를 선물받은 이야기를 중심으로 고인의 생애에 대해 의문을 품는다는 줄거리이다

지만 속세의 일로 마음을 어지럽히지 않으리라 참으며 견디고 있었다. 근행을 할 때는 온나산노미야 또한 불도 수행에 정진하고 있으리라 생각했으며, 온나산노미야가 출가한 뒤에는 사소한 일로도 편지를 보냈다.

산사 근처 숲에 돋아난 죽순, 산에서 캔 산마 등을 산골다운 소박한 정취가 있다면서 보내기도 했다. 소소한 일까지 쓴 편지 끝자락에 이런 글귀가 적혀 있었다.

"봄에는 산과 들에 안개가 자욱하여 잘 보이지 않지만, 그대에게 보내고 싶어 캐어 오라 했습니다. 얼마 되지 않지만 받아 주세요."

속세와 이별하고
불도에 들어선 것은
그대보다 내가 먼저이나
같은 극락정토에
함께 갈 수 있길

"극락정토를 건너기란 매우 어려운 일이기는 합니다만."

온나산노미야가 눈물을 글썽이며 법황의 편지를 읽고 있을 때 겐지가 들어왔다. 겐지는 온나산노미야가 여느 때와 달리 쓸쓸하게 편지를 읽고 있고, 옆에 칠기 쟁반 등이 놓여 있어 이상하게 생각했으나 자세히 보니 절에서 보낸 것들이었다.

겐지는 아무 말도 하지 않고 측은하게 생각할 뿐이었다. 오늘내일하는 목숨마냥 노쇠해졌는데도, 만나기 어려움을 안타깝게 여기는 대목도 있었다. 편지에는 '같은 곳으로 찾아오도록 하라'는 말이 있었는데, 이는 보통 스님도 흔히 하는 말이었다. 하지만 겐지는 법황의 이 말을 있는 그대로 해석해서 자신이 온나산노미야에게 소원하여 걱정하는 것이라 생각했다.

온나산노미야는 겸연쩍어 하며 답장을 쓰고, 칙사에게는 엷은 감색 능직물로 만든 예복 한 벌을 내렸다.

글을 잘못 써서 버린 종이가 휘장 끝에 언뜻 보여 겐지가 주워 들고 보았다. 전혀 힘이 들어가지 않은 필적으로 이렇게 쓰여 있었다.

괴롭고 시름에 겨운
이 속세를 벗어나고파
아버님이 계신 그곳처럼
깊은 산 속 한적한 곳을
오매불망 그리워하고 있으니

"아버님이 그대를 무척 걱정하시는데, 육조원이 아니라 '다른 곳'을 그리워한다니, 참으로 나는 한스럽고 괴로워 견딜 수가 없습니다."

이제 온나산노미야는 겐지와 얼굴을 마주하려고도 하지 않았다. 아름다운 머리와 얼굴은 정말 어린애같이 보여서, 어찌하여 이렇게 되어 버렸을까 싶어 겐지는 죄를 지은 듯한 생각이 들었다. 휘장을 사이에 두었지만, 남남처럼 서먹서먹하게는 보이지 않도록 대하고 있었다.

그때 유모 처소에서 자고 있던 도련님이 잠에서 깨어 기어오더니 겐지의 옷소매에 매달렸다. 엷은 흰 비단에 당직 작은 무늬가 있는 홍매화빛 옷단을 길게 끌면서 오는 모습이 귀여웠다. 살갗이 희고 키가 늘씬해서 버들을 깎아서 만든 것 같았다. 머리는 달개비 즙을 물들인 듯 푸르렀다. 아리따운 입매와 우아하게 생긴 눈썹에 윤기가 흐르는 점은 죽은 가시와기와 똑같았다. 그러나 가시와기는 이토록 뛰어난 미모는 아니었는데 이 도련님은 어째서 이럴까. 그렇다고 해서 어머니를 닮은 것도 아니다. 고귀한 풍채는 오히려 거울에 비친 자기 얼굴을 닮은 것 같다고 겐지는 생각했다. 도련님은 일어서서 두서너 걸음은 거뜬히 걸을 만큼 자랐다. 아이는 무엇인지도 모르면서 죽순이 놓인 큰 쟁반 옆에 다가가 손으로 흩뜨려 놓더니, 한 개를 입에 대어 보고는 냉큼 집어던졌다.

"버릇이 없군. 안 되겠어. 저걸 어디다 감춰요. 입이 가벼운 시녀들이 음식을 탐낸다고 천박스럽다 떠들면 안 되지."

겐지는 웃으며 말했다. 그러고는 당신 무릎에 도련님을 안아 올리고 말했다.

"난 이 아이 눈매가 좋거든. 어린아이를 많이 보지 못해서 그런지, 요맘때는 갓난아기 같을 줄 알았는데. 이 아이는 이미 아름다운 귀공자 얼굴을 하고 있으니 위험한 것 같아. 황녀들만 계신 집안에 이런 사람이 장성한다면 어느 쪽에나 걱정거리가 될 날이 오고 말게야."

그러면서 어린 도련님의 얼굴을 가만히 들여다보았다. 시녀들이 말했다.

"흉측스런 말씀을 다 하시네요."

어린 도련님은 이가 나기 시작하면서 무엇이든지 깨물려고 했다. 그리하여 죽순을 쥐고 뚝뚝 즙을 떨어뜨리면서 이쪽저쪽 마구 깨물어 댔다.

"이거 색다른 풍류객이군."

겐지는 농담을 하면서 얼른 죽순을 빼앗았다. 도련님은 웃기만 했지 무슨 소린지 알 까닭이 없었다. 그리하여 겐지의 무릎에서 얼른 내려 다른 데로 기어갔다. 날이 갈수록 얼굴이 귀여워지는 이 아이에게 겐지는 사랑을 느껴 지난날 불상사는 모두 잊어버린 듯싶었다.

'이 아이가 세상에 태어나기 위하여 그러한 뜻밖의 사건이 일어났을 것이다. 이것도 전생의 인연이 아니겠느냐.'

이렇게 생각하면서 작은 위안을 얻을 수 있었다. 그러나 자신의 운명도 어쩌면 반드시 완전한 것이라고는 할 수 없다. 여러 처첩 가운데에서도 온나산노미야는 가장 존귀하고 마땅한 배우자랄 수 있는데 출가했다고 생각하니, 지금도 유혹에 쉽게 넘어간 궁이 원망스러웠다. 벌써 과거가 되어 버린 죄이지만 지금도 용서하지 못할 것 같은 생각이 들었다.

유기리 대납언은 가시와기 권대납언이 임종 전에 남긴 한마디 말을 떠올리고선 무슨 소리였는지 궁금하다고 아버지 겐지한테 묻고 싶었다. 그리고 아버지 표정을 보아 그 심중을 읽어 보고 싶었으나, 어렴풋이 짐작이 가는 일도 있기에 오히려 가혹한 질문을 하여 불쾌하게 해드려선 안 된다 싶기도 했다. 그리하여 적절한 기회를 봐서 진상을 알아 고인이 번민한다는 그 이야기를 솔직히 말씀드려야 하겠다고 늘 생각했다.

어느 가을날, 호젓한 저녁이었다. 유기리 대납언은 일조궁의 온나니노미야가 어찌 지내는지 궁금하여 찾아뵈었다. 온나니노미야는 한가로이 육현금을 뜯고 있는 참이었다. 갑작스러운 방문에 악기를 안으로 치울 겨를이 없어 그대로 둔 채 유기리 대납언을 남쪽 차양의 방으로 모셨다. 조금 전까지 거기에 있던 시녀들이 안쪽으로 들어가는 기척이 뚜렷하게 느껴졌다. 옷자락 스치는 소리가 들리고 주위에 떠다니는 향내도 그윽했다.

유기리 대납언은 평소와 다름없이 어머니 일조궁 미야스도코로와 마주 앉아 고인에 대한 추억을 이야기하고 있었다. 사람 출입이 잦고 여러 아이들로 떠들썩한 집에 익숙한 유기리 대납언은 조용한 이곳이 적막하게 느껴졌다. 전보다 더 쓸쓸해진 것 같았지만 여전히 기품이 느껴지는 집이었다. 유기리 대납언은 꽃밭의 화초와 벌레소리 가득한 들녘처럼 산란한 저녁 어스름 속을 잠자코 바라보고 있었다.

그곳에는 마침 조율된 육현금이 놓여 있었는데 손에 익은 흔적과 사람냄새가 배어 있어 정다웠다. 이것은 가시와기 권대납언이 생전에 즐겨 연주하던 악기였다. 어떤 곡목의 재미난 한 대목을 뜯고 난 유기리 대납언이 말했다.

"아, 가시와기 권대납언은 세상에 둘도 없이 훌륭한 음색을 자랑했지요. 이육현금에도 분명 그 음색이 깃들어 있겠지요. 부디 온나니노미야 님께서 한곡 연주하여 들려주시지요."

그러자 일조궁 미야스도코로가 말했다.

"그 불행이 있은 뒤로 궁은 이런 것에는 관심을 두지 않고 어릴 적에 한 연습 정도로 여길 뿐입니다. 상황마마 어전에서 여궁들에게 여러 가지 재주를 연습시켰을 무렵, 음악에 재주가 있다는 칭찬을 받은 일이 있었지만, 지금은 날마다 넋을 놓고 생각에 잠길 뿐이지요. 그것이 고인의 회상거리가 되니 음악이 결코 외로움을 달래는 것은 아니라고 봅니다."

유기리 대납언이 말했다.

"당연한 일이지요. '그리움도 끝날 때가 있다'는 노래도 있으니까요."

유기리 대납언은 한숨을 내쉰 뒤 육현금을 일조궁 미야스도코로 쪽으로 밀었다. 미야스도코로가 이렇게 말했다.

"이 악기에 고인의 운율이 배어 있는지 저희들이 알 수 있도록 한 번 연주해주세요. 울적하게 지내는 저희들이지만 귀만이라도 좀 즐겁게 위로해 주세요."

"저보다 연분이 깊으신 분이 뜯으셔야 고인의 예술을 추억할 수 있지 않을까요? 저는 온나니노미야님의 연주를 꼭 듣고 싶습니다."

발 옆으로 가까이 육현금을 밀어 놓으며 유기리 대납언은 말했지만, 선뜻 응해 주지 않을 것을 알고 있었으므로 굳이 계속해서 청하지는 않았다.

달이 솟았다. 밝은 가을 하늘을 날아가는 기러기 떼를 바라보는 온나니노미야는 어울려 즐겁게 나는 그 기러기들을 부러워하는 듯했다. 서늘한 바람이 불어와 몸에 배어들자, 온나니노미야는 거기에 마음이 끌린 듯 쟁의 은은한

소리를 내기 시작했다. 이 정취에 유기리 대납언의 마음은 한층 끌리어 더 많은 것을 바라는 생각에서 비파를 빌려 상부련*1을 뜯기 시작했다.

"제법 자신 있는 듯한 행동이라 부끄럽습니다만, 이 곡목만은 함께 연주해도 좋을 만한 이유가 있네요."

유기리 대납언은 발 안쪽에 있는 온나니노미야에게 합주를 권했으나, 다른 곡보다 차이가 많이 느껴지는 곡목이라서 온나니노미야는 선뜻 응하지 않았다. 다만 온나니노미야는 마지막 한 곡조만 합주했는데 매우 흥취를 일으키는 솜씨였다. 개괄적인 음색을 가진 악기이지만, 세련된 명수가 열심히 뜯어서 그런지 다정한 느낌마저 드는 소리였다. 그런데 온나니노미야가 아름다운 대목을 조금만 들려주고 이내 그만두자 유기리 대납언은 불만스러웠다. 그렇더라도 행동으로 드러내지는 않았다.

"공연히 풍류객 같은 짓을 한 것 같습니다. 가을밤에 한없이 폐를 끼치면 고인의 원망을 받을 듯하니 이만 물러가기로 하겠습니다. 그리고 다른 날 다시 새 기분으로 찾아뵙겠습니다. 이 악기를 그냥 보관하시렵니까. 무슨 일이 일어날지도 모르는 것이 인생사이니 불안하기만 합니다."

유기리 대납언은 이렇게 넌지시 속내를 비추고서 자리를 뜨려 했다.

"오늘 밤 풍류를 탓할 사람은 없을 겁니다. 옛날 이야기를 좀더 못한 게 못내 서운합니다."

미야스도코로는 이렇게 말하고 찾아준 답례로 젓대를 건넸다.

"이 피리는 아주 유서 깊은 것이라 들었습니다. 여자들만 사는 집에 이 피리를 두는 건 이름 있는 악기를 위해서도 애석한 일이오니 가져가시도록 하세요. 드리겠습니다. 수행원들의 목소리에 지지 않도록 수레에서 불어 주세요. 멀리서 들려오는 피리 소리를 이곳에서 듣고 싶습니다."

"미숙한 제가 가지고 가는 건 어울리지 않습니다."

이렇게 말하면서 유기리 대납언은 손에 피리를 들어보았다. 이 피리는 가시와기 권대납언이 애용하던 것인데, 자신도 최고의 음색을 내지 못한다면서 누군가에게 이 피리를 소중히 여길 사람이 있으면 물려 주고 싶다는 말을 한 적

---

*1 상부련(想夫戀) : '상부련(想夫憐)'이라고도 쓴다. 원래 '상부련(相府蓮)'이라 하며, 진나라 대신 왕검(王儉)이 집에 연꽃을 심고 즐긴 때의 음악이었다고 한다. 여기서는 유기리 대납언이 이 음악을 빌려 자신의 연정을 표현한 것이다

있었다. 그래서 고인의 거문고를 대했을 때보다 더욱 깊은 감회에 젖었다. 유기리 대납언이 시험 삼아 불어보고는, 이렇게 인사말을 하고선 자리에서 일어섰다.

"고인을 추억하며 육현금도 다루어 보았습니다만, 이 피리만큼은 겸연쩍어 불 수가 없군요."

일조궁 미야스도코로가 발 안에서 읊었다.

이슬이 함빡 내린
이 황폐한 집에
고인이 살았던 가을날과 다름없는
풀벌레 소리와 피리 소리 들으니

유기리 대납언이 이를 받아 읊었다.

피리 가락은
고인이 불었던 그 시절과
다름없는데,
고인이 그리워 우는 내 흐느낌 소리는
언제까지고 끊이지를 않네.

유기리 대납언이 답가를 읊고 자리를 뜨기가 어려운 듯 망설이는 사이에 밤이 홀쩍 깊어지고 말았다.

유기리 대납언이 삼조의 자택으로 돌아가 보니 이미 격자문 등은 다 내려져 있었고 모두 잠들어 버린 뒤였다. 일조궁의 온나니노미야에게 사랑을 느껴서 정답게 찾아간다는 말을 시녀들이 구모이노카리 부인에게 한 적이 있어서, 부인은 오늘 밤도 밖에서 밤샘을 하는 남편이 불쾌해 견딜 수가 없었다. 그리하여 남편이 방 안에 들어온 것을 알면서도 잠든 체하고 있었다.

'임과 내가 있는 산의 백목련 그 꽃이여.'

아름다운 목소리로 노래하며 들어온 유기리는 이렇게 탄식했다.

"이렇게 좋은 달밤에 벌써부터 문을 닫아걸다니 풍류를 모르는 사람들뿐이 구나!"

그러더니 격자문을 열고 발을 걷어 올리고 툇마루 가까이에 나와서 드러누 웠다.

"이렇게 좋은 밤에 벌써 자버리다니 말이나 됩니까. 좀 나오세요. 재미없지 않습니까."

구모이노카리 부인에게 말하는 것이었으나 그를 못마땅하게 여기고 있던 부 인은 아무 응답도 하지 않았다.

아이들은 잠이 덜 깨어 웅성웅성하며 무어라 말하는 소리가 여기저기에서 들려왔다. 시녀들도 그 근처 방에서 다 같이 모여 자고 있었는데 그는 이 번잡 한 자기 집과 일조궁의 적막한 밤을 비교해 보았다. 유기리는 선물로 받은 피 리를 불어 보고 이런저런 생각을 하였다.

'내가 떠나온 뒤 모녀는 얼마나 쓸쓸하게 달밤의 경치를 바라보고 계실까. 내가 타던 악기를 그녀들이 타고 있으리라, 일조궁 미야스도코로 또한 육현금 을 잘 타셨는데.

혹시 가시와기 권대납언이 온나니노미야를 겉으로만 소중하게 여겼을 뿐, 어찌하여 깊은 사랑을 쏟지 못했을까?'

이런 생각을 하니 온나니노미야의 얼굴이 불현듯 몹시 보고 싶어졌다.

'얼굴을 봐도, 상상했던 아름다운 얼굴과 다른 데가 있으면 불행한 결과를 가져오게 되리라. 다른 일에서도 지나치게 공상을 했을 땐 필연적으로 환멸이 생기는 법이다.'

유기리는 자신과 구모이노카리 부인 사이를 생각했다. 그러면서 천진난만한 소년소녀 시절의 풋풋한 사랑이 오늘날까지 지속되어 온 세월을 헤아려 보고 선, 구모이노카리가 억세고 교만한 아내가 되어 있는 데에는 그럴 만한 이유가 있으리라 생각했다.

그러다 얼마 지나지 않아 고이 잠이 들었는데, 고인이 된 가시와기 권대납 언이 병실에서 본 적 있는 평복 차림으로 옆에 다가와 서 있었다. 그는 젓대를 손에 들고 있었다. 꿈속에서도 '고인은 틀림없이 피리에 마음이 끌려 나왔구 나' 했는데 이렇게 말했다.

대숲에 부는 바람처럼
이 피리를 흠모하는 사람이여.
이 피리 소리를
길이길이 물려주고 싶구나.
내 진정한 자손에게

"그대 말고 달리 주고 싶은 사람이 있네."

가시와기 권대납언이 이렇게 말하자 그게 누구냐고 물으려는데 아이가 가위에 눌렸는지 울음을 터뜨렸고, 그 소리에 대납언은 잠이 깨고 말았다.

아기가 하도 오래 울고 젖까지 토하는 바람에 유모는 엉거주춤 일어나 아기를 살살 달랬다. 구모이노카리 부인도 등불을 가까이 당기고 앞머리카락을 쓸어넘기면서 살결이 흰 풍만한 가슴을 헤치고 우는 아기에게 젖을 물렸다. 아기의 살결도 뽀얗고 예뻤지만, 더욱 아름다운 어머니는 나올 성싶지도 않은 젖을 물리며 달래려고 애쓰는 모습이 무척 인상적이었다. 유기리 대납언은 다가가서 말했다.

"어떻소?"

밤 귀신을 쫓아내기 위해 쌀 따위를 뿌리는 소동을 벌이니, 아까 꾸었던 슬픈 꿈도 사라져 버렸다. 구모이노카리 부인이 말했다.

"아기가 병이 난 모양이에요. 화려한 분에게 열중하셔서, 밤 늦게 달밤이니 풍류니 하고 격자문을 열고 계셨으니 그 틈에 잡귀가 따라 들어온 게지요."

앳된 얼굴의 구모이노카리 부인이 이렇게 원망하니 남편은 웃으면서 나무랐다.

"당신은 이상하게 돌려서 내 탓으로 삼는군요. 내가 격자문을 열지 않았다면 잡귀는 들어올 길이 없었을 테지요. 많은 아이들을 둔 어머니라서 그런지 생각이 꽤 깊구려."

부인은 대납언의 아름다운 눈매를 바라보기가 쑥스러워 더 이상 할 말이 없다는 듯 쏘아붙였다.

"저리 가세요. 남이 봐요."

유기리 대납언은 밝은 불빛에 얼굴 보이기를 싫어하는 아내를 딱하다고 느꼈다.

그는 간밤의 꿈을 떠올렸다.

'선물로 받은 피리를 어떻게 처리해야 할지 곤란하군. 고인의 깊은 애정이 듬뿍 담긴 물건이 가야 할 곳에 가지 못했다면, 내가 가지고 있어도 소용없는 일이지. 그렇다고 일조원의 온나니노미야에게 주고 싶은 마음도 없고. 잘 불지도 못하는 여자에게 전수할 리는 만무하잖은가. 살아서는 소중하다 생각지도 않던 일이 임종 때에 문득 걱정되거나 그리워지면서 미련이 남게 되면, 영혼은 정토로 향하지 못하고 허공을 헤맨다고 하던데. 그렇기에 인간은 온갖 일에 집착하지 말아야 한다.'

이렇게 생각한 유기리 대납언은 고인을 위해 절에서 불경을 외도록 했다. 그러나 이 피리를 호의로 자기한테 선물한 사람에겐 아무리 존엄한 행위라 할지라도 절에 바치는 일은 본의가 아닌 것 같아 유기리 대납언은 육조원을 찾았다.

겐지는 그때 마침 아카시 여어의 처소에 있었다. 세 살 남짓된 셋째 황자는 형제들 가운데에서 특히 귀여웠으며 무라사키 부인이 키우고 있었다. 그 셋째 황자가 유기리 대납언을 반기며 달려나왔다.

"대납언님, 날 안아 저쪽 궁전으로 데려다 줘요."

제법 공손한 태도로 어린애답게 말하자 유기리는 웃으면서 말했다.

"그래 이리 와요. 하지만 발 앞을 어떻게 지나간담? 나보다도 아기들이 불편할 텐데."

그러면서 무릎에 아이를 앉혔다.

"아무도 안 보는걸. 좋아, 난 얼굴을 가리고 갈 테니까."

그러면서 소매로 얼굴을 가리는 셋째 황자가 사랑스러웠다. 좌대장은 아이를 그대로 안고서 침전 쪽으로 갔다.

이곳에서는 겐지가 둘째 황자와 온나산노미야의 도련님이 함께 놀고 있는 것을 흐뭇하게 한참동안 바라보고 있었다.

대납언이 모퉁이 사랑방 앞에서 셋째 황자를 내려놓자, 둘째 황자가 이를 보고 말했다.

"대납언님, 나도 안아 줘."

그러자 삼의 궁이 말했다.

"안 돼, 내 대납언님이야."

그러면서 외삼촌의 옷깃을 잡아당겼다. 그것을 겐지가 보더니 말했다.

"버릇이 없구나. 임금의 근위대장을 독차지하려고 서로 다투면 안 돼. 셋째는 억지를 잘 쓰는군. 늘 형한테 반항을 한단 말이야."

대납언도 웃으면서 말했다.

"둘째 황자는 형답게 늘 동생에게 양보를 하는군요. 나이 든 사람보다 훨씬 어른스럽습니다."

겐지는 잔소리를 했지만, 미소를 얼굴에 가득 띤 채 귀여워서 견딜 수 없는 듯한 표정을 짓고 있다가, 생각난 듯 유기리 대납언에게 말했다.

"공경(公卿)을 이런 곳에 있게 해서야 되겠는가, 사랑채로 가도록 하지."

그렇게 말하고 일어서려고 했으나, 어린 친왕들이 매달리며 떨어지질 않았다.

겐지는 온나산노미야의 아들을 다른 황자들과 같이 대우할 수는 없다고 생각했지만, 출가한 온나산노미야가 알면 서러워할 것 같아 더없이 소중하게 여기며 귀여워했다.

유기리 대납언은 도련님의 얼굴을 제대로 보지 못하였기에 도련님이 발 사이로 얼굴을 내민 것을 보고 꽃가지를 들고 살랑살랑 흔들었다. 그러자 도련님이 걸어나왔다. 엷은 쪽빛 평상복만 입었는데 살갗이 눈부셨다. 그 아름다움은 다른 황자들보다도 낫고 지극히 청순해 보였다. 어떤 의문을 품고 봐서 그런지, 눈매는 죽은 그 사람보다 총명한 빛이 강렬하게 나타나 있다. 그러나 올라간 눈꼬리의 아리따운 점은 가시와기 권대납언을 쪽 빼닮았다. 웃을 때마다 입언저리는 더욱 화사하게 보였다.

'그리 생각해서 그런지 모르지만, 이를 아버지도 반드시 알고 있을 것이다.'

유기리는 배다른 아우들을 보면서 겐지가 가시와기 권대납언을 어떻게 생각하고 있는지 빨리 알고 싶었다. 다른 황자들은 고귀하게 보이긴 했지만, 보통 잘생긴 아이들과 그리 다른 점은 없었다. 그러나 이 도련님은 귀족 자제다운 품격 말고도 우월한 아름다움을 갖고 있었다.

'가엾은 일이구나. 내 추측이 맞는다면, 가시와기 권대납언의 아버지 대신이 그토록 가슴 아파하며, 아들의 자식이라고 나서는 자가 없으니 실망스럽구나, 이만한 추억거리조차 남겨주지 않으니 불행한 부모가 따로 없구나 하며 비탄

에 잠겨 있으니, 친자식이 있다고 알리지 않음은 죄가 될지도 모른다.'

그러면서도 한편으로 그런 일은 있을 수 없는 일이라고 완강히 부정했다. 유기리 대납언은 생각할수록 이해할 수 없는 문제라고 생각했다. 그렇지만 낮을 가리지 않고, 호감이 가는 아이여서 유기리 대납언을 따르며 곁에서 떠나지 않고 노는 것도 사랑스러웠다.

유기리 대납언이 겐지와 동쪽 별채로 건너가 느긋하게 이야기를 나누는 사이에 어느덧 해가 저물기 시작했다.

간밤에 방문한 일조궁의 근황을 전하자 겐지는 미소를 지으며 귀를 기울였다. 가시와기 권대납언이 살아 있을 때의 구구절절한 추억담이나 자신과 관련된 이야기가 나오면 적당히 맞장구도 쳤다.

"상부련을 연주했다니 문학처럼 재미있군. 하지만 내 의견을 말하자면, 여자는 자기도 모르게 이성을 흥분시키는 결과까지 고려해서 어디까지나 피해야 한다고 생각해. 고인에 대한 정분으로 친절히 대했다면 너는 어디까지나 깨끗한 마음으로 교제해야 해. 실수 없도록 해라. 괴로운 결과를 낳는 일이 없도록 하는 게 서로를 위해 좋은 일이니라."

유기리 대납언은 생각하였다.

'맞는 말씀이십니다. 하지만 남을 훈계할 때엔 현명한 소리를 하시는 아버님에게도 당신이 그 경우라면 냉정할 수 있을까요?'

"실수할 리가 없습니다. 인생무상에 직면한 유족들을 종교적인 심정으로 위로해 드릴 의무가 있는 듯해 시작한 교제입니다. 이내 그 우정을 저버린다면 세상에서는 흔히 있는 야심가라고 볼 터이니, 언제까지나 우정은 버리지 않을 것입니다. 상부련 연주에 대해서는 저쪽에서 자진해서 한 일이고, 그 장면의 정경에 꼭 어울릴 만한 일은 없습니다. 무슨 일이나 그 여성 나름인 줄 아옵니다. 제가 본 바로는 매우 여성스럽고 상냥한 성격을 가진 분 같습니다."

이런 이야기를 하고 있던 유기리 대납언은 이전부터 바라던 기회가 온 것 같아 겐지의 자리로 다가가 지난밤 꿈 이야기를 했다. 덤덤히 듣고만 있던 겐지는 짐작 가는 일이 있는지 이렇게 말했다.

"그 인연 깊은 피리는 내가 맡을 이유가 있지. 옛날엔 요제이인*² 의 소장품이었는데, 숙부와 돌아가신 식부경친왕께서 소중히 여기신 것이야. 가시와기 권대납언은 어릴 적부터 피리를 잘 불었기 때문에 친왕댁에서 싸리잔칫날 향연이 있었을 때 선물로 주셨어. 그 일조원 부인네들은 그저 별 생각 없이 너에게 주셨겠지."

'그 피리를 전할 사람은 내 자식이 아니고 누구인가 하고 가시와기 권대납언이 생각한 게야.'

겐지는 이렇게 생각하며, 총명한 유기리 대납언도 그렇게 짐작했으리라 여겼다. 모든 것을 알아챈 듯한 겐지의 눈치를 보고 유기리 대납언은 더욱 말하기 곤란했으나, 꼭 여쭙고 싶은 생각에 이 순간 문득 떠올랐다는 듯이 말했다.

"가시와기 권대납언이 임종할 무렵이었습니다. 병문안을 간 저에게 여러 유언을 했는데, 아버지께 깊은 죄를 느끼고 있다는 말을 거듭 되풀이했습니다. 무슨 일이 있었는지요? 지금도 이해가 가지 않습니다."

겐지는 역시 유기리 대납언도 알고 있구나 싶었지만, 그렇다고 그때의 사정을 자세히 말했을 리는 없을 터이니, 잠시 무슨 소린지 모르겠다는 듯 시치미를 떼었다.

"그토록 남에게 원한을 살 만한 태도를 언제 어떻게 보였는지 난 기억이 잘 나지 않는구나. 언젠가 시간이 나면 너의 꿈에 관한 이야기를 하자꾸나. 꿈 이야기는 밤에 하면 못쓴다고, 미신이지만 흔히 여자들이 말하지 않느냐?"

이렇게만 말할 뿐 확실한 대답을 하지 않자, 유기리 대납언은 괜히 이런 이야기를 꺼낸 자신을 겐지가 어떻게 생각할까 몹시 꺼림칙스러워 했다.

---

*2 요제이인(陽成院) : 869~969. 일본 제57대 황제인 요제이상감(陽成天皇). 세이와상감(淸和天皇)의 황자로서 조간(貞觀) 18년(867) 아버지로부터 양위를 받아 황위(皇位)에 오름. 간교(元慶) 4년(880) 상황의 죽음과 함께 시작된 어머니 후지와라노 다카코(藤原高子)와 섭정인 후지와라노 모토쓰네(藤原基經)의 대립은 정치를 혼란에 빠뜨렸으며, 간교 8년(884) 모토쓰네에 의해 강제로 퇴위당함.

방울벌레*1

여름 연꽃이 흐드러지게 필 무렵에, 온나산노미야가 만든 수호불 개안 공양 법회가 있었다.

이번 법회는 겐지의 발원으로 미리 염송당에 사용할 불전 기물 등을 준비해 두었다가 법회장을 꾸몄다.

불당에 거는 깃발도 특별히 신경 써 고른 중국 비단으로 만들어 그윽하고 우아했다. 무라사키 부인이 직접 준비한 것이었다. 꽃 수반을 올려놓는 탁자보도 정취 있는 염색이 우아하면서도 아름답고, 색상이며 무늬 취향까지 더없이 훌륭했다.

온나산노미야의 침소 사방에 있는 휘장을 모두 올리고 준비했다. 뒤쪽에는 법화경 만다라를 걸었으며, 은 꽃병에는 멋들어지게 핀 키가 큰 연꽃이 꽂혀 있었다. 불당의 향은 중국 백보향을 은은하게 피워 놓았다. 웅장한 아미타불과 위엄이 보이는 보살도 모두 열대산 백단향나무로 정교하게 조각되어 있었다. 공양수 물그릇들은 관례대로 특히 조그맣게 만들어졌고, 백옥과 청옥의 연꽃 모양을 딴 향로 몇 개에는 명향에 벌꿀을 섞은 뒤 가루로 만들어 달콤한 향기를 내는 하엽향(荷葉香)이 피워져 있었다.

두루마리 경문은 육도(六道)*2를 윤회하는 중생을 위해 여섯 부를 필사하라 하였고, 온나산노미야가 늘 몸에 지니고 다니며 외울 불경은 겐지가 손수 썼다. 이 경문이나마 이승에서 부부의 연을 맺었다는 증거로 삼아 내세에서 서로 극락왕생할 수 있게 해 달라는 간절한 기도를 담아 발원문을 만든 것이다.

이것 말고 《아미타경》을 쓰는데도 궁중의 종이공방 관리를 불러들여 겐지

---

*1 방울벌레(鈴蟲) : 겐지가 50세인 가을, 방울벌레 소리를 듣는 놀이가 열린다. 그 놀이 이야기를 중심으로 엮어진 한 권. 성숙한 겐지를 묘사한 좋은 단편이다.

*2 육도(六道) : 3악도(지옥도, 축생도, 아귀도)와 3선도(천도, 인도, 아수라도)를 통틀어 이르는 말. 중생이 지은 선악에 따라 윤회하는 여섯 가지 세계이다

가 직접 명령하여 종이를 공들여 떴다. 아침저녁으로 손에 들고 읽으려면 중국 종이는 약해 적당하지 않았기 때문이다. 봄부터 겐지가 지극 정성으로 준비하여 쓴 보람이 있게, 조금이라도 그것을 본 사람들은 넋을 잃고 경탄을 금하지 못했다. 괘선을 그은 금물보다 경문의 먹색이 한결 빛나 보는 것 또한 세상에 둘도 없이 귀한 솜씨였다. 불경의 축, 표지, 함 등의 그 훌륭함은 새삼 말할 필요도 없었다. 그 가운데에서 《아미타경》은 특별히 침향목으로 만든 소반에 올려놓고 본존을 모신 침소를 꾸몄다.

불당 장식을 모두 마치자 강사가 자리에 앉고, 불경을 강의할 젊은 전상인(殿上人) 등이 모두 모였다. 그러자 겐지도 그 방으로 갈까 해서 온나산노미야가 있는 서쪽 방을 들여다보니 좁아 보이는 그 방 안에는 답답할 만큼 엄숙하게 차려입은 시녀들이 오륙십 명이나 모여 있었다. 거기에 들어가지 못한 어린 시녀들은 북쪽 방 밖 마루에까지 나와 있었다. 겐지는 여러 개 향로에 매캐할 정도로 향을 피우고 있는 시녀들 곁으로 다가가서 타일렀다.

"보이지 않는 곳에서 피우는 향은 어디서 피우는지 모를 정도로 은은해야 운치가 있는 법이야. 그렇지만 후지산보다 심하게 연기가 오르는 것은 좋지 못해. 경을 강의하는 동안에는 조용히 해야 하니까, 무례하게 바스락거리는 옷자락 소리는 되도록 내지 않도록 조심해야 하네."

온나산노미야는 많은 사람들에 압도되어 옴츠린 채로 엎드려 있었다.

"아기를 여기 두지 말고 다른 방으로 안고 가거라."

겐지는 또 다른 시녀에게 분부를 내렸다. 오늘은 북쪽 방 장지문을 떼어내고 발을 걸어 놓았는데, 겐지는 시녀들을 그쪽 방으로 들어가게 하였다. 그리고 온나산노미야에게 명심해야 할 점들을 일렀다. 그러는 그의 모습은 차분하고 애정이 깃들어 있었다.

온나산노미야가 평소 사용하던 침소를 불당으로 꾸미게 하니 부처님이 앉아 계시는 장대가 발 너머로 바라보이는 것도 겐지를 구슬프게 했다.

"이런 법회 공양준비를 함께 하게 되리라곤 꿈에도 몰랐습니다. 적어도 저세상에서는 한 연꽃에서 사이좋게 살 수 있으리라 생각하세요."

겐지는 이렇게 말하고 조용히 눈물을 흘렸다.

  저세상에서 만큼은 한 연꽃에

함께 오르자 약속하면서
이 세상에서는 서로 다른 연꽃에
이슬이 내려앉듯
따로 지내니 서글프구나

겐지는 붓끝에 먹물을 살짝 찍어, 향내가 배어 있는 부채에 이런 노래를 적었다. 그러자 온나산노미야가 다음과 같이 답가를 썼다.

한 연꽃에 함께 오르자
약속했다 하여도
그대 본심은
함께 살리라고는
생각지도 않으니

"그건 나를 완전히 무시하는 노래로군요."
겐지는 쓸쓸하게 웃으면서 침울하고 감상적인 기분에 젖어들었다.
여느 때처럼 친왕들도 많이 모였고, 육조원 부인들이 불전에 바친 공물도 적지 않았다. 스님 일곱 분의 법복이나, 법사를 위한 주요한 보시 등은 모두 무라사키 부인이 마련했다. 그 자리에 있던 스님은 능직으로 만든 법복이 가사 솔기까지도 예사 솜씨가 아니라며 안목 있는 시녀들이 칭찬했다고 말했다. 사소한 것까지 시시콜콜 말이 많은 세상이었다.
강사는 온나산노미야가 한창 나이에 이승의 영화를 누릴 수 있는 속세를 버린 것을 찬미하며, 부처님과 영원한 인연을 맺은 일에 대해 말했다. 학식이 풍부한 스님이 미사여구를 덧붙여 이를 칭찬하자, 많은 사람들은 감동을 받아 눈물로 소매를 적셨다.
이 공양은 다만 염송당을 시작하는 뜻에서 조촐하게 베푼 법회였으나, 궁중과 절의 법황이 사신을 보내고 불경 독송을 보시하면서 갑자기 화려해졌다. 겐지는 처음 준비한 것만 가지고 간략하게 하려고 했지만, 성대한 법회가 되고 말았다. 오히려 궁정에서 내린 보시 덕분에 참석했던 스님들은 두 손이 모자랄 만큼 많은 보시를 얻어 가지고 절로 돌아갔다.

온나산노미야가 출가한 지금, 겐지가 그녀를 아끼고 극진한 태도로 대하는 모습에는 가없는 애정이 담겨 있는 듯했다.

법황께서는 이제는 온나산노미야가 물려받은 삼조원 저택으로 옮기는 게 세상사람들이 보기에도 좋을 것이라고 권유하였다. 그러나 겐지는 이에 찬성하지 않고 이렇게 말했다.

"온나산노미야와 떨어져 있으면 걱정이 되어 어찌 살란 말입니까. 그것은 제 뜻이 아닙니다. 이제 내 목숨도 얼마 남지 않았으니 살아 있는 동안만이라도 아침저녁 찾아보고 성의를 다하여 돌보고 싶으니 그 뜻을 이루게 해 주시오."

겐지는 삼조원 저택도 깨끗이 수리하도록 하고, 온나산노미야가 공적으로 받는 수입이며, 지방 곳곳의 장원과 목장에서 올라오는 것들 가운데 저장해 둘 만한 것들은 모두 삼조원 창고에 넣도록 했다. 게다가 새 창고를 증축하도록 했다. 거기에는 법황이 온나산노미야에게 상속한 귀중품 가운데 지금까지 육조원에 있었던 것들을 모두 옮겼다. 그리고 육조원에서의 황녀 생활과 많은 시녀들을 거느리는 비용을 겐지가 전적으로 부담하였다.

가을이 되자, 겐지는 궁의 서쪽 복도 앞 가운데 담장에서 동쪽 마당까지를 들판처럼 풀밭으로 만들게 하였다. 또 툇마루에 만든 공양수 선반은 우아하게 보였다.

온나산노미야가 출가함에 따라 유모나 늙은 여인들은 덩달아 출가를 원했다. 젊은 시녀는 결심이 단호하고 여승으로 평생을 지낼 만한 자들만 선별하여 출가를 허락했다. 이런 기회에 서로 출가를 신청하니 겐지는 이렇게 훈계하였다.

"어이없는 일이다. 진심으로 결심하지 않은 자가 한 명이라도 섞여들면 다른 사람한테 폐가 되고 오히려 평판만 나빠진다."

열 명 남짓한 시녀들의 출가만을 허락하여 온나산노미야의 시중을 들도록 했다.

겐지는 가을 들판처럼 꾸민 앞뜰에 풀벌레를 잔뜩 풀어 키우며, 바람이 서늘해지는 저녁나절이면 온나산노미야의 처소를 찾았다. 풀벌레 소리를 들으러 온 것처럼 행세하지만, 아직도 온나산노미야의 출가를 인정하지 못하고 있는 속내를 호소하며 온나산노미야를 곤란하게 했다.

'예의 바람기가 동하여 또 당치 않은 말씀을 하시니.'

온나산노미야는 늘 이렇게 성가셔했다.

겐지는 사람들이 보기에 전과 다름없는 듯 자연스럽게 온나산노미야를 대하지만, 예의 밀통 건을 내심 노여워하고 있는 기색이 뚜렷했다. 온나산노미야는 전과 달리 완전히 변해버린 겐지의 마음이 괴로워 견딜 수가 없었다. 온나산노미야는 두 번 다시 겐지를 만나지 않으리라 결심하고 출가를 했던 것이다. 그러면 부부의 연도 끊어져 마음이 편해질 줄 알았는데, 겐지가 여전히 그런 소리를 하니 마음이 괴로워, 차라리 육조원을 떠나 삼조궁에서 살고 싶은 마음이 간절했다. 하지만 그 또한 주제넘고 가당치 않은 일이라서 강경하게 말하지는 못했다.

8월 15일, 보름달이 아직 떠오르지 않은 저녁, 온나산노미야가 불전에 앉아 염불을 하고 있으니 밖에서는 젊은 여승 두셋이 불전에 바칠 꽃을 준비한다고 공양수를 달그락거리며 물을 따르는 소리가 들렸다. 이렇게 서로가 불도에 정진하는 듯 보이는 감동에 젖어 있는데 겐지가 건너왔다.

"풀벌레 소리가 참으로 구성진 저녁이군요."

이렇게 말하면서 겐지가 나직한 음성으로 아미타불을 외고 있는데, 그 음성은 은은하게 바깥으로 흘러나갔다. 겐지의 말대로 숱한 벌레들이 요란하게 울고 있었다. 그 중에서도 방울벌레 소리가 유독 크게 들려왔다.

"가을에 우는 벌레들은 저마다 좋은 점이 있지만, 그 가운데에서도 청귀뚜라미가 가장 뛰어나지요. 아키고노무 중궁은 먼 들판까지 사람을 보내 벌레를 잡아다가 풀어 놓았는데 그 효과가 별로 없었다고 합니다. 왜냐하면 벌레를 채집해 와도 들판에 있는 것처럼 울지 않으니까요. 이름은 청귀뚜라미지만 수명이 짧은 벌레일 것입니다. 들어 주는 사람 없는 깊은 산중이라든가 먼 들판 소나무밭에서는 한껏 울면서, 사람이 사는 뜰에선 잘 울지 않는 심술궂은 벌레라고나 할까요. 그런데 사랑스러운 방울벌레는 정말이지 귀엽단 말입니다."

겐지가 하는 말을 듣고 있던 온나산노미야가 이렇게 나직이 읊조렸다.

가을이란 외롭고 적막한 계절임을
잘 알고 있지만

방울벌레 울음소리를 들으니
이런저런 상념이 떠올라
그 가을 또한 떨쳐버리기 어렵구나

노래를 읊는 모습이 사뭇 우아하고 고귀하면서도 당당하게 보였다.
"뭐라 했습니까. 생각지도 못한 말이군요."

그대는 자진하여
이 집을 버리고
출가하였거늘
앞뜰에 울리는 방울벌레 소리처럼
여전히 젊고 아름다우니

겐지는 이렇게 노래하고 칠현금을 가져오게 하여 평소와 달리 직접 탔다.
온나산노미야는 염불 외는 것도 잊어버린 채 가만히 칠현금 소리에 귀를 기울
였다.

보름달이 솟아올라 화사한 빛이 가득한 하늘은 마음에 사무치도록 가을을
느끼게 했다. 겐지는 달을 올려다보며 덧없는 인생의 쓸쓸함이 떠올라 여느 때
처럼 깊은 감회에 젖어 칠현금을 연주했다.

예년처럼 오늘 밤은 음악놀이를 하지 않나 하고 병부경친왕이 찾아왔다. 유
기리 대납언도 음악에 취미가 있는 젊은이들을 데리고 참여했는데, 그는 이쪽
궁전에서 칠현금 소리가 나는 것을 듣고 나왔다.

"심심하기에 말일세. 굳이 모임이랄 것까진 없고 얼마 동안 듣지 못한 칠현금
소리가 듣고 싶어 혼자서 시작해 보았는데, 잘도 와 주었군그래."

겐지는 이렇게 말하면서 병부경을 앉게 했다. 오늘 밤은 임금 앞에서 달놀
이가 있을 예정이었는데, 그것이 중지되어 아쉬워하던 공경들은 육조원에 사
람들이 모여 있다는 말을 듣자마자 뒤따라 모여들었다. 다 같이 풀벌레 소리
에 대한 품평을 한 뒤에 음악 합주가 시작되니 더욱 즐거운 밤이 되었다.

"달을 바라보는 밤은 언제나 쓸쓸한 법이지만 중추의 달을 대한다 생각하니
이 세상 밖의 것까지도 여러 생각이 나는군요. 고인이 된 가시와기 권대납언은

늘 생각나는 사람인데, 더구나 예술에 조예가 깊었으니 이런 모임에 그 사람이 없는 건 마치 이 세상에서 향기가 사라진 듯하군요."

이렇게 말한 겐지는 자신의 음악에서 수심이 풍겨나오는 양 눈물을 흘리고 있었다.

발 안에서 온나산노미야가 귀를 기울이고 있으리라 생각하면서도, 이런 관현놀이가 있을 때에는 마음 한편으로 죽은 이가 더욱 그리워졌다. 임금 또한 고인을 떠올리고 있었다.

겐지가 사람들에게 말했다.

"오늘밤 이 모임을 방울벌레 연회라 하고, 어디 한번 밤새도록 마셔 봅시다!"

술잔이 두 번쯤 돌자 레이제이 상황이 전갈을 보내왔다. 궁중의 달구경 연회가 갑작스럽게 중지된 게 아쉬워 좌대변과 식부대보 등 많은 사람들이 빠짐없이 상황전을 찾았는데, 듣자 하니 유기리 대납언과 몇몇 사람들은 따로 육조원에 있다는 전갈이었다.

저 구름 너머
구중궁궐을 떠난
적막한 이내 거처에도
가을의 명월은 잊지 않고
찾아와 빛을 뿌리네.

"괜찮으시면 그대도 이쪽으로 오시지요."

겐지는 갑작스러운 일이기는 했지만, 당장 상황전을 찾아가보기로 했다.

"그리 불편한 신분도 아닌 제가 지금 조용하고 한가로이 지내시는 상황을 자주 찾아뵙지 않자 답답하여 만나고 싶어 하시는 게로군요. 황송한 일입니다."

달빛은 궁중에서 보았을 때처럼
휘황하게 빛나고,
선황의 위광 또한

황위에 계시던 시절과 다르지 않거늘
이 누옥에서 보는 가을처럼
나는 송두리째 변하고 말았으니.

이렇다 할 만큼 문학적 가치를 지닌 답가는 아니지만, 겐지의 예전 처지와 지금 처지를 비교하며 쓸쓸함을 읊은 육조원이었다. 칙사에겐 술잔을 내리고 답례품도 둘도 없이 훌륭한 것을 하사했다.

상황전인 냉천원으로 떠날 사람들의 수레를 신분에 따라 차례로 정돈하고, 수행원들이 대문 안을 왔다 갔다 하자 고즈넉한 음악의 밤은 이내 어수선해지고 말았다. 음악놀이도 그것으로 끝을 내고 모두 출발했다. 겐지의 수레에는 병부경친왕이 동승하였다. 그리고 유기리 대납언, 좌위문독, 도 재상 등 육조원에 있었던 사람들이 모두 뒤를 따랐다.

때마침 깊은 밤 달이 휘영청 높이 떠서 아름다운 때에, 젊은 전상관들에게 은은하게 피리를 불게 하여 출발하니 그야말로 즉흥적인 출발 광경이었다. 위엄을 갖춰야 할 때는 제대로 갖추고 왕복했지만, 오늘 밤은 겐지 대신으로 돌아가 가벼운 차림으로 인사차 방문하니 레이제이 상황은 무척 기뻐하면서 모두를 맞았다.

나이가 들면서 관록이 붙은 상황의 얼굴은 겐지를 쏙 빼닮았다. 천황으로서 전성기에 스스로 물러나 한적한 생활을 하는 상황을 보니 겐지는 감개무량할 뿐이다.

그날 밤 지은 시가는 모두 괜찮았다. 그 단편적인 것들을 서투른 필자가 옮겨놓는 일은 꺼림칙해서 모두 생략하기로 한다. 새벽녘이 되어오자 그 작품들이 발표됐고 사람들은 이른 아침이 되어서야 헤어졌다.

겐지는 그 길로 아키고노무 중궁의 처소로 가서 한동안 이야기를 나누었다.

"지금은 이렇게 한가해서 늘 찾아뵙고 하니 별일은 없습니다. 하지만 해를 거듭할수록 짙어져 가는 옛 추억에 대해 이야기도 하고 듣고 싶지만 그건 퍽 어렵더군요. 출가한 것도 아니요, 준태상천황이라는 어중간한 신분이라 행동이 자유롭지 못합니다. 요즘은 젊은 사람들이 앞다투어 출가하니 나만 홀로 남은 듯하여 무상한 이 세상의 허전함을 달랠 길 없어, 나 또한 출가하여 속세를 떠나 산속으로 들어갈까 생각하고 있습니다. 그러나 남은 가족들이 의지할 곳이 없어 떠도는 신세가 되지 않도록 예전부터 부탁을 해 왔으니 아무쪼록 보살펴 주십시오."

겐지는 진심으로 말했다. 이에 지금도 젊고 대범한 태도로 중궁이 말했다.

"깊은 궁중에 살고 있을 때보다는 만나뵐 기회가 차츰 적어지는 것 같은데, 예기치 못한 일이기에 쓸쓸할 따름입니다. 여러분께서 모두 속세를 떠나 출가하니 저도 이 속세가 싫어집니다. 거기에 대해 의논을 드리고 싶지만 여의치 않습니다. 이제까지 무슨 일이든 가장 먼저 상의하고 의견을 구하던 것이 버릇이 되어 의논을 드리지 않고는 불안합니다."

겐지가 말했다.

"그렇군요. 궁중에 계시던 때에는 해마다 몇 번씩 어버이를 뵙는 날을 기다리는 재미가 있었지요. 하지만 지금 상황이 계시는 이곳으로 거처를 옮긴 뒤로는 이렇다 할 핑계 없이는 사가에도 드나들기 어렵게 되겠지요. 이제는 천황과 황후라기보다는 한집안 내외간이나 다름없으시니까요. 지금까지 우리가 한 이야기이지만 그다지 괴로워하지 않은 사람이 결연히 출가한다는 건 쉬운 일이 아니에요. 우리 같은 사람들도 막상 출가하려면 이리저리 얽히는 데가 많으니까요. 남이 한다고 해서 덩달아 출가를 생각한다는 건 오히려 비난받을 일이니 절대로 그러면 안 됩니다."

겐지의 말에 중궁은, 자기 마음을 이해해 주지 못하는 것 같아 그가 몹시 원망스러웠다. 중궁의 어머니 육조궁 미야스도코로의 혼백이 어떤 죄업으로 세상을 떠났기에 죽어서도 허공을 헤매면서 귀신이 되어 나타나 이름을 대는가 하고 생각하니, 슬프고 괴로워 모든 일이 성가실 뿐이다. 겐지는 그 일을 감추고 있었지만, 소문은 중궁의 귀에 들어갔던 것이다. 그녀는 어머니의 혼백이 겐지한테 했다는 말이 어떤 것인지 알고 싶었다. 하지만 대놓고 말할 수가 없어서 이렇게 슬며시 말했다.

"어머니의 영혼이 괴로워한다는 말을 저는 익히 들었습니다만, 그 말이 확실치 않아 짐작만 했습니다. 저는 사별의 슬픔에 후세 일까지는 미처 생각하지 못했던 것이지요. 그런데 영험 있는 승려에게서 자세한 설명도 듣게 되었고, 나이가 들면서 제 힘이 미치는 데까지는 죄의 불길에서 건져드리고 싶은 생각이 간절합니다."

그런 생각을 하게 된 것도 아주 마땅한 일이라고 겐지는 측은하게 여기며 말했다.

"아침 이슬처럼 목숨이 붙어 있는 동안은 그 업화의 원인을 버릴 수가 없습니다. 목련존자는 존귀한 몸으로 아귀도에 떨어져 있는 어머니를 구했다고는 하나 그 예를 흉내낼 수는 없는 것이니, 설사 출가한다 해도 이 세상에 집착이 남을 수 있습니다. 서두르지 말고 그 길을 차근차근 연구해 가면서 다른 방법으로 고인의 망집의 불길을 식힐 수 있도록 공양하세요. 나 자신은 그것을 충분히 해드리고 싶지만, 다른 일이 많아서 못 하고 있습니다. 조만간 저의 본의를 성취할 날이 오면 내 손으로 조용히 명복을 빌어드릴 예정입니다. 이 역시 생각일지도 모르겠습니다."

인생이 덧없다는 말, 살기가 괴로워졌다는 말을 나누었는데, 어느 쪽이나 다 아직도 출가의 뜻을 이루지 못하는 처지이다.

어젯밤에 슬며시 건너온 것이 오늘 아침 세상에 알려지니, 준태상천황의 의식을 갖추는 수밖에 없었다. 그리하여 냉천원에 와 있었던 고관들은 모두 나와 겐지를 배웅해 드렸다.

겐지는 아카시 여어를 소중하게 키워 온 보람이 있어 동궁의 어머니 여어로 그 지위를 넘볼 자가 없을 만큼 고귀한 신분이 된 일과 누구보다도 뛰어난 유기리 대납언의 존재를 기쁘게 생각했다. 그러나 그 두 사람에 대한 사랑은, 냉천원을 생각하는 사랑의 몇 분의 일도 못 되는 것이었다. 냉천원도 늘 겐지를 그리워하면서 쉽사리 만날 수 없음을 안타깝게 여기다 마음 편히 겐지를 뵐 수 있게 서둘러 퇴위하기를 선택한 것이다.

중궁은 친정에 돌아가는 일이 전보다 어려워졌다. 여느 부부처럼 늘 함께 지내며 행사는 예전보다 더욱 화려하게 하였다. 그 때문에 어느 모로 보나 행복해 보였다. 다만 어머니 육조궁 미야스도코로의 일을 생각하면 가슴이 미어졌다. 출가하고픈 마음은 간절하나 겐지가 허락할 리가 없다. 할 수 없이 공덕을 쌓는 것으로나마 망령을 위로하고 싶다는 생각을 하면서 전보다도 더욱 정진하였다. 겐지도 아키고노무 중궁의 뜻을 도와 《법화경》 팔강을 오래지 않아 베풀 것이라고들 했다.

저녁안개*1

한 부인의 충실한 남편이자 늘 점잖은 태도를 보여 준 유기리 대납언이었으나, 지금은 온나니노미야에게 마음이 끌려 겉으로는 가시와기 권대납언에 대한 우정을 저버리지 못하는 척하면서 끊임없이 일조원을 방문했다. 그러는 가운데 한 걸음 더 내딛고 말겠다는 각오는 날이 갈수록 확고해졌다. 일조원의 미야스도코로도, 이 사람이 보기 드물게 아주 성실한 사람이라고 생각했으며, 최근 들어 더욱 쓸쓸해진 저택으로 자주 발길을 돌려 주는 대납언 덕분에 위안을 받고 있었다. 유기리 대납언은 당초에 호색적인 기색을 보이지 않다가 새삼스레 그렇게 처신하려니 어색했다.

'그저 나의 깊은 진심을 보여주면 언젠가는 마음을 열겠지.'

이렇게 생각하고 기회만 있으면 온나니노미야의 모습과 태도에 주의를 기울였다. 하지만 온나니노미야가 직접 편지를 써 보내는 일은 없었다.

유기리 대납언은 어떻게든 적절한 시기를 봐서 속마음을 모두 털어놓고 온나니노미야의 반응을 살펴야겠다는 생각뿐이었다.

그러다 일조궁 미야스도코로가 귀신 때문에 중병을 앓자 예산(叡山) 기슭에 가까운 소야 별장으로 거처를 옮기기로 했다. 전부터 기도를 드리며 간곡히 부탁했지만 속세와 인연을 끊어 만날 수 없었던, 귀신을 몰아내는 솜씨가 좋다는 율사를 부르기가 한결 편했기 때문이다. 그날 사용한 수레 몇 채와 길안내꾼들은 모두 유기리가 보내 주었다. 그러나 권대납언의 아우들은 자신들의 일이 바빠서 그랬는지, 그런 점에서는 아예 무관심할 따름이었다.

좌대변은 형수이자 홀몸인 온나니노미야를 차지하려는 생각으로 넌지시 수작을 붙였다가, 터무니없는 일이라며 매정하게 거절당한 뒤론 창피해서 출입

---

*1 저녁안개(夕霧): 夕霧는 '유기리'라 읽는다. 겐지가 50세 때 이야기. 그러나 이 권에서 겐지는 주인공 자리에서 물러나, 이미 인생의 늘그막에 이르렀다. 맏아들인 '유기리'와 세상을 떠난 '가시와기(권대납언)'의 아내인 온나니노미야가 교섭하는 과정을 담고 있다

도 하지 못하고 있었다.

유기리 대납언은 그런 내색은 조금도 하지 않고 매우 노련하게 접근하여 친분을 쌓은 듯했다.

빠른 쾌유를 위해 가지기도를 올린다는 소식에 유기리 대납언은 각종 보시품과 승려복 등 자잘한 것까지 신경을 써서 보내드렸다. 병자인 일조궁 미야스도코로는 고맙다는 답장도 쓰지 못했다.

"시녀가 대필하여 보내면 무례한 처사라 여기시겠지요. 예사로운 신분이 아니니."

시녀들이 이렇게 말하자 온나니노미야가 답장을 쓰기로 했다. 겨우 한 줄이었지만 점잖은 필적에, 자상한 마음씀씀이가 말 하나하나에 담겨 있었다. 유기리 대납언은 이 답장에 마음을 빼앗겨 만나보고 싶은 생각이 더욱 간절해져 그 뒤로는 가끔 편지를 보냈다.

이대로는 결국 두 분 사이에 무슨 일이 벌어질 것 같다며 구모이노카리 부인이 파헤치려 들자, 유기리 대납언은 성가셔질까봐, 오노 산장을 찾아가보고 싶어 하면서도 당장은 나서지 못했다.

8월 20일 무렵 들판 풍경은 꽤나 흥취가 있어서, 유기리 대납언은 산장에 있는 연인을 찾아보고 싶은 마음이 간절해졌다.

"오래간만에 산에서 내려온 아무개 율사를 만나 의논할 일이 있고 또 병환 중인 일조궁 미야스도코로의 별장으로 문병도 할 겸 다녀오겠소."

유기리 대납언은 이렇게 별 뜻 없는 방문처럼 둘러대고 평상복 차림으로 집을 나섰다. 수행원도 가까이 지내는 측근의 대여섯 명만 데리고 소박하게 갔다. 그다지 깊은 산 속은 아니었는데 단풍이 물들어 제법 가을다운 풍취가 느껴졌다. 도읍 귀족의 정원보다도 훨씬 아름다운 그곳은 섶울타리가 운치 있게 둘러쳐져 있고, 임시 거처이긴 하나 고상한 산장이었다. 침전이라 할 동쪽 사랑채에 기도단이 마련되어 있었고, 북쪽 사랑방은 일조궁 미야스도코로의 병실로 쓰고 있어, 온나니노미야는 서쪽 사랑방에서 머물고 있었다.

귀신이 두려워서 일조궁 미야스도코로는 온나니노미야를 도읍 저택으로 보내려 했지만 온나니노미야가 무슨 일이 있더라도 함께 있고 싶다고 하기에, 귀신이 번지는 거리가 아니라 해도 병실 가까이 오지는 못하게 했다.

손님을 모실만한 곳이 없어 신분이 높은 시녀가 유기리 대납언을 온나니노미야 방의 발 앞으로 모시고 일조궁 미야스도코로의 말을 전했다.

"친절하게도 이리 먼 곳까지 직접 찾아주시니 참으로 고맙고 황송할 따름입니다. 어쩌다 제가 이대로 세상을 떠나 답례의 말조차 할 수 없으면 안 되겠다 싶어 당분간은 살고픈 욕심이 생깁니다."

그러자 유기리 대납언이 이렇게 말을 전했다.

"이곳으로 옮겨 오실 때 저도 함께하고 싶었지만, 공교롭게도 육조원에 볼일이 남아 뜻대로 하지 못했습니다. 그 뒤로도 바쁘게 지내다보니 마음으로만 걱정할 뿐 아무것도 못해 드려 본의 아니게 죄송하게 생각합니다."

온나니노미야는 안쪽에 조용히 있었다. 간단한 구조의 산장이어서 안쪽이지만 그리 깊지도 않았기에 그 기척이 절로 대납언에게 전해졌다.

조심스럽게 몸을 움직일 때마다 들리는 옷자락 스치는 소리로 아, 바로 저기에 온나니노미야가 있겠구나, 생각하고 유기리 대납언은 귀를 쫑긋 세웠다.

일조궁 미야스도코로에게 말을 전하는 시녀가 잠시 뜸을 들이는 사이, 마음이 뒤숭숭하여 온나니노미야의 시녀인 소소장을 상대로 이런 이야기를 나누었다.

"황녀마마를 방문한 지도 벌써 여러 해가 되었는데 아직도 서먹서먹한 대접만 받고 있으니 무척 섭섭하기만 합니다. 나는 다만 발 앞에서 사람을 통해 겨우 몇 마디 말씀만 들을 수밖에 없었습니다. 여태껏 나는 이런 쌀쌀맞은 대접을 받아본 적이 없답니다. 여러분이 나를 얼마나 시대에 뒤떨어진 미련한 사람으로 생각할까 싶어 부끄럽습니다. 마음 편한 위치에 있던 청년 시절부터 연애를 생활의 일부로 삼아 왔었더라면 이런 부끄러운 생각이 들지는 않았을 겁니다. 나처럼 오랫동안 마음의 병을 앓고 있는 사람은 또 없을 것입니다."

유기리 대납언의 진지한 모습에 감탄한 시녀들은 두 사람 사이가 이대로 끝나지 않으리라 생각했다.

"적당히 답변을 둘러대자니 도리어 민망하여."

"이렇게 괴로워하시는데 모르는 척 대답을 하지 않으면 매정하다 여기시겠지요."

시녀들은 서로 쿡쿡 찌르며 이렇게 온나니노미야에게 아뢰었다.

"어머님이 직접 인사를 드리지 못하니 큰 실례를 범했습니다. 대신 제가 상대해야 마땅하오나, 어머님의 상태가 악화되어 몹시 괴로워하는 터라 저도 간병에 지쳤습니다. 마음까지 약해져 살아 있는 것 같지 않으니 이야기조차 나누기 버겁습니다.”

온나니노미야는 시녀를 통해 이렇게 전했다.

“온나니노미야님께서 직접 하신 말씀입니까?”

유기리 대납언은 앉음새를 바로잡으며 말했다.

“제가 어머님의 병환을 누구보다 걱정하고 있다는 데는 그만한 이유가 있지 않겠습니까. 황공한 말씀이지만, 온나니노미야님의 우울한 기분이 명랑해지실 때까지 그분이 건강하게 지내셔야 모두에게 바람직한 일이라 생각합니다. 그저 어머님을 위한다고만 생각하시고 내 진심을 헤아려 주지 않으시니 원망스럽습니다.”

“지당한 말씀입니다.”

시녀들이 말했다.

날이 저물어 가는 시각이라 저녁노을에 자욱한 안개까지 끼었다. 산그늘이 내린 어둑어둑한 뜰에는 쓰르라미가 울고 있었고, 울타리에서는 바람이 불 때마다 하늘거리는 패랭이꽃의 빛깔도 풍취 있어 보였다. 흐드러지게 핀 화초밭의 나무며 풀꽃 사이로 흘러가는 물소리는 시원스럽게 들렸다. 한편에선 무시무시하게 산바람이 소나무 가지를 흔들기도 하여, 경 읽는 스님의 교대 시간을 알리는 종소리가 울리자, 끝나고 일어서는 스님의 염불 외는 소리와 새로 들어서는 스님의 소리가 하나가 되었다. 한꺼번에 그 소리들이 높아졌는데 이 또한 거북하기 짝이 없었다. 곳곳마다 사람에게 쓸쓸한 기분을 주어서 유기리 대납언의 걱정은 더해 갈 뿐이었다. 집으로 돌아가고 싶은 생각은 조금도 들지 않았다.

율사의 기도드리는 소리와 함께 쉰 목소리로 다라니경을 외는 소리가 들렸다. 시녀들은 일조궁 미야스도코로의 고통이 심해진 것 같다면서 거의 모두 그 쪽에 가 있었다. 물론 요양하는 곳이라 모두 데리고 온 것은 아니었지만, 온나니노미야 곁에는 시녀가 얼마 없어서 쓸쓸히 수심에 잠겨 있는 듯했다. 유기리 대납언은 아주 조용한 이런 때 자기 마음을 말씀드려야 하겠다고 생각하는 참에 바깥에선 안개가 처마 밑까지 밀려왔다. 유기리 대납언이 말했다.

"안개가 자욱하여 돌아갈 길마저 보이지 않으니 이를 어쩌면 좋을까요."

가뜩이나 쓸쓸한 산골
청취를 물씬 풍기며
떠도는 안개에 마음마저 동하니
그리운 그댈 두고
떠날 마음이 일지 않네.

이 외로운 산장
울타리를 싸고
자욱하게 피어나는 저녁 안개가
돌아가려 서두르는 마음까지 외면하고
어찌 발길을 붙잡으리오.

어렴풋이 들려온 온나니노미야의 목소리와 기척이 마음을 위로하니 유기리 대납언은 돌아갈 마음이 싹 가시고 말았다.

"어찌해야 될지 난감하군요. 돌아갈 길은 안개로 보이지 않고, 이 안개 낀 울타리 안에는 서 있지도 못하게 내쫓으려 하시니. 이런 일에 익숙하지 않아 정말 막막합니다."

이렇게 말하며 더 눌러 있을 기색과 함께, 참기 어려운 흠모하는 마음을 털어놓는 유기리 대납언의 마음을, 온나니노미야가 전혀 모르는 것은 아니었다. 다만 모르는 체하고 있었는데, 그의 말을 듣고선 딱한 일이라 생각할 뿐 더 말을 하지 않았다. 유기리 대납언은 탄식하면서 속으로는 '이런 기회'가 두 번 다시 없을 게다, 지금이 아니면 마음먹었던 일을 실행할 수 없으리라고 스스로 채찍질하고 있었다. 동정심이 없는 경솔한 인간이라 생각해도 하는 수가 없었다. 오랫동안 간직해 온 괴로운 심정만이라도 속삭이고 싶다고 생각한 유기리 대납언이 수행원을 부르자, 근위부 장감(將監)으로 5위인 심복이 다가왔다.

"이곳에 있는 아사리에게 꼭 말씀드릴 일이 있는데, 가지기도를 올리느라 여념이 없어 보이는구나. 지금은 잠시 쉬고 있는 듯하다. 오늘 밤은 이 근처에서 묵고 초야의 근행이 끝날 무렵에 아사리의 대기실에 찾아가보자꾸나. 아무개와 아무개는 여기에 남도록 하고, 다른 호위병들은 구루스노 장원이 이곳에서 가까울 터이니 거기에 머물면서 말에게 여물을 주도록 하라 일러라. 이곳에 여럿이 남아 시끄럽게 해서는 안 된다. 이런 데서 하룻밤을 지내면 사람들이 경솔하다 말들이 많을 테니."

대납언이 이렇게 말하자, 장감은 분명 무슨 사정이 있으리라 헤아리고 명령을 수행했다.

"안개가 너무 짙어 길을 알 수 없으니 이 근처에서 묵어가야겠습니다. 이왕이면 이 방의 발 옆을 허락하여 주십시오. 아사리가 근행을 끝내고 물러나올 때까지 여기에서 기다리지요."

이제까지는 이리 오래 앉았던 일도 없었고, 경박한 말도 입에 낸 적이 없는 사람이므로 온나니노미야는 난감하여 어쩔 줄을 몰랐다. 일부러 옆방으로 가는 것도 체면상 안될 일 같아서 그저 조용히 앉아 있었다. 그제야 결심을 털어놓기 시작한 유기리 대납언은, 온나니노미야의 마음이 통할 때까지 버티겠다는 듯 이런저런 말을 늘어놓았다. 그러다가 온나니노미야에게 말을 전하려고 무릎걸음으로 들어가는 시녀의 뒤를 따라 슬며시 발 속으로 들어갔다.

저녁 안개가 자꾸만 집 안으로 흘러들어서 그런지 방 안이 더욱 어두웠다. 시녀는 놀라 다시 돌아다보며 당황했고, 온나니노미야 또한 겁에 질려 북쪽 장지 밖으로 무릎걸음을 하며 나가려 했다. 유기리 대납언은 어느 틈엔가 따라와서 손으로 끌어당겼다. 이미 온나니노미야의 몸은 옆방으로 들어가 있었으나 옷자락만이 아직 이쪽에 잡혀 있었다. 옆방 밖에서는 장지의 열쇠를 잠그게 돼 있지 않기 때문에 온나니노미야는 그것을 닫아버린 채 바들바들 떨고 있었다. 시녀들도 어리벙벙해서 어떻게 해야 할지를 몰랐다. 이쪽에서는 문을 잠글 수 있지만 저쪽에서는 어쩔 도리가 없는데다, 무리하게 떼어놓는 것도 실례되는 행동이라 시녀들은 울먹이며 이렇게 애원했다.

"이 무슨 처사입니까. 그런 흑심을 품고 있으리라고는 꿈에도 몰랐습니다."

"겨우 이 정도 가까이 갔다 해서 예의를 모르는 몰상식한 사람으로 여겨야겠습니까. 아무리 제가 하찮은 존재입니다만 진심을 보여드린 지도 꽤 여러 해가 되지 않았습니까?"

이렇게 시녀들에게 호소했다.

유기리 대납언은 우아한 태도를 잃지 않은 채 아름다운 이 사랑을 성사시켜야 한다고 온나니노미야를 타일렀다. 물론 온나니노미야가 동의할 리는 없었다. 이런 수모를 견뎌야 하나 싶어 화가 솟구쳤기에 대답은커녕 대꾸할 경황이 없었다.

"참으로 매정하고 어린아이 같은 처사가 아닐 수 없군요. 몰래 사모해온 마음 더는 숨기지 못해 이렇듯 무심코 흘러나와 무례하게 행동한 죄는 있을지라도, 허락이 없다면 더 이상은 절대 하지 않겠습니다. 애타는 사랑의 괴로움에 천 갈래 만 갈래 찢어지는 마음을 얼마나 참아왔는지 모릅니다. 아무리 그래도 자연히 제 마음을 눈치챘으리라 여겨지는데 억지로 모르는 척하면서 늘 서먹하게 대하여 털어놓을 길조차 없으니, 어떻게 되든 상관없다, 예의도 사리도 모르는 철면피라 여겨진들 어쩔 수 없다, 썩어 문드러지는 이 마음의 한을 차라리 다 털어놓자고 생각했을 뿐입니다. 이루 말할 수 없이 냉정하게 대하시니 원망스럽긴 하지만, 더는 황송하여 뭘 어찌하겠습니까."

유기리 대납언은 일부러 동정심을 불러일으킬 만한 태도를 보여 주었다. 어느 정도까지만 닫히는 장지를 온나니노미야가 겨우 누르고 있었는데 그것만으로는 아무 소용이 없었다. 그런데 유기리 대납언은 굳이 열려 하지 않고 웃으며 말했다.

"이런 칸막이로 저의 열정을 막으려 드시다니 애처롭군요."

그러면서도 온나니노미야의 의사를 존중해서 감히 억지를 못 부리는 유기리 대납언이었다. 온나니노미야는 정답고 부드러우며 귀녀다운 아리따움을 충분히 갖추고 있었다. 근래에는 잇따라 수심에 잠긴 탓인지, 가녀리게 여윈 품이 옷 위로 접촉해 있는 유기리 대납언에게도 똑똑히 느껴졌다. 은은한 훈향에 깊이 감싸여 있는 것도 유기리 대납언의 관능을 부드럽게 자극할 만큼 지극히 고상하니 더욱 안타까운 분이었다.

사람을 외롭게 하는 한밤에 바람이 소소히 불었고 풀벌레 소리와 사슴이 우는 소리, 폭포 소리가 한데 뒤섞여 야릇한 기분을 자아냈다. 아무리 경박한 사람이라도 가을 산의 구슬픔에는 저절로 눈을 뜨고, 몸에 스미는 감회를 깨닫곤 한다. 그런데 산장에서 격자문도 내리지 않는 채 지새는 달빛이 비쳐들어 유기리 대납언의 마음에 슬픔을 느끼게 했다. 그가 말했다.

"아직도 제 심정을 이해해 주지 못하시니 저는 오히려 당신께 실망입니다. 이렇게 어리석을 만큼 자신을 억제할 수 있는 남자는 또 없다고 여겨 왔는데도 믿어 주지 않을 건가요? 무슨 일이든 책임감을 모르는 사나이라면 저 같은 태도를 멍청한 짓이라고 하며, 동정심 없이 힘으로 해결하려 들겠지요. 제 사랑의 가치를 너무나 가볍게 보셔서 저도 모르게 분노가 커가는 것 같습니다. 남녀 사이의 정분을 전혀 모르는 분도 아닐 텐데요."

이런저런 말로 몰아치니 온나니노미야는 어떻게 대꾸해야 할지 난처하기만 했다. 결혼한 경험이 있으니 가볍게 넘어오리라는 말투는 불쾌하기까지 했다. 복 없고 팔자 사나운 것이란 나 같은 여자를 두고 하는 말인가보다 슬퍼지면서 유기리 대납언의 도발적인 태도에 죽고 싶도록 괴로웠다.

"결혼을 잘못한 제 자신의 실수를 잘 알고 있습니다. 그런데 이렇게 뜻하지 않게 처신하여 저의 불행함을 부추기니 어찌하란 말입니까."

온나니노미야는 이렇게 꺼져 가는 목소리로 말하며 흐느꼈다.

괴롭고 힘겨운 세상의 서러움
나 홀로 짊어지니
남편의 사별로 눈물짓고
그대의 떳떳치 못한 마음에
또 이렇게 눈물짓네.

온나니노미야는 소리내어 읊을 생각은 아니었는데 어쩌다 입에서 노래가 새어나오자, 유기리 대납언이 얼른 듣고 그대로 되뇌었다. 온나니노미야는 너무도 부끄러워 어찌하여 그런 노래를 읊었을까 후회했다.

"이거 참, 공연한 말을 했군요."

유기리 대납언은 이렇게 말하고 씁쓸하게 웃었다.

굳이 있지도 않은 소문을 내어
그대 소맷자락 적시지 않아도
죽은 사람에게 시집을 가
한번 퍼진 소문은
쉬이 사라지지 않을 터이거늘

"공연히 마음고생 하지 말고 단호하게 결심을 하세요."

유기리 대납언이 이렇게 말하며 달빛이 환한 쪽으로 나오라 했더니, 온나니노미야는 당치도 않은 일이라며 어처구니없어 했다. 온나니노미야는 여전히 냉담하고 강경한 태도를 보이는데 유기리 대납언은 온나니노미야의 몸을 가볍게 껴안으며 말했다.

"이토록 열렬한 제 마음을 받아들이고 안심하세요. 허락하지 않으면 이 이상의 행동은 절대, 결코 하지 않을 테니."

그러는 사이 새벽이 다가왔다. 희부연 안개에도 불구하고 청아한 달빛이 스며 들어왔다. 서까래가 짧은 산장의 처마는 하늘을 그득히 사랑방에 품었기 때문에 달과 얼굴을 마주 보는 듯 부끄러웠다. 그 달빛을 가린 온나니노미야의 모습은 형용할 수 없이 우아하고 요염하였다.

유기리 대납언은 우아한 태도로 고인의 이야기를 꺼냈다. 그러면서도 자신이 고인보다 못한 대접을 받아 원망스러웠다. 온나니노미야는 이렇게 생각했다.

'고인은 나에 비해 지위는 낮았지만, 부모님 동의가 있어 그 사람의 아내가 되었던 게 아닌가. 그런 남편이었지만 그는 나에게 애정을 보여 주지 않았다. 더구나 이렇게 불륜에 빠진다면, 게다가 모르는 사이도 아닌 죽은 남편의 누이가 아내인 이 사람과 소문이 난다면 시아버지께서 얼마나 언짢아하실 것인가. 세상의 비난은 물론이고, 그보다도 아버지인 법황께서 들으시면 어떻게 생각하실까. 분명히 슬퍼하시겠지.'

깊은 인연으로 맺어진 이분 저분을 생각해 보니 오늘밤 일이 한심하기 짝이 없었다. 혼자 이렇게 기품을 지키고 있어도 소문은 어떻게 날지 알 수 없는 법이다. 어머니 일조궁 미야스도코로가 모르고 있는 일이니 마음에 걸렸다. 이런 일을 나중에 알면 어린애처럼 행동해서 풀기 힘든 오해의 원인을 만들었다고 나무라실 모습을 상상하니 서글프기만 했다.

"제발 날이 밝기 전에 돌아가세요."

온나니노미야는 유기리 대납언을 재촉하는 수밖엔 별도리가 없었다.

"섭섭합니다. 마치 어젯밤에 무슨 일이 있던 것처럼 풀숲을 헤치고 돌아가는 저를 아침 이슬은 뭐라 하겠습니까. 그대의 말씀대로 떠날 테니 제 성의만은 알아주십시오. 바보처럼 그대가 하자는 대로 하겠는데, 그렇게 돌아가는 저에게 잘 쫓아냈다는 태도를 보이시며 앞으로 냉담하게 대하신다면 그땐 저도 자제력을 잃고 제 정열대로 행동할 것입니다.”

유기리 대납언은 이렇게 엄포를 놓고도 아직 미련이 남았지만, 그의 말대로 그는 방종한 사내 같은 행동은 과거에도 한 적이 없었고 또 할 수도 없는 사람이었다. 그런 행동은 사랑하는 온나니노미야를 위해서도 가엾은 일이고, 자신의 추억을 위해서도 거북한 행동이다. 유기리 대납언은 자신과 다른 사람을 위해 남의 눈을 피해야겠다고 생각해 깊은 안개에 숨어서 물러가려 했으나 이미 넋이 나간 듯했다.

처마 밖은 온통 억새밭
그 아침이슬에 흠뻑 젖어가며
겹겹이 피어나는 안개 속을
헤치고 돌아가야 하는 외로움

“당신의 젖은 옷은 어차피 말리지 못하고 허튼 소문만 나겠지요. 그것도 저를 무정하게 내쫓으신 당신 탓이니.”

유기리 대납언이 이렇게 말했다.

그 말이 맞았다. 아무래도 소문은 나겠지만, 그나마 자신은 결백하다는 생각에서 온나니노미야는 냉담한 태도를 보이며 읊었다.

그대가 헤치고 갈 풀숲
그 이슬에 젖는 것을 핑계로
내게도 젖은 옷 입혀 같은 누명을
씌우려는 것인가요.

“가혹한 꼴을 당하게 하시는군요.”

그렇게 비난하는 온나니노미야의 모습은 매우 아름다우면서 귀녀다워 보였다.

여태까지 오랜 세월 동안 정의가 두터운 친절한 사내마냥 호의를 보여 왔건만 갑자기 변해 여자를 밝히는 남자가 되어 버린 건 온나니노미야에게도 미안하고 자신에게도 부끄러운 일이었다. 그랬기에 그는 속에서 불타오르는 감정을 억누르고 있었다. 그러나 한편으로 '너무 지나친 겸허는 오히려 돌이킬 수 없는 후회를 낳지는 않을까.' 이래저래 번민하면서 돌아갔다. 산촌의 짙은 안개는 더욱 냉랭했다. 안개에 젖은 모습을 구모이노카리 부인에게 들킬까봐 유기리 대납언은 집에 돌아가지 않고, 육조원 동쪽 하나치루사토 부인의 처소로 갔다. 아침 이슬은 아직도 걷히지 않았다. 거리에서도 이런 형편이니, 오노 산장의 그 사람은 얼마나 쓸쓸히 안개를 바라보고 계실까 싶었다.

"밤새 은밀하게 외출하셨네요. 전에 없는 일입니다."

시녀들은 이렇게 수군거렸다.

유기리 대납언은 잠시 쉰 뒤 의복을 갈아입었다. 이곳에는 계절을 불문하고 늘 대납언의 옷이 정성스럽게 마련되어 있어, 향내 나는 함에서 옷을 꺼내 올렸다. 아침으로 죽을 먹은 다음 아버지 겐지를 찾아뵈었다.

유기리 대납언이 산장으로 편지를 보냈으나 온나니노미야는 펼쳐 보지도 않았다. 온나니노미야는 유기리 대납언의 어처구니없는 행동이 분하고 수치스러워 견딜 수가 없었다.

어머니 일조궁 미야스도코로의 귀에라도 들어가면 어쩌나 싶어 부끄럽고 두려웠다. 그런 일이 있었으리라고는 조금도 알지 못하다가 갑자기 어떤 일로 알게 되었을 때 딴 마음으로 오해를 받는 일도 괴롭다 싶었다.

'차라리 시녀가 사실 그대로를 말해 주었으면. 어머니를 슬프게 하는 일이 있더라도 어쩔 수 없으니……'

모녀간이라지만 이렇게 다정한 사이는 보기가 드물었다. 옛날 소설에는 소문이 자자하게 퍼져도 어머니에게만은 비밀에 붙여 두는데 온나니노미야는 그런 짓은 할 수 없었다.

그러나 시녀들은 엊저녁 일을 일조궁 미야스도코로가 조금이라도 알게 된다면 정말 탄식하실 것이니 벌써부터 그런 걱정을 하시게 할 필요가 없다고들 말했다. 그러면서도, 어느 정도 관계로 진전했는지 궁금증이 있었기에 방금 온 유기리 대납언의 편지가 진상을 설명해 줄 것이라는 호기심을 품었다. 온나니노미야가 읽으리라 생각했으나 편지를 펼치려고도 하지 않자 그녀에게 말했다.

"답장을 드리지 않으면 믿음성이 없는 성격이라 짐작하실 듯하고, 또 너무 어른스럽지 못한 행동입니다."

그렇게 말한 뒤 유기리 대납언의 편지를 펼쳐 보려고 했다.

"뜻밖의 일이라서 비록 그 정도이긴 해도, 남자를 접근시켰다는 건 나 자신의 경솔한 태도가 빚은 실수이지. 그런데 그런 배려심이 없는 사람을 내 마음은 아직도 미워하여 읽지 않았다고 전해라."

불쾌한 온나니노미야는 이내 드러누워 버렸다. 그러나 유기리 대납언의 편지에는 온나니노미야에게 폐가 될 만한 글은 씌어 있지 않았다.

무정한 그대의 소맷자락 속에
내 혼을 두고 왔으니
내 탓이기는 하여도
텅 비어버린 이내 몸
어찌해야 좋을지 갈팡질팡하누나.

'생각과는 다른 것이 마음'이라는 옛노래가 있는 만큼 예전에도 나만큼 고민했던 사람이 있었는가 싶어 스스로 달래려 합니다만, 그래도 마음은 진정되지 않습니다.'

이런 말이 길게 씌어 있었던 모양이었지만, 시녀도 어쩐지 미안해서 자세히 읽지는 못했다. 일이 이루어진 뒤에 씌어진 글은 아닌 것 같다고 여기면서도 여전히 의심이 가시지는 않았다. 시녀들은 온나니노미야가 몹시 불쾌해함을 탄식하면서 말했다.

"어젯밤 일이 아직도 수상하게 여겨집니다. 유기리 대납언이 매우 친절하다는 것은 우리들도 잘 알고 있었지만, 만약 결혼해서 몸을 의지하면 의외로 예전만 못하게 대하는 것은 아닐까요. 그렇다면 걱정되는군요."

이렇게 온나니노미야를 모시는 시녀들은 이 일에 깊은 관심을 두며 온나니노미야를 걱정했다. 일조궁 미야스도코로는 아직 이 일을 전혀 알지 못했다.

귀신 때문에 병을 앓고 있는 환자는 중환으로 보이다가도 또 이내 차도가 있어서 평소의 상태로 돌아왔다. 그리고 이날 정오쯤에는 낮 기도가 끝나고 율사 한 사람만이 병상 가까이에서 다라니경을 외고 있었다. 율사는 환자의 고통이 조금 가신 것을 기뻐하며 기도를 끝내면서 쉰 목소리로 말했다.

"대일여래가 거짓말하신 것이 아니라면 제가 열성을 다해 올린 기도가 효과를 나타낼 것입니다. 악령은 끈질겨 보이지만, 업보에 사로잡혀 괴로워하는 하찮은 망자일 뿐입니다."

속된 데가 없고 성격이 강한 율사가 불쑥 말했다.

"아, 유기리 대납언은 언제부터 온나니노미야의 처소에 드나들었습니까?"

일조궁 미야스도코로는 놀라서 대답했다.

"그게 무슨 소린가요? 그분은 세상을 떠난 권대납언의 친구랍니다. 고인이 유언으로 온나니노미야의 뒷일을 부탁했기 때문에 그 약속을 지키기 위해 그 뒤로 여러 해째 친절하게 찾아오곤 하지요. 그런 친분이 있기에 일부러 이렇게 먼 곳까지 나의 병문안을 와 주었으니 나는 송구스럽게 여기고 있습니다."

율사가 말했다.

"천만의 말씀. 나한테까지 숨기실 필요는 없습니다. 오늘 아침 새벽 불공을 드리러 이쪽으로 올 때 어떤 사람이 서쪽 쌍바라지에서 젊은 사람이 나오는 걸 봤답니다. 안개가 자욱해서 얼굴을 자세히 보지는 못했지만, 제자들은 유기리 대납언이 돌아가는 참이구나. 어젯밤에도 수레를 돌려보내고 묵으시는 걸 보았다고 말하던데요. 나도 그럴 만하다고 수긍했습니다. 좋은 향기를 물씬 풍기시는 사람이니까요. 하지만 이번 관계는 꼭 좋지 않을 듯하군요. 저분이 훌륭한 분이라는 건 틀림없는 사실이지만 어째 아무래도 찬성할 수는 없는걸요. 그분이 어렸을 적부터 드린 기도는 내가 맡아왔지만 이번 관계는 좋지 못한 것 같아요. 그 부인 집안 세력이 대단하거든요. 대단한 일족이 그 배경이고, 자제분은 이젠 일고여덟 명은 될 거예요. 온나니노미야님이 그걸 이겨내기는 힘드실 거예요. 그러니 죄업이 깊은 여자로 태어나 구제될 길 없는 긴 암흑 속을 헤매게 되면, 정 때문에 무서운 보답마저 받게 될 겁니다. 그건 절대로 좋지 못한 일이지요."

율사는 머리를 흔들어대며 흥분해서 무례한 소리까지 했다. 일조궁 미야스도코로가 말했다.

"나로선 알 수 없는 일이군요. 그런 눈치는 조금도 보이지 않던 분인데요. 어제는 내가 너무나 심하게 앓았기 때문에 '잠깐 휴식하고 나서 다시 이야기합시다' 그러면서 저쪽으로 가셨다고 시녀들이 말했는데, 그래서 새벽녘까지 계셨던 건가봐요. 아주 성실하고 몸가짐이 건실한 분을 그렇게 말하다니 옳지 못한 일입니다."

일조궁 미야스도코로는 미심쩍어하는 기색을 스님에게 보이면서도, 유기리 대납언은 훌륭한 인격자로서 비난받을 짓은 피하고 진심 어린 우정만을 품고 있는 듯하여 결코 위험할 거라고는 생각지 못했다. 하지만 속으로는 옆에 있는 사람들이 자리를 비운 틈을 타 거실로 들어가지는 않았을까 싶기도 했다. 일조궁 미야스도코로는 율사가 물러간 뒤에 소장 댁을 불러 이런 이야기를 들었노라고 말했다.

"어떻게 해서 이런 일이 일어날 수 있는가? 왜 나한데 자세히 말해 주지 않았는가? 설마 남들이 말하는 그런 일은 절대 없었으리라고 생각하네만 내 마음은 불안해서 견딜 수가 없다네."

온나니노미야에게는 안된 일이지만 소장 댁은 어제 있었던 일을 처음부터 자세히 전했다. 오늘 아침 편지의 내용이며 온나니노미야가 얼핏 내뱉은 말들을 이야기했다.

"대납언은 오랫동안 참고 계시던 심정을 알리려 했으리라 생각합니다. 그래도 신경이 많이 쓰이는지 아침 일찍 나가신 것을 다른 사람들이 어떻게 알고 말씀드렸나 봐요."

소장 댁은 말한 사람이 율사인 줄은 꿈에도 모르고, 달리 밀고한 시녀가 있었으리라 생각하고서 이렇게 말했다.

일조궁 미야스도코로는 아무 말 없이 듣다가 눈물을 주르륵 흘렸다. 보고 있던 소장 댁은 측은해서, 자기가 한 말을 후퇴했다.

'왜 내가 곧이곧대로 말씀을 드렸나. 안 그래도 병중인 데다 이런 번민까지 하게 되었으니 얼마나 괴로우실까.'

"장지문은 끝까지 닫혀 있었습니다."

지금이라도 좋게 말을 전하려고 애썼다. 그런 일이 어쨌든 간에 어쩌다 온나니노미야가 남자 가까이에 접근하게 됐을까 생각하니 너무 슬펐다. 자신은 결백하다고 할지언정 법사가 그렇게 말하였으니, 말 많은 젊은이들은 온갖 말을 제멋대로 만들어 낼 것이다. 사람들에게 어떻게 변명하면 좋을지도 모르겠다. 절대로 그런 일은 없다고 잡아떼야 한다. 성숙하지 못한 시녀들만 붙어 있어 탈이라고 생각하는 마음을, 일조궁 미야스도코로는 말하지 못했다. 일조궁 미야스도코로는 병이 위중한 데다가 큰 충격을 받았으므로 민망할 만큼 괴로워했다. 신성하게 지켜주고 싶었던 황녀마마였는데, 세상 보통 여자들처럼 바람난 여자라는 소문이 났다고 생각하니 그게 될 말이냐 싶었다.

"지금은 정신이 좀 맑으니 온나니노미야를 이리 모셔오너라. 내가 그리로 가야겠지만 어디 거동할 수가 있어야 말이지. 꽤 오랫동안 못 본 것 같다."

일조궁 미야스도코로는 눈물이 그렁그렁해져서 이렇게 말했다.

소장 댁은 온나니노미야의 거처를 찾아가 말을 그대로 전했다. 온나니노미야는 어머니를 뵈려고 눈물에 젖어 엉킨 앞머리를 가지런히 손질하고, 실밥이 터져나온 홑옷을 갈아입고도 마음이 내키지 않아 가만히 앉아 있었다.

'이 시녀들이 어떻게 생각하고 있을까, 어머니는 지금은 아무것도 모르지만 나중에라도 어제 있었던 일을 누구에게서 듣게 된다면, 시치미를 떼고 있었다고 언짢게 여기실 것이니 부끄럽구나.'

온나니노미야는 이렇게 생각하고 다시 자리에 누워 버렸다.

"몸이 안 좋구나. 이대로 병이 걸려 죽어 버리는 게 차라리 좋으련만, 다리가 몹시 쑤시는군."

이렇게 말하고 나서 온나니노미야는 다리를 주무르게 했다. 이런저런 생각으로 흥분한 나머지 몸이 아픈 모양이었다.

"어머님께 누군가 간밤의 일을 얘기한 사람이 있습니다. 사실대로 듣고 싶다기에 정직하게 말씀드렸지만, 장지문은 단단히 잠갔다고 말씀드렸으니, 혹시 자세한 이야기를 들으려고 하시거든 그렇게 말씀해 주세요."

소장 댁은 이렇게 전하면서 어머니가 슬퍼하고 있단 말은 하지 않았다. 온나니노미야는 그래서 부르셨구나 하는 더욱 쓸쓸한 생각마저 들어 아무 말도 하지 않았으나 베개에는 눈물방울이 뚝뚝 떨어졌다.

'이 문제뿐만 아니라 과부가 된 이래 어머니에게 걱정만 끼치고 자식으로서 도리를 다하지 못하는구나.'

온나니노미야는 이렇게 생각하니 한없이 슬퍼졌다. 유기리 대납언도 이대로 마음을 돌리지 않고 자기를 괴롭힌다는 사실이 번거로웠고, 그에 대해 퍼뜨려질 소문 때문에 번민했다. 변명할 수 없는 약한 여자인 자기는 사실이 아닌 일로 얼마나 많은 손가락질을 받게 될까. 자신은 결백하지만 황녀이면서 밤의 몇 시간을 이성과 가까이 지냈다는 것은 있을 수 없는 일이었다. 온나니노미야는 이러한 자신의 슬픈 운명 때문에 더욱 우울해졌다. 저녁이 되자 어머니께서 또 말을 전해 왔다.

"부디 오시기를 바랍니다."

결국 온나니노미야는 어머니가 있는 동쪽 병실로 건너갔다.

병고에 시달리면서도 일조궁 미야스도코로는 공손하게 온나니노미야를 대접했고, 예의를 갖추어 일어나 앉았다.

"지저분하게 하고 있어서 오라는 말씀을 드리기가 괴로웠습니다. 겨우 2, 3일 못 뵈었는데도 여러 해 못 뵌 것처럼 쓸쓸하니 한심스럽습니다. 모녀간 인연이라고 해서 내세에 반드시 만난다는 법도 없고, 다시 한 번 환생한다 해도 전생을 기억할지 알 수 없는 일이니 말입니다. 생각해 보면 죽음으로 헤어지는 것은 순간의 일이니 영원한 작별을 하게 되는 우리로선 너무나 사랑하면서 지낸 인생이 후회가 될 뿐입니다."

어머니는 이렇게 말하고 울었다. 온나니노미야도 슬픈 일들만 떠오르고 가슴이 메어 아무 말도 못한 채 그저 어머니 얼굴만 망연히 바라보고 있었다. 게다가 그녀는 수줍어하는 편이라서 생각을 선뜻 말하지도 못했다. 부끄러워만 하는 모습이 측은해서 일조궁 미야스도코로는 어제 있었던 일을 물을 수도 없었다. 일찌감치 등불을 켜게 하고 저녁 식사는 이쪽에서 들기로 했다. 오늘 아침부터 아무것도 먹지 않았다는 말을 듣고, 일조궁 미야스도코로는 어떤 음식은 요리를 다시 하라고 분부해서 권하기도 했지만 온나니노미야는 젓가락조차 들지 않았다. 다만 어머니의 병환이 약간 차도를 보인다는 데서 위안을 얻고 있었다.

유기리 대납언에게서 또 편지가 왔다. 사정을 알지 못하는 시녀는 심부름 온 사람에게서 편지를 받아들고 말했다.

"유기리 대납언님이 소장 댁에게 보내온 편지입니다."

이 역시 온나니노미야의 마음을 더욱 괴롭게 했다. 소장 댁은 이내 편지를 받아 자기 품에 넣어 버렸다.

"무슨 편지?"

이제까지 그 일에 한 마디도 언급하지 않았던 일조궁 미야스도코로가 대뜸 물었다. 일조궁 미야스도코로도 어느 틈엔가 마음이 약해졌나 보다. 오늘 밤 유기리 대납언이 오기를 은근히 기다리고 있었던 터라, 편지가 왔다는 것은 그가 오지 않는다는 사실을 뜻하기에 가슴이 철렁 내려앉았다.

"보내온 편지의 답장을 드리도록 하세요. 별도리가 없나 봅니다. 소문을 좋게 전해 주는 이는 없는 법입니다. 설령 자신이 결백하다고 해도 누가 그것을 믿어 주겠습니까. 솔직히 편지를 주고받아 지금까지와 똑같이 대하는 것으로 보이게 하세요. 답장도 않는 것은 도리어 상대에게 친숙한 것처럼 보일 수도 있습니다."

일조궁 미야스도코로는 소장 댁한테서 편지를 받아내려고 했다. 소장 댁은 망설이면서도 편지를 건네주는 수밖에 없었다.

"뜻밖이다 싶을 만큼 냉담한 마음을 확실히 알고 나니 오히려 나의 연심은 더 활활 타오르는 듯합니다."

내 마음을 외면할수록
그 얕은 마음씀씀이가
분명하게 드러날 뿐이지요.
세상으로 퍼진 소문은
숨길 수가 없으니

그 밖에도 여러 가지로 사연이 많은 편지였는데 일조궁 미야스도코로는 이를 끝까지 읽지 않았다. 이 편지는 온나니노미야와의 관계를 분명히 설명한 것이 아닌, 애인의 쌀쌀맞은 태도에 이렇게 대답한다는 이야기였기 때문이다. 일조궁 미야스도코로는 오늘 밤에는 오지 않겠다는 유기리 대납언의 처사가 너무 의외였다. 죽은 권대납언이 온나니노미야에게 애정을 보이지 않아서 괴로웠지만, 그러나 겉으로는 소중히 다루어주었기에 그것으로 위로를 삼았다. 그래도 일조궁 미야스도코로는 진심으로 온나니노미야가 행복하다고 믿을 순 없었는데, 이번 일은 또 이 무슨 처사란 말인가. 태정대신 댁에서 어떻게 생각할지는 상상조차 하기 싫지만, 유기리 대납언은 어떻게 나올 것인가 기대되기도 했다. 몹시 괴로운 것을 꾹 참고 눈을 억지로 뜨다시피 하고, 새 발자국 같은 힘없는 글씨로 답장을 썼다.

'이제 저는 병이 나을 가망도 없습니다. 온나니노미야는 바로 지금 이쪽에 병문안 왔습니다. 답장을 써 드리라고 권했지만, 글씨 쓸 기운도 없을 만큼 울적해 보여서, 보다 못한 제가 대신 이렇게 씁니다.'

시든 마타리꽃처럼
온나니노미야가 시들어 있으니
이 들판의 산장을
그대는 무어라 여기고
하룻밤 숙소로 삼았나이까.

이렇게 쓰다 말고 종이를 휘장 밖으로 밀치고 그대로 다시 병상에 드러누운 일조궁 미야스도코로는 몹시 괴로워하며 신음하기 시작했다. 시녀들은 귀신이 방심하게 할 작정으로 잠시 차도가 있던 건 아닐까 하며 웅성거렸다. 효험 있다는 스님들이 모두 몰려와 병실은 혼잡했다. 처소로 돌아가도록 시녀들이 권했으나, 온나니노미야는 너무 상심한 나머지 어머니가 죽으면 따라 죽을 생각으로 떨어지려 하지 않았다.

유기리 대납언은 그날 낮에 삼조원 자택으로 돌아갔다. 오늘 밤에 다시 오노 산장으로 간다면 사람들은 이미 무슨 일이 있었을 거라 생각할 게 뻔했기에 자신에게 좋지 못한 결과를 가져오리라 여기고, 가고 싶은 마음을 억누르고 있었다. 그러나 이제까지의 그리움은 그게 다 무엇이었나 싶을 만큼 갑자기 천 배도 더한 연정에 고민하였다.

구모이노키리 부인은 대납언이 어제 산장을 방문한 이야기를 듣고는 불쾌했지만 시치미를 뚝 떼고 아이들 상대로 마음을 달래며 방에 누워 있었다.

여덟 시가 지나 오노 산장에서 일조궁 미야스도코로가 그에게 답장을 보내왔는데, 중병 환자가 쓴 새 발자국 같은 글씨는 도저히 한 번에 알아볼 수가 없었다. 대납언이 등불을 가까이 가져오게 하여 다시 천천히 읽으려던 찰나, 저쪽에 있던 부인이 얼른 눈치를 채고 다가와 등 뒤에서 편지를 빼앗아 버렸다.

"어떻게 하려는 거요? 이게 무슨 짓이요? 육조원의 하나치루사토 부인이 보내온 편지란 말이요. 오늘 아침부터 감기로 몸이 불편하시다는 걸 내가 찾아뵙지 못했기 때문에 어찌 된 일이냐며 편지를 보내온 것이오. 봐요, 그게 어찌 사랑의 편지 같소? 교양 없는 천한 행동은 하지 마시오. 해가 갈수록 나를 모욕하는 일이 잦아지니 이거 야단났군. 시녀들이 어떻게 보는지 한 번쯤은 생각해 봐요."

유기리 대납언은 한탄을 했으나, 편지를 억지로 부인의 손에서 빼앗으려 하지는 않았다. 구모이노카리 부인도 그 자리에서 곧바로 읽을 수는 없었기에 가만히 들고만 있었다.

"해가 갈수록 나를 바보 취급하는 것은 당신이지요."

남편이 태연한 척 정색하는 모습을 보자 마음이 누그러진 구모이노카리 부인은 소녀처럼 귀엽게 응석을 부렸다. 그제야 유기리는 웃으면서 말했다.

"아무려면 어떤가. 세상 어디에나 있는 법이지. 하지만 이건 다른 집에는 없는 일이라오. 상당한 지위에 있는 나 같은 남자가 오직 아내를 사랑하고 겁에 질린 매처럼 물끄러미 한 곳만 지켜보고 있으니, 사람들이 얼마나 나를 비웃겠소? 그런 괴팍스런 사내에게 사랑받는다는 건 당신으로서도 명예롭지 못한 일이거든. 많은 처첩 가운데 유난히 사랑을 받는 사람은 보지 않은 사람까지 존경을 하게 되는 법이고, 자신도 늘 긴장해서 젊은 피를 유지하는 법이지. 그리하여 참된 삶의 보람을 느낄 때가 많으리라 생각돼요. 고전소설에 나오는 노인 이야기처럼 당신 한 사람만 간절히 사랑하는 것은 당신을 위해서도 좋은 일은 아니지요. 그 때문에 세상사람들로부터 화려하게 보이지는 않으니까요."

슬쩍 편지를 되찾으려는 심산인 유기리 대납언이 좋은 소리로 구슬리자, 구모이노카리 부인은 호들갑스럽게 웃으면서 말했다.

"당신이 눈에 띄는 행동을 하시니 늙어 쭈그렁바가지가 된 제가 괴로운 거예요. 갑작스레 난봉을 부리려 하니 얼마나 당황하겠어요. 이럴 것이면 미리 조금씩 알게 해 주셨더라면 좋았을걸요."

유기리는 이렇게 원망하는 아내가 밉지는 않았다.

"갑작스럽다니 무얼 보고 그런 소릴 하는 거요? 당신은 사람을 너무 의심하는구려. 당신에게 쓸데없는 소리를 하는 시녀가 있나 보군. 그런 사람들은 처음부터 나에게 적의를 품은 자들이지. 다른 생각을 품은 자가 내가 육위 벼슬 시절에 입던 연녹색 소매 옷을 떠올리며 흠을 잡으려고 이런저런 근거 없는 소문을 당신한테 말해 주는가 보군. 한편으론 나 때문에 원죄를 뒤집어쓰신 황녀에게는 미안하지만."

유기리 대납언은 말은 이렇게 했지만 온나니노미야가 결국 그리 될 것이라 생각했으므로, 더는 변명하려 들지 않았다. 유모인 대보 댁은 과거 대납언을 두고 고작 육위라며 깔보았던 일을 떠올리며 아무 말도 하지 못했다. 그래도 구모이노카리 부인은 빼앗은 편지를 돌려주지 않고 어딘가에 감추어 버렸다. 대납언은 이를 굳이 찾아내려 하지 않고 잠자리에 들었지만 내심 안절부절못했다. 어떻게든지 찾아내야 한다. 일조궁 미야스도코로의 편지일 텐데, 어떤 내용일까. 이렇게 생각하니 잠도 제대로 오지 않았다. 부인이 잠들고 난 뒤 저녁녘에 앉아 있던 깔개 밑을 넌지시 들추어 보았지만 편지는 없었다. 깊숙이 감출 만한 시간이 없었을 텐데 어찌하여 없는 것인지 애가 타서 밤을 꼬박 새우고 말았다. 하지만 그런 기색을 할 수 없이 금방 자리에서 일어나지는 않았다.

구모이노카리 부인이 잠에서 깨어 침소에서 나가자 유기리 대납언은 다시 사방을 살폈으나 편지는 어디에도 없었다. 부인은 이렇듯 남편이 부산스럽게 찾지 않자, 사랑의 편지는 아니었나보다 하면서 더 이상 신경을 쓰지 않았다. 구모이노카리 부인은 아이들과 함께 인형에 옷을 입혀 주고, 책을 읽고 글씨 쓰는 것을 일일이 봐주느라 분주했다. 게다가 어린아이들은 뒤에서 기어올라와 매달리려 했다. 어머니이기 때문에 겪는 이런저런 번잡한 일에 쫓겨 부인은 편지를 까맣게 잊어버린 뒤였다. 유기리는 다른 일은 좀처럼 생각할 수 없을 만큼 편지가 보고 싶었다. 오늘 아침 오노에 소식을 전해 주고 싶었으나 어젯밤 편지에 씌어 있던 것을 보지 못했기 때문에 답장을 쓰더라도 그것을 언급하지 않고 편지를 쓸 수밖에 없었다. 그러면 상대가 준 물건을 소홀히 다루어 잃어버린 사실이 알려져 재미가 없어지겠다 싶어 번민하고 있었다. 부부도 아이들도 식사를 마치고 한가한 낮에 유기리는 생각다 못해 부인에게 이렇게 말했다.

"어젯밤 편지에는 무어라 씌어 있던가요. 당신은 엉뚱한 소리만 하면서 통 보여 주지 않으니 오늘부터 문병을 가야 하는데 난감하군요. 나는 오늘 몸이 불편해서 육조원에 가고 싶지도 않아요. 그래서 편지나 전해 드리려는데 어제 일을 알지 못하여 무척 곤란하군요."

유기리는 태도가 어찌나 태연한지 부인은 편지를 감춘 자신의 처사가 부질없다 싶어 갑자기 부끄러운 느낌마저 들었다. 그러나 그 말은 하지 않고 이렇게 말했다.

"어젯밤 산바람에 건강을 해쳤다고 변명하시면 되잖아요?"

"말도 안 되는 소리 작작 하시오. 나를 세속 사내들과 같이 취급하다니 기분이 썩 좋지 않군. 오히려 품행이 단정한 사내를 의심하는 당신을 시녀들도 비웃을 거야."

이렇게 농담처럼 얼버무린 그가 다시 말했다.

"어제 그 편지는 어디 있지?"

그래도 부인은 내놓으려 하지 않았다. 이렇게 다른 이야기를 하면서 얼마 동안 누워 있는 사이에 날이 저물었다.

쓰르라미 소리에 깜짝 놀라 눈을 뜬 유기리 대납언은 지금쯤 산장 뜰엔 안개가 짙게 덮였으리라, 어제 받은 편지의 답장조차 보내지 못했구나 하면서 별생각 없이 벼루에 먹을 갈았다. 어떤 사연을 보내야 할까 탄식하면서 한 군데를 응시하고 있던 참에 다다미 저쪽 모서리가 약간 들쳐져 있는 것을 발견했다. 거기를 치켜들었더니 편지는 그 밑에 깔려 있었다. 기쁘기도 하면서 한편으로는 싱거웠다. 미소를 띠면서 읽어보니 중병환자의 복잡한 심정을 전해온 글이었다. 대납언의 가슴은 갑자기 두근거렸고, 자기가 억지스럽게 마치 결합을 이룬 양 써 있는 편지를 보자, 애처로우면서도 민망했다. 둘째 날 밤인 어젯밤에 자기가 가지 않아 일조궁 미야스도코로가 얼마나 걱정했을까, 오늘도 아직 답장을 보내지 못했다는 것은 일조궁 미야스도코로가 말하는 신혼의 남편으로선 무정한 태도였다.

간접적으로 와 주길 바란다는 편지를 보냈는데도, 어제 저녁 헛되이 밤새도록 기다렸을 그녀를 생각하니, 유기리 대납언은 아내의 태도가 실망스럽고 몹시 미웠다. 교양 없는 행동으로 소중한 편지를 감추게 하는 그런 짓거리까지 모두 자기가 하도록 부추긴 응석에서 나온 결과라 생각하니, 그는 자신이 싫어 울고 싶은 심정이었다. 유기리 대납언은 이제라도 곧 가리라고 생각했으나, 온나니노미야가 쉽사리 만나려 하지 않을 터이고 이는 마땅한 일이었다. 아내는 어제부터 이렇게 줄곧 질투를 하고 있었다. 더구나 오늘은 음양도에서 꺼리는 흉일이니, 혹시 온나니노미야의 마음이 풀리더라도 영원히 행복해야 할 결혼 초에 피해야 할 날인가도 싶었다. 또한 성실한 성격에서 그리운 사람과 미래의 불안이 없도록 일을 신중하게 처리해야 했기에, 가는 것은 삼가고 먼저 일조궁 미야스도코로에게 답장을 썼다.

"참 귀한 편지를 보내주시어 여러모로 기쁘게 읽어보았는데, 노여움이 크시어 어찌된 일인지 영문을 모르겠습니다. 무슨 소리를 들으셨는지요."

　오노의 가을 들판
　풀숲을 헤치고
　그곳에 찾아갔으나
　둘 사이는 결백하니
　선잠조차 함께 하지 않았나이다.

"변명으로 결백을 증명하는 것도 사리에 맞지 않으나, 어젯밤 찾아뵙지 못
한 실례에 대한 꾸짖음은 묵묵히 받아들여야겠지요."

　이런 글월이었다. 그리고 온나니노미야에게는 긴 편지를 썼다. 그 뒤 유기리
대납언은 마구간에 있는 준마로 지난번의 대부를 칙사로 보냈다.

"어젯밤부터 육조원에 볼 일이 있어서 지금 막 돌아왔다고 여쭈어라."

　그는 산장에 일조궁 가서 전할 말에 대해 여러 가지 주의를 덧붙였다.

　오노 산장의 미야스도코로는 오늘도 소식 없이 날이 저물자, 걱정이 거듭되
어 조금 차도가 보였던 병세가 다시 악화되었다.

　오히려 온나니노미야는 어머니가 걱정하는 점을 심각하게 생각하지는 않았
고, 다만 이성에게 부주의하게 용모를 보여 버린 일이 안타까웠다. 그리고 그
의 사랑이 깊은지 얕은지는 염두에 두지 않았지만, 어머니가 몹시 비탄에 빠
져 있는 것을 보니 부끄럽고 괴로웠다. 그렇다고 자세히 말할 기회도 없어 왠
지 더 쑥스러웠다. 일조궁 미야스도코로는 걱정만 더해 가는 자기 신세를 생
각하니 가슴이 찢어지는 듯 슬펐다. 일조궁 미야스도코로가 눈물을 흘리며
말했다.

"새삼 이런저런 잔소리를 하고 싶지는 않지만, 운명이라며 철없는 생각으로
사람들에게 손가락질을 받을 만한 일은 더 이상 없도록 조심하세요. 나는 하
찮은 몸이나 온갖 정성을 다해 그대를 키웠습니다. 지금은 모든 것을 분별할
수 있고, 남녀 사이의 정분 또한 충분히 판단할 수 있을 만큼 교육을 시켰다
여기고 그 점에 대해서는 안심을 하였는데, 역시 아직은 어린 면이 남아 있었
나보군요. 이래저래 걱정스러우니 제대로 분별할 수 있을 때까지 살아 있어야
겠습니다. 여염집 여자라도 좀 상류 가정에서 자란 여식은 두 남편을 섬기지

않는다 하여, 남편이 둘이면 천박하다 비난받습니다. 하물며 황녀라는 고귀한 신분의 그대는 뭇 여자들처럼 남자의 근접을 허락해서는 아니 되죠. 나는 그대가 죽은 그 사람과 결혼하는 것을 원치 않았기에 줄곧 근심이 끊이지 않았는데, 그 또한 이런 운명이기에 그러했던 것일까요. 법황을 비롯해 모든 사람들이 허락하였고, 그분의 아버지 대신도 결혼을 허락한 듯한데 나 혼자 고집을 부려 반대할 수는 없어 포기했습니다. 결혼한 뒤에도 행복하다 할 수 없는 처지였으나, 자신의 잘못으로 그리된 것은 아니니 하늘을 우러러 원망하고 한탄할 수밖에 없었습니다. 나는 그렇게 그대를 지켜왔는데, 이제 또 두 분 모두에게 바람직하지 못한 일이 생긴 듯하군요. 허나 세상사람들의 소문은 못 들은 척하고, 대납언이 남들처럼 남편으로 애정을 보여주면 세월이 흐르면서 내 마음도 자연 잘되었다 여기게 되리라 생각했습니다. 허나 대납언은 참으로 박정한 분인가 보군요."

이미 벌어진 일이라고 변명할 줄도 모르는 온나니노미야가 그저 울고 있는 모습은 너무 가련해 보였다. 일조궁 미야스도코로는 그런 온나니노미야를 물끄러미 바라보면서 말했다.

"남보다 못한 게 무엇일까? 절대로 그런 건 없어요. 무슨 운명을 타고 나서 이런 애꿎은 일만 당하는 걸까요."

이렇게 말하는 동안에 일조궁 미야스도코로의 병세는 걷잡을 수 없이 나빠지고 말았다. 귀신이 이런 약한 틈을 노려 난동을 피우자 일조궁 미야스도코로는 갑자기 정신을 잃었다. 그러더니, 점차 몸이 싸늘히 식어 갔다. 율사도 당황해서 발원을 하고 소리 높여 기도를 드렸다. 그는 이전에 부처님께 맹세하여, 자신이 생존하는 마지막 날까지 하산하지 않고 절에 틀어박히리라 굳게 결심한 바 있으나, 이를 번복하여 하산했다. 그런데 이 사람을 도우리라는 자신의 기도가 실패하여 산으로 돌아간다면, 그것만큼 명예롭지 못한 일은 없었다. 그러면 부처님조차 원망할 것이다. 율사는 더욱 분발하여 기도를 올렸다. 온나니노미야는 울며불며 몸부림치고 있었다.

이런 소동 속에서 유기리 대납언이 소식을 보내왔다. 의식이 조금 돌아온 일조궁 미야스도코로는 그 소식을 어렴풋이 듣고, '그러면 오늘 밤엔 오지 않겠다는 말인가' 생각했다.

'한심스러운 일이다. 온나니노미야는 또 이렇게 세간의 웃음거리가 되고 마

는 것일까. 어찌하여 나까지 그런 편지를 보내어 소문의 증거를 남겼다는 말인가.'

일조궁 미야스도코로는 이런저런 생각으로 번민하다가 그만 숨을 거두고 말았다. 몹시 슬픈 일이었다. 예전부터 귀신 때문에 번번이 큰 병을 치르고 이젠 틀렸다 싶은 때도 있었지만, 귀신으로 인해 일시적으로 숨이 멎었을 것이라 생각하고 스님들은 기도를 했다. 하지만 이번엔 아무런 가망도 없고 잘못된 듯싶었다. 온나니노미야는 함께 죽겠다는 기색으로 어머니 시신 옆에 매달려 엎드렸다. 시녀들이 옆에 와서 새삼스레 도리를 말하였다.

"이젠 별도리가 없습니다. 그렇게 슬퍼하신다고 돌아가신 분이 되살아나시는 것도 아니고요. 뒤따르겠노라 하셔도 그게 사람 마음대로 되겠습니까."

"어쩔 수 없는 일입니다. 이런 행동은 돌아가신 분의 넋을 헤매게 하는 일이니, 어서 저쪽 방으로 가십시오."

모두 온나니노미야를 옮기려 했지만 잔뜩 움츠러들어 움직이지 않았다. 스님들은 기도단을 치우고 돌아갈 채비를 하고 있었다. 몇 사람이 뒤에 남겠지만, 이미 다 끝났음을 느끼게 하는 허전한 풍경이었다.

곳곳에서 조문객들이 어느 틈에 알았는가 싶을 만큼 많이 왔다. 유기리 대납언은 몹시 놀라 곧 조문을 보냈다. 육조원에서도, 태정대신 댁에서도 조문이 왔다. 쉴 새 없이 조문이 도착했다.

산에 있는 법황도 소식을 듣고 슬픔이 깃든 편지를 온나니노미야에게 보내왔다. 이 편지를 받고 슬픔에 빠져 있던 온나니노미야도 비로소 고개를 들었다.

'요즘 들어 병이 매우 위중하다는 말을 들었지만, 본디 허약한 사람이었으니 방심하여 방문조차 못했구나. 고인의 죽음을 애도함은 물론, 궁이 얼마나 슬퍼할까 생각하니 무엇보다 가슴이 아프구나. 죽음은 아무도 피할 길이 없으니 마음을 안정시키도록 해라.'

온나니노미야는 눈물 때문에 앞이 잘 보이지 않았지만, 이 편지만큼은 답장을 썼다.

일조궁 미야스도코로가 생전에 주검은 곧바로 화장하라고 유언해서, 장례는 오늘 안에 치르기로 했다. 조카인 야마토의 수가 상례 절차를 진두지휘하던 차에 유기리 대납언이 왔다.

"오늘 문상을 가지 않으면, 다른 날은 날짜가 좋지 않아."

이렇게 말하고, 속으로는 무척 슬퍼할 온나니노미야를 떠올렸다. 조금이라도 빨리 가야 하는데, 시녀들이 말렸다.

"그렇게까지 달려가실 만한 관계는 아니지 않습니까?"

그는 그들을 애써 물리치며 나왔다. 오늘따라 가는 길이 더 멀게 느껴짐이 유기리를 더욱 슬프게 했다.

산장 분위기는 썰렁했다. 마지막 장례 의식이 거행되는 곳은 칸막이로 막고 사람들은 여느 때처럼 서편 툇마루로 유기리 대납언을 안내했다.

쌍바라지 앞 툇마루에 기대앉아 유기리 대납언이 시녀를 불렀으나, 모두가 슬픔에 빠져 침착한 자는 아무도 없었다. 대납언이 왔대서 좀 위로가 되었는지, 소장 댁이 직접 응접하러 나왔다. 대납언은 가슴이 미어져 말이 나오지 않았다. 울음을 터뜨리는 성미는 아니었지만 산장의 슬픈 분위기와 사람들의 애잔한 심정이 상상되었고, 자기와 가까운 사람을 통해 덧없는 세상 속 사라진 도리 때문에 몹시 충격을 받았다.

"좀 차도가 있으신 줄 알고 마음을 놓았었는데 이게 무슨 일입니까. 꿈도 깨려면 잠시 틈이 있다고 하는데, 이 무슨 어처구니없는 일이란 말입니까."

유기리는 잠시 마음을 가라앉히고 이렇게 조문했다. 소장 댁은 이 말을 온나니노미야에게 전했다. 헤어날 수 없는 운명이었지만, 온나니노미야는 어머니가 가슴 아파하던 모습을 떠올리며, 유기리 대납언 때문에 어머니의 상태가 급격히 나빠진 것을 원망했다. 온나니노미야는 야속한 인연이란 생각에 조문에 대한 대답조차 하지 않았다.

"어떻게 전해야 합니까. 가벼운 신분도 아닌데 몸소 이 먼 곳까지 조문을 오셨으니 그 호의를 무시하는 처사는 너무 무례합니다."

시녀들이 저마다 이렇게 말했다.

"알아서 말하여라. 지금으로서는 뭐라 말해야 좋을지도 모르겠다."

온나니노미야는 이렇게 말하고 이내 누워 버리니 그럴 만도 했다.

"지금 같아선 온나니노미야님은 돌아가신 분이나 매한가지입니다. 그래도 나리께서 오셨다는 말씀은 전했습니다."

시녀는 대답 대신 이렇게 전했다. 이들 또한 하염없이 눈물을 흘리고 있어서, 유기리는 이렇게 말했다.

"어떻게 말해야 할지 모르겠으니, 내 마음도 좀 가라앉히고 온나니노미야님 심정도 평온해졌을 때 다시 오지요. 어쩌다가 갑자기 이렇게 되었는지 그 경과를 알고 싶습니다."

소장 댁은 있는 그대로는 아니나 비탄해하던 일조궁 미야스도코로의 정황을 조금 이야기했다.

"원망하는 말같이 들으셨는지요. 오늘은 머리가 혼미해서 잘못 말씀드린 것도 있겠지요. 온나니노미야님의 슬픔이 언제까지나 계속되지는 않을 것이니 마음이 가라앉으셨을 때 또 오십시오."

이렇게 말하는 소장 댁도 몹시 당황한 기색이니, 유기리 대납언은 하고 싶은 말이 선뜻 입에서 나오지 않았다.

"내 마음도 캄캄하니 온나니노미야님은 더 그러시겠지요. 그래도 그분을 위로해 드리고 이후 무슨 답변이라도 얻을 수 있도록 선처를 부탁하오."

그렇게 말해 놓고 드나드는 사람이 많은 오늘 같은 날, 산장에서 긴 이야기를 늘어놓는 게 천박해 보이리라 생각해 대납언은 이만 돌아가기로 했다.

오늘밤 안으로 끝내기 위해 납관이며 그 밖의 일을 착착 진행하고 있었는데 성대하지 못한 장례식 탓에 비애가 더욱 크게 느껴졌다. 그래서 유기리는 그 근처에 있는 자기 장원의 무사들을 불러, 여러 일들을 나누어 맡아서 도우라고 명령했다. 갑작스레 벌어진 일이어서 간단히 끝내려던 장례는 덕분에 생각보다 그럴듯하게 꾸밀 수 있었다. 야마토의 수가 기뻐하며 말했다.

"모두 나리의 고마우신 처사 덕분이옵니다."

어머니를 화장하자 시신은 형체도 없이 사라졌다. 온나니노미야는 그 허망함에 엎드려 슬퍼하였다. 부모 자식 사이라고 해도 이들처럼 사이 좋은 모녀지간은 또 없었으니, 시녀들은 온나니노미야의 이런 상태를 한탄했다. 야마토의 수가 장례 뒷마무리를 하고 온나니노미야에게 이렇게 말했다.

"이런 상태로 쓸쓸한 산장에 오래도록 머무는 것은 무리입니다. 그러면 더욱 슬픔을 잊지 못하게 될 것입니다."

온나니노미야는 어머니가 연기가 되어 사라진 산 가까이 있고 싶어, 이대로 이곳에서 살고 싶다는 생각을 품었다. 49일 동안 상중 근행을 하는 스님들은 동쪽 방과 그쪽 복도, 아래채에다가 조그맣게 장막을 치고 조용히 지냈다. 온나니노미야는 서쪽 끝 방을 임시 거처로 꾸며 사용하고 있었다. 아침이 오는지도, 밤이 가는지도 잊고 날은 흘러흘러 9월이 되었다.

산바람은 심해졌고 잎은 방풍림에서도 모두 사라졌다. 쓸쓸함이 뼈에 사무치는 계절이니, 하늘빛에도 슬픔이 느껴져 온나니노미야는 깊이 탄식했다. 목숨마저 마음대로 할 수 없어 애통해하였다. 시녀들도 이중삼중으로 슬퍼할 뿐이었다.

유기리 대납언은 날마다 위로의 편지를 보내왔고, 쓸쓸한 염불승에게도 그들이 기뻐할 만한 선물도 자주 보냈다. 또한 온나니노미야에게는 진심 어린 편지를 잇따라 보내어, 온나니노미야의 냉담한 태도를 원망하면서도 일조궁 미야스도코로의 죽음을 안타까워하는 심정을 토로했다. 그래도 온나니노미야는 편지를 들여다보려 하지 않았다.

대납언이 온나니노미야의 방에 들어간 일을 오해하고 그대로 돌아가신 어머니를 생각하니, 현세의 불효는 물론 내세의 성불에도 방해가 된 듯싶었다. 그 꺼림칙한 사건으로 인해 가슴이 터질 것만 같아, 대납언 이야기만 들어도 그 사람이 원망스러워 울음이 나왔다. 이 모습을 본 시녀들은 어떻게 할 수가 없었다. 처음에 대납언은 온나니노미야가 슬픔에 잠겨 있기 때문에 한 줄의 답장도 받을 수 없을 거라지만, 그는 어떤 슬픔에나 한도가 있는 법인데 여태까지 자기의 편지를 외면하는 이유를 알 수 없었고, 너무나 매정하다 싶어 못내 원망하게 되었다.

관계 없는 이야기를 문학적으로 엮어 '꽃이야 나비야' 하는 노릇이라면 차가운 눈으로 보는 게 마땅하겠으나, 자신의 슬픔에 동정해서 소식을 전하는 사람에겐 보통 친근감을 느끼게 마련이다. 옛날 할머니께서 돌아가셨을 때 나는 진심으로 슬퍼했지만, 친아들인 태정대신은 그다지 슬퍼하지 않고 누구든 겪어야 하는 존친(尊親)의 죽음을 마땅한 일로 받아들였다. 그리하여 의식적인 일만 화려하게 벌이는 것을 능사로 삼았는데, 나는 그에 대해서는 반감을 품었다. 오히려 아버지 겐지가 친부모도 아닌 할머니를 위해 정성껏 불사 등 여러 가지를 베푸신 데에 감격했으니, 이는 겐지가 내 아버지라서 그런 것은 아니었다. 고인이 된 가시와기 권대납언을 자기가 좋아하게 된 것도 이 무렵부터였다. 조용한 성격에다가 인정이 많은 그가 자기와 마찬가지로 할머니의 죽음을 진정 슬퍼하는 데서 마음이 끌렸던 것이다. 유기리 대납언은 이런저런 상념에 잠겨 따분하게 하루하루를 보내고 있었다.

'산장에 계신 황녀와 유기리 대납언은 무슨 관계였을까? 일조궁 미야스도코로와 편지도 자주 주고받았던 것 같은데.'

구모이노카리 부인은 의심쩍어했다. 그래서 아이를 시켜서 저녁 하늘을 바라보며 수심에 잠겨 있는 남편에게 짧은 편지를 보냈다. 별로 대단치도 않은 종이쪽지였다.

　당신이 애통해하는 이유를
　무어라 여기고 위로하면 좋으리
　남겨진 분이 그리워서인지
　떠나신 분이 그리워서인지
　과연 어느 쪽이랴

"이를 알 수 없어 괴롭습니다."

유기리 대납언은 편지를 보고 씁쓸하게 웃으면서 이렇게 생각했다.

'신경을 끄지 못하고 시시콜콜 이리 물어대니 참으로 성가시군. 일조궁 미야스도코로의 죽음을 슬퍼하다니, 잘못 알고 있구려.'

그러면서 태연하게 이런 답장을 썼다.

　어느 한 분 때문에
　슬픔에 잠기지는 않았으니
　덧없이 사라지는 이슬도
　풀잎에서의 운명이 전부이듯
　사람의 목숨 또한 덧없음이여

"세상만사가 다 슬프니."

구모이노카리 부인은 편지를 받아보고는, 역시 이런 말로 얼버무리며 사실대로 말해주지 않는구나 싶어 속상할 따름이었다.

그리움을 누를 수 없어 유기리 대납언은 또다시 오노 산장으로 온나니노미야를 찾아가기로 했다. 49재가 지나고 천천히 찾아가려 했으나 그때까지는 아직 시일이 너무 많이 남아 있었다.

'이제는 소문이 날 것을 두려워할 필요가 없다. 이런 때 다른 남성들이 하는 대로만 하면 성립되는 결합이 아니겠느냐.'

유기리 대납언은 이렇게 각오하고 부인의 질투 따위는 안중에도 없었다. 온 나니노미야의 마음이 아직 자기에게 기울지 않았다 하더라도 '하룻밤 잠자리'를 하면서 오랜 연분을 희망하던 일조궁 미야스도코로의 편지가 자기 손 안에 있는 이상 이미 운명에서 벗어날 수 없다.

9월 10일이 지나자 들과 산은 계절의 정취를 모르는 사람마저 감동할 만큼 풍취가 있었다. 나뭇가지에 매달린 잎이나 산봉우리에 얽혀 있는 칡잎이 산바람을 견디지 못하고 쫓기듯 흩날려 떨어지는 소리에, 독경과 염불을 하는 숭고한 목소리가 희미하게 섞여 있을 뿐 사람의 기척은 거의 없었다. 세찬 바람이 불어오는 가운데 사슴이 울타리 바로 옆에 서 있다가 새를 쫓으려 논밭에 걸어놓은 딸랑이 소리에도 놀라지 않고 짙은 황금색 물결 속으로 들어가 우니, 마치 암사슴을 그리워하는 것처럼 구슬펐다.

떨어지는 폭포 소리 또한 사랑에 애가 타는 사람에게 서러움을 부추기듯 콸콸콸 울려 퍼졌다. 풀숲에서는 구슬프게 우는 벌레 소리가 희미하게 들리고, 마른풀 사이로 이슬에 젖은 자태를 뽐내듯 용담꽃이 길게 뻗어 있었다. 모든 것이 해마다 보아 익숙한 가을 경치인데 때와 장소에 너무나 잘 어울리니 참기 어려운 애수를 자아냈다.

유기리 대납언은 여느 때처럼 서쪽 쌍바라지 앞에서 안에 대고 말을 전했는데, 그대로 선 채 수심 어린 얼굴로 주위를 두리번거리고 있었다. 착용감 좋은 부드러운 평상복 밑에 곱게 다듬이질한 짙은 보랏빛 옷을 겹쳐 입었다. 그 광택이 깔끔하게 비쳐보였다. 그리고 눈부시게 비쳐오는 저녁 햇빛을 자연스럽게 부채를 들어 얼굴을 가리는 손이 곱게 보였다.

'여자 손도 저렇게 아름답지는 않은데.'

시녀들은 이렇게 생각하며 그것이 뜻대로 되지 않는다고 한탄하며 내다보고 있었다.

대납언은 호명하여 소장 댁을 불러냈다. 좁은 툇마루지만 다른 사람이 듣고 있을지도 모른다는 불안감 때문에 큰 소리로는 말하지 못했다.

"조금만 더 다가와 앉아라. 그리 거북하게 굴지 말고 이렇게 깊은 산 속까지 마다하지 않고 찾아온 나의 마음을 그리 남을 대하듯 해서야 되겠느냐. 그대가 보이지 않을 만큼 안개가 짙게 내렸군."

유기리 대납언은 소장 댁을 보지 않는 척 일부러 고개를 돌려 산 쪽을 바라보았다.

"더 이리로. 좀더."

대납언이 채근을 하자 소장 댁은 짙은 쥐색 휘장 끝자락을 살며시 밀치고는 넓게 퍼진 옷자락을 끌어당기고 앉았다. 이 사람은 야마토의 수의 여동생으로 온나니노미야와는 사촌 자매지간이었다. 어릴 때부터 일조궁 미야스도코로의 손에 자란 터라 짙게 물들인 밤색 상복 위에 소례복을 입었다.

"돌아가신 분에 대해 한없이 슬퍼하는 게 마땅하지만, 나에 대한 온나니노미야님의 그 혹독하고 매정한 처사를 한탄하다 보니 혼마저 몸에서 빠져나간 듯하다. 만나는 사람마다 그런 나를 이상하게 여기니 더는 참을 수가 없구나."

이런 말을 서두로 유기리 대납언은 원망의 말을 늘어놓으며 하소연했다. 그러면서 일조궁 미야스도코로의 마지막 편지에 씌어 있던 내용을 말하면서 흐느꼈다. 소장 댁도 대납언에 뒤질세라 눈물을 흘리며 흐느끼면서 끊어질듯 말을 이어갔다.

"눈을 감으시면서 그날 밤 찾아와주시기는커녕 답장조차 없는 것을 얼마나 원망했는지 모릅니다. 날이 어두워지자 병세가 갑자기 악화되니, 귀신이 그 틈을 노려 목숨까지 빼앗아갔다 하옵니다. 가시와기 권대납언이 돌아가실 때에도 일조궁 미야스도코로님은 너무 한탄한 나머지 정신을 잃은 적이 한두 번이 아니었습니다. 허나 온나니노미야님이 그때 너무도 슬퍼했기에 위로해주려 마음을 굳게 먹으며 견디어 정신을 되찾곤 했습니다. 그런데 이번에는 위기를 넘기지 못하고 정말 돌아가시고 말았으니, 온나니노미야님은 슬픔에 빠져 망연자실한 상태로 지내고 있습니다."

소장 댁은 잊을 수 없다는 듯이 한숨을 몰아쉬며 이런 말을 했는데, 아직도 머리는 무척 혼미해 보였다.

"그렇구나. 그런 마음이 섭섭하다는 것이다. 황송한 말이나, 이제 와서 누구를 의지하겠느냐. 부친이신 법황은 속세와 완전히 인연을 끊고 산 속 깊은 곳에서 살고 계시니 편지를 주고받는 일조차 여의치 않은데. 나를 이렇듯 매정하

게 대하는 온나니노미야님의 태도를 그대가 뭐라 말 좀 해주시오. 모두 전생의 인연에서 비롯된 것이니. 더는 살고 싶지 않다 한들 뜻대로 되지 않는 것이 세상이다. 무슨 일이든 뜻대로 된다면야, 어머님과 가슴 아픈 사별을 하는 일도 없었을 것 아니냐."

이렇게 유기리 대납언이 여러 말을 했지만, 소장 댁은 대답도 못한 채 그저 한숨만 푹푹 쉬었다.

수사슴이 암사슴을 찾아 자꾸 울어대니, 유기리 대납언은 자신도 아내를 그리워하는 마음이 사슴 못지않다고 생각했다.

인가와 먼 오노의 들판도
마다하지 않고 헤치고 찾아와
나 또한 이렇게 사슴처럼
목놓아 울고 있네.
그대의 매정함 탓에

소장 댁이 유기리 대납언의 노래에 답했다.

상복 소맷자락도
눈물에 마를 날이 없는
이슬 깊은 가을 산골에서
사슴의 서글픈 울음소리에다
내 울음소리를 더하네.

소장 댁의 이 노래는 별로 신통해 보이지 않았지만, 유기리는 나직이 소리를 죽여가며 말하는 그 음성이 우아하게 느껴졌다.

소장 댁이 유기리 대납언의 말을 전하자, 온나니노미야는 쌀쌀맞은 답을 보내왔다.

"지금은 슬픈 꿈속을 헤매는 듯하니, 이 슬픔이 좀 진정되면 이렇듯 번번이 찾아주는 것에 대한 예는 올리겠습니다."

대납언은 참으로 야속하다 여기면서 한숨을 흘리고 돌아갔다.

돌아가는 길에 마음을 저미는 밤하늘 풍경을 바라보자 때마침 보름을 이틀 앞둔 달이 휘황하게 떠올라, 오구라 산이 이름과 달리 어둡지는 않으리라 생각하며 도읍으로 돌아갔다.

돌아가는 길목에 있는 일조궁이 전보다 한층 황폐해진 듯했다. 서남쪽에 무너져 내리는 토담 너머로 안을 들여다보니, 격자문이 모두 닫혀 있고 사람은 그림자조차 보이지 않았다. 달빛만이 깨끗한 개울물을 환히 비추고 있었다. 죽은 가시와기 권대납언이 이 물가에서 음악놀이를 하던 때가 생각났다.

그리운 친구의 모습은
더 이상 보이지 않는 연못에
가을밤 달빛만
그림자를 드리우고 홀로
이 집을 지키고 있구나

이렇게 읊조리며 집에 돌아온 유기리 대납언은 마루 가까이 방에서 달을 쳐다보며 연인의 매정함을 한탄했다.

"전엔 이렇게까지 하신 적이 없는데, 보기 안 좋으니 그만두시면 좋으련만."

시녀들은 이렇게 비아냥거렸다. 구모이노카리 부인은 이토록 변한 남편 때문에 몹시 슬퍼하고 있었다.

'마음은 다른 곳에 가 있으니 그분만 생각하고 있겠지. 무슨 일이 있을 때마다 애당초 그런 일에 익숙한 육조원 부인들이 서로 사이가 좋은 것을 예로 들어 나를 성품이 나쁘고 무뚝뚝한 여자라 단정했으니 정말 속이 상하구나. 전부터 처첩이 많은 생활을 했다면 나도 이렇듯 부끄러워하지 않고 오히려 떳떳하게 지낼 수 있었을 텐데. 부모와 형제를 비롯해 모두가 그 사람을 행실이 바른 사람의 표본인 듯 칭찬하고 우리 부부를 본받아 행복하기를 바라는데. 오랜 세월 함께하고도 남편이 바람을 피워 이렇듯 나쁜 소문에 휘말리게 되다니.'

구모이노카리는 몹시 한탄했다.

밤이 새도록 둘은 허심탄회하게 이야기하지 않고 등을 돌린 채 한숨만 쉬었다.

유기리 대납언은 아침 이슬이 채 걷히기도 전에, 서둘러 오노 산장에 보낼 편지를 썼다.

구모이노카리 부인은 몹시 불쾌했으나, 전처럼 편지를 빼앗지는 않았다. 대납언은 자상하게 쓰고 나서 붓을 내려놓고 자신이 지은 노래를 흥얼거렸다. 목소리를 조그맣게 했지만 구모이노카리 부인의 귀에도 그 소리가 들렸다.

새벽녘 꿈 깼다던 그 한 마디 못 잊어
언젠가 내 그대를 깨워드릴 것이니

'오노산(小野山) 위쪽에서 쏟아지는 소리 없는 폭포'라는 옛노래를 인용한 것 같다. 말아서 겉봉을 싸고 나서도 유기리 대납언은 '얼마나 좋으랴'를 읊조렸다.

칙사를 불러들여 편지를 건넸다. 구모이노카리 부인은 역시 답장이라도 봐야겠다, 둘 관계가 얼마나 진전되었는지 확인해봐야겠다고 생각했다.

아침 늦게 오노 산장에서 답장이 왔는데 짙은 보랏빛의 딱딱한 종이에 쓴 소장 댁의 쌀쌀맞은 편지였다. 오늘도 자기들이 애를 써보았지만 온나니노미야 움직이지 못했다는 사연을 담았는데, '미안한 나머지, 편지에 낙서하신 것을 몰래 가져왔습니다'라는 글과 봉투 속에는 찢어진 작은 편지지가 잔뜩 들어 있었다. 유기리 대납언은 온나니노미야가 적어도 자신의 편지를 읽었다는 생각만으로도 뛸 듯이 기뻐하니, 참으로 민망한 일이 아닐 수 없다. 온나니노미야가 무심하게 흘려 쓴 노래의 말을 끼워맞추어 읽어보니 이러했다.

아침저녁으로 소리내어 우는
이 오노 산장에서는
내 끊이지 않는 눈물이
모이고 모여
소리 없는 폭포를 이루려나.

이렇게 해석해야 할 노래처럼 보였다. 그밖에 쓸쓸한 마음과 어울리는 옛 노래가 적혀 있는 온나니노미야의 글씨는 너무 아름다웠다.

'남녀 사이의 정분에 얽혀 고뇌하는 이야기를 남의 일로 들을 때는 한심하고 제정신이 아니라 여겼건만, 막상 내 일이 되고 보니 견디기가 어렵구나. 참으로 이상하네. 왜 이리 마음이 초조한 걸까.'

유기리는 반성하고 생각을 고쳐먹으려 했지만 달리 뾰족한 수가 없었다.

육조원의 겐지 귀에도 소문이 들어갔다. 대납언은 성품이 온화하고 만사에 사려가 깊어 비난의 여지가 없는 인물이라 이제껏 아무런 걱정 없이 지내온 것을 부모로서 자랑스러워했고, 젊은 시절 화려하게 염문을 뿌렸던 자신의 불명예를 벌충해준다고 기뻐했거늘, 이런 일이 벌어지니 유감스럽게 생각했다.

'가엾게도, 온나니노미야에게나 구모이노카리 부인에게나 안된 일이구나. 온나니노미야에게 구모이노카리 부인은 죽은 남편의 여동생이니, 시아버지인 전태정대신이 이 소문을 들으면 어찌 생각할까. 대납언이 그 정도 생각이 없을리가 없으니, 전생의 인연이란 피할 수가 없구나. 내가 이래라저래라 끼어들 일은 아니지.'

겐지는 이렇게 생각하면서도 다만 두 여인의 입장에서 보면 어느 쪽에게든 애처롭고 난감한 일이라고 걱정을 했다.

한편 무라사키 부인의 앞날을 생각하며 자신이 죽은 뒤의 신상을 염려하였다. 부인은 얼굴을 붉히며 이렇게 생각했다.

'매정하구려. 나를 그리 오래 살게 할 작정이신가. 여자만큼 처신하기 힘들고 애처로운 존재도 없거늘. 사물의 정취도, 계절에 따른 풍류 가득한 놀이도 전혀 모르는 듯 틀어박혀 조심스럽게 살아야 한다면 무엇으로 삶의 기쁨을 느끼고 무상한 이 세상의 쓸쓸함을 달래리오. 세상의 도리도 모르는 채 아무 쓸모없는 여자로 산다면, 애지중지 키워주신 부모님도 실망이 크겠지. 법사들이 수행의 예로 삼는 옛이야기의 무언태자처럼 하고 싶은 모든 말을 가슴에 묻고, 선악을 엄연히 알고 있으면서도 그저 묵묵히 지내는 것은 그야말로 따분한 일이거늘. 나 자신 또한 중용을 지키면서 적당히 처신하려면 어찌해야 할까.'

무라사키 부인은 요즘 자신이 맡아 기르는 아카시 여어의 첫째 딸이 걱정되어 그러하리라.

유기리 대납언이 육조원을 찾아 왔을 때 겐지는 아들의 생각을 알아보고자 이렇게 말을 꺼냈다.

"일조궁 미야스도코로의 탈상은 했겠구나. 바로 엊그제 일 같은데, 세월이 어느덧 삼십 년이나 흘렀으니 참으로 무상한 세상이로고. 풀잎에 맺힌 이슬만큼이나 허망한 목숨을 탐하다니 한심하기 짝이 없구나. 어떻게든 이 머리를 깎고 모든 것을 버리고 출가하고 싶은데, 여전히 태연한 얼굴로 목숨에 한이 없는 것처럼 하루하루를 보내고 있으니. 미련이 많은 듯하여 볼썽사납구나."

유기리 대납언이 말했다.

"불행을 너무 겪어 이승에 미련이 없을 것 같은 사람도 막상 속세를 벗어나는 일은 쉽지 않겠지요.

야마토의 수가 혼자서 일조궁 미야스도코로의 49재 법회를 도맡아 하고 있으니 안타깝고 가여운 일입니다. 좋은 가문에서 태어나지 못한 사람들은, 자신의 복만 가지고 사는 동안에는 상관이 없습니다만 죽고 난 뒤에 보면 불쌍하기 그지없지요."

겐지가 말했다.

"법황께서도 조문을 하시겠지. 온나니노미야가 얼마나 슬퍼할까. 들리는 소문으론 그 일조궁 미야스도코로는 인품이 좋은 사람이었다던데. 돌아가신 것이 아쉽구나. 더 살아야 할 사람이 그렇듯 덧없이 돌아가셨으니. 법황께서도 갑작스러운 소식에 몹시 놀라셨다더군. 온나니노미야는 셋째에 이어 법황께서 매우 어여삐 여겼던 분이라던데. 그러니 성품도 나무랄 데가 없겠지."

"글쎄요. 온나니노미야님의 성품은 잘 모릅니다. 일조궁 미야스도코로는 먼 발치에서 보아도 모자람이 없는 여성으로 보이더군요. 그분과 친밀하게 지냈던 것은 아니지만, 하나를 보면 그 사람의 취향이나 소양을 자연히 알게 되니까요."

유기리 대납언은 이렇게 답하여 온나니노미야에 대해서는 아무 것도 모르는 척했다.

'어버이의 말 한 마디로 강렬한 사랑을 단념케 할 수는 없다. 부질없는 충고를 하는 것은 좋은 일이 아니다.'

겐지는 이렇게 생각하며 더 이상 아무런 추궁도 하지 않았다.

유기리 대납언은 일조궁 미야스도코로의 법회를 도맡아서 여러 방면으로 애쓰고 있었다. 이런 일은 금방 소문이 나는 법이어서 얼마 지나지 않아 전 태정대신 댁에까지 알려졌다. 전 태정대신은 온나니노미야가 경솔하게 처신하여 그런 일이 생긴 것이라 여기니, 그 또한 안된 일이었다.

법회 당일에는 전 태정대신의 자식들도 옛 인연을 잊지 않고 참례했다.

독경을 하는 스님들에게 전 태정대신이 호화로운 보시를 내렸다. 자식들 또한 뒤질세라 보시를 하니 당대를 주름잡는 사람의 법회 못지않게 번듯했다.

온나니노미야는 이대로 오노 산장에 묻혀 평생을 보내리라 결심했으나, 이일을 법황께 보고한 사람이 있었다.

"그 무슨 당치도 않은 소리! 이런저런 사람들에게 신세를 져서도 안 되겠지만, 그렇다 하여 보호자 없는 사람이 승려가 되면 오히려 허튼 소문이 퍼져 번뇌의 씨를 만들 수도 있다. 그러면 이 세상의 행복도 내세의 왕생도 얻을 수 없을뿐더러, 이러지도 저러지도 못하는 신세가 되어 세상의 손가락질을 받게 될 거야. 내가 이렇게 출가를 한데다 온나산노미야까지 승복을 입었으니, 세상에서는 내게 자손이 없다고들 수군덕거리거늘. 세상을 버리고 출가한 나로서는 새삼스럽게 미련이 남을 일도 없지만, 그렇게 모두들 앞을 다투어 출가한다면 분명 난감한 일이 생길 것이다. 세상의 괴로움으로 출가를 하면 오히려 소문이 좋지 않은 법이다. 출가에 대해선 냉정을 되찾고 사리정연하게 생각한 뒤에 결정해야 된다."

이런 의미의 충고를 여러 번 하셨는데, 그것은 유기리 대납언과의 염문을 귀에 담으신 까닭이었다. 법황은 '황녀가 대납언의 사랑이 충분하지 않아 그 사실을 비관해서 여승이 되었다'고 사람들이 입방아 찧을까봐 걱정했다. 그렇다고 해서 공공연하게 대납언과 인연을 맺는 것은 천박하고 바람직하지 않은 일이라 생각했다. 그 문제를 건드리면 온나니노미야가 수치스러워할 것이 뻔하니 애처로워서 차라리 자기라도 모른 체해야겠다고 생각했다.

유기리 대납언은 이렇게 마음을 굳혔다.

'이때까지 온갖 방법으로 설득해 보았으나, 온나니노미야는 받아들일 자세가 되어 있지 않다. 이제는 온나니노미야의 승낙을 기다릴 것도 없이, 세상사 사람들에게는 일조궁 미야스도코로가 희망했던 일이라고 말하자. 고인에게 조금쯤 책임을 지우는 것도 어쩔 수 없는 일이다. 언제부터 시작되었는지 모르겠다고 얼버무리자. 새삼스럽게 젊은이로 되돌아간 듯 사랑이니 욕정이니 하면서 집요하게 매달리는 것도 꼴사나운 일이다.'

유기리 대납언은 온나니노미야가 일조원으로 돌아가는 날을 혼인날로 정하고선 야마토의 수에게 의식을 준비하라고 분부했다. 여자들만 살던, 풀이 무성한 저택을 수리하게 하고, 집 안 구석구석을 금방 닦아낸 것처럼 말끔하게 했다. 그리고 칸막이며 병풍·휘장·장대(帳臺)·이부자리 등에도 한층 정성을 들였다.

당일 유기리 대납언은 일찌감치 일조원을 찾아 수레며 수행원들을 산장으로 보냈다. 온나니노미야가 절대 돌아가지 않겠다고 버티자 시녀들이 백방으로 달랬고, 야마토의 수 또한 나서서 설득하면서 소장 댁과 시녀들을 책망했다.

"당치도 않아요. 장례식이 있은 뒤로 쓸쓸하신 처지를 슬피 여기며 해드릴 수 있는 데까지 최선을 다해 왔습니다. 그러나 저는 지방장관으로서 맡은 고을을 등한시할 수 없으니 머지않아 다시 야마토로 내려가야 합니다. 온나니노미야님의 시중을 누구에게 부탁할까 하고 걱정했었는데, 마침 유기리 대납언이 신경을 써주셨습니다. 온나니노미야님만 생각하면 재혼이 최상책이라고는 할 수 없지만, 그 옛날 내친왕들 가운데에서 그런 예는 얼마든지 있었습니다. 자신의 의사가 아니고 운명에 따라 모두 그렇게 되셨으니 황녀님 한 분만 비난받지는 않을 겁니다. 이분의 뜻을 물리친다는 것은 너무나도 어린 생각이지요. 여성도 독립할 수 있다고 생각하시겠지만, 현실을 직시하면 자신을 지키는 일과 경제적인 일로 얼마나 고생이 많을지 아직은 모릅니다. 그러니 제대로 존중해 주는 남편의 도움을 받아야 황녀님도 친분을 충분히 발휘할 수 있을 겁니다. 모두가 황녀를 모시는 측근인 그대들이 말씀을 제대로 드리지 못해 생긴 일입니다. 그러면서 당치도 않은 편지 중개나 하였으니, 원……."

야마토의 수는 다시 말을 이었다.

"황녀님께서 잘 이해하도록 말씀드리지 않는 것은 나쁜 행동입니다. 뿐만 아니라 이렇게까지 된 동기도 당신들의 부주의 때문이 아닌가요?"

그러면서 소장 댁과 좌근 댁을 나무랐다.

시녀들이 모두 모여들어 저마다 재촉하는 바람에 온나니노미야는 어쩔 수 없이 고운 빛깔의 옷을 갈아입혀 주는 대로 있을 수밖에 없었다. 그러면서 잘 라내고 싶어했던 머리칼을 뒤에서 앞으로 끌어당겨 보니, 여섯 자가량 되었다. 그런데 전보다는 머리숱이 조금 줄어든 것 같았다. 다른 사람의 눈에는 매우 소담스럽게 보였지만, 아주 쇠약해져 있었다. 이젠 결혼도 할 수 없을 만큼 온 갖 불행을 겪어 자신이 망가졌다고 생각하며 갈아입은 옷차림 그대로 힘없이 엎드리고 말았다.

"예정된 시간이 지났습니다. 서둘러 떠나지 않으면 밤이 깊어지겠습니다."

시녀들이 채근을 하고 야단이었다. 때마침 바람이 불면서 우두둑 소나기가 내리니 모든 것이 서글프기만 하여 온나니노미야는 이런 노래를 읊조렸다.

어머니를 태운 연기는
봉우리 저편에 피어오른
그 연기와 하나 되어 하늘로 사라졌거늘
뜻하지 않은 분을
따르고 싶지는 않네.

온나니노미야의 마음이 이러했으므로 시녀들은 언제나 가위 등속들을 모 두 감추어버림으로써, 온나니노미야가 손수 여승이 되는 일이 없도록 경계했 다. 그러나 온나니노미야 또한 그렇게 주위에서 호들갑 떨지 않더라도 남들이 알아 좋을 게 없었으므로 여승이 되어 스스로를 깨끗이 해야겠다는 생각도 없었다. 따라서 본뜻을 굳이 지키려고도 하지 않았다.

시녀들은 모두 이사 준비를 서둘러 빗접이며 문갑, 당궤, 그 밖의 도구들을 자루 따위에 모두 넣어 실어 보냈다.

온나니노미야는 혼자 남아 있을 수도 없었던 터라 울면서 수레에 올랐다. 어 머니가 없는 옆자리가 유독 눈에 띄니, 이곳에 올 때는 일조궁 미야스도코로 가 몸이 불편하면서도 온나니노미야의 머리를 쓰다듬어 주고 안아서 수레에 서 내려주었던 일이 떠오르자 또 눈물이 앞을 가렸다. 장도와 함께 일조궁 미 야스도코로의 불경함을 지금도 몸에 지니고 있었기에 이런 노래를 읊었다.

떠나신 어머니의 유품
불경함을 보자
그리움을 달랠 길 없어
왈칵 눈물이 솟아 앞을 가리니

아름다운 함이 잘 보이지 않누나.

상중에 사용하는 검은 불경함을 아직 준비하지 못해, 일조궁 미야스도코로
가 생전에 늘 쓰던 나전 상자를 그대로 지니고 있었다. 스님에게 보시하기 위
해 만든 것인데 유품으로 남겨 놓은 것이다. 온나니노미야는 옥상자의 뚜껑을
연 우라시마 다로처럼 허망한 기분이 들었다.

일조원에 이르러 보니, 저택 안은 슬픈 기색은 어디에도 없었고 사람들이
북적이는 것이 꼭 다른 집 같았다. 수레를 세우고 내리려 했지만 내 집이라는
느낌이 들지 않아 머뭇거렸다.

"참으로 어른스럽지 못합니다."

시녀들이 안절부절못하고 애를 태웠다.

유기리 대납언은 동쪽 별채의 남쪽 사랑방을 임시 거처로 만들고, 자신이
이 저택의 주인이라도 되는 양 행동했다.

삼조 본가의 시녀들은 유기리 대납언의 갑작스런 처사에 놀람을 금치 못
했다.

"별안간 다른 집과 더불어 새 마님까지 생겨났으니 어찌된 걸까요? 언제쯤
부터 시작된 관계일까요?"

평소 자상하고 정실 말고는 첩을 거느려 본 일이 없는 사람이 때로는 이런
뜻밖의 행동을 하기 마련이다. 그러나 사람들은 전부터 있었던 관계를 이제야
공개한 것으로 받아들였을 뿐, 온나니노미야가 결혼하고 싶어하지 않으리라고
는 생각조차 못했다. 아무튼 온나니노미야에게는 정말로 안타까운 일이었다.

상중에는 혼례 잔치를 꺼리는 법이라 간소할 수밖에 없으니, 여느 잔치와는
다른 분위기가 사뭇 불길하기조차 했다. 식사가 끝나고 모두가 잠들었을 무렵,
유기리 대납언은 이쪽으로 와서 자신을 온나니노미야의 침실로 안내하라고
소장 댁을 채근했다. 소장 댁이 말했다.

"온나니노미야님에 대한 마음이 깊고 오래도록 변함없을 거라 생각한다면
오늘내일은 그냥 이대로 보내는 게 좋을 듯합니다. 이곳에 오고 나서 오히려
슬픔이 더하여 수심에 잠긴 채 죽은 사람처럼 누워만 있습니다. 우리가 기분
을 달래려 위로하는 것조차 몹시 성가셔 하고 괴로워합니다. 아무리 그래도

자기 몸이 가장 소중한 법이지요. 더 이상 기분을 언짢게 하고 싶지 않으니, 온나니노미야님의 기분을 거스르는 말씀은 드리기 어렵습니다."

"무슨 소리냐! 예상했던 것과는 전혀 달리, 어른스럽지 못한 생각을 납득할 수가 없구나."

유기리 대납언은 자신의 행동이 온나니노미야를 위해서나 자신을 위해서 좋은 일이며, 세상사람들의 비난 받을 리 없다고 말했다. 그러자 소장 댁이 이렇게 간청했다.

"그건 그렇겠죠. 하지만 일조궁 미야스도코로의 뒤를 이어 온나니노미야님에게 무슨 일이 생기지는 않을까 노심초사하는 상황이라 다른 일은 아무것도 생각할 수 없답니다. 나리, 제발 부탁이오니 굳이 무리한 요구는 그만두시기 바랍니다."

대납언이 말했다.

"들도 보도 못한 대접이군. 과거만큼 사랑을 받지 못하는 내 자신이 가엾어지는걸. 다른 사람이 이를 어찌 판단할지 물어보고 싶다."

실망해서 이렇게 말하는 유기리 대납언을 보니 측은한 마음이 생겼다.

"들도 보도 못하다 하시지만, 그건 나리의 성급하신 마음 때문입니다. 세상 사람들은 어느 쪽이 옳다고 말할까요."

그러면서 소장 댁은 살짝 웃었다. 이렇게 강하게 저항을 해 봤지만 주종관계에서, 상대가 주인이기에 끝까지 거스를 수도 없었다. 유기리 대납언은 소장 댁과 함께 더듬더듬 온나니노미야의 침실로 들어갔다.

상심이 깊어진 온나니노미야는 시녀들의 처사가 분하고 원망스러웠다. 남들한테 어리석은 처신이라는 비난을 들어도 상관없다 여기고는 토방에 자리를 깔고 안에서 문을 잠그고 누웠다.

이렇게 해도 언제까지 숨어 있을 수 있을지, 사리 분별을 하지 못하는 시녀들의 태도가 매정하여 서럽고 분할 따름이었다.

유기리 대납언은 이 뜻하지 않은 상황에 화가 나서 투덜거리면서도, 이렇게 된 이상 온나니노미야가 다른 곳으로 달아나지는 못하리라 가볍게 넘기고 마음 편히 이런저런 생각을 하면서 밤을 샜다.

마치 골짜기를 사이에 두고 따로 잔다는 산새 한 쌍 같았다. 드디어 날이 밝았다. 이러고만 있으려니 서로를 쏘아보는 격이라 대납언은 그만 돌아가려

했다.

"살짝 틈이라도 열어주시지요."

이렇게 간청해보지만, 온나니노미야는 아무런 대답도 하지 않았다.

그대의 무심함을
원망하다 못하여
가슴이 메는 이 애처로운 신세
이렇듯 매서운 겨울밤
문까지 걸어 잠금도 모자라
내 마음까지 떼어놓으려 하다니.

"어찌 그토록 냉정하십니까."

유기리 대납언은 이렇게 말하고 눈물을 흘리면서 나왔다.

유기리 대납언은 육조원에서 휴식을 취했다. 하나치루사토가 말했다.

"태정대신 댁에선 일조원 온나니노미야와 결혼하셨다는 소문으로 떠들썩한 모양인데, 어찌된 영문인지요."

발에다가 휘장을 곁들여 세웠는데 옆으로는 상냥한 양어머니의 얼굴이 보였다. 대납언이 웃으면서 말했다.

"그런 얘기로 떠들 테지요. 제가 별세하신 일조궁 미야스도코로에게 처음 말씀드렸을 때 그분은 당치도 않은 일이라고 말씀하셨습니다. 하지만 병세가 심하게 악화되자 맡길 사람이 없어 걱정스러웠는지, 온나니노미야님을 보살펴 달라는 유언을 하셨습니다. 제가 처음부터 좋아했던 분이기도 해서 알았다고 했는데, 여기에다 여러 살을 붙여서 얘기하겠지요. 사람들이 그렇게 떠들 일도 아닌데 문제삼으려고 하는군요."

유기리 대납언은 말을 이었다.

"그런데 당사자는 아직도 출가하고 싶은 뜻을 두고 계시니, 차라리 사람들로부터 나쁜 말을 듣지 않는 편이 좋다고 생각해요. 그렇지만 저는 일조궁 미야스도코로의 유언을 지켜야 할 책임이 있으니 형식적으로라도 남편으로 함께 살고 싶습니다. 아버지께서 여기에 오시면 꼭 말씀해 주십시오. 이제까지 단정하게 지내왔으면서 남들이 비난하는 그런 연애를 이제야 시작하다니 고약하다고 말씀하실 것 같아 마음에 걸리지만요. 사실 연애만은 남의 충고나 자신의 생각대로 될 수 없거든요."

하나치루사토가 말했다.

"나는 또 남들이 지어 낸 뜬소문인 줄만 알았더니 그런 사정이 있었군요. 세상엔 흔한 일이지만, 삼조원 구모이노카리 아씨가 어떻게 생각하실지 너무 가엾습니다. 이제까지 단 한 번도 이런 마음고생을 한 적이 없으니 말입니다."

"아씨라니요, 참으로 귀여운 표현을 쓰시는군요. 그 사람은 우악스런 도깨비 같은 여자랍니다."

그러고 나서 그는 다시 말을 이었다.

"절대로 그 사람을 소홀하게 대하진 않을 겁니다. 실례되는 말이지만, 이 육조원에 사는 부인들의 생활을 생각해 보십시오. 여인이란 모름지기 온화하고 얌전한 사람이 으뜸이지요. 말이 많고 질투가 심하면, 처음에는 귀찮기도 하고 시끄러워질까봐 조심을 하겠지만, 언제까지 시키는 대로만 할 수도 없는 노릇이니 한바탕 소동이 일어나 결국에는 서로에게 싫증이 나고 정나미마저 떨어지겠지요. 무라사키 부인이야말로 마음씀씀이가 너그러우니 그 훌륭함이 세상에서 제일가지요. 그리고 하나치루사토님의 성품 또한 보면 볼수록 훌륭하니 그저 감복할 따름입니다."

이렇게 유기리 대납언이 칭찬하니 하나치루사토는 그저 웃으며 말했다.

"그리 본보기로 생각해 주는 걸 보니 제가 사랑받지 못하는 아내라는 게 명백해집니다. 그런데 이상하게도, 겐지마마는 자신의 다정다감한 버릇 때문에 크고 작은 연애 사건을 끊임없이 일으킨 것은 잊으신 듯 그대의 일에는 큰일이라도 난 것처럼 충고를 하려 하시네요. 또 뒤에서 걱정하는 모습을 보면, 현명한 척하는 사람들이 자기 흠은 까맣게 잊고 산다는 말이 맞는 듯해 견딜 수가 없더군요."

유기리가 말했다.

"그렇지요. 저는 이 방면에 늘 품행을 단정히 하라는 충고를 받았습니다. 아버지께서 굳이 말씀하시지 않아도 저는 바람피울 사나이도 아닌걸요."

유기리 대납언은 매우 우습다는 얼굴이었다.

문안차 들른 유기리 대납언을 보고 겐지는 그 일을 아는 척할 필요가 없다고 생각했는지 그저 대납언의 얼굴만 바라보면서 이런 생각을 했다.

'요즘 한창 물이 오른 아름다운 모습이구나. 현재 말썽거리로 남은 연애사건을 이 사람이 일으켰다 해도, 누구나 마땅한 일로 인정해 줄 듯싶다. 귀신이라고 한들 그 죄를 용서해 줄 듯한 앳된 미모에서는 빛과 향기가 넘쳐흐른다. 감정 처리에 문제가 있는 청년도 아니고, 전체적으로 나무랄 데 없이 깨끗한 귀인이라, 연애 사건이 일어나는 것도 마땅하다 싶다. 여자의 몸으로써 이 사람을 사랑하지 않을 수 있을까. 거울을 봐도 자신의 미모에 뿌듯한 마음이 들겠지. 내 아들이지만…….'

한낮이 거의 다 되어 유기리 대납언은 삼조원으로 돌아왔다. 집 안에 들어서자 귀여운 아이들이 달려와 매달렸다. 구모이노카리 부인은 침소에서 쉬고 있었다. 부인은 대납언이 가까이 가도 눈도 마주치려 하지 않았다. 원망스러운 마음이니 마땅한 처사라고 대납언도 이해했지만, 짐짓 모르는 체하고 부인의 얼굴 위에 덮인 잠옷자락을 들추었다.

"여기가 어딘 줄 알고 오셨어요? 전 벌써 죽었단 말이에요. 늘 저 보고 귀신이라고 하니 차라리 귀신이 되었으면 좋겠어요."

"당신 마음은 귀신보다 더 무섭지만, 모습은 무척 귀여우니 내가 미워할 수가 없지요."

아무렇지도 않다는 듯이 능청을 부리자 더욱 부아가 났다.

"그렇듯 멋지게 모양을 내고 들떠 돌아다니는 당신 곁에 저 같은 게 언제까지 함께 있을 수는 없을 듯하니, 그만 어디론가 사라져버리고 싶어요. 이제 저 같은 것은 잊으세요. 그리 오래 허송세월을 한 것이 분하여 견딜 수 없다고요."

부인의 애교 있는 얼굴이 새빨개지면서 알 수 없는 매력을 풍겼다.

"어린아이처럼 노상 화내는 귀신이지만, 이젠 눈에 익어 무섭지 않소. 정말 귀신이라면 위엄을 갖추는 것이 좋겠소."

남편은 농담으로 밀어버리려 했다.

"무슨 소릴 그렇게 해요? 점잖게 죽어 버리세요. 나도 죽을 테니까. 이러쿵저러쿵 듣고 있자니 더욱더 당신이 미워요. 내버려두고 죽으면 또 무슨 짓을 하실는지 근심만 쌓이는군요."

이러면서 잔뜩 화를 냈지만, 사랑스러운 부인을 대납언은 웃는 얼굴로 바라보면서 말했다.

"가까이서 보기 싫더라도 나에 대한 소문은 무관심하게 들리지는 않을 거요. 우리 부부의 인연이 얼마나 깊은지 알리기 위해 나더러 죽으라는 것이고 당신도 죽겠다는 거 아니오? 우리 둘은 예전에 한쪽이 먼저 죽으면 다른 한쪽도 뒤따라 죽는다고 약속까지 해두었잖소."

대납언은 구모이노카리 부인의 질투에 맞서지 않고 이래저래 어르며 달래려 했다. 앳되며 단순한 부인이라 남편의 말이 얼렁뚱땅 입에 발린 말인 줄 알면서도 얼마 지나지 않아 기분이 누그러졌다. 대납언은 그런 부인을 측은해하면서도 마음은 일조원에 가 있었다.

'일조의 그분은 의지가 굳은 분으로 보이지는 않지만, 나와의 결혼을 받아들이지 않고 여승이 된다면 실로 한심한 꼴을 당하게 될 터인데.'

그리하여 당분간은 밤마다 그쪽에 다녀야겠다는 결심을 하니 마음이 들떴다. 석양이 지는 하늘을 망연히 바라보면서 '오늘도 답장이 없는 걸까' 하며 번민했다.

어제오늘 아무것도 입에 대지 않은 구모이노카리 부인은 그제야 저녁을 조금 들었다.

"옛날부터 나는 당신만을 흠모했소. 장인 대신이 그 일로 나를 얼마나 혹독하게 대했는지 세상사람들이 형편없는 사람이라 멸시를 하는데도 말이오. 나는 그 참기 어려운 모욕을 이겨냈고 사방에서 밀려드는 혼담까지 모두 마다했소. 여인이라 해도 그렇게 견딜 수 없을 터인데 하물며 남자가 융통성이 없다며 세상은 또 내 그런 태도를 비난했지.

지금 생각해보면 어찌 그럴 수 있었는지, 젊은 시절에 바람기가 전혀 없었다니 감탄스러울 뿐이오. 이제 와서 당신이 나를 그렇듯 밉다 해도, 버릴 수 없는 자식들이 집이 좁아터질 만큼 많으니 당신도 마음대로 이 집을 떠나지는 못하겠지. 아무튼 두고 보시오. 사람이란 언제 죽을지 모르나 내 마음은 변치 않을 거요."

유기리 대납언은 이런 이야기를 하고선 문득 그 옛날 힘들었던 시절이 떠올랐는지 눈물을 흘렸다. 구모이노카리 부인도 옛 일을 회상하니, 지금은 괴롭다하나 역시 깊은 인연이라는 생각이 들었다. 두 사람은 주위 사람들의 만류를 물리치며 힘들게 키워 온 사랑으로 부부의 결실을 맺었다.

유기리 대납언은 풀기가 빠져 접은 자국이 희미해진 옷을 벗어 버리고 유난히 깨끗한 옷을 여러 벌 꺼내 겹입고선 훈향으로 소매를 그을렸다. 화장까지 곱게 한 남편이 나가는 모습을 불빛에 보고 있으려니 아내는 눈물이 나왔다. 구모이노카리 부인은 대납언이 벗어놓은 홑옷 소맷자락을 부여잡고 노래했다.

오래도록 함께하여
너무 익숙한 탓에 오히려 싫증을 내누나.
내 신세의 불행함을 원망하느니
차라리 검게 물들인 옷으로 갈아입고
여승이 되어버리고 싶구나.

"이 모습 그대로는 살아갈 수 없을 것만 같거늘."
부인이 중얼거리자 유기리 대납언은 걸음을 멈추었다.

오래도록 함께하여
싫증이 났다 하여
서방을 버리고
여승이 되었다는
소문이 나도 좋겠는가.

"참으로 한심하기 짝이 없구려."
마음이 조급한 탓인가, 지나치게 평범한 노래라니.

일조원에서는 온나니노미야가 아직도 토방에 틀어박혀서 나오지 않았다.
"언제까지 이렇게 계실 수는 없습니다. 어른답게 행동하지 않으면 세상에도 평판이 좋지 않을 테니 평소대로 지내시고, 생각을 대납언에게 솔직하게 말씀드리는 것이 좋지 않을까요."
시녀들이 살살 구슬려보지만, 온나니노미야는 옳은 말이라고 생각하면서도 세간에 무성한 소문도 지금까지 자신이 겪은 이런저런 마음고생도 다 그 얄밉고 원망스러운 사람 탓이라 여겨져 그날 밤에도 대납언을 만나지 않았다.
"어설프게 농담도 못 할 정도이니 그대의 처사가 참으로 예사롭지 않군요."

유기리 대납언은 다양한 표현으로 심정을 전하게 했다. 소장 댁도 동정하지 않을 수가 없었다.

"제정신이 들었을 때, 그때에도 저를 잊지 않고 계시다면 비로소 답변을 드리지요. 어머니 상중에는 다른 일은 일체 생각지 않고 근신하며 살고 싶습니다' 하고 말씀하셨습니다. 한편, 이 일에 대해서는 모르는 사람이 없을 만큼 세상에 알려져 유감스럽게 생각하시는 것 같습니다."

"내 마음은 소문에 좌우되지 않는 절대적인 사랑인데, 알아주지 않다니 무척 괴롭군요."

유기리 대납언은 탄식하며 온나니노미야에게 호소했다.

"평소 지내던 방에 계시면 휘장 너머라도 제 마음을 토로하고 싶군요. 상중의 슬픈 마음에 상처를 입히는 일은 하지 않겠습니다. 아무리 오랜 세월을 기다려야 한다 해도 기다릴 생각입니다."

"상을 당해 슬픔에 정신마저 아득한데 그대가 이렇듯 계속하여 억지를 부리시니 더 괴로워 견딜 수가 없습니다. 세상사람들이 어찌 여기랴 그 걱정도 예삿일이 아닌데 그대의 처사는 한층 더 한심하니."

온나니노미야는 거듭 원망하며 전혀 접근을 허락하지 않는 태도를 고수했다.

유기리 대납언은 언제까지 이러고만 있으면 사람들이 알고 또 소문이 날 게 뻔한 데다 시녀들에게 체면도 서지 않으니 소장 댁을 질책했다.

"상중이라 온나니노미야님 염려대로 그 뜻은 따른다 하더라도 이런 상태는 너무나 우스꽝스럽지 않은가. 온나니노미야님이 냉담하다 해서 내가 발을 끊으면 황녀 신분에 손상이 가고 말 것이네. 인생을 비관하신 나머지 저리 어린 아이처럼 구시니 참으로 난감한 일이구나."

소장 댁은 대납언이 추궁하는 것은 도리가 있다고 생각하며, 민망해서 시선을 맞출 수가 없다 여기고 토방의 북쪽 문으로 유기리 대납언을 떠밀었다.

온나니노미야는 지독한 짓을 하는 원망스러운 사람들이라고 생각했다. 이렇게 모두가 하나같이 이기적이기에 시녀들이 앞으로 더한 일을 할지도 모른다는 생각이 들었다. 하지만 그런 그들에게 의지할 수밖에 없는 지금 처지가 거듭 서러웠다.

대납언은 어떻게든 온나니노미야가 알아듣게 온갖 도리를 들어 이야기했다. 때로는 애처로운 표정으로 호소하고, 때로는 관심을 끌듯 말을 건네면서 마지막까지 할 수 있는 이야기는 다하여 설득했으나, 온나니노미야는 대납언을 원망하기만 했다.

"말로 할 수 없을 만큼 성가신 남자라 여기니, 그런 저 자신이 얼굴도 들 수 없을 만큼 부끄럽습니다. 언제부터인가 황녀님을 사모하는, 주제를 모르는 마음을 품게 되었으니 무분별한 처사였다고 후회하고 있습니다. 하지만 이미 세상에 소문이 퍼져 돌이킬 수도 없는데다, 이제 와서 결백하다고 아무리 떠들어본들 명예가 회복되지는 않습니다. 이제는 어쩔 수 없는 일이라 여기고 체념하세요. 생각대로 되지 않을 때에는 깊은 연못에 몸을 던지는 예도 있다 하니, 제 이 깊은 사모의 정을 깊은 못이라 여기고 뛰어들었다 생각하세요."

온나니노미야는 홑옷 자락을 머리에 뒤집어쓰고 소리내어 울기만 했다. 그 모습이 삼가 조심스럽고도 애처로웠다.

'정말 안타깝구나. 어째서 이럴까? 이다지도 자신을 사랑할 수는 없을까? 아무리 용서하지 못할 사람이라 할지라도, 이만하면 자연스레 마음이 끌리기 마련이다. 그러나 바위나 나무보다 매정한 태도를 보이는 것은 전생의 약속이 그렇기 때문이며, 자기에게 증오를 품는 운명을 지녔기 때문인가?'

이런 생각을 하자 유기리 대납언은 이토록 자신을 심하게 거부하는 온나니노미야의 태도에 분노 비슷한 감정마저 일어났다. 그러다가 구모이노카리 부인은 지금쯤 무슨 생각을 하고 있을까 하니, 천진한 마음으로 서로를 사랑했던 옛날이 떠올랐다. 그리고 근년에 소망이 이루어져 같이 살 수 있게 된 이후 서로 신뢰했던 부부의 정이 떠올랐다. 부부 사이에 금이 간 것도 자신의 부족함 탓이라는 생각에 마음이 씁쓸해져 더 이상 온나니노미야의 비위를 맞추려 하지 않고 한탄만 하며 밤을 지새웠다.

늘 이런 얼빠진 모양으로 문턱을 드나드는 자신을 겸연쩍게 생각한 대납언은 오늘 이곳에 머물기로 했다. 그런데 온나니노미야는 이에 반감을 품고 더욱 싫은 기색을 보였다. 대납언은 그런 온나니노미야를 마음이 어린 탓이라 원망하면서도 가엾다고 느꼈다.

토방 안은 생각보다 자질구레한 물건들이 별로 없었다. 향을 넣는 당궤며 문갑이 보기 좋게 이쪽저쪽으로 치워져 있었다. 온나니노미야는 그곳에 임시로 거처하고 있었다. 안은 어두운데, 아침 햇살이 비쳐들 때 대납언은 가리고 있던 온나니노미야의 잠옷 자락을 젖히고 흐트러진 머리카락을 손으로 매만져 주며 얼굴을 들여다보았다. 기품 있고 여성스럽고 온화했다.

대납언은 새로 잘 차려 입었을 때보다 이렇게 편하게 입은 모습이 오히려 아름다웠다. 죽은 가시와기 권대납언은 뛰어난 미남은 아니었지만, 저 잘난 멋에 겨워 온나니노미야의 용모가 못마땅하다며 다른 생각에 잠겼던 모습을 온나니노미야는 떠올렸다.

'지금은 이렇듯 야위고 용모도 초췌한데, 이 사람이 나를 변함없이 사랑해줄까.'

이렇게 생각하자 온나니노미야는 부끄러워 견딜 수가 없었다. 그래서 되도록 좋은 쪽으로 생각하리라 작정하면서 스스로 위안을 얻으려 했다. 다만 복잡한 관계로 진전되어 이쪽저쪽에 미안한 결과가 되어 괴로워했다. 때마침 어머니 상중이라 더욱 괴롭고 부끄러워 마음을 달랠 길이 없었다.

세숫물이며 아침 식사로 준비된 죽 그릇이 온나니노미야의 방으로 운반되었다. 상중에 꾸며진 검고 칙칙한 빛깔의 장식들이 되도록 눈에 띄지 않게 하려고 동쪽에 병풍을 세웠다. 본채와의 사이는 휘장을 쳤으며, 눈에 띄는 두루마리 그림은 피하고 침향목 선반 등 상중임이 드러나지 않는 것들을 골라 신혼방을 아기자기하게 꾸몄다.

이는 모두 야마토의 수가 지시한 일이었다. 시녀들은 화려한 빛깔은 피하고 노란 금빛, 거무스레한 다홍색, 짙은 보랏빛, 짙은 쥐색 등의 윗옷에, 연한 보랏빛이며 푸르스름한 회색 빛깔의 치마를 입게 했다.

여자들만 사는 집이라 이제껏 규율이 느슨했는데 야마토의 수가 체면을 생각하여 많지 않은 하인을 원활하게 부렸다.

이렇듯 뜻하지 않게 고귀한 분과 혼례를 치르게 되었다는 소식을 듣자 게으름을 피우며 찾아와보지도 않던 기사들까지 손바닥을 뒤집듯 태도를 바꾸어 득달같이 달려와 사무소에서 대기하며 일에 열을 올렸다.

유기리 대납언이 제집인 양 일조궁에 머물고 있으니, 삼조의 구모이노카리 부인은 이제 모든 것이 끝장났다고 생각했다. 설마 그렇게까지 하리라고는 상상조차 못했고 한편으론 대납언을 믿고 싶었다. 그러나 성실하고 고지식한 남자가 한번 바람이 나면 전혀 다른 사람이 된다고들 했는데 그 말이 정말인가 싶고, 부부 사이란 무엇인지 속속들이 알아버린 듯했다. 더 이상 모욕을 당하고 싶지 않은 생각에 방향이 불길하다는 구실로 친정으로 가버리고 말았다.

마침 언니 홍휘전 여어도 사가에 나와 있던 참이라 만나서 조금이나마 시름을 걷어내니, 평소처럼 서둘러 삼조로 돌아가려 하지는 않았다.

유기리 대납언은 그 소식을 듣고 마음이 편치 않았다.

'역시 예상했던 대로군. 성미가 불 같은 여자이니 그럴 법도 하다. 대신도 훌륭한 인물이긴 하지만 성격이 너그럽진 못하다. 어쩌면 고지식하게 절교하겠다고 나올지도 모르는 일이다.'

가정의 추태가 외부에 드러나서 야단났다고 생각한 대납언이 기겁하며 삼조원으로 돌아왔다. 아이들은 반 정도만 남아 있었다. 구모이노카리 부인이 딸들과 어린것들만 데리고 가버린 것이다. 아버지를 보고 좋아라 매달리는 아이가 있는가 하면, 엄마가 보고 싶다면서 우는 아이도 있었다. 대납언은 가슴이 쓰렸다.

몇 번이나 편지도 보내고 사람도 보내 데려오려 했으나 부인은 답장조차 주지 않았다. 아내란 여인이 이렇듯 고집불통에다 경솔하게 구니 화가 치밀었지만, 장인 대신의 체면도 있고 하니 해가 저물어 직접 부인을 데리러 갔다.

"부인은 침전에 계십니다."

사랑채에는 시녀만 있었다. 아이들은 유모와 함께 있었다.

"새삼스레 철없는 젊은이들처럼 사랑싸움이라도 하자는 것이오? 어린아이들을 여기저기 내팽개치고 어찌 침전에서 이렇듯 놀고 있을 수 있소. 나와 맞지 않는 성품이라는 것은 벌써 오래전부터 알고 있었으나, 전생의 인연인가 옛날부터 잊지 못하고 사랑했고, 지금은 이렇게 많은 자식들이 태어나 귀엽게 자라고 있으니 서로가 헤어지는 일은 절대 없으리라 믿었거늘. 하찮은 일로 이렇게 행동해도 된단 말이오?"

대납언은 시녀를 통해 푸념했다. 구모이노카리 부인이 대답을 전했다.

"당신은 내게 싫증이 나질 않았습니까. 새삼스럽게 이젠 모든 게 비위에 거슬리니, 당신이 질색하시는 성질이 고쳐질 것도 아니고 무리하게 할 필요는 없다고 생각합니다. 불쌍한 아이들만이라도 사랑해 주면 고맙겠습니다."

"그것 참 솔직한 말씀이로군. 결국 누구에게 불명예가 갈 것 같소?"

굳이 부인이 나오길 요구하지 않고, 오늘은 따로 지내기로 했다. 아이들을 곁에 재우고, 어정쩡한 처지가 되었다고 생각했다. 일조궁에서는 얼마나 괴로워하고 있을까 상상하니 걱정으로 마음이 편치 못하다.

'이런 안타까운 고민만을 하게 되는 사랑에 어째서 사람들은 흥미를 느끼는가?'

날이 밝자 유기리 대납언은 위협을 하듯 이렇게 말했다.

"젊은 내외처럼 아웅다웅하는 것도 창피하니, 정 안 된다면 내 단념하겠소. 어디 한 번 헤어져 살아 봅시다. 삼조에 있는 어린것들도 가엾은 얼굴로 엄마를 찾고 있는데, 당신이 아이들을 남겨놓은 데는 그만한 생각이 있을 터이니, 당신이 자식을 사랑하지 않아도 내 손으로 어떻게든지 키울 작정이오."

구모이노카리 부인은 성미가 고지식한 대납언이 자기가 낳은 아이들마저 일조원으로 데려 갈지도 모른다는 불안감에 휩싸였다. 유기리 대납언이 말했다.

"딸아이들을 내 집으로 돌려보내 주시오. 이런 민망한 일을 되풀이할 수는 없으니 얼굴을 보려 해도 자주 올 수는 없소. 집에 있는 아이들도 쓸쓸해하고 불쌍하니 함께 있도록 하는 게 좋겠소."

어리고 예쁘장한 딸들은 아버지가 있는 사랑채로 인도됐다. 대납언은 귀여운 딸들을 지그시 바라보면서 말했다.

"엄마 말을 들으면 못쓴다. 너희들은 네 어미처럼 판단을 제대로 못하는 여자가 되어선 안 되니까."

이런 훈계를 했다. 대신은 딸과 사위의 이 사건이 세상의 웃음거리가 될 것 같아 한탄했다.

"얼마 동안은 조용히 사태를 지켜볼 걸 그랬구나. 유기리 대납언도 생각이 있었을 터인데. 여인이 이렇듯 성급하게 결심하면 오히려 경솔하게 보이는 법이다. 허나 어쩔 수 없지. 일단 이렇게 말이 나온 이상 고개를 숙이고 돌아갈 수는 없지 않느냐. 어차피 자연스레 그쪽 상황이며 생각을 알게 될 터이니."

그렇게 딸에게 말한 다음, 대신은 일조궁의 온나니노미야에게 권대납언의 아우인 장인소장(藏人少將)을 보냈다.

이 또한 전생의 인연이런가.
늘 그대 걱정을 내려놓지 못하고

가여워 하면서도
지금은 원망스럽기도 하니.

"설마 우리를 버리지는 않겠지요."

소장은 고민조차 하지 않고 이 편지를 가지고 일조궁으로 들어갔다. 남쪽 마루에 방석을 내놓았으나, 시녀들은 말씀드리기를 꺼려 했다. 더욱이 온나니노미야는 곤혹스러웠다. 이 사람은 권대납언 형제 가운데에서도 가장 풍채가 좋은 사람이었는데, 느긋하게 저택을 둘러보면서 돌아가신 형님을 회상하고 있었다.

"저는 늘 찾아오는 곳인 줄 알고 있습니다만, 이제 유기리 대납언의 사람이 되었으니 저를 친밀한 사람으로 여겨 주시지 않을지 모르겠군요."

이렇게 좀 비꼬았다. 온나니노미야는 대신에게 답장을 보내기가 어렵다고 생각하고 이렇게 말했다.

"아무래도 나는 쓰지 못하겠구나."

"답장을 드리지 않으면 저쪽에서 예의가 없다고 여기실 것입니다. 저희들이 대필해서 될 일이 아니지요."

시녀들이 모여서 답장 쓰시기를 자꾸 권하자 온나니노미야는 울음을 터뜨렸다.

'어머니가 살아 계시다면 자기가 이 일을 아무리 불쾌하게 여긴다 해도, 내 결점을 숨겨 주려고 하셨을 텐데.'

이렇게 생각하니 종이 위에는 먹물보다 눈물이 더 많이 떨어져 글씨가 이어지지 않았다.

무슨 연유로
하잘것없는
나 같은 사람을
가엾다 원망스럽다
하시는지요

생각나는 대로 이렇게 쓰고는 마지막 인사말을 도저히 쓰지 못하겠다는 듯,

봉투에 넣어 밖으로 내밀었다.

소장은 시녀들을 상대로 이야기를 나누다가 깊은 뜻이라도 있는 듯 이렇게 말하고 돌아갔다.

"이따금 찾아뵙던 제가 이렇게 발 앞에 앉아 있다니 너무나도 가엾습니다. 이제부터는 당신들과 인연이 들었다 생각하고 자주 찾아오겠습니다. 그때 발 안으로 들도록 허락해 주신다면 오늘까지 애쓴 보람이 있으리라 생각됩니다."

장인소장은 시녀들과 얘기를 하다가, 빈정대는 투로 이런 말을 남긴 채 돌아갔다.

유기리 대납언은 이 일로 더욱 마음이 상한 온나니노미야를 애타게 그리워하며 안절부절못했다.

구모이노카리 부인은 날로 심통만 늘어갔다.

고레미쓰의 딸인 등전시는 이런 소문을 듣고는 평소 하던 대로 얼른 문안 편지를 올렸다.

'구모이노카리 부인은 나를 절대 용서할 수 없는 연인이라 하였다는데, 새로이 방심할 수 없는 상대가 나타났으니 얼마나 심려가 크실까.'

내가 어엿한 신분이었다면
대납언의 이번 배신이
사뭇 분했을 테지요.
부인이 안쓰러운 나머지
눈물로 소맷자락 적실 뿐

구모이노카리 부인은 전시가 빈정대는 것이라는 생각도 들었으나, 수심에 찬 요즘 달리 할 일도 없는 따분함에, 이 사람도 마음이 온전하지 않으리라는 생각이 들었다.

이제껏 다른 부부 사이의 불행을
안되었다 불쌍히 여긴 적은 있으나
설마 내 신상에

이런 불행이 닥칠 줄이야.

이렇게만 써 온 구모이노카리 부인의 답장에, 전시는 꼭 마음을 있는 그대로 썼다고 생각하면서 동정했다.

예전 구모이노카리 부인과 억지로 떨어져 지내던 시절, 유기리 대납언은 이 전시만을 은밀히 사랑했었다. 하지만 두 사람의 혼담이 이루어지고 나서부터는 어쩌다 한번 발길을 할 뿐 점차 사이가 멀어졌다. 그래도 두 사람 사이엔 자식들이 많이 생겼다.

구모이노카리 부인과의 사이에서는 장남, 삼남, 사남, 육남과 장녀, 이녀, 사녀, 오녀를 낳았고, 전시와의 사이에서는 삼녀, 육녀, 이남, 오남을 낳았다. 이렇게 해서 좌대장의 자녀는 모두 합쳐 열두 명인데, 모두가 착한 아이로서 저마다 특색을 가진 채 성장했다.

전시가 낳은 아이들은 용모가 출중하고 성격도 발랄하며 모두 우수한 인재들이었다. 셋째 딸과 차남은 육조원의 하나치루사토가 맡아 애지중지 돌보고 있었다. 겐지도 그 손주들과 늘 얼굴을 마주하니, 다른 손주들보다 정이 깊어져 무척 귀여워했다.

그건 그렇고, 이분들의 뒤엉킨 관계가 대체 어떻게 전개될지 말씀드릴 길이 없으니.

불법*1

무라사키 부인은 큰병을 치르고 나서 눈에 띄게 기력이 쇠하여, 어디가 특별히 나쁜 것은 아니었지만 시름시름 앓는 날이 이어졌다.

용태가 위중하지는 않았지만, 자리보존을 한 세월이 벌써 오래되어 점점 쇠해져만 갈 뿐 회복의 기미는 보이지 않았다.

겐지는 부인의 병환을 몹시 걱정하여 슬픔에 젖어 있었다.

'무라사키 부인이 먼저 세상을 떠나 잠시라도 혼자 남게 된다면 얼마나 슬플까.'

무라사키 부인은 이 세상에 아무런 미련이 없고 마음에 걸리는 자식도 없는 몸이라, 구태여 더 살고 싶은 생각도 없었다. 다만 오랜 세월 깊은 사랑을 나누었던 겐지와 인연이 끊어지면 겐지가 얼마나 한탄할까, 그것만 남몰래 마음속 깊이 안타까워하고 있었다. 후세를 위해 한없는 불사 공양을 정성스레 올리면서 출가의 염원을 이루어 목숨이 남아 있는 동안은 잠시나마 근행에 일념하고 싶다 생각하나, 겐지는 도무지 허락하지 않았다.

겐지도 출가를 희망했었고 부인도 간절히 바라니 부부가 함께 행동으로 옮길까 하는 생각도 없지 않았다. 그러나 한번 출가하면 적어도 이 세상을 돌이켜보지 않겠다는 생각으로, 장차 내세에서는 한 연꽃 위에 들어앉기로 약속하고 그에 의지하고 있었다. 그러나 부부라 하더라도 출가 뒤의 생활은 완전한 구별을 지어야만 한다. 그런 뜻에서 이렇게 병든 부인과 떨어진다는 사실이 무척 걱정스러웠으며, 불도수행의 길에 들어선 새 생활도 솔직히 깨질까봐 두려워 겐지는 망설이고 있었다.

---

*1 불법(佛法) : 겐지가 51세인 봄부터 가을까지의 이야기. 아카시 부인의 소생인 여어는 중궁이 되었다. 이해 가을 8월 14일 무라사키 부인이 별세했다. 원제는 '御法'으로 이 제목은 무라사키 부인이 하나치루사토에게 읊은 노래에서 비롯되었다. 어법(御法)은 불법의 높임말이다.

그러는 사이 많은 사람들이 출가를 하니, 별 망설임없이 쉽게 출가하는 사람들보다 몹시 늦어지고 말았다.

'겐지님의 허락 없이 내 마음대로 출가하기도 남 보기에 좋지 않고 이제까지 마음먹은 것과도 어긋나는 일이니.'

무라사키 부인은 출가 문제로 이렇게 겐지를 원망했다. 또 전생의 죄업이 많아 출가도 하지 못하는가 싶어 전전긍긍하고 있었다.

무라사키 부인은 오래전부터 쓰게 하였던 《법화경》 1000부를 급히 공양했다. 그것을 바치는 의식은 친정처럼 여기는 이조원에서 거행키로 했다. 부인은 그 아래 중들에게 차등을 매겨 칠승(七僧)의 법복을 비롯한 승복 등을 특히 정선해서 짓게 해놓았다. 그 밖의 모든 일에도 비용을 아끼지 않으니 불사 준비가 성대하게 이루어졌다. 집안일로 여기고 있었기 때문에 겐지는 몸소 계획에 참가하지 않았지만, 여자가 주관하는 일로 이만큼 빈틈없이 잘 마련하기는 드물 정도로 모든 일이 잘 되어 가는 것을 알고, 불교의식까지 능통한 부인의 교양에, 겐지는 참 훌륭한 사람이라 감탄하면서 손님들을 대접할 방의 장식들을 돌보았다. 음악과 춤곡에 대한 일은 유기리 대납언이 호의를 베풀어 주선했다.

천황과 동궁, 중궁을 비롯하여 육조원의 여러 댁에서 독송경을 기부하고 진상품 등도 요란하게 준비했을 뿐 아니라, 모두가 이 법회에 성의를 보이려 하는 상황이어서, 그야말로 화려한 불교의식이 되었다.

"어느 틈에 그 많은 경권 등을 마련하신 것일까?"

모두 오랜 세월 준비한 부인의 정성에 탄복했다. 하나치루사토 부인과 아카시 부인도 왔다. 무라사키 부인은 남쪽과 동쪽 문을 활짝 열고 앉았다. 그곳은 침전 서쪽 토방이었다. 북쪽 방에는 겐지의 처첩 자리를 장지문으로 칸막이를 하여 마련해 놓았다.

3월 10일이었으니 꽃이 한창이었다. 날씨도 맑고 따스하여 부처님이 계시는 서방정토 세계도 이곳과 다름이 없을 것 같아, 믿음이 없는 사람들마저 무심코 신앙의 길에 들어설 기회를 얻을 성싶었다.

나는 땔감을 메고 풀을 뜯고 물을 길으며 법화경을 얻었으니.

《법화경》을 찬양하는 성명을 읊으며 법사 7명이 땔감을 메고 물통을 들고서 행도를 하는 목소리와 모여든 많은 사람들의 웅성거림이 하늘 땅을 뒤흔드는 듯했다. 그 소리가 마침내 잦아들면서 사위가 조용해지자 무라사키 부인은 쓸쓸한 적막감을 느꼈다. 요즘은 몸이 온전치 않으니 만사가 더 헛되고 불안하기만 했다.

부인은 셋째 황자를 칙사로 하여 아카시 부인에게 다음과 같은 노래를 보냈다.

더는 아쉬울 것 없는
이내 몸이거늘
끝내 이를 마지막으로
땔감이 타서 재가 되듯이
죽어가야 할 일이 서글퍼

아카시 부인은 인생의 덧없음에 대해 너무 쓰면, 마음씀씀이가 부족하다 하여 뒷날 악평이 날 수도 있으니, 별 지장 없는 내용을 두서없이 모호하게 읊조렸다.

땔감을 메고 풀을 뜯고 물을 길으며
법화경 봉사를 하는 것은
오늘 법회가 처음
천명이 다할 때까지
법도 성취란 머나먼 여정

경 읽는 소리에 북소리가 어우러져 흥을 돋우었다. 이른 아침 안개 속에는 여러 꽃나무가 부인의 마음을 봄에 머무르게 할 양으로 아름다움을 현란하게 뽐내고 있었다. 새들의 지저귐이 피리 소리 못지않게 요란스럽게 들리고, 회포도 흥취도 무르익어 갈 즈음 무악(舞樂) '능왕(陵王)' 춤이 있었는데, 전각 위의 많은 사람들이 자신의 옷을 벗어서 춤추는 사람에게 상품으로 주는 일마저 이날 아침에는 그저 아름답게 보였다. 친왕들이며 고관들 중에서도 음악에 능숙한 사람들은 자진해서 재주를 아낌없이 보여 주었다. 이렇듯 참석자들 모두가 환락에 도취되어 있는 모습을 보아도, 여생이 얼마 남지 않았음을 느끼는 부인의 마음은 그저 한없이 슬펐다.

어제는 여느 때와 달리 온종일 잠을 한숨도 못잔 탓인지, 무라사키 부인은 괴로워서 누워 있었다. 이제까지 이런 기회면 반드시 참석하여 음악이나 무악의 어느 역할을 맡아 하던 사람들, 그들의 용모나 풍채나 그 재주도 오늘 이후로는 다시 보지 못할 듯한 예감이 들었다. 더구나 사시사철의 놀이에 경쟁심은 가졌지만, 오랫동안 돈독하게 우정을 쌓아 온 부인들에 대해서는 아무도 영원히 살아남을 사람은 없더라도, 우선 자기 하나가 이 가운데 사라지게 되겠거니 생각하자 부인의 마음은 더없이 슬펐다.

법회가 끝나고 부인들이 돌아갈 때에도 마치 마지막 이별이라 여기니 아쉬움이 컸다. 그래서 하나치루사토에게 노래를 전하였다.

오늘 법회야말로
내가 주재하는 마지막 행사
그 공덕으로 맺어진
그대와의 영원한 인연
그 믿음직스러움이여

하나치루사토는 이런 답가를 보냈다.

그대와 맺은 인연
끊어질 리 있으리
이제 남은 목숨 오래지 않은 나는
어떤 법회든 고마울 따름인데
이렇듯 성대한 법회와 연을 맺었으니

불공뿐 아니라 독경과 참회 등도 이 이조원에서 끊임없이 행해졌다. 그러나 그것도 별반 효험이 없어 일부러 곳곳의 먼 절에서도 독경을 하도록 했다.

여름이 되자, 무라사키 부인은 더위로 정신이 혼미해지는 상태가 잦아졌다.

병이름조차 무어라 단정할 수 없어서 고치지도 못하고 그저 쇠약해질 뿐 못 견디게 고통스러운 것은 아니었다. 시녀들 또한 어떻게 되실까, 위독한 상태에 빠지지나 않으실까 하는 불안감이 생겨서 부인을 그저 아깝고 슬픈 심정으로 지켜보며 한탄만 했다.

무라사키 부인의 용태가 이러하니 아카시 중궁도 퇴궁하여 이조원을 찾았다. 중궁은 동쪽 별채에 거처할 예정이었으므로 무라사키 부인은 서쪽 별채를 나와 그곳에서 기다리고 있었다. 중궁 행계 의식은 여느 때와 같았다. 무라사키 부인은 중궁과 어린 황자들의 눈부신 앞날을 미처 다 지켜보지 못하는 건 아닌가 하면서 슬퍼했다.

수행해 온 관리들의 이름이 불릴 때도 부인은 유난히 귀를 기울여 누구인지 하나하나 되짚어 보았다. 실로 많은 공경들이 동행하였다.

아카시 중궁과 오랜만에 만나는 것이라 친모녀 이상의 애정이 있는 두 여성은 다정하게 얘기를 나누었다. 겐지가 들어와 이렇게 말했다.

"오늘 밤은 둥지에서 쫓겨난 새 같은 신세이니 체면이 말이 아니군요. 나는 저쪽에 가서 쉬렵니다."

그리고 다른 방으로 가버렸다. 겐지는 일어나 앉아 있는 부인 모습을 보고 기쁜 표정이었으나, 그것은 짐짓 좋게 보고 스스로 달래고 있을 따름이었다.

"이쪽저쪽으로 떨어져 있으니 이쪽으로 오시라는 것도 황송하고, 제가 건너가는 것도 어렵게 되었습니다."

부인이 이렇게 말하고, 동쪽 별채에 잠시 머물러 있었다. 아카시 부인도 그곳을 찾아 날마다 정다운 이야기를 나누었다.

무라사키 부인의 마음속에는 부탁하고 싶은 일도 몇 가지 있었으나, 죽은 뒤의 일을 지금부터 말하자니 현명한 척한다고 여길 것이 부끄러워서 그 문제는 입에 담지 않았다. 다만 인생의 덧없음을 가볍지 않은 말투로 드문드문 말하니, 얼마나 불안한 심정으로 있는가를 분명하게 죽을 날이 가까움을 말하는 것보다 더욱 짐작케 했다. 무라사키 부인은 중궁의 아이들을 보면서 말했다.

"그대들의 앞날이 보고 싶었는데, 이렇듯 덧없는 나의 목숨을 예감하고 아쉬운 마음에 그랬을까."

이런 말을 하며, 눈물짓는 그 모습이 매우 아름다웠다.

"왜 그렇게만 생각하는 것일까?"

중궁은 가슴이 아파 서글피 울었다. 불길하게 들리지 않게 유언처럼은 말하지 않고, 대화 가운데 간혹 이런 말로 부탁했다.

"오랫동안 나를 섬겨온 시녀 가운데 의지할 곳이 없는 누구누구를 내가 없을 때 잊지 말고 보살펴 주시오."

중궁이 계절마다 하는 독경이 시작되자, 무라사키 부인은 자신의 서쪽 별채로 옮겼다.

셋째 황자는 여러 황자들 중에서도 더구나 사랑스러운 모습으로 옆에 와서 놀고 있었다. 고통이 좀 덜할 때면 부인은 황자를 자기 앞에 앉히고는 시녀들이 듣지 않게 조용히 물었다.

"내가 없으면 황자마마는 날 생각해 주실까요?"

그런 소리를 하면 황자는 이렇게 대답했다.

"보고 싶지, 그럼. 난 대궐의 아바마마보다도 어마마마보다도 할머니가 더 좋아. 할머니가 없으면 난 무척 슬플 거야."

그러면서 눈을 비비면서 눈물을 보이지 않으려고 애쓰는 모습이 귀여웠다. 부인은 미소를 지으며 보고 있었으나 눈에선 눈물이 흘렀다. 부인이 말했다.

"마마가 어른이 되거든 이 집에서 살도록 해요. 그리고 별채 앞에 홍매화와 벚꽃이 피면 마음껏 즐기면서 보도록 해요. 가끔씩 부처님 앞에도 그 꽃을 공양하세요."

황자는 고개를 끄덕이면서 부인의 얼굴을 물끄러미 쳐다보았다. 그러다가 눈물이 뚝 떨어질 듯하자 획 돌아서서 가버렸다. 각별히 공을 들여 자기 손으로 키워왔기 때문에 부인은 이 셋째 황자며 첫째 황녀와의 이별을 무엇보다도 슬퍼했다.

고대하던 가을이 찾아와서 날씨가 선선해지자 무라사키 부인의 병도 조금은 차도가 있는 듯했으나, 이내 원래대로 돌아갔다. 아직 스며들 만큼 가을바람은 불지 않았지만, 젖어드는 어두운 마음만을 안고 부인은 하루하루를 보냈다.

아카시 중궁에게 더 머물러 달라 말하고 싶었으나, 천황으로부터 재촉하는 칙사가 끊임없이 오는 일도 그렇고, 죽을 때를 예언하는 것만 같아 부인은 차마 그러지를 못했다. 이제는 부인이 동쪽 별채로 나올 수가 없게 되었으므로 중궁은 당신이 직접 그리로 가겠다고 말했다.

부인은 예의에 어긋난다고 난처해하면서도 만나뵙지 못하면 더욱 슬픈 일이라서, 서편 별채에 중궁의 방을 마련하고 정겹게 맞아들였다.

무라사키 부인은 몹시 수척했지만 오히려 그 모습이 더 우아하고 아리따웠다. 여태까지는 그 화사함 때문에 꽃에 비유되기도 했었다. 그러나 그 사람이 인생을 덧없고 쓸쓸하게 여기는 모습은 보는 이의 마음마저 구슬프게 하였다.

차가운 바람이 쓸쓸하게 부는 저녁, 부인은 앞뜰에 핀 풀꽃을 보기 위해 잠시 몸을 일으켜 사방침에 기대앉았다. 마침 건너와 있던 겐지가 보고 이렇게 말했다.

"오늘은 용케도 일어나 있군요. 중궁이 오실 때에만 기분이 유쾌해지는가 보죠."

겨우 안정을 얻은 것만 보고도 기뻐하는 겐지의 마음씨가 부인으로선 몹시 괴로웠다. 이러다 목숨이 끝났을 때엔 얼마나 슬퍼할까 생각하니 애달픈 마음에 이렇게 노래했다.

깨어난 듯 보이나
한순간에 사라질 내 목숨의 덧없음
바람에 흩어져 떨어지는
싸리꽃에 맺힌
이슬 같은 그 허망함이려니.

그때 바람에 싸리나무 가지가 이리저리 휘청거리자, 꽃잎에 맺힌 이슬이 금방이라도 떨어질 것만 같았다. 하필이면 이때 자신의 목숨을 덧없는 이슬에 비유하다니. 겐지는 서럽고 슬픈 마음으로 앞뜰 경치를 바라보면서 쉴 새 없이 눈물을 흘렸다.

툭하면 앞을 다투어 스러지는
허망한 이슬 같은 인간 세상에
그대 보내고 나 홀로 남느니
차라리 함께 죽고 싶구려

가을바람에 잠시도 머물지 못하고
떨어지는 이슬의 덧없음
그 누가 풀잎에 맺힌 이슬의 운명이라고
외면할 수 있으리.
사람의 목숨 또한 그렇듯 허망한 것을

아카시 중궁도 이렇게 노래를 주고받았다. 아름다운 세 사람이 친밀한 가족으로 한자리에 모여 마음이 유쾌해졌다. '이렇게 천 년을 지낼 수는 없을까' 겐지는 생각했지만, 아무리 애를 써도 세월을 잡아 둘 수 없음이 슬펐다.

"이제 그만 돌아가세요. 기력이 다하여 괴롭습니다. 몸이 가눌 수 없을 정도로 쇠약해진 모습을 보여 드려 송구스럽습니다."

부인은 휘장을 끌어당기고 드러누웠다. 그 모습이 평소보다 위태로워 보였다.

"어찌 된 일입니까?"

중궁은 무라사키 부인의 손을 잡고 울면서 용태를 보니, 이슬이 사라지듯 임종이 다가온 것이 분명했다.

많은 염불송경꾼이 곳곳의 절로 보내지고, 집 안은 웅성거리기 시작했다. 전에도 이런 일이 일어났다가 부인이 다시 살아난 적이 있었으므로, 귀신 소행이 아닌가 하고 겐지는 밤새도록 이것저것 알아보았으나, 그 보람도 없이 이튿날 먼동이 터 올 때 부인은 숨을 거두고 말았다.

아카시 중궁도 궁중으로 돌아가지 않고 임종을 볼 수 있었던 것을 더없이 깊은 인연이었다고 생각했다. 모두가 이것이 인간 세상의 이치이고 피할 수 없는 이별이라는 생각은 하지 못했다. 더없는 슬픔에 새벽에 꾼 꿈이 아닐까 하고 모두 정신을 차리지 못하고, 시녀들도 하나같이 넋이 빠져 나간 듯 어찌할 바를 몰랐다.

겐지는 마음을 진정할 길이 없는 듯, 아들 유기리 대납언을 휘장 옆으로 불러 말했다.

"이제 운명한 게 틀림없는 것 같다. 오랜 동안 희망하던 출가를 이 지경이 되어도 허락하지 않는 건 잔인한 일인 듯하다. 가지기도를 올리던 스님들도 모두 돌아간 것 같은데, 몇 사람은 남아 있을 테지. 이승에서의 보람이 더 필요하지 않게 된 이제, 저승길의 인도를 부처님께 부탁하기로 하고, 삭발토록 시켜라. 그럴 만한 스님이 남아 있느냐?"

이렇게 말하는 겐지 표정에는 억누르고 있는 것이겠지만 핏기가 거의 없고 눈물이 쉴 새 없이 주르륵 흘러 유기리 대납언은 그 얼굴을 슬프게 바라보았다.

"귀신이 주위를 놀라게 할 수도 있으니 그렇게 해도 좋겠습니다만, 어찌 되었던 전부터 바랐던 출가는 좋은 일이니, 단 하루 한 밤이라도 불도에 들어서시는 보람은 있을 것입니다. 그러나 어제 아주 운명하신 것이라면, 가신 후에 머리만 바꾼대서 저승의 빛이 될 수는 없는 것이니, 오히려 남아 있는 우리의 슬픔만 더 하는 게 아닐까요?"

유기리 대납언은 이렇게 말하고, 상례를 보살피려고 남아 있는 스님들을 불러들여 해야 할 일을 지시했다.

'오늘날까지 주제넘은 연정을 품으려 한 것은 아니지만, 언제 다시 저 찬바람이 불던 저녁에 엿보았던 아름다운 무라사키 부인을 또 볼 수 있을까, 목소리조차 듣지 못하고 마는 운명일까.'

유기리 대납언은 무라사키 부인에 대한 그리움이 마음에서 떠나지 않았다. 음성만은 영원히 들어볼 수 없는 운명이었다 하더라도, 비록 유해가 된 사람이긴 하나 다시 한 번 볼 수 있는 기회는 지금 이때밖에 없다고 생각하자, 유기리 대납언은 그만 소리를 내어 울음을 터뜨리고 말았다. 그러자 거기에 있던 시녀들도 모두 덩달아 울고불고하였다.

"좀 조용히들 해라. 잠시 조용히들 해라."

유기리 대납언은 그들을 제지하면서 휘장을 들치고 안을 들여다보았으나, 아직 희뿌연 새벽 빛 때문에 잘 보이지 않았다.

겐지가 등불을 시신 가까이 놓고 무라사키 부인의 얼굴을 지켜보고 있었다. 여전히 아름답고 화사하고 기품 있는 모습이었다. 겐지는 유기리 대납언이 보고 있다는 것을 알고도 굳이 얼굴을 가려야겠다는 생각이 나지 않았다.

"이처럼 살아 있을 때와 무엇 하나 다르지 않은데, 벌써 죽음의 상은 확실히 어려 있구나."

그렇게 말하고 겐지가 소매로 얼굴을 가리는 모습을 보고는, 유기리 대납언도 울컥해 자꾸만 눈물이 흘러서 앞이 보이지 않는데, 넋이 빠져 슬픔만 더해

올 뿐이었다. 가까스로 눈을 뜨고 부인의 얼굴을 바라보았다. 베갯머리에 무심코 흘러내린 머릿결이 풍성하고 깨끗하여, 하나도 흐트러짐이 없이 반드르르 빛이 나서 아름다웠다. 밝은 등불 밑에 얼굴빛은 하얗게 빛났다. 단정히 몸단장을 했던 생전 모습보다 이리 무심하게 누워 있는 모습이 더할 나위 없이 아름답다한들 그저 허망하게 들릴 뿐이다. 무엇과도 비교할 수 없으리만큼 아름다운 모습을 보고 있자니 끝내 꺼져갈 부인의 혼이 마냥 그대로 몸에 머물렀으면 싶으나, 그 또한 억지스런 바람이었다.

부인을 오랫동안 모셔오던 시녀들도 제정신인 자가 없으니, 겐지는 비길 데 없이 슬픈 심정을 애써 참고 직접 장례 일을 지휘했다. 예전에도 슬픈 사별을 몇 번 겪었지만, 이렇듯 사랑하던 사람의 죽음을 직접 치른 적은 없는지라 이런 슬픔은 전후를 불문하고 없으리라 생각했다. 시신은 그날에 납관되었다. 아무리 사랑한다 하더라도 죽은 이의 시신은 장사 지내어 보내야 하는 것이 인생의 안타까운 율법이었다.

아득히 넓은 들에 빈 곳이 없을 만큼 죽은 이를 애도하는 사람들이 가득 모여든 엄숙한 의식이었지만, 시신은 덧없는 연기가 되어 이윽고 피어오르고 말았다. 겐지는 부축을 받아 허공을 걸어가는 느낌으로 발길을 겨우 옮겼는데, 보는 사람들은 '저렇게 귀한 몸이신데' 하고 계급이 비천한 사람들조차 동정의 눈물을 흘렸다. 더구나 따라온 시녀들은 꿈속을 방황하는 심정이라 수레에서 굴러떨어질 뻔하기도 했다. 옛날 유기리 대납언의 어머니 아오이 부인을 장사 지내던 새벽을 겐지는 상기했는데, 그때엔 그래도 달이 또렷이 보였던 기억이 있다. 그러나 지금은 마음도 눈도 어둠 속에 있는 것만 같았다.

무라사키 부인이 숨진 것은 8월 14일이었고, 장사 지낸 날은 15일 새벽이었다. 아침 해가 떠올라 들판에 내린 이슬마저 숨을 곳이 없을 만큼 찬란하게 비추었다. 겐지는 그런 아침 광경을 보고도 인간 세상의 덧없음을 절절히 느끼면서 상념에 잠겨 있었다. 생각하면 생각할수록 이 세상에 염증이 나니 이런 생각마저 들었다.

'부인을 앞세우고 살아 있다 하나 내 목숨인들 얼마나 남았을까. 차라리 이 슬픔을 빌미로 예전부터 바라왔던 출가의 염원을 이루고 싶구나!'

그러나 아내를 잃고 바로 출가를 하면 나약한 사람이라고 지탄 받는 게 두려워 당분간은 참는 수밖에 없다고 생각했다. 그럴수록 겐지의 슬픔은 더욱

복받쳐 오를 뿐이었다.

상중이라 유기리 대납언은 이조원에서 지내기로 하고, 함부로 나다니지 않았다. 아침저녁으로 비탄해 하는 겐지의 곁에 있으면서 동정 어린 눈으로 바라보며 여러 위안의 말씀을 드리고는 했다.

찬바람이 부는 저녁에 유기리 대납언은 옛날을 회상하고 있었다. 어렴풋이나마 볼 수 있었던 사람이 아니냐고 지나간 가을날 저녁이 못내 그리워졌다. 임종 모습을 보고 꿈만 같았던 일도 남몰래 추억하고 있노라면 슬프기만 했다. 그런 마음을 남이 눈치챌까봐 '아미타불, 아미타불' 외면서 염주알을 돌리곤 했다. 눈물방울이 구슬같이 뚝뚝 떨어졌다.

아득한 옛날
얼핏 보았던
그 가을저녁을 그리워하니
임종하던 새벽녘
꾼 꿈같은 그 모습

그 꿈만 같았던 모습의 기억조차 지금은 슬퍼서 견딜 수가 없었다.

겐지는 존엄한 고승을 몇 명이나 불러들여 49일 동안 염불은 물론 《법화경》 등을 독경하도록 했다. 하지만 그런 모든 일이 그저 몸이 저리도록 슬플 뿐이었다.

자나 깨나 눈물이 마를 새가 없으니 겐지는 눈물로 뿌예진 눈으로 지내면서 자신이 살아온 날을 회상했다.

'한평생을 되돌아보면, 거울에 비치는 용모는 물론이고 복 받은 인물로서 세상에 등장한 것만은 틀림없는데, 유년시절부터 이미 인생의 덧없음을 깨닫게 하는 일들이 주위에 꼬리를 물고 일어났다. 이로 인해 불도에 들어서라고 부처께서 가르쳐 주었는데도 일부러 모르는 체하고 지내왔다. 세상에서 이탈할 수 없었기 때문에, 과거에도 미래에도 이런 일이 또 있을까 싶은 큰 슬픔에 맞닥뜨렸다. 이토록 슬픔에 잠겨 있는 동안은 불도에 들어서기란 애초부터 불가능

할 것이다. 그런 마음을 조금이라도 잊게 해 주시오.'

겐지는 아미타불에게 기원하고 있었다.

조문하기 위해 의례적인 인사를 넘어 정성을 담아 궁중을 비롯한 곳곳에서 번번이 사신을 보냈다. 이미 출가를 결심한 겐지의 마음에는 무엇이나 눈에도 귀에도 들어오지 않고 근심될 것 없지만, 역시 슬픔에 빠져 어리석은 사람으로 보이고 싶지 않았다. 말년이 되어 새삼스레 아내를 잃은 슬픔을 견디지 못하고 출가했다는 말을 듣게 되는 일만은 삼가고 있었기 때문에, 보이지 않는 구속을 받아 마음대로 출가할 수 없는 현실도 겐지를 더욱 슬프게 했다.

태정대신은 남의 불행을 가만히 보고만 있지 못하는 성격이라서, 무라사키 부인과 같이 뛰어난 가인의 갑작스러운 죽음을 깊이 애도하여 겐지에게 여러 번 동정의 편지를 보내왔다. 예전에 누이동생인 아오이 부인이 세상을 떠난 것도 바로 이맘때다고 기억을 되새겼다. 그때 누이의 죽음을 애도하던 사람들도 이제는 거의 고인이 되어 버렸다. 먼저 가건 나중에 가건 별 차이 없이 그저 시간 문제가 아니겠느냐며 마음이 숙연해졌다. 그의 둘째아들인 장인소장을 보내어 육조원에 편지를 전했다. 인생의 슬픔을 여러 가지로 말하고, 오랜 친구를 위로하는 긴 글이 씌어 있는 끝머리에 다음과 같이 읊었다.

먼 옛날, 그 사람이 떠났던
가을의 슬픔이 지금 같았는데
돌아가신 분을 애도하는 눈물로
그때 젖었던 소맷자락에
또 눈물의 이슬이 맺힙니다.

겐지는 이렇게 답가를 썼다.
눈물의 이슬에 젖는 슬픔이여.
그 애달픔이 예나 지금이나
같다 생각하여도
본디 가을밤은
못 견디게 괴로운 것임을

슬픈 마음을 있는 그대로 표현하면 답장을 애타게 기다리는 전 대신이 펼쳐 보고 나약한 사람이라고 비난할 것이다. 대신의 그런 성품을 알기에 겐지는 이렇게 의례적으로 예를 갖추었다.

"진심 어린 조문의 글을 거듭 받자와."

겐지는 아오이 부인이 돌아갔을 때 노래한 '먹 빛깔 없는' 상복보다도, 이번에는 좀 짙은 빛깔의 옷을 입고 슬픔을 드러냈다.

어떤 행운을 타고난 이도 세상사람들에게 이유 없는 질투를 받는 수도 있고, 또 그 사람 자신에게 교만한 마음이 생김으로써 남의 시달림을 받는 수도 있다. 그러나 무라사키 부인은 인기가 있으면서도 무슨 일에나 숭앙과 칭송을 받는, 티 없이 맑은 옥 같은 존재였으며 착한 귀부인이었다. 그렇기에 별로 관계도 없는 세상사람들마저 이번 가을에는 벌레소리나 바람소리에도 다시 얻을 수 없는 보배를 잃은 슬픔을 느끼고, 눈물을 흘리지 않는 사람이 없었다. 하물며 희미하게나마 부인을 본 적이 있는 사람들이라면 부인을 잃은 아픔을 도저히 잊을 수 없었다. 부인이 친히 가까이 부리고 있던 시녀들 중에는 비록 잠시나마 부인이 간 뒤에 살아남은 목숨이 원망스럽다며 여승이 되는 자도 있었고, 여승이 된 걸로도 만족하지 못하고 멀리 세상과 동떨어진 시골로 떠나려는 자도 있었다.

레이제이 상황의 비 아키고노무 중궁도 정성이 담긴 구구절절한 사연을 늘 적어 보냈다.

초목이 메마르는
들판의 쓸쓸함을 꺼려
그리운 그분은
가을에 마음을 붙이지 못하고
봄을 좋아하셨는가.

"이제야 그 이유를 알겠습니다."

겐지는 너무 슬픈 나머지 분별력마저 잃었으나, 이 편지를 손에서 내려놓지 못하고 거듭 보고 또 보았다. 풍정이 가득한 노래와 편지글로 마음의 위안을 줄 수 있는 분은 이 중궁 한 사람밖에 없다고 생각하자 다소나마 슬픔이 사라지는 듯했다. 소맷자락으로 닦을 새도 없이 눈물이 흘러내리니 좀처럼 답장을 쓰기가 쉽지 않았다.

> 그대는 구름 위의 중궁이 되었고
> 그 사람도 연기가 되어 하늘로 올라갔으니
> 함께 높은 하늘에서 내려다보구려
> 덧없는 세상에 진력이 난 나를

답장을 쓰고 난 뒤에도, 겐지는 여전히 눈물에 어른거려 보이지 않는 글에 눈길을 던지고 있었다.

겐지는 요즘 넋을 놓고 그저 멍하니 지내는 일이 많다는 것을 스스로 느끼고 그런 마음을 달래기 위해 시녀들 방에서 지냈다.

불상 앞에 몇몇 시녀만을 시중들게 하고, 조용히 불공을 드렸다. 천 년도 더 함께 살리라 하던 가장 사랑하는 부인을 죽음으로 빼앗기고 말았음은 가엾기 짝이 없는 일이다. 이제 이승에는 아무런 집착도 남지 않았음을 깨닫고 속세를 등질 채비만을 하고 있는 겐지였으나, 세상 체면을 꺼려 아직도 망설이고 있음은 안타까운 일이었다.

이레마다 치르는 법회에 대해서도 슬픔에 지쳐 조리 있게 분부를 내리지 못하는 겐지를 대신하여 유기리 대납언이 일처리를 지시하고 있었다. 겐지는 자기의 목숨도 오늘이 마지막이라 생각되는 날도 많았으나, 결국 49재가 끝나는 것을 보게 되었는가 싶으니, 마치 꿈을 꾸는 듯했다.

아카시 중궁도 무라사키 부인을 잊지 않고 내내 그리워했다.

환술사[1]

무라사키 부인을 잃은 슬픔에서 헤어나지 못한 겐지는 화창한 봄 햇살을 바라보면서도 마음속은 비애감으로 차올랐다. 예년처럼 사람들이 대청마루 앞에 모여들어 새해 인사를 하는데, 겐지는 몸 상태가 좋지 않은 척하고 방 안에서 나오지 않았다. 병부경친왕이 찾아왔을 때만 체면 차리지 않아도 되는 안쪽 방에서 마주 대하고 인사의 노래를 읊었다.

우리 집에는 이제
봄꽃이 피어도
그것을 즐길 사람이 없건만
무슨 연유로 그대는
찾아왔단 말인가.

친왕은 눈물겨워하면서 화답했다.

매화처럼 향기로운 그대를 보러
이렇듯 일부러 찾아왔는데
보람도 없이
그대는 그저 꽃구경하러
왔다 말씀하시는지요.

홍매화 나무 밑을 지나서 별채 쪽으로 걸어오는 친왕의 정다운 풍채를 보니,

---

[1] 환술사(幻術師) : 겐지가 52세 때의 이야기. 무라사키 부인이 별세한 뒤의 1년 동안. 육조궁의 4계절 변천과정과 겐지의 내력이 함께 얽혀 펼쳐진다.《겐지 이야기》에서 겐지가 주인공으로 등장하는 마지막 권이다

이제 이 사람 말고는 홍매화의 아름다움을 함께 이야기 나눌 자가 없구나 싶었다.

홍매화는 봉우리를 살짝 터뜨려 사뭇 그윽한 아름다움을 뽐내고 있었다. 새봄이라 하면서 음악 놀이도 하지 않으니 이래저래 예년과는 많이 달랐다.

시녀들 가운데 고참자는 짙게 물들인 상복을 입고 여전히 슬픔에 젖어, 돌아가신 무라사키 부인을 그리워했다. 요즘은 겐지가 다른 부인들 처소에 발길을 하지 않아 늘 그 모습을 가까이에서 뵐 수 있음을 유일한 즐거움으로 삼으며 정성껏 시중을 들었다.

겐지는 홀로 쓸쓸히 밤을 지내게 된 뒤로 이제까지 딱히 사랑한 것은 아니나 그래도 버리지 못해 정을 나누어 주었던 시녀들에게조차 오히려 덤덤하게 대했다. 숙직을 할 때도 시녀들을 침소에서 멀리 떨어진 곳에 대기하도록 했다.

외로운 마음이 들 때면 그녀들을 불러 추억담을 나누었다. 차츰 연애에 대한 감정이 사라져 버린 겐지는 이러한 순수한 심경에 이르지 못했던 시절을 회상하였다. 그 즈음 원망스러운 태도를 이따금 부인에게서 볼 수 있었다. 사소한 장난이었든 거스를 수 없는 운명 때문이었든, 왜 자기는 그 같은 유혹을 극복하지 못하고 평생 그 사람을 괴롭혔던가. 부인에게 그러한 번민을 안겨주었던 일을 뉘우치며 겐지는 울컥했다.

그 사정과 무라사키 부인의 심경을 알고 있는 몇몇 시녀들은 지금도 겐지를 모시면서 그때 부인이 얼마나 괴로워했는지를 넌지시 말씀드리기도 한다.

온나산노미야가 육조원으로 시집왔을 때 단 한순간도 고민하는 기색을 보이지 않았으나, 자신의 신세가 한심하며 처량하다고 느꼈을 부인의 모습이 가슴 저리게 떠올랐다. 특히 어느 눈 내린 새벽의 기억이 떠올랐다. 온나산노미야의 처소에서 돌아오니 시녀들이 일부러 옆문을 열어주지 않아 문밖에 서서 이러지도 저러지도 못하고 있는데, 날씨마저 흉흉하여 얼어붙을 듯한 몸을 무라사키 부인은 평소처럼 상냥하게 문을 열어 맞아주었다. 하지만 소맷자락은 눈물에 흠뻑 젖어 있었는데 애써 감추고 아무렇지 않은 듯 행세했다. 그런 아리따운 마음씀씀이를 떠올리면서 겐지는 꿈속이라도 좋으니 다시 한 번 그 모습을 볼 수 없을까 밤새도록 그리워했다.

이른 새벽 자기 방으로 돌아가는 시녀였을까. 이렇게 중얼거리는 목소리가 들렸다.

"아유, 눈이 소복하게 쌓였네."

이 소리를 듣자 겐지는 그날 아침으로 되돌아간 듯하여 곁에 무라사키 부인이 없음을 더없이 한스러워했다.

괴롭고 시름에 겨운 이 세상에서
눈이 녹아 사라지듯
모습을 감추고 싶다 생각하면서도
예기치 않게 내린 눈처럼
아직도 이 세상에 살아 있으니

이렇게 노래를 읊조린 겐지는 마음을 가다듬고자, 평소 하던 대로 손을 깨끗이 씻고 근행에 임했다.

시녀들은 묻어두었던 불씨를 피워 화로를 곁에 갖다드렸다. 중납언 댁이니 중장 댁이니 하는 시녀가 가까이에서 이야기 상대를 해드렸다. 겐지는 울적한 표정으로 말했다.

"혼자 자는 밤이 무어라 할 수 없이 쓸쓸하더란 말일세. 이렇게 하고도 편안히 지낼 수 있는 나였는데도, 부질없는 관계를 참 많이도 만들었었지."

'자신마저 여기를 버리고 간다면 이 사람들은 얼마나 울적해질 것인가' 생각하고 겐지는 새삼 방 안을 둘러보았다. 남의 눈에 띄지 않게 조용히 불공을 드리고 독경하는 겐지의 목소리를 들으면 보통 때라도 눈물이 흐르는 법인데, 더구나 겐지의 뼈저린 슬픔에 깊은 동정심을 느끼는 시녀들이었으므로 더욱 비애감에 빠져들었다.

"나는 현세에서 누릴 수 있는 행복은 다 누렸으니 무엇 하나 부족한 게 없었다. 하지만 고귀한 신분으로 태어난 한편 세간의 뭇사람들과는 달리 본의 아닌 운명을 타고났다고 생각한 적이 한두 번이 아니었다. 부처님이 내게 세상이 무상하고 허망함을 알려주시기 위해 미리 그리 정해놓은 슬픈 운명이었던 게지. 그것을 애써 모른 척하며 살아온 탓에, 이제 죽음이 머지않은 인생의 황혼녘에 더할 나위 없는 슬픔을 겪으며 내 운세가 덧없이 쓰라리다는 것을, 내

모자랐던 마음의 한계를 똑똑히 보아 오히려 마음이 편해졌다. 지금은 이 세상에 아무런 미련도 집착도 없는데, 출가하게 되면 요즘 들어 한층 친밀해진 그대들과의 이별에 아픔을 감당하지 못하고 괴로워하겠지. 참으로 속절없구나. 이렇듯 결단을 내리지 못하고 있으니."

이렇게 말하고 눈을 꾹꾹 누르는 척하며 흐르는 눈물을 감추려 했지만 소용없었다. 이를 본 시녀들은 더욱 하염없이 울었다. 시녀들은 마침내 겐지가 자기들을 떠나시려는가 슬픔을 호소하고 싶었지만, 감히 그런 말을 꺼낼 수도 없었다. 모두 흐느껴 울었기 때문이다. 이렇게 비탄에 잠겨 지새우는 아침이나, 하루를 수심으로 보낸 조용한 저녁에는, 특별히 아꼈던 사람들을 가까이 불러 이야기를 주고받는 것을 위안으로 삼는 겐지였다.

시녀 중장은 어린 시절부터 겐지를 모셔 왔는데, 겐지와 은밀히 정을 주고받은 적이 있다. 그러나 겐지는 중장을 그리 가깝게 대하지는 않았다. 중장 댁은 그 일로 부인에 대해 자책감을 금할 수가 없었다. 그러던 것이 부인이 세상을 떠난 뒤로는, 애욕을 떠나 고인이 누구보다도 아끼던 시녀였다는 점에서 부인의 유품으로 보고 이 사람에게 겐지는 애정을 품었다. 상복차림이 마치 무덤에 돋아난 어린 솔처럼 왠지 무라사키 부인을 떠올리게 하는 가련한 여자였다.

요즈음 겐지는 웬만큼 친한 사람이 아니면 절대 만나지 않았다. 친밀하던 고관들이며 형제분인 친왕들이 수시로 찾아왔지만 그분들과도 별로 만나려하지 않았다.

'사람을 만나는 동안은 자제를 하여 추태를 보이지 않고 침착하려 하나, 오랫동안 슬픔에 잠겨 넋이 빠진 상태로 남 앞에서 어떤 실수를 저지를지도 모른다, 그런 말이 뒤에 전해지는 것은 참을 수 없는 노릇이다.'

이렇게 생각하면서 아들 유기리 대납언마저 발을 가린 채 만났다. 전혀 다른 사람처럼 변했다고 세상사람들이 수군덕거릴 게 뻔하니, 그동안만이라도 이제까지 하던 대로 꾹 참아야겠다며 인내하고 있는 상황이라 단호하게 출가도 하지 못했다.

어쩌다 육조원의 부인들이라도 만나면 비처럼 쏟아지는 눈물을 어쩌지 못하니 요즘은 아무에게도 전갈조차 보내지 않고 지냈다.

아카시 중궁은 궁으로 들어갔으나, 적적함을 달래라고 셋째 황자를 겐지 곁에 남겨두었다.

"할머니가 그렇게 말씀하셨는걸."

셋째 황자가 별채 앞 홍매화와 벚꽃을 자기 책임이라는 듯 보살피며 돌아다니는 모습을 겐지는 기특하게 여겼다. 2월로 들어서자 매화나무 가지에는 소담스럽게 핀 꽃들과 아직 피지 않은 봉오리들로, 온통 안개가 낀 듯 뽀얗고 아름다웠다. 무라사키 부인의 유품인 홍매에 꾀꼬리가 날아와 영롱한 목소리로 지저귀니

앞뜰에 홍매화를 심어
꽃을 즐기던 사람이 떠나
주인 없는 이 집에
그런 줄도 모르는 척
올해도 찾아와 지저귀는 꾀꼬리여.

그러고는 봄 하늘을 쳐다보고 한숨 쉬었다.

봄이 깊어감에 따라 뜰 경치가 무라사키 부인이 살아 있을 때와 다름없이 화사하게 펼쳐졌다. 그러나 가슴을 아프게 할 뿐이니, 겐지는 이승 같지 않고 새소리도 들리지 않는 먼 산중으로 들어가고 싶은 심정만 간절했다.

흐드러지게 핀 화사한 황매화를 보아도 왈칵 눈물이 쏟아질 듯했다. 다른 곳에선 홑벚꽃은 지고 겹벚꽃 또한 한창때가 지났다. 산벚꽃은 꽃봉오리가 터지면서 등꽃이 그 뒤를 이어 짙은 색으로 피는 모양이지만, 무라사키 부인은 피고 지는 꽃들의 성질을 잘 알고 있어 여러 종류 꽃을 있는 대로 모아 심어놓았기에, 그 꽃들이 때를 잊지 않고 잇달아 피어나 정원을 아름답게 꾸미고 있었다. 셋째 황자가 이렇게 말했다.

"내 벚꽃이 이제야 피었네. 언제까지나 지지 마라. 나무 둘레에 휘장을 세워 천을 드리우면 바람도 불어오지 못할 거야."

굉장한 발명이라도 한 것처럼 이렇게 말하는 아름다운 얼굴을 보고 겐지는 자신도 모르게 흐뭇한 미소를 지었다.

"꽃이 떨어지지 말라고 저 넓은 하늘을 덮을 만한 소매는 없을까, 생각했다

는 옛 사람보다 한결 영리하구나."

겐지는 이렇게 셋째 황자만 상대하며 나날을 보냈다. 겐지가 말했다.

"너하고 사이좋게 지내는 날도 이제 얼마 남지 않은 것 같구나. 잠시 더 산다 하더라도 이렇게 다시 만날 수 없을 테니 말이야."

그러고 나서 또 겐지가 눈물이 그렁해지자 황자는 슬퍼하면서 말했다.

"꼬옥 할머니가 하시던 말씀을 그대로 하시네요. 불길해요, 할아버지."

그러면서 고개를 숙이고는 옷소매를 손으로 끌어당겨 눈물을 감추었다. 겐지는 난간 한구석에 기대어 마당과 발 안을 바라보았다. 시녀들 중에는 아직 상복을 입은 사람이 있었다. 평상복을 입고 있는 사람들도 모두 화려한 색채는 피했다. 겐지도 빛깔은 평범하지만 무늬가 없는 수수한 일상복을 입고 있었다.

방 안을 꾸민 장식품들도 아주 간소하게 하여 손이 덜 가게 했더니, 모든 것이 허전하고 침울하게 보였다.

내가 출가를 하고 나면
죽은 사람이 정성껏
꾸민 이 봄 뜰도
볼품없이 황폐해지려나.

자진하여 결심한 출가이기는 하나 슬플 따름이었다.

겐지는 심심해서 여승 황녀 온나산노미야의 처소로 걸음을 했다. 셋째 황자도 시녀에게 안겨 함께 갔다. 온나산노미야의 어린 도련님과 어울려 돌아다니며 노는 모습에 지는 꽃을 아쉬워하는 마음은 그리 없어 보이니, 참으로 철이 없는 순진무구한 아이들이었다.

온나산노미야는 불경을 읽고 있었다. 그리 깊은 깨달음을 얻은 마음도 아닌데 정신을 어지럽힐 만큼 이 세상에 원한이 없으니. 평온하게 지내는 가운데 차분한 마음으로 근행하며 속세의 잡념에서 완전히 벗어난 모습도 겐지에게는 한없이 부럽고 이렇듯 사려 깊지 못한 여인의 도심에도 미치지 못하는 자신을 유감스럽게 생각했다.

알가사발에 띄워놓은 꽃이 해거름의 아스라한 햇살을 받아 아름답게 보였다.

"봄을 좋아하던 사람이 세상을 뜬 뒤로 뜰의 꽃마저 무정하게 보이는데, 이렇게 부처 앞에 올린 꽃에는 호감이 갑니다."

이어서 말했다.

"동쪽 별채 앞뜰에 황매화가 다른 곳에서는 구경도 못할 만큼 소담스럽게 피었습니다. 꽃송이가 어쩌면 그리 큰지. 고상하게 피리라 꽃도 생각지 못했을 테지만, 화사하고 풍성함이 아주 볼만합니다. 심은 사람이 이미 죽고 없는 봄인 줄도 모르고 예년보다 한결 아름답게 피었으니 애처롭군요."

"골짜기에는 봄도."

온나산노미야가 아무 생각 없이 이렇게 내뱉자, 겐지는 달리 말할 수도 있을 터인데 '참으로 무심하구려' 생각했다. '빛이 들지 않는 골짜기에는 봄도 남의 일이고 꽃이 피고 지는 것에 마음을 쓰고 괴로워하는 일도 없으니'라는 옛노래에도 있듯이, 속세를 떠난 여승의 몸으로는 꽃이 피든 금세 떨어지든 아무런 느낌이 없다고 헤아릴 수도 있는 냉담한 말이다.

'무라사키 부인이라면 별 대수로운 대화가 아니더라도, 상대가 듣고 싶어 하지 않는 대답은 절대 하지 않았을 텐데.'

겐지는 이렇게 생각하며 무라사키 부인의 어린 시절부터 과연 어떤 일이 있었는지 그 모습을 더듬어 보았다. 생전의 늘 재기와 정감에 넘치고 자상하고 그윽했던 성품과 그 몸짓과 말투가 잇달아 떠올라, 그만 또 넘쳐흐르는 눈물을 어쩌지 못하니 참으로 괴로웠다.

저녁 안개가 자욱하게 끼어 사위가 어두워진 풍정이 심금을 울리니 겐지는 아카시 부인의 처소로 발길을 돌렸다. 오래도록 모습을 보이지 않은 탓에 갑작스러운 방문이 놀랍기는 했으나 아카시 부인은 과연 당황하지 않고 우아하고 기품 있게 맞아들이니, 겐지는 역시 다른 분들보다 성품이 훌륭한 분이라고 생각했다. 하지만 무라사키 부인은 아카시 부인과 비교해 또 다른 각별하고도 깊은 멋이 있었노라 생각했다. 그러자 무라사키 부인의 모습이 눈앞에 떠올라 그리움과 슬픔이 더하여 이 마음을 어찌하면 달랠 수 있을까 하고 스스로도 감당하지를 못했다.

아카시 부인의 처소에서는 한가로이 옛이야기를 나누었다.

"옛날부터 여자를 사랑해 집착을 보이는 것은 흉한 일임을 잘 알고 있었기에, 어떤 관계의 여자든 세상에 집착이 남지 않도록 유념해왔지요. 내가 세상으로부터 허망하게 쫓겨나 평생을 헛되이 묻어버릴 뻔했던 저 스마와 아카시를 유랑하던 시절 이런저런 생각에 골몰한 나머지, 스스로 목숨을 버릴 작정으로 들과 산을 헤맨다 한들 아무런 지장도 없을 것이라 단단히 각오를 했지요. 그런데 이리 늘그막에 죽을 때가 가까운 몸이 되자 오히려 없어도 아무 상관없는 많은 것에 연루되어 지금까지 출가를 하지 못하고 지내는 게 결국은 내 단호하지 못한 마음 탓이라 여겨지니 답답해서 견딜 수가 없구려."

부인과 사별한 슬픔이 짐짓 아닌 듯이 말했지만, 아카시는 겐지가 무엇 때문에 괴로워하는지 잘 알고 있었으며, 마땅한 일이라고 가슴 아파하였다. 아카시 부인이 말했다.

"보통 사람들이 볼 때, 이승에 미련 없을 듯한 사람도 스스로 버릴 수 없는 굴레가 얼마든지 있는 법인데, 더구나 준태상천황 신분이신 분이 어떻게 쉬이 세상을 버리려 하십니까. 깊이 생각하지도 않고 출가를 하는 자는 끝내 민망한 일을 저지르고, 오히려 출가하지 않았더라면 좋았겠다는 말을 남들에게 듣게 되는 법입니다. 그러니 불도에 들어서시는 일을 서두르지 않는 편이 나중에 훌륭하신 깨달음을 얻는 과정이 되지 않을까 생각되옵니다.

선인들의 예를 들어봐도 마음에 동요가 있거나 일이 뜻대로 되지 않아 속세를 버릴 결심을 한다고 합니다. 하지만 그런 경우는 역시 바람직하지 않다고 들어 알고 있습니다. 당분간 출가 생각은 접으시고 다음에 천천히 생각하세요. 중궁의 어린 황자들이 성장하여 동궁 자리에 확고히 오르는 것을 지켜보셔야지요. 그때까지는 그냥 지금처럼 지내시는 것이 소인들에게는 안심이요, 기쁨입니다."

사려 깊게 말해 주는 아카시에게 겐지는 호감을 느꼈다.

"그렇게까지 생각되어 출가를 미루는 게 분별 있는 노릇이라면, 그보다는 경솔한 편이 더 나을 것 같소."

옛날부터 겪었던 슬픈 일을 이것저것 이야기하였다.

"옛날 후지쓰보님이 세상을 떠나던 봄에는 활짝 핀 벚꽃을 보아도, 벚꽃도 마음이 있다면 검은 상복 빛깔로 피려나 하는 생각을 했소. 참으로 훌륭한 분이라는 생각이 어릴 적부터 마음에 배었기 때문에 그분이 세상을 떠나자 누구의 죽음보다도 슬펐던 게지. 연애의 깊고 얕음과 고인을 애석해하는 정과는 다르지 않겠소? 오랫동안 함께 살아온 아내와 이별하고 그 사람을 잊지 못함은 연애만 그런 게 아니라오. 소녀 시절부터 내가 길러온 사람과 같이 나이가 들어버린 지금에 와서, 한 사람만이 남고 한 사람이 세상을 떠나고 말았다는 사실이 스스로 가엾어지기도 하고 고인이 불쌍하기도 해서, 그 사람의 아름다움이라든가 그 사람의 예술이라든가, 그런 모든 추억이 복잡하게 떠오르기 때문에 깊은 애수에 빠지게 되는 겁니다.”

　밤이 이슥할 때까지 아카시 부인과 옛날이야기, 세상 이야기를 나누었다. 그대로 이곳에 묵어도 좋을 것이라 생각하면서도 겐지는 끝내 돌아갔다. 그러니 아카시 부인의 아쉬움도 이만저만이 아니었으리라. 겐지도 자신의 마음이 이상스레 변했다고 절감했다.

　겐지는 처소로 돌아와서 평소처럼 불공을 드리고, 한밤중이 되어 선잠을 조금 잤다.

　이튿날 아침 일찍 겐지는 아카시 부인에게 편지를 썼다.

　북쪽 나라로 돌아가는 기러기가 울어대듯
　어젯밤에는 울면서
　그곳에서 돌아왔구나
　어차피 잠깐 머물다 가는 세상
　어딘들 영원히 머물 곳이 있겠냐만

　편지에는 이렇게 씌어 있었다. 아카시 부인은 어젯밤 겐지가 묵지 않고 돌아간 처사를 한스럽게 생각한 듯했다. 그러나 비탄에 잠긴 나머지 전혀 다른 사람처럼 넋을 잃은 모습이 너무도 안되었기에 자신의 한은 금세 잊어버리고 눈물을 머금었다.

　기러기가 노닐었던 못자리에
　물이 마르고 나서는
　물에 비친 꽃 그림자마저
　보이지 않듯
　그대의 모습 또한 전혀 보이지 않아.

겐지는 여느 때와 다름없는 아름다운 아카시의 글씨를 보며, 이 사람을 처음에는 무례한 침입자처럼 여기던 무라사키 부인이, 근년에는 서로 우정이 돈독해져 자존심 상하지 않을 정도의 교제를 하고 있었지만, 사실 아카시는 무라사키의 진심이 어떤지는 헤아리지 못했을 것이라고도 생각했다. 쓸쓸해서 견딜 수 없을 때만은, 아카시 부인의 경우처럼 부인들에게 간단한 방문을 하는 겐지였지만 처첩과 밤을 함께 지내는 일은 어디서든지 없었다.

사월이 되자 하나치루사토가 여름철 갈아입을 옷에 덧붙여 노래를 보내왔다.

여름옷으로 갈아입을
오늘 이날이야말로
해마다 여름옷을 손수 지으셨던
돌아가신 분에 대한 그리움이
한결 더하겠지요

노래를 보고 겐지는 이렇게 답했다.

매미 날개처럼 얇은
여름옷으로 갈아입은 오늘은
매미 허물처럼 헛되고 적적한
이 세상이 더없이 슬프게 느껴지니

가모제가 있는 날이었다.
'오늘은 사람들이 축제를 즐거이 구경하겠구나.'
겐지는 하릴없이 가모 신사의 축제 모습을 상상하고 있었다.
시녀들이 몹시 따분해할 테니 집으로 돌아가 구경을 하고 오라 일렀다.
중장 댁은 동쪽 방에서 풋잠을 자고 있었는데, 그 모습을 보니 귀여웠다. 겐지의 기척을 느낀 중장 댁이 깜짝 놀라 깨서는 엉거주춤 일어났다. 붉어진 얼굴이 부끄러워 가리려 하는데 흐트러진 부드러운 머리카락이 볼에 붙어 있어 참으로 아름답게 보였다. 누르스름한 분홍빛 치마, 원추리색 홑옷을 입었는데, 짙은 쥐색에 검은 빛을 겹친 상복도 느슨하게 풀어져 있고, 치마며 당저고리도 벗고 있다가 중장은 서둘러 끌어올렸다. 겐지는 중장 곁에 놓여 있던 접시꽃을 집어들고 농담을 건네듯 말했다.

"무슨 풀이었더라. 이름도 잊어버렸군."

　그처럼 저를 까맣게 잊었다 하여도
　오늘 축제의 머리에 꽂을 접시꽃
　만날 날을 뜻하는 그 이름마저
　잊으시라고는

중장 댁은 부끄러워하면서 이렇게 읊었다. 겐지는 이토록 사랑스러운 이 중장 댁을 버릴 수 없을 것만 같았다.

　세상의 숱한 집착을
　다 버렸다 여겼는데
　오늘 만난 접시꽃만은
　또 꺾어 죄를 범할 듯하니

5월 장마철에는 기분이 더욱 가라앉아 울적하게 지낼 수밖에 없었다. 온갖 것이 다 적적하기만 한데, 구름 사이로 열흘날의 달이 둥실 떠오른 환한 밤이었다. 유기리 대납언이 겐지를 찾았다.

달빛 아래 선명하게 드러나 귤꽃으로 바람이 부니 은은한 향기가 사방에 풍겼다. 옛 노래에 '천세를 울리는 소리'라고 읊었던 두견새 지저귀는 소리가 들리지는 않을까 하여 기다리는데 갑자기 구름이 퍼지기 시작하니 정말 이지 안타까운 일이었다. 단박에 세찬 비가 소리 내어 쏟아지고 바람까지 휘몰아치니, 등잔의 불꽃이 흔들리다가 꺼져버리고 하늘마저 캄캄해졌다.

　으스스하고 어두운 밤
　창을 때리는 빗소리

그때 겐지가 널리 회자되는 옛 시를 읊으니, 마침 잘 어울리는 탓인가 '그리운 님이 사는 집'에서 지저귀게 하고 싶다는 두견새 소리처럼 돌아가신 무라사키 부인에게 들려주고픈 목소리였다.

겐지가 말했다.

"독신생활이란, 나만이 경험하는 일은 아니지만 이상하리만큼 쓸쓸하군. 입산하기 전에 이런 습관을 붙여 두는 것도 좋을까 한다."

그리고 시녀들에게 분부했다.

"여보게들, 여기 과일이라도 내주게. 사내들에게 분부할 것도 못 되니."

유기리 대납언은 하늘을 망연히 바라보는 겐지의 쓸쓸한 표정을 보고, 이렇게 언제까지나 고인을 그리워하신다면 출가를 하시더라도 투철한 신앙생활에 들어가기는 어렵지 않을까 생각했다.

'그 옛날 몰래 엿본 무라사키 부인의 모습조차 뇌리에서 떠나지 않는데, 하물며 아버님은 어떠하리.'

"돌아가신 것이 바로 엊그제 같은데 1주기가 다가옵니다. 법회는 어찌하실 생각인지요."

"세상사람들보다 거창하게 할 마음은 없다. 부인의 뜻과 정성을 모아 만들어 놓은 극락 만다라를 공양하는 것이 좋겠다. 부인의 발원으로 쓰게 한 경문 등도 많지만, 그것은 예의 승도가 발원의 취지를 자세하게 들어두었다 하니, 그 것 말고 또 할 게 있으면 승도에게 물어 하라는 대로 하면 되겠지."

"생전에 그런 공덕을 쌓아두신 것은 후세의 안락을 위해 더없이 듬직한 일입니다. 하지만 세상에는 인연이 짧아 단명한데다 유품이라 할 만한 자손을 남기지 못한 것이 무엇보다 유감스럽습니다."

"이 세상에 인연이 짧아 그런 게 아니다. 오래도록 함께 한 다른 부인들 또한 자손을 생산하지 못했으니 내게 자식복이 없나 보구나. 내가 박복한 게지. 너는 자식복이 많으니 가문을 번성시키도록 하여라."

겐지는 모든 일에 인내가 부족한 자신의 박약한 의지가 부끄러워 지난 옛일을 구구절절 이야기하려 하지 않았다. 그때 기다리고 기다리던 두견새 울음소리가 저 멀리서 희미하게 들려오니 '두견새 어찌 알고'라는 옛 노래가 떠오르면서 마음이 술렁거렸다.

죽은 이가 그리워
멀리 죽음의 산에서
저녁 소나기에 젖으며
휘이휘이 날아왔는가.
쓸쓸히 우짖는 저 두견새여.

겐지는 이렇게 노래하고 무라사키 부인을 그리워하면서 밤하늘을 물끄러미 올라다보았다.

두견새여
그분에게 전해다오.
고향집의 귤꽃이
지금 한창 화사하게 피어
향기를 풍긴다고.

유기리 대납언이 이렇게 답가를 읊었다.
시녀들도 잇따라 노래를 함께 나누었으나 여기에는 쓰지 않으련다.
유기리 대납언은 겐지 곁을 지키며 그대로 묵기로 했다. 홀로 자는 잠자리가 허전할 것을 염려하여 유기리 대납언이 이렇게 찾아와 묵곤 하는데, 무라사키 부인이 살아 계셨을 때는 그토록 가까이하기 어려웠던 침소 주변을 지금은 쉽게 가까이 할 수 있었다. 이래저래 무라사키 부인의 생전을 떠올리는 일이 많아졌다.

무더운 여름, 겐지는 시원한 수정(水亭)에 나가 연꽃이 한창 핀 연못을 바라보고 있었다. 그리운 사람에 대한 추억으로 이 꽃 앞에서도 멍하니 모든 일이 덧없음을 깨닫고 있는 중에 어느덧 날도 저물었다. 요란하게 우는 쓰르라미 소리를 들으면서 아름다운 저녁놀을 받고 있는 패랭이꽃을 혼자 바라보고 있자니 싱겁기 짝이 없었다.

하릴없이 따분함에

여름날을 울며 지내자니
사뭇 내 잘못인 양
뭐라 투덜거리듯
울어대는 쓰르라미 소리여.

이렇게 노래하고, 무수한 반딧불이가 어지럽게 날아다니는 광경을 보면서도
'석전에 반딧불이 날고 마음은 초연하기 그지없도다'라는 옛 시를 읊으니, 마치
현종 황제가 양귀비를 그리워하는 듯한 내용의 노래와 시만을 흥얼거렸다.

밤이 되었음을 알고
빛을 내는 반딧불을 보아도
슬퍼지는 것은
밤낮없이 그리 타오르고도
다하지 않는 내 그리움 탓이니.

7월 7일도 여느 해와는 다른 칠석날이었다. 음악놀이도 열지 않았으며, 종일
쓸쓸함에 사로잡히는 날이 되고 말았다. 견우와 직녀가 만난다는 하늘을 바
라보러 나가는 시녀도 없었다.
새벽녘에 혼자 누웠던 자리에서 일어나 쌍바라지를 열고 보니, 앞뜰 초목에
가득 맺힌 이슬이 반짝이는 것이, 복도 문을 통해 보였다. 겐지는 툇마루 밖으
로 나오더니 한 수 읊조렸다.

견우와 직녀가 해후하는
어젯밤 만남은
구름 위의 일이니
오늘 아침 별들의 이별 눈물이 쏟아지는 뜰에다
내 슬픈 눈물의 이슬도 곁들이지요

어느덧 가을바람이 소소히 일기 시작하면서부터는 법회 채비 때문에 겐지
의 슬픔도 다소 잊힌 듯했다. 그로부터 벌써 1년이 지났다고 생각하자, 얼떨떨

한 심정이었다. 기일인 열나흘에 육조원 사람들은 상하를 막론하고 목욕재계하고서는 만다라 공양에 참여했다. 초저녁마다 드리는 불공을 위해 손 씻을 물을 떠다드리는 일을 맡은 중장 댁 부채에 이렇게 적혀 있었다.

돌아가신 님을
그리워하는 이내 눈물은
한없이 넘쳐흐르건만
오늘 이 일주기를
무엇의 끝이라는 것이더냐.

이렇게 씌어 있는 글을 손에 들어 읽어보고는, 겐지가 그 옆에 적었다.

죽은 이를 그리워하는
이내 몸 또한 늙어
목숨이 다해가거늘
눈물은 하염없이
흐르고 흐르네

9월이 되자, 9일 중양절에 솜을 씌운 국화를 바라보면서 겐지는 이렇게 읊었다.

지난밤 꽃에 씌운 솜
그 옛날에는 죽은 사람과 함께 일어나
바라보며 장수를 기원하였던
국화의 아침 이슬마저
이 가을 홀로 남은 내 옷자락에
떨어지는 눈물의 이슬이 되니.

10월은 찬비가 자주 내리는 계절이라서 겐지 마음은 한층 쓸쓸했다. 저녁 하늘 풍경을 무어라 말할 수 없는 적적한 심정으로 바라보고 '시월은 언제나 찬비가 내리나' 하고 읊조렸다. 날개를 나란히 펴고 하늘을 나는 기러기 떼도 쌍으로 날아간다 생각하니 부러운 마음이 들었다.

저 기러기가 자유로이 날듯
넓은 하늘을 자유자재로 다니는 환술사여
꿈에도 나타나지 않는
그 사람의 혼백 어디에 있는지 알아내어
부디 내게 가르쳐다오.

무엇을 하든 죽은 사람을 그리워하는 애달픔은 가시지 않으니, 세월이 흘러도 비애감만 더할 뿐이었다.

11월은 고세치라 하여 세상사람들이 알게 모르게 들뜨는 시기, 유기리 대납언의 자제들이 동전상이 되어 아버지와 함께 인사차 겐지를 찾았다. 둘은 나이가 비슷한 또래인데 그 모습이 아주 귀여웠다.

숙부인 두중장, 장인소장 등도 신사에 봉사하는 소기 역인지라 푸른 물을 들인 소기의 관복을 입은 상큼한 모습으로 어린 도련님들을 모시고 함께 왔다. 티 없이 해맑은 어린아이들을 보니, 겐지는 그 옛날 그늘의 덩굴을 머리에 꽂은 무희에게 연정을 품고 가슴 설레었던 고세치 날의 일이 떠오르겠지.

궁중 사람들이
풍명절회에 초대받고
모두 들떠서 출사한 오늘
나는 햇살도 보지 않고
울적하게 하루를 보내니.

올 한해를 이렇듯 참고 견디며 지내왔으니 드디어 출가하여 속세를 떠날 때가 다가왔노라고 마음을 굳히니, 모든 것이 감개무량했다. 출가에 필요한 일들을 마음속으로 생각하면서 이것이 마지막이라고 요란스럽게 내보이지는 않으나 집안일 하는 사람들에게도 저마다 신분에 맞게 유품을 나누어 주었다. 가까이에서 모시는 시녀들은 마침내 출가의 뜻을 실행에 옮기시려나 보다 헤아

리며 한 해가 저물어감이 허전하면서도 한없이 서러워했다.

여인들에게 받은 흥물스러운 연애편지 등도 찢어버리기는 아까웠던지 이제까지 조금씩 남겨두었는데 그것이 발견되자 시녀들을 시켜 찢어버리라 일렀다.

스마를 유랑하던 시절, 도처의 여인이 보내온 편지 가운데 무라사키 부인의 필적이 있는 편지만 따로 추려서 묶여 있었다.

제 손으로 한 일이겠지만, 그것조차 먼 옛날 일이라 생각했다. 지금 막 써내려간 듯한 먹색이 '필적은 천년의 유품이 되니'라는 옛 노래처럼 그야말로 천년을 변하지 않을 유품이 될 듯했다. 그것도 출가하고 나면 볼 일이 없을 터이니, 새삼스럽게 남겨둘 필요가 없어 친근한 시녀 두세 명에게 명령하여 보는 앞에서 찢어버리도록 했다.

그리 깊은 사이가 아니었다 해도 죽은 사람의 필적이라 생각하면 가슴이 찢어질 터. 하물며 무라사키 부인이 보낸 편지를 보고는 눈앞이 아득하여 그것이 부인 필적인지조차 알아볼 수 없을 만큼 눈물이 글자 위로 쏟아졌다. 겐지는 시녀들이 그러한 모습을 기개가 없다 여길 것이라 헤아려져 자신이 부끄럽고 민망하여 편지를 저쪽으로 밀어냈다.

죽음의 산을 넘어
저세상으로 가버린 이가
그리워 뒤를 쫓으려 하나
그 사람이 남긴 족적을 보면서
나는 아직도 망설일 뿐이니

곁을 지키고 있는 시녀들도 제대로 펼쳐보지는 못하나 무라사키 부인의 필적이라는 것을 암암리에 알 수 있으니 슬픔에 마음이 혼란스러웠다.

이 시름에 겨운 세상에서 겐지가 그리 멀지는 않은 스마로 떠나 이별했던 때의 슬픈 마음을 있는 그대로 표현한 편지였다. 그 글귀를 보자 그때보다 한층 더한 슬픔이 밀려와 견딜 수 없이 마음을 달랠 길이 없었다. 한없이 괴롭고 허전하나 이보다 더 이성을 잃으면 남보기에 나약하고 흥물스러울 것 같으니 편지를 제대로 보지도 않고 무라사키 부인이 자잘하게 써놓은 글 옆에 노래를 한 수 곁들이고 모두 태워버렸다.

> 이런 글 나부랭이를 그러모아본들
> 그 사람이 죽고 없는 지금
> 무슨 소용이 있으랴
> 그 사람 연기가 되어 사라진
> 넓은 하늘로 연기가 되어 날아오르면 좋으리니

겐지는 올해가 마지막이라고 여기는 탓인가 12월 19부터 사흘 동안 있었던 불명회*²에서도 독경 소리에 맞추어 흔드는 석장 소리의 울림을 한결 감개무량하게 들었다. 겐지의 무병장수를 기원하는 도사의 목소리를 부처님께서 과연 뭐라 들으실까 부끄러울 따름이었다.

눈이 펑펑 내리더니 소복하게 쌓였다. 겐지는 돌아가는 도사를 불러놓고 술잔을 내렸다. 관례보다 후하게 노고를 치사하며 많은 기념품도 주었다.

오래도록 육조원 문턱을 드나들었던 조정에서도 중책을 맡아 익숙한 도사의 짧게 깎은 머리가 하얗게 세어 있는 것을 또 감개에 젖어 바라보았다.

친왕과 상달부 등도 여럿이 자리를 함께했다. 매화가 드문드문 피기 시작하여 정취가 그윽하니 음악놀이를 해도 좋을 때이거늘. 올해에는 음악 소리만 들어도 울음이 새어나올 듯하여 계절에 어울리는 시만 낭송하게 할 따름이었다.

도사에게 술잔을 건네며 겐지는 이렇게 노래했다.

> 내 목숨이 과연
> 봄까지 붙어 있을지
> 그러하기에 눈 쌓인 동안
> 피기 시작한 매화 가지를
> 오늘은 머리에 꽂으리다

---

*2 불명회(佛名會) : 법회의 하나로 죄업의 소멸을 기원하는 의식. 헤이안(平安) 시대 성행했다

이 노래에 도사는 이렇게 화답했다.

몇천 년에 걸쳐 봄에 만나는
매화꽃처럼
그대의 장수를 기원했더니
내리는 눈과 함께
이내 머리도 하얗게 세어가네.

다른 사람들도 많은 노래를 지어 읊었으나 생략하겠다.
겐지는 그날에야 비로소 오래도록 틀어박혀 있던 방에서 밖으로 나왔다. 그 얼굴과 모습이 그 옛날 빛나는 겐지라 칭송받았던 눈부신 아름다움에 더하여 한결 빛이 나는 듯하니. 마치 이 세상사람이 아닌 것처럼 아름다웠다. 노스님은 감격의 눈물을 흘렸다.
"귀신쫓기놀이*³를 하고 싶은데 무엇을 해야 큰 소리가 날까요."
올해도 그렇게 다 지나갔음을 허망하게 여기고 있는데 어린 셋째 황자가 뛰어다니면서 재롱을 피웠다. 그 사랑스러운 모습을 이제 볼 수 없다는 생각에 견딜 수 없어 또 노래를 읊었다.

상념에 젖어
세월 가는 것도
모르는 동안
올해도, 내 생애도
오늘로 끝나버리려는가.

겐지는 정월 초순에 치르는 연례행사를 올해는 각별히 성대하게 치르라고 명령했다. 친왕들과 대신에게 선물할 물품과 많은 사람들에게 하사할 축의품 등 더할 나위 없이 좋은 것들로만 준비했다.

---

*3 귀신쫓기놀이(액막이) : 콩을 뿌려 악귀를 내쫓는 행사. 입춘 전날에 행한다.

승천〔운은(雲隱)〕

    주(註) : 겐지 아들인 가오루 나이를 말하자면, '환술사'와 그 다음 '향내 나는 분〔匂宮〕' 사이에는 6세부터 13세까지 8년이란 공백이 있다. 그 동안 겐지는 차아(嵯峨)의 절에 입산한 뒤 세상을 떠났다. 또 치사대신(예전의 두중장)과, 다마카즈라의 남편인 '검은 턱수염대장'의 태정대신도 고인이 되었다.

    이 같은 내용을 썼으리라 상상되는 '운은'(구름 너머로 자취를 감추다)이란 권(卷)이 있었다는 설이 있다. 그러나 본문은 확증되지 않았다. 그러면서 어느 틈엔가 권이름 비슷한 것이 성립되었다고 한다.

    겐지는 이를테면 불세출의 이상적 인간이며 거의 신격화된 인물이다. 일본에서는 신의 죽음을 말하지 않음이 전통적 사고방식이었다. 이런 점으로 보더라도 작자가 겐지의 죽음을 그린 '운은'을 썼다고는 믿어지지 않는다.

향내 나는 분*1

겐지가 세상을 떠난 뒤, 그 빛나는 용모를 이을 만한 사람은 많은 유족들 가운데 찾아보기 어려웠다. 레이제이 상황은 너무 지체가 높아 견주기가 황송했다.

천황과 아카시 중궁 사이의 셋째 황자와, 육조원에서 함께 자란 주작원의 온나산노미야의 아들 가오루, 이 두 사람 모두 미모가 뛰어난 귀공자였다. 그러나 겐지만한 미남이라고 칭할 정도는 아닌 것 같다. 다만 예사 사람보다는 매우 훌륭하고 아름다운 모습을 갖춘 분들인 데다, 모든 조건이 두루 걸맞은 신분이라는 점에서는 겐지보다 올려 평가되기도 하여 사람들이 존경하는 마음으로 우러러보는 경향이 있었다.

무라사키 부인이 각별히 애정을 품고 소중하게 키웠던 셋째 황자는 여전히 이조원에서 살고 있었다. 물론 첫째 황자 동궁은 특별한 분으로 매우 아끼지만, 천황 폐하도 황후도 이 셋째 황자를 유달리 사랑하고 있어, 궁중 안에 거처할 전각도 주었으나, 황자는 그보다도 마음 편한 자기 집에서 생활하기를 원하여 거의 이조원에서 지냈다. 성인식을 치른 뒤 셋째 황자는 병부경이 되었다.

누님인 첫째 황녀는 무라사키 부인 처소였던 육조원 남쪽 침전의 동쪽 별채를 생전에 사용했던 꾸밈새 그대로 손대지 않고 살았다. 자나깨나 무라사키 부인을 그리워했다.

셋째 황자의 형님인 둘째 황자는 유기리 우대신의 둘째 딸과 결혼했는데, 평

---

*1 향내 나는 분(匂宮) : 匂宮은 '니오노미야'라고 읽는다. 제42권. 시대가 겐지 다음 세대로 넘어왔다. 니오노미야의 아버지는 지금의 천황, 어머니는 겐지의 딸. 그러므로 니오노미야는 주작원 상황이나 겐지 쌍방에게 손자뻘이 된다. 이 셋째 황자인 니오노미야와 가오루(薫)라는 인물이 새 시대의 준수한 젊은이로서 평판이 높았다. 가오루는 가시와기 권대납언과 온나산노미야 사이에서 탄생한 사생아. 표면상으론 겐지의 아들이자 유기리의 아우. 니오노미야보다 한 살 아래이다. 이 권의 본디 제목은 '니오노미야(匂宮)'이지만 내용의 태반은 가오루에 대한 묘사이다

소에는 궁중의 우메쓰보(梅壺)에서 지내다가 가끔 그 육조원 침전을 휴식처로 삼았다. 이분은 동궁에 이은 동궁 후보자로 성품도 반듯하고 세상사람들에게도 각별하게 여겨지고 있었다.

유기리 우대신에게는 구모이노카리 소생과 등전시 소생의 딸이 여섯이나 있었는데, 동궁을 모시고 있는 첫째 딸이 경쟁자도 없는 좋은 지위를 차지하고 있었다. 또 순서대로 셋째 황자가 둘째 딸을 부인으로 맞아들이실 것이라고 사람들도 보고 있었고, 아카시 중궁도 그리 생각하고 있었으나, 병부경에겐 그럴 마음이 전혀 없었다. 그는 반드시 연애결혼이어야 한다고 생각하는 듯싶었다. 유기리 우대신 역시, 딸들을 형제인 친왕들에게 시집보내는 일을 세상 체면상 꺼려하고 있었으나, 만일 천황의 간청을 받는다면 동의하는 데 주저하지는 않을 듯한 기색이어서, 니오노미야에게 충분한 호의를 보이고 있었다. 특히 등전시 소생의 여섯째딸은 친왕이나 당상관들에게 동경의 대상이 되고 있었다.

겐지가 별세한 뒤로 부인들은 모두 울며 친정으로 옮겨 가고, 하나치루사토 부인은 이조원의 유산으로 받은 동원(東院)에 가 있었다. 아카시 중궁은 대부분 궁중에서 지내므로 육조원을 드나드는 사람들이 드물어 쓸쓸해졌다. 그래서 유기리 우대신은 이렇게 말했다.

"옛날 사람을 생각하더라도, 살아 있을 때 정성을 들여서 마련한 집이 사후에 돌보는 사람도 없는 폐가로 변한다면 영고성쇠를 노골적으로 드러내어 좋지 않으니, 나의 한 대만이라도 육조원이 황폐해지지 않도록 하고 싶소. 왕래도 없이 쓸쓸하게 내버려두어선 안 된단 말이오."

그리하여 유기리 우대신은 육조원 동북 침전으로 일조원 온나니노미야의 거처를 옮기게 하여 삼조원과 하룻밤 걸러 한 달에 보름씩 정확하게 나누어 묵고 있었다.

이조원이라 부르며 잘 다듬고, 봄의 궁전이라 부르며 지상의 극락같이 일컬어지던 육조원 금전옥루(金殿玉樓)도 지금은 아카시 중궁 자손을 위해 이루어진 것인가도 싶게 아카시 부인(아카시 중궁 생모)이 여러 친왕들을 보살피며 행복하게 살고 있었다.

유기리 우대신은 돌아가신 아버지 겐지의 뜻을 받들어 모든 부인을 겐지의 생전과 무엇 하나 다름없이 지아비 된 마음으로 공평하게 보살폈다.

'무라사키 부인이 이 부인들처럼 오래 살아 계셨다면 성심을 다해 보살펴드렸을 텐데. 내가 특별한 호의를 품고 있었다는 사실도 모른 채 돌아가시고 만 것이 못내 아쉽고 슬프구나.'

유기리 대신은 이렇게 생각했다.

세상사람들 가운데 겐지를 추모하지 않는 이가 없으며, 그가 죽은 뒤 세상을 늘 불이 꺼진 것같이 생각하고 한탄할 때가 많았다. 하물며 겐지를 가까이에서 모시던 사람들, 부인들과 친왕들이 겐지를 여읜 슬픔에 흘리는 눈물은 헤아릴 수도 없다. 또한 무라사키 부인을 추모하는 마음도 누구에게나 있어, 사람들이 그 부인을 생각지 않을 때가 없었다. 봄에 한창 피는 꽃의 운명은 짧아도 그 인상만은 깊이 남기 마련이다.

온나산노미야의 아들로 이품의 궁인 가오루는, 겐지의 부탁을 받은 레이제이 상황이 각별히 보살피며 키웠다. 아키고노무 중궁도 황자가 없어 외로웠기 때문에 기꺼이 후견역을 맡아 마음으로 의지했다. 성인식도 냉천원에서 올렸는데 가오루가 14세 때였다. 그 2월에 시종이 되었고, 가을에는 벌써 우근위 중장으로 승진했다. 조정에서 하사하는 위계의 순서도 무시하고 어찌하여 그렇게 급히 서두를까 싶을 만큼 자주 승진시켜 제구실을 하게 했다. 상황은 자신이 살고 있는 저택 가까운 별채를 이 사람의 거처로 내주고, 장식 등을 손수 살폈고, 젊은 시녀들이며 동녀며 하인들까지도 저마다 훌륭한 자들을 뽑아 황녀를 모시는 이상으로 호화롭게 갖추었다. 상황과 중궁을 모시는 시녀들 중에서도 용모가 빼어나고 인상이 좋고 품위 있는 여자들은 모두 별채로 보내 중장이 냉천원에 있는 것보다도 훨씬 좋게 여겨지도록 배려하였다. 별세한 태정대신의 딸이자 상황의 후궁인 고키덴 여어가 낳은 황녀가 오직 하나라 상황이 몹시 애지중지했는데, 중장을 위함도 그에 못지않았다. 그것은 아키고노무 중궁에 대한 사랑이 세월이 갈수록 깊어지기 때문인지, 사람들이 그런 이야기를 듣고서도 선뜻 믿지 않을 만큼 상황은 중장을 극진히 사랑하였다.

중장의 어머니인 온나산노미야는 불공에만 전념하니, 달마다 하는 염불이며 1년에 두 번 하는《법화경》팔강과 그 밖에 때때로 하는 불사 등을 게을리하지 않았다. 온나산노미야는 드나드는 중장을 오히려 어버이처럼 의지하니 안타까워 곁에 있고 싶기도 했지만, 상황이나 궁중에서도 수시로 부르고, 동궁 이의궁, 삼의궁도 좋은 놀이 상대로 따라다니는 통에 늘 바쁜 중장은 몸을 몇 개로 나눌 수 없을까 탄식하기도 했다.

중장은 어렸을 때 시녀들의 소곤거림을 들어, 자기 출생의 비밀을 어렴풋이 감지하고 있으나, 물어볼 만한 사람이 없었다. 자신이 그와 같은 의아심을 품고 있다는 걸 어머님이 아시면 상심하시리라 생각되니 내심 꺼려졌다. 다만 마음속으로만 부단히 그 일을 생각했다.

'어떻게 해서 내가 태어나게 되었을까. 어떤 숙명으로 나는 이러한 번민을 짊어지고 태어났을까. 선교태자(善巧太子)는 스스로 석가의 아들임을 깨달았다고 하지만 내게는 그런 지혜가 없어 아쉽구나.'

중장은 이렇게 홀로 탄식했다.

아아, 답답하구나
과연 내가 어떻게 태어났고
장차 운명은 어찌 될지
아무것도 모르는 이 궁금증을
누구에게 물어보면 좋으리

대답은 아무도 해 주지 않는다. 건강도 이 일 때문에 헤쳐지는 듯해 중장은 탄식했다.

'어머니가 한창 젊은 나이에 여승이 되었다니 대관절 신앙이 얼마나 깊으셨기에 갑자기 출가를 단행하였을까, 자기가 태어남이 상스럽지 못한 일이었으므로 염세적인 심정이 들었을 것이며, 남들도 그 비밀을 주워 들어 모르고 있을 리 없을 것이다. 어둠에 깊이 묻어둘 문제이므로 사람들이 자기에게 알리지 않은 것이리라. 어머니는 아침저녁으로 근행하고 있는 듯이 보이지만, 의지할 곳 없이 가엾기만 하다. 확고한 신념이 있으리라 기대되지 않는 여자의 깨우침만으로는 부처님을 향해 구원의 손길도 바랄 수 없고, 오계(五戒)도 완전히 지켜 나가실 수 있을지 의심스럽다. 내가 어머니의 뜻을 도와서 내세만이라도 안락하게 해드리고 싶다.

돌아가신 가시와기라는 분도 겐지도 언제까지나 번뇌를 끊지 못하는 것은

아닐까?'

내세에서라도 그분을 한 번 만나 뵙고 싶은 생각이 들었다. 중장은 성년식을 마치고 사회로 나가는 것을 싫어했지만, 그 뜻을 관철할 수도 없었다. 출사하는 몸이 되었을 때부터 사방팔방 화려한 세력이 이 사람을 소중하게 다루었기 때문에 기쁘다고는 생각지 못하고 그저 조용한 사람이 되어 있었다.

천황도 이복누이의 아들인 중장을 각별히 대하고 있었다. 아카시 중궁도 같은 육조원에서 당신 황자들과 함께 놀게 하던 때와 똑같이 여기고 있었다.

"늘그막에 태어나서 불쌍한 아이입니다. 성인이 되기까지 내가 보살필 수도 없겠군요."

겐지가 이렇게 한탄한 것을 회상하여 매우 소중한 사람으로 생각하였다. 유기리 우대신도 자기 자제들보다 이 중장을 더 아끼고 소중하게 다루었다.

그 옛날, 빛나는 겐지라 하며 모두들 칭송했던 분은, 아버지인 천황의 총애를 한몸에 받았으나 질투하는 사람들이 많았던 데다 어머니 쪽에 든든한 뒷배도 없었다. 그럼에도 본인의 성품이 사려 깊고 세간에 대해서도 온화한 생각을 품고 있었기에 견줄 자가 없는 위광에도 애써 거들먹거리지 않으려 조심했다. 종국에는 천하의 변란이 될 수도 있었던 사건까지 무사히 이겨냈다. 또한 시기를 놓치지 않고 불도 수행에 정진하여 후세를 기약하며 만사에 유연하게 처신하는 너그럽고 덕이 높은 분이었다.

그에 비하면 이 중장은 젊은 나이에 이미 모든 조건이 고루 갖춰진 좋은 환경에 놓여 있었다. 또한 거기에 어울리는 우수한 남자이기도 했다. 이 사람을 보면 부처님이 잠시 인간으로 나타난 것처럼 생각되는 때가 있었다. 용모도 특별히 출중하다 할 데도 없었지만, 그저 귀인다우며 현명해 보이는 점이 여느 사람들과 다르다.

태어날 때부터 중장의 몸에 감도는 채취는 이 세상의 냄새라 여겨지지 않을 만큼 신비롭고 향기로우니, 그 몸을 움직일 때마다 주위뿐 아니라, 바람을 타고 멀리까지 향기*2가 은은하게 풍겼다. '백보향'이란 이름의 명향처럼 백 걸음 떨어진 곳까지 은은한 향이 퍼지는 듯했다.

---

*2 향기 : 태어날 때부터 몸에서 향기가 풍겨 '가오루(薰)'라는 이름이 붙었다. 이와 달리 인공적인 향내를 항상 의복에 피워 넣었던 천황의 셋째 황자는 니오노미야이다.

이만한 신분의 사람이면 풍채를 개의치 않는 모습 그대로 사람들 속에 나갈 리는 없으며, 조금이라도 남보다 나은 인상을 주려고 단장을 하게 마련이다. 그러나 그는 이상하리만큼 풍기는 향기 때문에 몰래 나다니는 일이 부자유스러워 성가신 마음에 훈향은 사용하지 않는다. 이 사람의 집에 간직된 훈향에도 색다르게 고상한 향기가 곁들여져 들의 꽃나무도 이 사람의 소매가 스치기만 하면 봄비 내리는 날 나뭇가지에 맺힌 물방울마저 몸에 배어 드는 향기를 풍기게 되었다. 누구의 것인지 알 수 없는 향을 지닌 가을 들판의 등골나물도 이 사람이 지나가면 이내 정다운 향기를 풍기곤 했다.

이처럼 중장이 맑은 향기를 풍기는 사람이라는 점에서, 병부경은 누구보다 더욱 부럽게 여겨 경쟁심을 품게 되었다. 병부경은 억지로 빼어난 훈향을 아침저녁 부지런히 옷에 쐬었고, 향을 조합하는 데 열중했다.

뜰에 피는 풀꽃만 하더라도 봄에는 매화 화원을 바라보고, 가을에는 세상사람들이 칭송해 마지않는 마타리와 '수사슴이 아내로 삼는다는 싸리꽃의 이슬에는' 아무런 관심을 보이지 않았다. 또한 모든 사람이 노추를 잊는다는 국화와 시들어가는 등골나무, 볼품없는 오이풀 등 향기가 있는 꽃은, 흔적도 없이 말라비틀어질 때까지 버리지 않는다는 식으로 향에 집착하는 취미를 겉으로 드러내 보이며 풍류를 즐기는 척했다. 세상사람들은 이런 이유로 이 황자가 다소 연약하고 지나치게 취미에 탐닉하는 경향이 있다고들 수군덕거렸다.

그 옛날 겐지는 이렇듯 무언가 한 가지에 특별히 집착하고 지나치게 몰두하는 면은 없는 분이었다.

중장은 평소 병부경과 가까워 음악놀이가 벌어질 때에도 서로가 경쟁하여 피리 소리를 뽐내니, 과연 호적수라고 젊은 사람끼리 서로를 인정하는 사이였다. 물론 세상사람들도 가만히 있지는 않았다. '정취가 풍부한 병부경이요, 향기나는 중장이요' 하고들 시끄럽게 떠들어댔다.

이 무렵 아리따운 딸을 가진 고귀한 분들이 설렘에 가슴을 두근거리면서 사위로 삼겠노라 혼담을 꺼냈다.

니오노미야는 매력 있겠다 싶은 딸들이 있는 집안을 여기저기 들쑤시면서 상대의 인품과 기량 등을 넌지시 염탐해보았으나, 딱히 이 사람이다 싶어 마음에 두고 있는 분은 없었다.

'레이제이 상황의 첫째 황녀를 꼭 아내로 맞고 싶구나. 그리되면 얼마나 기쁠까.'

니오노미야가 이렇게 생각하는 까닭은 그분의 어머니 여어가 신분이 어엿한 데다 매우 기품 있는 분이고, 당사자인 황녀의 자태에 대해서도 세상에 둘도 없는 분이라는 사람들의 평판이 자자하기 때문이다. 첫째 황녀의 측근인 시녀들이 황녀에 대한 자세한 소식을 전하기도 하는 터라, 니오노미야는 마침내 자신의 마음을 억제하지 못하게 되었다.

가오루 중장은 속세를 아무런 재미도 미련도 없는 곳이라 여기는 터라, 여인에 대해서는 이렇게 생각했다.

'섣불리 여자에게 집착했다가 미련이 남아 출가하기 어려워지지는 않을까.'

가오루 중장은 성가신 일이 생길 수 있는 고귀한 분들과의 관계를 피하고 싶어 결혼도 단념하고 있었다. 지금 당장은 마음 깊이 사모하는 상대가 없기에 이렇듯 관조적인 태도를 취할 수 있으리라.

그러니 여인의 부모가 허락하지 않는 사랑 따위는 꿈에도 생각지 못했다.

가오루 중장은 열아홉 살이 되던 해, 우근위 중장으로 3위 재상에 올라 두 일을 겸하게 되었다. 천황과 중궁의 각별한 대우 아래, 신하로서는 그 누구도 부럽지 않은 두터운 신망을 한몸에 받고 있으나 마음속에는 자신의 출생 비밀에 대한 꺼림칙함이 있으니, 울적하게 지내는 일이 많고 가벼운 연애에도 관심을 보이지 않으며 만사를 조심스럽게 처신했다. 이에 세상사람들은 일찍이 성품이 영글었노라고 생각했다.

니오노미야가 날로 흠모의 정을 불태우는 레이제이 상황의 황녀는 가오루 중장과 함께 레이제이 상황 어전에서 늘 지냈기에 가오루 중장은 간간히 근황을 보고 들었다. 과연 소문에 듣던 대로 남달리 빼어나고 그윽하고 깊이 있는 태도가 더없이 훌륭한 분이었다. 이왕이면 그런 분과 결혼을 한다면 평생 기댈 언덕이 될 수 있으리라 생각했다. 하지만 레이제이 상황은 다른 일에는 격의 없이 대하면서도, 황녀는 늘 멀리하라고 가르쳤다.

가오루 중장은 그 가르침을 마땅하다 여기는 한편 귀찮기도 하여, 애써 황녀에게 접근하려 하지 않았다. 만의 하나 자신의 뜻과는 달리 황녀를 연모하는 마음이 생긴다면 자신도 황녀도 몹시 곤란해질 것을 너무나 잘 알고 있는 터라 친근하게 다가가지 않았다.

이렇듯 가오루 중장은 여인에게 사랑받는 몸으로 태어났으니 농담 삼아 가볍게 말만 걸어도 상대가 특별한 저항감 없이 곧바로 그에 응하는 터라, 별 마음도 없이 맺어진 정인이 많아졌다.

가오루 중장은 그런 상대를 딱히 호들갑스럽게 대하지는 않았으므로 사람들의 이목을 교묘하게 피하고 있었다. 그러면서도 애정이 그리 없는 듯한 태도도 보이기에 여인들은 오히려 애가 타서 죽을 지경이었다. 이렇게 중장에게 연정을 품은 연인들 가운데에는 그만 꾐에 넘어가 삼조궁으로 모여들어 시녀로 시중을 드는 이도 여럿 있었다.

가오루 중장의 냉담한 태도를 직접 눈으로 보는 일은 고통스럽지만, 관계가 아예 끊어지는 것보다는 차라리 낫다 여겼다. 인연이 끊긴 외로움을 견디다 못해 시녀 행세를 할 만큼 신분이 낮지 않은 여인들까지 가오루 중장과의 헛된 연분에 기대를 거는 이도 많았다.

냉담하면서도 매우 우아하고 아름답고 매력적인 용모를 타고났으니 가오루 중장과 정을 주고받은 여자들은 모두 스스로 자신의 마음을 속이면서까지 남자의 냉정함을 외면하고 있었다.

'어머님이 세상에 살아 계시는 한은 곁을 떠나지 않고, 아침저녁으로 찾아뵈면서 효도를 다하고 싶구나.'

가오루 중장은 이렇게 생각하고 또 그 생각을 말로 표현했다. 유기리 우대신은 많은 딸들 가운데 누구 하나는 가오루 중장이나 니오노미야에게 시집보내기를 바라면서도, 차마 말을 꺼내지 못하고 있었다. 한편으로는 너무도 가까운 근친이라 서로 속내를 뻔히 아는 사이이니 굳이 그 두 사람에게 보낼 것은 없다는 생각도 했다. 하지만 요즘 세상에 가오루 중장과 니오노미야를 빼놓으면 달리 이들과 어깨를 나란히 할 만한 사윗감을 어디서 찾아내랴 싶어 골머리를 앓았다.

신분이 높은 구모이노카리 부인이 생산한 아씨들보다 등전시가 낳은 여섯째 아씨는 용모도 아리따운데다 성품도 나무랄 데 없이 성장했다. 세간에서는 어머니 신분 탓에 아무래도 낮게 보는 경향이 있었다. 그러나 유기리 우대신이 이렇듯 아까울 만큼 아름다운 딸을 가엾게 여겨 의지할 만한 자식도 없이 쓸쓸해하는 터라 일조의 온나니노미야에게 양녀로 보냈다.

'이 여섯째를 우연한 기회에 넌지시 가오루 중장이나 니오노미야에게 보이면 반드시 마음에 들어 할 것이야. 여자를 보는 안목이 있는 분들이라면 틀림없이 여섯째의 매력도 충분히 알아주겠지.'

이렇게 생각하면서 유기리 우대신은 너무 엄격하게 교육하지 않고 현대풍으로 화사하고 이목을 끌도록 세련된 생활을 누리게 하면서 남자들이 연정을 품을 수 있게 갖가지 묘안을 짜냈다.

이듬해 정월 활쏘기 대회가 있었다. 이긴 쪽을 대접하는 잔치를 유기리 우대신의 육조원에서 정성껏 준비했다. 유기리 우대신은 친왕들도 초대할 계획이었다. 궁중의 활쏘기 대회에는 친왕들 가운데서 성인식을 치른 분은 모두 참가했다.

아카시 중궁의 황자들은 하나같이 품위 있고 아름다운데, 그중 니오노미야 병부경은 실로 근사하고 더없이 아름답게 보였다. 동생인 넷째 황자는 히타치 친왕이라 불렸다. 이 황자는 어머니가 갱의인 탓인지, 그러려니 생각해서인지 인품이 몹시 좋지 않았다.

오늘 활쏘기 대회는 왼편이 완승했다. 예년에 비해 일찌감치 끝나 이긴 쪽 대장, 유기리 우대신은 퇴궁을 했다. 니오노미야 병부경, 히타치 친왕, 그리고 다섯째 황자를 초대하여 자신의 수레에 태우고 돌아갔다.

재상 가오루 중장은 진 편이라 조용히 퇴궁을 하려는데 유기리 우대신이 만류하며 이렇게 권했다.

"친왕들이 가시는데 배웅차 가시지요."

유기리 우대신의 아들인 위독문, 권중납언, 우대변과 그밖의 고관들은 서로에게 함께 가자 권하며 한꺼번에 수레에 올라타 육조원으로 향했다.

육조원으로 가는 도중에 눈발이 조금씩 흩날리기 시작하니, 참으로 정취 있는 저녁이었다.

수레에 탄 사람들은 아름다운 피리 소리를 울리며 즐겁게 놀면서 육조원에 들어섰다. 과연 육조원이 아니면 어디에서 이렇듯 흥겨운 뒤풀이를 할 수 있을까, 이 세상에 이곳만한 극락정토가 어디에 있을까, 이렇게 생각했다.

침전 남쪽 차양의 방에, 관례대로 남쪽에는 중장과 소장의 자리가 나란히 있고, 그와 마주하여 북쪽에는 친왕과 고관들의 자리가 마련되었다.

술잔이 돌기 시작하고 분위기가 무르익을 무렵, 춤꾼들이 아즈마아소비 가운데 '구자'를 추며 소맷자락을 펄럭였다. 그 바람에 앞뜰 가까이에 한창 흐드러지게 피어 자태를 뽐내는 매화향이 사방으로 은은하게 퍼지자 가오루 중장이 풍기는 방향이 한결 신비롭게 도드라져 말할 수 없이 우아한 향기가 피어올랐다.

　　휘장 사이로 살며시 내다보던 시녀들도 모두 그 향기를 입이 마르도록 칭송했다.

　　"봄날 밤의 어둠은 아무 소용이 없으니'라 하듯 너무 어두워 잘 보이지 않으니 애가 타지만, 중장님의 좋은 향기만은 확실히 알 수 있지요."

　　유기리 우대신도 과연 대단한 분이라고 생각했다. 위엄을 차리고 정색하고 있는 가오루 중장의 용모와 태도가 평소보다 한결 멋져 보였다.

　　"오른편 중장도 함께 노래하세요. 그리 손님처럼 굴 일이 뭡니까."

　　유기리 우대신이 이렇게 말하니 가오루 중장은 잔치의 흥을 해치지 않을 만큼 이렇게 노래했다.

　　신께서 계시는 이 신사에 서 있는 여덟 소녀들이여.

홍매화*1

그즈음 안찰사 대납언이라는 사람은, 세상을 떠난 태정대신의 차남이자, 고인이 된 가시와기 권대납언의 동생으로 어려서부터 두각을 나타내고 명랑한 데가 있었기에 날이 갈수록 지위가 올라, 지금은 자연히 권력도 생기어 사람들의 신망을 두루 얻고 있었다.

부인은 둘이 있었으나 처음 맞아들인 아내는 죽고, 현재 부인은 검은 턱수염 태정대신의 장녀인 마키바시라(진목주)이다. 그녀는 정든 집을 떠나기 아쉬워 노송나무 기둥을 붙잡고 슬퍼했던 그 아가씨이다. 할아버지 식부경의 주선으로 병부경에게 시집갔으나 그 병부경도 이미 이 세상사람이 아니었다.

그 뒤에 안찰사 대납언이 남들 눈을 피해 문턱을 드나들었다. 그러고 나서 세월이 많이 흘러 세상을 꺼려할 수만은 없는 터라 정부인이 되었다.

자식은 죽은 전처가 딸 둘밖에 낳지 못해 아쉽고 미진하여 신불께 기도한 결과, 마키바시라 부인이 아들을 낳았다.

마키바시라 부인에게는 전 남편 반딧불 병부경의 소생인 딸이 하나 있었다. 데려온 딸인 그 아씨를 대납언은 마치 제 자식처럼 여기면서 다른 딸과 마찬가지로 귀여워했다. 아씨들의 시중을 드는 시녀 가운데에는, 심보가 고약한 자도 있어 시답잖게 옥신각신하는 일도 간혹 일어났으나, 부인은 호방하고 세련된 분이라 만사를 결점이 드러나지 않도록 온화하게 처리해 나갔다. 자신에게 불리한 일이라도 온건하게 받아들여 다시 생각해보고는 했다. 그래서 남 듣기에 좋지 않은 다툼이 일어나지 않아 가정은 늘 평온했다.

아씨들은 비슷한 또래라서 잇달아 성인식을 치렀다.

---

*1 홍매화(紅梅) : 제43권. 가오루가 24세일 때 봄부터 겨울까지의 이야기. '향기나는 분'·'홍매화'·'타케 강' 3권은 아무래도 작자가 다르다는 것을 느끼게 하는 문체들이다. 이 권에서는 예전의 두중장 전 태정대신의 아들, 가시와기의 아우인 홍매화 대신을 중심으로 이야기가 펼쳐진다.

일곱 칸짜리 크고 넓은 침전을 꾸미며 남쪽에는 대납언과 맏딸이 기거하고, 서쪽 방에는 둘째 딸, 동쪽 방에는 병부경의 딸이 생활하게 되었다. 병부경의 딸은 아버지가 이미 죽고 없으니 안되었다고 생각하는 것이 보통이나, 아버지와 할아버지로부터 물려받은 보물이 많아 격식과 예절을 갖춰 우아하고 기품 있게 꾸며 더 바랄 게 없는 생활을 하고 있었다.

이렇듯 대납언 댁 깊은 처소에 아씨들이 있다는 소문이 퍼지자 구혼자들이 줄지어 나타났다. 폐하와 동궁에게서도 입궁하라는 전갈이 있었으나, 대납언은 이렇게 생각하며 큰딸을 동궁의 후궁으로 들여보내기로 결심했다.

'천황 곁에는 이미 아카시 중궁이 그림자처럼 계시니, 어떤 사람도 그분 만한 총애를 받지 못할 것이다. 그렇다고 해서 몸을 낮추어 후궁의 한 사람으로 들어가는 것으로는 보람이 없는 일이다. 동궁에게도 유기리 우대신의 따님이 있어 태자의 총애를 독차지하고 있으니 경쟁해봐야 승산이 없을 테지. 그렇다고 마냥 가만히 있을 수는 없지. 남들보다 번듯하게 살게 하고픈 딸들이 있는데 입궁을 포기하면 무슨 키운 보람이 있을까.'

큰딸 나이는 열일고여덟 살, 귀엽고 화사했으며 아름다운 용모를 갖추고 있었다.

둘째 딸 또한 기품이 있고 우아하며 청초한 아름다움에 차분함까지 갖추고 있으니 언니 못지않은 재원이라 신하와 연을 맺어주기는 아까울 정도였다. 만약 니오노미야 병부경이 둘째를 원한다면, 이렇게 대납언은 생각하고 있었다.

니오노미야는 궁중에서 대납언의 도련님을 보면 가까이 불러들여 놀이 상대로 삼고는 했다. 이 도련님은 제법 재기가 있고 눈매와 이마가 영리해 보이는 소년이었다.

니오노미야가 말했다.

"아우를 보는 것만으로 만족을 할 수 없다고 대납언에게 말해 주게."

이런 말을 그대로 아버지에게 전하니, 대납언은 싱글벙글하며 기대한 보람이 있다고 생각했다.

"후궁으로 입궁하여 뒷방살이하는 궁중생활보다는 니오노미야 같은 분에게 시집가는 것이 좋겠구나. 사위로 열심히 돌봐드리면 오래오래 함께 살 것 같은 기분이 든다."

이렇게 말하면서도 대납언은 우선 큰딸을 동궁의 후궁으로 들일 준비를 서둘렀다.

'내가 살아 있는 동안, 황후는 반드시 후지와라 가문에서 나와야 한다는 가스가 명신의 탁선을 실현한다면 얼마나 기쁘랴. 그리되면 돌아가신 아버님이 레이제이 상황께 들인 고키덴 여어가 아키고노무 중궁에게 밀려 끝내 황후가 되지 못했던 서러움을 풀어드릴 수 있을 터인데.'

그는 마음속으로 이렇게 바라고 있었다. 큰딸은 얼마 뒤 태자궁으로 들어갔다. 대납언은 시녀로부터 딸이 동궁의 총애를 받고 있다는 보고를 들었다. 후궁 생활에 익숙해질 때까지는 확실한 후견인이 딸려 있어야 한다고 해서 마키바시라 부인이 함께 궁중에 가 있었다. 온화한 계모는 시중을 잘 들어 주위의 눈치를 살피는 일을 게을리하지 않았다.

대납언은 부인이 집을 비운 탓에 집안이 갑자기 적막해져 따분함을 느꼈고, 서쪽 방 둘째도 늘 함께 지내던 언니가 없어 누구보다 허전해하였다.

동쪽 방에 있는 반딧불 병부경의 딸 또한 이제까지 두 아씨와 함께 사이좋게 지냈다. 밤에는 곧잘 함께 잠도 자고 공부도 했다. 사소한 놀이를 할 때에도 두 아씨가 이 아씨를 스승처럼 잘 따랐다.

이 아씨는 유독 낯을 가리는 분이라 어머니와도 좀처럼 얼굴을 마주하는 일이 없을 만큼 지나치게 사람을 기피했다. 허나 그렇다고 성격이 음침한 게 아니라 애교도 있고 매력적인 점에서는 그 누구도 따를 자가 없었다.

이렇듯 대납언은 큰딸을 동궁에게 시집보내는 등 친딸의 일에만 분주하게 구는 듯 보이는 것도 바람직하지 않다고 여겨 부인에게 이렇게 말했다.

"병부경 딸에게 적당한 혼처가 정해지면 내게 말해주오. 친딸처럼 살필 테니까."

"그 아이는 남들이 다하는 결혼 따위에는 뜻이 없는 듯하니 섣불리 인연을 맺는 것은 오히려 가여운 일이지요. 내가 살아 있는 동안은 타고난 운에 맡기려 해요. 내가 죽고 난 뒷일이 걱정스럽지만, 출가하여 여승이 되든, 나름대로 세상의 손가락질을 받지 않도록 경솔한 실수는 하지 않고 살기를 바랄 뿐입니다."

이렇게 마키바시라 부인은 눈물을 흘리면서 딸의 나무랄 데 없는 성품을 대납언에게 말했다.

대납언은 모든 딸에게 똑같이 아버지 행세를 하는데도, 병부경 딸의 용모를 한번 보고 싶어서 이렇게 불평을 늘어놓으며 부인을 원망했다.

"내게는 숨기기만 하니 섭섭하구려."

살짝 그 모습을 볼 기회는 없을까 하여 사방에서 들여다보았지만 머리카락 한 오라기조차 볼 수 없었다.

"어머니가 안 계실 때에는 내가 어머니를 대신해 살펴드려야 하는데. 어머니와도 친근하게 지내지 않고 나는 피하는 눈치이니, 섭섭합니다."

이렇게 말하며 대납언이 발 앞에 앉자, 병부경 딸은 무어라 짧게 대답을 했다. 그 목소리와 기척이 기품 있고 우아하여 용모와 자태까지 과연 나무랄 데가 없으리라 짐작이 되었다.

대납언은 자신의 친딸들이 누구에게도 뒤지지 않을 만큼 출중하다고 내심 자랑스러워했다.

'이 병부경의 딸에게는 도저히 못 당하지 않을까. 그러니 이 넓은 세상에서 마음 놓을 수 없는 것이지. 절세미인이라 생각해도 그보다 더 빼어난 미인이 없다 할 수도 없으니.'

대납언은 이렇게 생각하며 그 얼굴을 한번이라도 보고 싶어 했다.

"지난 몇 달 동안은 어쩐지 집안이 떠들썩해서 너의 거문고 소리를 듣지 못했다. 서쪽 방의 둘째는 열심히 비파를 연습하고 있던데, 솜씨가 나아질 자신이 있는 모양인지. 사실 비파는 서투르게 타면 듣기 거북한 소리가 나니, 될 수 있으면 잘 가르쳐 주거라. 특히 이 늙은이는 음악을 깊이 연습한 적도 없지만, 옛날 전성시대에 있었던 음악놀이에 참가했던 경험으로 귀는 잘 발달되어 있다. 자주 들려 주지는 않았지만 이따금 듣는 너의 비파 소리에 옛 시절을 생각게 하는 게 많구나. 현재에는 육조원 겐지마마께서 물려주신 재주로 유기리 우대신만이 명수로 남아 있지만, 가오루 중납언과 니오노미야 병부경은 모든 점에서 옛날 사람들 못지않은 재능을 타고난 분들인데, 그중에서도 관현 방면이 특히 뛰어나다. 그러나 니오노미야는 발목(撥木) 처리가 조금 약하여 겐지마마에 미치지 못하는 듯하다. 그런데 네 거문고 소리는 겐지마마와 매우 닮았다. 비파는 현을 조용하게 누르는 것이 좋다는데, 줄을 누르는 손 힘에 따라 소리에 변화가 있어 이런 음은 여인만이 낼 수 있으니, 오히려 여자 명수가 타는 비파를 나는 더 재미나게 여긴다. 지금부터 연주해 보거라. 시녀들은 어서 악기를 드려라."

시녀들은 대납언 앞에서 별로 숨으려고는 하지 않았지만, 젊은 상급 시녀 한 사람이 얼굴을 보이고 싶어 하지 않아 그냥 움직이지 않자 대납언이 화를 냈다.

"시중드는 사람들까지 나를 남처럼 대하니 난감하구나."

대납언은 이렇게 노여워 했다.

마침 그때 궁중으로 들어가려던 도련님이 숙직복 차림으로 나타났다. 머리를 반듯하게 두 갈래로 묶지 않고 길게 늘어뜨린 모습이 제법 풍취가 있어 대납언은 참으로 귀엽다 여겼다. 대납언은 여경전에 있는 부인에게 전할 말을 일렀다.

"여어의 일은 당신에게 맡기겠노라고 말해라. 몸이 좀 좋지 않다고 전하여라."

이렇게 말한 뒤에 미소를 지으며 아들로 하여금 쌍조(雙調)*²를 불게 했다.

"피리를 좀 불어 보거라. 간혹 어전의 음악놀이에 부름을 받지 않는가. 솜씨가 서툴러서 걱정이구나."

아들이 피리를 제법 능숙하게 불자 이번에는 병부경의 딸에게 합주를 해보라고 권했다.

"차츰 실력이 나아지는 듯한데, 간혹 이쪽에서 합주를 하는 덕분일 테지. 자, 늘 하던 대로 합주를 해보아라."

대납언이 이렇게 다그치니 병부경의 딸은 난처해하는 기색이었으나, 피리소리에 맞추어 현을 퉁겼다. 대납언은 재치 있게 휘파람으로 장단을 맞추었다.

이 침전의 동쪽 끝 처마 아래 아름답게 핀 홍매화를 보고 대납언이 아들에게 말했다.

"이곳 매화는 참으로 운치가 있구나. 니오노미야 병부경이 궁중에 있을 터이니 가지 하나를 꺾어 가도록 해라. '그대가 아니면 누구에게 보이리, 이 매화꽃.' '색이며 향도 알아보는 사람이 알아보니' 하지 않더냐.

아! 먼 옛날 히카루 겐지라는 분께서 젊은 나이에 대장을 하셨단다. 그때 어렸던 나는 이 아이처럼 겐지 님의 시중을 들면서 귀여움을 받았는데, 세월이 흘러도 그리움은 가시지 않는구나. 세상사람들은 니오노미야를 각별한 분이라 칭송하는데, 물론 그 훌륭함이 타고났으나 내 눈에는 히카루 겐지님의 발

---

*2 쌍조(雙調) : 이십률의 하나.

치에도 미치지 못하는 듯하니. 역시 겐지님을 세상에 둘도 없는 분이라 믿고 우러렀기에 그런 것인가. 나 같은 사람만 해도 생각하면 가슴이 메어질 듯하고 슬퍼 견딜 수 없거늘. 겐지님을 먼저 저세상으로 보내고 지금까지 살아남아 있는 친인척들은 자신의 목숨이 다하지 않음을 얼마나 한스러워하겠느냐."

이렇게 이야기하다가 숙연해져 고개를 숙이고는 세상의 무상함을 절실히 느끼며 눈물을 흘렸다.

계절이 계절인지라 마음을 진정시킬 수가 없는지 홍매화 가지를 꺾어 아들 손에 쥐어주고 서둘러 입궁하라 일렀다.

"이제 와서 뭐라 한들 무슨 소용이 있겠느냐. 돌아가신 겐지님이 남긴 피붙이는 니오노미야뿐이니. '석가세존이 입멸한 뒤에 제자 아난이 빛을 발했지만', 그것을 석존의 재래는 아닐까 의심한 현명한 성승이 있다 하였는데. 나 또한 겐지님이 돌아가신 뒤 어둠 속을 헤매는 괴로움을 달래려 편지라도 써보내야겠구나."

그대에게만 보이고 싶은
마음으로 바람에 실어 보내는
내 뜰에 핀 홍매화의 향
꾀꼬리 같은 그대가
가장 먼저 찾아주시기를

이 노래를 진홍색 종이에 활달한 필체로 써서 아들의 첩지에 담아 접어서 건네니, 아들은 니오노미야와 가깝게 지내고 싶어 기꺼이 궁중으로 걸음을 재촉했다.

니오노미야는 아카시 중궁의 청량전에서 자신의 숙직실로 가는 참이었다. 전상인이 대거 뒤를 따르는 가운데, 안찰사 대납언의 어린 아들이 있는 것을 보고는 물었다.

"어제는 어찌하여 빨리 갔느냐. 오늘은 또 언제 왔는고?"

"어제 너무 일찍 돌아간 것이 아쉬워서, 니오노미야님이 아직 궁중에 계시다는 얘기를 듣고 급히 왔습니다."

어린 도련님은 어린아이답게 친근한 말투로 말했다.

"궁중뿐 아니라 가끔 내 집에도 마음 편히 놀러 오너라. 젊은이들이 부담없이 모이는 곳이니."

니오노미야가 한 아이하고만 계속 이야기를 하자, 다른 사람들은 좀 멀리 물러나 있거나 이내 다른 데로 가버려 조용해졌다. 니오노미야가 말했다.

"요즘은 동궁께서 좀 놓아 주시나 보구나. 너를 무척 귀여워해 놓아 주지 않는 것 같았는데, 누님이 입궁한 뒤로 총애가 그쪽으로 옮겨가 네게 관심이 떨어진 모양이구나."

이러면서 놀리자, 어린 도련님이 말했다.

"너무 놓아 주시지 않아 힘들었습니다. 하지만 니오노미야님이라면······."

도련님이 말끝을 흐리자, 니오노미야가 말했다.

"누님은 내가 아직 어른이 되지 않았다고 생각한 거야. 당연한 일이지만 좀 속상하구나. 같은 황족의 핏줄을 이은 히가시노기미란 병부경의 딸에게 나와 사이좋게 지내보지 않겠느냐고 넌지시 말해 주지 않겠느냐."

도련님이 때마침 아버지가 전하라는 편지와 홍매화 가지를 내밀자, 빙긋 웃으며 말했다.

"원망을 늘어놓은 뒤라면 이 꽃을 받아도 그리 기쁘지 않았을 텐데."

니오노미야는 꽃을 손에 든 채 바라보았다. 가지 모양이며 꽃송이며 색깔에 향까지, 예사로운 꽃이 아니었다.

"홍매화는 빛깔이 화려해서 좋지만, 은근한 향기는 백매화보다 못하다고 하는데, 이것은 두 가지를 다 갖추어 피었구나."

니오노미야가 유난히 좋아하는 꽃이었으므로 드린 보람이 있을 만큼 자꾸 칭찬했다.

"오늘 밤에는 궁중에서 당직을 할 테지. 그냥 여기 머물도록 해라."

이렇게 말하고 붙잡자 도련님은 동궁을 찾아뵙지도 못하고 니오노미야의 방에 묵기로 했다. 도련님은 꽃도 부끄러워할 만큼 향기로운 니오노미야 곁에서 자는 것을 어린 마음에 매우 기쁘게 생각하고 있었다.

"이 꽃을 보낸 사람은 어찌하여 동궁께 드리지 않는다더냐."

"잘 모르겠습니다. '꽃향기를 아는 사람에게'라고 하는 말을 들었습니다."

도련님은 이렇게 대답했다.

대납언이 자신의 친딸인 둘째의 사윗감으로 점찍은 것으로 알고 있으나, 정작 니오노미야 자신의 관심은 다른 분에게 있으니 답장에 마음을 정확하게 드러내지 않았다.

이튿날 아침 도련님 퇴궁할 때 별로 내키지 않는 투로 이렇게 노래했다.

꽃향기에 이끌려도 될
부끄럽지 않은 몸이라면
어찌 부름에 당장 그리로
달려가지 않을 리 있겠습니까.

"어른들에게는 얘기하지 말고, 내 말을 히가시노기미 아씨에게 몰래 전해 드려라."

니오노미야는 거듭 말했다.

어린 도련님도 히가시노기미는 과연 고귀한 분인가 보다고 더욱 호감을 품었다.

오히려 배다른 누이인 히가시노기미가, 도련님에게 모습을 보여주기도 하여 남매 같은 느낌이었다. 그 누이가 침착하고 더할 나위 없는 성품을 지녔기에, 어린 마음에도 좋은 사람과 결혼하는 것을 보고 싶다고 늘 생각했다.

동궁의 여어가 화려하게 위세를 떨치고 있는 것은 누이의 출세란 점에서 매우 경하스러운 일이지만, 히가시노기미가 아직 홀몸으로 있는 것이 너무 안타까워 이 니오노미야가 어떻게든 누이의 남편이 되어주기를 내심 바라고 있었다. 그래서 도련님은 이 꽃편지 심부름을 매우 반가워했다.

그건 그렇고 니오노미야가 보내는 노래는, 어제 대납언이 보낸 편지에 대한 답장이므로 먼저 대납언에게 보여드렸다.

"얄밉게도 말하는구나. 니오노미야 병부경은 바람기가 너무 심하여 참으로 난감하다고 말들이 많다는데, 유기리 우대신이나 내 앞에서는 대단히 성실한 척 근엄한 척하는 것이 도리어 마땅치 않구나. 풍류남 자격이 충분한 분이 억지로 착실한 척을 하는 것은 옆에서 보기에도 흥이 깨지는 일이거늘."

대납언은 이렇게 험담을 늘어놓고는, 오늘도 입궁하는 도련님 편에 답장을 보내려 했다.

애초에 향긋한
그대 소맷자락이 스쳤다면
우리 앞뜰의 홍매화도 당연히
그윽한 향기를 낸다고
세간에 소문이 났을 테지요.

"이런 말씀을 드려 황공하나."
이렇게 어제보다 공을 들여 진지하게 썼다.

대납언이 정말 이 혼담을 성사시키려는가 싶어 니오노미야는 가슴이 설레기도 했지만 별 관심이 없는 듯 답했다.

매화꽃 향이 그윽한
그대의 집을
물어물어 찾아가면
색향에 눈이 먼 바람둥이라고
사람들이 비난하겠지요.

대납언은 이 답장을 보고 불만스럽게 여겼다.

마키바시라 부인이 집으로 돌아와 궁중에서 있었던 이야기를 대납언에게 시시콜콜하다가 이렇게 물었다.

"도련님이 지난 밤 궁중에서 당직을 하고 아침에 동궁을 찾아뵈었을 때, 좋은 향기를 풍기는 것을 아무도 몰랐는데, 동궁께서 곧 알아차리고 '니오노미야 병부경 곁에 있었던 게지. 그래서 나를 피하는 것이야'라며 상황을 헤아리고 불평을 하더군요. 당신이 니오노미야 병부경께 편지를 보냈나요? 그리는 보이지 않던데."

대납언이 답했다.

"그래요. 매화를 좋아하는 분이기에 저쪽 추녀 아래 소담스럽게 핀 홍매화가 하도 아름다워 꺾어서 보내드렸지요. 니오노미야의 몸에서 나는 향기는 정말 그윽하지요. 후궁들도 그토록 교묘하게 훈향을 배게 하지는 못할 겁니다. 가오루 중납언은 니오노미야처럼 풍류를 즐기며 향을 몸에 배게 하지는 않으나, 타고난 방향이 비길 데가 없지요. 얼마나 훌륭한 전생의 인연으로 태어난 분일까요. 같은 꽃이지만, 어떤 내력으로 고매한 향기를 풍기며 꽃이 피어나는 것일까 생각하면 매화에도 경의를 표하고 싶어지거든요. 매화는 니오노미야가 좋아하는 꽃으로 유명하지요."

대납언은 이렇게 꽃에 비유하여 니오노미야에 대한 생각을 말했다.

이제 병부경의 딸 히가시노기미는 섬세한 감정도 모두 갖춘 성인이 되었다. 니오노미야가 보내는 호의를 모르는 바는 아니지만, 결혼해서 남들과 똑같이 생활하는 것은 이미 단념하고 있었다. 세상사람들도 현재 세력이 있는 아버지의 자식이 유리하다고 생각하는지, 본처 소생 딸들에게는 구혼자가 잇따라 나타나서 그쪽에서는 화려한 분위기였다. 하지만 이 아씨만은 조용하고 소극적이라는 말을 인편으로 듣고, 니오노미야는 자신의 취향에 맞는 상대라고 더욱 생각했다. 그래서 늘 대납언 댁 도련님을 불러 남몰래 편지를 전하는데, 대납언은 이 니오노미야를 둘째 사윗감으로 생각하고, 구혼만 해오면 곧 승낙하려는 태도였다. 사정을 아는 마키바시라 부인은 이를 아쉬워하며 말했다.

"그럴 마음이 전혀 없는 아이에게 진심에도 없는 연문을 보내다니, 소용없는 일입니다."

히가시노기미 아씨가 싫다 좋다 답장을 하지 않으니, 니오노미야는 오기가 발동해서 더 포기하려 하지 않았다.

마키바시라 부인은 이렇게 생각했다.

'굳이 거절할 필요가 있을까? 니오노미야는 인품도 나무랄 데가 없고, 사위로 삼는 데 무슨 부족함이 있겠는가. 장래도 촉망되는 분인데.'

때로 마키바시라 부인은 이렇게 생각하기도 했다. 하지만 니오노미야는 너무 다정해서 연인이 많고, 우지의 하치노미야의 딸에게도 애착을 보이며 우지까지 먼 길을 부지런히 드나든다는 소문도 있으니, 딸을 위해 믿음직한 남편이 되리라고는 생각되지 않았다. 불행한 처지에 놓인 딸이니, 만일 결혼을 시키면 틀림없는 연분이 아니고는 웃음거리가 될 뿐이라고 거절하기로 마음먹었다. 그러나 쓸데없는 참견인 줄 알면서도 상대가 황족이기에 황송한 생각이 들어 몰래 답장을 대필하여 보내기도 했다.

추영현(秋泳炫)

서울대학교 사범대학 사회학과·서울신문학원 졸업. 조선일보·경향신문·한
국일보 편집위원 역임. 한국가톨릭대사전 편집부장. 율리시스학회 간사. 지
은책 《그리운 아내 김계숙》 옮긴책 야마오카 소하치 《대망》 다니자키 준이
치로 《싸락눈》 베네딕트 《국화와 칼》 이사벨라 비숍 《조선여행기》 등이 있다.

World Book 293
紫式部
源氏物語
겐지 이야기Ⅱ
무라사키 시키부/추영현 옮김
1판 1쇄 발행/2020. 5. 1
발행인 고정일
발행처 동서문화사
창업 1956. 12. 12. 등록 16-3799
서울 중구 마른내로 144(쌍림동)
☎ 546-0331~6 Fax. 545-0331
www.dongsuhbook.com
사업자등록번호 211-87-75330
ISBN 978-89-497-1743-2 04080
ISBN 978-89-497-0382-4 (세트)

월드북(세계문학/세계사상) 목록

분류	NO.	도서명	저자/역자	쪽수	가격
사상	월드북1	소크라테스의 변명/국가/향연	플라톤/왕학수 옮김	824	20,000
사상	월드북2	니코마코스윤리학/시학/정치학	아리스토텔레스/손명현 옮김	621	18,000
사상	월드북3	형이상학	아리스토텔레스/이종훈 옮김	560	15,000
사상	월드북4	세네카 삶의 지혜를 위한 편지	세네카/김천운 옮김	624	18,000
사상	월드북5	고백록	아우구스티누스/김희보·강경애 옮김	566	14,800
사상	월드북6	솔로몬 탈무드	이희영	812	14,000
사상	월드북6-1 6-2	바빌론 탈무드/카발라 탈무드	〃	각810	각18,000
사상	월드북7	삼국사기	김부식/신호열 역해	914	25,000
사상	월드북8	삼국유사	일연/권상로 역해	528	15,000
사상	월드북10	인간불평등기원론/사회 계약론	루소/최석기 옮김	530	15,000
사상	월드북11	마키아벨리 로마사이야기	마키아벨리/고산 옮김	674	12,000
사상	월드북12	몽테뉴 수상록	몽테뉴/손우성 옮김	1,344	28,000
사상	월드북13	법의 정신	몽테스키외/하재홍 옮김	720	12,000
사상	월드북14	학문의 진보/베이컨 에세이	베이컨/이종구 옮김	574	9,800
사상	월드북16	팡세	파스칼/안응렬 옮김	546	14,000
사상	월드북17	반야심경/금강경/법화경/유마경	홍정식 역해	542	15,000
사상	월드북18	바보예찬/잠언과 성찰/인간성격론	에라스무스·라로슈푸코·라브뤼예르/정병희 옮김	520	9,800
사상	월드북19 20	에밀/참회록	루소/정병희 홍승오 옮김	740/718	각12,000
사상	월드북22	순수이성비판	칸트/정명오 옮김	770	25,000
사상	월드북23	로마제국쇠망사	에드워드 기번/강석승 옮김	544	15,000
사상	월드북25	헤로도토스 역사	헤로도토스/박현태 옮김	810	18,000
사상	월드북26	역사철학강의	헤겔/권기철 옮김	570	15,000
사상	월드북27-1	의지와 표상으로서의 세계	쇼펜하우어/권기철 옮김	564	9,800
사상	월드북28	괴테와의 대화	에커먼/곽복록 옮김	868	15,000
사상	월드북29	자성록/언행록/성학십도/논사단칠정서	이황/고산 역해	616	18,000
사상	월드북30	성학집요/격몽요결	이이/고산 역해	620	18,000
사상	월드북31	인생이란 무엇인가	똘스또이/채수동 고산 옮김	1,180	28,000
사상	월드북32	자조론 인격론	사무엘 스마일즈/장만기 옮김	796	14,000
사상	월드북33	불안의 개념/죽음에 이르는 병	키에르케고르/강성위 옮김	546	15,000
사상	월드북34	잠 못 이루는 밤을 위하여/행복론	카를 힐티/곽복록 옮김	937	15,000
사상	월드북35	아미엘 일기	앙리 프레데릭 아미엘/이희영 옮김	1,042	18,000
사상	월드북36	나의 참회/인생의 길	똘스또이/김근식 고산 옮김	1,008	18,000
사상	월드북37	인간적인 너무나 인간적인	니체/강두식 옮김	1,072	19,800

사상	월드북38	차라투스트라는 이렇게 말했다	니체/곽복록 옮김	1,040	19,800
사상	월드북41	인생 연금술	제임스 알렌/박지은 옮김	824	18,000
사상	월드북42	유토피아/자유론/통치론	모어·밀·로크/김현욱 옮김	506	15,000
사상	월드북43	서양의 지혜/철학이란 무엇인가	러셀/정광섭 옮김	994	19,800
사상	월드북44	철학이야기	윌 듀랜트/임헌영 옮김	528	15,000
사상	월드북45	소유냐 삶이냐/사랑한다는 것	프롬/고영복 이철범 옮김	644	15,000
사상	월드북47	행복론/인간론/말의 예지	알랭/방곤 옮김	528	15,000
사상	월드북48	인간의 역사	미하일 일린/동완 옮김	720	12,000
사상	월드북49	카네기 인생철학	D. 카네기/오정환 옮김	546	9,800
사상	월드북50	무사도	니토베 이나조·미야모토 무사시/추영현 옮김	528	12,000
문학	월드북52	그리스비극	아이스킬로스·소포클레스·에우리피데스/곽복록 조우현 옮김	688	18,000
문학	월드북55	이솝우화전집	이솝/고산 옮김	760	15,000
문학	월드북56	데카메론	보카치오/한형곤 옮김	832	19,800
문학	월드북57	돈끼호테	세르반테스/김현창 옮김	1,288	16,000
문학	월드북58	신곡	단테/허인 옮김	980	19,800
사상	월드북59	상대성이론/나의 인생관	아인슈타인/최규남 옮김	516	9,800
문학	월드북60	파우스트/젊은 베르테르의 슬픔	괴테/곽복록 옮김	900	14,000
문학	월드북61	그리스 로마 신화	토머스 불핀치/손명현 옮김	530	14,000
문학	월드북66	죄와 벌	〃	654	15,000
사상	월드북67	대중의 반란/철학이란 무엇인가	오르테가/김현창 옮김	508	9,800
사상	월드북68	동방견문록	마르코 폴로/채희순 옮김	478	9,800
문학	월드북69 70	전쟁과 평화ⅠⅡ	톨스또이/맹은빈 옮김	834/864	각18,000
사상	월드북71	철학학교/비극론/철학입문/위대한 철학자들	야스퍼스/전양범 옮김	608	18,000
사상	월드북72	리바이어던	홉스/최공웅 최진원 옮김	712	15,000
문학	월드북73	사람은 무엇으로 사는가	톨스또이/김근식 고산 옮김	560	14,000
사상	월드북74	웃음/창조적 진화/도덕과 종교의 두 원천	베르그송/이희영 옮김	760	20,000
문학	월드북76	모비딕	멜빌/이가형 옮김	744	18,000
사상	월드북77	갈리아전기/내전기	카이사르/박석일 옮김	520	9,800
사상	월드북78	에티카/정치론	스피노자/추영현 옮김	560	18,000
사상	월드북79	그리스철학자열전	라에르티오스/전양범 옮김	752	12,000
문학	월드북80	보바리 부인/여자의 일생/나나	플로베르·모파상·졸라/민희식 이춘복 김인환 옮김	1,154	16,000
사상	월드북81	프로테스탄티즘의 윤리와 자본주의 정신/직업으로서의 학문/직업으로서의 정치	막스베버/김현욱 옮김	577	14,800
사상	월드북82	민주주의와 교육/철학의 개조	존 듀이/김성숙 이귀학 옮김	624	15,000
문학	월드북83	레 미제라블Ⅰ	빅토르 위고/송면 옮김	1,104	16,000

문학	월드북84	레 미제라블 II	〃	1,032	16,000
사상	월드북85	인간이란 무엇인가 오성/정념/도덕	데이비드 흄/김성숙 옮김	808	18,000
문학	월드북86	대지	펄벅/홍사중 옮김	1,067	18,800
사상	월드북87	종의 기원	다윈/송철용 옮김	664	18,800
사상	월드북88	존재와 무	사르트르/정소성 옮김	1,130	28,000
문학	월드북89	롤리타/위대한 개츠비	나보코프 피츠제럴드/박순녀 옮김	524	9,800
문학	월드북90	마지막 잎새/원유회	O. 헨리 맨스필드/오정환 옮김	572	9,800
문학	월드북91	아Q정전/아침 꽃을 저녁에 줍다	루쉰/이가원 옮김	538	9,800
사상	월드북92	논리철학논고/철학탐구/반철학적 단장	비트겐슈타인/김양순 옮김	730	18,000
문학	월드북93	마의 산	토마스 만/곽복록 옮김	940	15,000
문학	월드북94	채털리부인의 연인	D. H. 로렌스/유영 옮김	550	9,800
문학	월드북95	백년의 고독/호밀밭의 파수꾼	마르케스·샐린저/이가형 옮김	624	12,000
문학	월드북96 97	고요한 돈강 I II	숄로호프/맹은빈 옮김	916/1,056	각15,000
사상	월드북98	경제학·철학초고/자본론/공산당선언/철학의 빈곤	마르크스/김문운 옮김	768	18,000
사상	월드북99	간디자서전	간디/박석일 옮김	622	15,000
사상	월드북100	존재와 시간	하이데거/전양범 옮김	686	22,000
사상	월드북101	영웅숭배론/의상철학	토마스 칼라일/박지은 옮김	500	14,000
사상	월드북102	월든/침묵의 봄/센스 오브 원더	소로·카슨/오정환 옮김	681	15,000
문학	월드북103	성/심판/변신	카프카/김정진·박종서 옮김	624	12,000
사상	월드북104	전쟁론	클라우제비츠/허문순 옮김	992	19,800
문학	월드북105	폭풍의 언덕	E. 브론테/박순녀 옮김	550	9,800
문학	월드북106	제인 에어	C. 브론테/박순녀 옮김	646	12,000
문학	월드북107	악령	도스또옙프스끼/채수동 옮김	869	15,000
문학	월드북108	제2의 성	시몬느 드 보부아르/이희영 옮김	1,072	24,800
문학	월드북109	처녀시절/여자 한창때	보부아르/이혜윤 옮김	1,055	16,000
문학	월드북110	백치	도스또옙스끼/채수동 옮김	788	18,000
사상	월드북111	프랑스혁명 성찰/독일 국민에게 고함	버크·피히테/박희철 옮김	586	15,000
문학	월드북112	적과 흑	스탕달/서정철 옮김	672	12,000
문학	월드북113	양철북	귄터 그라스/최은희 옮김	644	12,000
사상	월드북114	비극의 탄생/즐거운 지식	니체/곽복록 옮김	584	15,000
사상	월드북115	아우렐리우스 명상록/키케로 인생론	아우렐리우스·키케로/김성숙 옮김	543	15,000
사상	월드북116	선의 연구/퇴계 경철학	니시다 기타로·다카하시 스스무/최박광 옮김	644	15,000
사상	월드북117	제자백가	김영수 역해	604	12,000
문학	월드북118	1984년/동물농장/복수는 괴로워라	조지 오웰/박지은 옮김	436	9,800
문학	월드북119	티보네 사람들 I	로제 마르탱 뒤 가르/민희식 옮김	928	18,000

문학	월드북120	티보네 사람들Ⅱ	〃	1,152	18,000
사상	월드북122	그리스도인의 자유/루터 생명의 말	마틴 루터/추인해 옮김	864	15,000
사상	월드북123	국화와 칼/사쿠라 마음	베네딕트·라프카디오 헌/추영현 옮김	410	9,800
문학	월드북124	예언자/눈물과 미소	칼릴 지브란/김유경 옮김	440	9,800
문학	월드북125	댈러웨이 부인/등대로	버지니아 울프/박지은 옮김	504	9,800
사상	월드북126	열하일기	박지원/고산 옮김	1,038	25,000
사상	월드북127	위인이란 무엇인가/자기신념의 철학	에머슨/정광섭 옮김	406	13,000
문학	월드북128 129	바람과 함께 사라지다Ⅰ Ⅱ	미첼/장왕록 옮김	644/688	12,000
사상	월드북130	고독한 군중	데이비드 리스먼/류근일 옮김	422	13,000
문학	월드북131	파르마 수도원	스탕달/이혜윤 옮김	558	9,800
문학	월드북132	오만과 편견	제인 오스틴/김유경 옮김	422	9,800
문학	월드북133	아라비안나이트Ⅰ	리처드 버턴/고산고정일	1,120	16,000
문학	월드북134	아라비안나이트Ⅱ	〃	1,056	16,000
문학	월드북135	아라비안나이트Ⅲ	〃	1,024	16,000
문학	월드북136	아라비안나이트Ⅳ	〃	1,112	16,000
문학	월드북137	아라비안나이트Ⅴ	〃	1,024	16,000
문학	월드북138	데이비드 코퍼필드	찰스 디킨스/신상웅 옮김	1,136	18,800
문학	월드북139	음향과 분노/8월의 빛	월리엄 포크너/오정환 옮김	816	15,000
문학	월드북140	잃어버린 시간을 찾아서Ⅰ	마르셀 프루스트/민희식 옮김	1,048	18,000
문학	월드북141	잃어버린 시간을 찾아서Ⅱ	〃	1,152	18,000
문학	월드북142	잃어버린 시간을 찾아서Ⅲ	〃	1,168	18,000
사상	월드북143	법화경	홍정식 역해	728	18,000
사상	월드북144	중세의 가을	요한 하위징아/이희승맑시아 옮김	582	12,000
사상	월드북145 146	율리시스Ⅰ Ⅱ	제임스 조이스/김성숙 옮김	712/640	각15,000
문학	월드북147	데미안/지와 사랑/싯다르타	헤르만 헤세/송영택 옮김	546	12,000
문학	월드북148 149	장 크리스토프Ⅰ Ⅱ	로맹 롤랑/손석린 옮김	890/864	각18,000
문학	월드북150	인간의 굴레	서머싯 몸/조용만 옮김	822	18,000
사상	월드북151	그리스인 조르바	니코스 카잔차키스/박석일 옮김	425	9,800
사상	월드북152	여론이란 무엇인가/환상의 대중	월터 리프먼/오정환 옮김	488	15,000
문학	월드북153	허클베리 핀의 모험/인간이란 무엇인가	마크 트웨인/양병탁 조성출 옮김	704	12,000
문학	월드북154	이방인/페스트/시지프 신화	알베르 카뮈/이혜윤 옮김	522	12,000
문학	월드북155	좁은 문/전원교향악/지상의 양식	앙드레 지드/이휘영 이춘복 옮김	459	9,800
문학	월드북156 157	몬테크리스토 백작Ⅰ Ⅱ	알렉상드르 뒤마/이희승맑시아 옮김	785/832	각16,000
문학	월드북158	죽음의 집의 기록/가난한 사람들/백야	도스토옙스키/채수동 옮김	602	12,000
문학	월드북159	북회귀선/남회귀선	헨리 밀러/오정환 옮김	690	12,000

사상	월드북160	인간지성론	존 로크/추영현 옮김	1,016	18,000
사상	월드북161	중력과 은총/철학강의/신을 기다리며	시몬 베유/이희영 옮김	666	20,000
사상	월드북162	정신현상학	G. W. F. 헤겔/김양순 옮김	572	15,000
사상	월드북163	인구론	맬서스/이서행 옮김	570	18,000
문학	월드북164	허영의 시장	W.M.새커리/최홍규 옮김	925	18,000
사상	월드북165	목민심서	정약용 지음/최박광 역해	986	18,000
문학	월드북166	분노의 포도/생쥐와 인간	스타인벡/노희엽 옮김	712	18,000
문학	월드북167	젊은 예술가의 초상/더블린 사람들	제임스 조이스/김성숙 옮김	656	18,000
문학	월드북168	테스	하디/박순녀 옮김	478	12,000
문학	월드북169	부활	톨스토이/이동현 옮김	562	14,000
문학	월드북170	악덕의 번영	마르키 드 사드/김문운 옮김	602	25,000
문학	월드북171	죽은 혼/외투/코/광인일기	고골/김학수 옮김	509	14,000
사상	월드북172	이탈리아 르네상스 이야기	부르크하르트/지봉도 옮김	565	18,000
문학	월드북173	노인과 바다/무기여 잘 있거라	헤밍웨이/양병탁 옮김	685	14,000
문학	월드북174	구토/말	사르트르/이희영 옮김	500	15,000
사상	월드북175	미학이란 무엇인가	하르트만/ 옮김	590	18,000
사상	월드북176	과학과 방법/생명이란 무엇인가?/사람몸의 지혜	푸앵카레·슈뢰딩거·캐넌/조진남 옮김	538	16,000
사상	월드북177	춘추전국열전	김영수 역해	592	18,000
문학	월드북178	톰 존스의 모험	헨리 필딩/최홍규 옮김	912	25,000
문학	월드북179	난중일기	이순신/고산고정일 역해	552	15,000
문학	월드북180	프랭클린 자서전	벤저민 프랭클린/주영일 옮김	502	12,000
문학	월드북181	즉흥시인	한스 크리스티안 안데르센/박지은 옮김	515	15,000
문학	월드북182	고리오 영감/절대의 탐구	발자크/조홍식 옮김	562	12,000
문학	월드북183	도리언 그레이 초상/살로메/즐거운 인생	오스카 와일드/한명남 옮김	466	12,000
문학	월드북184	달과 6펜스/과자와 맥주	서머싯 몸/이철범 옮김	450	12,000
문학	월드북185	마음은 외로운 사냥꾼/슬픈카페의 노래	카슨 맥컬러스/강혜숙 옮김	442	12,000
문학	월드북186	걸리버 여행기/통 이야기	조나단 스위프트/유영 옮김	492	12,000
사상	월드북187	조선상고사/한국통사	신채호/박은식/윤재영 역해	576	18,000
문학	월드북188	인간의 조건/왕의 길	앙드레 말로/윤옥일 옮김	494	12,000
사상	월드북189	예술의 역사	반 룬/이철범 옮김	774	18,000
문학	월드북190	퀴리부인	에브 퀴리/안응렬 옮김	442	12,000
문학	월드북191	귀여운 여인/약혼녀/골짜기	체호프/동완 옮김	450	12,000
문학	월드북192	갈매기/세 자매/바냐 아저씨/벚꽃 동산	체호프/동완 옮김	450	15,000
문학	월드북193	로빈슨 크루소	다니엘 디포/유영 옮김	600	15,000
문학	월드북194	위대한 유산	찰스 디킨스/한명남 옮김	560	15,000

사상	월드북195	우파니샤드	김세현 역해	570	15,000
사상	월드북196	천로역정/예수의 생애	버니언/르낭/강경애 옮김	560	14,000
문학	월드북197	악의 꽃/파리의 우울	보들레르/박철화 옮김	482	15,000
문학	월드북198	노트르담 드 파리	빅토르 위고/송면 옮김	614	15,000
문학	월드북199	위험한 관계	피에르 쇼데를로 드 라클로/윤옥일 옮김	428	12,000
문학	월드북200	주홍글자/큰바위 얼굴	N.호손/김병철 옮김	524	12,000
사상	월드북201	소돔의 120일	마르키 드 사드/김문운 옮김	440	20,000
문학	월드북202	사냥꾼의 수기/첫사랑/산문시	이반 투르게네프/김학수	590	15,000
문학	월드북203	인형의 집/유령/민중의 적/들오리	헨리크 입센/소두영 옮김	480	12,000
사상	월드북204	인간과 상징	카를 융 외/김양순 옮김	634	25,000
문학	월드북205	철가면	부아고베/김문운 옮김	755	18,000
문학	월드북206	실낙원	밀턴/이창배 옮김	648	19,800
문학	월드북207	데이지 밀러/나사의 회전	헨리 제임스/강서진 옮김	556	14,000
문학	월드북208	말테의 수기/두이노의 비가	릴케/백정승 옮김	480	14,000
문학	월드북209	캉디드/철학 콩트	볼테르/고원 옮김	470	12,000
문학	월드북211	카르멘/콜롱바	메리메/박철화 옮김	475	12,000
문학	월드북212	오네긴/대위의 딸/스페이드 여왕	알렉산드르 푸시킨/이동현 옮김	412	12,000
문학	월드북213	춘희/마농 레스코	뒤마 피스/아베 프레보/민희식 옮김	448	12,000
문학	월드북214	야성의 부르짖음/하얀 엄니	런던/박상은 옮김	434	12,000
문학	월드북215	지킬박사와 하이드/데이비드 모험	로버트 루이스 스티븐슨/강혜숙 옮김	526	14,000
문학	월드북216	홍당무/박물지/르나르 일기	쥘 르나르/이가림 윤옥일 옮김	432	12,000
문학	월드북217	멋진 신세계/연애대위법	올더스 헉슬리/이경직 옮김	804	18,000
문학	월드북218	인간의 대지/야간비행/어린왕자/남방우편기	생텍쥐페리/안응렬 옮김	448	12,000
문학	월드북219	학대받은 사람들	도스토옙스키/채수동 옮김	436	12,000
문학	월드북220	켄터베리 이야기	초서/김진만 옮김	640	18,000
문학	월드북221	육체의 악마/도루젤 백작 무도회/클레브 공작 부인	레몽 라디게/라파예트/윤옥일 옮김	402	12,000
문학	월드북222	고도를 기다리며/몰로이/첫사랑	사무엘 베게트/김문해 옮김	500	14,000
문학	월드북223	어린시절/세상속으로/나의 대학	막심 고리키/최홍근 옮김	800	18,000
문학	월드북224	어머니/밑바닥/첼카쉬	막심 고리키/최홍근 옮김	824	18,000
문학	월드북225	사랑의 요정/양치기 처녀/마의 늪	조르주 상드/김문해 옮김	602	15,000
문학	월드북226	친화력/헤르만과 도로테아	괴테/곽복록 옮김	433	14,000
문학	월드북227	황폐한 집	찰스 디킨스/정태륭 옮김	1,012	18,000
문학	월드북228	하워즈 엔드	에드워드 포스터/우진주 옮김	422	12,000
문학	월드북229	빌헬름 마이스터 수업시대/편력시대	괴테/곽복록 옮김	1,128	20,000
문학	월드북230	두 도시 이야기	찰스 디킨스/정태륭 옮김	444	14,000

문학	월드북231	서푼짜리 오페라/살아남은 자의 슬픔	베르톨트 브레히트/백정승 옮김	468	14,000
문학	월드북232	작은 아씨들	루이자 메이 올컷/우진주 옮김	1,140	22,000
문학	월드북233	오블로모프	곤차로프/노현우 옮김	754	18,000
문학	월드북234	거장과 마르가리타/개의 심장	미하일 불가코프/노현우 옮김	626	14,000
문학	월드북235	성 프란치스코	니코스 카잔차키스/박석일 옮김	476	12,000
사상	월드북236	나의 투쟁	아돌프 히틀러/황성모 옮김	1,152	20,000
문학	월드북237 238	겐지이야기ⅠⅡⅢ	무라사키 시키부/유정 옮김	744/720	각18,000
문학	월드북239	플라테로와 나	후안 라몬 히메네스/김현창 옮김	402	12,000
문학	월드북240	마리 앙투아네트/모르는 여인의 편지	슈테판 츠바이크/양원석 옮김	540	14,000
사상	월드북241	성호사설	이익/고산고정일 옮김	1,070	20,000
사상	월드북242	오류행실도	단원 김홍도 그림/고산고정일 옮김	568	18,000
문학	월드북243~245	플루타르코스 영웅전ⅠⅡⅢ	플루타르코스/박현태 옮김	각672	각15,000
문학	월드북246 247	안데르센동화전집ⅠⅡ	안데르센/곽복록 옮김	각800	각18,000
문학	월드북248 249	그림동화전집ⅠⅡ	그림형제/금은숲 옮김	각672	각16,000
사상	월드북250 251	신국론ⅠⅡ	아우구스티누스/추인해 추적현 옮김	688/736	각19,800
문학	월드북252 253	일리아스/오디세이아	호메로스/이상훈 옮김	560/506	14,800
사상	월드북254 255	역사의 연구ⅠⅡ	토인비/홍사중 옮김	650/520	각18,000
문학	월드북256	이탈리아 기행	요한 볼프강 폰 괴테/곽복록 옮김	794	19,800
문학	월드북257	닥터지바고	보리스 파스테르나크/이동현 옮김	680	18,000
사상	월드북258	세네카 인생철학이야기	세네카/김현창 옮김	576	18,000
사상	월드북259 260	국부론ⅠⅡ	애덤 스미스/유인호 옮김	568/584	각15,000
사상	월드북261	방법서설/성찰/철학의 원리/세계론/정념론	데카르트/소두영 옮김	784	20,000
사상	월드북262	시와 진실	괴테/최은희 옮김	860	20,000
사상	월드북263	즐거운 서양철학사	S.P. 렘프레히트/김문수 옮김	696	20,000
사상	월드북264 265	정신분석입문/꿈의 해석	프로이트/김양순 옮김	584/600	각15,000
사상	월드북266	군주론/전술론	마키아벨리/황문수 옮김	460	15,000
사상	월드북267 268	황금가지ⅠⅡ	제임스 조지 프레이저/신상웅 옮김	544/528	각15,000
사상	월드북269	실존주의란 무엇인가	사르트르/이희영 옮김	588	15,000
문학	월드북270 271	안나 까레니나ⅠⅡ	똘스또이/맹은빈 옮김	544/528	각15,000
문학	월드북272 273	카라마조프 형제들ⅠⅡ	도스토예프스키/채수동 옮김	504/688	각14,000
문학	월드북274 275	마의 산ⅠⅡ	토마스 만/곽복록 옮김	440/504	각14,000
사상	월드북276 277	인간의 기원ⅠⅡ	찰스 다윈/추한호 옮김	464/496	각29,000
사상	월드북278	역사란 무엇인가/이상과 현실	E.H. 카/이상두 옮김	454	18,000
사상	월드북279	독일 국민에게 고함/인간의 사명/권리를 위한 투쟁	피히테/폰 예링/권기철 옮김	424	15,000
문학	월드북280	고흐 영혼의 편지	빈센트 반 고흐/김유경 옮겨엮음	1,022	25,000

사상	월드북281	프랑스혁명 성찰	에드먼드 버크/이태동 옮김	478	15,000
문학	월드북282	존 왕/에드워드 3세/리처드 2세/헨리 4세 제1부 외	윌리엄 셰익스피어/신상웅 옮김	702	18,000
문학	월드북283	헨리 6세 제1부/헨리 6세 제2부/헨리 6세 제3부 외	윌리엄 셰익스피어/신상웅 옮김	528	18,000
문학	월드북284	햄릿/오셀로/리어왕/맥베스/율리우스 카이사르	윌리엄 셰익스피어/신상웅 옮김	566	18,000
문학	월드북285	로미오와 줄리엣/티투스 안드로니쿠스 외	윌리엄 셰익스피어/신상웅 옮김	564	18,000
문학	월드북286	말괄량이 길들이기/뜻대로 하세요/ 십이야 외	윌리엄 셰익스피어/신상웅 옮김	568	18,000
문학	월드북287	실수 연발/사랑의 헛수고/윈저의 즐거운 아낙네들 외	윌리엄 셰익스피어/신상웅 옮김	512	18,000
문학	월드북288	페리클레스/심벨린/겨울 이야기/폭풍우/두 귀족 친척	윌리엄 셰익스피어/신상웅 옮김	540	18,000
문학	월드북289	말은 말로 되는 되로/트로일로스와 크레시다 외	윌리엄 셰익스피어/신상웅 옮김	592	18,000
사상	월드북290	내훈/정인보 소전	소혜왕후/정양완 옮겨풀어씀	528	15,000
사상	월드북291	악(惡)에 대하여/인생과 사랑/희망의 혁명/불복종과 자유	에리히 프롬/고영복 옮김	680	18,000

월드북시리즈 목록은 계속 추가됩니다.